(사)한국어문회 주관 | 국가공인급수 지침서

한자능력 검정시험

부록 · **쓰기연습** 포함

한자능력검정시험 **3급**(3급Ⅱ 포함)에 대비한

최상의 지침서!

- 한자어의 이해와 활용능력을 길러주기 위한 다양한 예문 수록
- 반복 학습을 통한 한자 숙지
- 평가문제 ⊕ 기출예상문제 수록

머리말

한자능력검정시험 3급(3Ⅱ 포함)

문자는 언어를 체계화하고 인간의 내면세계를 구체화하고 서술하는 데에 필요한 도구이다. 따라서 한 나라의 문자 정책은 그 나라의 이상과 추구를 구체화하며 아울러 세계 인류의 의식 세계를 교류하는 데에 가교架橋 역할을 한다.

지금 우리나라는 문자 정책의 혼선으로 말미암아 어문 교육 정책은 실마리를 잡지 못하고 있음은 물론, 사회 각처에서의 언어적 무가치와 무분별한 외래어 남용으로 인해 내 나라 내 글인 한국어의 우수성을 저버리고 있다. 새삼 한국어의 구성을 말하지 않더라도 한국어는 한자와 한글로 구성되었음은 누구나 아는 사실이다. 그러나 그 구성에 있어서 한자 어휘가 약 70% 이상을 차지하고 있기 때문에 한자와 한글은 따로 떼어서 교육할 수 없는 언어이다. 그럼에도 불구하고 학자들 간의 이권利權으로 말미암아 어문 정책이 양분되어 논쟁을 벌인다는 것은 불필요한 지식 소모라고 여겨진다.

이로 인하여 (사)한국어문회에서는 우리글인 한국어를 올바로 인식시키고, 고급 지식의 경제 생산을 이룩하기 위하여 초등학생부터 일반인에 이르기까지 한자능력검정시험을 실시하고 있다.

매년 수험생이 증가하고 있어 다행한 일이라 여겨지기는 하나 전국민이 학교에서부터 의무 교육 속에서 교육받을 수 있는 정책을 세우는 것보다는 못할 것이다.

요즘 사회 각처에서 국한國漢혼용의 필요성이 대두되자, 한자 교육 학회의 난립과 검정시험이 난무하고 있어 오랜 세월 주장되어온 올바른 학자들의 국한 혼용의 본래 취지와 한국어 교육의 참뜻을 저해할까 두려운 마음이 앞선다.

다행히 무분별한 외래문화의 수용 속에서 우리것을 바로 알고 지켜 나가는 (사)한국어문회에서 어문 정책의 일환으로 추진하는 검정시험이 꾸준히 뿌리를 내려가고 있어 한결 마음 뿌듯하며, 수험생에게도 조금이나마 보탬이 되고자 이 책을 펴낸다.

元基春

차 례

시작하기 전에

01 본 책은 학생이나 사회인에게 한자어의 이해와 활용 능력을 길러 주기 위해 제정한 급수별 시험에 대비해 엮어진 수험 교재이다. 시험은 (사단법인)한국어문회에서 주관하고 한국한자능력검정회에서 시행하는 한자능력검정시험과 국내 각종 한자자격시험 및 한자 경시대회 등이 있다.

02 본 책은 급수별로 8급(50자) / 7급Ⅱ(100자) / 7급(150자) / 6급Ⅱ(225자) / 6급(300자) / 5급Ⅱ(400자) / 5급(500자) / 4급Ⅱ(750자) / 4급(1,000자) / 3급Ⅱ(1,500자) / 3급(1,817자) / 2급(2,355자) / 1급(3,500자) 등에 해당하는 한자를 중심으로, 각 권으로 엮어서 「이 책의 차례」와 같이 다양한 방법으로 학습할 수 있도록 꾸몄다.

03 본 책은 (사)한국어문회에서 배정한 급수별 한자를 기준으로, 일상생활에서 자주 쓰이는 한자어와 시사성에 관련된 한자어를 구성하여 각각 그 뜻을 헤아릴 수 있도록 하였다.

04 본 책은 한자어가 쓰이는 예문을 제시하여, 한자말을 생활화하는 습성을 통해 한자능력검정시험과 각종 전공시험 및 논술시험을 대비할 수 있도록 하였다.

05 본 책은 한자능력검정시험 유형에 맞추어 부문별로 구성하였고, 「평가문제」 및 「기출·예상문제」를 수록하여 배우고 익힌 것을 스스로 평가 · 복습할 수 있도록 하였다.

06 본 책에 수록된 한자의 훈과 음은 대체적으로 (사)한국어문회에서 정한 대표 훈과 음을 따랐으나 간혹 뜻의 전달이 정확하지 않은 것은 옥편의 대표적인 훈과 음으로 보충하였다.

출제기준

- ✓ 상위급수 한자는 모두 하위급수 한자를 포함하고 있습니다.
- ✓ 쓰기 배정 한자는 한두 급수 아래의 읽기 배정한자이거나 그 범위 내에 있습니다.
- ✓ 공인급수는 특급 ~ 3급Ⅱ이며, 교육급수는 4급 ~ 8급입니다.
- ✓ 출제기준표는 기본지침자료로서, 출제자의 의도에 따라 차이가 있을 수 있습니다.
- ✓ 급수는 특급, 특급Ⅱ, 1급, 2급, 3급, 3급Ⅱ, 4급, 4급Ⅱ, 5급, 5급Ⅱ, 6급, 6급Ⅱ, 7급, 7급Ⅱ, 8급으로 구분합니다.

구분	특급	특급Ⅱ	1급	2급	3급	3급Ⅱ	4급	4급Ⅱ	5급	5급Ⅱ	6급	6급Ⅱ	7급	7급Ⅱ	8급
독음	45	45	50	45	45	45	32	35	35	35	33	32	32	22	24
한자쓰기	40	40	40	30	30	30	20	20	20	20	20	10	0	0	0
훈음	27	27	32	27	27	27	22	22	23	23	22	29	30	30	24
완성형(成語)	10	10	15	10	10	10	5	5	4	4	3	2	2	2	0
반의어(相對語)	10	10	10	10	10	10	3	3	3	3	3	2	2	2	0
뜻풀이	5	5	10	5	5	5	3	3	3	3	2	2	2	2	0
동음이의어	10	10	10	5	5	5	3	3	3	3	2	0	0	0	0
부수	10	10	10	5	5	5	3	3	0	0	0	0	0	0	0
동의어(類義語)	10	10	10	5	5	5	3	3	3	3	2	0	0	0	0
약자	3	3	3	3	3	3	3	3	3	3	0	0	0	0	0
장단음	10	10	10	5	5	5	3	0	0	0	0	0	0	0	0
한문	20	20	0	0	0	0	0	0	0	0	0	0	0	0	0
필순	0	0	0	0	0	0	0	0	3	3	3	3	2	2	2
출제문항(計)	200			150			100				90	80	70	60	50
합격문항	160			105			70				63	56	49	42	35
시험시간(분)	100	90		60			50								

• 자료 출처 : 《(사)한국어문회》

- 「한자능력검정시험」은 《(사)한국어문회》가 주관하고, 《한국한자능력검정회》가 1992년 12월 9일 전국적으로 시행하여 현재에 이르기까지 매년 시행하고 있는 국내 최고의 한자자격시험입니다. 또한 시험에 합격한 재학생은 내신 반영은 물론, 2000학년부터 3급과 2급 합격자를 대상으로 일부 대학에 서 특기자 전형 신입생을 선발함으로써 더욱 권위있고, 의미있는 한자자격시험으로 인정받고 있습니다.
- 《(사)한국어문회》는 1992년 6월 22일에 문화부 장관 인가로 발족하고, 그 산하에 《한국한자능력검정회》를 두고 있습니다.
- 「한자능력검정시험」은 국어의 전통성 회복과 국어 생활을 바르게 하는 데에 그 목적이 있습니다. 따라서 시험에 출제되는 내용은 교과서·교양서적·논고 등에서 출제될 것입니다.

명시감상

作者 : 김천택金天澤

잘가노라 ᄃᆞᆮ디 말며 못 가노라 쉬디 말라
부디 긋지 말고 촌음寸陰을 앗겨스라
가다가 중지中止곳 ᄒᆞ면 아니 감만 못ᄒᆞ니라

해 석 : 잘 간다고 빨리 뛰지 말고 못 간다고 쉬어 가지 말라
부디 멈추지 말고 짧은 시간이라도 아껴 써라
가다가 중도에 멈추면 가지 않은 것만 못하리라

설 명

- 작자 김천택金天澤의 아호雅號는 남파南坡이다. 숙종肅宗 때 벼슬이 포교捕校였으며, 가객歌客 시조時調 작가로 유명하다. 특히 김수장金壽長과 함께 평민 출신으로 경정산가단敬亭山歌壇에서 후진을 양성하며 시조 정리와 발달에 많은 공헌을 하였다.
- 위 시는 수양修養을 권면勸勉하는 노래이다. 기대한 것의 목적을 이루기 위해서는 끊임없이 노력해야 하고, 결코 중도에서 포기하면 이룰 수 없음을 강조한 노래이다.

한자능력검정시험 **3**급(**3**급Ⅱ 포함)

배정한자

(8급 ~ 3Ⅱ : 1,500자 - 급수별)

- 가나다순 배정한자는 별책부록(81쪽)에 수록되어 있습니다.

作者 : 성삼문成三問

이 몸이 주거 가서 무어시 될고 ᄒᆞ니
蓬萊山 第一峰의 落落長松 되엿다가
白雪이 滿乾坤ᄒᆞᆯ 제 獨也靑靑ᄒᆞ리라

설 명

- 작자 성삼문의 아호雅號는 매죽헌梅竹軒으로, 조선朝鮮 세종世宗 때의 인물이다. 그는 집현전集賢殿 학자로 있으면서 정인지鄭麟趾 등과 함께 훈민정음訓民正音 창제創製에 많은 업적業績을 쌓은 사육신死六臣의 한 사람이다.
- 위 시는 작자가 단종端宗의 복위復位를 꾀하다가 실패하여 죽음에 직면直面하였을 때, 충절忠節을 지키고 불의不義를 배척排斥하는 자신의 기개氣槪를 낙락장송落落長松에 비유하여 읊은 시조時調이다.

ː 표는 長音, ▸ 표는 長·短音 漢字임

배정한자 8급

漢字	훈	음
教	가르칠	교ː
校	학교	교ː
九	아홉	구
國	나라	국
軍	군사	군
金	쇠	금
	성姓	김
南	남녘	남
女	계집	녀
年	해	년
大	큰	대▸
東	동녘	동
六	여섯	륙
萬	일만	만ː
母	어미	모ː
木	나무	목▸
門	문	문
民	백성	민
白	흰	백
父	아비	부
北	북녘	북
	달아날	배
四	넉	사ː
山	메	산
三	석	삼
生	날	생
西	서녘	서
先	먼저	선
小	작을	소ː
水	물	수
室	집	실
十	열	십
五	다섯	오ː
王	임금	왕
外	바깥	외ː
月	달	월
二	두	이ː
人	사람	인
日	날	일
一	한	일
長	긴	장▸
弟	아우	제ː
中	가운데	중
青	푸를	청
寸	마디	촌ː
七	일곱	칠
土	흙	토
八	여덟	팔
學	배울	학
韓	나라	한▸
	한국	한▸
兄	형	형
火	불	화▸

※ 8급은 모두 50자입니다. 8급 시험에서 한자쓰기 문제는 출제되지 않습니다. 많이 읽고, 그 쓰임에 대하여 알아보는 것이 중요합니다.

배정한자 7Ⅱ급

漢字	훈	음
家	집	가
間	사이	간▸
江	강	강
車	수레	거
	수레	차
空	빌[虛]	공
工	장인	공
記	기록할	기
氣	기운	기
男	사내	남
內	안[內=内]	내ː
農	농사	농
答	대답	답
道	길	도ː
	말할	도ː
動	움직일	동ː
力	힘	력
立	설	립
每	매양	매▸
名	이름	명
物	물건	물
方	모[四角]	방
不	아닐	불
事	일	사ː
上	윗	상ː
姓	성姓	성ː
世	인간	세ː
手	손	수▸
時	때	시
市	저자	시ː
食	먹을	식
	밥	사/식
安	편안	안
午	낮	오ː
右	오를	우ː
	오른(쪽)	우ː
自	스스로	자
子	아들	자
場	마당	장
電	번개	전ː
前	앞	전
全	온전	전
正	바를	정▸
足	발	족
左	왼	좌ː
直	곧을	직
平	평평할	평
下	아래	하ː
漢	한수	한ː
	한나라	한ː
海	바다	해ː
話	말씀	화
活	살[生活]	활
孝	효도	효ː
後	뒤	후ː

※ 7급Ⅱ는 8급[50자]에 새로운 한자 50자를 더한 100자입니다. 7급Ⅱ에서 한자쓰기 문제는 출제되지 않습니다.

배정한자 7급

漢字	훈	음
歌	노래	가
口	입	구▸
旗	기	기
冬	겨울	동▸
洞	골	동ː
	밝을	통ː
同	한가지	동
登	오를[登壇]	등
來	올	래▸
老	늙을	로ː
里	마을	리ː
林	수풀	림
面	낯	면ː
命	목숨	명ː
文	글월	문
問	물을	문ː
百	일백	백
夫	지아비	부
算	셈	산ː
色	빛	색
夕	저녁	석
所	바	소ː
少	적을	소ː
數	셈	수ː
	자주	삭
植	심을	식
心	마음	심
語	말씀	어ː
然	그럴	연
有	있을	유ː
育	기를	육
邑	고을	읍
入	들	입
字	글자	자
祖	할아비	조
住	살	주ː
主	임금	주
	주인	주
重	무거울	중ː
地	땅[따]	지
紙	종이	지
川	내	천
千	일천	천

- 天 하늘 천
- 草 풀 초
- 村 마을 촌:
- 秋 가을 추
- 春 봄 춘
- 出 날 출
- 便 편할 편▸
  - 똥오줌 변
- 夏 여름 하:
- 花 꽃 화
- 休 쉴 휴

※ 7급은 7급Ⅱ[100자]에 새로운 한자 50자를 더한 150자입니다. 7급에서 한자쓰기 문제는 출제되지 않습니다.

배정한자 6Ⅱ 급

- 各 각각 각
- 角 뿔 각
- 計 셀 계:
- 界 지경 계:
- 高 높을 고
- 功 공[勳] 공
- 公 공평할 공
- 共 한가지 공:
- 科 과목 과
- 果 실과 과:
- 光 빛 광
- 球 공 구
- 今 이제 금
- 急 급할 급
- 短 짧을 단▸
- 堂 집 당
- 代 대신할 대:
- 對 대할 대:
- 圖 그림 도
- 讀 읽을 독
  - 구절[句節] 두
- 童 아이 동▸
- 等 무리 등:
- 樂 즐길 락
  - 노래 악
  - 좋아할 요
- 利 이할 리:
- 理 다스릴 리:
- 明 밝을 명
- 聞 들을 문▸
- 班 나눌 반
- 反 돌이킬 반:
- 半 반 반:
- 發 필 발
- 放 놓을 방▸
- 部 떼[部類] 부
- 分 나눌 분▸
- 社 모일 사
- 書 글 서
- 線 줄[針線] 선
- 雪 눈 설
- 省 살필 성
  - 덜 생
- 成 이룰 성
- 消 사라질 소
- 術 재주 술
- 始 비로소 시:
- 神 귀신 신
- 身 몸 신
- 信 믿을 신:
- 新 새 신
- 藥 약 약
- 弱 약할 약
- 業 업 업
- 勇 날랠 용:
- 用 쓸 용:
- 運 옮길 운:
- 飮 마실 음▸
- 音 소리 음
- 意 뜻 의:
- 昨 어제 작
- 作 지을 작
- 才 재주 재
- 戰 싸움 전:
- 庭 뜰 정
- 題 제목 제
- 第 차례 제:
- 注 부을 주:
- 集 모을 집
- 窓 창 창
- 淸 맑을 청
- 體 몸 체
- 表 겉 표
- 風 바람 풍
- 幸 다행 행:
- 現 나타날 현:
- 形 모양 형
- 和 화할 화
- 會 모일 회:

※ 6급Ⅱ는 7급[150자]에 새로운 한자 75자를 더하여 모두 225자 입니다.

단, 6급Ⅱ의 한자쓰기 문제는 8급[50자] 범위에서 출제됩니다.

배정한자 6급

- 感 느낄 감:
- 強 강할 강▸
- 開 열 개
- 京 서울 경
- 苦 쓸[味覺] 고
- 古 예 고:
- 交 사귈 교
- 區 구분할 구
  - 지경[地境] 구
- 郡 고을 군:
- 近 가까울 근:
- 根 뿌리 근
- 級 등급 급
- 多 많을 다
- 待 기다릴 대:
- 度 법도 도▸
  - 헤아릴 탁
- 頭 머리 두
- 路 길 로:
- 綠 푸를 록
- 例 법식 례:
- 禮 예도 례:
- 李 오얏 리:
  - 성[姓] 리:
- 目 눈 목
- 米 쌀 미
- 美 아름다울 미▸
- 朴 성[姓] 박
- 番 차례 번
- 別 다를 별
  - 나눌 별
- 病 병 병:
- 服 옷 복
- 本 근본 본
- 死 죽을 사:
- 使 하여금 사:
  - 부릴 사:
- 石 돌 석
- 席 자리 석
- 速 빠를 속
- 孫 손자[孫子] 손▸
- 樹 나무 수
- 習 익힐 습
- 勝 이길 승
- 式 법 식
- 失 잃을 실
- 愛 사랑 애▸
- 野 들[坪] 야:
- 夜 밤 야:
- 陽 볕 양
- 洋 큰바다 양
- 言 말씀 언
- 永 길 영:
- 英 꽃부리 영
- 溫 따뜻할 온
- 園 동산 원
- 遠 멀 원:
- 油 기름 유
- 由 말미암을 유

銀 은 은
衣 옷 의
醫 의원 의
者 놈 자
章 글 장
在 있을 재:
定 정할 정:
朝 아침 조
族 겨레 족
晝 낮 주
親 친할 친
太 클 태
通 통할 통
特 특별할 특
合 합할 합
홉 홉
行 다닐 행‧
항렬行列 항
向 향할 향:
號 이름 호‧
畫 그림[畵] 화:
그을[劃] 획
黃 누를 황
訓 가르칠 훈:

※ 6급은 6급Ⅱ[225자]에 새로운 한자 75자를 더한 300자입니다. 단, 6급의 한자쓰기 문제는 7급[150자] 범위에서 출제됩니다.

배정한자  급

價 값 가
客 손 객
格 격식 격
見 볼 견:
뵈올 현:
決 결단할 결
結 맺을 결
敬 공경 경:
告 고할 고:
課 공부할 과‧
과정課程 과‧
過 지날 과:
關 관계할 관
觀 볼 관
廣 넓을 광:
具 갖출 구‧
舊 예 구:
局 판[形局] 국
己 몸 기
基 터 기
念 생각 념:
能 능할 능
團 둥글 단
當 마땅 당
德 큰 덕
到 이를 도:
獨 홀로 독
朗 밝을 랑:
良 어질 량
旅 나그네 려
歷 지날 력
練 익힐 련:
勞 일할 로
類 무리 류‧
流 흐를 류
陸 뭍 륙
望 바랄 망:
法 법 법
變 변할 변:
兵 병사 병
福 복 복
奉 받들 봉:
史 사기史記 사:
士 선비 사:
仕 섬길 사‧
産 낳을 산:
相 서로 상
商 장사 상
鮮 고울 선
仙 신선 선
說 말씀 설
달랠 세:
기쁠 열
性 성품 성:
洗 씻을 세:
歲 해 세:
束 묶을 속
首 머리 수
宿 잘 숙
별자리 수:
順 순할 순:
識 알 식
기록할 지
臣 신하 신
實 열매 실
兒 아이 아
惡 악할 악
미워할 오
約 맺을 약
養 기를 양:
要 요긴할 요‧
友 벗 우:
雨 비 우:
雲 구름 운
元 으뜸 원
偉 클 위
以 써 이:
任 맡길 임‧
材 재목 재
財 재물 재
的 과녁 적
典 법 전:
傳 전할 전
展 펼 전:
切 끊을 절
온통 체
節 마디 절
店 가게 점:
情 뜻 정
調 고를 조
卒 마칠 졸
種 씨 종‧
週 주일 주
州 고을 주
知 알 지
質 바탕 질
着 붙을 착
參 참여할 참
갖은석 삼
責 꾸짖을 책
充 채울 충
宅 집 댁/택
品 물건 품:
必 반드시 필
筆 붓 필
害 해할 해:
化 될 화‧
效 본받을 효:
凶 흉할 흉

※ 5급Ⅱ는 6급[300자]에 새로운 한자 100자를 더한 400자입니다. 단, 5급Ⅱ의 한자쓰기 문제는 6급Ⅱ[225자] 범위에서 출제됩니다.

배정한자  급

加 더할 가
可 옳을 가:
改 고칠 개‧
去 갈 거:
擧 들 거:
健 굳셀 건:
件 물건 건
建 세울 건:
輕 가벼울 경
競 다툴 경:
景 볕 경‧
固 굳을 고‧
考 생각할 고‧
曲 굽을 곡
橋 다리 교
救 구원할 구:
貴 귀할 귀:
規 법 규
給 줄 급

汽 물끓는김 기
期 기약할 기
技 재주 기
吉 길할 길
壇 단 단
談 말씀 담
都 도읍 도
島 섬 도
落 떨어질 락
冷 찰 랭:
量 헤아릴 량
領 거느릴 령
令 하여금 령▸
料 헤아릴 료▸
馬 말 마:
末 끝 말
亡 망할 망
買 살 매:
賣 팔[賣却] 매▸
無 없을 무
倍 곱 배▸
費 쓸 비:
比 견줄 비:
鼻 코 비:
氷 얼음 빙
寫 베낄 사
査 조사할 사
思 생각 사▸
賞 상줄 상
序 차례 서:
選 가릴 선:
船 배[船舶] 선
善 착할 선:
示 보일 시:

案 책상 안:
魚 고기[물고기] 어
漁 고기잡을 어
億 억[數字] 억
熱 더울 열
葉 잎 엽
고을이름 섭
屋 집 옥
完 완전할 완
曜 빛날 요:
浴 목욕할 욕
牛 소 우
雄 수컷 웅
院 집 원
原 언덕 원
願 원할 원:
位 자리 위
耳 귀 이:
因 인할 인
災 재앙 재
再 두 재:
爭 다툴 쟁
貯 쌓을 저:
赤 붉을 적
停 머무를 정
操 잡을 조▸
終 마칠 종
罪 허물 죄:
止 그칠 지
唱 부를 창:
鐵 쇠 철
初 처음 초
最 가장 최:
祝 빌[祝福] 축

致 이를 치:
則 법칙 칙
곧 즉
他 다를 타
打 칠[打擊] 타:
卓 높을 탁
炭 숯 탄:
板 널 판
敗 패할 패:
河 물 하
寒 찰 한
許 허락할 허
湖 호수 호
患 근심 환:
黑 검을 흑

※ 5급은 5급Ⅱ[400자]에 새로운 한자 100자를 더한 500자입니다. 단, 5급의 한자쓰기 문제는 6급[300자] 범위에서 출제됩니다.

배정한자 4Ⅱ급

街 거리 가▸
假 거짓 가:
減 덜 감:
監 볼 감
康 편안 강
講 욀 강:
個 낱 개▸
檢 검사할 검:
潔 깨끗할 결
缺 이지러질 결
慶 경사 경:
警 깨우칠 경:
境 지경 경
經 지날 경
글 경
係 맬 계:
故 연고 고▸
官 벼슬 관
求 구할[索] 구
句 글귀 구
究 연구할 구
宮 집 궁
權 권세 권
極 극진할 극
다할 극
禁 금할 금:
器 그릇 기
起 일어날 기
暖 따뜻할 난:
難 어려울 난▸
怒 성낼 노:
努 힘쓸 노
斷 끊을 단:
端 끝 단
檀 박달나무 단
單 홑 단
達 통달할 달
擔 멜 담
黨 무리 당
帶 띠 대▸
隊 무리 대
導 인도할 도:
督 감독할 독

毒 독[毒藥] 독
銅 구리 동
斗 말[斗量] 두
豆 콩 두
得 얻을 득
燈 등 등
羅 벌릴 라
兩 두 량:
麗 고울 려
連 이을 련
列 벌일 렬
錄 기록할 록
論 논할 론
留 머무를 류
律 법칙 률
滿 찰 만▸
脈 줄기 맥
毛 터럭 모
牧 칠[養] 목
武 호반 무:
務 힘쓸 무:
味 맛 미:
未 아닐 미▸
密 빽빽할 밀
博 넓을 박
防 막을 방
房 방 방
訪 찾을 방:
配 나눌 배:
짝 배:
背 등 배:
拜 절 배:
罰 벌할 벌
伐 칠[討] 벌

한자	훈	음
壁	벽	벽
邊	가	변
報	갚을	보:
	알릴	보:
步	걸음	보:
寶	보배	보:
保	지킬	보▸
復	회복할	복
	다시	부:
府	마을[官廳]	부▸
婦	며느리	부
副	버금	부:
富	부자	부:
佛	부처	불
備	갖출	비:
飛	날	비
悲	슬플	비:
非	아닐	비▸
貧	가난할	빈
謝	사례할	사:
師	스승	사
寺	절	사
舍	집	사
殺	죽일[殺=殺]	살
	감할	쇄:
	빠를	쇄:
狀	형상	상
	문서	장:
常	떳떳할	상
床	상[床=牀]	상
想	생각	상:
設	베풀	설
星	별	성
聖	성인	성:
盛	성할	성:
聲	소리	성
城	재[內城]	성
誠	정성	성
細	가늘	세:
稅	세금	세:
勢	형세	세:
素	본디	소▸
	흴[白]	소▸
掃	쓸[掃除]	소▸
笑	웃음	소:
續	이을	속
俗	풍속	속
送	보낼	송:
收	거둘	수
修	닦을	수
受	받을	수▸
授	줄	수
守	지킬	수
純	순수할	순
承	이을	승
施	베풀	시:
視	볼	시:
詩	시	시
試	시험	시▸
是	이	시:
	옳을	시:
息	쉴	식
申	납[猿]	신
深	깊을	심
眼	눈	안:
暗	어두울	암:
壓	누를	압
液	진	액
羊	양	양
如	같을	여
餘	남을	여
逆	거스를	역
演	펼	연:
硏	갈[磨]	연:
煙	연기	연
榮	영화	영
藝	재주	예:
誤	그르칠	오:
玉	구슬	옥
往	갈	왕:
謠	노래	요
容	얼굴	용
圓	둥글	원
員	인원	원
衛	지킬	위
爲	하	위▸
	할	위▸
肉	고기	육
恩	은혜	은
陰	그늘	음
應	응할	응:
義	옳을	의:
議	의논할	의▸
移	옮길	이
益	더할	익
引	끌	인
印	도장	인
認	알[知]	인
障	막을	장
將	장수	장▸
低	낮을	저:
敵	대적할	적
田	밭	전
絶	끊을	절
接	이을	접
程	한도	정
	길[道]	정
政	정사	정
精	정할	정
	자세할	정
濟	건널	제:
提	끌[携]	제
制	절제할	제:
際	즈음	제:
	가[邊]	제:
除	덜	제
祭	제사	제:
製	지을	제:
助	도울	조:
鳥	새	조
早	이를	조:
造	지을	조:
尊	높을	존
宗	마루	종
走	달릴	주
竹	대	죽
準	준할	준:
衆	무리	중:
增	더할	증
指	가리킬	지
志	뜻	지
至	이를	지
支	지탱할	지
職	직분	직
進	나아갈	진:
眞	참	진
次	버금	차
察	살필	찰
創	비롯할	창:
處	곳	처:
請	청할	청
總	다[皆]	총:
銃	총	총
蓄	모을	축
築	쌓을	축
蟲	벌레	충
忠	충성	충
取	가질	취:
測	헤아릴	측
治	다스릴	치
置	둘[措]	치:
齒	이	치
侵	침노할	침
快	쾌할	쾌
態	모습	태:
統	거느릴	통:
退	물러날	퇴:
破	깨뜨릴	파:
波	물결	파
砲	대포	포:
布	베[펼]	포▸
	보시	보:
包	쌀[裹]	포▸
暴	사나울	폭
	모질	포:
票	표	표
豊	풍년	풍
限	한할	한:
航	배	항:
港	항구	항:

- 解 풀 해:
- 鄕 시골 향
- 香 향기 향
- 虛 빌 허
- 驗 시험 험:
- 賢 어질 현
- 血 피 혈
- 協 화할 협
- 惠 은혜 혜:
- 護 도울 호:
- 呼 부를 호
- 戶 집 호:
- 好 좋을 호:
- 貨 재물 화:
- 確 굳을 확
- 回 돌아올 회
- 吸 마실 흡
- 興 일[盛] 흥▸
- 希 바랄 희

※ 4급Ⅱ는 5급[500자]에 새로운 한자 250자를 더하여 모두 750자입니다.

단, 4급Ⅱ에서 한자 쓰기 문제는 5급Ⅱ[400자] 범위에서 출제됩니다.

배정한자  급

- 暇 틈 가:
- 　겨를 가:
- 覺 깨달을 각
- 刻 새길 각
- 簡 간략할 간▸
- 　대쪽 간▸
- 干 방패 간
- 看 볼 간
- 敢 감히 감:
- 　구태여 감:
- 甘 달 감
- 甲 갑옷 갑
- 降 내릴 강:
- 　항복할 항
- 更 다시 갱:
- 　고칠 경
- 據 근거 거:
- 拒 막을 거:
- 居 살 거
- 巨 클 거:
- 傑 뛰어날 걸
- 儉 검소할 검:
- 激 격할 격
- 擊 칠 격
- 犬 개 견
- 堅 굳을 견
- 鏡 거울 경:
- 傾 기울 경
- 驚 놀랄 경
- 戒 경계할 계:
- 季 계절 계:
- 鷄 닭 계
- 階 섬돌 계
- 系 이어맬 계:
- 繼 이을 계:
- 庫 곳집 고
- 孤 외로울 고
- 穀 곡식 곡
- 困 곤할 곤:
- 骨 뼈 골
- 孔 구멍 공:
- 攻 칠[擊] 공:
- 管 대롱 관
- 　주관할 관
- 鑛 쇳돌 광:
- 構 얽을 구
- 群 무리 군
- 君 임금 군
- 屈 굽힐 굴
- 窮 다할 궁
- 　궁할 궁
- 勸 권할 권:
- 券 문서 권
- 卷 책 권▸
- 歸 돌아갈 귀:
- 均 고를 균
- 劇 심할 극
- 勤 부지런할 근▸
- 筋 힘줄 근
- 奇 기특할 기
- 紀 벼리 기
- 寄 부칠[寄書] 기
- 機 틀 기
- 納 들일 납
- 段 층계 단
- 盜 도둑 도▸
- 逃 도망할 도
- 徒 무리 도
- 卵 알 란:
- 亂 어지러울 란:
- 覽 볼 람
- 略 간략할 략
- 　약할 략
- 糧 양식 량
- 慮 생각할 려:
- 烈 매울 렬
- 龍 용 룡
- 柳 버들 류▸
- 輪 바퀴 륜
- 離 떠날 리:
- 妹 누이 매
- 勉 힘쓸 면:
- 鳴 울 명
- 模 본뜰 모
- 妙 묘할 묘:
- 墓 무덤 묘:
- 舞 춤출 무:
- 拍 칠[拍手] 박
- 髮 터럭 발
- 妨 방해할 방
- 犯 범할 범:
- 範 법 범:
- 辯 말씀 변:
- 普 넓을 보:
- 複 겹칠 복
- 伏 엎드릴 복
- 否 아닐 부:
- 　막힐 비:
- 負 질[荷] 부:
- 粉 가루 분▸
- 憤 분할 분:
- 碑 비석 비
- 批 비평할 비:
- 祕 숨길[秘=祕] 비:
- 辭 말씀 사
- 私 사사 사
- 絲 실 사
- 射 쏠 사▸
- 散 흩을 산:
- 傷 다칠 상
- 象 코끼리 상
- 宣 베풀 선
- 舌 혀 설
- 屬 붙일 속
- 損 덜 손:
- 松 소나무 송
- 頌 칭송할 송:
- 　기릴 송:
- 秀 빼어날 수
- 叔 아재비 숙
- 肅 엄숙할 숙
- 崇 높을 숭
- 氏 각시 씨
- 　성씨姓氏 씨
- 額 이마 액
- 樣 모양 양
- 嚴 엄할 엄
- 與 더불 여:
- 　줄 여:
- 易 바꿀 역
- 　쉬울 이:
- 域 지경 역
- 鉛 납 연
- 延 늘일 연
- 緣 인연 연
- 燃 탈 연
- 營 경영할 영
- 迎 맞을 영
- 映 비칠 영▸
- 豫 미리 예:
- 優 넉넉할 우
- 遇 만날 우:
- 郵 우편 우

한자	훈	음
源	근원	원
援	도울	원:
怨	원망할	원▸
委	맡길	위
圍	에워쌀	위
慰	위로할	위
威	위엄	위
危	위태할	위
遺	남길	유
遊	놀	유
儒	선비	유
乳	젖	유
隱	숨을	은
儀	거동	의
疑	의심할	의
依	의지할	의
異	다를	이:
仁	어질	인
姿	모양	자:
姉	손윗누이	자
資	재물	자
殘	남을	잔
雜	섞일	잡
裝	꾸밀	장
張	베풀	장
獎	장려할	장▸
帳	장막	장
壯	장할	장:
腸	창자	장
底	밑	저:
績	길쌈	적
賊	도둑	적
適	맞을	적
籍	문서	적
積	쌓을	적
轉	구를	전:
錢	돈	전:
專	오로지	전
折	꺾을	절
點	점	점▸
占	점령할	점▸
	점칠	점
整	가지런할	정:
靜	고요할	정
丁	장정	정
	고무래	정
帝	임금	제:
條	가지	조
潮	조수	조
	밀물	조
組	짤	조
存	있을	존
鍾	쇠북[鍾=鐘]	종
從	좇을	종▸
座	자리	좌:
周	두루	주
朱	붉을	주
酒	술	주▸
證	증거	증
持	가질	지
誌	기록할	지
智	지혜	지
	슬기	지
織	짤	직
盡	다할	진:
珍	보배	진
陣	진칠	진
差	다를	차
讚	기릴	찬:
採	캘	채:
冊	책	책
泉	샘	천
廳	관청	청
聽	들을	청
招	부를	초
推	밀	추
縮	줄일	축
就	나아갈	취:
趣	뜻	취:
層	층[層樓]	층
針	바늘	침▸
寢	잘	침:
稱	일컬을	칭
歎	탄식할	탄:
彈	탄알	탄:
脫	벗을	탈
探	찾을	탐
擇	가릴	택
討	칠[伐]	토▸
痛	아플	통:
投	던질	투
鬪	싸움	투
派	갈래	파
判	판단할	판
篇	책	편
評	평할	평:
閉	닫을	폐:
胞	세포	포▸
爆	불터질	폭
標	표할	표
疲	피곤할	피
避	피할	피:
恨	한[怨恨]	한:
閑	한가할	한
抗	겨룰	항:
核	씨	핵
憲	법	헌:
險	험할	험:
革	가죽	혁
顯	나타날[알려질]	현:
刑	형벌	형
或	혹	혹
混	섞을	혼:
婚	혼인할	혼
紅	붉을	홍
華	빛날	화
環	고리	환▸
歡	기쁠	환
況	상황	황:
灰	재	회
候	기후	후:
厚	두터울	후:
揮	휘두를	휘
喜	기쁠	희

※ 4급은 4급Ⅱ에 새로운 한자 250자를 더하여 모두 1,000자입니다.
단, 4급 시험에서 한자쓰기 문제는 5급[500자] 범위에서 출제됩니다.

배정한자 3Ⅱ급

한자	훈	음
佳	아름다울	가:
架	시렁	가:
閣	집	각
脚	다리	각
肝	간	간▸
懇	간절할	간:
刊	새길	간
幹	줄기	간
鑑	거울	감
剛	굳셀	강
綱	벼리	강
鋼	강철	강
介	낄	개:
槪	대개	개:
蓋	덮을	개▸
距	상거할	거:
乾	하늘	건
	마를	간/건
劍	칼	검:
隔	사이뜰	격
訣	이별할	결
謙	겸손할	겸
兼	겸할	겸
頃	이랑	경
	잠깐	경
耕	밭갈[犁田]	경
徑	지름길	경
	길	경
硬	굳을	경
械	기계	계:
契	맺을	계:
啓	열	계:
溪	시내	계
桂	계수나무	계:
鼓	북	고
姑	시어미	고
稿	원고	고
	볏짚	고

한자	훈	음
哭	울	곡
谷	골	곡
恭	공손할	공
恐	두려울	공▸
貢	바칠	공:
供	이바지할	공:
誇	자랑할	과:
寡	적을	과:
冠	갓	관
貫	꿸	관▸
寬	너그러울	관
慣	익숙할	관
館	집	관
狂	미칠	광
怪	괴이할	괴▸
壞	무너질	괴:
較	견줄	교
	비교할	교
巧	공교할	교
拘	잡을	구
久	오랠	구:
丘	언덕	구
菊	국화	국
弓	활	궁
拳	주먹	권:
鬼	귀신	귀:
菌	버섯	균
克	이길	극
琴	거문고	금
錦	비단	금:
禽	새	금
及	미칠	급
畿	경기	기
企	꾀할	기
祈	빌[祈願]	기
其	그	기
騎	말탈	기
緊	긴할	긴
諾	허락할	낙
娘	계집	낭
耐	견딜	내:
寧	편안	녕
奴	종[奴僕]	노
腦	골	뇌
	뇌수	뇌
泥	진흙	니
茶	차	다,
	차	차
旦	아침	단
但	다만	단:
丹	붉을	단
淡	맑을	담
踏	밟을	답
唐	당나라	당▸
	당황할	당▸
糖	엿	당
臺	대[돈대]	대
貸	빌릴	대:
	뀔[꾸이다]	대:
途	길[行中]	도:
陶	질그릇	도
刀	칼	도
渡	건널	도
倒	넘어질	도:
桃	복숭아	도
突	갑자기	돌
凍	얼	동:
絡	얽을	락
	이을	락
欄	난간	란
蘭	난초	란
廊	사랑채	랑
	행랑	랑
浪	물결	랑▸
郎	사내	랑
涼	서늘할	량
梁	들보	량
	돌다리	량
勵	힘쓸	려:
曆	책력	력
戀	그리워할	련:
	그릴	련:
鍊	쇠불릴	련:
	단련할	련:
聯	연이을	련
蓮	연꽃	련
裂	찢어질	렬
嶺	고개	령
靈	신령	령
爐	화로	로
露	이슬	로▸
祿	녹[俸祿]	록
弄	희롱할	롱:
賴	의뢰할	뢰:
雷	우레	뢰
樓	다락	루
累	여러	루:
	자주	루:
漏	샐	루:
倫	인륜	륜
栗	밤	률
率	비율	률
	거느릴	솔
隆	높을	륭
陵	언덕	릉
吏	벼슬아치	리:
	관리[官吏]	리:
履	밟을	리:
裏	속	리:
臨	임할	림
磨	갈	마
麻	삼	마▸
漠	넓을	막
幕	장막	막
莫	없을	막
晩	늦을	만:
妄	망령될	망:
梅	매화	매
媒	중매	매
麥	보리	맥
孟	맏	맹▸
盟	맹세	맹
猛	사나울	맹:
盲	소경	맹
	눈멀	맹
綿	솜	면
眠	잘	면
免	면할[免=免]	면:
滅	멸할	멸
	꺼질	멸
銘	새길	명
慕	그릴	모:
謀	꾀	모
貌	모양	모
睦	화목할	목
沒	빠질	몰
夢	꿈	몽
蒙	어두울	몽
貿	무역할	무:
茂	무성할	무:
默	잠잠할	묵
墨	먹	묵
紋	무늬	문
勿	말[禁]	물
微	작을	미
尾	꼬리	미:
薄	엷을	박
迫	핍박할	박
盤	소반	반
般	가지	반
	일반	반
飯	밥	반
拔	뽑을	발
芳	꽃다울	방
輩	무리	배:
排	밀칠	배
培	북돋울	배:
伯	맏	백
繁	번성할	번
凡	무릇	범▸
碧	푸를	벽
丙	남녘	병:
補	기울	보:
譜	족보	보:
腹	배	복
峯	봉우리	봉
封	봉할	봉
逢	만날	봉
鳳	봉새	봉:
覆	덮을	부
	다시	복
	뒤집힐	복
簿	문서	부:
付	부칠	부:
符	부호	부▸

한자	뜻	음
附	붙을	부▸
扶	도울	부
浮	뜰	부
賦	부세	부:
腐	썩을	부:
奔	달릴	분
奮	떨칠	분:
紛	어지러울	분
拂	떨칠	불
婢	계집종	비:
卑	낮을	비:
肥	살찔	비:
妃	왕비	비
邪	간사할	사
詞	말	사
	글	사
司	맡을	사
沙	모래	사
祀	제사	사
斜	비낄	사
蛇	긴뱀	사
削	깎을	삭
森	수풀	삼
像	모양	상
詳	자세할	상
裳	치마	상
霜	서리	상
尙	오히려	상▸
喪	잃을	상▸
償	갚을	상
桑	뽕나무	상
索	찾을	색
	노[새끼줄]	삭
塞	막힐	색
	변방	새
署	마을[官廳]	서:
緖	실마리	서:
恕	용서할	서:
徐	천천할	서▸
釋	풀[解]	석
惜	아낄	석
旋	돌[旋回]	선
禪	선	선
蘇	되살아날	소
訴	호소할	소
疏	소통할	소
燒	사를	소▸
訟	송사할	송:
刷	인쇄할	쇄:
鎖	쇠사슬	쇄:
衰	쇠할	쇠
需	쓰일[쓸]	수
殊	다를	수
隨	따를	수
輸	보낼	수
帥	장수	수
獸	짐승	수
愁	근심	수
壽	목숨	수
垂	드리울	수
熟	익을	숙
淑	맑을	숙
瞬	눈깜짝일	순
巡	돌[巡廻]	순
	순행할	순
旬	열흘	순
述	펼	술
襲	엄습할	습
拾	주울	습
	갖은열	십
濕	젖을	습
昇	오를	승
僧	중	승
乘	탈	승
侍	모실	시:
飾	꾸밀	식
愼	삼갈	신:
審	살필	심▸
甚	심할	심:
雙	두	쌍
	쌍	쌍
雅	맑을	아▸
亞	버금	아▸
阿	언덕	아
我	나	아:
牙	어금니	아
芽	싹	아
岸	언덕	안:
顔	낯	안:
巖	바위	암
央	가운데	앙
仰	우러를	앙:
哀	슬플	애
若	같을	약
	반야	야
壤	흙덩이	양:
揚	날릴	양
讓	사양할	양:
御	거느릴	어:
抑	누를	억
憶	생각할	억
譯	번역할	역
役	부릴	역
驛	역	역
亦	또	역
疫	전염병	역
沿	물따라갈	연▸
	따를	연▸
軟	연할	연:
宴	잔치	연:
燕	제비	연▸
悅	기쁠	열
染	물들	염:
鹽	소금	염
炎	불꽃	염
影	그림자	영:
譽	기릴	예:
	명예	예:
烏	까마귀	오
悟	깨달을	오:
獄	옥[囚舍]	옥
瓦	기와	와:
緩	느릴	완:
辱	욕될	욕
慾	욕심	욕
欲	하고자할	욕
愚	어리석을	우
偶	짝	우:
憂	근심	우
宇	집	우:
羽	깃	우:
韻	운	운:
越	넘을	월
謂	이를	위
胃	밥통	위
僞	거짓	위
幽	그윽할	유
誘	꾈	유
裕	넉넉할	유:
悠	멀	유
維	벼리	유
柔	부드러울	유
幼	어릴	유
猶	오히려	유
潤	불을	윤:
乙	새	을
淫	음란할	음
已	이미	이:
翼	날개	익
忍	참을	인
逸	편안할	일
壬	북방	임:
賃	품삯	임:
慈	사랑	자
刺	찌를	자:
	찌를	척
	수라	라
紫	자줏빛	자
潛	잠길	잠
暫	잠깐	잠▸
藏	감출	장:
粧	단장할	장
掌	손바닥	장:
莊	씩씩할	장
丈	어른	장:
臟	오장	장:
葬	장사지낼	장:
載	실을	재:
裁	옷마를	재
栽	심을	재:
抵	막을[抗]	저:
著	나타날	저:
	붙을	착
寂	고요할	적
摘	딸[手收]	적
跡	발자취	적
蹟	자취	적
笛	피리	적
殿	전각	전:
漸	점점	점:

亭 정자 정
廷 조정 정
征 칠[討] 정
貞 곧을 정
淨 깨끗할 정
井 우물 정▸
頂 정수리 정
齊 가지런할 제
諸 모두 제
照 비칠 조:
兆 억조 조
租 조세 조
縱 세로 종
坐 앉을 좌:
柱 기둥 주
洲 물가 주
宙 집 주:
鑄 쇠불릴 주
奏 아뢸 주▸
珠 구슬 주
株 그루 주
仲 버금 중▸
卽 곧 즉
憎 미울 증
症 증세 증▸
蒸 찔 증
曾 일찍 증
池 못 지
之 갈 지
枝 가지 지
振 떨칠 진:
陳 베풀 진▸
묵을 진
鎭 진압할 진▸
辰 별 진
때 신

震 우레 진:
疾 병 질
秩 차례 질
執 잡을 집
徵 부를 징
此 이 차
借 빌 차:
빌릴 차:
錯 어긋날 착
贊 도울 찬:
倉 곳집 창▸
昌 창성할 창▸
蒼 푸를 창
彩 채색 채:
菜 나물 채:
債 빚 채:
策 꾀 책
妻 아내 처
拓 넓힐 척
박을[拓本] 탁
戚 친척 척
尺 자 척
踐 밟을 천:
賤 천할 천:
淺 얕을 천:
遷 옮길 천:
哲 밝을 철
徹 통할 철
滯 막힐 체
肖 닮을 초
같을 초
超 뛰어넘을 초
礎 주춧돌 초
觸 닿을 촉
促 재촉할 촉
催 재촉할 최:

追 쫓을 추
따를 추
畜 짐승 축
衝 찌를 충
醉 취할 취:
吹 불[鼓吹] 취:
側 곁 측
値 값 치
恥 부끄러울 치
稚 어릴 치
漆 옻 칠
沈 잠길 침▸
성姓 심▸
浸 잠길 침:
奪 빼앗을 탈
塔 탑 탑
湯 끓을 탕:
殆 거의 태
泰 클 태
澤 못 택
兎 토끼 토
吐 토할 토▸
透 사무칠 투
版 판목 판
片 조각 편▸
編 엮을 편
偏 치우칠 편
弊 폐단 폐:
해질 폐:
肺 허파 폐:
廢 폐할 폐:
버릴 폐:
浦 개[水邊] 포
捕 잡을 포:
楓 단풍 풍
被 입을 피:

皮 가죽 피
彼 저 피:
畢 마칠 필
何 어찌 하
賀 하례할 하:
荷 멜 하▸
鶴 학 학
汗 땀 한▸
割 벨 할
含 머금을 함
陷 빠질 함:
項 항목 항:
恒 항상 항
響 울릴 향:
獻 드릴 헌:
玄 검을 현
懸 달[繫] 현:
穴 굴 혈
脅 위협할 협
衡 저울대 형
慧 슬기로울 혜:
浩 넓을 호:
胡 되[狄] 호
豪 호걸 호
虎 범 호▸
惑 미혹할 혹
魂 넋 혼
忽 갑자기 홀
洪 넓을 홍
큰물 홍
禍 재앙 화:
還 돌아올 환
換 바꿀 환:
皇 임금 황
荒 거칠 황
悔 뉘우칠 회:

懷 품을 회
劃 그을 획
獲 얻을 획
橫 가로 횡
胸 가슴 흉
戲 놀이 희
稀 드물 희

※ 3급Ⅱ는 4급에 새로운 한자 500자를 더하여 모두 1,500자입니다.
단, 3급Ⅱ에서 한자 쓰기 문제는 4급Ⅱ[750자] 범위에서 출제됩니다.

: 표는 첫 음절에서 길게 발음되는 한자이며, ▸표는 첫 음절에서 한자어에 따라 길게, 또는 짧게 발음되는 한자입니다.

이상 1,500자
급수별 가나다순

✐ 한자는 서체에 따라 글자 모양이 달라져 보이나 모두 정자로 인정됩니다.

✪ 참고 漢字 ✪

示=礻
神(神) 祝(祝)
糸=糹
線(線) 經(經)
辶=辶
送(送) 運(運)
靑=青
淸(清) 請(請)
食=飠
飮(飲) 飯(飯)
八=ソ
尊(尊) 說(説)

한자능력검정시험 3급(3급Ⅱ 포함)

본문학습

학습도움

본문학습

✔ 한자능력검정시험 3급으로 배정된 1,817자에서 4급(1,000자)을 제외한 817자, 각각의 한자에 뜻이 통하는 한자와 연결하여 낱말을 만들고 그 뜻을 설명한 것입니다.

✔ 한자의 활용活用과 익힘을 돕기 위하여 본문학습 해답(별책부록 3쪽 ~ 67쪽)을 만들어 훈음訓音과 독음讀音을 비교하여 익히도록 하였습니다.

학습방법

① 먼저 앞면의 빈칸에 보기 와 같이 알맞은 훈음訓音과 독음讀音을 씁니다.

② 훈음이 정확하지 않은 한자는 옥편玉篇에서 찾아 쓰거나 뒤에 수록된 본문학습 해답(별책부록 3쪽 ~ 67쪽)을 보고 정확한 訓音을 익히도록 합니다.

③ 위의 방법으로 반복하며 본문학습(23쪽 ~ 226쪽)[1 ~ 10], [11 ~ 20], [21 ~ 30]… 을 익힌 후에, 뒤에 수록된 평가문제(393쪽 ~ 414쪽)[1 ~ 10], [11 ~ 20], [21 ~ 30]… 을 풀이하여 자신의 실력을 스스로 평가해 보세요.

④ 한번에 많은 양을 학습하기보다는 매일매일 일정한 양을 정하여 꾸준히 학습하고, 틀린 부분은 반복하여 쓰며 익히는 것이 효과적입니다.

정답확인

✔ 본문학습 해답은 별책부록(3쪽 ~ 67쪽)에 실려 있습니다.

✔ 평가문제 해답은 별책부록(69쪽 ~ 79쪽)에 실려 있습니다.

아래 한자의 뜻과 소리를 빈칸에 쓰세요.

☆표는 3급Ⅱ 漢字임.

微☆(彳)	曰(曰)	橫☆(木)	輿(車)	旱(日)	胸☆(肉)	央☆(大)	皮☆(皮)
작을 미	가로 왈	가로 횡	수레 여	가물 한	가슴 흉	가운데 앙	가죽 피

아래 설명을 읽고 빈칸에 보기 와 같이 쓰세요.

보기 良書(어질 량)(글 서)[양서]

微妙(　　)(　　)[　　]
도▸ 어떤 내용이 이상야릇하여 알 수가 없음.

微粉機[　　]
(　　)(　　)(　　)
도▸ 석탄 따위를 부수어 고운 가루로 만드는 기계.

微細胞[　　]
(　　)(　　)(　　)
도▸ 매우 작은 세포.

曰字(　　)(　　)[　　]
도▸ 왈짜, 왈패(曰牌). 언행(言行)이 단정(端正)하지 못하고 수선스러운 사람. 유曰牌처럼 놀지 마라.

曰可曰否[　　]
(　　)(　　)(　　)(　　)
도▸ 어떤 일에 대하여 옳으니 그르니 함.

橫領(　　)(　　)[　　]
도▸ 남의 물건을 不法的으로 가로채거나 빼앗음.

輿論(　　)(　　)[　　]
도▸ 사회 대중(大衆)의 공통적인 의견(意見).

輿地圖[　　]
(　　)(　　)(　　)
도▸ 세계지도. ※'輿圖'는 천하(天下)·세계(世界)를 이르는 말. 참大東輿地圖(대동여지도).

旱害(　　)(　　)[　　]
도▸ 가뭄으로 말미암은 재해(災害).

炎旱(　　)(　　)[　　]
도▸ 타는 듯한 한여름의 가뭄.

胸背(　　)(　　)[　　]
도▸ ① 가슴과 등. ② 지난날, 관복(官服)의 가슴과 등에 붙이던, 수놓은 헝겊 조각.

胸膜(　　)(　　)[　　]
도▸ 늑막(肋膜). 폐(肺)의 표면(表面)과 흉곽(胸廓)의 내면(內面)을 싸고 있는 막.

胸像(　　)(　　)[　　]
도▸ 가슴에서 윗부분을 나타낸 조각상(彫刻像).

中央(　　)(　　)[　　]
도▸ ① 한가운데. ② 사방의 중심. ③ 지방에 대하여 수도(首都)를 일컫는 말. 반지방(地方).

震央(　　)(　　)[　　]
도▸ 지진(地震)의 진원(震源) 바로 위의 지점.

脫皮(　　)(　　)[　　]
도▸ 낡은 사고(思考) 방식에서 벗어나 진보(進步)함.

皮骨相接[　　]
(　　)(　　)(　　)(　　)
도▸ 살갗과 뼈가 맞붙을 정도로 몹시 여윔.

※ 해답은 별책부록 5쪽에 있습니다.

도움글

- '論'자의 本音은 '론'이나, 쓰임에 따라 音이 변함에 주의! 예1 論爭(논쟁) 예2 結論(결론) 예3 議論(의논)
- '領'자는 '거느리다, 옷깃' 등의 뜻으로 쓰인다. 예1 統領▷(거느릴 통)(거느릴 령) 예2 領袖▷(옷깃 령)(옷깃 수)
- 혼동하기 쉬운 글자 참1 輿(여)와 與(여) 참2 旱(한)과 早(조) 참3 般(반)과 船(선)
- 동同음音이異의義어語 참1 輿論 ≠ 餘論 참2 炎旱 ≠ 鹽漢 참3 胸像 ≠ 凶狀 ≠ 凶相

1. 아래 한자어漢字語의 독음讀音을 쓰세요.

微熱[ ]	微物[ ]	微弱[ ]	輕微[ ]	微笑[ ]	横列[ ]
横財[ ]	輿望[ ]	胸背[ ]	横斷[ ]	旱熱[ ]	表皮[ ]
微分[ ]	微風[ ]	皮相[ ]	横隊[ ]	胸筋[ ]	隱微[ ]
旱毒[ ]	胸骨[ ]	救旱[ ]	胸腹[ ]	年央[ ]	胸部[ ]

2. 아래 글을 읽고 밑줄 친 낱말은 한자漢字로, 한자어漢字語는 독음讀音으로 고쳐 쓰세요.

후한(後漢) 時代가 끝날 무렵, 환제(桓帝) 때의 일이다. 이 때는 宦官들의 横暴[1]가 極甚[2]한 時代였으나 一部의 정의파[3] 관료(官僚)들은 宦官들의 邪惡[4]한 横暴에 심하게 항쟁[5]하여 마침내 '당고지화(黨錮之禍)'를 불러일으켰다.

그 정의파 관료들의 영수(領袖)로 지목[6]되는 인물에는 이응(李膺)이라는 사람이 있었다. 李膺은 紀綱[7]이 퇴폐(頹廢)한 宮闕[8] 안에 있으면서도, 혼자서 이름 있는 가르침을 지켜 가며 항상 고결[9]하게 몸을 維持[10]했다. 때문에 그의 명성[11]은 점점 높아져 '천하의 모범[12]은 李膺'이라고 칭송[13]을 받았다. 특히 젊은 관료들은 그를 존경[14]하여 그와 알고 지내거나 推薦[15]을 받는 것을 커다란 명예[16]로 삼아 '등용문'[17]이라고 불렀다.

'용문'이란 황하의 상류[18]에 있는 협곡(峽谷)의 이름인데, '하진(河津)'이라고도 한다. 이 근처[19]는 아주 물의 흐름이 빨라서 그 흐름을 거슬러 오르는 큰 물고기도 이것을 타고 넘지 못한다고 한다. 하지만, 한 번 이 급류[20]를 타고 넘는 물고기는 곧 龍으로 변하여 하늘로 오른다고 전한다.

따라서 윗글 《등용문》은 '용이 오르는 문'이라는 뜻으로, 이는 '대단히 어려운 관문[21]을 突破[22]해서 飛躍[23]의 기회[24]를 잡는 것'을 뜻하는 말로 쓰인다.

1.	2.	3.	4.	5.	6.
7.	8.	9.	10.	11.	12.
13.	14.	15.	16.	17.	18.
19.	20.	21.	22.	23.	24.

3. 아래 한자漢字는 쓰임에 따라 음音이 여러 가지로 변화되는 글자이다. [ ] 속에 독음讀音을 쓰세요.

1 降(내릴 강, 항복할 항) : 霜降[ ] 降雨[ ] 降伏[ ] 投降[ ]
2 見(볼 견, 뵈올 현) : 見學[ ] 見聞[ ] 豫見[ ] 謁見[ ]
3 更(다시 갱, 고칠 경) : 更生[ ] 更新[ ] 變更[ ] 更年期[ ]

도움글

- '輿望'은 '어떤 개인이나 사회에 대한 많은 사람의 기대를 받음, 또는 그 기대'를 이르는 말이다.
- '更新'의 '更'자는 뜻에 따라 독음讀音이 달라짐에 주의! ①更新(갱신) ▷ 다시 새로워짐. ②更新(경신) ▷ 옛 것을 고치어 새롭게 함.

아래 한자의 뜻과 소리를 빈칸에 쓰세요.

☆표는 3급Ⅱ 漢字임.

般☆(舟)	枝☆(木)	齊☆(齊)	肝☆(肉)	姦(女)	邪☆(邑)	懇☆(心)	耕☆(耒)
가지 반 일반 반	가지 지	가지런할 제	간 간	간음할 간	간사할 사	간절할 간	밭갈[犁田] 경

아래 설명을 읽고 빈칸에 보기 와 같이 쓰세요.

보기 良書(어질 량)(글 서)[양서]

諸般( )( )[ ]
도▸ 여러 가지. 모든 것. 만반(萬般). 활일을 하기에 諸般 여건(與件)이 좋다.

全般( )( )[ ]
도▸ 통틀어 모두. 여러 가지 것의 전부. 활학습 全般에 걸쳐 검토(檢討)하다.

金枝玉葉 [ ]
( )( )( )( )
도▸ '황금으로 된 나뭇가지와 옥으로 만든 잎'이란 뜻으로, '귀여운 자손'을 이르는 말.

枝葉( )( )[ ]
도▸ ①가지와 잎. ②본체에서 갈라져 나간 중요하지 않은 부분. 활枝葉的인 문제가 出題되다.

連枝( )( )[ ]
도▸ 형제(兄弟) 자매(姉妹).

齊唱( )( )[ ]
도▸ 여럿이 한목에 소리 내어 부름. 활애국가 齊唱.
참提唱(제창)▹어떤 일을 내세워 주장함. 활자유수호를 提唱하다.

均齊( )( )[ ]
도▸ 모양이나 빛깔 따위가 균형이 잘 잡히어 고름. 균일(均一). 활均齊된 아름다움.

肝臟( )( )[ ]
도▸ 오장(五臟)의 하나로, 담즙을 분비(分泌)하여 담낭(膽囊)으로 보내며, 영양을 저장하는 장기.
참肝腸(간장)▹①간과 창자. ②마음. 애. 속.

肝肺( )( )[ ]
도▸ 간장과 폐장. 간과 허파.

姦邪( )( )[ ]
도▸ 성질이 능갈치고 행실이 바르지 못함.

姦雄( )( )[ ]
도▸ 간사(姦詐)한 꾀가 많은 영웅(英雄).

邪念( )( )[ ]
도▸ 사악(邪惡)한 생각. 활邪念을 떨쳐버리다.
참思念(사념)▹마음속으로 생각함, 또는 그 생각.

邪思妄念 [ ]
( )( )( )( )
도▸ 좋지 못한 갖가지 망령(妄靈)된 생각.

懇請( )( )[ ]
도▸ 간곡(懇曲)히 청함, 또는 그러한 청. 간촉(懇囑).

懇曲( )( )[ ]
도▸ 간절(懇切)하고 곡진(曲盡)함.

懇談會 [ ]
( )( )( )
도▸ 어떤 일정한 주제를 가지고 서로 터놓고 정답게 이야기를 나누는 모임.

耕讀( )( )[ ]
도▸ 農事일을 하면서 학문을 닦음. 晝耕夜讀의 준말.

農耕( )( )[ ]
도▸ 논밭을 갈아 농사를 지음. 활農耕社會.

도움글

- '姦'자는 '범하다, 간통하다, 간사하다' 등의 뜻으로 쓰이는 글자이다.
- '諸'자는 쓰임에 따라 訓과 音이 달라짐에 주의! 예1 諸君▹(모두 제)(임금 군) 예2 諸=(之於)▹(어조사 저)

1. 아래 한자어漢字語의 독음讀音을 쓰세요.

肝腦[ ]	耕穫[ ]	懇望[ ]	肝油[ ]	姦淫[ ]	齊家[ ]
耕種[ ]	懇切[ ]	肝血[ ]	整齊[ ]	懇誠[ ]	牛耕[ ]
姦凶[ ]	邪慾[ ]	幹枝[ ]	般若[ ]	齊物[ ]	懇篤[ ]
耕織[ ]	姦通[ ]	筆耕[ ]	懇求[ ]	邪惡[ ]	懇親[ ]

2. 아래 글을 읽고 밑줄 친 낱말은 한자漢字로, 한자어漢字語는 독음讀音으로 고쳐 쓰세요.

민주 사회는 自由와 정의[1]와 秩序[2]가 삼위일체[3]가 되어 운영되는 사회다. 따라서 그 중에서 어느 하나만 없어도 그 사회는 바람직하지 못하게 된다.

민주 사회의 초창기[4]에는, 정의와 秩序가 제대로 되어 있지 않은데다가 자유가 허여[5]되기 때문에 혼란[6]과 기만이 성행[7]하는 일이 적지 않다. 그래서 실속[8] 없는 豪言壯談[9]이 通用되기도 하고, 잔꾀와 아첨이 사회생활에서 고위[10]를 차지하는 지름길로 인정[11]되기도 한다. 우리나라에서도, 정치라면 엉뚱한 術策[12]이 제일인 줄로 믿고, 경제[13]라면 姦巧[14]한 속임수나 도박으로 한꺼번에 많은 돈을 벌고자 꿈꾸는 사람들의 舞臺[15]인 것처럼 생각하던 때가 있었다.

그러나 이제, 우리 사회는 차차 自由와 정의와 秩序가 均衡[16]을 이루어, 우리는 안정된 사회생활을 영위[17]하게 되었다. 따라서 허세[18]나 속임수나 아첨이나 매수[19] 等, 혼란기에 출세의 수단[20]으로 사용되던 것들이 이제는 결코 통하지 않게 되었다. 지금은 실력자만이 등용[21]되는 시대다. 본인 자신이 실력자로 평가[22]되지 않으면 등용되지 못한다. 간판[23]이나 배경[24]이 등용의 수단이 될 수는 없다.

1.	2.	3.	4.	5.	6.
7.	8.	9.	10.	11.	12.
13.	14.	15.	16.	17.	18.
19.	20.	21.	22.	23.	24.

3. 아래 한자漢字와 뜻이 비슷한 한자漢字를 □ 속에 넣어 단어單語를 완성하세요.

健 = □ 果 = □ □ = 亡 □ = 別 倉 = □

○ '著'자와 '着'자는 모양은 다르지만 쓰임이 같은 異體字이다. 그러나 최근에는 '著(저)'자와 '着(착)'자를 구별하여 쓰는 경우가 많다. 예1 著述(저술) 예2 着服(착복) 예3 到着(도착) 예4 顯著(현저) 예5 著者(저자)

아래 한자의 뜻과 소리를 빈칸에 쓰세요.

☆표는 3급Ⅱ 漢字임.

磨☆(石)	赴☆(走)	之☆(丿)	乞(乙)	藏☆(艸)	忽☆(心)	値☆(人)	冠☆(冖)
갈 마	갈[趨] 부: 다다를 부:	갈 지	빌 걸	감출 장:	갑자기 홀	값 치	갓 관

아래 설명을 읽고 빈칸에 보기 와 같이 쓰세요.

보기 良書(어질 량)(글 서)[양서]

研磨(　)(　)[　]
도▸ 갈고 닦아서 표면(表面)을 반질반질하게 함.

磨滅(　)(　)[　]
도▸ 갈려서 닳아 없어짐.

赴任(　)(　)[　]
도▸ 임명(任命)을 받아 임지(任地)로 감. 예 새 직장으로 赴任하다.

赴援(　)(　)[　]
도▸ 구원(救援)하러 감. 원조(援助)하러 감.

龜兎之說[　]
(　)(　)(　)(　)
도▸ 고대 소설의 한 가지. [우직한 거북과 간교한 토끼와의 지혜 겨룸을 내용으로 한 우화(寓話)로서, '별주부전'의 근원 설화. 『삼국사기』에 전함.]

窮餘之策[　]
(　)(　)(　)(　)
도▸ 몹시 곤궁(困窮)한 나머지 생각다 못하여 짜낸 꾀. 窮餘一策.

乞神(　)(　)[　]
도▸ 배가 고픈 귀신. 예 乞神 들린 듯이 마구 먹었다.

求乞(　)(　)[　]
도▸ (남에게 돈·물건 따위를) 거저 달라고 하는 것.

冠婚喪祭[　]
(　)(　)(　)(　)
도▸ 관례(冠禮)·혼례(婚禮)·상례(喪禮)·제례(祭禮)를 이르는 말.

貯藏(　)(　)[　]
도▸ 물건을 모아서 간수(看守)함. 갈무리. 예 겨울철 식량을 貯藏하다.

冷藏庫[　]
(　)(　)(　)
도▸ 식품 따위를 저온(低溫)에서 저장하는 장치.

無盡藏[　]
(　)(　)(　)
도▸ 다함이 없이 많음. 예 無盡藏 나오는 온천수.

疏忽(　)(　)[　]
도▸ 데면데면하고 허술함. 예 경계가 疏忽하다.

忽視(　)(　)[　]
도▸ ①눈여겨보지 않고 건성으로 보아 넘김. ②깔봄.

價値(　)(　)[　]
도▸ ①값. 값어치. ②어떤 사물이 지니고 있는 의의나 중요성. 예 이용 價値가 높다.

値遇(　)(　)[　]
도▸ ①만남. 조우(遭遇)함. ②남의 대우를 받음.

冠帶(　)(　)[　]
도▸ 지난날, 벼슬아치들이 입던 공복(公服). [오늘날 구식 혼례 때에 신랑이 입는 예복]

月桂冠[　]
(　)(　)(　)
도▸ 승리하거나 남보다 앞선 사람이 차지하는 명예(名譽)를 비유하여 이르는 말. 도

도움글

○ '月桂冠'의 유래 ▷ 고대 그리스에서 월계수(月桂樹)의 가지와 잎으로 관(冠)처럼 만들어 경기(競技)의 우승자(優勝者)에게 승리(勝利)를 기리는 뜻으로 머리에 씌워 주던 것에서 유래하였다.

1. 아래 한자어漢字語의 독음讀音을 쓰세요.

磨光[ ] 埋藏[ ] 金冠[ ] 輕忽[ ] 所藏[ ] 包藏[ ]
忽然[ ] 赴救[ ] 鍊磨[ ] 藏拙[ ] 弱冠[ ] 藏書[ ]
十伐之木[ ] 乞人憐天[ ] 一筆揮之[ ]
易地思之[ ] 風樹之歎[ ] 漁父之利[ ]

2. 아래 글을 읽고 밑줄 친 낱말은 한자漢字로, 한자어漢字語는 독음讀音으로 고쳐 쓰세요.

먼저 모름지기 그 뜻을 크게 가져 성인[1]의 경지[2]에까지 가는 것을 준칙[3]으로 삼아 털끝만큼이라도 그에 미치지 못하면 나의 일은 끝나지 않는다.

마음이 정해진 자는 말이 적어진다. 마찬가지로 마음을 정하는 데는 말을 적게 하는 것으로 시발[4]을 해야 한다. 말을 해야 할 때 말을 하더라도 그 말은 결국[5] 간략[6]하지 않으면 안 된다.

오랫동안 풀어놓았던 마음을 하루아침에 거두어 힘을 얻는다는 것이 그 어찌 용이[7]하랴. 마음은 곧 살아 있는 것이어서 힘을 안정[8]시키기에 실패[9]하면 搖動[10]이 일어 평안[11]하기 어렵게 되나니 萬若[12] 사려[13]가 어지러울 때 싫다는 생각이 들어 이를 끊어 버리려 한다면 오히려 더욱더 어지러움이 일어났다 사라졌다함을 느끼게 되어 마치 스스로도 어쩔 수 없는 듯 여기게 된다.

설사[14] 끊는다 하더라도 다만 그 끊었다는 사실[15] 자체[16]가 胸中[17]에 가로놓여 있게 되어, 또한 虛妄[18]스럽게 되고 마는 법이다. 어지러움에 당했을 때엔 정신[19]을 수렴하여 조용히 照管[20]하여 그 자체에 더불어 끌려다니지 말 것이로다. 이런 면에 애쓰면 끝내 안정되고 때를 얻어 일을 執行[21]함에 전일[22]하게 되나니 이 亦是[23] 마음을 안정시키는 단련법이니라.

– 栗谷, 『自警文』 中에서

1.	2.	3.	4.	5.	6.
7.	8.	9.	10.	11.	12.
13.	14.	15.	16.	17.	18.
19.	20.	21.	22.	23.	

3. 아래 한자漢字와 뜻이 반대反對, 또는 상대相對되는 한자漢字를 □ 속에 넣어 단어單語를 완성하세요.

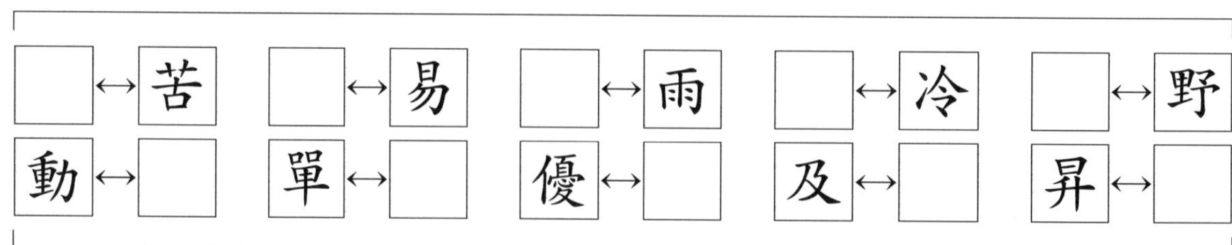

도움글

○ 말을 해야 할 때가 되어서 말을 하여야 사람들이 그 말을 싫어하지 않는다. : 時然後言 人不厭其言
–『論語』, 「憲問篇」–

아래 한자의 뜻과 소리를 빈칸에 쓰세요.

☆표는 3급Ⅱ 漢字임.

鋼☆(金)	若☆(艸)	償☆(人)	狗(犬)	戌(戈)	浦☆(水)	晴(日)	御☆(彳)
강철 강	같을 약 반야 야	갚을 상	개 구	개 술	개[水邊] 포	갤 청	거느릴 어:

아래 설명을 읽고 빈칸에 보기 와 같이 쓰세요.

보기 良書(어질 량)(글 서)[양서]

鋼鐵( )( )[ ]
도▸ ①무쇠를 열처리하여 강도(強度)와 인성(靭性)을 높인 쇠. ②'심신(心身)이 단단하고 굳셈'을 비유하여 이르는 말.

鋼板( )( )[ ]
도▸ 강철판(鋼鐵板). 강철로 만든 철판(鐵板).

明若觀火 [ ]
( )( )( )( )
도▸ 불을 보듯이 명백(明白)함. 뻔함. 예 그의 말은 明若觀火한 사실이다.

般若( )( )[ ]
도▸ 범어(梵語)의 음역(音譯)으로, '미망(迷妄)을 버리고 불법(佛法)을 깨닫는 지혜'를 이르는 말.

補償( )( )[ ]
도▸ ①남에게 끼친 재산상의 손해를 금전으로 갚음. 예 被害補償. ②심리학에서, 욕구 불만에 빠졌을 경우에 다른 행동을 함으로써 그 불만을 다스리는 일. 예 補償심리.

辨償( )( )[ ]
도▸ ①빚을 갚음. 辨濟. ②남에게 입힌 손해를 돈이나 물건 따위로 물어줌. 예 돈으로 辨償하다.

狗盜( )( )[ ]
도▸ 좀도둑. 구절(狗竊).

戊戌( )( )[ ]
도▸ 육십갑자(六十甲子)의 서른다섯째.

泥田鬪狗 [ ]
( )( )( )( )
도▸ '진창에서 싸우는 개'라는 뜻으로, ①'강인(強忍)한 성격(性格)'을 평하여 이르는 말. ②자기 이익을 위하여 비열하게 다툼을 비유적으로 이르는 말.

戌正( )( )[ ]
도▸ 술시(戌時)의 한가운데.[하오(下午) 8시.]

浦邊( )( )[ ]
도▸ 갯가.

浦村( )( )[ ]
도▸ 갯가에 있는 마을.

快晴( )( )[ ]
도▸ 하늘이 활짝 개어 맑음.

晴暉( )( )[ ]
도▸ 맑은 날의 햇빛. ※ 暉 : 빛 휘(특급Ⅱ)

御用( )( )[ ]
도▸ 권력에 아첨하고 자주성이 없는 사람이나 단체・작품 따위를 경멸(輕蔑)하여 이르는 말. 예 御用新聞 불매운동(不買運動).

御製( )( )[ ]
도▸ 임금이 지은 시문(詩文)이나 저술(著述). 예 세종대왕 御製 訓民正音.

御營廳 [ ]
( )( )( )
도▸ 조선시대 때, 三軍門의 하나인 軍營의 이름.

○ '補'자는 '깁다, 고이다, 보수하다, 돕다' 등의 뜻으로 쓰인다. 참 候補(후보), 補修(보수)
○ 戌(술)자와 戍(수)자는 부수[戈]와 총획수[총6획]가 같고, 모양이 비슷하여 혼동하기 쉬운 漢字이다. 따라서 이를 구별할 때에는 '戌(술)'자는 안쪽을 '一'자로 쓰고, '戍(수)'자는 안쪽을 '丶'자로 쓴다.

1. 아래 한자어漢字語의 독음讀音을 쓰세요.

鐵鋼[ ] 報償[ ] 陰晴[ ] 代償[ ] 浦稅[ ] 戊年[ ]
萬若[ ] 鍊鋼[ ] 御命[ ] 秋晴[ ] 御殿[ ] 御醫[ ]
償還[ ] 浦項[ ] 賠償[ ] 浦口[ ] 晴明[ ] 若干[ ]
御筆[ ] 懸賞金[ ] 永登浦[ ] 龍飛御天歌[ ]
減價償却[ ] 羊頭狗肉[ ] 狗馬之心[ ]
堂狗風月[ ] 御用記者[ ] 青天白日[ ]

2. 아래 글을 읽고 밑줄 친 낱말은 한자漢字로, 한자어漢字語는 독음讀音으로 고쳐 쓰세요.

항상 戒懼[1]하고 혼자 있을 때도 勤愼[2]하는 뜻을 가슴속에 지닌 채 늘 생각하여 게으르지 않으면 일체[3]의 邪念[4]이 저절로 일어나지 못하느니라.

만 가지 惡은 모두가 謹獨[5]하지 않음을 좇아 일어나느니라.

謹獨한 후에야 浴沂詠歸[6]도의 의미를 알 수 있다.

새벽에 일어나서는 아침에 해야 할 일을 생각하고 식후[7]에는 낮에 해야 할 일을 생각하며 취침[8]시에는 내일[9] 해야 할 일을 생각한다. 일이 없으면 그만이려니와 일이 있으면 반드시 합당[10]하고 宜當한 도리[11]에서 처리[12]할 것을 생각한다. 그런 후에 글을 읽어야 하니, 글을 읽음에는 시비[13]를 구분[14]하여 이를 행사[15]에 베풀지니라. 萬若 일을 살피지 않고 올연(兀然)히 글만 읽는다면 이는 소용[16] 없는 학문을 하는 것이니라.

재리[17]와 영리[18]는 비록 그 생각을 쓸어 제거[19]한다 할지라도 萬若 일에 처했을 때에 一毫[20]라도 便宜[21]의 쪽을 택한다면 이 또한 이에 대한 마음이 있는 것이니 더욱더 성찰[22]할 것이로다.

무릇 일을 만나 萬若 할 만한 일에 이르러서는 곧 성실[23]을 다하여 이를 처리할 것이며 염증을 내거나 권태한 마음을 가져서는 안 된다.

萬若 할 수 없는 일이라면 딱 잘라 끊어 버리고 시비로 하여금 가슴속에서 교전[24]하게 해서는 안 된다.

– 栗谷, 『自警文』 中에서

1.	2.	3.	4.	5.	6.
7.	8.	9.	10.	11.	12.
13.	14.	15.	16.	17.	18.
19.	20.	21.	22.	23.	24.

도움글

○ 浴沂詠歸(욕기영귀) ▷ '기수에서 목욕하고 노래 부르며 돌아온다.'는 말로, 『論語』, 「先進篇」에 나오는 말.
○ '鍊'자는 '불리다, 단련하다' 등으로, '練'자는 '익히다, 익숙하다' 등의 뜻으로 쓰이나, 보통 같이 쓰인다.
○ 혼동하기 쉬운 글자! 참1 狗(구)와 拘(구) 참2 若(약)과 苦(고) 참3 辨(변)과 辯(변)

아래 한자의 뜻과 소리를 빈칸에 쓰세요.

☆표는 3급Ⅱ 漢字임.

穫(禾)	巷(己)	慢(心)	傲(人)	琴☆(玉)	龜(龜)	浪☆(水)	殆☆(歹)
거둘 확	거리 항	거만할 만	거만할 오	거문고 금	거북 구/귀 터질 균	물결 랑	거의 태

아래 설명을 읽고 빈칸에 보기 와 같이 쓰세요.

보기 良書(어질 량)(글 서)[양서]

收穫( )( )[ ]
뜻▸ ①농작물을 거두어들임. 예 벼를 收穫하다. ②좋은 성과. 예 경험으로 얻은 收穫이 크다.

一樹百穫[ ]
( )( )( )( )
뜻▸ '나무 한 그루를 기르면 백 가지에 수확(收穫)이 있다.'는 말로, '인재(人材) 한 사람을 길러 내면 사회에 큰 利得이 있음'을 이르는 말.

巷說( )( )[ ]
뜻▸ 항간(巷間)에서 뭇 사람 사이에 떠도는 말.

巷謠( )( )[ ]
뜻▸ 항간에서 부르는 세속적(世俗的)인 노래.

慢性( )( )[ ]
뜻▸ (어떤 상태나 현상이 오래 계속되거나 반복되어) 버릇이나 습관이 된 상태. 반 급성(急性).

緩慢( )( )[ ]
뜻▸ ①가파르지 않음. 예 緩慢한 언덕길. ②행동이 느릿느릿함. 예 緩慢한 동작.

傲氣( )( )[ ]
뜻▸ 능력이 모자라면서도 지기 싫어하여 버티는 고집스런 마음.
참 誤記(오기) ▹ 글자나 글을 잘못 적음.

傲慢( )( )[ ]
뜻▸ 젠체하며 남을 업신여기는 태도가 있음.
예 傲慢 불손(不遜)한 태도를 나무라다.

風琴( )( )[ ]
뜻▸ 오르간.

傲霜孤節[ ]
( )( )( )( )
뜻▸ '서릿발 속에서도 굽히지 않고, 외로이 지키는 절개'라는 뜻으로, '菊花'를 비유하여 이르는 말.

對牛彈琴[ ]
( )( )( )( )
뜻▸ '소를 향해서 거문고를 뜯는다.'는 말로, '어리석은 자에게 깊은 이치를 말하여 주어도 아무 소용이 없음'을 이르는 말.

龜鑑( )( )[ ]
뜻▸ 본받을 만한 모범(模範). 예 모두의 龜鑑이 되다.

龜裂( )( )[ ]
뜻▸ 거북의 등딱지 모양으로 갈라짐, 또는 그 갈라진 금이나 틈. 예 벽에 龜裂이 생기다.

浮浪( )( )[ ]
뜻▸ 일정한 거처나 직업이 없이 떠돌아다니는 사람.

激浪( )( )[ ]
뜻▸ ①거센 물결. 격파(激波). ②'모진 시련'을 비유하여 이르는 말. 예 激浪을 헤쳐온 人生歷程

浪費( )( )[ ]
뜻▸ (돈, 시간, 물자 따위를) 아끼지 않고 함부로 씀.

殆半( )( )[ ]
뜻▸ 거의 절반. 예 그 넓은 밭을 殆半 혼자 갈았다.
참 太半(태반) ▹ 절반을 훨씬 넘음. [거의 3분의 2를 넘음]

危殆( )( )[ ]
뜻▸ 危殆하다. ☞ 형세가 어렵거나 위험한 지경.
예 회사(會社) 형편(形便)이 危殆하다.

도움글

○ '龜'자의 쓰임. 예1 龜船 ▹ (거북 귀)(배 선) 예2 龜旨歌 ▹ (나라이름 구)(뜻 지)(노래 가) 예3 龜手 ▹ (터질 균)(손 수)

1. 아래 한자어漢字語의 독음讀音을 쓰세요.

巷談[ ]	琴曲[ ]	浪説[ ]	困殆[ ]	巷間[ ]	流浪[ ]
奚琴[ ]	龜甲[ ]	提琴[ ]	漂浪[ ]	穫稻[ ]	浪跡[ ]
殆無[ ]	浪漫[ ]	龜背[ ]	自慢[ ]	放浪[ ]	龜手[ ]

虛無孟浪[ ] 龜毛兎角[ ] 街談巷説[ ]

2. 아래 글을 읽고 밑줄 친 낱말은 한자漢字로, 한자어漢字語는 독음讀音으로 고쳐 쓰세요.

恒常[1] 불의[2]를 한 번만 행하고, 무고(無辜)한 자를 한 번만 죽이고 天下를 얻는다 할지라도 이를 행하지 않겠다는 생각을 가슴속에 간직할지니라.

橫逆[3]㊟이 다가오면 스스로 반성[4]하고 깊이 성찰[5]하여 감화[6]로써 기약[7]을 삼을지니라.

한 집안 사람이 교화[8]되지 않음은 이는 곧 성의[9]를 다하지 않았음이니라.

밤잠이나 질병[10]이 아닌 다음에는 쓰러져 눕지 아니하며 비스듬히 기대지도 아니하며 비록 밤중일지라도 졸리다는 생각이 없으면 눕지 아니하며, 다만 抑止[11]로는 말 것이니라. 낮에 졸음이 오면 마땅히 정신[12]을 깨우쳐야 하며 졸음이 그래도 십분[13] 猛烈[14]하여 눈을 뜨려 해도 눈꺼풀이 무거운 듯하면 일어나 몇 바퀴 걸어다녀서 잠이 달아나도록 해야 한다.

공부에 힘쓰되 느리게도 급하게도 말며 죽은 뒤에야 그치리라는㊟ 생각으로 한다. 萬若[15] 그 효과[16]가 빨리 드러나기를 바란다면 이 또한 利心[17]이 있는 것이 된다. 그러므로 萬若 이렇게 안 한다면 이는 부모께 받은 몸을 戮(욕)辱[18]하는 것이니 곧 사람의 아들이라 할 수 없느니라.

– 栗谷, 『自警文』 中에서

1.	2.	3.	4.	5.	6.
7.	8.	9.	10.	11.	12.
13.	14.	15.	16.	17.	18. 訓音

3. 아래 한자漢字는 쓰임에 따라 음音이 여러 가지로 변화되는 글자이다. [ ] 속에 독음讀音을 쓰세요.

① 北(북녘 북, 달아날배) :	敗北 [ ]	北極 [ ]	北征 [ ]	北緯 [ ]
② 合(합할 합, 홉 홉) :	十合 [ ]	契合 [ ]	聯合 [ ]	合乘 [ ]
③ 狀(형상 상, 문서 장) :	狀況 [ ]	慘狀 [ ]	賞狀 [ ]	訴狀 [ ]

도움글

- 죽은 뒤에야 그치리라(死而後已) ▷『論語』, 「泰伯篇」에 나오는 말.
- 橫逆 : 떳떳한 이치에 어그러짐.
- '自警文'은 栗谷 先生께서 二十歲 때에, 처음 불학(佛學)에 뜻을 두고 金剛山에 入山했다가 결국은 유학(儒學)으로 道를 이루기 위해 下山하여 스스로를 경계(警戒)하여 게을리 하지 않겠다고 지은 글이다.

아래 한자의 뜻과 소리를 빈칸에 쓰세요.

☆표는 3급Ⅱ 漢字임.

僞☆(人)	鴻(鳥)	巧☆(工)	涉(水)	玄☆(玄)	兼☆(八)	畿☆(田)	怠(心)
거짓 위	기러기 홍	공교할 교	건널 섭	검을 현	겸할 겸	경기 기	게으를 태

아래 설명을 읽고 빈칸에 보기 와 같이 쓰세요.

보기 良書(어질 량)(글 서)[양서]

僞裝( )( )[ ]
뜻▸ 사실(事實)과 다르게 거짓으로 꾸밈, 또는 그 꾸밈새. 예 간첩이 국군으로 僞裝하여 침투하다.

眞僞( )( )[ ]
뜻▸ 참과 거짓. 진부(眞否). 예 眞僞를 밝히다.

僞證( )( )[ ]
뜻▸ ①거짓 증거(證據). ②증인이 허위(虛僞) 진술함.

鴻圖( )( )[ ]
뜻▸ ①넓고 큰 계획(計劃). ②지난날, '임금의 계획'을 이르던 말.

鴻毛( )( )[ ]
뜻▸ '큰 기러기의 털'이라는 뜻으로, '매우 가벼운 사물'을 비유하여 이르는 말.

巧辯( )( )[ ]
뜻▸ 재치(才致)있는 말.

巧言令色 [ ]
( )( )( )( )
뜻▸ 남의 환심(歡心)을 사려고 번지르르하게 발라 맞추는 말과 알랑거리는 낯빛.

涉歷( )( )[ ]
뜻▸ 갖가지 일을 두루 겪음.

交涉( )( )[ ]
뜻▸ 일을 이루기 위하여 상대편과 의논(議論)함.

渡涉( )( )[ ]
뜻▸ 옷을 걷고 물을 건넘.
참 徒涉(도섭)▹걸어서 물을 건넘.

精巧( )( )[ ]
뜻▸ 기계나 세공물(細工物) 따위가 아주 세세(細細)한 부분까지 정밀(精密)하게 잘 되어 있음.

玄孫( )( )[ ]
뜻▸ 손자(孫子)의 손자.

玄米( )( )[ ]
뜻▸ 왕겨만 벗기고 쓿지 않은 쌀. 매조미쌀.

兼竝( )( )[ ]
뜻▸ 둘 이상의 것을 한데 합침.

兼床( )( )[ ]
뜻▸ 한 상에서 둘이 마주앉아 먹도록 음식을 차림.

兼職( )( )[ ]
뜻▸ 본직(本職) 이외에 다른 직무(職務)를 겸함.

畿湖( )( )[ ]
뜻▸ '경기도'와 '충청도'를 아울러 이르는 말.
참 記號(기호)▹뜻을 나타내기 위한 문자나 부호.
참 嗜好(기호)▹어떤 사물을 즐기고 좋아함.
참 旗號(기호)▹기(旗)로 나타내는 신호.

畿內( )( )[ ]
뜻▸ 서울을 중심으로 하여 사방에 있는 지역. 경기.
참 機內(기내)▹항공기의 안. 예 機內 방송을 듣다.

怠慢( )( )[ ]
뜻▸ 게으르고 느림. 과태(過怠). 타태(惰怠).

怠業( )( )[ ]
뜻▸ ①맡은 일을 게을리 함. ②노동쟁의(勞動爭議) 수단 중의 한 가지.

도움글

○ '圖'자의 쓰임. 참1 圖謀▹(꾀할 도)(꾀할 모) 참2 圖書▹(그림 도)(글 서) 참3 圖表▹(그림 도)(겉 표)

1. 아래 한자어漢字語의 독음讀音을 쓰세요.

涉獵[　]	僞造[　]	孤鴻[　]	兼用[　]	干涉[　]	僞書[　]
巧舌[　]	玄談[　]	玄鶴[　]	巧拙[　]	兼攝[　]	兼愛[　]
僞善[　]	巧敏[　]	僞作[　]	涉外[　]	鴻博[　]	虛僞[　]
技巧[　]	玄妙[　]	玄德[　]	巧說[　]	兼任[　]	玄武[　]
兼業[　]	京畿[　]	玄遠[　]	兼備[　]	邦畿[　]	兼營[　]

2. 아래 글을 읽고 밑줄 친 낱말은 한자漢字로, 한자어漢字語는 독음讀音으로 고쳐 쓰세요.

文字와 숫자는 둘 다 어떤 대상[1]을 표현[2]하는 기호[3]이지만 그 성격[4]은 다르다. 문자에 익숙한 사람은 숫자에 서툴기 쉽고 또 숫자에 익숙한 사람은 문자에 서툴기 쉽다. 일찍이 세종대왕[5]은 문자의 중요성[6]을 깨닫고 한글이라는 우수[7]한 문자를 창제[8]하였다. 그러나 세종대왕은 문자뿐만 아니라 숫자의 중요성도 깊이 洞察[9]하여 다음과 같은 말을 남겼다.

"산학[10]은 비록 술수[11]라 하겠지만 국가의 緊要[12]한 사무이므로 역대[13]로 내려오면서 모두 廢[14]하지 않았다. 程子나 朱子 등[15]의 선현[16]이 산학에 전심[17]하지는 않았다 하더라도 이 사실[18]을 洞察하고 있었을 것이다. 최근 농지[19]를 등급별[20]로 측량[21]하는데 있어서 이순지·김담 등의 活躍[22]이 없었던들 그 셈을 능히 할 수 있었을까? 널리 산학을 익히게 하는 방안[23]을 강구[24]하라." (「세종실록」 25년 11월 17일)

– 고려대학교 인문·자연계 논술고사 中

1.	2.	3.	4.	5.	6.
7.	8.	9.	10.	11.	12.
13.	14. 訓音	15.	16.	17.	18.
19.	20.	21.	22.	23.	24.

3. 아래 한자漢字와 뜻이 반대反對, 또는 상대相對되는 한자漢字를 □ 속에 넣어 단어單語를 완성하세요.

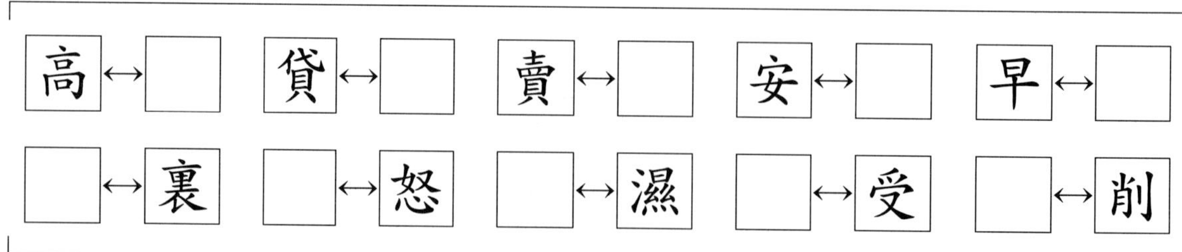

○ 두음법칙(頭音法則) ▷ 우리말에서, 음절의 첫소리에 'ㄴ, ㄹ'이 오는 것을 꺼리는 현상.

예1 泥土(이토) ▷ (진흙 니)(흙 토) 예2 戀情(연정) ▷ (그리워할 련)(뜻 정) 예3 獵銃(엽총) ▷ (사냥 렵)(총 총)

아래 한자의 뜻과 소리를 빈칸에 쓰세요.

☆표는 3급Ⅱ 漢字임.

耐☆(而)	較☆(車)	謙☆(言)	荒☆(艸)	渡☆(水)	傍☆(人)	側☆(人)	譜☆(言)
견딜 내ː	견줄 교 비교할 교	겸손할 겸	거칠 황	건널 도	곁 방ː	곁 측	족보 보ː

아래 설명을 읽고 빈칸에 보기 와 같이 쓰세요.

보기 良書(어질 량)(글 서)[양서]

忍耐( )( )[ ]
도▸ 괴로움이나 노여움 따위를 참고 견딤.
예 忍耐는 쓰나 그 열매는 달다.

耐熱( )( )[ ]
도▸ 변질되거나 변형되지 않고 높은 열을 견디어 냄.

比較( )( )[ ]
도▸ 둘 이상의 사물을 서로 견주어 봄. 예 품질을 比較하다.

較量( )( )[ ]
도▸ ①견주어 헤아림. ②저항(抵抗)함.

謙讓( )( )[ ]
도▸ 겸손(謙遜)하게 사양(辭讓)함. 겸억(謙抑).

謙虛( )( )[ ]
도▸ 아는 체하거나 잘난 체하지 않고, 겸손하며 삼가는 태도가 있음. 예 충고(忠告)를 謙虛하게 받아들이다.

不渡( )( )[ ]
도▸ 수표(手票)나 어음의 발행 액수보다 예금 액수가 부족하여 그 지급을 받지 못하게 되는 일.

荒廢( )( )[ ]
도▸ 집이나 땅 위를 거두지 않고 그냥 버려 두어 거칠고 못쓰게 됨.

荒原( )( )[ ]
도▸ 황야(荒野). 풀이 멋대로 자란 거친 들판.
예 광막(廣漠)한 荒原을 질주(疾走)하다.

荒唐( )( )[ ]
도▸ 터무니없고 허황(虛荒)함. 황탄(荒誕).

渡河( )( )[ ]
도▸ 도강(渡江). 강물을 건넘.

讓渡( )( )[ ]
도▸ 권리(權利)·재산(財産)·법률상의 지위(地位) 등을 남에게 넘겨줌. 예 토지를 讓渡하다.

傍觀( )( )[ ]
도▸ 그 일에 상관(相關)하지 않고 곁에서 보기만 함.

傍若無人 [ ]
( )( )( )( )
도▸ '곁에 사람이 아무도 없는 듯이 어렴성 없이 함부로 행동함'을 이르는 말.

兩側( )( )[ ]
도▸ ①두 편. 양편. ②양쪽의 측면.

側近( )( )[ ]
도▸ ①곁의 가까운 곳. 예 왕을 側近에서 모시다.
②측근자(側近者). 예 그는 사장의 側近이다.

畫譜( )( )[ ]
도▸ ①화가의 계통이나 전통 따위를 적은 책.
②그림을 종류별로 분류 정리하여 놓은 책.
참 畫報(화보)▹그림이나 사진을 위주(爲主)로 하여 편집(編輯)한 지면(紙面)이나 인쇄물(印刷物).
참 花譜(화보)▹꽃의 이름과 특징 및 피는 시기 따위를 적어 놓은 책.

도움글

- '忍'자는 '참다, 차마, 잔인하다' 등의 뜻으로 쓰인다. 예1 殘忍(잔인) 예2 忍辱(인욕) 예3 忍勉(인면)
- '比'자는 '此(이 차)'자와 혼동하기 쉬우니 주의! 예1 比率(비율) 예2 彼此(피차) 예3 於此彼(어차피)
- '兩側'의 '兩(량)'자는 쓰임에 따라 독음이 다양하게 바뀜에 주의! 예1 萬兩(만냥) 예2 兩班(양반)

1. 아래 한자어漢字語의 독음讀音을 쓰세요.

耐久[ ]	較著[ ]	引渡[ ]	荒城[ ]	謙辭[ ]	渡來[ ]
傍點[ ]	謙愼[ ]	耐震[ ]	賣渡[ ]	渡船[ ]	兩傍[ ]
族譜[ ]	側傍[ ]	傍系[ ]	傍聽[ ]	偏邦[ ]	片側[ ]
較準[ ]	謙稱[ ]	耐寒[ ]	系譜[ ]	側席[ ]	荒涼[ ]
譜錄[ ]	過渡[ ]	側面[ ]	讓渡[ ]	近傍[ ]	音譜[ ]

2. 아래 글을 읽고 밑줄 친 낱말은 한자漢字로, 한자어漢字語는 독음讀音으로 고쳐 쓰세요.

아무리 좋은 文字라도 숫자가 할 수 있는 일을 다 할 수는 없다. 또 아무리 精巧[1]하게 조합[2]된 숫자들이라 하더라도 문자로 표현[3]된 뜻을 다 담을 수 없다. 文字와 숫자는 모두 자체[4]의 특성[5]과 한계[6]를 동시[7]에 지니고 있다. 우리는 文字와 숫자의 상이[8]한 특성을 적절[9]하게 살피어 씀으로써, 더 많은 일을 정확하고 명료(明瞭)하고 效率的[10]으로 할 수 있다. 가령[11], 숫자만으로 사랑의 감정[12]을 표현할 수는 없고, 반대로 문자만으로 정확[13]한 時間 약속[14]이나 상품[15] 주문[16]을 하기는 어렵다. 숫자의 힘을 빌리지 않는다면, 많은 법률[17] 條項[18]이나 契約書[19] 들의 작성[20]도 불가능[21]할 것이다. 相補的[22]인 관계[23]에 있는 문자와 숫자를 동시에 잘 이용할 수 있어야만 事物에 대한 정확한 이해[24]와 표현을 이룰 수 있다.

– 고려대 인문・자연계 논술고사 中

1.	2.	3.	4.	5.	6.
7.	8.	9.	10.	11.	12.
13.	14.	15.	16.	17.	18.
19.	20.	21.	22.	23.	24.

3. 다음 한자漢字의 훈訓과 음音을 쓰세요.

輿[ ]	齊[ ]	鴻[ ]	値[ ]	穫[ ]
胸[ ]	懇[ ]	赴[ ]	狗[ ]	畿[ ]

4. 아래 한자漢字와 뜻이 비슷한 한자漢字를 □ 속에 넣어 단어單語를 완성하세요.

菜 = □　　□ = 盛　　扶 = □　　□ = 睦　　淨 = □

도움글

○ 혼동하기 쉬운 글자! 예1 系(계)와 係(계) 예2 料(료)와 科(과) 예3 片(편)과 爿(장) 예4 錄(록)과 綠(록)

아래 한자의 뜻과 소리를 빈칸에 쓰세요.

☆표는 3급Ⅱ 漢字임.

桂☆(木)	惱(心)	娘☆(女)	嶺☆(山)	吾(口)	寂☆(宀)	卽☆(卩)	貞☆(貝)
계수나무 계	번뇌할 뇌	계집 낭	고개 령	나 오	고요할 적	곧 즉	곧을 정

아래 설명을 읽고 빈칸에 보기 와 같이 쓰세요.

보기 良書(어질 량)(글 서)[양서]

桂樹(　　)(　　)[　　]
도▸ 계수나무. [나무껍질은 계피(桂皮)라 하여 향료(香料)나 약재(藥材)로 쓰임.]

桂苑筆耕[　　] ※苑 : 나라동산 원(2급)
(　　)(　　)(　　)(　　)
도▸ 신라(新羅) 말기 최치원(崔致遠)의 문집(文集).

煩惱(　　)(　　)[　　]
도▸ 마음이나 몸을 괴롭히는 모든 망념(妄念).

苦惱(　　)(　　)[　　]
도▸ 괴로움과 번뇌. 句苦惱에 찬 표정을 짓다.

娘子(　　)(　　)[　　]
도▸ 지난날, '처녀'를 점잖게 이르던 말.

娘細胞[　　]
(　　)(　　)(　　)
도▸ 세포 분열(分裂)에 의하여 생긴 두 개의 세포. 반모세포(母細胞).

嶺調(　　)(　　)[　　]
도▸ 영남 지방에서 발달한 시조(時調)의 창법(唱法).

嶺雲(　　)(　　)[　　]
도▸ 산마루 위에 뜬구름.

靜寂(　　)(　　)[　　]
도▸ 고요하고 괴괴함. 句靜寂을 깨뜨리는 종소리.

貞操(　　)(　　)[　　]
도▸ ①여자의 곧고 깨끗한 절개(節槪). ②성적(性的) 관계의 순결(純潔). 句貞操를 지키다.

吾等(　　)(　　)[　　]
도▸ 우리들. 句吾等은 자(玆)에 아(我) 조선의…

吾鼻三尺[　　]
(　　)(　　)(　　)(　　)
도▸ '내 코가 석 자'라는 뜻으로, '내 사정이 급하여 남을 돌볼 겨를이 없음'을 이르는 말.

空寂(　　)(　　)[　　]
도▸ 불교에서, '만물이 모두 실체가 없어 생각하고 분별할 것도 없음'을 이르는 말.

寂滅(　　)(　　)[　　]
도▸ 열반(涅槃). 일체(一切)의 번뇌에서 해탈(解脫)한 불생불멸(不生不滅)의 높은 경지(境地).

卽決(　　)(　　)[　　]
도▸ ①그 자리에서 곧 결정함. 즉시 처리. 직결(直決). ②즉결 심판.

一觸卽發[　　]
(　　)(　　)(　　)(　　)
도▸ '조금만 닿아도 곧 폭발한다.'는 뜻으로, '금방이라도 일이 크게 터질 듯한 아슬아슬한 긴장 상태'를 이르는 말. 句一觸卽發의 위기.

不貞(　　)(　　)[　　]
도▸ 남편으로서 또는 아내로서 정조(貞操)를 지키지 않음. 句不貞한 행실(行實).
참否定(부정)▹그렇지 않다고 함. 반긍정(肯定).
참不正(부정)▹바르지 않음. 句不正한 행위

貞淑(　　)(　　)[　　]
도▸ 여자로서 행실(行實)이 얌전하고 마음씨가 고움.

도움글

❍ 나무 그늘 아래서 쉬어가기.

문 절에서 키우는 소가 제일 좋아 귀하게 대접을 받는다는 뜻의 한자는? ①特 ②侍 ③時 ④待 정답☞다음 쪽

1. 아래 한자어漢字語의 독음讀音을 쓰세요.

桂冠[ ]	桂皮[ ]	折桂[ ]	銀桂[ ]	惱亂[ ]	寂念[ ]
嶺南[ ]	忠貞[ ]	貞純[ ]	貞實[ ]	卽席[ ]	貞烈[ ]
卽刻[ ]	嶺東[ ]	卽位[ ]	貞潔[ ]	卽興[ ]	閑寂[ ]
李成桂[ ]	元亨利貞[ ]	貞觀政要[ ]	桂玉之愁[ ]		

2. 아래 글을 읽고 밑줄 친 낱말은 한자漢字로, 한자어漢字語는 독음讀音으로 고쳐 쓰세요.

현대 사회는 가치판단의 다양성[1]이 용인[2]되고 존중되는 이른바 다원주의[3] 사회이다. 어떤 특정한 가치관[4]에 基礎[5]한 견해, 또는 특정 개인이나 특정 집단[6]의 주장[7]이 무조건적[8]인 정당성[9]을 가질 수는 없으며, 여러 견해들이 대두(擡頭)되어 경합[10]하고 조절[11]되는 가운데 그때그때 올바른 문제 해결[12]이 追究[13]된다.

그러나 이와 같은 현대 다원주의 사회는 가치관의 혼란[14]이라는 문제를 가져오기도 한다. 普遍的[15]으로 인정[16]되는 가치체계[17]에 근거[18]하여 모든 행위는 정당성을 쉽게 판단[19]하던 때와는 달리, 가치관의 정립[20] 내지[21] 가치기준[22]의 선택[23]이라는 부담[24]이 모든 개인들에게 맡겨져 있기 때문이다.

– 고려대 인문계 논술고사 中

1.	2.	3.	4.	5.	6.
7.	8.	9.	10.	11.	12.
13.	14.	15.	16.	17.	18.
19.	20.	21.	22.	23.	24.

3. 아래 한자漢字는 쓰임에 따라 음音이 여러 가지로 변화되는 글자이다. [ ] 속에 독음讀音을 쓰세요.

① 分(나눌 분, 푼 푼) : 分辨[ ] 兩分[ ] 分割[ ] 分錢[ ]
② 易(쉬울 이, 바꿀 역) : 易經[ ] 容易[ ] 貿易[ ] 簡易[ ]
③ 氏(각시 씨, 나라이름지) : 元氏[ ] 氏譜[ ] 氏族[ ] 月氏國[ ]

4. 아래 한자漢字와 뜻이 반대反對, 또는 상대相對되는 한자漢字를 □ 속에 넣어 단어單語를 완성하세요.

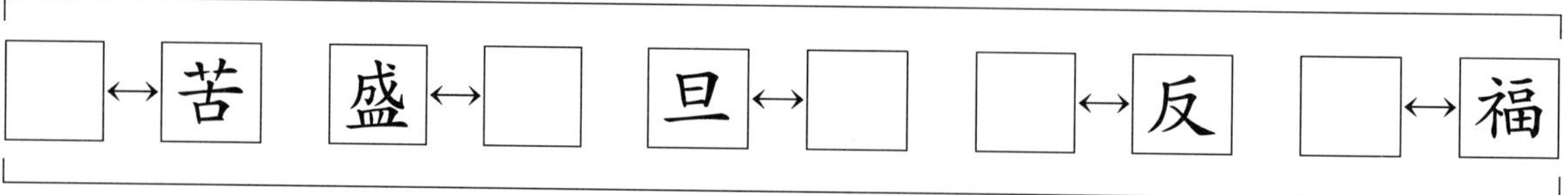

□ ↔ 苦　　盛 ↔ □　　旦 ↔ □　　□ ↔ 反　　□ ↔ 福

도움글

○ 혼동하기 쉬운 글자! 참1 亨(형)과 享(향) 참2 折(절)과 析(석) 참3 胞(포)와 砲(포)　(37쪽) 정답 ☞ ① 牛+寺=特

아래 한자의 뜻과 소리를 빈칸에 쓰세요.

☆표는 3급Ⅱ 漢字임.

谷☆(谷)	腦☆(肉)	倉☆(人)	僅(人)	恭☆(心)	婢☆(女)	貿☆(貝)	苟(艸)
골 곡	골 뇌 뇌수腦髓 뇌	곳집 창	겨우 근	공손할 공	계집종 비	무역할 무	구차할 구 진실로 구

아래 설명을 읽고 빈칸에 보기 와 같이 쓰세요.

보기 良書(어질 량)(글 서)[양서]

溪谷(　　)(　　)[　　]

도▸ 물이 흐르는 골짜기. 계학(溪壑). ※ 溪 = 谿

進退維谷 [　　]

(　　)(　　)(　　)(　　)

도▸ '나아갈 수도 없고 물러설 수도 없이 궁지(窮地)에 몰려 있음'을 이르는 말. 진퇴양난(進退兩難).
예 어찌할 수 없는 進退維谷의 처지에 빠지다.

頭腦(　　)(　　)[　　]

도▸ ①머릿골. ②슬기. 지혜. 예 명석(明晳)한 頭腦 ③지식 따위의 수준이 높은 사람.

腦死(　　)(　　)[　　]

도▸ 뇌의 기능(機能)이 완전히 멈추어져 본디 상태로 되돌아가지 않는 상태.

穀倉(　　)(　　)[　　]

도▸ ①곡식을 쌓아 두는 창고. ②곡식이 많이 나는 곳.
예 호남(湖南)은 우리나라의 穀倉 지대이다.

營倉(　　)(　　)[　　]

도▸ 법규를 어긴 군인을 가두어 두는 병영(兵營) 안의 건물, 또는 그 곳에 들어가는 형벌(刑罰).

僅少(　　)(　　)[　　]

도▸ 얼마 되지 않을 만큼 아주 적음. 예 僅少한 차이(差異)로 승리(勝利)하다.

僅僅扶持 [　　]

(　　)(　　)(　　)(　　)

도▸ 겨우 배겨 나감. 가까스로 버티어 나감.

恭待(　　)(　　)[　　]

도▸ ①공손하게 잘 대접함. ②상대에게 높임말을 함. 예 그는 나에게 깍듯이 恭待하였다.

恭賀新年 [　　]

(　　)(　　)(　　)(　　)

도▸ '삼가 새해를 축하합니다.'라는 말로, 연하장(年賀狀) 따위에 쓰는 말. 근하신년(謹賀新年).

奴婢(　　)(　　)[　　]

도▸ 사내종과 계집종을 이르는 말. 비복(婢僕).

참 路費(노비) ▹ 노자(路資). 먼 길을 오가는 데 드는 돈. 여비(旅費). 행자(行資).

참 勞費(노비) ▹ 노동의 대가(代價)로 주는 돈.

官婢(　　)(　　)[　　]

도▸ 지난날, 관가(官家)에서 부리던 계집종.

貿易風 [　　]

(　　)(　　)(　　)

도▸ 남・북 회귀선 가까이에서 적도(赤道)를 향하여 1년 내내 일정한 방향으로 부는 바람. 지구의 자전(自轉)으로 북반구에서는 북동풍, 남반구에서는 남동풍이 됨. 항신풍(恒信風).

貿易收支 [　　]

(　　)(　　)(　　)(　　)

도▸ 상품의 수출입(輸出入)으로 생기는 외국과의 대금(代金)의 수불(受拂) 관계.

苟且(　　)(　　)[　　]

도▸ 苟且하다. ☞ ①살림이 매우 가난하다. 예 집안이 매우 苟且하다. ②말이나 행동이 떳떳하거나 버젓하지 못하다. 예 苟且한 변명을 늘어놓다.

苟命圖生 [　　]

(　　)(　　)(　　)(　　)

도▸ 구차스럽게 겨우 목숨만 이어나감.

○ 혼동하기 쉬운 글자! 참1 拘(구)와 狗(구) 참2 腦(뇌)와 惱(뇌) 참3 婢(비)와 碑(비) 참4 僅(근)과 謹(근)

1. 아래 한자어漢字語의 독음讀音을 쓰세요.

幽谷[ ]	腦裏[ ]	首腦[ ]	谷泉[ ]	司倉[ ]	谷風[ ]
社倉[ ]	溫恭[ ]	恭順[ ]	倉庫[ ]	婢妾[ ]	恭謙[ ]
侍婢[ ]	苟從[ ]	苟存[ ]	貿販[ ]	苟生[ ]	貿穀[ ]
空谷[ ]	倉府[ ]	苟安[ ]	官倉[ ]	恭敬[ ]	倉卒[ ]

腦卒中[ ] 陵谷之變[ ] 恭賀新年[ ] 僅僅得生[ ]

2. 아래 글을 읽고 밑줄 친 낱말은 한자漢字로, 한자어漢字語는 독음讀音으로 고쳐 쓰세요.

또한 이러한 문제는 개인[1]의 문제일 뿐만 아니라 공동체[2]의 문제이기도 하다. 공동체의 과제[3]를 결정[4]하고 遂行[5]하는 데 있어서도 價値基準[6]의 결정 문제는 피할 수 없다. 그러므로 다양[7]한–때로는 대립[8]되는–여러 價値基準들 가운데서 어떤 것을 적용[9]하여 판단[10]과 결정을 내려야 할 것인가는 국가의 중요[11]한 문제이기도 하다. 오늘날의 민주[12]주의하에서 합리적[13]이고 객관적[14]인 절차[15]에 의한 정당성[16]을 강조[17]하는 것은 이러한 脈絡[18]에서 큰 의미[19]를 갖는다. 어떠한 판단과 결정이 정당한가를 묻는 내용적[20] 정당성에 대한 답이 각각의 價値基準에 따라 다를 수밖에 없는 경우들이 있다. 이럴 때에는 합리적이고 객관적인 의견 조정[21] 및 다수 형성[22]의 과정[23]을 통한 판단과 결정이 요청[24]되는 것이다.

– 고려대 인문계 논술고사 中

1.	2.	3.	4.	5.	6.
7.	8.	9.	10.	11.	12.
13.	14.	15.	16.	17.	18.
19.	20.	21.	22.	23.	24.

3. 다음 한자漢字의 훈음訓音과 약자略字를 쓰세요. 【例】 萬 – (일만 만) – (万)

(1) 舊 –( ) – ( )	(6) 價 –( ) – ( )	(11) 點 –( ) – ( )
(2) 擔 –( ) – ( )	(7) 斷 –( ) – ( )	(12) 擧 –( ) – ( )
(3) 廣 –( ) – ( )	(8) 發 –( ) – ( )	(13) 團 –( ) – ( )
(4) 禮 –( ) – ( )	(9) 兒 –( ) – ( )	(14) 辭 –( ) – ( )
(5) 實 –( ) – ( )	(10) 壯 –( ) – ( )	(15) 賣 –( ) – ( )

도움글

○ '維 = 惟 = 唯'자는 모두 '오직 유'라는 訓과 音으로 같이 쓰이기도 하지만, 각각 維(벼리 유)·惟(오직 유)·唯(대답할 유)라는 訓과 音으로 쓰이기도 한다.

아래 한자의 뜻과 소리를 빈칸에 쓰세요.

☆표는 3급Ⅱ 漢字임.

需☆(雨)	菊☆(艸)	剛☆(刀)	穴☆(穴)	聰(耳)	鬼☆(鬼)	厥(厂)	其☆(八)
쓰일 수	국화 국	굳셀 강	굴 혈	귀밝을 총	귀신 귀	그[其] 궐	그 기

아래 설명을 읽고 빈칸에 보기 와 같이 쓰세요.

보기 良書(어질 량)(글 서)[양서]

需要( )( )[ ]
도▶ ①필요한 상품을 얻고자 하는 일. ②구매력이 있는 사람이 상품에 대하여 가지는 구매 욕망. 쓰 교재 需要가 증가(增加)하다.

婚需( )( )[ ]
도▶ 혼인(婚姻)에 드는 물품, 또는 비용(費用).
참 昏睡(혼수)▷①정신없이 혼혼히 잠듦. ②의식이 없어짐. 쓰 昏睡 상태(狀態)에 빠지다.

菊版( )( )[ ]
도▶ 종이 규격판(規格版)의 한 가지.

寒菊( )( )[ ]
도▶ 국화과(菊花科)의 다년초. [서리와 추위에 강하여 정원(庭園)에 심는 재배(栽培) 식물임]

剛健( )( )[ ]
도▶ ①기상(氣像)이나 기개(氣槪)가 꿋꿋하고 굳셈. 쓰 剛健한 성품. ②필력(筆力)이나 문세(文勢)가 강하고 씩씩함. 쓰 剛健한 문체(文體).

外柔內剛[ ]
( )( )( )( )
도▶ 겉으로는 부드럽고 순하게 보이나 마음속은 단단하고 굳셈. 반 외강내유(外剛內柔).

洞穴( )( )[ ]
도▶ 깊고 넓은 굴. 동굴(洞窟).

穴居( )( )[ ]
도▶ 굴(窟)에서 삶. 혈처(穴處).

聰明( )( )[ ]
도▶ ①보고 들은 것에 대한 기억력(記憶力)이 좋음. 쓰 머리가 聰明하다. ②영리하고 재주가 있음. 쓰 聰明한 지혜(知慧).

聰慧( )( )[ ]
도▶ 총명(聰明)하고 슬기로움.

神出鬼沒[ ]
( )( )( )( )
도▶ 귀신처럼 자유자재(自由自在)로 나타났다 사라졌다 함.

餓鬼( )( )[ ]
도▶ ①전생(前生)에 지은 죄로 아귀도(餓鬼道)에 태어난 귀신. ②염치(廉恥)없이 먹을 것이나 탐내는 사람을 욕으로 이르는 말.

厥初( )( )[ ]
도▶ 처음. 시초(始初).

厥冷( )( )[ ]
도▶ (한방에서) 체온이 내려가며 손발 끝에서부터 차가워지는 증상.

厥角( )( )[ ]
도▶ 이마를 땅에 대고 절을 함. ['角'은 '이마'의 뜻]

其間( )( )[ ]
도▶ 그 사이. 그동안.

其餘( )( )[ ]
도▶ 그 나머지. 그 이외. 이여(爾餘).

도움글

○ '洞'자는 뜻에 따라 소리가 달라지는 漢字이다. 예1 洞窟▷(골 동)(굴 굴) 예2 洞察▷(꿰뚫을 통)(살필 찰)

문 어느 병원 진찰실(診察室) 입구에 '口大目小'라고 적혀 있었다. 다음 중 어느 과(科)를 뜻하는 것일까?

①피부과(皮膚科) ②안과(眼科) ③치과(齒科) ④외과(外科)

정답☞ 다음 쪽

1. 아래 한자어漢字語의 독음讀音을 쓰세요.

其他[ ] 鬼哭[ ] 需給[ ] 內需[ ] 供需[ ] 菊花[ ]
芳菊[ ] 剛腸[ ] 黃菊[ ] 鬼火[ ] 霜菊[ ] 剛氣[ ]
剛斷[ ] 需用[ ] 鬼神[ ] 剛直[ ] 惡鬼[ ] 穴見[ ]
聰達[ ] 厥尾[ ] 鬼才[ ] 聰氣[ ] 聰敏[ ] 鬼工[ ]

2. 아래 글을 읽고 밑줄 친 낱말은 한자漢字로, 한자어漢字語는 독음讀音으로 고쳐 쓰세요.

배우는 자는 먼저 뜻을 세워서 道로써 자기의 <u>임무</u>[1]를 삼을지니라. 道가 높고 먼 것이 아닌데도, 사람이 스스로 행하지 않고 있으니 만 가지 善이 모두 나에게 갖추어 있기 때문에 달리 구할 <u>필요</u>[2]는 없는 것이다. 고쳐서 늦추지도 말고 <u>의심</u>[3]하여 기다리지도 말며, 고쳐서 두려워하지도 말고 어렵다고 주저(躊躇)하지도 말며, <u>즉시</u>[4] 天地를 위하여 마음을 세우고 <u>민생</u>[5]을 위하여 <u>지극</u>[6]함을 세우며, 옛 聖人을 위해서 끊어진 <u>학문</u>[7]을 <u>계승</u>[8]하고 <u>만세</u>[9]에 <u>泰平</u>[10]을 열어 주기 위하여 <u>목표</u>[11]를 세워야 한다. 물러나서는 스스로 목표하는 바에 금을 그어두고 <u>姑息的</u>[12]으로 자신을 <u>容恕</u>[13]하는 버릇은 털끝만큼이라도 가슴속에 생겨나지 못하게 할 것이며, <u>毁譽</u>,[14] <u>榮辱</u>,[15] <u>이해</u>,[16] <u>禍福</u>[17]에 이르러서는 마음을 움직이지 못하도록 해야 하며, <u>奮發</u>[18]하고 힘써서 반드시 聖人이 된 후라야 그치기를 마음먹는다.

栗谷, 『學校模範 - 立志』 中

1.	2.	3.	4.	5.	6.
7.	8.	9.	10.	11.	12.
13.	14.	15.	16.	17.	18.

3. 혼동混同하기 쉬운 한자어漢字語의 독음讀音을 쓰세요.

佳景[ ] 往復[ ] 住所[ ] 渴症[ ] 謁見[ ] 功勞[ ]
切斷[ ] 征伐[ ] 代價[ ] 電燈[ ] 證據[ ] 未熟[ ]
末葉[ ] 辯論[ ] 辨別[ ] 俊秀[ ] 季節[ ] 榮華[ ]

도움글

○ **혼동하기 쉬운 글자!** 참1 需(수)와 儒(유) 참2 恕(서)와 怒(노) 참3 魂(혼)과 魄(백) 참4 膽(담)과 擔(담) 참5 未(미)와 末(말) 참6 代(대)와 伐(벌) 참7 俊과(준) 後(후) 참8 聽(청)과 聰(총)

○ (41쪽)정답☞ ③ 입을 크게 벌리면 눈이 작아지므로, 치과(齒科)를 뜻함.

아래 한자의 뜻과 소리를 빈칸에 쓰세요.

☆표는 3급Ⅱ 漢字임.

慕☆(心)	影☆(彡)	幽☆(幺)	斤(斤)	愁☆(心)	謀☆(言)	械☆(木)	孰(子)
그릴 모:	그림자 영:	그윽할 유	근 근 날 근	근심 수	꾀 모	기계 계:	누구 숙

아래 설명을 읽고 빈칸에 보기 와 같이 쓰세요.

보기 良書(어질 량)(글 서)[양서]

慕戀(　　)(　　)[　　]
도▸ 사모(思慕)하여 늘 그리워함, 또는 그 그리움.

哀慕(　　)(　　)[　　]
도▸ 죽은 이를 슬퍼하고 그 생전(生前)을 그리워함. 예 고인(故人)을 哀慕하다.
참 愛慕(애모)▹사랑하고 사모(思慕)함. 예 스승에게 愛慕의 정을 품다.

追慕(　　)(　　)[　　]
도▸ 죽은 이를 생각하고 그리워함. 예 돌아가신 분을 追慕하다.

影印(　　)(　　)[　　]
도▸ 책 따위의 내용을 사진(寫眞)으로 찍어서 복제(複製) 인쇄(印刷)하는 일.

影響(　　)(　　)[　　]
도▸ 다른 것에 작용을 미치어 반응이나 변화를 주는 일. 예 기름 값은 경제에 큰 影響을 끼친다.

幽靈會社[　　]
(　　)(　　)(　　)(　　)
도▸ 법적으로 정당한 절차를 밟지 않은 회사.

斤兩(　　)(　　)[　　]
도▸ 무게의 단위인 근과 냥.

千斤(　　)(　　)[　　]
도▸ '백 근의 열 곱절'이라는 뜻으로, '아주 무거움'을 뜻하는 말. 예 피로해서 몸이 千斤이야.
참 千斤(과) 같다.▹매우 무거워 주체하기가 어렵다.

幽明(　　)(　　)[　　]
도▸ ①어둠과 밝음. ②저승과 이승. 예 幽明을 달리하다.

憂愁(　　)(　　)[　　]
도▸ 근심과 걱정. 예 가끔 憂愁에 잠겨 있다.
참 優秀(우수)▹여럿 가운데 특별히 빼어남.

鄕愁(　　)(　　)[　　]
도▸ 고향을 그리워하는 마음이나 시름. 노스탤지어.
참 香水(향수)▹향료를 섞어 만든 액체 화장품.

愁眉(　　)(　　)[　　]
도▸ 근심으로 찌푸린 눈썹. 근심에 잠긴 안색.

陰謀(　　)(　　)[　　]
도▸ 남이 모르게 일을 꾸미는 꾀.

機械(　　)(　　)[　　]
도▸ 동력(動力)으로 움직여서 일정한 일을 하게 만든 장치(裝置).
참 器械(기계)▹도구(道具)와 기물(器物), 또는 간단한 기계를 통틀어 이르는 말.

孰若(　　)(　　)[　　]
도▸ 어느 쪽인가. 양쪽을 비교해서 물어보는 말.
참 宿約(숙약)▹오래전에 한 약속.

孰能禦之[　　]
(　　)(　　)(　　)(　　)
도▸ '누가 감히 막으랴'라는 뜻으로, '막을 사람이 없음'을 강조한 말. ※ 禦 : 막을 어(1급)

도움글

○ '謀'자와 '謨'자는 소리가 '모'이고, 뜻은 '꾀, 꾀하다' 등으로 쓰이는 異體字이나 다음과 같은 경우에는 多少 구별하여 쓰기도 한다. 참1 '謨'자는 임금이나 정사(政事)의 큰 계획을 이르는 경우에 주로 쓰이고, 참2 '謀'자는 일반적(一般的)인 책략(策略)이나 상의(相議)에 주로 쓰인다. ※같이 쓰는 경우가 많음

1. 아래 한자어漢字語의 독음讀音을 쓰세요.

共謀[ ]	哀愁[ ]	眞影[ ]	投影[ ]	幽宅[ ]	影像[ ]
幽境[ ]	謀叛[ ]	幽閉[ ]	幽興[ ]	斤數[ ]	斤稱[ ]

2. 아래 글을 읽고 밑줄 친 낱말은 한자漢字로, 한자어漢字語는 독음讀音으로 고쳐 쓰세요.

모든 生命體는 종[1]의 보존[2]과 번식(繁殖)이라는 본질[3]에서 벗어날 수 없다. 이 두 가지 特徵[4]은 얼핏 類似[5]한 듯하지만 동시[6]에 維持[7]하기에는 모순이 있는 현상이다. 우선 종의 보존 현상[8]을 살펴보자. 細菌[9]의 경우[10] 하나의 細胞[11]가 두 개로 分裂[12]하는 二分法으로 증식(增殖)하여 두 개의 細胞는 놀라울 만큼 정확[13]하게 旣存[14] 細胞를 복제[15]한다. 거의 완벽(完璧)한 복제술은 한 개의 細胞가 수백만 개로 증식할 때까지 다섯 손가락으로 꼽을 정도[16]의 오류(誤謬)만을 허용[17]한다. 간혹 종의 엄격[18]한 보존 본능[19]은 生命體에게는 불리[20]한 선택[21]일 수 있다. 왜냐하면 환경[22]의 變化에 적절[23]하게 대응[24]해야 종을 維持할 수 있기 때문이다.

– 가톨릭대학교 자연계 논술고사 中

1.	2.	3.	4.	5.	6.
7.	8.	9.	10.	11.	12.
13.	14.	15.	16.	17.	18.
19.	20.	21.	22.	23.	24.

3. 아래 한자漢字는 쓰임에 따라 음音이 여러 가지로 변화되는 글자이다. [ ] 속에 독음讀音을 쓰세요.

1 內(안 내, 여관女官나) : 內外[ ] 內人[ ] 內幕[ ] 內亂[ ]
2 丹(붉을 단, 꽃이름란) : 丹靑[ ] 牡丹[ ] 丹藥[ ] 丹粧[ ]
3 車(수레 거, 수레 차) : 車馬[ ] 乘車[ ] 列車[ ] 人力車[ ]

4. 아래 한자어漢字語와 뜻이 서로 반대反對, 또는 상대相對되는 한자어漢字語를 □ 속에 한자漢字로 쓰세요.

可決 ↔ □ 客體 ↔ □ 樂觀 ↔ □ 不運 ↔ □

도움글

○ 혼동하기 쉬운 글자! 참1 慕(모)와 暮(모) 참2 孰(숙)과 熟(숙) 참3 鄕(향)과 卿(경)

○ 影像과 映像 ▷ 참1 影像(영상) ▷ 그림으로 나타낸 부처나 사람의 모습.
참2 映像(영상) ▷ ①광선의 굴절이나 반사에 따라 비추어지는 물체의 모습. ②머릿속에 떠오르는 사물의 모습. 이미지. 심상(心像). ③영화나 텔레비전의 화상(畫像).

아래 한자의 뜻과 소리를 빈칸에 쓰세요.

☆표는 3급Ⅱ 漢字임.

雁(隹)	掛(手)	悅☆(心)	瓦☆(瓦)	補☆(衣)	怪☆(心)	蛇☆(虫)	緊☆(糸)
기러기 안ː	걸[懸] 괘	기쁠 열	기와 와ː	기울 보ː	괴이할 괴ˑ	긴뱀 사	긴할 긴

아래 설명을 읽고 빈칸에 보기 와 같이 쓰세요.

보기 良書(어질 량)(글 서)[양서]

鴻雁(　　　)(　　　)[　　　]

뜻▸ 큰 기러기와 작은 기러기.

참 紅顔(홍안)▹ 젊어서 혈색(血色)이 좋은 얼굴.

雁行(　　　)(　　　)[　　　]

뜻▸ '기러기의 행렬'이라는 뜻으로, '남의 형제'를 높여 이르는 말. 예 雁行이 몇 분이십니까?

掛圖(　　　)(　　　)[　　　]

뜻▸ 벽에 걸게 된 지도나 도표·그림 같은 것.

掛鐘(　　　)(　　　)[　　　]

뜻▸ 벽이나 기둥 따위에 걸어 놓는 시계(時計).

喜悅(　　　)(　　　)[　　　]

뜻▸ 기쁨과 즐거움. 희락(喜樂). 희열(喜說).

悅樂(　　　)(　　　)[　　　]

뜻▸ 기뻐하고 즐거워함.

青瓦(　　　)(　　　)[　　　]

뜻▸ 청기와. 푸른 빛깔의 단단한 기와.

참 청기와 장수▹ 기술 같은 것을 자기만 알고 남에게 알리지 않아 그 이익을 독차지하려는 사람.

瓦當(　　　)(　　　)[　　　]

뜻▸ 기와의 마구리.

補講(　　　)(　　　)[　　　]

뜻▸ 교사, 또는 학교의 사정으로 말미암은 결강(缺講)·휴강(休講)을 보충하기 위해 강의함.

참 補強(보강)▹ 모자라는 곳이나 약한 부분을 보태고 채워서 튼튼하게 함. 예 신인 선수 補強

瓦解(　　　)(　　　)[　　　]

뜻▸ 조직(組織)이나 기능 따위가 무너져 흩어짐. 예 연합(聯合) 세력이 瓦解되다.

補聽器[　　　]

(　　　)(　　　)(　　　)

뜻▸ 귀가 어두운 사람이 청력(聽力)을 보강(補強)하기 위하여 귀에 꽂는 작은 확성(擴聲) 장치.

怪疾(　　　)(　　　)[　　　]

뜻▸ ①원인을 알 수 없는 이상야릇한 병(病). ②'콜레라'를 속되게 이르는 말.

怪談(　　　)(　　　)[　　　]

뜻▸ 괴상(怪狀)한 이야기.

龍頭蛇尾[　　　]

(　　　)(　　　)(　　　)(　　　)

뜻▸ '머리는 용이지만 꼬리는 뱀'이라는 뜻으로, '시작은 거창(巨創)하나 뒤로 갈수록 흐지부지해짐'을 비유하여 이르는 말.

蛇足(　　　)(　　　)[　　　]

뜻▸ '뱀을 그리는 데 발까지 그려 넣는다.'는 뜻으로, '안 해도 될 쓸데없는 일을 덧붙여 하다가 도리어 일을 그르침'을 이르는 말. 畫蛇添足.

緊縮(　　　)(　　　)[　　　]

뜻▸ ①바짝 줄임. ②지출을 크게 줄임. 예 緊縮 정책.

緊迫感[　　　]

(　　　)(　　　)(　　　)

뜻▸ 아주 급박(急迫)한 느낌.

도움글

○ '鐘'자는 '鍾'자와 쓰임이 같은 異體字이나 최근에는 뜻을 구별하여 쓴다. '鐘'자는 주로 '쇠북, 종' 등을 뜻하는 말에 쓰이고, '鍾'자는 '술병, 모으다, 사람 이름' 등의 뜻에 주로 쓰인다.

1. 아래 한자어漢字語의 독음讀音을 쓰세요.

瓦工[ ]	緊張[ ]	銅瓦[ ]	蛇龍[ ]	鬼瓦[ ]	要緊[ ]
瓦鷄[ ]	雁陣[ ]	雁柱[ ]	旅雁[ ]	和悅[ ]	緊密[ ]
落雁[ ]	掛念[ ]	掛鏡[ ]	掛曆[ ]	歸雁[ ]	雁報[ ]
掛意[ ]	悅親[ ]	悅愛[ ]	補缺[ ]	緊簡[ ]	飛雁[ ]
補償[ ]	補佐[ ]	補助[ ]	補職[ ]	補修[ ]	悅慕[ ]
補充[ ]	怪石[ ]	怪變[ ]	怪異[ ]	候補[ ]	補完[ ]
奇怪[ ]	緊急[ ]	蛇退[ ]	緊要[ ]	補闕[ ]	怪常[ ]

2. 아래 글을 읽고 밑줄 친 낱말은 한자漢字로, 한자어漢字語는 독음讀音으로 고쳐 쓰세요.

배우는 자가 선비의 행동[1]을 닦으려면 모름지기 기본[2] 틀을 삼가야 한다.

사람의 과실[3]은 언어[4]로부터 오는 것이 많으니, 말을 반드시 충성[5]스럽고 믿음직스럽게 해서 때맞추어 말하고, 肯定[6]이나 許諾[7]을 무겁게 생각해야 하고, 목소리를 조용하고 엄숙[8]하게 하며 戲弄[9]과 해학(諧謔)이나 시끄럽게 떠들지 말아야 한다. 다만 文字와 이치[10]에 유익[11]한 말만 하고 虛荒[12]한 귀신의 이야기나 거리의 상스러운 말은 입에 담지 말아야 한다. 그리고 무리들을 따라서 공리공담[13]으로 날을 보내거나 時代의 정치[14]를 함부로 논란[15]하거나, 남의 장단점[16]을 논하는 것은 모두 공부에 방해[17]되고 일에 害가 되는 것이니 一切 경계[18]해야 할 것이다.

– 栗谷, 『學校模範 – 愼言』 中

1.	2.	3.	4.	5.	6.
7.	8.	9.	10.	11.	12.
13.	14.	15.	16.	17.	18.

3. 아래 한자漢字와 뜻이 비슷한 한자漢字를 □ 속에 넣어 단어單語를 완성하세요.

勉 = □ 俊 = □ 屈 = □ 恒 = □ 覺 = □

○ '諾'자의 쓰임 참1 許諾(허락) ▷ (허락할 허)(허락할 락) 참2 承諾(승낙) ▷ (이을 승)(허락할 낙)
○ '行'자의 쓰임 참1 敢行(감행) ▷ (감히 감)(다닐 행) 참2 行列(항렬) ▷ (항렬 항)(벌일 렬)
○ '難'자의 쓰임 참1 災難(재난) ▷ (재앙 재)(어려울 난) 참2 論難(논란) ▷ (논할 론)(어려울 란)

아래 한자의 뜻과 소리를 빈칸에 쓰세요.

☆표는 3급Ⅱ 漢字임.

徑☆(彳)	途☆(辶)	羽☆(羽)	烏☆(火)	削☆(刀)	淨☆(水)	縣(糸)	忌(心)
지름길 경 길 경	길 도	깃 우	까마귀 오	깎을 삭	깨끗할 정	고을 현	꺼릴 기

아래 설명을 읽고 빈칸에 보기 와 같이 쓰세요.

보기 良書(어질 량)(글 서)[양서]

半徑( )( )[ ]
도▶ ①반지름. ②행동이 미치는 범위. 예 행동 半徑을 넓히다.

斜徑( )( )[ ]
도▶ 비탈길.

別途( )( )[ ]
도▶ ①딴 방도(方途)나 방면(方面). 예 別途의 수입. ②딴 용도. 예 別途로 쓸 데가 있다.

窮途( )( )[ ]
도▶ 곤궁(困窮)하게 된 처지(處地).

羽翼( )( )[ ]
도▶ ①새의 날개. ②보좌(補佐)하는 사람, 또는 그 일.
참 右翼(우익)▷①보수적이고 점진적인 당파, 또는 사람. 우파(右派). ②야구에서, 우익수(右翼手).

羽化登仙[ ]
( )( )( )( )
도▶ 도교(道敎)사상에서, '사람이 신선(神仙)이 되어 하늘로 올라감'을 이르는 말.

烏合之卒[ ]
( )( )( )( )
도▶ 까마귀 떼처럼 아무 규율도 없이 통일도 없이 몰려 있는 무리, 또는 그러한 군사. 烏合之衆.

烏飛梨落[ ]
( )( )( )( )
도▶ '까마귀 날자 배 떨어진다.'는 뜻으로, '공교롭게도 어떤 일이 같은 때에 일어나 남의 의심을 받게 됨'을 이르는 말.

添削( )( )[ ]
도▶ 시문(詩文)이나 답안 따위를 보충하거나 삭제(削除)하여 고침. 예 논술 원고를 添削하다.

削除( )( )[ ]
도▶ 깎아서 없앰. 지워 버림. 예 이름을 削除하다.

削奪官職[ ]
( )( )( )( )
도▶ 지난날, 죄를 지은 사람의 벼슬과 품계(品階)를 빼앗고 이름을 사판(仕版)에서 없애던 일.

淸淨( )( )[ ]
도▶ 맑고 깨끗함, 또는 깨끗하여 속됨이 없음.
예 淸淨한 물소리. 예 淸淨한 마음.

淨化( )( )[ ]
도▶ 더럽거나 불순(不純)한 것을 없애고 깨끗하게 함. 예 사회 淨化 운동

縣監( )( )[ ]
도▶ 고려와 조선 때, 작은 고을의 원(員).

郡縣( )( )[ ]
도▶ 군읍(郡邑). 신라·고려·조선 때의 지방 행정 단위인 州·府·郡·縣을 이르는 말.

忌中( )( )[ ]
도▶ 상중(喪中). 상(喪)을 당하고부터 장례(葬禮)를 치를 때까지의 동안.

忌避( )( )[ ]
도▶ 싫어하는 일이나 불리한 일 따위를 꺼리고 피함. 예 서로 대화를 忌避하고 있다.

도움글

○ 혼동하기 쉬운 글자! 참1 烏(오)와 鳥(조) 참2 卒(졸)과 率(률) 참3 職(직)과 識(식) 참4 徑(경)과 經(경)

1. 아래 한자어漢字語의 독음讀音을 쓰세요.

直徑[ ]	州縣[ ]	半途[ ]	羽蓋[ ]	禁忌[ ]	途中[ ]
羽毛[ ]	削減[ ]	減價[ ]	烏金[ ]	烏銅[ ]	忌日[ ]
削磨[ ]	不淨[ ]	削髮[ ]	削奪[ ]	洗淨[ ]	削職[ ]
淨書[ ]	縣令[ ]	淨潔[ ]	淨慧[ ]	監査[ ]	淨土[ ]
淨水器 [ ]	烏龍茶 [ ]	烏骨鷄 [ ]	淨水施設[ ]		

2. 아래 글을 읽고 밑줄 친 낱말은 한자漢字로, 한자어漢字語는 독음讀音으로 고쳐 쓰세요.

가타가나 · 히라가나는 알다시피 日本 文字의 명칭[1]이다. 혹자[2]는 국한혼용[3]에 반박(反駁)하기 위한 자료[4]로 이 일본 문자는 漢字에서 유래[5]되었기에 그들은 어쩔 수 없이 혼용을 하지만 우리의 한글은 世界的으로 내놓아도 손색(遜色)없는 훌륭한 문자이므로 굳이 혼용을 할 필요가 없다고 주장[6]한다.

그러나 이는 表音, 表意 문자의 차이[7]를 모르고 하는 소리이다. 이는 國産 TV 性能이 일제[8]의 것에 비해 뛰어나니 우리나라에는 VTR을 普及[9]할 必要가 없다는 식의, 전혀 비유될 수 없는 이야기이다.

表音文字 相互[10] 比較[11]의 優越性[12]이 그 用途[13]가 전혀 다른 表意文字의 제한[14]으로 이어지는 까닭이 무엇인가.

목욕탕[15]이나 溫泉場을 안내할 때 '온천장' '목욕탕'이라고 한글로 명기[16]하지 않고 굳이 '♨' 이런 표지[17]를 하는 까닭은 무엇일까?

그것은 表意性의 강렬함 때문이다. 각 企業體[18]의 심벌마크나 商品의 로고, 휘장(徽章) 나아가 한 國家의 국기[19]에 이르기까지 奄然한 表音性 호칭[20]이 있음에도 不拘[21]하고 이러한 '이미지 형상[22]'을 제정[23] 사용[24]하는 까닭은 강렬한 表意性이 있기 때문이다.

– 스포츠서울

1.	2.	3.	4.	5.	6.
7.	8.	9.	10.	11.	12.
13.	14.	15.	16.	17.	18.
19.	20.	21.	22.	23.	24.

3. 첫 음절音節에서 [:長 · 短音] 두 가지로 발음發音되는 한자漢字의 독음讀音을 쓰세요.

1 討 ▷ :討論 [ ]	:討議 [ ]	討伐 [ ]	討破 [ ]
2 掃 ▷ :掃除 [ ]	:掃地 [ ]	掃射 [ ]	掃灑 [ ]

※ 灑 : 뿌릴 쇄(1급)

도움글

○ 다음 중 한자의 쓰임이 잘못된 것은?(　　) ① 假面 ② 添加 ③ 佳景 ④ 誤樂 ⑤ 矯正 정답☞다음 쪽

아래 한자의 뜻과 소리를 빈칸에 쓰세요.

☆표는 3급Ⅱ 漢字임.

尾☆(尸)	頂☆(頁)	芳☆(艸)	策☆(竹)	企☆(人)	憂☆(心)	誘☆(言)	飾☆(食)
꼬리 미:	정수리 정	꽃다울 방	꾀 책	꾀할 기	근심 우	꾈 유	꾸밀 식

아래 설명을 읽고 빈칸에 보기 와 같이 쓰세요.

보기 良書(어질 량)(글 서)[양서]

尾行(　)(　)[　]
도▸ 남의 뒤를 몰래 따라감.
참 微行(미행)▹미복잠행(微服潛行)의 준말.

末尾(　)(　)[　]
도▸ ①글이나 책의 끝 부분. 예 서류 末尾에 서명(署名)하다. ②말단(末端).

魚頭肉尾[　]
(　)(　)(　)(　)
도▸ 생선은 머리 쪽이 맛이 있고 짐승 고기는 꼬리 쪽이 맛이 있다는 말. 어두봉미(魚頭鳳尾).

頂點(　)(　)[　]
도▸ ①꼭지점. ②사물의 맨 꼭대기. 절정(絶頂).

頂門一鍼[　]
(　)(　)(　)(　)
도▸ '정수리에 침을 놓는다.'는 뜻으로, '따끔한 비판이나 타이름'을 이르는 말.

芳墨(　)(　)[　]
도▸ 남의 편지, 또는 글씨를 높이어 이르는 말.

芳名錄[　]
(　)(　)(　)
도▸ 기념하기 위하여, 남의 성명을 기록해 두는 책.

秘策(　)(　)[　]
도▸ 비밀(秘密)의 계책(計策). 예 秘策을 캐내다.

策略(　)(　)[　]
도▸ 일을 처리(處理)하는 꾀와 방법. 책모(策謀).

企劃(　)(　)[　]
도▸ 일을 꾸미어 꾀함.

企圖(　)(　)[　]
도▸ 일을 꾸며내려고 꾀함. 예 탈출(脫出)을 企圖함

識字憂患[　]
(　)(　)(　)(　)
도▸ 글자를 아는 것이 도리어 근심을 사게 됨.

憂慮(　)(　)[　]
도▸ 근심과 걱정, 또는 근심하거나 걱정함. 예 기업들이 자금난에 봉착할 것이라는 憂慮가 일고 있다.

誘致(　)(　)[　]
도▸ 설비 등을 갖추어 두고 권하여 오게 함. 예 관광객을 誘致하다.
참 幼稚(유치)▹나이, 또는 하는 짓이 어림.

勸誘(　)(　)[　]
도▸ 어떤 일을 하도록 권함. 예 한자능력검정시험에 응시할 것을 勸誘하다.

誘導彈[　]
(　)(　)(　)
도▸ 미사일(missile).

假飾(　)(　)[　]
도▸ 말이나 행동을 속마음과는 달리 거짓으로 꾸밈. 예 假飾없는 人品을 지닌 분을 만나다.

修飾(　)(　)[　]
도▸ ①겉모양을 꾸밈. ②체언(體言)과 용언(用言)에 말을 덧붙여 뜻을 자세하게 꾸미는 일.

도움글

○'期待'와 '企待'의 쓰임. 참1 期待(기대)▹어느 때로 기약하여 바람. 참2 企待(기대)▹어떤 일이 이루어지기를 바라고 기다림, 또는 이루어지리라고 믿는 마음. 期待. 企望. (48쪽)정답☞④ 誤樂→娛樂

1. 아래 한자어漢字語의 독음讀音을 쓰세요.

首尾[ ]	峯頂[ ]	施策[ ]	交尾[ ]	服飾[ ]	後尾[ ]
芳草[ ]	上策[ ]	憂患[ ]	策動[ ]	妙策[ ]	絶頂[ ]
政策[ ]	憂愁[ ]	誘引[ ]	對策[ ]	計策[ ]	失策[ ]
裝飾[ ]	束手無策[ ]		龍頭蛇尾[ ]	虛禮虛飾[ ]	
誘惑[ ]	頂上會談[ ]		內憂外患[ ]	企業集中[ ]	

2. 아래 글을 읽고 밑줄 친 낱말은 한자漢字로, 한자어漢字語는 독음讀音으로 고쳐 쓰세요.

✪ 德者本也 財者末也 外本內末 爭民施奪 ▸ 덕이란 가장 근본적[1]인 것이요, 재물[2]이란 말단적[3]인 것이다. 그러므로 근본적인 덕을 외면[4]하고 말단적인 재물을 崇尙[5]하는 정치[6]를 한다면 백성[7]들은 서로 다투며 빼앗고 뺏기는 짓을 일삼을 것이다. 『大學』, 「傳十章」

✪ 不重則不威 學則不固 ▸ 君子의 말과 행동[8]은 무게가 있어야 한다. 무게가 없으면 위엄[9]도 없어지고 학문[10]도 견고하지 못하다. 때문에 君子는 언제나 식견[11]을 넓히고 悠然[12]한 정신[13] 상태[14]를 가져야만이 학문도 견고[15]해진다는 말이다. 『孔子』, 「學而」

✪ 與民偕樂 故能樂也 ▸ 정치란 자기 혼자 즐거워하려 해도 결코 즐거워질 수 있는 것은 아니다. 이는 즉 즐거움을 독점[16]하지 않고 백성과 함께 즐길 수 있어야 비로소 어진 정치가 되는 것임을 말한 것이다. 『孟子』, 「梁惠王上」

✪ 尊德性而道問學 ▸ 수양[17]에는 두 가지 방법[18]이 있다. 첫째는 덕성[19]을 기르며 높이는 일이고, 둘째는 배워서 지식[20]을 넓히는 일이다. 즉 前者는 사람이 타고난 도덕적[21] 본성[22]에서 이루어지고, 後者는 학문과 경험[23]에 의해서 知慧[24]를 얻는 일이다. 『中庸』, 「二十七章」

1.	2.	3.	4.	5.	6.
7.	8.	9.	10.	11.	12.
13.	14.	15.	16.	17.	18.
19.	20.	21.	22.	23.	24.

3. 아래 한자漢字와 뜻이 반대反對, 또는 상대相對되는 한자漢字를 □ 속에 넣어 단어單語를 완성하세요.

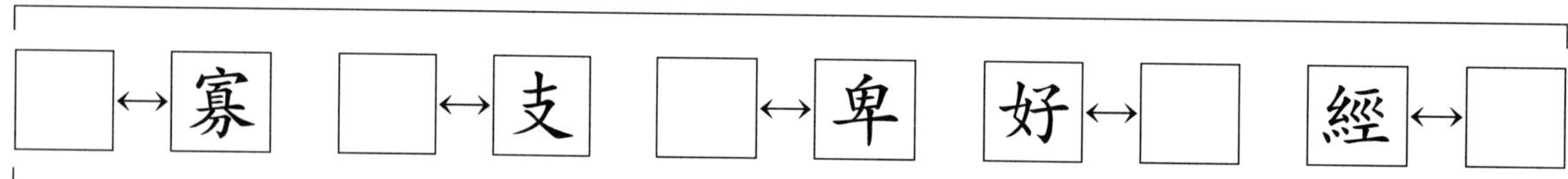

❍ '首尾'는 서로 뜻이 상대(相對)되는 한자로 결합된 한자어이다. 참 頭↔尾(두미)

❍ '憂愁', '裝飾', '憂患'은 서로 뜻이 비슷한 한자로 결합된 한자어이다.

아래 한자의 뜻과 소리를 빈칸에 쓰세요.

☆표는 3급Ⅱ 漢字임.

湯☆(水)	介☆(人)	我☆(戈)	欄☆(木)	寬☆(宀)	悟☆(心)	邦(邑)	竝(立)
끓을 탕	낄 개	나 아	난간 란	너그러울 관	깨달을 오	나라 방	나란히 병

아래 설명을 읽고 빈칸에 보기 와 같이 쓰세요.

보기 良書(어질 량)(글 서)[양서]

湯藥(　　)(　　)[　　]
도▸ 달여서 먹는 한약. 탕제(湯劑).
참 '湯藥에 甘草 빠질까' ▹ 어떤 일에나 빠짐없이 끼어드는 사람을 두고 일렁거리는 모양.

熱湯(　　)(　　)[　　]
도▸ 끓는 물, 또는 끓는 국.

仲介(　　)(　　)[　　]
도▸ 제삼자의 처지로, 둘 이상의 당사자(當事者) 사이에 서서 어떤 일을 주선(周旋)함.

媒介(　　)(　　)[　　]
도▸ ①사이에 들어 서로의 관계를 맺어 줌. 예 媒介體 역할을 하다. ②전파(傳播)하는 일.

我執(　　)(　　)[　　]
도▸ ①개체적(個體的)인 자아를 실체적(實體的)인 것으로 믿고 집착하는 일. ②자기중심의 좁은 생각이나 소견, 또는 그것에 사로잡힌 고집(固執).

自我實現[　　]
(　　)(　　)(　　)(　　)
도▸ 자기의 가능성을 실현하는 일. 자기가 본디 가지고 있는 절대적인 자아를 실현하는 일.

欄干(　　)(　　)[　　]
도▸ 계단·툇마루·다리 따위의 가장자리에, 나무나 쇠붙이 따위로 가로세로 세워 놓은 살.

空欄(　　)(　　)[　　]
도▸ 지면(紙面)의 빈 난. 빈칸. 예 空欄으로 비워두다.

寬貸(　　)(　　)[　　]
도▸ 너그럽게 용서함.
참 寬待(관대) ▹ 너그럽게 대접(待接)함.
참 冠帶(관대) ▹ 벼슬아치들이 입던 공복(公服).

寬容(　　)(　　)[　　]
도▸ 너그럽게 받아들이거나 용서함. 예 寬容을 베풀다.

覺悟(　　)(　　)[　　]
도▸ ①번뇌(煩惱)에서 벗어나 불교의 도리를 깨달음. ②앞으로 닥칠 일에 대비하여 마음의 준비를 함. 예 죽을 覺悟로 싸우다.

悔悟(　　)(　　)[　　]
도▸ 잘못을 뉘우치고 깨달음. 예 悔悟하는 마음으로 사직(辭職)하다.

盟邦(　　)(　　)[　　]
도▸ 동맹국(同盟國).

聯邦(　　)(　　)[　　]
도▸ 자치권(自治權)을 가지는 여러 국가에 의하여 구성되는 국가.

竝設(　　)(　　)[　　]
도▸ 같은 곳에 둘 이상의 것을 함께 설치함. 예 竝設 유치원.

竝唱(　　)(　　)[　　]
도▸ ①두 사람이 소리를 맞추어 노래하는 일. ②가야금 따위를 연주하면서 노래하는 일.

도움글

○ 나무 그늘 아래서 쉬어가기.

문 선현이는 옥상(屋上)에 화단(花壇)을 꾸며놓고 고추를 심었다. 2주쯤 지나서 어머니께서 얼마나 자랐냐고 물어보자, 漢字로 '寺'자를 써 보였다. 대략 자란 길이는 얼마일까?

① 10cm　② 20cm　③ 30cm　④ 40cm

정답 ☞ 다음 쪽

1. 아래 한자어漢字語의 독음讀音을 쓰세요.

冷湯[ ]	無我[ ]	節介[ ]	省悟[ ]	雜湯[ ]	竝列[ ]
竝行[ ]	寬裕[ ]	寬恕[ ]	朱欄[ ]	邦憲[ ]	萬邦[ ]
悟性[ ]	合邦[ ]	竝書[ ]	物我[ ]	悟道[ ]	閑裕[ ]

2. 아래 글을 읽고 밑줄 친 낱말은 한자漢字로, 한자어漢字語는 독음讀音으로 고쳐 쓰세요.

과거[1]에는 動物의 世界에서 각 개체[2]의 利益 追求[3]가 사회 행동 진화[4]의 원동력[5]인 것으로 생각되었다. 그렇지만, 동물이 자신의 利益을 暴棄[6]하거나 희생(犧牲)하고 협력[7]하는 행동이 그 개체에게는 손해[8]일지라도 혈족[9]을 보존[10]하는 데에는 큰 도움이 되기도 한다.

꿀벌이나 개미와 같은 社會的 동물에서 이러한 행동의 例를 찾을 수 있다. 꿀벌 사회에서는 여왕벌과 수벌이 생식(生殖) 기능[11]을 담당[12]하고, 암컷이지만 생식 능력이 없는 일벌은 동족[13]을 먹여 살리기 위해서 平生토록 일만 한다. 여왕벌이 낳은 알 중에서 수정[14]이 되지 않은 알에서는 수벌이 태어나고, 수정이 된 알에서는 암컷이 태어난다. 태어난 암컷은 여왕벌이 분비(分泌)하는 페로몬에 의해 난소(卵巢) 발달[15]이 抑制[16]되어 생식 능력이 없는 일벌이 된다. 만약에 일벌이 생식이 可能하여 子孫을 본다고 하는 경우 자손에게는 자신의 유전자[17]가 반만 전달[18]되는 데 비해, 한 여왕벌에게서 태어난 일벌 자매[19]는 유전자의 4분의 3이 같다. 그렇기 때문에 일벌은 자기 자손보다도 일벌 자매와 혈연적[20]으로 더 가깝다고 할 수 있다. 그래서 일벌은 자신이 직접[21] 생식을 하기보다는 여왕벌이 낳은 자매를 열심히 키우고 종족[22]을 먹여 살리기 위해서 평생 동안 일하는 편이 자신의 유전자와 同一한 유전자를 後孫들에게 더 많이 전할 수 있다는 것이다. 즉, 일벌과 여왕벌의 分業 조직[23]인 꿀벌의 혈족 보존에 더 有利하고 效率的[24]이라는 것이다. – 서울대 공통 논술고사 中

1.	2.	3.	4.	5.	6.
7.	8.	9.	10.	11.	12.
13.	14.	15.	16.	17.	18.
19.	20.	21.	22.	23.	24.

3. 다음 한자는 첫 음절音節에서 두음법칙頭音法則이 적용되는 한자들이다. [ ] 속에 독음讀音을 쓰세요.

1 廉(청렴할 렴) : 淸廉[ ]	廉恥[ ]	廉價[ ]	廉探[ ]
2 雷(우레 뢰) : 地雷[ ]	雷聲[ ]	雷震[ ]	落雷[ ]

도움글

○ 異體字를 알아보자. 예1 竝(병) = 倂 = 幷 예2 雁(안) = 鴈 예3 稱(칭) = 称 예4 溪(계) = 谿

○ (51쪽)정답☞ ③ '寺'자를 나누어 보면 '十 + 一 + 寸'이다. 이는 11寸이라는 수치를 의미한다. ※1寸은 약 3cm

문1 다음 중 한자의 쓰임이 잘못된 것은?( ) ①奬勵 ②陽歷 ③劣等 ④裏面 ⑤戲弄 정답☞ 54쪽

문2 다음 중 반대자로 짝지은 것이 아닌 것은?( ) ①虛實 ②貸借 ③早晩 ④贊反 ⑤茂盛 정답☞ 54쪽

아래 한자의 뜻과 소리를 빈칸에 쓰세요.

☆표는 3급Ⅱ 漢字임.

菜☆ (艸)	飜 (飛)	顔☆ (頁)	愈 (心)	余 (人)	蘭☆ (艸)	翼☆ (羽)	揚☆ (手)
나물 채	번역할 번	낯 안	나을 유	나 여	난초 란	날개 익	날릴 양

아래 설명을 읽고 빈칸에 보기 와 같이 쓰세요.

보기 良書(어질 량)(글 서)[양서]

菜蔬(　)(　)[　]
도▸ 밭에 가꾸어 먹는 온갖 푸성귀. 蔬菜.

菜毒(　)(　)[　]
도▸ 한방에서, 채소를 날것으로 먹어서 생기는 중독증(中毒症)을 이르는 말.

飜覆(　)(　)[　]
도▸ ①뒤쳐 엎음. 뒤집음. ②이리저리 뒤쳐 고침.

飜譯(　)(　)[　]
도▸ 한 나라의 말로 된 글의 내용을 다른 나라 말로 바꿔 옮김.

厚顔無恥 [　]
(　)(　)(　)(　)
도▸ 뻔뻔스러워 부끄러움을 모름. 예厚顔無恥한 인물.

破顔大笑 [　]
(　)(　)(　)(　)
도▸ 즐거운 표정으로 한바탕 크게 웃음.

快愈(　)(　)[　]
도▸ 쾌유(快癒). 병이 개운하게 다 나음. 쾌차(快差).

菜根(　)(　)[　]
도▸ ①식물의 뿌리를 캠. ②일의 근원을 캐어 밝힘. ③어떻게 행동하기를 독촉함.
예 일을 마감 안에 끝내도록 菜根하다.

立身揚名 [　]
(　)(　)(　)(　)
도▸ 사회적으로 인정받아 이름을 세상에 드날림.

余等(　)(　)[　]
도▸ 우리들.

蘭若(　)(　)[　]
도▸ ①범어(梵語)의 음역. 절. 사찰(寺刹). ②난초와 두약(杜若). [모두 향초(香草)임]

金蘭之交 [　]
(　)(　)(　)(　)
도▸ '둘이 합심(合心)하면 그 단단하기가 쇠를 자를 수 있고, 우정의 아름다움은 난의 향기와 같다.'는 뜻으로, '친구 사이의 매우 도타운 사귐'을 이르는 말.

鶴翼陣 [　]
(　)(　)(　)
도▸ 학이 두 날개를 펴듯이 치는 진형(陣形).

輔翼(　)(　)[　]
도▸ 보도(輔導). 도와서 바르게 이끎. 예職業輔導
참 補益(보익)▸보태어 도움. 비익(裨益).

激揚(　)(　)[　]
도▸ 감정(感情)·기운(氣運) 따위가 세차게 일어남.
예 그는 激揚된 목소리로 연설(演說)했다.

讚揚(　)(　)[　]
도▸ 훌륭함을 기리어 드러냄. 예 功德을 讚揚하다.

止揚(　)(　)[　]
도▸ 어떤 사물에 관한 모순(矛盾)이나 대립(對立)을 부정(否定)하면서 도리어 한층 더 높은 단계에서 이것을 긍정(肯定)하여 살려 가는 일.

도움글

○ 윗글에서 '飜'자와 '翻'자, '余'자와 '予'자, '愈'자와 '癒'자는 쓰임이 같은 異體字이다.
○ '覆'자의 쓰임. 예1 覆面(복면) 예2 顚覆(전복) 예3 父母唾痰 每必覆之(부모타담 매필부지)

1. 아래 한자어漢字語의 독음讀音을 쓰세요.

翼室[ ]	燕翼[ ]	紅顔[ ]	餘月[ ]	蘭燈[ ]	餘意[ ]
野菜[ ]	餘暇[ ]	贊翼[ ]	蘭客[ ]	童顔[ ]	余輩[ ]
扶翼[ ]	抑揚[ ]	龍顔[ ]	右翼[ ]	餘裕[ ]	鮮菜[ ]
蘭室[ ]	餘念[ ]	顔色[ ]	宣揚[ ]	蘭草[ ]	顔面[ ]

2. 다음은 동음이의어同音異義語를 모은 것이다. 낱말의 뜻에 알맞은 한자漢字를 쓰세요.

☞ **동음이의어**(同音異義語)란, 발음은 같으나 뜻이 다른 한자어를 말한다. 이는 한글로 표기하면 그 뜻을 구별하기 어렵기 때문에, 한자로써 그 뜻을 구별해야 한다.

사수 (총포를 잘 쏘는 사람)

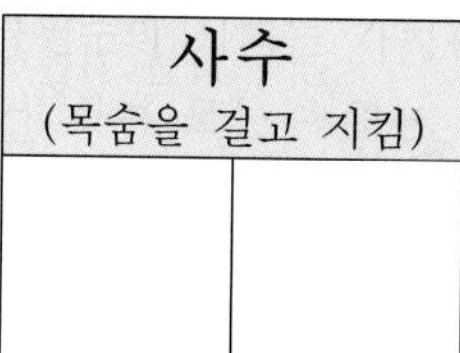

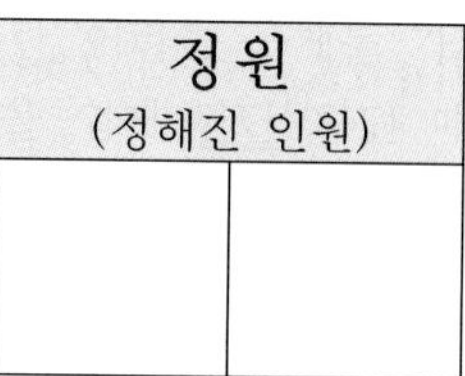

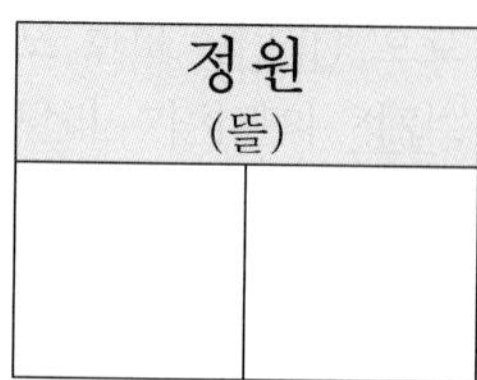

조리 (앞뒤가 들어맞음)

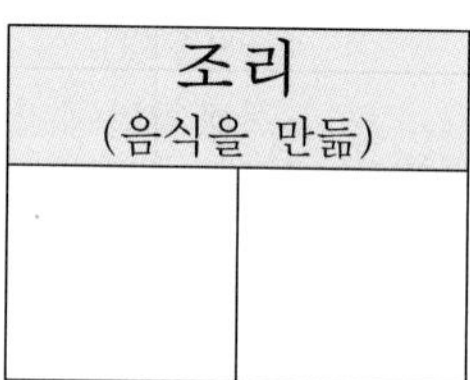

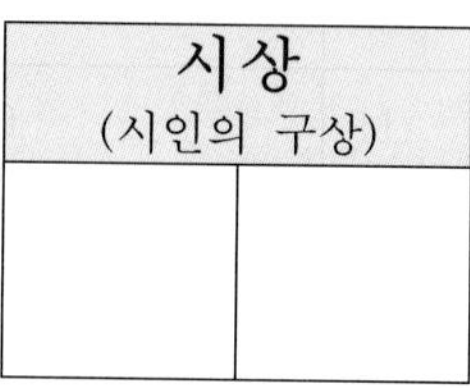

시상 (상금을 줌)

초대 (남을 불러 대접함)

초대 (첫 번째 사람)

동정 (상황이 전개되는 상태)

동정 (남의 불행을 위로함)

3. 다음 ( ) 안에 알맞은 한자漢字를 넣어 한자성어漢字成語를 완성하세요.

四( )五達　百( )不屈　( )不十年　( )面書生　( )年之交
明若( )火　同價紅( )　目不識( )　過猶不( )　輕擧( )動

도움글

○ '余'자는 '予(나 여)'자와 '餘(남을 여)'자의 의미로 같이 쓰는 예가 많다.
○ '抑揚'은 서로 뜻이 대립(對立)되는 한자로 결합된 한자어이다. 참 贊↔反(찬반)
○ (52쪽)정답☞ 문1 ② 陽歷 → 陽曆　문2 ⑤ 茂盛(유의결합어)

아래 한자의 뜻과 소리를 빈칸에 쓰세요.

☆표는 3급Ⅱ 漢字임.

銳(金)	丙☆(一)	卑☆(十)	蝶(虫)	臭(自)	汝(水)	洪☆(水)	裕☆(衣)
날카로울 예	남녘 병	낮을 비	나비 접	냄새 취	너 여	넓을 홍 큰물 홍	넉넉할 유

아래 설명을 읽고 빈칸에 보기 와 같이 쓰세요.

보기 良書(어질 량)(글 서)[양서]

銳利(　　)(　　)[　　]
도▶ ①칼날 따위가 날카로움. 예 銳利한 칼. ②감각이나 관찰력·통찰력 따위가 날카로움. 예 銳利한 감각(感覺).

銳敏(　　)(　　)[　　]
도▶ ①감각이 날카로움. 예 신경이 銳敏하다. ②사물에 대한 이해나 판단이 날카롭고 빠름. 예 머리가 銳敏하다.

丙子胡亂[　　]
(　　)(　　)(　　)(　　)
도▶ 朝鮮 仁祖 14년에 淸나라가 침입해 온 난리.

丙夜(　　)(　　)[　　]
도▶ 삼경(三更). 하오(下午) 11시부터 다음날 상오(上午) 1시 사이.

卑賤(　　)(　　)[　　]
도▶ 신분(身分)이 낮고 천함. 예 출신이 卑賤하다. 반 존귀(尊貴).

卑屈(　　)(　　)[　　]
도▶ 용기(勇氣)가 없고 비겁(卑怯)함.

男尊女卑[　　]
(　　)(　　)(　　)(　　)
도▶ 남성을 존중(尊重)하고 여성을 비천(卑賤)하게 여기는 일. 반 여존남비(女尊男卑).

胡蝶(　　)(　　)[　　]
도▶ 나비. 호접(蝴蝶).

惡臭(　　)(　　)[　　]
도▶ 불쾌(不快)한 냄새. 고약한 냄새. 예 하수구 惡臭가 코를 찌른다.

口尙乳臭[　　]
(　　)(　　)(　　)(　　)
도▶ '입에서 아직 젖내가 난다'는 뜻으로, '말이나 하는 짓이 유치(幼稚)함'을 이르는 말.

汝等(　　)(　　)[　　]
도▶ 너희들.

洪吉童傳[　　]
(　　)(　　)(　　)(　　)
도▶ 조선 광해군 때 허균이 지은 국문 소설. [계급 타파(打破)를 부르짖은 사회 소설로서, 국문 소설의 선구(先驅)가 되었다.]

洪積世[　　]
(　　)(　　)(　　)
도▶ 지질 시대의 시대 구분의 한 가지로, 신생대(新生代) 제4기의 전반으로, 약 200만 년 전에서 1만 년 전까지를 이름. 빙하가 지구를 뒤덮고 매머드 따위 포유류(哺乳類)가 번성(繁盛) 하였으며, 인류가 처음으로 나타났던 시기.

餘裕(　　)(　　)[　　]
도▶ 경제적·정신적·물질적·시간적으로 넉넉하여 남음이 있음. 예 며칠 동안의 餘裕가 있다.

裕福(　　)(　　)[　　]
도▶ 살림이 넉넉함. 예 裕福한 家庭에서 자라다.

- '利'자는 쓰임에 따라 뜻이 달라짐에 주의! 예1 勝利▷(이길 승)(이할 리) 예2 利刀▷(날카로울 리)(칼 도)
- '惡'자는 쓰임에 따라 훈과 음이 달라짐에 주의! 예1 惡黨▷(악할 악)(무리 당) 예2 惡寒▷(미워할 오)(찰 한)
- 혼동하기 쉬운 글자! 참1 蝶(접)과 葉(엽) 참2 丙(병)과 內(내) 참3 裕(유)와 浴(욕) 참4 洪(홍)과 供(공)

1. 아래 한자어漢字語의 독음讀音을 쓰세요.

銳鈍[ ]	香臭[ ]	裕寬[ ]	卑劣[ ]	精銳[ ]	屈伏[ ]
洪水[ ]	卑近[ ]	尖銳[ ]	洪化[ ]	惡臭[ ]	除臭[ ]

2. 아래 글을 읽고 밑줄 친 낱말은 한자漢字로, 한자어漢字語는 독음讀音으로 고쳐 쓰세요.

戰國時代의 遊說家[1]로 有名한 소진(蘇秦)이 燕나라 王을 만나 설득[2]하기 위하여 다음과 같은 이야기를 하였다.

"王께서 저를 믿지 못하시는 것은 반드시 중상모략[3]하는 사람이 있기 때문입니다. 사실 저는 曾參 같은 효성[4]도 없고 伯夷[5]와 같은 淸廉[6]함도 없고 尾生 같은 신의[7]도 없습니다. 그러면 曾參 같은 효성과 伯夷 같은 淸廉과 尾生 같은 신의가 있는 사람을 얻어 王을 섬기도록 한다면 王은 어떻습니까?"

"만족[8]하오."

"그렇지 않습니다. 曾參처럼 효도를 한다면 하룻밤도 父母를 떠나 밖에서 자지 않을 텐데, 어떻게 千里 밖까지 가서 王을 섬기게 할 수 있겠습니까? 伯夷는 武王의 臣下가 되는 것이 싫어 수양산에서 굶어 죽고 말았는데, 어떻게 그런 사람으로 하여금 千里길을 달려가 活躍[9]하게 할 수 있겠습니까? 또 신의로 有名한 尾生은 한 여자와 다리 밑에서 만나기로 약속[10]을 해 두고 기다렸으나 女子는 오지 않고, 물이 불어도 피할 줄 모르고 다리 기둥을 안고 죽었습니다. 이런 신의 있는 人物이라면 어떻게 千里 밖으로 보내어 齊나라의 強한 軍士를 물리치도록 할 수 있겠습니까? 저를 불효하고 淸廉하지 못하며 신의가 없다고 중상모략하는 사람이 있지만, 그렇기 때문에 저는 父母를 버리고 여기까지 와서 약[11]한 燕나라를 돕는 것이 아닙니까?"

《尾生之信》이란, '尾生의 믿음'이란 뜻으로, '고지식하게 약속만을 지키는 어리석은 태도'[12]를 말하기도 하고, '약속을 끝까지 지키는 신의 있는 태도'를 말하기도 한다.

『史記』

1.	2.	3.	4.	5.	6.
7.	8.	9.	10.	11.	12.

3. 다음 한자漢字의 훈음訓音과 부수部首를 《보기》와 같이 쓰세요. 《보기》 ☞ 送 [보낼 송] [辵 = 辶]

央 [ ] [ ]	輿 [ ] [ ]	齊 [ ] [ ]
皮 [ ] [ ]	般 [ ] [ ]	耕 [ ] [ ]
磨 [ ] [ ]	飜 [ ] [ ]	狗 [ ] [ ]

도움글

- '說'자는 뜻에 따라 소리가 변하는 한자이다. 예1 假說(가설) 예2 喜說(희열) = 喜悅 예3 遊說(유세)
- '屈伏'은 ①'머리를 숙이고 꿇어 엎드린다.'는 뜻과 ②'힘이 모자라서 복종한다.'는 뜻으로 쓰이는 한자어이다. ②의 뜻으로 쓰일 때에는 '屈服'과 그 쓰임이 같으므로 한자를 바꾸어 써도 무방하다.

아래 한자의 뜻과 소리를 빈칸에 쓰세요.

☆표는 3급Ⅱ 漢字임.

漢☆(水)	魂☆(鬼)	漫(水)	隔☆(阜)	浩☆(水)	弘(弓)	予(亅)	拓☆(手)
넓을 막	넋 혼	흩어질 만:	사이뜰 격	넓을 호:	클 홍	나 여	넓힐 척 박을[拓本] 탁

아래 설명을 읽고 빈칸에 보기 와 같이 쓰세요.

보기 良書(어질 량)(글 서)[양서]

廣漠(　)(　)[　]
도▸ 끝없이 넓음. 아득하게 넓음. 대 廣漠한 초원.

索漠(　)(　)[　]
도▸ ①잊어버려 생각이 아득함. ②황폐하여 쓸쓸함. 대 찾는 이 없어 索漠하게 보인다.

鎭魂(　)(　)[　]
도▸ 망혼(亡魂)을 진정시킴.

鬪魂(　)(　)[　]
도▸ 끝까지 투쟁하려는 굳센 정신.

魂靈(　)(　)[　]
도▸ 죽은 사람의 넋.

浪漫(　)(　)[　]
도▸ 주정적, 또는 이상적으로 사물을 파악하는 일, 또는 그렇게 파악된 세계. 대 젊은이의 꿈과 浪漫.

漫畫(　)(　)[　]
도▸ 풍자(諷刺)나 우스갯거리, 또는 줄거리가 있는 이야기를 연속된 그림과 대화로 엮은 것.

漫評(　)(　)[　]
도▸ 일정한 형식이나 체계(體系) 없이 생각나는 대로 하는 비평(批評). 대 時事 漫評.

予奪(　)(　)[　]
도▸ 주는 일과 빼앗는 일. 여탈(與奪). 대 생살(生殺) 予奪을 마음대로 하다.

隔離(　)(　)[　]
도▸ 서로 통하지 못하게 사이를 막거나 떼어놓음. 대 전염병 환자를 隔離하였다.

浩歎(　)(　)[　]
도▸ 크게 탄식함.

浩然之氣[　]
(　)(　)(　)(　)
도▸ ①하늘과 땅 사이에 가득 찬 넓고 큰 정기(精氣). ②공명정대(公明正大)하여 조금도 부끄러울 바 없는 도덕적(道德的) 용기(勇氣).

弘報(　)(　)[　]
도▸ 상품, 사업, 업적 따위를 널리 알리는 것.

弘益人間[　]
(　)(　)(　)(　)
도▸ 널리 인간 세계를 이롭게 함.

懸隔(　)(　)[　]
도▸ 동떨어지게 거리가 멀거나 차이가 큼. 대 두 사람의 견해(見解)에 懸隔한 차이가 있다.

開拓(　)(　)[　]
도▸ ①거친 땅을 일구어 논밭을 만듦. 대 황무지를 開拓하다. ②아무도 손대지 않은 새로운 분야를 열어 그 부분의 길을 닦음. 대 우주 과학의 開拓에 나서다. ③어려움을 이기고 나아갈 길을 헤쳐 엶. 대 진로(進路)를 開拓하다.

干拓(　)(　)[　]
도▸ 호수나 바닷가에 둑을 쌓아 그 안의 물을 빼내고 농경지 등으로 만드는 일. 대 서해안 干拓 사업을 지원하다.

拓本(　)(　)[　]
도▸ 비석 같은 데 새겨진 글자나 그림 등을 종이에 먹물을 묻혀 그대로 떠내는 것.

도움글

○ '拓'자는 쓰임에 따라 訓과 音이 달라짐에 주의! 예 拓(넓힐 척, 박을 탁)

1. 아래 한자어漢字語의 독음讀音을 쓰세요.

商魂[ ]	漫醉[ ]	靈魂[ ]	弘濟[ ]	荒漠[ ]	弘宣[ ]
浩歌[ ]	漠然[ ]	寬弘[ ]	沙漠[ ]	漫步[ ]	隔差[ ]
漫談[ ]	散漫[ ]	漫然[ ]	傷魂[ ]	放漫[ ]	遠隔[ ]

2. 아래 글을 읽고 밑줄 친 낱말은 한자漢字로, 한자어漢字語는 독음讀音으로 고쳐 쓰세요.

孔子께서 모든 일에서 벗어나 한가[1]로이 지내고 있을 때, 曾子가 모시고 그 곁에 앉아 있었다.

공자께서 말씀하셨다.

"삼(參)아! 선대[2]의 聖王들께서는 지극[3]한 德과 사람이 반드시 實踐[4]해야 할 중요[5]한 道를 갖추고 계셨으며, 그로써 天下 만민[6]을 가르쳐 이끄셨다. 그러므로 百姓들은 서로 和睦[7]하고 윗사람이나 아랫사람이나 원망[8]이 없었다. 너는 그 지극한 덕과 중요한 도가 무엇인지를 알고 있느냐?"

曾子가 자리에서 물러나며 말했다.

"저는 聽明[9]하지 못합니다. 어찌 그것을 알 수 있겠습니까?"

그러자 공자께서 말씀하셨다.

"대저 孝라는 것은 덕의 根本이며, 先王들이 가르치신 바도 효에서 비롯된 것이니라. 돌아와 앉아라. 내 네게 이야기를 해주겠다. 우리의 몸은 양팔·양다리를 비롯하여 머리카락, 피부(皮膚)에 이르기까지 모두 부모로부터 받은 것이니, 결코 이를 傷하게 하지 않는 것이 효의 시작이요, 몸을 세우고 道를 행하여 後世에 이름을 떨침으로써 부모를 빛나게 하는 것이 효의 끝이니라. 대저 효는 부모를 섬기는 데서 시작하여, 임금을 섬기는 것이 그 다음이며, 몸을 세우는 것이 그 끝이니라. 『시경』[10]「大雅」[11]에 이르기를 '그대의 선조[12]를 한시라도 잊지 말고, 그 덕을 이어받아 닦아야 한다.'라고 하였느니라."

– 『孝經』, 「開宗明義章」

1.	2.	3.	4.	5.	6.
7.	8.	9.	10.	11.	12.

3. 다음 한자는 첫 음절音節에서 두음법칙頭音法則이 적용되는 한자들이다. [ ] 속에 독음讀音을 쓰세요.

1 劣(못할 렬) :	劣等[ ]	拙劣[ ]	優劣[ ]	劣勢[ ]
2 浪(물결 랑) :	浪漫[ ]	放浪[ ]	激浪[ ]	浪說[ ]
3 露(이슬 로) :	暴露[ ]	霜露[ ]	露出[ ]	露宿[ ]

도움글

- '商魂'은 '더 많은 이익을 얻으려 하는 상인의 정신'을 이르는 말로, 동음이의어로 '喪魂', '傷魂' 등이 있다.
- '沙漠'의 '沙'자는 '砂'자와 쓰임이 같은 異體字이다. 참 白沙場(백사장) = 白砂場
- '靈魂', '散漫'은 서로 뜻이 비슷한 한자로 결합된 한자어이다.

아래 한자의 뜻과 소리를 빈칸에 쓰세요.

☆표는 3급Ⅱ 漢字임.

倒☆(人)	擴(手)	該(言)	株☆(木)	戀☆(心)	蜜(虫)	夢☆(夕)	貫☆(貝)
넘어질 도:	넓힐 확	갖출 해 마땅 해	그루 주	그리워할 련: 그릴 련:	꿀 밀	꿈 몽	꿸 관:

아래 설명을 읽고 빈칸에 보기 와 같이 쓰세요.

보기 良書(어질 량)(글 서)[양서]

倒産(　　)(　　)[　　]
도▶ ①재산을 다 써 없앰. 파산(破産). 예과잉(過剩) 투자(投資)로 倒産하다. ②아이를 거꾸로 낳음.

打倒(　　)(　　)[　　]
도▶ ①때리어 거꾸러뜨림. ②쳐서 부수어 버림. 예괴뢰(傀儡) 정권(政權)을 打倒하다.

倒置(　　)(　　)[　　]
도▶ ①뒤바꾸거나 뒤바뀜. ②거꾸로 있거나 거꾸로 함.

擴張(　　)(　　)[　　]
도▶ 범위나 세력 따위를 늘려서 넓힘.

擴散(　　)(　　)[　　]
도▶ ①흩어져 번짐. ②농도(濃度)가 다른 물질이 혼합(混合)될 때, 시간이 크게 흐름에 따라 서로 같은 농도가 되는 현상.

該當(　　)(　　)[　　]
도▶ ①바로 들어맞음. ②어떤 일에 관계되는 바로 그것. 예該當 사항 없음.

該博(　　)(　　)[　　]
도▶ 학식이 넓음. 사물에 대하여 아는 것이 많음.

株價(　　)(　　)[　　]
도▶ 주식(株式)의 값.

株券(　　)(　　)[　　]
도▶ 주식의 금액을 적어 출자(出資)한 사람에게 발행하는 유가증권(有價證券).

戀歌(　　)(　　)[　　]
도▶ 이성(異性)에 대한 사랑을 나타낸 노래.

戀慕(　　)(　　)[　　]
도▶ 이성(異性)을 사랑하여 그리워함.

蜂蜜(　　)(　　)[　　]
도▶ 꿀.

蜜月旅行[　　]
(　　)(　　)(　　)(　　)
도▶ 신혼여행(新婚旅行). 준밀월(蜜月).

夢想(　　)(　　)[　　]
도▶ ①꿈속의 생각. ②실현성(實現性)이 없는 꿈같이 허황(虛荒)한 생각을 함.

非夢似夢[　　]
(　　)(　　)(　　)(　　)
도▶ 꿈속 같기도 하고 생시(生時) 같기도 한 어렴풋한 상태.

貫徹(　　)(　　)[　　]
도▶ 자신의 주의 주장이나 방침 따위를 처음부터 끝까지 일관하여 밀고 나감. 예初志를 貫徹하다. 참觀徹(관철)▷사물을 꿰뚫어 봄.

貫祿(　　)(　　)[　　]
도▶ 몸에 갖추어진 위엄(威嚴)이나 무게. 예예술계와 정치계에 종사(從事)한 貫祿이 있다.

貫革(　　)(　　)[　　]
도▶ 과녁. 활이나 총의 목표로 삼는 물건.

도움글

○ 守株待兎(수주대토)▷'나무 그루터기에 걸려 죽은 토끼를 보고, 다시 토끼가 걸리기를 마냥 기다렸다.'는 고사에서 유래한 말로, '달리 변통(變通)할 줄은 모르고 어리석게 한 가지만을 고집함'을 비유하여 이르는 말.

1. 아래 한자어漢字語의 독음讀音을 쓰세요.

到達[ ]	絶倒[ ]	株式[ ]	卒倒[ ]	壓倒[ ]	傾倒[ ]
擴充[ ]	戀愛[ ]	戀情[ ]	株連[ ]	戀敵[ ]	擴大[ ]
吉夢[ ]	貫珠[ ]	通貫[ ]	本貫[ ]	貫通[ ]	惡夢[ ]
悲戀[ ]	愛戀[ ]	失戀[ ]	始終一貫[ ]		一場春夢[ ]

2. 아래 글을 읽고 밑줄 친 낱말은 한자漢字로, 한자어漢字語는 독음讀音으로 고쳐 쓰세요.

隨筆[1]에는 지은이의 마음이 담겨 있다. 흔히 글을 보면 그 사람의 됨됨이를 알 수 있다고 한다. 특히, 隨筆은 지은이의 생활[2] 태도[3]와 인생관[4]을 그대로 반영[5]한 글이기 때문에 지은이의 마음이 거의 그대로 나타난다. 소설[6] 속의 '나'는 지은이 자신이 아닌 허구[7]의 주인공[8]이다. 그러나 隨筆 속의 '나'는 실제[9]의 '나'인 지은이다. 隨筆에는 시[10]나 소설과 달리 지은이의 사상[11]이나 인생관, 감정[12]이 직접[13] 드러난다. 읽는 이는 隨筆에서 지은이의 취미[14], 생각, 생활 태도, 말투까지 환히 알게 된다. 隨筆은 지은이의 마음을 담고 있기 때문에 읽는 이도 지은이와 마음이 가까워진다. 그래서 隨筆 속에 들어 있는 지은이의 인생관이나 훌륭한 인품[15]은 읽는 이에게 감동을 주고 깨달음을 준다. 지은이의 마음은 蘭草[16] 향기[17]처럼 읽는 이의 마음에 은은[18]하게 스며들어서 삶의 교훈[19]이 된다.

隨筆은 率直[20]하게 써야 한다. 隨筆을 쓸 때에는 꾸밈이 없이 써야 한다. 아무리 미사여구[21]를 사용하여 文章을 아름답게 꾸며도 지은이의 진실[22]한 마음이 담겨 있지 않으면 읽는 이에게 감동을 주지 못한다. 소설처럼 없는 일을 사실처럼 쓰거나 이야기를 꾸미면 안 된다. 자신의 생각이나 느낌을 誇張[23]해서 쓰거나 지나치게 남을 의식[24]해서 쓰면 좋은 隨筆이 되지 못한다.

1.	2.	3.	4.	5.	6.
7.	8.	9.	10.	11.	12.
13.	14.	15.	16.	17.	18.
19.	20.	21.	22.	23.	24.

3. 아래 한자漢字와 뜻이 비슷한 한자漢字를 □ 속에 넣어 단어單語를 완성하세요.

附 = □　兵 = □　退 = □　憤 = □　捕 = □

도움글

○ '率'자는 쓰임에 따라 발음에 주의! 예1 率先垂範(솔선수범) 예2 比率(비율) 예3 統率(통솔) 예4 效率(효율)

아래 한자의 뜻과 소리를 빈칸에 쓰세요.

☆표는 3급Ⅱ 漢字임.

濫(水)	掠(手)	祿☆(示)	畓(田)	戲☆(戈)	隆☆(阜)	誰(言)	柱☆(木)
넘칠 람	노략질할 략	녹[俸祿] 록	논 답	놀이 희	높을 륭	누구 수	기둥 주

아래 설명을 읽고 빈칸에 보기 와 같이 쓰세요.

보기 良書(어질 량)(글 서)[양서]

濫發( )( )[ ]
뜻▸ ①화폐나 어음·증명서 따위를 함부로 발행함. 난발(亂發). 예수표를 濫發하다. ②어떤 말이나 행동을 함부로 함. 예선거 공약을 濫發하다.

濫用( )( )[ ]
뜻▸ 함부로 씀. 마구 씀. 예약을 濫用한 부작용.

抄掠( )( )[ ]
뜻▸ 노략질로 빼앗음.
참抄略(초략)▹①노략질로 빼앗음. ②글의 내용(內容)을 간추리고 생략(省略)함.

掠奪( )( )[ ]
뜻▸ 폭력(暴力)으로 빼앗음. 예재물을 掠奪하다.

國祿( )( )[ ]
뜻▸ (옛날에, 나라의 관리로 일하는 사람이) 나라에서 받는 돈.

福祿( )( )[ ]
뜻▸ ①복(福)과 녹(祿). ②행복(幸福).

天水畓[ ]
( )( )( )
뜻▸ 물의 근원이나 물줄기가 없어서 비가 와야만 모를 내고 기를 수 있는 논. 봉천답(奉天畓). 천둥지기.

乾畓( )( )[ ]
뜻▸ 조금만 가물어도 물이 잘 마르는 논. 반골답.

誰某( )( )[ ]
뜻▸ (문어투의 말투로) 아무개.

戲弄( )( )[ ]
뜻▸ ①장난하며 놂. 예서로 어울려 戲弄하다. ②장난삼아 놀림. 예약한 사람을 戲弄하다.

演戲( )( )[ ]
뜻▸ ①말과 동작으로 여러 사람 앞에서 재주를 부림. 예남사당패의 演戲를 보느라 시간가는 줄 몰랐다. ②연극.

隆崇( )( )[ ]
뜻▸ 매우 두텁게 여기거나 정성스레 대접함. 예隆崇한 待接을 받다.

隆盛( )( )[ ]
뜻▸ 매우 기운차고 성하게 일어남. 융창(隆昌).

誰何( )( )[ ]
뜻▸ ①누구. 예誰何를 막론하고 출입을 금함. ②군인이 상대편의 정체를 파악하기 위해 일정한 절차에 따라 소리쳐 물음, 또는 소리쳐 묻는 그 일. 예誰何에 암호로 답하다.

柱單( )( )[ ]
뜻▸ 혼인(婚姻)을 정하고, 신랑집에서 신랑이 태어난 年·月·日·時의 사주(四柱)를 적어서 신부집으로 보내는 편지. 사주단자(四柱單子).

柱聯( )( )[ ]
뜻▸ 기둥이나 바람벽 따위에 장식(裝飾)으로 써 붙이는 글씨. 예柱聯에 새겨진 글씨.

柱礎( )( )[ ]
뜻▸ '주추'의 비표준어. 기둥 밑에 괴는 물건.

도움글

○ 濫觴(남상)▹'큰 강물도 그 시초(始初)는 한 잔에 넘칠 정도의 물'이라는 뜻에서 '사물의 시초, 기원(起源), 근원(根源)'을 이르는 말로 쓰인다. 예100년 전의 이 학교 설립이 곧 신교육(新敎育)의 濫觴이었다.

1. 아래 한자어漢字語의 독음讀音을 쓰세요.

戱曲[ ]	畓農[ ]	官祿[ ]	榮祿[ ]	田畓[ ]	祿邑[ ]
隆起[ ]	琴柱[ ]	隆興[ ]	遊戱[ ]	柱根[ ]	隆昌[ ]
電柱[ ]	崇拜[ ]	戱劇[ ]	聯合[ ]	基礎[ ]	銅柱[ ]

2. 아래 글을 읽고 밑줄 친 낱말은 한자漢字로, 한자어漢字語는 독음讀音으로 고쳐 쓰세요.

✪ 養生喪死 有憾 王道之始也 ▸ 百姓이 제각기 그 生活에 안정[1]을 얻고, 죽은 家族의 葬禮[2]를 충분[3]히 치를 수 있게끔 유감(遺憾)없이 해주어야 한다. 이것이 바로 임금 노릇을 바르게 하는 왕도정치[4]의 근본[5]이다.

– 『孟子』, 「梁惠王上」

✪ 恭近於禮 遠恥辱也 ▸ 공손(恭遜)한 태도[6]는 좋은 것이지만 도[7]가 지나치면 도리어 恥辱[8]을 免[9]할 수 없다. 따라서 덮어놓고 굽실거리는 것은 卑屈[10]한 짓이다. 공손의 정도[11]는 상대편[12]에 따라 예절[13]에 맞게 행해져야 하는 것이다.

– 『孔子』, 「學而」

✪ 致知 在格物 ▸ 宇宙[14] 萬物에는 언제나 이치[15]가 潛在[16]하고 있다. 人間이 그 이치에 대한 바른 지식[17]을 얻으려면 먼저 事物에 직접[18] 부딪쳐 그 속에 흐르고 있는 天理를 살펴야 한다. – 『大學』, 「經一章」

✪ 遵道而行 半途而廢 ▸ 中庸[19]의 道란 누구나 말로는 쉽게 하지만 실제[20]에 있어서 꾸준히 행하기는 어려운 일이다. 그러나 어렵다고 해서 中途[21]에서 그만두면 그 사람은 방탕(放蕩)해지고 마침내는 낙오자(落伍者)가 되고 만다. 그러므로 군자[22]는 오직 수양[23]에 힘쓰며 實踐[24]할 따름이다. – 『中庸』, 「十一章」

1.	2.	3.	4.	5.	6.
7.	8.	9. 訓音	10.	11.	12.
13.	14.	15.	16.	17.	18.
19.	20.	21.	22.	23.	24.

3. 아래는 서로 틀리기 쉬운 한자漢字이다. 《보기》와 같이 쓰세요. 《보기》 ☞ 晝夜(낮 주)(밤 야)[주야]

細胞( )( )[ ]	懷抱( )( )[ ]
抱負( )( )[ ]	同胞( )( )[ ]
復習( )( )[ ]	重複( )( )[ ]
複線( )( )[ ]	報復( )( )[ ]

도움글

○ 혼동하기 쉬운 글자! 참1 畓(답)과 沓(답) 참2 官(관)과 宮(궁) 참3 聯(련)과 聊(료) 참4 濫(람)과 監(감)

아래 한자의 뜻과 소리를 빈칸에 쓰세요.

☆표는 3급Ⅱ 漢字임.

抑☆(手)	享(亠)	牽(牛)	臥(臣)	瞬☆(目)	淚(水)	眉(目)	悔☆(心)
누를 억	누릴 향:	이끌 견 끌 견	누울 와:	눈깜짝일 순	눈물 루:	눈썹 미	뉘우칠 회:

아래 설명을 읽고 빈칸에 보기 와 같이 쓰세요.

보기 良書(어질 량)(글 서)[양서]

抑留( )( )[ ]
뜻▸ 강제로 머물게 함. 강제로 붙잡아 둠.

抑揚( )( )[ ]
뜻▸ ①누르기도 하고 치키기도 하는 일. ②말이나 글의 뜻에 따라 높게 소리내기도 하고 낮게 소리내기도 하는 일. 예 抑揚이 強한 말씨.

抑強扶弱 [ ]
( )( )( )( )
뜻▸ 강자(強者)를 누르고 약자(弱者)를 도움.

配享( )( )[ ]
뜻▸ 학덕이 있는 사람의 신주(神主)를 문묘나 서원 따위에 모시던 일. 예 공자를 문묘에 配享하다.

享年( )( )[ ]
뜻▸ '죽은 이의 한평생 살아서 누린 나이'를 이르는 말. 예 享年 90세로 세상을 마치다.

牽制( )( )[ ]
뜻▸ 한쪽이 지나치게 세력을 가지거나 자유행동을 하지 못하도록 억누르고 통제하는 것.

牽引( )( )[ ]
뜻▸ ①끌어당김. 예 우승의 牽引 역할을 함. ②끌고 감. 예 자동차를 牽引하다.

臥病( )( )[ ]
뜻▸ 병으로 자리에 누움. 병을 앓음.

臥料( )( )[ ]
뜻▸ 일을 하지 않고 받는 돈.

瞬息間 [ ]
( )( )( )
뜻▸ 극히 짧은 시간. 예 그 많은 것을 瞬息間에 먹어 치우다니.

瞬間( )( )[ ]
뜻▸ 눈 깜짝할 사이. 잠깐 동안. 예 한 瞬間에 일어난 事故였다.

淚液( )( )[ ]
뜻▸ 눈물.
참 漏液(누액)▹한방에서, 손·발·겨드랑이 같은 데에서 늘 땀이 나는 병(病).

血淚( )( )[ ]
뜻▸ 피눈물. 몹시 슬프거나 원통할 때 흘리는 눈물. 홍루(紅淚).

擧案齊眉 [ ]
( )( )( )( )
뜻▸ '밥상을 눈썹 높이까지 들어올려 남편에게 바친다.'는 뜻으로, '남편을 공경함'을 이르는 말.

秀眉( )( )[ ]
뜻▸ 빼어나게 아름다운 눈썹.
참 首尾(수미)▹처음과 끝. 양끝.

悔改( )( )[ ]
뜻▸ 이전의 잘못을 뉘우치고 고침. 개회(改悔).

悔過自責 [ ]
( )( )( )( )
뜻▸ 허물을 뉘우쳐 스스로 책망(責望)함.

도움글

- '抑揚'은 서로 뜻이 대립되는 한자로 결합된 한자어이고, '牽引'은 서로 뜻이 비슷한 한자로 결합된 한자어이다.
- 혼동하기 쉬운 글자! 참1 享(향)과 亨(형) 참2 抑(억)과 仰(앙) 참3 眉(미)와 尾(미)

1. 아래 한자어漢字語의 독음讀音을 쓰세요.

抑壓[ ]	抑制[ ]	享有[ ]	悔恨[ ]	眉間[ ]	臥邊[ ]
後悔[ ]	臥席[ ]	漏電[ ]	臥床[ ]	別淚[ ]	白眉[ ]
抑何心情[ ]		享樂主義[ ]		牽強附會[ ]	

2. 아래 글을 읽고 밑줄 친 낱말은 한자漢字로, 한자어漢字語는 독음讀音으로 고쳐 쓰세요.

一般的으로 진정[1]한 의미[2]의 다원사회[3]는 非但[4] 기능[5]이나 영역[6]이 분화[7]된 것만을 의미하지는 않는다. 더 나아가 상이[8]한 기능이나 영역으로 하여금 자기 완결적[9]인 이념[10]을 각기 구축[11]하게 된다. 이른바 영역 주권[12]을 확립[13]하게 하는 것이다. 그런데 그런 현상은 기능 분화의 차원[14]에서 머물지 않는다. 그것은 더 나아가, 혹은 전혀 다른 차원의 基盤[15]에서 價値[16]나 규범[17]의 상대화[18]를 초래[19]하고 특정[20] 문화 현상의 優越性[21]을 부정[22]하는 것을 그 특징으로 하는 것이다.(中略)

사회가 다원화되는 과정[23]에서 종교[24] 문화는 그것이 보다 단일[25]한 전통[26] 文化에서 스스로 지니고 있다고 여기던 종교적 價値의 절대성[27]을 종교 이외의 영역, 이를테면 세속적[28] 價値와의 상대적 위치에 놓이게 한다. 따라서 종교 문화는 더 이상 문화와의 대칭[29] 槪念[30]으로 자신이 향유하던 優越性을 維持하지 못한다.

– 경북대학교 논술고사 中

1.	2.	3.	4.	5.	6.
7.	8.	9.	10.	11.	12.
13.	14.	15.	16.	17.	18.
19.	20.	21.	22.	23.	24.
25.	26.	27.	28.	29.	30.

3. 아래 한자漢字는 쓰임에 따라 음音이 여러 가지로 변화되는 글자이다. [ ] 속에 독음讀音을 쓰세요.

① 拾(열 십, 주울 습) :	拾得[ ]	拾集[ ]	參拾[ ]	拾遺[ ]
② 省(살필 성, 덜 생) :	省略[ ]	反省[ ]	省察[ ]	省墓[ ]
③ 讀(읽을 독, 구절 두) :	句讀[ ]	讀書[ ]	多讀[ ]	精讀[ ]

○ 非但과 緋緞 ▷ 참1 非但 ▷ 주로 '아니다' 따위의 부정하는 말 앞에 쓰이어, '다만'의 뜻을 나타내는 말.
참2 緋緞 ▷ 명주실로 두껍고 광택이 나게 짠 피륙을 통틀어 이르는 말. 견직물(絹織物).
※ 도움한자 ▷ 緋(붉은빛 비) 緞(비단 단) 絹(명주 견) 織(짤 직)

아래 한자의 뜻과 소리를 빈칸에 쓰세요.

☆표는 3급Ⅱ 漢字임.

緩☆(糸)	翁(羽)	晩☆(日)	遲(辵)	皆(白)	咸(口)	樓☆(木)	殊☆(歹)
느릴 완	늙은이 옹	늦을 만	더딜 지 늦을 지	다 개	다[모두] 함	다락 루	다를 수

아래 설명을 읽고 빈칸에 보기 와 같이 쓰세요.

보기 良書(어질 량)(글 서)[양서]

緩急(　　)(　　)[　　]
도▸ ①일의 급함과 급하지 않음. 예일의 緩急을 가려서 처리하다. ②느림과 빠름.

緩衝(　　)(　　)[　　]
도▸ 급박(急迫)한 충격(衝擊)이나 충돌(衝突)을 중간에서 완화(緩和)시킴.

塞翁之馬[　　]
(　　)(　　)(　　)(　　)
도▸ 인생에 있어서의 길흉화복(吉凶禍福)은 항상 바뀌어 미리 헤아릴 수가 없다는 말.

漁翁(　　)(　　)[　　]
도▸ ①고기잡이를 하는 늙은이. ②'어부'의 높임말.

緩晩(　　)(　　)[　　]
도▸ 늦어짐. 예갈수록 발작 주기가 緩晩해지다.
참緩慢(완만)▸가파르지 않음. 예緩慢한 언덕.

晩食當肉[　　]
(　　)(　　)(　　)(　　)
도▸ 배고플 때 먹으면 맛없는 음식도 고기 맛과 같다는 말.

遲刻(　　)(　　)[　　]
도▸ 정해진 시각(時刻)보다 늦음. 지참(遲參).
예모임에 遲刻하다.

遲遲不進[　　]
(　　)(　　)(　　)(　　)
도▸ 몹시 더디어서 잘 나아가지 않음.

皆濟(　　)(　　)[　　]
도▸ ①갚아야 할 것을 죄다 갚음. ②모든 일이 깨끗이 정리됨.

皆骨山[　　]
(　　)(　　)(　　)
도▸ 겨울철의 '금강산(金剛山)'을 이르는 이름.

咸池(　　)(　　)[　　]
도▸ 옛날, 해가 지는 곳이라고 믿었던 서쪽의 큰 못. 반양곡(暘谷).

咸興差使[　　]
(　　)(　　)(　　)(　　)
도▸ '한 번 가기만 하면 깜깜 소식'이라는 뜻으로, 심부름을 가서 아주 소식이 없거나 더디 올 때에 쓰는 말.

樓臺(　　)(　　)[　　]
도▸ 누각(樓閣)과 대사(臺榭).
참累代(누대)▸여러 대. 오랜 세월. 예累代에 걸친 잘못된 정치로 나라가 위태롭다.

船樓(　　)(　　)[　　]
도▸ ①배 위의 다락집. ②배의 상갑판에 건물처럼 만든 구조물.

殊勳(　　)(　　)[　　]
도▸ 뛰어난 공훈(功勳). 예이번 일에 殊勳을 세우다.

特殊(　　)(　　)[　　]
도▸ 보통과 아주 다름. 특별. 독특. 반보편(普遍).

도움글

○ '塞'자는 뜻에 따라 발음을 달리하는 한자이다. 예1 邊塞▸(가 변)(변방 새) 예2 閉塞▸(닫을 폐)(막을 색)
○ '금강산(金剛山)'의 사계절 이름☞봄▸金剛山, 여름▸봉래산(蓬萊山), 가을▸풍악산(楓嶽山), 겨울▸皆骨山

1. 아래 한자어漢字語의 독음讀音을 쓰세요.

晩種[ ]	樓閣[ ]	緩和[ ]	翁主[ ]	望樓[ ]	醉翁[ ]
晩學[ ]	殊才[ ]	遲滯[ ]	遲速[ ]	晩期[ ]	皆勤[ ]

2. 아래 글을 읽고 밑줄 친 낱말은 한자漢字로, 한자어漢字語는 독음讀音으로 고쳐 쓰세요.

공자 사상[1]의 중심은 '仁'이며, 仁의 가장 순수(純粹)한 상태가 '孝[부모 자식간의 사랑]'와 '悌[형제간의 사랑]'이다. 따라서 효제(孝悌)를 인간 행위의 가장 중요한 덕목[2]으로 삼고 있다.

그리하여 효를 바탕으로 '수신[3]제가'[4]를 이룬 후에 나아가 '치국[5]평천하'[6]를 완성하는 것이 바로 군자의 도리라 했다.

공자의 사상이 잘 담겨 있는 『논어』[7]를 보면 공자의 이상[8]은 君子를 키우는 데 있다. 즉, 유교[9]의 목적은 소인을 군자로 끌어올리는 일이라 할 수 있다. 군자는 교양[10]이 있고 고귀[11]한 인격[12]자를 말하며, 군자가 갖추어야 할 덕목으로 정직성과 정의감, 군주에 대한 충성심[13], 그리고 무엇보다도 어진 마음[仁]을 강조하고 있다. 따라서 군자는 이와 같은 도덕적인 덕목과 함께 현실생활에 있어서도 예의를 갖추어야 한다.

공자는 군자의 교육으로 '禮·樂'[14]을 강조하고 있다. 漢代에 유교가 官學이 되면서 儀式[15]과 예법이 특히 중요시되었고 이로 인해 동아시아의 유교 문화권에서는 儀式과 禮節이 강조되고 禮·樂이 인간 교육의 중심이 되었다. 인간이 내면적인 덕과 외적인 예절을 均衡[16] 있게 갖추는 中庸[17]의 행동이야말로 유가사상의 행동원리[18]가 되었고, 이와 같이 中途[19]를 추구하는 妥協精神[20]은 이후 중국 문화의 사상적 基盤[21]으로 정착[22]되어 갔다. 공자의 유가사상은 맹자와 순자에 의해 계승[23]되면서 '유가학파'[24]로 발전되었다. - 공자의 사상

1.	2.	3.	4.	5.	6.
7.	8.	9.	10.	11.	12.
13.	14.	15.	16.	17.	18.
19.	20.	21.	22.	23.	24.

3. 아래 한자漢字와 뜻이 비슷한 한자漢字를 □ 속에 넣어 단어單語를 완성하세요.

恭 = □　群 = □　過 = □　捕 = □　屈 = □

○ '晩種'은 '만생종(晩生種)'을 이르는 말로, '같은 식물 가운데서 특히 늦되는 품종'을 뜻하는 말이다.
○ '遲速'은 서로 뜻이 대립(對立)되는 한자로 결합된 한자어이다. 참 早↔晩(조만), 緩↔急(완급)

아래 한자의 뜻과 소리를 빈칸에 쓰세요.

☆표는 3급Ⅱ 漢字임.

脚☆(肉)	但☆(人)	扶☆(手)	迫☆(辵)	刷☆(刀)	硬☆(石)	粧☆(米)	楓☆(木)
다리 각	다만 단ː	도울 부	핍박할 박	인쇄할 쇄ː	굳을 경	단장할 장	단풍 풍

아래 설명을 읽고 빈칸에 보기 와 같이 쓰세요.

보기 良書(어질 량)(글 서)[양서]

健脚( )( )[ ]
도▸ 걸음을 잘 걷거나 잘 달릴 수 있는 튼튼한 다리, 또는 그런 다리를 가진 사람. 예 세계의 健脚들이 참가한 마라톤 대회.

失脚( )( )[ ]
도▸ ①발을 헛디딤. 실족(失足). ②실패(失敗)하여 지위(地位)나 설자리를 잃음.

但書( )( )[ ]
도▸ 본문 다음에 덧붙여, 본문의 내용에 대한 조건이나 예외 등을 밝혀 적은 글. 예 단,~
참 端緖(단서)▹①일의 시초. ②실마리. 끄트머리.

但只( )( )[ ]
도▸ 다만. 한갓. 예 但只 그는 듣고만 있었다.
참 團地(단지)▹주택이나 공장 같은 시설들을 계획적·집단적으로 조성한 일정 지역.

扶桑( )( )[ ]
도▸ 동쪽 바다의 해뜨는 곳에 있다고 하는 신령스런 나무, 또는 그것이 있다는 곳.

相扶相助[ ]
( )( )( )( )
도▸ 서로서로 도움.

脚線美[ ]
( )( )( )
도▸ 여자 다리의 곡선(曲線)에서 느끼는 아름다움.

迫害( )( )[ ]
도▸ 힘이나 권력 따위로 약한 처지의 사람을 괴롭히거나 해를 입힘. 예 타종교의 迫害를 받다.

印刷( )( )[ ]
도▸ 인쇄나 그림·사진 등을 찍어서 여러 벌의 복제물(複製物)을 만드는 일.

刷還( )( )[ ]
도▸ 지난날, 다른 나라에서 떠도는 자기 나라 백성(百姓)을 데려오던 일.

硬貨( )( )[ ]
도▸ ①금속으로 주조한 화폐. ②금이나 외국의 통화와 항시 바꿀 수 있는 통화. 반 연화(軟貨).
참 硬化(경화)▹①단단하게 굳어짐. 예 動脈硬化 ②온건(穩健)하던 의견이나 태도 따위가 강경(強硬)해짐. 반 연화(軟化)

強硬派[ ]
( )( )( )
도▸ 굳세게 굽히지 않고 나가자고 주장하는 파.

粧冊( )( )[ ]
도▸ 책을 꾸미어 만듦.
참 長策(장책)▹좋은 계책. 양책(良策).

美粧( )( )[ ]
도▸ 머리나 얼굴을 아름답게 다듬는 일. 미용(美容).

丹楓( )( )[ ]
도▸ '단풍나무'의 준말.

霜楓( )( )[ ]
도▸ 서리맞은 단풍. 시든 단풍.

驅迫( )( )[ ]
도▸ 고의적으로 못 견디게 괴롭힘.

도움글

○ 다음 漢字語의 뜻을 서로 비교해 보자. 참1 浮上(부상) 참2 副賞(부상) 참3 富商(부상) 참4 負傷(부상)

1. 아래 한자어漢字語의 독음讀音을 쓰세요.

脚色[ ]	刷新[ ]	脚踏[ ]	脚韻[ ]	脚注[ ]	日脚[ ]
硬質[ ]	臨迫[ ]	扶養[ ]	扶持[ ]	扶護[ ]	脅迫[ ]
迫頭[ ]	急迫[ ]	迫切[ ]	強迫[ ]	壓迫[ ]	切迫[ ]
硬骨[ ]	化粧[ ]	楓林[ ]	楓葉[ ]	抑強扶弱[ ]	
緊迫感[ ]	扶助金[ ]	脚氣病[ ]	迫擊砲[ ]		

2. 다음 숙어熟語의 빈칸에 들어갈 알맞은 한자漢字를 골라 그 번호를 쓰세요.

1 ( )掌難鳴 ① 孤 ② 高 ③ 固 ④ 古　　2 大( )晩成 ① 機 ② 氣 ③ 技 ④ 器

3 同病相( ) ① 戀 ② 隣 ③ 憐 ④ 練　　4 龍頭蛇( ) ① 黴 ② 尾 ③ 美 ④ 味

3. 다음 낱말을 한자漢字로 쓰세요.

(1) 태극기( )	(2) 무궁화( )	(3) 애국가( )
(4) 천자문( )	(5) 의예과( )	(6) 을지로( )
(7) 맥주( )	(8) 출판( )	(9) 대한민국( )

4. 다음 뜻에 알맞은 한자어漢字語를 【보기】에서 찾아 그 번호를 쓰세요.

(1) 주고받음··( )
(2) 사고 팖··( )
(3) 남보다 뛰어나게 고결함························( )
(4) 스승으로 섬김·····································( )
(5) 마음속으로 그려보거나 미루어 생각함········ ( )

【보 기】

① 相像 ② 事師 ③ 賣買
④ 師事 ⑤ 高高 ⑥ 授受
⑦ 高孤 ⑧ 想像 ⑨ 孤高
⑩ 師範 ⑪ 每每 ⑫ 受授

도움글

○ '의예과'는 '의과 대학 교과 과정에 필요한 예비지식을 습득시키기 위하여 설치한 2년 과정의 예과'이다.

○ **나무 그늘 아래서 쉬어가기.**

문 어느 한 남자가 자신이 사귀던 여인에게 [左 糸 右 糸 中 言 下 心]라고 적어 보냈다. 이 글이 뜻하는 의미는?( )

① 같은 옷을 맞춰 입자. ② 옷이 날개다. ③ 정말로 사랑합니다. ④ 취직했습니다. 정답☞ 70쪽

아래 한자의 뜻과 소리를 빈칸에 쓰세요.

☆표는 3급Ⅱ 漢字임.

似 (人)	肖 ☆ (肉)	墻 (土)	唐 ☆ (口)	觸 ☆ (角)	臺 ☆ (至)	槪 ☆ (木)	抵 ☆ (手)
닮을 사:	닮을 초 같을 초	담 장	당나라 당 당황할 당	닿을 촉	대[돈대] 대	대개 개:	막을[抗] 저:

아래 설명을 읽고 빈칸에 보기 와 같이 쓰세요.

보기 良書(어질 량)(글 서)[양서]

類似(　　)(　　)[　　]
도▸ 서로가 비슷함.

近似(　　)(　　)[　　]
도▸ 어떤 수치(數値)나 상대 따위가 기준에 가깝거나 아주 비슷함. 썩 그럴듯함. 꽤 좋음.

似而非[　　]
(　　)(　　)(　　)
도▸ 겉으로는 그것과 같아 보이나 실제로는 전혀 다르거나 아닌 것을 이르는 말.

不肖(　　)(　　)[　　]
도▸ ①못나고 어리석음, 또는 그러한 사람. 예 不肖하나마 제가 대신하겠습니다. ②어버이의 이름을 더럽힐 만큼 어리석고 못난 자식. 예 不肖한 이 자식을 용서하십시오.

肖像(　　)(　　)[　　]
도▸ 그림이나 사진 따위에 나타난 사람의 얼굴이나 모습.
참 初喪(초상) ▹ ①사람이 죽어서 장사지내기까지의 일. ②사람이 죽은 일. 예 初喪이 나다.

墻屋(　　)(　　)[　　]
도▸ 집의 둘레나 일정한 공간을 막기 위하여 흙이나 돌 따위로 쌓아 올린 물건. 담장.

唐突(　　)(　　)[　　]
도▸ 꺼리거나 어려워함이 없이 올차고 도랑도랑하다. 예 어린 나이인데도 唐突하게 나서다.

抵抗(　　)(　　)[　　]
도▸ ①어떤 힘·권위 따위에 맞서서 버팀. ②힘의 작용에 대하여 반대 방향으로 작용하는 힘.

唐衣(　　)(　　)[　　]
도▸ (조선 시대에) 저고리 위에 덧입었던 여자 예복.

觸覺(　　)(　　)[　　]
도▸ 살갗이 외부의 사물에 닿아서 느껴지는 감각.
참 觸角(촉각) ▹ (거미 이외의) 절지동물의 머리 부분에 있는 감각 기관.

觸目傷心[　　]
(　　)(　　)(　　)(　　)
도▸ '사물이 눈에 보이는 대로 마음이 아프다.'는 뜻으로, '어떠한 것을 보고 당장에 슬픈 생각이 남'을 이르는 말.

築臺(　　)(　　)[　　]
도▸ 높이 쌓아 올린 대나 터.

臺詞(　　)(　　)[　　]
도▸ 배우가 무대 위에서 하는 대화(對話)·독백(獨白)·방백(傍白) 등을 통틀어 이르는 말.
참 大師(대사) ▹ ①'고승(高僧)'을 높이어 일컫는 말. ②'남자 중'을 높이어 일컫는 말.

展望臺[　　]
(　　)(　　)(　　)
도▸ 멀리 바라볼 수 있도록 만들어 놓은 높은 대.

大槪(　　)(　　)[　　]
도▸ ①대부분. ②대체의 사연. 줄거리. 대략(大略). ③그저 웬만한 정도로. 대체로.

抵觸(　　)(　　)[　　]
도▸ ①서로 부딪침. 서로 모순됨. ②법률이나 규칙에 위배(違背)되거나 거슬림. 예 이번 행사는 법에 抵觸되는 부분이 많다.

도움글

○ '而'자는 주로 接續詞로 쓰인다. 예 樹欲靜而風不止 ▹ 나무는 고요하고자 하나[欲靜而] 바람이 그치지 않는다.

1. 아래 한자어漢字語의 독음讀音을 쓰세요.

概念[ ]	隔墻[ ]	面墻[ ]	荒唐[ ]	渡唐[ ]	觸媒[ ]
觸毛[ ]	概略[ ]	觸感[ ]	觸發[ ]	觸禁[ ]	接觸[ ]
舞臺[ ]	燭臺[ ]	概論[ ]	燈臺[ ]	寢臺[ ]	大抵[ ]
節概[ ]	氣概[ ]	抵當權[ ]	賢不肖[ ]	感慨無量[ ]	

2. 아래 글을 읽고 밑줄 친 낱말은 한자漢字로, 한자어漢字語는 독음讀音으로 고쳐 쓰세요.

王者가 명사[1]를 제정[2]함에 있어서는 어디까지나 민중[3]을 통일[4]하는 데 큰 공효[5]가 있는 것이다. 명사가 정해짐으로써 사실이 분명해지고, 명사가 제정되는 대로 잘 행해짐으로써 사람의 의사[6]가 상통[7]되고, 이에 따라 민중은 愼重[8]히 통일할 수 있는 것이다. 그러기에 말을 分析[9]하여 제 마음대로 설명[10]을 만들어 명사를 혼란[11]시키고, 민중을 疑惑[12]하게 하고 논쟁[13]을 일으키는 것을 大姦[14]이라 하는 것이니, 이것은 符印[15]이나 度量衡[16]을 속이는 罪와 같이 처하는 것이다.

그러므로 백성들이 奇怪[17]한 말에 따라 명사를 혼란시키지 아니하므로 진고, 진실하므로 부리기가 쉽고, 부리기 쉬우면 공업을 이룰 것이다. 그 백성들이 奇怪한 말로 명사를 혼란시키지 아니하므로 오직 법을 복종[18]하고 令에 따를 것이니, 그러면 치적[19]은 영속[20]될 것이다. 치적의 영속과 공업의 완성은 정치 窮極[21]의 이상이요, 이것이 명사를 하나의 약속으로 遵守[22]한 효과인 것이다. 이제 성왕이 없고, 명사를 遵守하지 않고, 邪惡[23]한 이론으로 명사와 사물의 一致가 혼란하고, 선악의 구별이 분명하지 못하여 법률[24]을 다루는 관리나 경서를 읽는 유자조차 혼란 중에 있으니, 만일 왕자가 다시 일어나면 반드시 옛 명사를 따라 새 명사를 지을 것이다.

『荀子』,「正名篇」

1.	2.	3.	4.	5.	6.
7.	8.	9.	10.	11.	12.
13.	14.	15.	16.	17.	18.
19.	20.	21.	22.	23.	24.

3. 아래 한자漢字와 뜻이 반대反對, 또는 상대相對되는 한자漢字를 □ 속에 넣어 단어單語를 완성하세요.

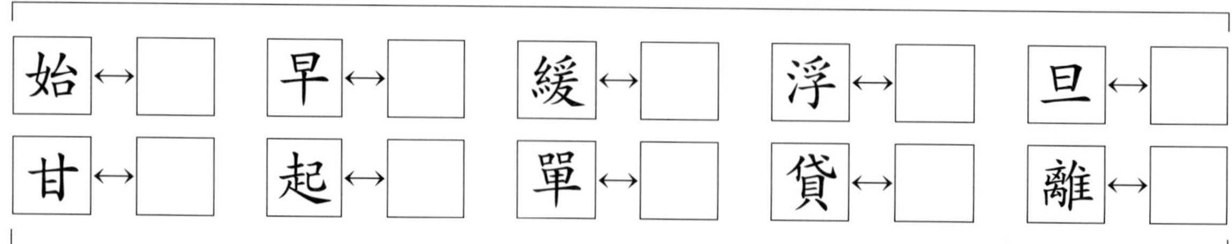

도움글

○ '墻'자와 '牆'자는 異體字이다.

(68쪽)정답☞ ③ '戀(그리워할 련)'자를 파자한 것임.

아래 한자의 뜻과 소리를 빈칸에 쓰세요.

☆표는 3급Ⅱ 漢字임.

汚(水)	尤(尢)	暑(日)	添(水)	蓋☆(艸)	蔽(艸)	只(口)	佐(人)
더러울 오:	더욱 우	더울 서:	더할 첨	덮을 개	덮을 폐:	다만 지	도울 좌:

아래 설명을 읽고 빈칸에 보기 와 같이 쓰세요.

보기 良書(어질 량)(글 서)[양서]

汚辱(　　　)(　　　)[　　　]
도▸ 남의 명예(名譽)를 더럽혀 욕되게 함.

汚吏(　　　)(　　　)[　　　]
도▸ 청렴(淸廉)하지 못한 관리. 반 청리(淸吏).

汚點(　　　)(　　　)[　　　]
도▸ ①더러운 점. ②명예를 더럽히는 흠점(欠點).
예 그동안 쌓아온 명성에 汚點을 남겨서야 되겠나.

尤極(　　　)(　　　)[　　　]
도▸ 더욱.

炎暑(　　　)(　　　)[　　　]
도▸ 심한 더위. 염열(炎熱).
참 艶書(염서) ▹ 이성(理性)에게 연모(戀慕)의 정을 적어 보내는 편지. 염문(艶文). ※ 艶 : 고울 염(1급)

避暑(　　　)(　　　)[　　　]
도▸ 시원한 곳으로 옮겨 더위를 피함. 반 피한(避寒).
예 해마다 避暑 人波가 급증(急增)하고 있다.

賣暑(　　　)(　　　)[　　　]
도▸ 더위팔기. [음력 정월 대보름날 풍속의 하나]

添附(　　　)(　　　)[　　　]
도▸ 주로 문서나 안건 따위에 더 보태거나 덧붙임.
예 입학원서에 주민등록 한 통을 添附하다.

添加(　　　)(　　　)[　　　]
도▸ 이미 있는 데에 덧붙이거나 보탬. 가첨(加添).
예 갖은 양념을 添加하면 더욱 맛있겠지!

蓋然性[　　　]
(　　　)(　　　)(　　　)
도▸ ①어떤 일이 일어날 수 있는 확실성(確實性)의 정도. ②어떤 판단 따위의 가능성의 정도.

拔山蓋世[　　　]
(　　　)(　　　)(　　　)(　　　)
도▸ 관 '역발산기개세(力拔山氣蓋世)'의 준말. 힘이 산이라도 빼어 던질 만하고, 기(氣)는 세상을 덮을 만큼 웅대함. [초패왕(楚霸王) 항우(項羽)의 빼어난 힘과 기개(氣槪)를 표현한 말.]

隱蔽(　　　)(　　　)[　　　]
도▸ ①덮어 감추거나 가리어 숨김. ②군(軍)에서, 병력(兵力)이나 장비(裝備) 등을 적에게 노출(露出)되지 않게 함. 반 공개(公開). 폭로(暴露).

掩蔽(　　　)(　　　)[　　　]
도▸ ①어떤 사실이나 사물을 꺼려서 숨기거나 가림. ②한 천체가 다른 천체를 가리는 현상. [달이 다른 별을 가리는 따위]

只今(　　　)(　　　)[　　　]
도▸ 말하는 바로 이때. 시방(時方).

輔佐(　　　)(　　　)[　　　]
도▸ 상관을 도와 일을 처리함. 보좌(補佐). 익보(翼輔). 예 그는 사장을 輔佐하는 일을 한다.
참 寶座(보좌) ▹ ①옥좌(玉座). ②부처가 앉는 자리.

贊佐(　　　)(　　　)[　　　]
도▸ 어떤 일의 뜻에 찬동하여 도와줌. 찬조(贊助).

도움글

- 혼동하기 쉬운 글자! 참1 汚(오)와 汗(한) 참2 尤(우)와 尢(왕) 참3 暑(서)와 署(서) 참4 佐(좌)와 佑(우)
- '心'자는 부수로 쓰일 때에는 '忄=㣺'의 모양으로 바뀌기도 한다. 예1 恭(心부-총10획) 예2 快(心부-총7획)
- '佐飯'에서 '佐'자의 본음은 '좌'이나 여기에서는 '자'로 읽음에 주의해야 한다.

1. 아래 한자어漢字語의 독음讀音을 쓰세요.

添齒[ ]	暑濕[ ]	只此[ ]	汚名[ ]	汚物[ ]
殘暑[ ]	陰蔽[ ]	但只[ ]	添削[ ]	添杯[ ]
暴暑[ ]	增添[ ]	賢佐[ ]	尤甚[ ]	覆蓋[ ]

2. 아래 글을 읽고 밑줄 친 낱말은 한자漢字로, 한자어漢字語는 독음讀音으로 고쳐 쓰세요.

가장 강한 자라도 자기의 힘을 권리[1]로, (남의) 복종[2]을 의무로 바꾸지 않는 한 언제까지나 주인일 수 있을 만큼 강한 것은 결코 아니다. 여기서 가장 강한 자의 권리라는 것이 나온다. 얼핏 보기에 비꼬는 조로 들리는 권리지만 실제[3]로는 원리[4]로서 확립[5]되어 있다. 그러나 이 말은 언제까지나 說明이 안 되는 것은 왜일까? 폭력[6]은 하나의 물리적[7]인 힘이다. 그 作用의 결과[8] 어떤 道德的인 것이 나올 수 있는지 나는 모른다. 폭력 앞에서 굽힌다는 것은 부득이[9]한 行爲이지 자기 의지[10]에 의한 行爲가 아니다. 그것은 한껏 愼重[11]을 기한 行爲이다. 어떤 뜻에서 그것이 의무적[12]일 수 있을까? 잠시 이 권리라고 일컫는 것이 존재[13]한다고 가정[14]해 두자.

나는 거기서 나오는 결과가 그저 뭐가 뭔지 모를 잠꼬대에 지나지 않는다고 말하고 싶다. 왜냐하면 권리를 낳은 것이 힘이라면 결과는 곧 원인[15]과 더불어 바뀌어버리기 때문이다. 말하자면 첫 힘에 이긴 힘은 모두 전자의 권리를 돌려받는 것이다. 복종하지 않아도 처벌[16]받지 않는다면 사람은 복종하지 않아도 합법적[17]일 수 있다. 그리고 가장 強한 자가 언제나 올바른 이상, 문제는 자기가 가장 강한 자가 되도록 하는 것뿐이다.

그런데 힘이 없어지면 滅亡[18]해 버리는 권리란 대체 어떤 것일까? 만일 힘 때문에 복종하지 않으면 의무 때문에 복종할 필요는 없다. 또 만일 사람이 이제 복종을 강제[19] 당하지 않게 되면 이제 복종의 의무는 없어진다. 그래서 이 권리라는 말의 힘에 덧붙이는 것은 아무것도 없다는 것을 알 수 있다. 이 말은 여기서는 전혀 아무런 뜻도 없다. 권력자[20]에게는 따르라. 만일 이것이 힘에는 굽히라는 뜻이라면 이 교훈[21]은 좋은 것이지만 불필요[22]하다. 이 교훈에 어긋나는 일은 결코 일어나지 않는다는 것을 내가 보장[23]한다.

－『社會契約論[24]』

1.	2.	3.	4.	5.	6.
7.	8.	9.	10.	11.	12.
13.	14.	15.	16.	17.	18.
19.	20.	21.	22.	23.	24.

3. 다음은 혼동混同하기 쉬운 한자漢字이다. (　　) 속에 독음讀音과 훈음訓音을 쓰세요.

◦經驗( ) ▷ ( )( )	◦要緊( ) ▷ ( )( )
◦直徑( ) ▷ ( )( )	◦堅固( ) ▷ ( )( )

도움글

❍ '只此'는 '지차불선(只此不宣)'을 이르는 말로, '나머지가 없음'을 뜻하는 말이다.

아래 한자의 뜻과 소리를 빈칸에 쓰세요.

☆표는 3급Ⅱ 漢字임.

贊☆(貝)	篤(竹)	亥(亠)	挑(手)	旋☆(方)	疫☆(疒)	顧(頁)	還☆(辶)
도울 찬	도타울 독	돼지 해	돋울 도	돌[廻] 선	전염병 역	돌아볼 고	돌아올 환

아래 설명을 읽고 빈칸에 보기 와 같이 쓰세요.

보기 良書(어질 량)(글 서)[양서]

贊成(　　)(　　)[　　]

도▸ ①다른 사람의 의견이나 제안(提案) 등을 좋다고 인정하여 동의(同議)함. ②조선 때, 의정부의 종일품 벼슬인 좌찬성과 우찬성을 이르는 말.

協贊(　　)(　　)[　　]

도▸ 찬동(贊同)하여 도움.

篤實(　　)(　　)[　　]

도▸ 인정 있고 성실함. 열성 있고 진실함.

危篤(　　)(　　)[　　]

도▸ 병이 몹시 중하여 목숨이 위태로움.

亥坐(　　)(　　)[　　]

도▸ (집터나 묏자리 따위가) 해방(亥方)을 등진 좌향.

亥時(　　)(　　)[　　]

도▸ 십이시(十二時)의 열두째 시. 하오(下午) 9시부터 11시까지의 동안.

참 駭視(해시) ▹ 놀라서 봄.

挑戰(　　)(　　)[　　]

도▸ ①싸움을 걺. ②승부의 세계에서 보다 나은 수준(水準)에 승부(勝負)를 걺.

참 導電(도전) ▹ 전기의 전도(傳導)

挑發(　　)(　　)[　　]

도▸ 집적거려 일을 일으킴. 도출(挑出).

顧問(　　)(　　)[　　]

도▸ 어떤 분야에 전문적인 지식·경험 등을 가지고 자문(諮問)에 응하여 의견을 말하는 직책.

참 古文(고문) ▹ 옛 글. 반 현대문.

旋律(　　)(　　)[　　]

도▸ 높낮이와 리듬을 지닌 음의 흐름.

旋盤(　　)(　　)[　　]

도▸ 금속 소재를 회전시켜 갈거나 파내거나 도려내는 금속 공작 기계. 참 갈이기계.

참 宣飯(선반) ▹ 왕조 때, 관아(官衙)에서 벼슬아치들에게 베풀던 끼니.

防疫(　　)(　　)[　　]

도▸ 전염병(傳染病)의 발생·침입·전염 따위를 막음, 또는 그것을 위해 마련하는 조치(措置).

참 防役(방역) ▹ 지난날, 시골 백성이 부역(賦役) 대신으로 돈이나 곡식 등을 미리 바치던 일.

疫鬼(　　)(　　)[　　]

도▸ 전염병을 퍼뜨린다는 귀신.

顧客(　　)(　　)[　　]

도▸ 영업을 하는 사람에게 대상자로 찾아오는 손님. 단골손님. 화객(華客).

顧復(　　)(　　)[　　]

도▸ 부모가 자나깨나 자식을 걱정하는 일. ['顧'는 신상(身上)을 돌봄. '復'은 그 일을 반복함을 이름]

奪還(　　)(　　)[　　]

도▸ 빼앗겼던 것을 도로 빼앗아 찾음. 탈회(奪回).

예 수도(首都) 서울을 **奪還**하다.

還滅(　　)(　　)[　　]

도▸ 불교에서, 수행을 쌓아 번뇌를 그치고 열반(涅槃)으로 돌아감을 이르는 말. 반 유전(流轉).

참 幻滅(환멸) ▹ 환상(幻想)에서 깨어 현실에 접함.

도움글

○ 혼동하기 쉬운 글자! 참1 旋(선)과 施(시) 참2 顧(고)와 確(확) 참3 挑(도)와 桃(도) 참4 敦(돈)과 孰(숙)

1. 아래 한자어漢字語의 독음讀音을 쓰세요.

孤客[ ]	敦篤[ ]	還納[ ]	篤信[ ]	讚辭[ ]	還送[ ]
仁篤[ ]	贊助[ ]	周旋[ ]	疫神[ ]	獸疫[ ]	錢還[ ]
疫病[ ]	顧命[ ]	災疫[ ]	旋回[ ]	生還[ ]	歸還[ ]
贊反[ ]	篤敬[ ]	贊佐[ ]	贊同[ ]	返還[ ]	回顧[ ]
挑出[ ]	顧慮[ ]	旋風[ ]	還甲[ ]	還俗[ ]	還穀[ ]

2. 아래 글을 읽고 밑줄 친 낱말은 한자漢字로, 한자어漢字語는 독음讀音으로 고쳐 쓰세요.

1 孔子의 제자[1] 번지가 농사짓는 법을 배우고 싶다고 말했다. 공자는 "농사짓는 법이라면 늙은 농부[2]가 나보다 나을 것이 아니냐?"라고 대답[3]했다. 그러자 번지는 "그러면 菜蔬[4] 기르는 법을 배우고 싶다."고 청[5]했다. 공자는 여전히 "그건 늙은 채소 耕作人[6]이 더 잘 알고 있다."고 대답했다.
번지가 자리에서 물러가자 공자는 말했다.
"번지는 참으로 생각이 작은 사람이다. 윗사람이 예를 소중[7]히 알면 백성들이 어찌 그를 존경[8]하지 않겠으며, 위에서 정의[9]를 사랑하면 어찌 백성들이 복종하지 않겠으며, 윗사람이 믿음이 있으면 어찌 백성들이 성의[10]를 다하지 않겠느냐? 이렇게 되면 이웃 나라의 백성들까지 가족을 거느리고 四方에서 모여들게 될텐데 몸소 농사를 지을 까닭이 어디 있겠는가."

- 『論語』

2 국민 전체로 하여금 예의[11]를 주장[12]하여 어긋남이 없게 하며, 한 가지의 불의를 행하고 한 사람의 무죄[13]한 자를 죽이고 천하를 얻는다 해도, 어진 사람은 그러한 행위를 하지 않는다. 확고[14]하게 내 몸과 나라를 維持[15]함에는 이렇게 굳건한 것이 있어야 한다. 서로 같이 일하는 사람은 다 의사[16]요, 국가의 형법[17]을 위하여 一貫[18]된 것은 다 도의적[19] 법이며, 서로 민첩(敏捷)하게 군신을 引率[20]하고 지향[21]하는 것은 다 의로운 의지[22]인 것이다. 이렇게 하면 아래에서 백성들이 위정자[23]를 보는 것도 도의로써 할 것이다. 근본 법칙[24]이 정해졌기 때문이다.

- 『荀子』, 「王霸篇」

1.	2.	3.	4.	5.	6.
7.	8.	9.	10.	11.	12.
13.	14.	15.	16.	17.	18.
19.	20.	21.	22.	23.	24.

3. 다음은 혼동混同하기 쉬운 한자漢字이다. ( ) 속에 독음讀音과 훈음訓音을 쓰세요.

◦ 加減( ) ▷ ( )( )	◦ 驚歎( ) ▷ ( )( )
◦ 滅亡( ) ▷ ( )( )	◦ 警戒( ) ▷ ( )( )

도움글

❍ '引率'의 '率'자는 뜻에 따라 '률', 또는 '솔'로 읽는다. 참 確率(확률), 效率(효율), 統率(통솔), 率直(솔직)

아래 한자의 뜻과 소리를 빈칸에 쓰세요.

☆표는 3급Ⅱ 漢字임.

返(辵)	豚(豕)	敦(攴)	繫(糸)	胡☆(肉)	蘇☆(艸)	滯☆(水)	恐☆(心)
돌아올 반: 돌이킬 반:	돼지 돈	도타울 돈	맬 계:	되[狄] 호	되살아날 소	막힐 체	두려울 공:

아래 설명을 읽고 빈칸에 보기 와 같이 쓰세요.

보기 良書(어질 량)(글 서)[양서]

返納(　　)(　　)[　　]
도▶ 도로 바치는 것, 또는 돌려주는 것. 예 쓰고 남은 것을 返納하여 필요한 곳에서 쓰게 하자.
참 半納(반납) ▷ 일정한 물품이나 금액의 반만 납부(納付)하는 것.

返還(　　)(　　)[　　]
도▶ ①도로 돌려주는 것. 반려(返戾). ②되돌아오거나 되돌아가는 것.

蘇生(　　)(　　)[　　]
도▶ 다시 살아나는 것. 회생(回生).

鷄豚(　　)(　　)[　　]
도▶ ①닭과 돼지. ②가축(家畜)의 총칭.

養豚(　　)(　　)[　　]
도▶ 돼지를 먹여 기르는 것.

敦化門[　　]
(　　)(　　)(　　)
도▶ 창덕궁(昌德宮)의 정문. [서울에 남아 있는 목조 건물 가운데 가장 오래된 건물 중의 하나]

繫留(　　)(　　)[　　]
도▶ ①붙잡아 매어놓음. ②(재판에서) 어떤 사건이 완전히 해결되지 않은 채 남아 있음.

連繫(　　)(　　)[　　]
도▶ 서로 밀접하게 관련됨. 예 보완적인 連繫를 가짐.

沈滯(　　)(　　)[　　]
도▶ 일이 나아가지 못하거나 발전하지 못함.
예 경기 沈滯에 빠지다.

胡角(　　)(　　)[　　]
도▶ 신호용으로 쓰는, 불어서 소리를 내는 물건. 호루라기. [뿔이나 쇠붙이 등으로 만듦]

胡蝶之夢[　　]
(　　)(　　)(　　)(　　)
도▶ '장자(莊子)가 꿈에 나비가 되어 즐겁게 놀다가 깬 뒤에 자기가 나비가 되었는지 나비가 자기가 되었는지 판단하기 어렵다고 했다.'는 고사에서 생긴 말로, '인생의 덧없음'을 비유한 말.

敦篤(　　)(　　)[　　]
도▶ 인정(人情)이 두텁다. 돈후(敦厚)하다.
참 돈毒(돈독) ▷ 돈에 대해 지나치게 욕심을 내거나 집착을 보이는 태도를 비난조로 이르는 말.

紫蘇(　　)(　　)[　　]
도▶ 소엽(蘇葉)의 잎. 땀을 내며 속을 조화시키는 효력(效力)이 있어, 해수・곽란・각기・심복통(心腹痛) 등에 약을 씀.

延滯(　　)(　　)[　　]
도▶ 금전의 지급이나 납입 따위를 기한이 지나도록 지체함. 예 공공요금 납부를 延滯하다.

恐妻家[　　]
(　　)(　　)(　　)
도▶ 아내에게 눌려 그의 의지를 거스르는 것을 대단히 겁내는 사람. 처시하(妻侍下). 예 그는 온순한 양처럼 恐妻家로서 살아가고 있다.

恐龍(　　)(　　)[　　]
도▶ 중생대의 쥐라기에서 백악기에 걸쳐 살았던 거대한 파충류의 화석 동물을 통틀어 이름.

○ '胡'자의 訓과 音은 '되 호'이다. 여기에서 '되'는 '지난날, 두만강 주변에 살던 이민족'을 이르기도 하고, '오랑캐'를 이르는 말이기도 하다.

1. 아래 한자어漢字語의 독음讀音을 쓰세요.

蘇復[ ]	返送[ ]	恐縮[ ]	豚肉[ ]	流蘇[ ]
胡笛[ ]	返戾[ ]	返品[ ]	繫鎖[ ]	繫囚[ ]

2. 아래 글을 읽고 밑줄 친 낱말은 한자漢字로, 한자어漢字語는 독음讀音으로 고쳐 쓰세요.

우리나라는 中國과 달라서 땅이 넓지 못하고 인구[1]가 적다. 또 百姓들이 못나고 좀스러워 기록[2]한 節槪[3]와 의협(義俠)스런 기질[4]이 없다. 그리하여 보통 때에 비록 뛰어난 인재[5]가 나와도 세사[6]에 등용[7]되는 일이 없지만 난을 만나서도 豪民[8]과 사나운 軍士가 졸개를 데리고 난리[9]를 불러일으켜서 나라의 근심거리가 된 적이 없었으니 그것도 다행[10]이라면 다행이겠다. 비록 그러나 지금은 왕씨 때와 같지 않다. 고려 때는 百姓에게 賦稅[11]하는 것이 한계[12]가 있었고, 山澤에서 나오는 이익[13]도 百姓과 함께하였다. 상업[14]이 유통[15]되고 공장(工匠)에도 惠澤[16]이 있었다.

우리나라는 그렇지 않다. 변변치 못한 百姓을 거느리고 있으면서, 그 神을 섬기고 윗사람을 받드는 凡節[17]은 中國과 같다. 百姓이 내는 賦稅가 다섯이면 관청[18]에 들어오는 것은 겨우 한 몫이고, 그 나머지는 姦邪[19]한 자에게 어지럽게 흩어진다. 또 남은 저축[20]이 없어 사고[21]라도 있으면, 1년에 혹 두 번도 賦課하는데, 수령[22]이 그것을 빙자(憑藉)하고 덧붙여 거두어서 다함이 없다. 이 때문에 百姓들의 시름과 원망[23]은 왕씨의 말기보다 심함이 있다. 그래도 위에 있는 사람은 泰平[24]스레 두려워할 줄도 모르고 '우리나라에는 豪民이 없다'고 한다. 牧民이 된 자는 두려울 만한 形勢를 밝게 알고, 시위와 바퀴를 고치면 그래도 미칠 수가 있을 것이다.

– 『호민론(豪民論)』

1.	2.	3.	4.	5.	6.
7.	8.	9.	10.	11.	12.
13.	14.	15.	16.	17.	18.
19.	20.	21.	22.	23.	24.

3. 아래 한자어漢字語와 뜻이 서로 반대反對, 또는 상대相對되는 한자어漢字語를 □ 속에 한자漢字로 쓰세요.

對話 ↔ □ 進化 ↔ □ 正統 ↔ □ 密集 ↔ □

도움글

○ '蘇復'은 '원기가 회복되거나 원기가 회복되게 함'을 이르는 말이다.

○ 覆水不返盆(복수불반분) : '이미 엎지른 물은 쟁반에 다시 담을 수 없다.'는 말로, 이는 강태공(姜太公)의 부인이 어려운 시절을 이기지 못하고 떠났다가 강태공이 재상(宰相)이 되어 돌아왔을 때, 강태공이 물을 엎지르며 부인에게 말하기를 "그릇에 물을 도로 담아 보라."고 한 데에서 유래한 말이다. 따라서 이 말은 '한번 결과가 저질러진 것은 복구할 수 없으니 무슨 일이든 신중을 기하라.'는 뜻으로 쓰인다.

아래 한자의 뜻과 소리를 빈칸에 쓰세요.

☆표는 3급Ⅱ 漢字임.

堤(土)	鈍(金)	雙☆(隹)	郭(邑)	丸(丶)	獻☆(犬)	疏☆(疋)	稀☆(禾)
둑 제	둔할 둔ː	두 쌍 쌍 쌍	둘레 곽 외성外城 곽	둥글 환	드릴 헌ː	소통할 소	드물 희

아래 설명을 읽고 빈칸에 보기 와 같이 쓰세요.

보기 良書(어질 량)(글 서)[양서]

堤防(　　)(　　)[　　]
도▸ 하천의 범람, 바닷물의 침입을 막기 위해 해안을 따라 축조하는 구축물. 둑. 제당(堤塘).
참 諸邦(제방)▹제국(諸國). 여러나라.

防波堤[　　]
(　　)(　　)(　　)
도▸ 밀려드는 파도를 막기 위하여 항만에 쌓은 둑.

愚鈍(　　)(　　)[　　]
도▸ 어리석고 둔하다. 우로(愚魯)하다.

鈍才(　　)(　　)[　　]
도▸ 둔하고 재주가 없는 사람.

雙胎(　　)(　　)[　　]
도▸ 한 태 안에 태아가 둘 있음, 또는 그 태아.

雙肩(　　)(　　)[　　]
도▸ 양쪽 어깨. 두 어깨. 양견(兩肩).

雙眼鏡[　　]
(　　)(　　)(　　)
도▸ 두 개의 망원경을 나란히 붙여 두 눈으로 동시에 멀리까지 볼 수 있는 광학(光學) 기기(器機).

輪郭(　　)(　　)[　　]
도▸ ①대체적인 줄거리. ②대강의 테두리나 모습.

貢獻(　　)(　　)[　　]
도▸ ①힘을 써 이바지하는 것. 기여(寄與). ②공물(貢物)을 나라에 바치는 것.
참 公憲(공헌)▹'국헌(國憲)'을 달리 이르는 말.

飛丸(　　)(　　)[　　]
도▸ 날아오는 탄알.
참 悲歡(비환)▹슬픔과 기쁨.

丸藥(　　)(　　)[　　]
도▸ 약재를 가루로 만들어 반죽하여 작고 동글동글하게 빚은 약. 정제(錠劑). 환제(丸劑).

城郭(　　)(　　)[　　]
도▸ ①내성(內城)과 외성(外城). ②성(城).

獻納(　　)(　　)[　　]
도▸ ①금품(金品)을 바치는 것. 납헌(納獻). ②임금에게 충언(忠言)을 올리는 것.

疏遠(　　)(　　)[　　]
도▸ 지내는 사이가 탐탁하지 않고 멀다.
참 訴願(소원)▹호소(呼訴)하여 청원(請願)함.
참 所願(소원)▹원하는 바. 바라는 일.

疏通(　　)(　　)[　　]
도▸ ①막히지 않고 잘 통하는 것. ②뜻이 서로 통하여 오해(誤解)가 없는 것.

稀貴(　　)(　　)[　　]
도▸ 드물어서 매우 귀하다.

稀怪(　　)(　　)[　　]
도▸ 썩 드물고 괴이함. '희괴하다'의 어근.

稀少價値[　　]
(　　)(　　)(　　)(　　)
도▸ 드물기 때문에 인정(認定)되는 가치.

도움글

○ '疏'자와 '疎'자는 대체로 구별하여 쓴다. '疏'자는 '소통(疏通)'의 뜻으로, '疎'자는 '소원(疎遠)', '소외(疎外)' 등과 같이 '성기다, 드물다'의 뜻으로 주로 쓰인다. 그러나 이체자로서 '疎'자를 바꾸어 '소원(疏遠)', '소외(疏外)'로 쓸 수 있다.

1. 아래 한자어漢字語의 독음讀音을 쓰세요.

文獻[ ]	銃丸[ ]	砲丸[ ]	獻詩[ ]	彈丸[ ]	獻金[ ]
疏達[ ]	獻燈[ ]	奉獻[ ]	疏脫[ ]	獻身[ ]	疏慢[ ]
稀少[ ]	提唱[ ]	稀微[ ]	鈍感[ ]	疏忽[ ]	雙童[ ]
老鈍[ ]	古稀[ ]	鈍濁[ ]	稀釋[ ]	鈍器[ ]	提請[ ]
無雙[ ]	雙關[ ]	雙親[ ]	遲鈍[ ]	提燈[ ]	城郭[ ]

2. 아래 글을 읽고 밑줄 친 낱말은 한자漢字로, 한자어漢字語는 독음讀音으로 고쳐 쓰세요.

행복해지기를 바라고 거기서 열성[1]을 기울일 필요가 있다. 행복[2]이 들어오든 말든 문만 열어 놓고 傍觀者[3]의 태도로 머물러 있다면 들어오는 건 슬픔뿐일 것이다. 비관[4]주의의 本質은 단순[5]한 불쾌[6]함도 내버려두면 슬픔이나 짜증으로 變한다는 것이다. 할 일 없는 아이들을 보고 있으면, 그것을 알 수 있다. 아이들은 가만히 있지 않는다. 놀이의 매력(魅力)이란 아이들에게는 대단히 강한 것이어서 飢渴[7]을 불러일으키는 과일 따위에 비할 바가 아니니다. 그러나 내가 보는 바로는 거기에 있는 것은 놀이에 의해 행복해지려고 하는 의지[8]이다. 물론 이것이 꼭 아이들에게만 한정[9]된 것은 아니지만, 그리고 이런 경우[10] 의지가 우위[11]에 선다. 왜냐하면 뛰어다니거나 팽이치기를 하거나 달음박질을 하거나 외치거나 하는 일이기 때문이다. 이런 것은 금방 실행[12]할 수 있는 일이므로 의지의 범위[13] 내의 일이다. 이와 같은 결단[14]은 사교[15]의 즐거움 속에서도 볼 수 있다. 이것은 규칙[16]에 의한 즐거움인데 그래도 외양[17]이나 태도[18]에 열성을 기울일 필요가 있으므로 그것이 규칙을 저지(沮止)하게 된다. 도시인[19]에게 사물이 즐겁다는 것은 시골에 가기 때문이다.

行動은 욕망[20]을 隨伴[21]한다. 내가 생각하는 바로는 하지 못하는 일은 그것을 하고 싶다는 마음조차 일으키지 않으며 고립[22]된 희망[23]은 언제나 슬픈 것이다. 그러므로 당연[24]히 올 것으로 행복을 기다리고 있는 한 생활은 항상 슬픈 것이다.

– 알랭, 『행복론』

1.	2.	3.	4.	5.	6.
7.	8.	9.	10.	11.	12.
13.	14.	15.	16.	17.	18.
19.	20.	21.	22.	23.	24.

3. 다음 문장을 읽고 한자의 쓰임이 잘못된 것을 골라 바르게 고쳐 쓰세요.

1 獻法은 國歌의 紀本法이다. ……………………………( )……( )……( )

2 經榮者와 從業圓 사이에는 信賴가 形聲되어야 한다. …( )……( )……( )

3 選進 企業은 顧客 萬足 경영을 持向한다. ………………( )……( )……( )

아래 한자의 뜻과 소리를 빈칸에 쓰세요.

☆표는 3급Ⅱ 漢字임.

郊 (邑)	梁 ☆ (木)	坤 (土)	殉 (歹)	兮 (八)	酌 (酉)	摘 ☆ (手)	汗 ☆ (水)
들[野] 교	들보 량 다리 량	땅[따] 곤	따라죽을 순	어조사 혜	술부을 작 잔질할 작	딸[手收] 적	땀 한

아래 설명을 읽고 빈칸에 보기 와 같이 쓰세요.

보기 良書(어질 량)(글 서)[양서]

近郊( )( )[ ]
뜻▸ 도시의 가까운 변두리에 있는 마을이나 들.

芳郊( )( )[ ]
뜻▸ 향기로운 꽃이 만발한 봄의 들판, 또는 봄이 찾아온 교외(郊外).

橋梁( )( )[ ]
뜻▸ 강가나 내 등을 사람이나 차량이 건널 수 있게 만든, 비교적 규모가 큰 다리.
참 較量(교량) ▹ 견주어 헤아리는 것.

梁上君子 [ ]
( )( )( )( )
뜻▸ ①후한(後漢)의 진식(陳寔)이 들보 위에 숨어 있는 도둑을 가리켜 한 말로, '도둑'을 이르는 말.

乾坤( )( )[ ]
뜻▸ ①하늘과 땅. 천지. ②음양. ③건방(乾方)과 곤방(坤方).

坤道( )( )[ ]
뜻▸ ①대지(大地)의 도(道). ②여자가 지켜야 할 도리. 부도(婦道). 반 건도(乾道).

殉葬( )( )[ ]
뜻▸ 임금이나 귀족이 죽었을 때, 살아 있는 그의 아내나 신하 또는 종을 함께 장사 지내던 일.

殉職( )( )[ ]
뜻▸ 직무를 다하다가 목숨을 잃는 것.
참 純直(순직) ▹ 마음이 순진하고 곧음.

添酌( )( )[ ]
뜻▸ 제사(祭祀) 때에 마지막으로 올린 잔[終獻]에 다시 술을 가득히 붓는 일.

參酌( )( )[ ]
뜻▸ 참고하여 알맞게 헤아림. 참량(參量). 예 정상을 參酌하다.

指摘( )( )[ ]
뜻▸ ①꼭 집어서 가리키는 것. ②허물 따위를 캐내어 폭로(暴露)하는 것. 예 나의 잘못을 指摘하는 사람이야말로 진정 나를 아끼는 자이다.

摘發( )( )[ ]
뜻▸ 숨어 드러나지 아니한 것을 들추어내는 것. 예 사회의 도덕성에 위배(違背)되는 것을 摘發하여 선도(善導)하다.

汗血( )( )[ ]
뜻▸ '피 같은 땀을 흘린다.'는 뜻으로, '몹시 노력함'을 이르는 말.

汗蒸幕 [ ]
( )( )( )
뜻▸ 건강이나 휴식을 위해 공기를 뜨겁게 데워 땀을 흘리게 하는 시설. [담을 둘러막아서 굴처럼 만들고 밑에서 불을 때게 되어 있음]

不汗黨 [ ]
( )( )( )
뜻▸ 남의 재물을 빼앗으며 행패를 하고 다니는 무리. 예 장사를 나섰다가 不汗黨을 만나 모조리 빼앗기고 말았다.

도움글

○ '兮(어조사 혜)'자는 '피어오르던 기운이 장애를 받아 분산되어 피어오른다.'는 데서, 잠시 말을 멈추었다가 다시 어세를 높이는 어조사로 쓰인다. 참 어조사 ▹ ①음조(音調)를 고르는 데 쓴다. ②운문(韻文)의 끝이나 중간에 놓여 어세를 멈추었다가 다시 어세를 높이는 데 쓴다.

1. 아래 한자어漢字語의 독음讀音을 쓰세요.

酌定[ ]	採摘[ ]	對酌[ ]	冷汗[ ]	獨酌[ ]	摘芽[ ]
酌飮[ ]	殉難[ ]	郊外[ ]	酌婦[ ]	汗漫[ ]	殉節[ ]
殉國[ ]	浮梁[ ]	發汗[ ]	殉敎[ ]	摘茶[ ]	浮橋[ ]

2. 아래 글을 읽고 밑줄 친 낱말은 한자漢字로, 한자어漢字語는 독음讀音으로 고쳐 쓰세요.

우리나라가 중국의 한문 문화를 받아들여, 崔萬里가 상소문에 쓴 표현을 빌면, '禮樂文物이 중화[1]에 견줄 만하다.'는 단계에 이르러, 한자와는 본질적으로 다른 음소[2]문자인 훈민정음을 창제[3]하여 국어를 표기하게 되었다는 사실은 이때에도 중국 문화에 대결하여 온 우리 문화의 저류[4]가 連綿[5]히 흐르고 있었음을 전제[6]로 하지 않고는 이해[7]할 수 없는 일이다. 이 저류는 곧 우리 국어에 의해서 대표된 것으로 세종이 훈민정음을 반포(頒布)하면서 내린 글이 '나랏말쓰미 듕귁에 달아…(國之語音異乎中國)'로 시작되었음은 결코 偶然[8]한 일이 아니다. 우리 민족 문화의 근본을 이루는 국어가 중국어와 다름을 세종은 분명히 인식[9]하고 있었고, 이 인식에서 훈민정음이 창제되었던 것이다.

훈민정음의 창제로 우리나라는 언어뿐 아니라 문자에 있어서도 독자성[10]을 가지게 되었다. 우리가 중국과도 다르고 일본과도 다른 독특[11]한 문자를 가지게 됨으로써 우리 민족의 독자성은 더욱 분명히 드러나게 되었으며 이것이 현대에 와서 우리 민족에게 더없이 큰 힘이 되었던 것이다.

훈민정음을 논함에 있어, 그것과 한자의 관계에 대해서 간단하게나마 言及[12]하지 않을 수 없음을 느낀다. 세종 당시의 모든 자료를 綿密히 검토[13]해 볼 때, 그는 훈민정음을 창제함으로써 한문을 廢止[14]하려는 생각은 가지고 있지 않았다. 그는 한자와 훈민정음의 이중[15] 체제[16]를 생각하고 있었다. 쉽게 말하면 훈민정음은 어디까지나 '愚民'[17]을 위한 것이었다. 그러나 세종은 한자로서는 도저히 이룰 수 없는 일을 훈민정음이 할 수 있음을 분명히 깨닫고 있었다.

『龍飛御天歌』[18], 『月印千江之曲』의 국문 가사[19]가 그것을 웅변[20]으로 말해 주고 있는 것이다. 여기서 민족 문학의 진정[21]한 성립을 그는 예고[22]한 것이다. 그가 '愚民'이라고 부른 계층[23]이 민족의 주체를 이루게 된 오늘날, 처음부터 그들의 문자였던 글이 우리 민족의 문자 생활의 주종[24]을 이루게 된 것은 오히려 당연한 일이라고 하지 않을 수 없다.

– 李基文, 『歷史와 母國語』

1.	2.	3.	4.	5.	6.
7.	8.	9.	10.	11.	12.
13.	14.	15.	16.	17.	18.
19.	20.	21.	22.	23.	24.

도움글

○ 摘芽(적아) ▷'초목의 곁순을 잘라 내는 일'을 이르는 말로, '순지르기, 순따주기, 곁순치기'라고도 한다.

아래 한자의 뜻과 소리를 빈칸에 쓰세요.

☆표는 3급Ⅱ 漢字임.

漂(水)	騷(馬)	零(雨)	墮(土)	奮☆(大)	拂☆(手)	振☆(手)	庸(广)
떠다닐 표	떠들 소	떨어질 령 영[數字] 령	떨어질 타:	떨칠 분:	떨칠 불	떨칠 진:	떳떳할 용

아래 설명을 읽고 빈칸에 보기 와 같이 쓰세요.

보기 良書(어질 량)(글 서)[양서]

漂浪( )( )[ ]
도▸ ①떠도는 큰 물결. ②목적이나 기약(期約) 없이 떠돌아다니는 것.

漂流( )( )[ ]
도▸ ①물에 둥둥 떠서 흘러가는 것. ②정처 없이 돌아다니는 것.

騷亂( )( )[ ]
도▸ 사람이 시끄럽게 떠들거나 하여 분위기가 어수선하고 어지러운 것.

騷動( )( )[ ]
도▸ 어떤 사건이나 문제의 발생으로 여러 사람들이 놀라거나 흥분하여 소란을 일으키는 것.
참 小童(소동) ▹ ①열 살 미만의 어린아이. 척동(尺童). ②심부름하는 작은 아이.

零縮( )( )[ ]
도▸ 수효(數爻)가 줄어 모자라다.
참 盈縮(영축) ▹ 남음과 모자람.

零落( )( )[ ]
도▸ ①초목의 잎이 시들어 떨어지는 것. ②세력이나 살림이 보잘것없이 찌부러지는 것. 낙박(落泊). 영체(零替).

墮落( )( )[ ]
도▸ ①올바른 길에서 벗어나 나쁜 행실에 빠지는 것. ②도심(道心)을 잃고 속심(俗心)으로 떨어짐.
참 駝酪(타락) ▹ 우유(牛乳).

墮淚( )( )[ ]
도▸ 눈물을 흘림. 낙루(落淚).

奮鬪( )( )[ ]
도▸ 있는 힘을 다하여 싸우거나 노력하는 것. 분전(奮戰).

發憤忘食 [ ]
( )( )( )( )
도▸ 발분(發憤)하여 끼니까지 잊고 노력함.

換拂( )( )[ ]
도▸ 환산(換算)하여 지불(支拂)하는 것.
참 還拂(환불) ▹ 잘못 징수(徵收)되었거나 기타의 사정으로 받은 요금 따위를 되돌려주는 것.

支拂( )( )[ ]
도▸ ①물건값이나 셈하여야 할 돈을 치르는 것. 지발(支撥). ②주게 되어 있는 돈이나 물품을 사람, 또는 단체에 내주는 것.

振幅( )( )[ ]
도▸ 진동(振動)하고 있는 물체가 정지 또는 평형 위치에서 최대 변위(變位)까지 이동하는 거리.
참 震幅(진폭) ▹ 지반(地盤)의 진동이 지진계(地震計)에 감촉(感觸)·기록되는 그 너비.

振興( )( )[ ]
도▸ 어떤 대상을 활발(活潑)하거나 힘찬 상태가 되도록 일으키는 것.

庸劣( )( )[ ]
도▸ 평범하고 재주가 남보다 못함.
참 勇烈(용렬) ▹ 용맹(勇猛)스럽고 장렬(壯烈)하다.

庸拙( )( )[ ]
도▸ 용렬(庸劣)하고 졸렬(拙劣)하다.

도움글

○ '墮落'은 서로 뜻이 비슷한 한자로 결합된 한자어이다. 참 庸 = 常(용상), 拙 = 劣(졸렬), 浪 = 漫(낭만)

1. 아래 한자어漢字語의 독음讀音을 쓰세요.

奮激[ ]	振作[ ]	奮發[ ]	漂白[ ]	騷音[ ]	奮擊[ ]
拂入[ ]	漂迫[ ]	振動[ ]	奮戰[ ]	奮進[ ]	中庸[ ]
登庸[ ]	振張[ ]	漂着[ ]	庸將[ ]	興奮[ ]	漂沒[ ]
騷雅[ ]	騷除[ ]	零餘[ ]	漂船[ ]	掃除[ ]	凡庸[ ]

2. 아래 글을 읽고 밑줄 친 낱말은 한자漢字로, 한자어漢字語는 독음讀音으로 고쳐 쓰세요.

"가령 위(魏)나라 임금이 스승님께 나라를 맡긴다면 맨 먼저 무엇부터 손을 대시겠습니까?"
子路의 이 같은 물음에 孔子는 이렇게 대답[1]했다.
"먼저 명분[2]부터 바로잡아야 할 것이다."
"스승님도 참 태평[3]스런 말씀을 하십니다. 보다 緊急[4]한 일들이 얼마든지 있을 텐데…."
"넌 너무도 생각이 淺薄[5]하다. 君子는 똑똑히 알지 못하는 일에 대해서는 그런 결정적[6]인 단정[7]을 내리지 않는 법이다. 명분이 서 있지 않으면 말하는 것이 이치[8]에 맞지 않게 되고, 말이 이치에 맞지 않으면 호응[9]을 받지 못하기 때문에 일이 제대로 성공[10]할 수 없게 된다. 일이 제대로 되지 못하면 모든 法秩序[11]와 문화[12]생활이 제 軌道[13]에 오를 수가 없게 되고, 처벌[14]이 엄정[15]을 기할 수 없게 되면 법률[16]은 있어도 없는 것이나 다름없으므로 백성들은 몸둘 바를 모르게 된다. 그러므로 군자가 명분부터 먼저 세우게 되면, 正當한 말을 할 수가 있고, 말을 하게 되면 반드시 實踐[17]에 옮기게 된다. 그러므로 군자는 그가 하는 말에 苟且[18]스런 것이 없도록 하면 그만인 것이다."

– 『論語』

1.	2.	3.	4.	5.	6.
7.	8.	9.	10.	11.	12.
13.	14.	15.	16.	17.	18.

3. 다음 한자와 어울려 서로 뜻이 통하는 한자를 보기에서 골라 2음절의 한자어를 완성하세요.

【보기】 貿 基 快 簡 普 空 姓 感 端 防 眞 經 場 柱 流 苦 譜 虛 鑑 裝 證 團 性 放

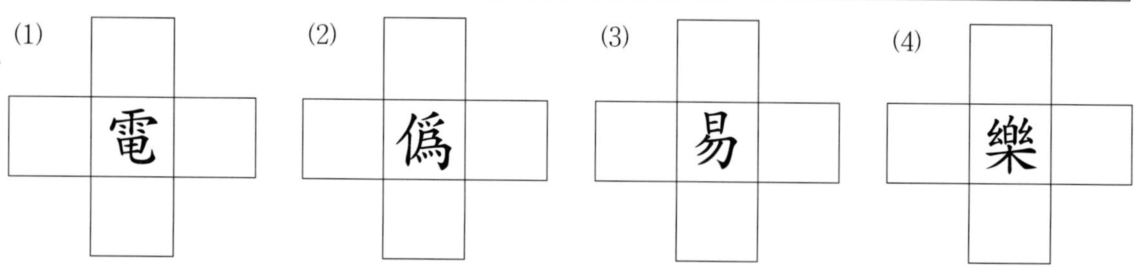

도움글

○ 혼동하기 쉬운 글자! 참1 墮(타)와 隨(수) 참2 漂(표)와 標(표) 참3 奮(분)과 奪(탈) 참4 掃(소)와 歸(귀)

아래 한자의 뜻과 소리를 빈칸에 쓰세요.

☆표는 3급Ⅱ 漢字임.

亦☆(亠)	又(又)	且(一)	卯(卩)	超☆(走)	跳(足)	浮☆(水)	宜(宀)
또 역	또 우	또 차	토끼 묘	뛰어넘을 초	뛸 도	뜰 부	마땅 의

아래 설명을 읽고 빈칸에 보기 와 같이 쓰세요.

보기 良書(어질 량)(글 서)[양서]

亦是( )( )[ ]

도▶ ①또한. 예나 亦是 기쁘다. ②예상한 대로. 예그 일은 亦是 그의 짓이었구나.

亦參其中 [ ]

( )( )( )( )

도▶ 남의 일에 참여(參與)함.

又重之 [ ]

( )( )( )

도▶ 더욱이.

破卯( )( )[ ]

도▶ 파효(破曉). 날이 샐 무렵.

且置( )( )[ ]

도▶ 차치물론(且置勿論). '내버려두고 문제삼지 않음'을 뜻함. 예그 문제는 且置하고 이 일은 어떻게 할 것인가?

且問且答 [ ]

( )( )( )( )

도▶ 한편으로 물으면서 한편으로 대답함.

且信且疑 [ ]

( )( )( )( )

도▶ ①한편으로는 믿음직스러우면서도 다른 한편으로는 의심스러움. ②그런 듯하기도 하고 아닌 듯하기도 함. 반신반의(半信半疑).

超越( )( )[ ]

도▶ 어떤 한계나 표준을 뛰어넘음. 예상상(想像)을 超越하다.

超音波 [ ]

( )( )( )

도▶ 진동수(振動數)가 너무 많아서 사람의 귀로 들을 수 없는 음파.

跳梁( )( )[ ]

도▶ 함부로 날뜀. 예跳梁하는 폭력배(暴力輩).

참 度量(도량)▷너그러운 마음과 깊은 생각.

跳開橋 [ ]

( )( )( )

도▶ 배가 지나갈 수 있도록, 다리의 한 끝, 또는 양끝이 들리면서 열리게 된 다리.

浮刻( )( )[ ]

도▶ 사물의 특징을 두드러지게 드러냄. 예개성이 뚜렷이 浮刻되다.

浮漂( )( )[ ]

도▶ 물에 떠서 떠돌아다님.

참 浮標(부표)▷물 위에 띄워 標的으로 삼는 물건.

浮彫( )( )[ ]

도▶ 모양이나 형상(形象)을 도드라지게 처리한 평면성(平面性) 조각(彫刻).

宜當( )( )[ ]

도▶ 마땅히. 으레. 예宜當 그래야지.

便宜( )( )[ ]

도▶ ①사용하거나 이용하는 데 필요함. 예便宜상 그렇게 하다. ②그때그때에 알맞은 처치. 예便宜를 도모(圖謀)하다.

도움글

○ '超越'은 뜻이 서로 비슷한 한자로 결합된 한자어이다. '超'자와 뜻이 서로 비슷한 유의자는 '越'자 이외에 '過'자와 '聘'자가 있다. 예 超 = 過(초과), 招 = 聘(초빙), 超 = 越(초월)

1. 아래 한자어漢字語의 독음讀音을 쓰세요.

超逸[ ] 超過[ ] 浮沈[ ] 浮圖[ ] 浮雜[ ] 浮橋[ ]
跳躍[ ] 超脫[ ] 浮力[ ] 又況[ ] 苟且[ ] 時宜[ ]

2. 아래 글을 읽고 밑줄 친 낱말은 한자漢字로, 한자어漢字語는 독음讀音으로 고쳐 쓰세요.

공손추는 孟子[1]가 齊[2]나라로 오자 孟子에게, "만약 齊나라의 宰相[3]이 된다면 마음이 움직이지 않겠습니까?"라고 질문[4]을 하였다. 그러자, 孟子는 "부동심[5]을 지니고 있기 때문에 마음이 흔들리지 않는다."고 하였다. 그리고 자신[6]의 장점[7]은 浩然之氣[8]인데, 그것은 평소[9]에 의리[10]를 축적[11]함으로써 길러지는 것이지 하루아침에 갑자기 생겨나는 것이 아니라고 하면서 다음과 같은 비유를 들었다.

『송(宋)나라 사람 중에 벼의 싹이 자라지 않는 것을 근심하여 그 싹을 잡아 뽑은 이가 있었다. 그리고 그는 지친 듯이 돌아와서 집안사람들에게 말하였다.

'오늘은 무척 피곤[12]하구나. 내가 벼의 싹이 자라는 것을 도와주었지.'

그 말을 들은 아들은 놀라서 논으로 뛰어갔다. 하지만 싹은 이미 말라 있었다.

이와 같이 천하[13]에 벼의 싹이 자라도록 억지로 돕지 않는 자가 적으니, 유익[14]함이 없다 해서 내버려두는 자는 비유하면 벼의 싹을 김매지 않는 자요, 억지로 조장[15]하는 자는 벼의 싹을 뽑아 놓는 자이니, 이는 非但[16] 유익함이 없을 뿐만이 아니라, 도리어 해[17]치는 것이다.』

윗글 《조장》은 '도와서 자라나게 한다.'는 뜻으로, ①'무리[18]하게 돕다가 해치게 되거나, ②좋지 못한 일을 옆에서 부추기고 눈감아 주는 것'을 이르는 말로 쓰인다.

1.	2.訓音	3.	4.	5.	6.
7.	8.	9.	10.	11.	12.
13.	14.	15.	16.	17.	18.

3. 아래 한자漢字는 쓰임에 따라 음音이 여러 가지로 변화되는 글자이다. [ ] 속에 독음讀音을 쓰세요.

1 推(밀 추, 밀 퇴) : 推測[ ] 推理[ ] 推敲[ ] 推薦[ ]
2 識(알 식, 기록할 지) : 知識[ ] 博識[ ] 標識[ ] 識別[ ]
3 惡(악할 악, 미워할 오) : 惡毒[ ] 惡緣[ ] 憎惡[ ] 惡寒[ ]

4. 아래 한자어漢字語와 뜻이 서로 반대反對, 또는 상대相對되는 한자어漢字語를 □ 속에 한자漢字로 쓰세요.

客觀↔□ 光明↔□ 內容↔□ 否認↔□

도움글

○ '推敲'는 故事에서 유래한 말로, 간혹 '敲'자는 '稿(원고 고)'자로 혼동하는 경우가 있는 데 주의!

아래 한자의 뜻과 소리를 빈칸에 쓰세요.

☆표는 3급Ⅱ 漢字임.

枯(木)	懼(心)	畏(田)	遍(辶)	懸☆(心)	奔☆(大)	酉(酉)	越☆(走)
마를 고	두려워할 구	두려워할 외:	두루 편	달[繫] 현:	달릴 분	닭 유	넘을 월

아래 설명을 읽고 빈칸에 보기 와 같이 쓰세요.

보기 良書(어질 량)(글 서)[양서]

枯渴( )( )[ ]
도▸ ①물이 말라서 없어짐. ②돈·물건 등이 다하여 매우 귀해짐. ③생각이나 느낌이 없어짐.
참 苦渴(고갈)▹목이 말라 고생하는 것.

榮枯盛衰 [ ]
( )( )( )( )
도▸ 사물의 성함과 쇠함이 서로 뒤바뀜.

憂懼( )( )[ ]
도▸ 걱정하고 두려워함.

疑懼( )( )[ ]
도▸ 의심하여 두려워하는 것. 의태(疑殆).
참 依舊(하다)▹옛날과 다름이 없다. 예 산천은 依舊한데 인걸(人傑)은 간 곳 없다.

畏敬( )( )[ ]
도▸ 경외(敬畏). 존경하고 두려워함.
참 外徑(외경)▹둥근 물체의 바깥쪽으로 잰 지름. 바깥지름.

後生可畏 [ ]
( )( )( )( )
도▸ 앞으로 발전해 나갈 젊은이의 장래는 예측(豫測)하기 어려운 것인 만큼, 결코 '함부로 대하지 못할 두려운 존재(存在)'라는 말.

普遍( )( )[ ]
도▸ ①널리 두루 미치는 것. ②모든 것에 들어맞는 것. 모든 것에 공통되는 것.

遍在( )( )[ ]
도▸ 두루 퍼져 있음. 널리 존재함. 반 편재(偏在).

懸案( )( )[ ]
도▸ 아직 해결되지 않은 채 남아 있는 문제, 또는 의안(議案).
참 賢顔(현안)▹현명(賢明)하게 생긴 얼굴.

懸賞金 [ ]
( )( )( )
도▸ 현상(懸賞)으로 내건 돈. 현금(懸金).

奔走( )( )[ ]
도▸ 몹시 바쁨. 예 奔走한 나날을 보내다.

奔騰( )( )[ ]
도▸ 물건값이 갑자기 뛰어오름. 예 주가(株價)가 奔騰하다. 반 분락(奔落).

奔放( )( )[ ]
도▸ 체면이나 관습 같은 것에 얽매이지 아니하고 마음대로임. 예 자유 奔放한 생활
참 分房(분방)▹①지난날, 어떤 일을 몇 개 관아에서 나누어 맡게 함. ②부부가 방을 따로따로 씀.

酉時( )( )[ ]
도▸ 12時의 열째 시. 곧, 오후 5시부터 7시까지의 시각(時刻).
참 諭示(유시)▹관청에서 말이나 문서로써 타일러 가르침. 예 諭示하다.

越權( )( )[ ]
도▸ 권한(權限) 밖의 일을 하는 것.

播越( )( )[ ]
도▸ 임금이 도성(都城)을 떠나 다른 곳으로 난을 피함. 파천(播遷).

도움글
○ 혼동하기 쉬운 글자! 참1 渴(갈)과 竭(갈) 참2 畏(외)와 喪(상) 참3 普(보)와 晋(진) 참4 酉(유)와 西(서)

1. 아래 한자어漢字語의 독음讀音을 쓰세요.

懸隔[　　]	奔告[　　]	枯淡[　　]	懸板[　　]	奔競[　　]	奔忙[　　]
枯死[　　]	枯葉[　　]	震懼[　　]	越冬[　　]	枯腸[　　]	枯松[　　]
驚懼[　　]	畏愼[　　]	遍布[　　]	敬懼[　　]	畏縮[　　]	畏懼[　　]
越尺[　　]	越等[　　]	卓越[　　]	遍歷[　　]	超越[　　]	越墻[　　]

2. 다음은 동음이의어同音異義語를 모은 것이다. 낱말의 뜻에 알맞은 한자를 쓰세요.

> ☞ **동음이의어**(同音異義語)란, 발음은 같으나 뜻이 다른 한자어를 말한다. 이는 한글로 표기하면 그 뜻을 구별하기 어렵기 때문에, 한자로써 그 뜻을 구별해야 한다.

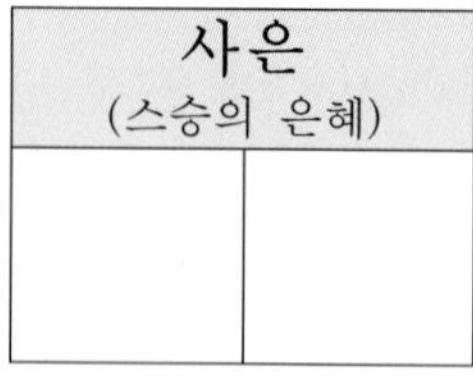
사은 (스승의 은혜)

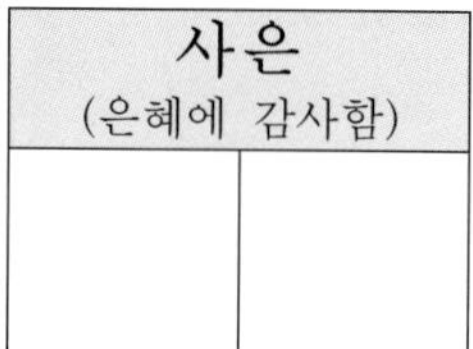
사은 (은혜에 감사함)

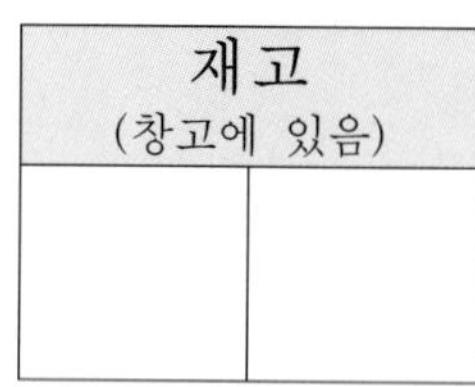
재고 (창고에 있음)

재고 (다시 한 번 생각함)

지원 (뜻하여 바람)

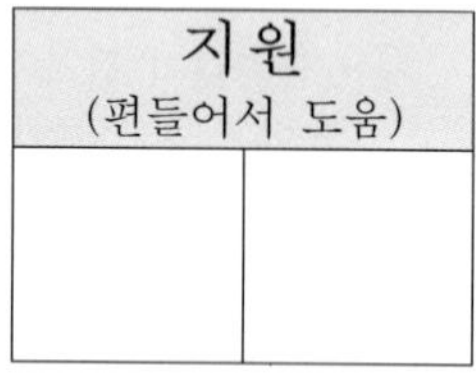
지원 (편들어서 도움)

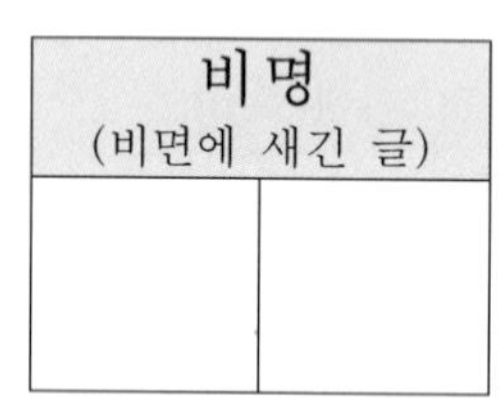
비명 (비면에 새긴 글)

비명 (다급할 때 지르는 소리)

비행 (도리에 어긋나는 행위)

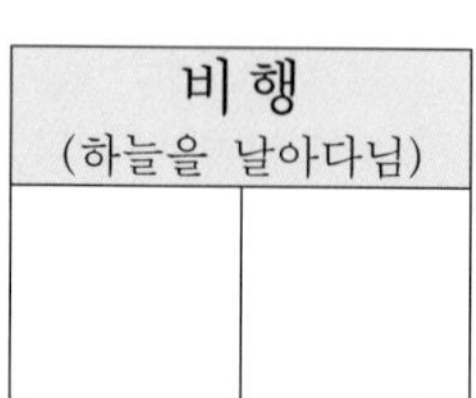
비행 (하늘을 날아다님)

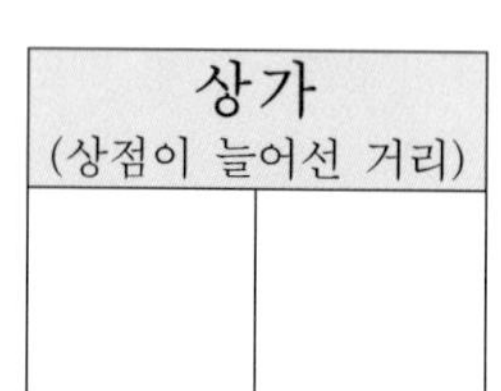
상가 (상점이 늘어선 거리)

상가 (초상집)

3. 아래 한자漢字와 뜻이 비슷한 한자漢字를 □ 속에 넣어 단어單語를 완성하세요.

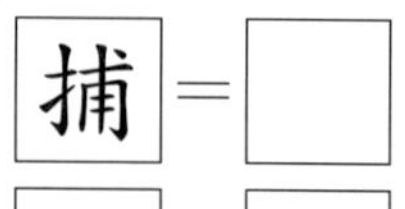
捕 = □　　隆 = □　　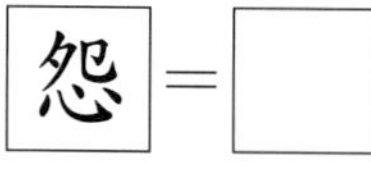怨 = □　　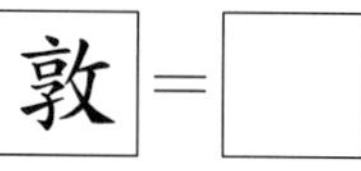敦 = □　　中 = □

□ = 去　　□ = 放　　□ = 還　　□ = 易　　□ = 康

도움글

○ 쓰임에 따라 訓과 音이 변하는 한자! 예1 便易(편이) 예2 易經(역경) 예3 參拾(삼십) 예4 拾得(습득)

아래 한자의 뜻과 소리를 빈칸에 쓰세요.

☆표는 3급Ⅱ 漢字임.

恣(心)	了(亅)	罷(网/罒)	畢☆(田)	竟(立)	塞☆(土)	逢☆(辶)	孟☆(子)
방자할 자 마음대로 자	마칠 료	마칠 파	마칠 필	마침내 경	막힐 색 변방 새	만날 봉	맏 맹

아래 설명을 읽고 빈칸에 보기 와 같이 쓰세요.

보기 良書(어질 량)(글 서)[양서]

放恣( )( )[ ]

도▸ 꺼리거나 삼가는 태도가 없이 제멋대로 놂. 자방(恣放)하다. 자일(恣逸)하다. 예 어른 앞에서 放恣하다.

恣行( )( )[ ]

도▸ 방자(放恣)하게 행동하는 것, 또는 그 행동.

참 自行(자행) ▹ ①자기의 수행. ②스스로 행하는 것.

修了( )( )[ ]

도▸ 일정한 학업이나 학년의 과정을 마치는 것.

了解( )( )[ ]

도▸ 사물의 이치나 뜻 따위를 분명히 이해(理解)함.

罷場( )( )[ ]

도▸ ①백일장(白日場)・시장(市場) 따위가 파하는 것. ②여러 사람이 모여 하는 일이 거의 끝난 판.

참 波長(파장) ▹ 파동(波動)에 있어서 서로 이웃하고 있는 같은 위치를 가진 두 점 사이의 거리.

罷免( )( )[ ]

도▸ 어떤 직책에 있는 사람의 자격을 박탈하고 직장에서 내보내는 것. 파출(罷黜).

참 波面(파면) ▹ ①파도가 일고 있는 수면. ②어떤 시각에 위상(位相)이 같은 파동이 잇달아 일어나는 연속적인 면.

未畢( )( )[ ]

도▸ 아직 끝내지 못한 것.

窮塞( )( )[ ]

도▸ 아주 가난하다.

畢竟( )( )[ ]

도▸ 끝장에 가서는. 마침내. 구경(究竟).

참 筆耕(필경) ▹ ①직업으로 글이나 글씨를 쓰는 일. ②원지(原紙)에 철필로 글씨를 쓰는 일.

畢納( )( )[ ]

도▸ 납세(納稅)나 납품(納品) 따위를 끝내는 것.

참 必納(필납) ▹ 반드시 납부해야 하는 것.

究竟( )( )[ ]

도▸ ①어떤 과정의 마지막이나 끝. ②사리(事理)의 마지막.

邊塞( )( )[ ]

도▸ ①변경(邊境)에 있는 요새(要塞). ②나라의 경계가 되는 변두리의 땅. 변방(邊方). 새방(塞方).

逢變( )( )[ ]

도▸ ①뜻밖의 변을 당하는 것. ②망신(亡身)스러운 일을 당하는 것.

逢着( )( )[ ]

도▸ 어떤 처지(處地)나 상태에 부닥치는 것.

孟春( )( )[ ]

도▸ ①초봄. ②음력(陰曆) 正月을 달리 이르는 말.

孟母斷機 [ ]

( )( )( )( )

도▸ 맹자(孟子)가 학업을 중단하고 돌아왔을 때 그 어머니가 짜던 베를 자름으로써, '학문을 중도에 그만두면 아무런 공이 없다는 것'을 아들에게 훈계한 일. 단기지계(斷機之戒).

도움글

- '窮塞'의 '塞'자는 뜻에 따라 소리가 달라지는 글자이다. 참 杜塞(두색), 否塞(비색), 城塞(성새), 要塞(요새)
- '窮'자와 서로 뜻이 비슷한 유의자! 참 窮 = 究(궁구), 窮 = 極(궁극), 窮 = 塞(궁색), 窮 = 盡(궁진), 窮 = 困(궁곤)

1. 아래 한자어漢字語의 독음讀音을 쓰세요.

恣暴[　　]	了結[　　]	充塞[　　]	侵恣[　　]	滿了[　　]	完了[　　]
罷業[　　]	逢辱[　　]	終了[　　]	罷職[　　]	相逢[　　]	廢罷[　　]
終畢[　　]	逢敗[　　]	畢竟[　　]	畢業[　　]	關塞[　　]	塞責[　　]

2. 아래 글을 읽고 밑줄 친 낱말은 한자漢字로, 한자어漢字語는 독음讀音으로 고쳐 쓰세요.

일정한 <u>생업</u>[1]이 없어도 일정한 마음을 가지는 자는 오직 士라야 할 수 있지만, 백성의 경우에는 일정한 생업이 없으면 일정한 마음이 없게 됩니다. 일정한 마음이 없게 되면 치우치고 편벽(偏僻)되고 지나친 행동을 하지 않을 사람이 없을 것이니, 죄를 진 뒤에 쫓아가 잡아서 <u>형벌</u>[2]을 가한다면, 이것은 백성을 그물을 쳐서 잡는 것입니다. 어찌 어진 사람이 임금의 <u>지위</u>[3]에 있으면서 백성을 그물 쳐서 잡을 수 있겠습니까?

그러므로 훌륭한 임금은 백성의 생업을 <u>제정</u>[4]함에 있어 반드시 위로는 부모를 섬길 수 있게 하고, 아래로는 <u>妻子息</u>[5]을 <u>扶養</u>[6]할 수 있게 하여, <u>풍년</u>[7]에는 배불리 먹고 <u>흉년</u>[8]에는 죽음을 <u>免</u>[9]하게 하였습니다. 그러한 뒤에 백성을 <u>인도</u>[10]하여 善에 이르도록 하였기 때문에 백성들이 따르는 것이 쉬운 것입니다.

오늘날에는 백성의 생업을 제정함에 있어 위로는 부모를 섬길 수 없게 하고 아래로는 妻子息을 扶養할 수 없게 하여 풍년이 들어도 고생해야 하고 흉년이 들면 죽음을 免치 못하게 합니다. 이때에는 오직 죽지 않고 살려고 애를 써도 힘든 판국인데, 어느 겨를에 예를 다스리겠습니까?

왕께서 어진 정치를 행하고자 하신다면 어찌하여 그 근본으로 돌아가지 않으십니까? 오무(五畝) 정도 되는 <u>택지</u>[11]에 뽕나무를 심으면 쉰 살 된 노인이 비단옷을 입을 것이며, 닭·돼지·개와 같은 <u>家畜</u>[12]들의 번식(繁殖) 시기를 놓치지 않게 하면 일흔 살 된 노인이 고기를 먹을 것이며, 백무(百畝)의 밭을 <u>耕作</u>[13]하는 데 그 <u>農繁期</u>[14]를 빼앗지 않으면 여덟 식구의 가족이 굶주리지 않을 것입니다. 그리고 나서 학교 <u>교육</u>[15]을 부지런히 하여 효도와 <u>恭敬</u>[16]의 도리를 <u>반복</u>[17]해서 가르친다면 <u>반백</u>[18]이 된 노인이 길에서 짐을 지거나 이고 다니지 않을 것입니다. 노인이 비단옷을 입고 고기를 먹으며, 백성들이 굶주리지 않고 춥지 않게 한 이후에 왕노릇을 하지 못하는 사람은 없었습니다.

－『孟子』

1.	2.	3.	4.	5.	6.
7.	8.	9.訓音	10.	11.	12.
13.	14.	15.	16.	17.	18.

3. 다음 빈칸에 알맞은 한자漢字를 쓰세요.

溫	故	知	
易	地		之

	狗	風	月
不		曲	直

	言	書	判
弄	瓦	之	

아래 한자의 뜻과 소리를 빈칸에 쓰세요.

☆표는 3급Ⅱ 漢字임.

伯☆(人)	勿☆(勹)	詞☆(言)	而(而)	騎☆(馬)	淡☆(水)	淑☆(水)	雅☆(隹)
맏 백	말[禁] 물	말 사 글 사	말이을 이	말탈 기	맑을 담	맑을 숙	맑을 아

아래 설명을 읽고 빈칸에 보기 와 같이 쓰세요.

보기 良書(어질 량)(글 서)[양서]

伯叔(　　)(　　)[　　]

도▸ 네 형제 중의 맏이와 셋째. [백(伯)·중(仲)·숙(叔)·계(季) 중 첫째와 셋째]

참 白熟(백숙)▹고기·생선 따위를 맹물에 푹 삶아 익히는 것. 예 영계 白熟

伯父(　　)(　　)[　　]

도▸ '아버지의 맏형'을 이르는 말.

참 柏府(백부)▹고려·조선 때의 '사헌부(司憲府)'를 달리 이르던 말.

勿驚(　　)(　　)[　　]

도▸ '놀라지 마라.'는 뜻으로, 엄청난 것을 말할 때 앞세워 이르는 말. 예 勿驚, 5만 명이나 모였다.

勿論(　　)(　　)[　　]

도▸ ①말할 필요가 없음. 예 인솔자(引率者)가 가는 것은 勿論이다. ②말할 것도 없이. 예 너도 가니? 勿論 가고 말고.

詞華(　　)(　　)[　　]

도▸ ①'사조(詞藻)'를 달리 이르는 말. ②시가(詩歌)나 문장. ③시문의 문채(文彩)나 말의 수식.

참 士禍(사화)▹조선시대 때, 조신 및 선비들이 정치적 반대파에게 몰려 참혹한 화를 입던 일. 예 戊午士禍

詞壇(　　)(　　)[　　]

도▸ 문단(文壇). 문인들의 사회. 문림(文林).

참 事端(사단)▹일의 실마리.

참 師團(사단)▹군대(軍隊) 편성(編成)의 단위(單位). [군단-사단-연대 순]

騎兵隊[　　]

(　　)(　　)(　　)

도▸ 기병(騎兵)으로 편성(編成)된 부대(部隊).

而立(　　)(　　)[　　]

도▸ 나이 '서른 살'을 이르는 말. 『論語』에 나옴.

騎虎之勢[　　]

(　　)(　　)(　　)(　　)

도▸ '범을 타고 달리는 형세'라는 뜻으로, '호랑이를 타고 가다 도중에 내리면 잡혀 먹히듯이 중도에서 그만둘 수 없는 절박한 형세'를 이름.

冷淡(　　)(　　)[　　]

도▸ (어떤 일에 대해서) 무관심함. 쌀쌀함.

暗澹(　　)(　　)[　　]

도▸ '어두컴컴하고 선명하지 않다.'는 뜻으로, 앞날에 대한 전망이 어두움. 희망이 없음. 예 그는 이 暗澹한 심정을 토로하였다.

賢淑(　　)(　　)[　　]

도▸ 여자의 마음이 어질고 성숙(成熟)하다.

淑淸(　　)(　　)[　　]

도▸ 행동이나 성품이 정숙하고 깨끗하다.

참 肅淸(숙청)▹①잘못이나 그릇된 일을 치워 없앰. ②반대파(反對派)를 모두 제거(除去)하는 일. 예 반대파를 肅淸하다.

雅量(　　)(　　)[　　]

도▸ 너그럽고 깊은 마음씨.

雅樂(　　)(　　)[　　]

도▸ 궁중에서 연주되고 의식에서 쓰이던 음악.

雅號(　　)(　　)[　　]

도▸ 문인·예술가 등의 호(號)나 별호(別號)를 높여 이르는 말.

도움글

○ '淡'과 '澹'은 異體字이다. 예1 裏 = 裡 예2 隣 = 鄰 예3 飜 = 翻 예4 竝 = 幷 = 並 예5 祕 = 秘

1. 아래 한자어漢字語의 독음讀音을 쓰세요.

雅淡[ ]	動詞[ ]	淡水[ ]	淡墨[ ]	淡彩[ ]	枯淡[ ]
高雅[ ]	副詞[ ]	淑女[ ]	雅趣[ ]	雅致[ ]	貞淑[ ]
端雅[ ]	助詞[ ]	伯爵[ ]	方伯[ ]	歌詞[ ]	風伯[ ]
淡白[ ]	典雅[ ]	河伯[ ]	感歎詞[ ]		代名詞[ ]
形容詞[ ]		自動詞[ ]	他動詞[ ]		助動詞[ ]

2. 아래 글을 읽고 밑줄 친 낱말은 한자漢字로, 한자어漢字語는 독음讀音으로 고쳐 쓰세요.

歷史[1]란 무엇이뇨? 인류 사회의 我와 非我의 투쟁[2]이 시간부터 발전하며 공간[3]부터 擴大[4]하는 심적 활동 상태의 기록[5]이니, 세계사[6]라 하면 세계 인류의 그리 되어 온 상태의 기록이며, 조선사[7]라 하면 조선 민족의 그리 되어 온 상태의 기록이니라.

무엇을 我라 하며 무엇을 非我라 하나니, 이를테면 조선인은 조선을 我라 하고 영국·러시아·미국 등을 非我라 하지만, 영국·러시아·미국 등은 각기 제 나라를 我라 하고 조선은 非我라 하며, 무산계급[8]은 무산계급을 我라 하고, 지주[9]나 자본가[10] 등을 非我라 하지만, 지주나 자본가 등은 각기 자기를 我라 하고 무산계급을 非我라 하며, 이뿐 아니라 학문에나 기술[11]에나 직업[12]에나 의견에나 그밖에 무엇에든지 반드시 본위인 我가 있으면 따라서 我와 대치(對峙)한 非我가 있고, 我 중에 我와 非我가 있으면 非我 중에도 또 我와 非我가 있고, 我에 대한 非我의 接觸[13]이 煩劇[14]할수록 非我에 대한 我의 奮鬪[15]가 더욱 猛烈[16]하여 인류 사회의 활동이 休息[17]될 사이가 없으며 역사의 前途[18]가 완결될 날이 없나니, 그러므로 역사는 我와 非我의 투쟁의 기록이다.

– 申采浩, 『朝鮮上古史』

1.	2.	3.	4.	5.	6.
7.	8.	9.	10.	11.	12.
13.	14.	15.	16.	17.	18.

도움글

- 煩劇 : 몹시 번거롭고 바쁨.
- 前途 : 앞으로 나아갈 길.
- 河伯 : ①물을 맡아 다스린다는 신. 하신(河神). ②전설상의 고구려의 시조인 주몽의 외조부.
- 伯樂一顧(백락일고) ▷ '아무도 쉽게 천리마임을 알아보지 못하였지만 백락(伯樂)은 천리마(千里馬)를 한 눈에 알아보았다'는 고사에서 비롯된 말로, '남이 자기 재능을 알고 잘 대우함'을 일컫는 말.
- 伯牙絶絃(백아절현) ▷ '전국시대(戰國時代) 거문고의 명수로 이름이 났던 백아에게는 자신의 음악 세계를 알아주는 유일한 사람인 종자기(鍾子期)가 있었는데, 종자기가 죽자 슬퍼하여 거문고 줄을 끊어버리고 더 이상 거문고를 다루지 않았다.'는 고사(故事)에서 비롯된 말로, '가장 친한 친구가 죽었을 때의 슬픔, 또는 알아주는 사람이 없어짐'을 이르는 말. = 지음(知音).

아래 한자의 뜻과 소리를 빈칸에 쓰세요.

☆표는 3급Ⅱ 漢字임.

嘗(口)	托(手)	司☆(口)	賦☆(貝)	辛(辛)	梅☆(木)	荷☆(艸)	盟☆(皿)
맛볼 상	맡길 탁	맡을 사	부세 부	매울 신	매화 매	멜 하	맹세 맹

아래 설명을 읽고 빈칸에 보기 와 같이 쓰세요.

보기 良書(어질 량)(글 서)[양서]

嘗味( )( )[ ]
도▸ 맛봄. 먹어 봄.
참 賞美(상미)▹칭찬함.
참 上米(상미)▹품질이 썩 좋은 쌀.

嘗試( )( )[ ]
도▸ 시험하여 보는 것.

茶托( )( )[ ]
도▸ 찻잔을 받치는 쟁반.

托葉( )( )[ ]
도▸ 턱잎. [잎자루 밑에 붙은 한 쌍의 작은 잎]

托生( )( )[ ]
도▸ 다른 것에 몸을 붙이어 살아감.

司法( )( )[ ]
도▸ 삼권(三權)의 하나. [立法·司法·行政]
참 私法(사법)▹개인의 의무나 권리에 대하여 규정한 법률. [民法·商法 따위] 반 공법(公法).

司徒( )( )[ ]
도▸ 고려 시대의 삼공(三公)의 하나인 정1품.
참 使徒(사도)▹보람있고 훌륭한 일을 위해 자기를 돌보지 않고 힘쓰는 사람. 예 正義의 使徒.

賦與( )( )[ ]
도▸ 나눠주는 일.
참 扶餘(부여)▹충청남도 부여군의 군청 소재지. [옛날 백제의 수도로 옛이름은 부여임]

盟約( )( )[ ]
도▸ ①맹세하여 굳게 약속하는 것. ②동맹을 약속하는 것, 또는 그 조약. 약맹(約盟).

辛苦( )( )[ ]
도▸ 어려운 일을 당하여 몹시 애씀. 신간(辛艱).
참 申告(신고)▹어떠한 사실을 보고함. 예 出生申告

辛烈( )( )[ ]
도▸ 대단히 신랄(辛辣)하다.
참 身熱(신열)▹병으로 인하여 오르는 몸의 열.

青梅( )( )[ ]
도▸ 매화(梅花)나무의 푸른 열매. 반 황매(黃梅).
참 請賣(청매)▹어떠한 물건을 받아서 파는 것.

梅實( )( )[ ]
도▸ 매화나무의 열매.

荷物( )( )[ ]
도▸ 기차·여객·자동차·비행기·객선 등에 실어 나르는 크지 않은 짐.
참 何物(하물)▹무슨 물건, 또는 어떤 물건.

過負荷 [ ]
( )( )( )
도▸ 기계나 전기 기기(器機), 회로(回路) 등에서 규정량을 초과(超過)하는 부하(負荷).

加盟店 [ ]
( )( )( )
도▸ 어떤 기관이나 조직(組織)에 가맹되어 있는 가게나 점포(店鋪).

賦役( )( )[ ]
도▸ ①병역(兵役)·부역(賦役)을 치르러 나가는 것. ②사사로이 서로 일을 도와주는 것.
참 附逆(부역)▹국가에 반역하는 일에 가담함.

도움글

○ 혼동하기 쉬운 글자! 참1 辛(신)과 幸(행) 참2 托(탁)과 託(탁) 참3 嘗(상)과 當(당) 참4 佛(불)과 拂(불)

1. 아래 한자어漢字語의 독음讀音을 쓰세요.

司祭[ ]	賦稅[ ]	盟誓[ ]	貢賦[ ]	荷役[ ]	嘗新[ ]
梅信[ ]	寒梅[ ]	聯盟[ ]	監司[ ]	同盟[ ]	會盟[ ]

2. 다음 단어單語를 한자漢字로 쓰세요.

(1)권리 ▷	(2)염려 ▷	(3)식당 ▷	(4)과외 ▷
(5)구청 ▷	(6)노력 ▷	(7)냉수 ▷	(8)이유 ▷
(9)자습 ▷	(10)학교 ▷	(11)신문 ▷	(12)평화 ▷
(13)정치 ▷	(14)직업 ▷	(15)자연 ▷	(16)연료 ▷
(17)원서 ▷	(18)용단 ▷	(19)국어 ▷	(20)현주소 ▷

3. 다음 뜻에 알맞은 한자어를 【보기】에서 찾아 그 번호를 쓰세요.

(1) 눌러 이김 ························ ( )	(6) 되살아남 ························ ( )
(2) 노인을 공경함 ··················· ( )	(7) 행정措置 ························ ( )
(3) 금수江山 ························ ( )	(8) 죽은 뒤의 행복 ················ ( )
(4) 섭섭함 ·························· ( )	(9) 이력서 ·························· ( )
(5) 벌꿀 ···························· ( )	(10) 전람회 ························ ( )

【보 기】

① 錦繡 ② 敬老 ③ 所生 ④ 冥福 ⑤ 壓勝 ⑥ 蜂蜜 ⑦ 遺憾 ⑧ 幸政 ⑨ 有感 ⑩ 行政
⑪ 蘇生 ⑫ 更生 ⑬ 明福 ⑭ 押勝 ⑮ 輕老 ⑯ 禽獸 ⑰ 離歷書 ⑱ 展覽會 ⑲ 履歷書

4. 아래 한자어漢字語와 뜻이 서로 반대反對, 또는 상대相對되는 한자어漢字語를 □ 속에 한자漢字로 쓰세요.

恩惠 ↔ □	故意 ↔ □	旣決 ↔ □	無能 ↔ □

도움글

○ 틀리기 쉬운 한자어의 독음!

예1 整列(정렬) 예2 隊列(대열) 예3 列擧(열거) 예4 療養(요양) 예5 醫療(의료) 예6 烈士(열사) 예7 猛烈(맹렬)

○ 臥薪嘗膽(와신상담) ▷ '오(吳)나라 왕 부차(夫差)가 아버지 원수를 갚기 위해 장작더미 위에서 잠을 자며 복수의 일념을 불태웠고, 그에게 패배한 월(越)의 왕 구천(句踐)이 쓸개를 핥으며 보복을 다짐한 끝에 부차를 패배시켰다.'는 故事에서 '마음먹은 일을 이루기 위하여 온갖 괴로움을 무릅씀'을 이르는 말.

아래 한자의 뜻과 소리를 빈칸에 쓰세요.

☆표는 3급Ⅱ 漢字임.

契☆(大)	含☆(口)	狂☆(犬)	泊(水)	墨☆(土)	遙(辵)	悠☆(心)	免☆(儿)
맺을 계:	머금을 함	미칠 광	머무를 박 배댈 박	먹 묵	멀 요	멀 유	면할 면:

아래 설명을 읽고 빈칸에 보기 와 같이 쓰세요.

보기 良書(어질 량)(글 서)[양서]

契約( )( )[ ]
도▸ 쌍방이 서로에게 갖게 될 의무(義務)나 권리(權利)에 대해 글이나 말로 약속(約束)하는 일.

親睦契[ ]
( )( )( )
도▸ 친목을 도모(圖謀)하기 위하여 하는 계(契).

含量( )( )[ ]
도▸ 함유(含有)하고 있는 분량. 함유량(含有量).

含蓄( )( )[ ]
도▸ ①속에 간직하여 드러나지 아니함. ②풍부한 내용이나 깊은 뜻이 들어 있음. 예 인생의 참뜻을 含蓄한 한 편의 시(詩).

狂亂( )( )[ ]
도▸ ①미쳐 날뜀. ②'심한 혼란 상태'를 비유함.

熱狂( )( )[ ]
도▸ 어떤 일에 몹시 흥분하여 미친 듯이 날뜀.
참 烈光(열광) ▹ 강렬한 빛.

宿泊( )( )[ ]
도▸ 여관·호텔 등에서 잠을 자고 머무르는 것.

漂泊( )( )[ ]
도▸ ①풍랑(風浪)을 만난 배가 정처 없이 물 위를 떠도는 것. ②정처 없이 떠돌며 지내는 사람.

淡墨( )( )[ ]
도▸ 동양화를 그릴 때 묽게 쓰는 먹물.

墨畫( )( )[ ]
도▸ 먹으로 그린 동양(東洋)의 회화(繪畫).
참 墨花(묵화) ▹ 벼루에 남아 있는 먹의 빛깔.

遙遠( )( )[ ]
도▸ 까마득히 멀다. 요막(遼邈)하다.
참 要員(요원) ▹ 필요한 인원. 예 要員 충당(充當)

遙度( )( )[ ]
도▸ 먼 곳에서 남의 마음을 헤아림.
참 料度(요도) ▹ 남의 마음을 미루어 헤아리는 것.

悠久( )( )[ ]
도▸ 연대가 길고 오래다. 유원(悠遠)하다.
참 有口無言(유구무언) ▹ '입은 있으나 할 말이 없다.'는 뜻으로, '변명할 말이 없음'을 이르는 말.

悠悠自適[ ]
( )( )( )( )
도▸ 속세(俗世)를 떠나 아무 속박(束縛) 없이 조용하고 편안하게 삶.

免疫( )( )[ ]
도▸ ①사람이나 동물의 몸 안에 병원균이나 독소가 침입하여도 발병하지 않을 정도의 저항력을 가지는 일. ②어떤 자극이 자꾸 반복됨에 따라 그에 무감각해지는 것을 비유하여 이르는 말.

免責( )( )[ ]
도▸ ①책임이나 책망(責望)을 면하는 것. ②채무(債務)의 전부, 또는 일부를 면(免)하는 것.
참 面責(면책) ▹ 마주 대하여 책망하는 것.

도움글

- 틀리기 쉬운 한자 참 면할 면(免) ≠ 토끼 토(兎 / 免 / 兔)
- **나무 그늘 아래서 쉬어가기.**

문 다음이 가리키는 뜻은? [晝則圓 書則方 卯口出 午則長 酉口入] ①지구 ②해 ③달 ④십이지 정답☞ 다음 쪽

1. 아래 한자어漢字語의 독음讀音을 쓰세요.

墨客[ ]	契員[ ]	免脫[ ]	墨梅[ ]	悠長[ ]	朱墨[ ]
悠然[ ]	包含[ ]	默契[ ]	減免[ ]	免罪[ ]	罷免[ ]
貪墨[ ]	契印[ ]	免除[ ]	筆墨[ ]	免稅[ ]	墨香[ ]
白墨[ ]	含有[ ]	契合[ ]	免許[ ]	含憤[ ]	淡泊[ ]

2. 아래 글을 읽고 밑줄 친 낱말은 한자漢字로, 한자어漢字語는 독음讀音으로 고쳐 쓰세요.

우리의 새로운 국가[1]를 건설[2]하려고 하는 자가 이룩해야 하는 최대[3]의 것은 무엇보다도 뛰어난 소질[4]을 가진 자들을 우리들이 최대의 學問이라고 부르는 데까지 도달[5]하게끔 하여, 결국 앞서 말한 것처럼 上昇[6]의 길에 올라 善을 바라보도록 강제[7]를 賦課[8]하는 것이며, 이 사람들에게 위쪽에 머무는 것을 許諾[9]하지 않은 채 결국 수인들과 더불어 그 고통[10]과 名譽[11]를 분담[12]하도록 강제하는 것이다. -『國家』

1.	2.	3.	4.	5.	6.
7.	8.	9.	10.	11.	12.

3. 아래에서 밑줄 친 낱말은 한자漢字로, 한자어漢字語는 독음讀音으로 고쳐 쓰세요.

韓·中·日 삼국의 과거는 儒佛[1]의 문화[2] 基盤[3] 위에 공유의 동양 문화나 동양 倫理[4] 思想을 바탕으로 각기 고유[5]의 문화를 형성[6]해 왔으나 一面 은원[7]의 역사도 있어 먼 過去는 두고라도 가깝게 日濟 전쟁, 韓日合邦[8], 太平洋전쟁 등 中日間, 韓日間의 旧怨이 있지만 이제 國交正常化가 이루어지고 韓·中·日 三國이 相互 經濟協力을 바탕으로 하여 번영된 大地域[9]권으로 浮上[10]함에 대비하여 大乘的 차원[11]에서 예로부터 傳해 내려온 傳統的인 孔子의 仁, 석가(釋迦)의 慈悲[12], 近世에 새로 들어온 기독[13]의 박애[14] 정신으로 旧怨을 씻고 韓·中·日이 協助 체제[15]를 構築하여 善隣的[16] 공영[17] 관계로 먼 후손들을 위해 共同으로 노력[18]해 나가야 할 것이다.

1.	2.	3.	4.	5.	6.
7.	8.	9.	10.	11.	12.
13.	14.	15.	16.	17.	18.

도움글

○ (93쪽)정답☞ ② 해 [畫則圓 書則方 卯口出 午則長 酉口入] : 그림을 그리면 둥글고[畫則圓] 글을 쓰면 모가 지고[書則方] 卯時(묘시 : 오전 5시~7시)에 나오고[卯口出] 午時(오시 : 오전 11시~오후 1시)면 길어지고 酉時(유시 : 오후 5시~7시)에 들어간다는 뜻으로, 이는 '해[日]'를 뜻한다.

아래 한자의 뜻과 소리를 빈칸에 쓰세요.

☆표는 3급Ⅱ 漢字임.

苗(艸)	諸☆(言)	沙☆(水)	須(頁)	侍☆(人)	貌☆(豸)	像☆(人)	軌(車)
모 묘:	모두 제	모래 사	모름지기 수	모실 시:	모양 모	모양 상	바퀴자국 궤:

아래 설명을 읽고 빈칸에 보기 와 같이 쓰세요.

보기 良書(어질 량)(글 서)[양서]

苗木( )( )[ ]
도▸ 옮겨 심는 어린 나무.

苗脈( )( )[ ]
도▸ 일의 실마리.

諸位( )( )[ ]
도▸ 여러분.
참 帝位(제위) ▹ 제왕(帝王)의 자리. 예 帝位에 오르다.

諸具( )( )[ ]
도▸ 여러 가지의 도구.
참 制球(제구) ▹ 야구에서, 투수가 뜻하는 곳으로 공을 던질 수 있는 일. 예 制球力

砂金( )( )[ ]
도▸ 금의 광맥이나 광산이 침식·풍화 작용으로 분해되어 강바닥이나 해안에 퇴적된 금모래.
참 謝金(사금) ▹ 사례(謝禮)로 주는 돈.

沙漠( )( )[ ]
도▸ 열대·온대의 대륙에서 연 강우량 200mm 이하의 건조(乾燥) 지대에 생기는 황야(荒野).

必須( )( )[ ]
도▸ 반드시 하여야 하는 것.
참 必需品(필수품) ▹ 살아가는 데 없어서는 안 되는 물품. 예 생활 必需品을 마련하다.

須知( )( )[ ]
도▸ 마땅히 알아야 하는 일.
참 收支(수지) ▹ 수입과 지출.

容貌( )( )[ ]
도▸ 얼굴 모습. 모용(貌容). 형모(形貌).

侍飮( )( )[ ]
도▸ 웃어른을 모시고 술을 마심.
참 試飮(시음) ▹ 술이나 음료수를 시험삼아 마셔 봄.

內侍( )( )[ ]
도▸ 고려·조선시대의 환관(宦官)의 별칭. [내관(內官), 내수(內豎), 내환(內宦) 등]
참 內示(내시) ▹ 무슨 일을 공식으로 알리기 전에 남몰래 알림. 예 승진되었다는 內示를 받다.

姿貌( )( )[ ]
도▸ 얼굴 모양, 또는 모습.
참 慈母(자모) ▹ 자애로운 어머니.
참 字母(자모) ▹ 글자 맞추는데 근본이 되는 글자.

氣像( )( )[ ]
도▸ 사람이 타고난 마음씨와 겉으로 드러난 태도. 기백(氣魄). 예 꿋꿋한 氣像을 펼치다.
참 起床(기상) ▹ 잠자리에서 일어남.
참 氣象(기상) ▹ 바람·비·구름·눈 등 대기 중에서 일어나는 여러 가지 현상.

偶像( )( )[ ]
도▸ ①나무·돌·쇠붙이·흙 따위로 만든 형상. ②숭배의 대상이 되는 물건이나 사람.
참 右相(우상) ▹ '우의정(右議政)'을 달리 이르는 말.

軌範( )( )[ ]
도▸ (어떤 일을 판단, 또는 평가하거나 행동하는 데) 남의 본보기가 될 만한 기준. 예 文章軌範

儀軌( )( )[ ]
도▸ ①본보기 법칙. ②지난날, 나라에 큰일이 있을 때, 후세에 참고로 하기 위하여 그 일의 처음부터 끝까지의 경과나 경비 등을 자세히 적은 책.

도움글

○ '沙'자는 '砂'자와 쓰임이 같은 異體字이다. 참1 歎 = 嘆 참2 姉 = 姊 참3 映 = 暎 참4 效 = 効

1. 아래 한자어漢字語의 독음讀音을 쓰세요.

諸君[ ]	沙器[ ]	肖像[ ]	諸賢[ ]	須要[ ]	丹砂[ ]
胸像[ ]	侍妾[ ]	苗板[ ]	體貌[ ]	銅像[ ]	種苗[ ]

2. 아래 글을 읽고 밑줄 친 낱말은 한자漢字로, 한자어漢字語는 독음讀音으로 고쳐 쓰세요.

非我를 정복[1]하여 我를 표창(表彰)하면 투쟁[2]의 승리자가 되어 미래 역사[3]의 生命을 이르며, 我를 消滅[4]하여 非我에 貢獻[5]하는 자는 투쟁의 패망자[6]가 되어 과거 역사에 累[7]만 끼치나니 이는 古今 역사에 바꾸지 못할 원칙[8]이라, 승리자가 되려 하고 실패자가 되지 않으려 함은 인류의 공통[9]된 성질이어늘 매양 예기[10]와 위반[11]되어 승리자가 아니 되고 실패자가 됨은 무슨 까닭이뇨?

무슨 선천적[12] 實質부터 말하면 我가 생긴 뒤에 非我가 생긴 것이지만, 후천적[13] 형식부터 말하면 非我가 있은 뒤에 我가 있나니, 말하자면 조선 민족-我-이 출현한 뒤에 조선 민족과 상대되는 苗族[14]·中國族 등-非我-이 있었으리니, 이는 선천적 실질에 속한 자이다. 그러나 만일 苗族·中國族 등 非我의 상대자가 없었다면 조선이란 국명을 세운다, 삼경(三京)을 만든다, 오군(五軍)을 둔다 하는 등 我의 작용[15]이 생기지 못하였으리니 이는 후천적 실질에 속한 자라, 정신[16]의 확립[17]으로 선천적인 것을 호위[18]하며, 환경[19]의 순응[20]으로 후천적인 것을 維持[21]하되 양자가 하나되지 못하면 패망하는 고로 猶太[22]의 종교나 突厥[23]의 무력으로도 침륜(沈淪)의 화를 免치 못함은 후자가 부족한 까닭이며, 北美 애급(埃及) 말세의 興學으로도 쇠퇴(衰頹)의 患을 克復[24]하지 못함은 전자가 부족한 까닭이니라.

– 신채호, 『조선상고사』

1.	2.	3.	4.	5.	6.
7. 訓音	8.	9.	10.	11.	12.
13.	14.	15.	16.	17.	18.
19.	20.	21.	22.	23.	24.

3. 아래 한자어漢字語와 뜻이 서로 반대反對, 또는 상대相對되는 한자어漢字語를 □ 속에 한자漢字로 쓰세요.

悲哀 ↔ [ ]　　立體 ↔ [ ]　　巨富 ↔ [ ]　　敗北 ↔ [ ]

도움글

- 豫期 : 미리 기대(期待)하거나 예상(豫想)함.
- 苗族 : 중국 호남 등에서 사는 호족(豪族).
- 突厥 : 6세기경, 몽고·중앙아시아에 대제국을 세운 터키계의 유목민(遊牧民).
- 沈淪 : 침몰(沈沒). 재산(財産)이나 권세(權勢) 따위가 줄어들어 떨치지 못함.
- 애급(埃及) : '이집트(Egypt)'의 음역어.

아래 한자의 뜻과 소리를 빈칸에 쓰세요.

☆표는 3급Ⅱ 漢字임.

渴(水)	壽☆(士)	驅(馬)	誕(言)	池☆(水)	澤☆(水)	劣(力)	壞☆(土)
목마를 갈	목숨 수	몰 구	낳을 탄: 날 탄:	못 지	못 택	못할 렬	무너질 괴:

아래 설명을 읽고 빈칸에 보기 와 같이 쓰세요.

보기 良書(어질 량)(글 서)[양서]

渴望(　　)(　　)[　　]
뜻▸ 목마른 이가 물을 찾듯이 간절히 바람. 열망(熱望). 예조국 통일을 渴望하는 겨레의 외침.

解渴(　　)(　　)[　　]
뜻▸ ①목마름을 풂. ②비가 내려서 가뭄을 면함. ③기업체 따위에서 '어려웠던 자금 사정이 좋아짐'을 비유하여 이르는 말.

喜壽(　　)(　　)[　　]
뜻▸ 일흔일곱 살. 희수(稀壽). 희년(稀年).

壽福康寧[　　]
(　　)(　　)(　　)(　　)
뜻▸ 오래 살고 행복하며, 건강하고 평안(平安)함.

驅逐(　　)(　　)[　　]
뜻▸ 어떤 세력이나 해로운 것을 몰아냄. 쫓아냄.
참構築(구축)▹큰 구조물이나 진지 같은 것을 쌓아 올려 만듦.

驅除(　　)(　　)[　　]
뜻▸ 해충 따위를 몰아내어 없앰. 예병충해 驅除.

聖誕(　　)(　　)[　　]
뜻▸ ①성인(聖人), 또는 임금의 탄생. ②성탄절.

放誕(　　)(　　)[　　]
뜻▸ 터무니없이 큰소리만 침.
참防彈(방탄)▹탄알을 막음.

電池(　　)(　　)[　　]
뜻▸ '건전지'의 준말. 액체 물질이 들어 있지 않은, 부피가 작은 전지.
참轉地(전지)▹환경이 크게 다른 곳으로 거처를 얼마 동안 옮기는 것.
참全紙(전지)▹자르지 않은 온전한 종이.

貯水池[　　]
(　　)(　　)(　　)
뜻▸ 인공(人工)으로 둑을 쌓아 물을 모아 두는 곳.

恩澤(　　)(　　)[　　]
뜻▸ 은혜(恩惠)로운 덕택(德澤). 준은(恩).

潤澤(　　)(　　)[　　]
뜻▸ ①윤기(潤氣) 있는 광택(光澤). 윤태(潤態). ②살림살이가 넉넉함.

劣惡(　　)(　　)[　　]
뜻▸ 품질・형편・성질 따위가 몹시 나쁨.

優劣(　　)(　　)[　　]
뜻▸ 우수(優秀)함과 열등(劣等)함.
참愚劣(우열)▹어리석고 못남.

壞裂(　　)(　　)[　　]
뜻▸ ①부서져 갈라짐. ②일이 중도에서 깨짐.

破壞(　　)(　　)[　　]
뜻▸ 건물이나 조직 따위를 부수거나 무너뜨림.

도움글

- '壞裂'과 같이 '모음'이나 'ㄴ' 받침 뒤에 이어지는 '렬'과 '률'은 '열'과 '율'로 적는다.
- **나무 그늘 아래서 쉬어가기.**

문 사람은 모름지기 '兩人十四一心'을 갖추고 있어야 한다. 이것이 뜻하는 것은?

① 재력(財力) ② 지식(知識) ③ 덕(德) ④ 명예(名譽) ⑤ 친구(親舊)

정답☞다음 쪽

1. 아래 한자어漢字語의 독음讀音을 쓰세요.

驅步[ ]	渴求[ ]	疾驅[ ]	枯渴[ ]	德澤[ ]	渴筆[ ]
卑劣[ ]	壽宴[ ]	拙劣[ ]	崩壞[ ]	壞滅[ ]	鶴壽[ ]
飢渴[ ]	咸池[ ]	渴急[ ]	渴症[ ]	劣等[ ]	誕辰[ ]
長壽[ ]	劣勢[ ]	米壽[ ]	愚劣[ ]	白壽[ ]	壞損[ ]

2. 아래 글을 읽고 밑줄 친 낱말은 한자漢字로, 한자어漢字語는 독음讀音으로 고쳐 쓰세요.

天下의 일은 십중팔구[1]가 행운[2]으로 이루어진다. 사서[3]에 나타난 바 고금[4]의 성패[5]나 利·不利는 확실히 때에 따라 偶然[6]으로 그리 되는 경우가 많다. 甚至於[7]는 선악[8]이나 賢·不肖[9]의 분별까지도 반드시 그 진실을 얻었다고 할 수는 없다. 옛날 사서를 두루 詳考[10]하고 여러 서적[11]에서 널리 증거[12]를 수집[13]하여, 그것을 참고[14]로 徵驗[15]하고 견주어 살필 일이다. 하나의 책만을 믿어 미리 단정[16]해서는 안 된다.

옛날에 程子가 역사를 읽다가 절반쯤에 이르러 문득 책을 덮고 생각에 잠겨 책 속의 일의 성패를 헤아려 보았다. 그런 후에 다시 책을 보니 그럴듯이 생각했던 것과 합치[17]하지 않는 내용[18]이 있었다. 다시 더욱 마음을 기울여 생각하니, 그 사이에는 행운이 있어 일을 이루거나 행운이 없어 이루지 못한 경우가 많았다고 한다. 대개의 겨우 그럴듯하지 않은 부분이 더 많으며, 그럴듯한 부분이라 할지라도 또한 그대로 믿기도 어렵다.

– 李瀷, 『星湖僿說』

1.	2.	3.	4.	5.	6.
7.	8.	9.	10.	11.	12.
13.	14.	15.	16.	17.	18.

3. 다음의 한자어漢字語 중에서 첫 음절이 긴소리인 것을 골라 그 번호를 쓰세요.

(1)··········( ) ① 高麗 ② 延世 ③ 中央 ④ 慶喜
(2)··········( ) ① 禽獸 ② 錦帳 ③ 今週 ④ 金庫
(3)··········( ) ① 趙光祖 ② 黃喜 ③ 南九萬 ④ 文益漸
(4)··········( ) ① 韓氏 ② 閑中錄 ③ 韓服 ④ 寒波
(5)··········( ) ① 九雲夢 ② 三國遺事 ③ 均如傳 ④ 孟子諺解

도움글

○ '誕辰'의 '辰'자는 쓰임에 따라 '진', 또는 '신'으로 읽는다. 예 星辰(성신), 日辰(일진), 辰宿(진수)
○ 米壽 : '여든여덟 살'을 달리 이르는 말. 참 白壽 : 아흔아홉 살. 참 喜壽 : 일흔일곱 살.
○ 賢·不肖 : 어버이의 덕망을 어질게 이어받거나 이어받지 못함.
○ (97쪽)정답☞ ③ 덕(德) : '兩人'은 '彳'을 뜻하고, '十四一心'을 세로로 나열하여 서로 합하면 '德(큰 덕)'자가 된다.

아래 한자의 뜻과 소리를 빈칸에 쓰세요. ☆표는 3급Ⅱ 漢字임.

崩(山)	墳(土)	凡☆(几)	輩☆(車)	茂☆(艸)	簿☆(竹)	埋(土)	涯(水)
무너질 붕	무덤 분	무릇 범▸	무리 배:	무성할 무:	문서 부:	묻을 매	물가 애

아래 설명을 읽고 빈칸에 보기 와 같이 쓰세요. 보기 良書(어질 량)(글 서)[양서]

崩御(　　)(　　)[　　]
뜻▸ 임금이 세상을 떠남. 예 고종황제께서 崩御하시다.

崩壞(　　)(　　)[　　]
뜻▸ ①허물어져 무너짐. 붕퇴(崩頹). 예 건물이 崩壞되다. ②방사선 원소가 방사선을 내며 다른 원소로 바뀌는 현상.

墳墓(　　)(　　)[　　]
뜻▸ 무덤.

凡例(　　)(　　)[　　]
뜻▸ 책머리에 그 책을 읽어 나가는 데 필요한 사항들을 본보기로 따서 적은 글. 일러두기.

凡常(　　)(　　)[　　]
뜻▸ 대수롭지 않고 예사로움. 심상(尋常).
참 犯上(범상)▹아랫사람이 윗사람에게 해서는 안 될 짓을 함.

輩出(　　)(　　)[　　]
뜻▸ 인재(人材)가 잇달아 나옴.
참 排出(배출)▹불필요한 물질을 밀어서 밖으로 내보냄. 배설(排泄). 예 공해 排出 업소를 적발하다.

等輩(　　)(　　)[　　]
뜻▸ 나이·신분 등이 서로 같거나 비슷한 사이의 사람. 동배(同輩).

生涯(　　)(　　)[　　]
뜻▸ ①이 세상에 살고 있는 동안. 한평생. ②한평생 중에서 어떤 일에 관계한 동안.

茂盛(　　)(　　)[　　]
뜻▸ 초목(草木)이 우거짐.
참 無性(무성)▹하등(下等) 동물로서 암수의 구별이 없음. 반 유성(有性).

榮茂(　　)(　　)[　　]
뜻▸ 변화(變化)하고 성(盛)함.
참 英武(영무)▹뛰어나게 용맹(勇猛)스러움.

古墳(　　)(　　)[　　]
뜻▸ 옛 무덤.

帳簿(　　)(　　)[　　]
뜻▸ 금품(金品)의 수입(收入)과 지출(支出)을 기록하는 일, 또는 그 책. 부책(簿冊).
참 丈夫(장부)▹다 자란 남자. 예 사나이 大丈夫

家計簿[　　]
(　　)(　　)(　　)
뜻▸ 집안 살림의 수입과 지출을 적는 장부.

埋葬(　　)(　　)[　　]
뜻▸ ①시체나 유골을 땅에 묻음. ②못된 짓을 한 사람을 사회에 용납(容納)되지 못하게 따돌림.
참 埋藏(매장)▹①광물 따위가 묻혀 있음. ②묻어서 감춤.

埋沒(　　)(　　)[　　]
뜻▸ 파묻음, 또는 파묻힘.

涯際(　　)(　　)[　　]
뜻▸ ①물가. ②끝. 경계.

도움글

○ 鼓盆(고분)▹'아내가 죽자, 물동이를 두드렸다.'는 장자의 고사에서 온 말로, '아내를 여읨'을 이르는 말.
○ 고분고분▹말이나 행동이 공손하고 부드러운 모양. 예 고분고분 말을 잘 듣다.
○ '薄'자는 [艸+水+甫+寸]의 결합자이다. 간혹, '甫(보)'자를 틀리는 경우가 있기에 주의를 요한다.

1. 아래 한자어漢字語의 독음讀音을 쓰세요.

輩流[ ]	茂林[ ]	超凡[ ]	後輩[ ]	非凡[ ]	名簿[ ]
崩落[ ]	暗賣[ ]	年輩[ ]	簿籍[ ]	平凡[ ]	先輩[ ]
大凡[ ]	涯岸[ ]	埋伏[ ]	孤憤[ ]	簿記[ ]	埋藏[ ]

2. 아래 글을 읽고 밑줄 친 낱말은 한자漢字로, 한자어漢字語는 독음讀音으로 고쳐 쓰세요.

역사란 성패가 이미 결정[1]된 후에 쓰이기 때문에, 그 성패에 따라 아름답게 꾸미기도 하고 나쁘게 깎아 내리기도 하여 마치 당연[2]한 것처럼 만든다. 또한 선한 쪽에 대해서는 그 잘못을 많이 숨기고, 악한 쪽에서는 그 좋은 부분[3]을 반드시 없애 버린다. 따라서 어리석음과 슬기로움에 대한 판별[4]이나 선악에 따르는 응보[5]가 마치 徵驗[6]할 수 있는 것처럼 보이기도 한다. 그러나 당시에 훌륭한 計策[7]이었는데도 이루어지지 못했고, 拙劣[8]한 계획[9]이었는데도 우연히 화[10]를 피했으며, 선한 가운데 악이 있었고, 악한 가운데 선이 있었다는 것을 모른다. 천년이 지난 뒤에 어떻게 참으로 옳고 그름[11]을 알 수 있겠는가.

이 때문에 사서에 의거하여 그 성패를 헤아리면 그럴듯한 부분이 많다. 그러나 오늘날 목격[12]되거나 드러난 바에 따라 헤아려 살피면 십중팔구는 합치하지 않는다. 이는 단지 우리의 智慧[13]가 밝지 아니한 탓만은 아니니, 행운의 여부[14]가 많은 부분을 차지하기 때문이다. 또한 단지 오늘날의 일만이 어긋나는 부분이 많은 것도 아니니, 사서 역시 진실[15]을 드러내기 어렵기 때문이다.

때문에 나는 "천하의 일에는 처한 바의 형세[16]가 제일 중요[17]한 役割[18]을 하고, 행운의 여부가 그 다음이며, 옳고 그름은 제일 아래다."라고 말한다.

– 李瀷, 『星湖僿說』 中

1.	2.	3.	4.	5.	6.
7.	8.	9.	10.	11.	12.
13.	14.	15.	16.	17.	18.

3. 다음 한자는 첫 음절音節에서 두음법칙頭音法則이 적용되는 한자이다. [ ] 속에 독음讀音을 쓰세요.

참1 欄(난간 란) :	朱欄[ ]	欄干[ ]	欄外[ ]	空欄[ ]
참2 雷(우레 뢰) :	落雷[ ]	避雷[ ]	雷聲[ ]	雷驚[ ]
참3 臨(임할 림) :	臨席[ ]	臨書[ ]	君臨[ ]	臨迫[ ]
참4 列(벌일 렬) :	列擧[ ]	整列[ ]	序列[ ]	羅列[ ]

도움글

- 孤憤 : 세상에 대하여 홀로 분하게 여김.
- 徵驗 : 징조(徵兆)를 경험(經驗)함.
- **혼동하기 쉬운 글자!** 참1 분(墳)과 憤(분) 참2 薄(박)과 簿(부) 참3 籍(적)과 藉(자) 참4 理(리)와 埋(매)

아래 한자의 뜻과 소리를 빈칸에 쓰세요.

☆표는 3급Ⅱ 漢字임.

滅☆(水)	譽☆(言)	燥(火)	署(网/罒)	幾(幺)	憎☆(心)	及☆(又)	迷(辵)
멸할 멸 꺼질 멸	기릴 예ː 명예 예ː	마를 조	마을 서ː	몇 기	미울 증	미칠 급	미혹할 미ˇ

아래 설명을 읽고 빈칸에 보기 와 같이 쓰세요.

보기 良書(어질 량)(글 서)[양서]

滅菌(　　)(　　)[　　]
도▸ 세균(細菌)을 죽여 없앰. 살균(殺菌).

滅種(　　)(　　)[　　]
도▸ 생물의 씨가 없어짐, 또는 씨를 없앰. 절종(絶種).

譽聲(　　)(　　)[　　]
도▸ ①명예(名譽)와 명성(名聲). ②남을 칭찬하는 말.
참 叡聖(예성) ▷ 임금이, 지덕(知德)이 뛰어나고 사리(事理)에 밝음. ※ 叡 : 밝을 예(특급Ⅱ)

榮譽(　　)(　　)[　　]
도▸ 빛나는 명예(名譽). 영명(榮名).
참 英銳(영예) ▷ 영민(英敏)하고 날카로운 기상(氣像)이 있음.

燥熱(　　)(　　)[　　]
도▸ 마음이 몹시 답답하고 몸에 열이 나는 일, 또는 그 열. 예 燥熱이 나다.
참 潮熱(조열) ▷ 일정한 시간이 되면 일어나는 신열(身熱).

燥渴(　　)(　　)[　　]
도▸ 목이 마름.

憎念(　　)(　　)[　　]
도▸ 미워함, 또는 그 마음.

副署(　　)(　　)[　　]
도▸ 법령(法令)이나 조약(條約) 따위를 새로 제정할 때, 그 문서에 대통령이 서명(署名)한 뒤를 따라 각 국무위원(國務委員)이 서명하는 일.
참 部署(부서) ▷ 일의 성격에 따라 여럿으로 나누어진 구실, 또는 장소. 예 자기 部署로 돌아가다.

幾微(　　)(　　)[　　]
도▸ ①낌새, 눈치. 예 幾微가 이상하다. ②어떤 일이 일어날 기운. 예 소나기가 내릴 幾微가 보인다.
참 기미 ▷ 얼굴에 끼는 거무스름한 점. 간반(肝斑).

幾何級數[　　]
(　　)(　　)(　　)(　　)
도▸ 증가하는 수나 양이 아주 많음. 반 算術級數.

憎惡(　　)(　　)[　　]
도▸ 몹시 미워함.

署理(　　)(　　)[　　]
도▸ 결원(缺員)이 된 어떤 직위의 직무를 대신함. 예 국무총리 署理도

普及(　　)(　　)[　　]
도▸ 널리 펴서 알리거나 사용하게 함.
참 補給(보급) ▷ ①물자 등을 계속 대어 줌. ②모자라거나 떨어진 물자를 대어 줌.

可及的[　　]
(　　)(　　)(　　)
도▸ 될 수 있는 대로. 되도록.

迷兒(　　)(　　)[　　]
도▸ ①길을 잃고 헤매는 아이. ②'미련한 자식'이란 뜻으로, 남에게 자기 이름을 낮추어 이르는 말. [흔히 편지글에 씀] 비 미식(迷息).

迷惑(　　)(　　)[　　]
도▸ ①마음이 흐려서 무엇에 홀림. ②정신이 헷갈려 갈팡질팡 헤맴.

도움글

○ '幾微'는 '機微'와 바꾸어 써도 무방(無妨)하며, 뜻에도 아무런 변화가 없다.
○ 서리[1] ▷ 수증기가 얼어서 붙은 물질. 예 서리가 내리다. ○ 서리[2] ▷ 주인 몰래 훔쳐 먹는 장난. 예 수박 서리

1. 아래 한자어漢字語의 독음讀音을 쓰세요.

磨滅[ ]	滅裂[ ]	譽望[ ]	名譽[ ]	消滅[ ]	燥濕[ ]
迷妄[ ]	全滅[ ]	署名[ ]	迷信[ ]	迷路[ ]	可憎[ ]
署長[ ]	憎怨[ ]	庶幾[ ]	憎嫌[ ]	波及[ ]	及落[ ]
愛憎[ ]	迷豚[ ]	論及[ ]	言及[ ]	昏迷[ ]	迷宮[ ]

幾何學[ ] 及其也[ ] 稅務署[ ] 警察署[ ]

2. 아래의 밑줄 친 낱말은 한자漢字로, 한자어漢字語는 독음讀音으로 고쳐 쓰세요.

내 글자 「한글」을 사랑하는 나머지 한글에 지나친 짐을 지워 준 것이다. 文字 政策[1]에 애국[2]이라는 감상적[3]인 情緖[4]를 섞어 국민을 오도[5]해 온 것이다.

한자를 중국 글자 정도로, 한자어를 중국어 정도로 생각하는 그릇된 논리[6]가 너무 판을 친 것이다.

「한자·한자어」의 굴레에서 벗어나자는 생각은 일리[7]가 없는 것은 아니다. 과거 너무 한자나 한자어에 의존[8]하는 추세(趨勢)에 있어 온 것이 사실이다.

한글 愛用[한글 전용[9]이 아님]의 정신은 좋고 되도록 순우리말을 많이 개발[10]해서 외국어·외래어의 濫用[11]을 삼가고, 동가[12]紅裳[13]으로 漢字말을 덜 쓰는 노력[14]은 해봄직하다. 근원적으로 문화민족의 긍지(矜持)와 國語 사랑의 정신이 緊要[15]한 것이다.

그러나 걱정할 일은 지나친 국수주의(國粹主義)적인 사고[16]방식인데 이는 금물[17]이다. 근래[18]에 와서 한자의 창시[19]에 東夷族[20]이 主役[21]이었다는 설이 유력하게 거론[22]되고 있고 그러리라는 심증[23]을 굳혀 가고 있다. 실상[24] 한자는 외국 글자 아닌 國字다.

- 한자능력검정시험 3급 출제

1.	2.	3.	4.	5.	6.
7.	8.	9.	10.	11.	12.
13.	14.	15.	16.	17.	18.
19.	20.	21.	22.	23.	24.

3. 다음 사자성어四字成語를 완성할 수 있도록 ( ) 안에 알맞은 한자漢字를 쓰세요.

(1) ( )狗風月	(2) 不問( )直	(3) 弄瓦之( )	(4) 一筆( )之
(5) ( )地思之	(6) 錦衣( )行	(7) 信賞必( )	(8) 多多益( )
(9) 累( )之危	(10) 明鏡( )水	(11) 雪上加( )	(12) 識字( )患

도움글

○ 문 '申'자의 訓과 音은 '납 신'이다. 여기에서 '납'은 무엇을 뜻하는 말일까? 정답☞ 104쪽

아래 한자의 뜻과 소리를 빈칸에 쓰세요.

☆표는 3급Ⅱ 漢字임.

洲☆(水)	鑑☆(金)	染☆(木)	沿☆(水)	却(卩)	斥(斤)	滴(水)	搜(手)
물가 주	거울 감	물들 염	물따라갈 연 따를 연	물리칠 각	물리칠 척	물방울 적	찾을 수

아래 설명을 읽고 빈칸에 보기 와 같이 쓰세요.

보기 良書(어질 량)(글 서)[양서]

亞洲( )( )[ ]
뜻▸ 아세아주(亞細亞洲)의 준말.

五大洲[ ]
( )( )( )
뜻▸ 지구상의 다섯 대륙(大陸). [아시아주·유럽주·아프리카주·오세아니아주·아메리카주]

鑑賞( )( )[ ]
뜻▸ 예술 작품을 음미하여 이해하고 즐김. 용례 주말이면 전시장을 찾아 작품을 鑑賞한다.

惠鑑( )( )[ ]
뜻▸ 자기의 저서나 작품을 남에게 드릴 때, '보아주십시오.'라는 뜻으로 받는 이의 이름 끝이나 옆에 쓰는 말. 혜람(惠覽). 혜존(惠存).

汚染( )( )[ ]
뜻▸ ①더러워짐. 용례 山川이 汚染되다. ②세균·방사능·가스 등에 의하여 독성(毒性)을 갖게 됨. 용례 심각한 大氣汚染이 예견(豫見)된다.

感染( )( )[ ]
뜻▸ 병원체가 몸에 옮음. 용례 傳染病에 感染되다.

沿革( )( )[ ]
뜻▸ 사물의 변천(變遷), 또는 변천해 온 내력(來歷). 용례 우리 협회의 沿革.

沿岸( )( )[ ]
뜻▸ ①바닷가·강가·호숫가의 육지. 용례 한강 沿岸에 발달한 도시. ②바닷가·강가·호숫가에 가까운 수역(水域). 용례 沿岸 어업이 盛況이다.

棄却( )( )[ ]
뜻▸ (법적으로 제기된 문제나 안건 같은 것을 받아들이지 않고) 물리치는 결정.

燒却( )( )[ ]
뜻▸ 태워 버림. 소기(燒棄). 용례 쓰레기 燒却場.
참 消却(소각) ▹ ①지워 없앰. ②빚을 갚아 버림.

減價償却[ ]
( )( )( )( )
뜻▸ 토지를 제외한 고정자산에 생기는 가치의 소모를 계산하여 가격을 감(減)해 가는 일.

排斥( )( )[ ]
뜻▸ 반대하여 물리침. 용례 외래문화를 排斥하다.

斥候( )( )[ ]
뜻▸ 적의 형편이나 지형 등을 살핌.

滴露( )( )[ ]
뜻▸ 방울지어 떨어지는 이슬.

餘滴( )( )[ ]
뜻▸ ①붓끝에 남은 먹물. 여묵(餘墨). ②무슨 일이 끝난 다음의 남은 이야기.

搜査( )( )[ ]
뜻▸ (수사 기관이나 수사를 맡은 사람이, 범죄 사건이나 그 사건에 관련된 사람을) 찾거나 조사함.

搜索( )( )[ ]
뜻▸ (범인이나 증거물 따위를 찾기 위해) 신체나 주택 등을 조사함. 용례 집안을 搜索하다.

도움글

○ 斥邪衛正(척사위정) : '요사스런 것을 배척하고, 정의를 지킨다.'는 뜻으로, 조선 말기에 외세를 배척(排斥)·탄압(彈壓)하던 시기에 내세운 구호. 위정척사(衛正斥邪).

1. 아래 한자어漢字語의 독음讀音을 쓰세요.

洲島[ ]	傳染[ ]	斥和[ ]	染料[ ]	鑑別[ ]	染色[ ]
鑑定[ ]	沿海[ ]	賣却[ ]	龜鑑[ ]	鑑識[ ]	退却[ ]

2. 아래 글을 읽고 밑줄 친 낱말은 한자漢字로, 한자어漢字語는 독음讀音으로 고쳐 쓰세요.

後漢 말엽[1] 진식(陳寔)이라는 사람은 학식[2]이 풍부[3]하고 성격[4]이 온화[5]하며 淸廉[6] 결백[7]하여 모든 사람들로부터 존경[8]을 받았다. 진식이 太丘縣을 다스리고 있을 때의 일이다. 그는 어질고 淸廉한 정치[9]를 하여, 고을 사람들은 안락[10]한 생활을 즐길 수 있었다. 그러나 어느 해 흉년[11]이 들어 많은 사람들이 고통[12]을 겪게 되었다.

그러던 어느 날 밤 도둑이 진식의 방[13]으로 들어와 천장[14] 들보 위에 가만히 웅크리고 앉아 기회[15]를 엿보는 것이 아닌가? 진식은 모르는 척 있다가 얼마 뒤 아들과 손자[16]를 불러 놓고 훈계[17]하였다.

"무릇 사람은 누구나 스스로 근면[18]하지 않으면 안 된다. 나쁜 사람이라고 모두 그 본성[19]이 나쁜 것은 아니다. 버릇이 어느새 습성[20]이 되어 버려 악을 저지르게 되는 것이다. 저 들보 위의 군자가 바로 그렇도다."

도둑은 이 말을 듣고 깜짝 놀라 들보에서 뛰어내려 머리를 조아리며 진심[21]으로 사죄[22]하였다. 진식은 그를 보고 타일렀다.

"자네의 얼굴을 보니 악한 일을 할 사람처럼 보이지는 않네. 아마도 가난 때문에 그럴 것이네." 하며 비단 두 匹[23]을 주어 돌려보냈다.

이 일이 있은 뒤 고을에는 남의 물건을 훔치는 일이 없었다고 한다.

윗글 《梁上君子》[24]는 '들보 위의 군자'라는 뜻으로, '도둑'을 일컫는 말로 쓰인다.

1.	2.	3.	4.	5.	6.
7.	8.	9.	10.	11.	12.
13.	14.	15.	16.	17.	18.
19.	20.	21.	22.	23. 訓音	24.

3. 아래 한자漢字는 쓰임에 따라 음音이 여러 가지로 변화되는 글자이다. [ ] 속에 독음讀音을 쓰세요.

1 行(행할 행, 항렬 항) : 行列[ ] 實行[ ] 雁行[ ] 擧行[ ]
2 數(셈 수, 자주 삭) : 數億[ ] 數脈[ ] 變數[ ] 數尿症[ ]
3 暴(사나울 폭, 모질 포) : 暴棄[ ] 暴雪[ ] 暴落[ ] 暴惡[ ]

○ '匹'은 '말이나 소를 세는 단위'이다.

(102쪽)정답 ☞ 원숭이

○ '斥和'는 '和議를 배척한다.'는 뜻으로 조선 때, 斥洋鎖國에 관한 글을 새긴 斥和碑를 세우기도 하였다.

아래 한자의 뜻과 소리를 빈칸에 쓰세요.

☆표는 3급Ⅱ 漢字임.

惑☆(心)	敏(攵)	螢(虫)	替(曰)	換☆(手)	矯(矢)	騰(馬)	忙(心)
미혹할 혹	민첩할 민	반딧불 형	바꿀 체	바꿀 환	바로잡을 교	오를[騰貴] 등	바쁠 망

아래 설명을 읽고 빈칸에 보기 와 같이 쓰세요.

보기 良書(어질 량)(글 서)[양서]

誘惑(　　)(　　)[　　]
뜻▸ ①남의 마음을 현혹되게 하여 꾐. ②남을 호리어 나쁜 길로 꾐.

換率(　　)(　　)[　　]
뜻▸ 한 나라의 화폐와 딴 나라의 화폐와의 교환 비율, 또는 외국 환어음의 값. 외환율(外換率).

敏感(　　)(　　)[　　]
뜻▸ 감각이 예민(銳敏)함.

機敏(　　)(　　)[　　]
뜻▸ 눈치가 빠르고 동작이 날쌤.
참 饑民(기민) ▹ 굶주리는 백성(百姓).

螢光(　　)(　　)[　　]
뜻▸ ①반딧불. ②어떤 물질이 빛이나 방사선(放射線) 따위를 받았을 때 그 빛과는 다른 고유의 빛을 내는 현상.

螢雪之功 [　　]
(　　)(　　)(　　)(　　)
뜻▸ 고생하면서도 꾸준히 학문을 닦은 보람.
참 설안형창(雪案螢窓).

代替(　　)(　　)[　　]
뜻▸ 다른 것으로 바꿈. 체환(替換).
참 大體(대체) ▹ 사물의 전체에서 요점만 딴 줄거리.
비 대관절(大關節). 예 **大體** 왜 그러십니까?

移替(　　)(　　)[　　]
뜻▸ ①서로 바꿈. ②바꾸거나 돌려 씀.
참 異體(이체) ▹ ①서로 다른 몸. ②보통과 다른 서체(書體). ③보통과 다른 문체(文體).

轉換(　　)(　　)[　　]
뜻▸ 이제까지의 방침이나 경향(傾向)·상태 등이 다른 것으로 바뀜, 또는 그렇게 바꿈.

疑惑(　　)(　　)[　　]
뜻▸ 의심하여 수상(殊常)히 여김, 또는 그 생각.

矯正(　　)(　　)[　　]
뜻▸ 좋지 않은 버릇이나 결점(缺點) 따위를 바로잡아 고침. 교직(矯直).
참 校訂(교정) ▹ 잘못된 글자나 어구 따위를 고침.
참 校庭(교정) ▹ 학교의 운동장(運動場).
참 交情(교정) ▹ 마음속에서 자연히 우러나오는 감정(感情)을 억눌러 겉에 드러내지 아니함.

矯角殺牛 [　　]
(　　)(　　)(　　)(　　)
뜻▸ '소의 뿔을 바로잡으려다가 소를 죽인다.'는 뜻으로, '결점이나 흠을 고치려다가 수단이 지나쳐서 도리어 일을 그르침'을 이르는 말.

騰落(　　)(　　)[　　]
뜻▸ 값의 오름과 내림. 등귀(騰貴)와 하락(下落).
참 登落(등락) ▹ 시험에 합격하거나 떨어짐.

暴騰(　　)(　　)[　　]
뜻▸ 물건값이 갑자기 크게 오름. 예 값이 **暴騰**하다.

奔忙(　　)(　　)[　　]
뜻▸ 몹시 바쁨.

公私多忙 [　　]
(　　)(　　)(　　)(　　)
뜻▸ 공적(公的)·사적(私的)인 일로 굉장히 바쁨.

도움글

○ '換率'의 '率'자는 'ㄴ'이나 '모음'의 뒤에서 '렬'은 '열'로, '률'은 '율'로 읽는다.

1. 아래 한자어漢字語의 독음讀音을 쓰세요.

不惑[ ] 矯衛[ ] 銳敏[ ] 急騰[ ] 矯勵[ ] 聰敏[ ]
興替[ ] 反騰[ ] 換氣[ ] 變換[ ] 交換[ ] 換拂[ ]
換錢[ ] 換算[ ] 迷惑[ ] 換穀[ ] 互換[ ] 交替[ ]

2. 아래 글을 읽고 밑줄 친 낱말은 한자漢字로, 한자어漢字語는 독음讀音으로 고쳐 쓰세요.

大道가 행해진 세상에는 천하가 모두 萬人의 것이다. 사람들은 현명[1]한 이와 능력[2]있는 이를 선출[3]하여 관직[4]을 맡게 하고 온갖 수단[5]을 다하여 信賴[6]와 親睦[7]을 두텁게 했다. 그러므로 사람들은 각자의 부모만을 부모로 섬기지 않았고, 각자 자기 子息[8]만을 자식으로 여기지 아니하여, 老人에게는 그의 生涯[9]를 편안히 마치게 하였으며 장정[10]에게는 충분[11]한 일을 시켰고 어린아이는 마음껏 성장[12]할 수 있게 했으며, 고아[13]와 寡婦[14], 불구자[15] 등에게는 고생[16] 없는 생활을 시켰고, 성년 남자에게는 직분[17]을 주었으며, 女子에게는 그에 합당[18]한 남편을 갖게 했다. 財貨[19]라는 것이 헛되이 浪費[20]되는 것을 미워했지만 반드시 자기만 사사로이 독점[21]하지 않았으며, 힘이라는 것은 사람의 몸에서 나오지 않으면 안 되는 것이지만 그 노력은 반드시 자기 자신의 사리[22]를 위해서만 쓰지 않았다. 모두가 이러한 마음가짐이었기 때문에 謀略[23]이 있을 수 없었고 竊盜[24]나 폭력도 없었으며, 아무도 문을 잠그는 일이 없었다. 이러한 세계를 '大同'이라 말한다.

1.	2.	3.	4.	5.	6.
7.	8.	9.	10.	11.	12.
13.	14.	15.	16.	17.	18.
19.	20.	21.	22.	23.	24.

3. 다음 단어單語를 한자漢字로 쓰세요.

(1) 감독(보살피어 團束함)
(2) 총기(권총 등의 병기)
(3) 제조(물건을 만듦)
(4) 조기(아침에 일찍 일어남)
(5) 수신(악을 물리치고 善을 북돋아 심신을 닦음)
(6) 준비(미리 마련하여 갖춤)
(7) 희망(어떤 일을 이루고자 바람)
(8) 담임(어떤 일을 책임지고 맡아보는 사람)
(9) 기록(남길 필요가 있는 사항을 적는 일)
(10) 청소(깨끗하게 소제함)

(1)	(2)	(3)	(4)	(5)
(6)	(7)	(8)	(9)	(10)

도움글

○ 交換 : ①서로 맞바꿈. 예 포로 交換. ②서로 주고받음. 예 정보 交換. ③전화 교환원.
○ 互換 : 서로 맞바꾸어 쓸 수 있음. 예 그 회사 컴퓨터는 언제든지 다른 제품과 互換이 가능하다.

아래 한자의 뜻과 소리를 빈칸에 쓰세요.

☆표는 3급Ⅱ 漢字임.

突☆(穴)	叫(口)	仲☆(人)	召(口)	徵☆(彳)	封☆(寸)	符☆(竹)	鼓☆(鼓)
갑자기 돌	부르짖을 규	버금 중▸	부를 소	부를 징	봉할 봉	부호 부▸	북 고

아래 설명을 읽고 빈칸에 보기 와 같이 쓰세요.

보기 良書(어질 량)(글 서)[양서]

突破(　　)(　　)[　　]
돋▸ ①쳐들어가 깨뜨림. ②어떤 목표(目標)나 수준(水準)을 넘어섬.

衝突(　　)(　　)[　　]
돋▸ ①서로 맞부딪침. ②의견(意見)이나 이해(理解) 관계의 대립(對立)으로 서로 맞서서 싸움.

突發事態[　　]
(　　)(　　)(　　)(　　)
돋▸ 일이 갑자기 일어남. 쓰 突發事態에 대처하다.

絶叫(　　)(　　)[　　]
돋▸ 힘을 다하여 부르짖음.

叫賣(　　)(　　)[　　]
돋▸ 물건을 사라고 소리지르며 팖.

仲媒(　　)(　　)[　　]
돋▸ 남녀 사이에 들어 혼인이 이루어지도록 중간에서 소개하는 일. 쓰 어느 노파의 仲媒로 결혼하다.

仲裁(　　)(　　)[　　]
돋▸ 서로 다투는 사이에 들어 화해(和解)를 붙임.

召喚(　　)(　　)[　　]
돋▸ 법원이 피고인(被告人)·증인(證人) 등에 대하여 어디로 오라고 명령(命令)하는 일.

封鎖(　　)(　　)[　　]
돋▸ ①사람이나 물건이 드나들지 못하도록 막음. 쓰 출입구를 封鎖하다. ②상대국의 대외적인 경제 교류를 막는 일. 쓰 경제 封鎖. 무역 封鎖

追徵(　　)(　　)[　　]
돋▸ 세금 등을 나중에 추가(追加)로 물리어 거둠.

特徵(　　)(　　)[　　]
돋▸ 다른 것과 비교하여 특별히 눈에 띄는 점.

封印(　　)(　　)[　　]
돋▸ 봉(封)한 자리에 도장을 찍음. 인봉(印封).
참 鋒刃(봉인)▹창이나 칼의 날.

符合(　　)(　　)[　　]
돋▸ 서로 조금도 틀림이 없이 꼭 들어맞음. 계합(契合).
참 附合(부합)▹서로 다른 두 개 이상의 물건이 결합하여 뗄 수 없는 상태가 되는 것.

符應(　　)(　　)[　　]
돋▸ ①믿음이 두터워 부처나 신명(神明)에 통함. ②천명(天命)과 인사(人事)가 일치함.
참 副應(부응)▹어떤 일에 좇아서 따름.

鼓手(　　)(　　)[　　]
돋▸ 북을 치는 사람.
참 固守(고수)▹굳게 지킴. 쓰 챔피언을 固守하다.
참 高手(고수)▹수가 높음, 또는 그 사람. 쓰 바둑의 高手

鼓舞(　　)(　　)[　　]
돋▸ '북을 쳐서 춤을 추게 한다.'는 뜻으로, 남을 격려하여 힘이 나게 함.

召集(　　)(　　)[　　]
돋▸ 단체나 조직체의 구성원을 불러 모음.

도움글

○ '追徵'의 '徵'자는 쓰임에 '징', 또는 '치'로 읽는다. 참 宮商角徵羽(궁상각치우) ※ 徵(화음火音 치)

○ 틀리기 쉬운 한자어의 독음! 예1 刺殺(척살) 예2 畫順(획순)=劃順 예3 遊說(유세) 예4 標識(표지)

1. 아래 한자어漢字語의 독음讀音을 쓰세요.

突擊[ ]	徵候[ ]	突然[ ]	突起[ ]	突進[ ]	徵收[ ]
突出[ ]	伯仲[ ]	唐突[ ]	聘丈[ ]	封墓[ ]	叫號[ ]
徵兵[ ]	徵兆[ ]	封侯[ ]	徵集[ ]	突變[ ]	封建[ ]
仲介[ ]	符號[ ]	封墳[ ]	同封[ ]	突風[ ]	封書[ ]
密封[ ]	徵發[ ]	鼓腹[ ]	召還[ ]	護符[ ]	鼓吹[ ]

2. 아래 글을 읽고 밑줄 친 낱말은 한자漢字로, 한자어漢字語는 독음讀音으로 고쳐 쓰세요.

中國의 역대[1] 왕조[2]에서는 사실 사치(奢侈)하다가 亡한 적도 있다. 그렇지만 우리나라는 검소[3]한 데도 쇠퇴(衰頹)하고 있는 것은 무슨 까닭인가? 검소하다는 것은 물건이 있어도 濫用[4]하지 않는 것을 말하는 것이지, 자신에게 물건이 없다 하여 스스로 단념[5]하는 것을 말하는 것은 아니다. 지금 나라 안에 구슬을 캐는 집이 없고, 시장에 산호(珊瑚) 따위 등의 보배가 없다. 금과 은을 가지고 가게에 들어가도 떡을 살 수 없는 형편이다. 이것이 참으로 검소한 풍속[6] 때문이라고 할 수 있겠는가? 이것은 물건을 이용[7]하는 방법을 모르기 때문이다. 이용할 줄 모르니 생산[8]할 줄도 모르고, 생산할 줄 모르니 백성들이 나날이 궁핍(窮乏)해 가는 것이다.

무릇 재물[9]은 우물과도 같다. 우물은 퍼서 쓸수록 자꾸만 가득 채워지는 것이고, 이용하지 않으면 말라 버리고 마는 것이다. 비단(緋緞)을 입지 않으니 나라 안에 비단 짜는 사람이 없어지게 된 것이고, 이로 인해 여공(女功)이 없어지게 되었으며, 그릇이 삐뚤어지든 어떻든 간에 개의치 않으므로 예술[10]의 巧妙[11]함을 알지 못하니, 나라에 공장(工匠)과 도야(陶冶)가 없어지고, 또는 기예[12]도 없어지고 말게 된 것이다.

그뿐만 아니라 농사도 짓는 법을 몰라서 흉년[13]이 자주 들고 장사도 물건을 팔 줄을 몰라서 이[14]가 薄[15]하기만 하다. 조금 생산되는 보배도 나라 안에서는 이용하지 않으므로 외국으로 흘러 들어가 버리고 마는 실정[16]이며, 남들은 나날이 부강[17]해지지만 우리는 漸漸[18] 가난해져 가고 있는데, 이것은 아주 당연한 추세(趨勢)라고 할 수밖에 없을 것이다.

– 朴齊家, 『北學議』 中

1.	2.	3.	4.	5.	6.
7.	8.	9.	10.	11.	12.
13.	14.	15. 訓音	16.	17.	18.

도움글

○ 聘丈 : '장인(丈人)'의 높임말. 참 聘父 : 장인(丈人).

○ 하나의 한자가 첫 음절에서 긴소리, 또는 짧은소리로 발음되는 예(例) ☞ 예1 審(심) ▷ 審査, 審 : 議 예2 掃(소) ▷ 掃蕩, 掃 : 除 예3 逢(봉) ▷ 逢變, 逢 : 着 예4 迷(미) ▷ 迷兒, 迷 : 信 예5 怪(괴) ▷ 怪異, 怪 : 物

아래 한자의 뜻과 소리를 빈칸에 쓰세요.

☆표는 3급Ⅱ 漢字임.

踐☆(足)	栗☆(木)	飯☆(食)	胃☆(肉)	閱(門)	腹☆(肉)	梨(木)	叛(又)
밟을 천	밤 률	밥 반	밥통 위	볼 열	배 복	배 리	배반할 반

아래 설명을 읽고 빈칸에 보기 와 같이 쓰세요.

보기 良書(어질 량)(글 서)[양서]

實踐( )( )[ ]
뜻▶ 실제로 이행(履行)함.

踐踏( )( )[ ]
뜻▶ 발로 짓밟음.

黃栗( )( )[ ]
뜻▶ 말려서 껍질과 보늬를 벗긴 빛이 누른 밤.

栗房( )( )[ ]
뜻▶ 밤송이.

蔬飯( )( )[ ]
뜻▶ 변변하지 못한 음식.

麥飯( )( )[ ]
뜻▶ 보리밥.

胃臟( )( )[ ]
뜻▶ 내장의 식도(食道)와 장(腸) 사이에 있는, 주머니 모양의 소화 기관. 밥통. 위부(胃腑).
참 胃腸(위장)▷위와 창자. 배.

胃液( )( )[ ]
뜻▶ 위샘에서 위 속으로 분비되는 소화액(消化液).

檢閱( )( )[ ]
뜻▶ ①검사하고 열람함. ②(사상의 통제나 치안 유지의 목적으로 언론·출판·영화 따위를) 사전(事前)에 검사하여 그 발표를 통제(統制)하는 일.

閱覽( )( )[ ]
뜻▶ (문서나 책 등을) 내용을 조사하면서 읽음.
예 도서실에 들어가 자유롭게 閱覽을 할 수 있다.

腹痛( )( )[ ]
뜻▶ ①배가 아픈 증세. 뱃속의 통증. 예 상한 음식을 먹고 腹痛을 일으켰다. ②몹시 원통하고 답답함.
예 가슴 腹痛을 칠 일이다.

面從腹背 [ ]
( )( )( )( )
뜻▶ 겉으로는 복종하는 체하면서 속으로는 배반함.

梨雪( )( )[ ]
뜻▶ 배꽃을 흰 눈에 견주어 이른 말.
참 異說(이설)▷서로 다른 여러 의견. 다른 학설.
참 移設(이설)▷다른 곳에 옮겨서 설치함.

梨花( )( )[ ]
뜻▶ 배나무의 꽃. 배꽃.
참 異化(이화)▷어느 정도 성질이 다른 것이 그 차이를 뚜렷이 나타내는 현상. 반 동화(同化).

謀叛( )( )[ ]
뜻▶ ①나라나 임금을 배반하여 군사를 일으킴. ②남의 나라에 붙어 자기 나라를 뒤엎을 것을 꾀함.

叛亂( )( )[ ]
뜻▶ 정부나 지배자에게 반항하여 일으키는 저항 활동. 역란(逆亂).

도움글

○ 혼동하기 쉬운 글자! 예1 栗(률)과 粟(속) 예2 腹(복)과 服(복) 예3 亂(란)과 乳(유) 예4 蔬(소)와 疏(소)

○ 나무 그늘 아래서 쉬어가기.

문 放課 후에 선생님이 淸掃를 시켰다. 잠시 후 한 學生이 쪽지에 漢字를 적어 선생님께 보였다. 이것을 본 선생님께서 빙그레 웃으시며 歸家해도 좋다고 하셨다. 쪽지에 적힌 漢字는? ①皆 ②新 ③咸 ④美 정답☞다음 쪽

1. 아래 한자어漢字語의 독음讀音을 쓰세요.

腹筋[　　]	腹背[　　]	踐履[　　]	腹部[　　]	飯店[　　]	胸腹[　　]
叛軍[　　]	叛逆[　　]	査閱[　　]	叛旗[　　]	割腹[　　]	背叛[　　]
叛起[　　]	朝飯[　　]	校閱[　　]	胃炎[　　]	生栗[　　]	飯酒[　　]

2. 아래 글을 읽고 밑줄 친 낱말은 한자漢字로, 한자어漢字語는 독음讀音으로 고쳐 쓰세요.

19세기[1]와 20세기의 交替期[2]에 사회·문화적 여건[3]이 바뀜으로써 우리 사회에서 매우 시급[4]한 문제의 하나로 제기[5]된 것이 언어와 문자의 표준화[6]였다. 국민의 언어생활을 통일[7]하고, 한문을 廢止[8]하여, '언문일치[9]'의 이상[10]을 실현[11]하기 위해서는, 표준어와 맞춤법의 확립[12]이 시급히 요청[13]되었던 것이다. 지난 1930년대에 이 표준화 작업이 일단 완성[14]을 본 것은, 19세기 말엽[15] 이래[16] 우리나라의 많은 학자들이 피땀어린 노력[17]을 기울인 덕분이다.

따라서 우리의 사상을 명백[18]히 전달[19]하고 우리의 감정을 아름답게 담을 수 있는 국어, 즉 우리의 과학적[20] 欲求[21]와 예술적 欲求를 둘 다 충분[22]히 만족[23]시켜 주는 훌륭한 국어를 만드는 것이 우리의 이상이라는 점을 記憶[24]하고, 우리는 이 이상을 실현하기 위해서 꾸준히 노력해 가야 한다.

1.	2.	3.	4.	5.	6.
7.	8.	9.	10.	11.	12.
13.	14.	15.	16.	17.	18.
19.	20.	21.	22.	23.	24.

3. 다음 밑줄 친 한자어漢字語중에서 잘못 쓰여진 한자漢字를 찾아 바르게 고쳐 쓰세요.

"얼씨구나 좋을씨고. 御士[1] 郎君 좋을씨고. 남원 읍내 秋絶[2] 들어 떨어지게 되었더니, 客舍에 봄이 들어 梨花春風 날 살린다. 꿈이냐 生始[3]냐, 꿈을 깰까 染慮[4]로다."

한참 이리 즐길 적에 春香 母 들어와서 가없이 즐겨하는 말을 어찌 다 設話[5]하랴. 春香의 높은 折槪[6] 廣彩[7] 있게 되었으니 어찌 아니 좋을쏜가?

어사또 南原 公事 닦은 후에 春香 母女와 향단이를 서울로 治行할 제, 危儀[8] 찬란(燦爛)하니 世上 사람들이 누가 아니 稱贊[9]하랴. 이 때, 春香이 南原을 河直[10]할새, 營貴[11]하게 되었건만 故鄕을 離別하니 一喜一非[12]가 아니 되랴.

1.	2.	3.	4.	5.	6.
7.	8.	9.	10.	11.	12.

도움글

○ (109쪽)정답☞ ③咸 : '咸'의 訓音은 '다 함'이므로 '청소를 다했다.'는 의미를 해학적으로 풀이했다고 볼 수 있다.

아래 한자의 뜻과 소리를 빈칸에 쓰세요.

☆표는 3급Ⅱ 漢字임.

舟(舟)	巳(己)	亞☆(二)	聘(耳)	楊(木)	棄(木)	捨(手)	廢☆(广)
배 주	뱀 사:	버금 아·	부를 빙	버들 양	버릴 기	버릴 사:	폐할 폐: 버릴 폐:

아래 설명을 읽고 빈칸에 보기 와 같이 쓰세요.

보기 良書(어질 량)(글 서)[양서]

舟遊(　　)(　　)[　　]
도▸ 뱃놀이. 선유(船遊).
참注油所(주유소)▹특별한 장치를 갖추고 자동차에 경유·휘발유 등을 넣어 주는 곳. 급유(給油).

一葉片舟[　　]
(　　)(　　)(　　)(　　)
도▸ 한 척의 조각배. 준일엽주(一葉舟).

巳時(　　)(　　)[　　]
도▸ 십이시(十二時)의 여섯째 시. 상오 9시부터 11시까지의 동안.

亞流(　　)(　　)[　　]
도▸ ①둘째가는 사람이나 사물. 비동류(同類). ②으뜸가는 사람을 붙좇아 흉내낼 뿐 독창성이 없는 것.

亞細亞[　　]
(　　)(　　)(　　)
도▸ '아시아(Asia)'의 한자음 표기.

亞聖(　　)(　　)[　　]
도▸ ①성인(聖人)에 버금가는 사람. ②유교에서, 공자에 버금가는 사람이라는 뜻으로 '맹자'를 이르는 말.

招聘(　　)(　　)[　　]
도▸ 예를 갖추어 불러 맞아들임. 연빙(延聘). 징빙(徵聘).

徵聘(　　)(　　)[　　]
도▸ 예를 갖춰 초대(招待)함. 초빙(招聘).
참徵憑(징빙)▹범죄 등에 관한 사실을 간접적(間接的)으로 증명(證明)하는 자료가 되는 사실.

楊柳(　　)(　　)[　　]
도▸ 버들을 통틀어 이르는 말. 버드나무. 버들.

楊貴妃[　　]
(　　)(　　)(　　)
도▸ 양귀비과의 이년초. [열매는 둥근데 덜 익었을 때 상처를 내어 받은 즙액으로 아편을 만듦]

棄權(　　)(　　)[　　]
도▸ 자기가 가지고 있는 투표(投票)·의결(議決)·참가 등의 권리를 버리고 행사하지 아니함.
참氣圈(기권)▹대기권(大氣圈).

破棄(　　)(　　)[　　]
도▸ ①깨뜨리거나 찢어서 없애 버림. ②계약이나 조약·약속 따위를 취소하여 무효로 함.

喜捨(　　)(　　)[　　]
도▸ ①남을 위하여 기꺼이 재물을 내놓음. ②신령과 부처의 일로 기부(寄附)함.
참喜事(희사)▹기쁜 일.

捨生取義[　　]
(　　)(　　)(　　)(　　)
도▸ 목숨을 버리고 의(義)를 취함. 의(義)를 위해서는 생명을 돌보지 아니함.

廢刊(　　)(　　)[　　]
도▸ 신문·잡지 따위의 정기 간행물의 간행(刊行)을 폐지(廢止)함.
참肺肝(폐간)▹폐장(肺臟)과 간장(肝臟).

存廢(　　)(　　)[　　]
도▸ 남겨 두는 일과 없애는 일. 예存廢의 위기(危機)에 놓여 있다.

도움글

○'巳'자는 간혹 '已(이미 이, 그칠 이)'자, 또는 '己(몸 기)'자와 혼동하는 경우가 많으니 주의!

1. 아래 한자어漢字語의 독음讀音을 쓰세요.

亞洲[ ]	投棄[ ]	暴棄[ ]	聘問[ ]	興廢[ ]	廢殘[ ]
垂楊[ ]	己巳[ ]	取捨[ ]	聘禮[ ]	廢畓[ ]	廢倫[ ]
棄却[ ]	廢棄[ ]	孤舟[ ]	廢鑛[ ]	亞鉛[ ]	存廢[ ]

2. 아래 글을 읽고 밑줄 친 낱말은 한자漢字로, 한자어漢字語는 독음讀音으로 고쳐 쓰세요.

시인[1]들은 詩的 효과[2]를 극대화[3]하기 위해 일상[4] 언어와는 다른 독특[5]한 표현법[6]을 다양[7]하게 驅使[8]한다. 시의 독특한 표현법으로는 심상[9]과 象徵[10]을 활용하는 경우가 대표적이다.

심상은 기억한 사상[11]으로, 聯想[12]한 느낌이나 모습이다. 심상은 읽는 이의 마음에 구체적 映像[13]을 떠오르게 하여, 맛이나 냄새, 소리 등 다양한 감각적 체험[14]을 가능하게 한다. 심상을 묘사(描寫)한 시는 독자의 마음속에 想像 작용[15]을 일으켜서 실제[16]로 직접 보고 만지고 냄새 맡을 때와 같은 인상[17]과 느낌을 준다. 그러므로 시에서는 심상들이 서로 결합[18]하여 장면을 이루고, 이 장면을 통해 분위기나 생생한 감동을 드러내는 효과가 있다.

象徵은 抽象的[19]인 사물, 사상, 정조[20] 등을 구상[21] 관념[22]으로 나타내는 표현법이다. 두 관념을 聯想하는 점에서 은유법(隱喩法)과 비슷하지만, 은유법이 원관념과 補助[23] 관념을 등식[24] 관계로 표현하는 데 비해 象徵은 補助 관념만 내세우는 표현 기법이다.

1.	2.	3.	4.	5.	6.
7.	8.	9.	10.	11.	12.
13.	14.	15.	16.	17.	18.
19.	20.	21.	22.	23.	24.

3. 다음 한자漢字의 훈訓과 음音을 쓰세요.

(1) 假	(2) 刻	(3) 拍	(4) 據	(5) 構	(6) 吸
(7) 擔	(8) 隊	(9) 豆	(10) 隱	(11) 錄	(12) 歡

도움글

- '暴'자는 쓰임에 따라 訓과 音이 달라지므로 주의! 예1 亂暴(난폭) 예2 暴棄(포기)
- 吳越同舟(오월동주) ▷ '서로 적대 관계에 있던 오(吳)나라 군사와 월(越)나라 군사가 한 배에 타게 되었던' 고사(故事)에서 유래(由來)한 말로, '사이가 좋지 못한 사람끼리도 자기의 이익(利益)을 위해서는 행동(行動)을 같이한다는 것'을 비유하는 말.

아래 한자의 뜻과 소리를 빈칸에 쓰세요.

☆표는 3급Ⅱ 漢字임.

譯☆(言)	蜂(虫)	寅(宀)	虎☆(虍)	朋(月)	枕(木)	飽(食)	陳☆(阜)
번역할 역	벌 봉	범 인 동방 인	범 호	벗 붕	베개 침	배부를 포	베풀 진 묵을 진

아래 설명을 읽고 빈칸에 보기 와 같이 쓰세요.

보기 良書(어질 량)(글 서)[양서]

誤譯(　　)(　　)[　　]
도▸ 잘못 번역(飜譯)함, 또는 잘못된 번역.

通譯(　　)(　　)[　　]
도▸ 서로 통하지 않는 양쪽의 말을 번역하여 그 뜻을 전함. 통변(通辯). 통어(通語).

抄譯(　　)(　　)[　　]
도▸ 원문 중에서 필요한 부분만을 뽑아서 번역함.

土蜂(　　)(　　)[　　]
도▸ 땅벌.

蜂屯(　　)(　　)[　　]
도▸ 벌떼처럼 무리 지어 모여듦.

戊寅(　　)(　　)[　　]
도▸ 육십갑자(六十甲子)의 열다섯 째.
참 武人(무인) ▹ 무예를 닦은 사람. 반 문인(文人).

虎穴(　　)(　　)[　　]
도▸ ①호랑이의 굴. ②'매우 위험한 곳'을 비유하여 이르는 말. 범굴. 호굴(虎窟).

虎威(　　)(　　)[　　]
도▸ 권세 있는 사람의 위세. 구 虎威를 부리다.

虎尾難放[　　]
(　　)(　　)(　　)(　　)
도▸ '쥐었던 범의 꼬리를 놓기가 어렵다.'는 말로, '위험한 일을 시작해 놓고 계속할 수도 없고 중단할 수도 없는 난처한 사정'을 이르는 속담.

朋友(　　)(　　)[　　]
도▸ 벗. 친구. 붕집(朋執). 붕지(朋知).

朋黨(　　)(　　)[　　]
도▸ 뜻이 같은 사람끼리 모인 단체(團體).

朋友責善[　　]
(　　)(　　)(　　)(　　)
도▸ 벗끼리 서로 좋은 일을 하도록 권함.

枕屛(　　)(　　)[　　]
도▸ 머리 병풍(屛風).

枕席(　　)(　　)[　　]
도▸ ①베개와 자리. ②자는 자리.
참 砧石(침석) ▹ 다듬잇돌.

飽食(　　)(　　)[　　]
도▸ 배부르게 먹음. 포끽(飽喫).
참 捕食(포식) ▹ 생물(生物)이 다른 종류의 생물을 잡아먹는 일.

飽滿(　　)(　　)[　　]
도▸ 일정한 용량에 넘치도록 가득 참.
참 暴慢(포만) ▹ 사납고 거만(倨慢)함. 포횡(暴橫).

陳述(　　)(　　)[　　]
도▸ 자세히 벌여 말함, 또는 그 말.

陳腐(　　)(　　)[　　]
도▸ 케케묵고 낡음. 반 참신(斬新).
참 眞否(진부) ▹ 참됨과 참되지 못함. 진위(眞僞).

도움글

○ 五逆(오역) ▹ 불교에서, '무간지옥(無間地獄)에 떨어질 다섯 가지의 악행(惡行)'을 이르는 말. 곧, ①아버지를 죽이는 일, ②어머니를 죽이는 일, ③아라한(阿羅漢)을 죽이는 일, ④중의 화합(和合)을 깨뜨리는 일, ⑤불신(佛身)을 손상(損傷)하는 일.

1. 아래 한자어漢字語의 독음讀音을 쓰세요.

譯官[ ] 虎骨[ ] 譯解[ ] 猛虎[ ] 意譯[ ] 拙譯[ ]
蜂蜜[ ] 飽暖[ ] 同寅[ ] 飽看[ ] 陳列[ ] 陳設[ ]
枕邊[ ] 飜譯[ ] 枕頭[ ] 重譯[ ] 陳穀[ ] 寅時[ ]
陳情書[ ] 虎列刺[ ] 飽和狀態[ ] 虎死留皮[ ]

2. 다음은 동음이의어同音異義語이다. 낱말의 뜻에 알맞은 한자를 쓰세요.

☞ **동음이의어**(同音異義語)란, 발음은 같으나 뜻이 다른 한자어를 말한다. 이는 한글로 표기하면 그 뜻을 구별하기 어렵기 때문에, 한자로써 그 뜻을 구별해야 한다.

보고 (귀중한 것을 보관하는 곳)	보고 (결과나 내용을 알림)	수신 (통신을 받음)	수신 (마음과 행실을 닦음)

표지 (표시나 특징)	표지 (책의 겉장)	보도 (사람이 다니는 길)	보도 (새 소식을 널리 알림)

통화 (화폐)	통화 (말을 주고받음)	유학 (유교의 학문)	유학 (외국에서 공부함)

3. 다음 숙어熟語의 빈칸에 들어갈 알맞은 한자漢字를 골라 그 번호를 쓰세요.

[1] 龍頭( )尾 : ① 巳 ② 蛇 ③ 四 ④ 山
[2] 四( )楚歌 : ① 方 ② 面 ③ 圍 ④ 海
[3] 附和雷( ) : ① 動 ② 東 ③ 同 ④ 聲
[4] 朝三( )四 : ① 某 ② 募 ③ 暮 ④ 慕
[5] 一( )卽發 : ① 觸 ② 擊 ③ 網 ④ 戰
[6] 同病相( ) : ① 憐 ② 璉 ③ 戀 ④ 練
[7] 吳越同( ) : ① 走 ② 住 ③ 株 ④ 舟
[8] 大器( )成 : ① 慢 ② 滿 ③ 萬 ④ 晩

○ 同寅 : 높은 벼슬아치들이 서로 공경하는 동료라는 뜻으로 쓰던 말.
○ 虎列刺 : '콜레라'의 음역어.

아래 한자의 뜻과 소리를 빈칸에 쓰세요.

☆표는 3급Ⅱ 漢字임.

割☆(刀)	稻(禾)	吏☆(口)	庚(广)	禾(禾)	凝(冫)	綱☆(糸)	爵(爫)
벨 할	벼 도	벼슬아치 리: 관리 리:	별 경	벼 화	엉길 응:	벼리 강	벼슬 작

아래 설명을 읽고 빈칸에 보기 와 같이 쓰세요.

보기 良書(어질 량)(글 서)[양서]

割據(　　)(　　)[　　]
도▸ 국토를 나누어 차지하여 세력권을 이룩함.
참 割去(할거)▹베어 버림. 찢어 없앰.

役割(　　)(　　)[　　]
도▸ 구실(口實). 어떤 자격이나 처지에서 맡아서 해야 할 일. 예 중요한 役割을 맡다.
참 口實(구실)▹핑계로 삼을 만한 재료. 핑계. 예 짐짓, 口實만 만들어 쉬려고 하였다.

晩稻(　　)(　　)[　　]
도▸ 늦벼.
참 晩到(만도)▹늦게 옴.

稻熱病[　　]
(　　)(　　)(　　)
도▸ 벼에 생기는 병의 한 가지. [암갈색의 불규칙한 반점이 생기고 그것이 퍼져 잎 전체가 갈색으로 되어 마르게 되는 병]

吏讀(　　)(　　)[　　]
도▸ 삼국시대(三國時代)부터 한자(漢字)의 음(音)과 새김을 빌려 우리말을 적던 방식, 또는 문자. 이도(吏道)·이토(吏吐). 이투(吏套).

貪官汚吏[　　]
(　　)(　　)(　　)(　　)
도▸ 탐욕(貪慾)이 많고 행실(行實)이 깨끗하지 못한 벼슬아치.

侯爵(　　)(　　)[　　]
도▸ 오등작(五等爵)의 둘째 작위. 준 후(侯).

庚炎(　　)(　　)[　　]
도▸ 삼복(三伏) 중의 매우 심한 더위

禾苗(　　)(　　)[　　]
도▸ 볏모. 모.

禾穀(　　)(　　)[　　]
도▸ ①벼과의 일년초. ②벼의 열매. 정조(正租).

凝滯(　　)(　　)[　　]
도▸ 막히어 나아가지 아니함. 예 처리가 凝滯되다.
참 凝體(응체)▹엉기어 굳은 물체.

凝縮(　　)(　　)[　　]
도▸ ①(흩어져 있던 것이) 한데 엉겨 굳어짐. ②어느 한 점으로 집중되게 함. 예 학생들의 열의(熱意)가 하나로 凝縮되었다.

綱領(　　)(　　)[　　]
도▸ ①일의 으뜸 되는 줄거리. ②정당·단체 등에서 그 기본 목표·정책·운동 규범 등을 정한 것.
참 降靈(강령)▹신(神)의 영(靈)이 인간에게 내림.

紀綱(　　)(　　)[　　]
도▸ 으뜸이 되는 중요한 규율과 질서. 강기(剛氣).
예 흐트러진 紀綱을 바로잡다.

綱擧目張[　　]
(　　)(　　)(　　)(　　)
도▸ '원칙을 들면 세목은 저절로 밝혀진다.'는 뜻.

爵位(　　)(　　)[　　]
도▸ 오등작(五等爵)에 속하는 벼슬, 또는 그 지위.
참 作爲(작위)▹마음먹고 벌인 짓이나 행동.

庚伏(　　)(　　)[　　]
도▸ 여름에 가장 더울 때. 삼복(三伏). [삼복(三伏)은 경일(庚日)에 시작된다]

도움글

○ '吏讀'는 '吏頭'라고도 표기하며, 또한 吏道(이도)·吏書(이서)·吏札(이찰)·吏吐(이토)·吏套(이투)라고도 한다.

1. 아래 한자어漢字語의 독음讀音을 쓰세요.

早稻[ ]	官吏[ ]	分割[ ]	割愛[ ]	吏吐[ ]	爵邑[ ]
綱常[ ]	裁割[ ]	割引[ ]	綱目[ ]	均割[ ]	爵號[ ]

2. 아래 글을 읽고 밑줄 친 낱말은 한자漢字로, 한자어漢字語는 독음讀音으로 고쳐 쓰세요.

百姓들의 작은 의견[1]은 이해[2]관계로 결정[3]되거니와, 큰 의견은 그 국민성과 信仰[4]과 哲學[5]으로 결정된다. 여기서 문화와 교육의 중요성[6]이 생긴다. 국민성을 보존[7]하는 것이나 수정[8]하고 향상[9]하는 것이 문화와 교육의 힘이요, 산업[10]의 방향도 문화와 교육으로 결정됨이 큰 까닭이다. 교육이란 결코 생활의 기술[11]을 가르치는 것만을 의미하는 것이 아니다. 교육의 基礎[12]가 되는 것은 宇宙[13]와 인생과 정치[14]에 대한 哲學이다. 어떠한 哲學의 基礎 위에, 어떠한 생활의 기술을 가르치는 것이 곧 국민교육이다. 그러므로 좋은 민주[15]주의 정치는 좋은 교육에서 시작될 것이다. 건전[16]한 哲學의 基礎 위에 서지 아니한 지식[17]과 기술의 교육은 그 개인[18]과 그를 包含[19]한 국가에 해가 된다. 인류 전체를 보아 그러하다. … 중략 …

나는 우리나라가 세계에서 가장 아름다운 나라가 되길 원한다. 가장 부강[20]한 나라가 되기를 원하는 것은 아니다. 내가 남의 侵掠[21]에 가슴이 아팠으니, 내 나라가 남을 侵掠하는 것은 원치 아니한다. 우리의 부력은 우리의 생활을 풍족히 할만하고 우리의 강력은 남의 侵掠을 막을 만하면 족하다. 오직 한없이 가지고 싶은 것은 높은 문화의 힘이다. 문화의 힘은 우리 자신을 행복[22] 하게 하고, 나아가서 남에게 행복을 주기 때문이다. 지금 인류에게 부족한 것은 무력[23]이 아니요, 경제력[24]도 아니다. 자연과학의 힘은 아무리 많아도 좋으나, 인류 전체로 보면 현재의 자연과학만 가지고도 평안히 살아가기에 넉넉하다.

– 김구, 『나의 소원』 中

1.	2.	3.	4.	5.	6.
7.	8.	9.	10.	11.	12.
13.	14.	15.	16.	17.	18.
19.	20.	21.	22.	23.	24.

3. 아래 한자어漢字語와 뜻이 서로 반대反對, 또는 상대相對되는 한자어漢字語를 □ 속에 한자漢字로 쓰세요.

退化 ↔ □　　個別 ↔ □　　否認 ↔ □　　登場 ↔ □

도움글

○ '綱目'의 '綱'자는 '벼리'를 이르는 말이다. '벼리'란, '그물의 위쪽 코를 꿰어 오므렸다 폈다 하는 굵은 줄'을 말하는데, 이는 '일이나 글의 가장 중심 되는 줄거리'를 뜻하기도 한다. 참 綱(벼리 강), 維(벼리 유), 紀(벼리 기)

아래 한자의 뜻과 소리를 빈칸에 쓰세요. ✩표는 3급Ⅱ 漢字임.

維✩(糸)	卿(卩)	辰✩(辰)	莊✩(艸)	疾✩(疒)	屛(尸)	遣✩(辵)	輸✩(車)
벼리 유	벼슬 경	별 진 때 신	씩씩할 장	병 질	병풍 병	보낼 견	보낼 수

아래 설명을 읽고 빈칸에 보기 와 같이 쓰세요. 보기 良書(어질 량)(글 서)[양서]

維持(　　)(　　)[　　]
뜻▸ 어떤 상태를 그대로 지니어 감. 지탱(支撐)함.
참 遺志(유지)▹죽은 이가 생전에 이루지 못하고 남긴 뜻. 예 遺志를 받들어 유품을 기증하다.
참 油脂(유지)▹동물, 또는 식물에서 채취(採取)한 기름. 예 공업용 油脂를 생산하다.

四維(　　)(　　)[　　]
뜻▸ ①(서북·서남·동북·동남) 방위인 건(乾)·곤(坤)·간(艮)·손(巽). ②나라를 다스리는 데 지켜야 할 네 가지 근본. [예(禮)·의(義)·염(廉)·치(恥)]

卿輔(　　)(　　)[　　]
뜻▸ 삼정승(三政丞)과 육판서(六判書). 卿相(경상).
참 警報(경보)▹경계하도록 알리는 일.

公卿(　　)(　　)[　　]
뜻▸ 지난날, 삼공(三公)과 구경(九卿)을 이르던 말.
참 恭敬(공경)▹남을 대할 때 몸가짐을 공손(恭遜)히 하고 존경(尊敬)함.

生辰(　　)(　　)[　　]
뜻▸ '생일(生日)' 높임말.

誕辰(　　)(　　)[　　]
뜻▸ 임금이나 성인(聖人)이 태어난 날. 誕生日.

莊嚴(　　)(　　)[　　]
뜻▸ 엄숙(嚴肅)하고 위엄(威嚴)이 있음.

運輸(　　)(　　)[　　]
뜻▸ 여객(旅客)이나 화물(貨物)을 실어 나르는 일.

疾病(　　)(　　)[　　]
뜻▸ 몸의 온갖 기능의 장애(障碍)로 말미암은 병. 건강하지 않은 상태. 질환(疾患).

疾驅(　　)(　　)[　　]
뜻▸ 수레나 말을 빨리 달림.

屛風(　　)(　　)[　　]
뜻▸ 주로 집안에서 장식을 겸하여 무엇을 가리거나 바람을 막거나 하기 위하여 둘러치는 물건.

屛居(　　)(　　)[　　]
뜻▸ 사회에 나가지 아니하고 집에만 들어앉아 있음.
참 屛去(병거)▹물리쳐 버림.

派遣(　　)(　　)[　　]
뜻▸ 어떤 일이나 임무를 맡겨, 어느 곳에 보냄. 차견(差遣). 파송(派送). 예 외교(外交) 사절단(使節團)을 派遣하다.

遣歸(　　)(　　)[　　]
뜻▸ 돌려보냄. 본래 있던 곳으로 보냄.

輸送(　　)(　　)[　　]
뜻▸ 기차·선박(船舶)·비행기 따위로 짐이나 사람을 실어 보냄.

別莊(　　)(　　)[　　]
뜻▸ 본집 외에 경치 좋은 곳이나 피서지(避暑地)·피한지(避寒地) 같은 데에 따로 마련한 집.
참 別章(별장)▹①이별을 주제로 한 시문. ②다른 장.

도움글

○'莊'자는 '집, 씩씩하다, 풀이 성하다' 등의 뜻으로 쓰인다. 참 莊潔(장결)▹(씩씩할 장)(깨끗할 결)

○나무 그늘 아래서 쉬어가기.

문 사랑을 고백한 여인으로부터 받은 편지 [三口有點 牛角不出] 의 뜻은? ①좋아요 ②싫어요 정답☞다음 쪽

1. 아래 한자어漢字語의 독음讀音을 쓰세요.

疾風[ ]	北辰[ ]	綱維[ ]	辰星[ ]	莊敬[ ]	畫屛[ ]
疾速[ ]	莊重[ ]	山莊[ ]	疾視[ ]	星辰[ ]	疾患[ ]
屛息[ ]	眼疾[ ]	疾苦[ ]	枕屛[ ]	輸出[ ]	消遣[ ]

2. 아래 글을 읽고 밑줄 친 낱말은 한자漢字로, 한자어漢字語는 독음讀音으로 고쳐 쓰세요.

인류가 현재에 불행[1]한 근본적인 이유[2]는 仁義가 부족하고, 慈悲[3]가 부족하고 사랑이 부족하기 때문이다. 이 마음만 발달이 되면 현재의 물질력[4]으로 20億이 다 평안[5]히 살아갈 수 있을 것이다. 인류의 이 정신을 培養[6]하는 것은 오직 문화이다. 나는 우리나라가 남의 것을 模倣[7]하는 나라가 되지 말고, 이러한 높고, 새로운 문화의 기원[8]이 되고, 模範이 되기를 원한다. 그래서 진정[9]한 세계의 평화[10]가 우리나라에서, 우리나라로 말미암아서 세계에 실현되기를 원한다.

弘益人間[11]이라는 우리 국조[12] 단군[13]의 이상이 이것이라고 믿는다. 또 우리 민족의 재주와 정신과 과거의 단련이 이 사명[14]을 달성하기에 넉넉하고 우리 국토의 위치와 기타의 지리적[15] 조건[16]이 그러하며, 또 1차·2차 세계대전을 치른 인류의 요구가 그러하며, 이러한 시대에 새로 나라를 고쳐 세우는 우리가 서있는 시기가 그러하다고 믿는다. 우리 민족이 主演配偶[17]로 세계의 舞臺[18]에 등장할 날이 눈앞에 보이지 아니하는가. 이 일을 하기 위하여 우리가 할 일은 사상의 자유를 확보[19]하는 정치 양식의 건립과 국민 교육의 완비[20]이다. 내가 위에서 自由의 나라를 강조[21]하고 교육의 중요성을 말하는 것이 이 때문이다. 최고 문화 건설[22]의 사명을 달할 민족은 一言以蔽之[23]하면 모두 성인을 만드는 데 있다. 대한 사람이라면 간 데마다 신용을 받고 대접[24]을 받아야 한다.

– 김구 『나의 소원』 中, 연세대 논술고사 제시문

1.	2.	3.	4.	5.	6.
7.	8.	9.	10.	11.	12.
13.	14.	15.	16.	17.	18.
19.	20.	21.	22.	23.	24.

3. 아래 한자漢字와 뜻이 반대反對, 또는 상대相對되는 한자漢字를 □ 속에 넣어 단어單語를 완성하세요.

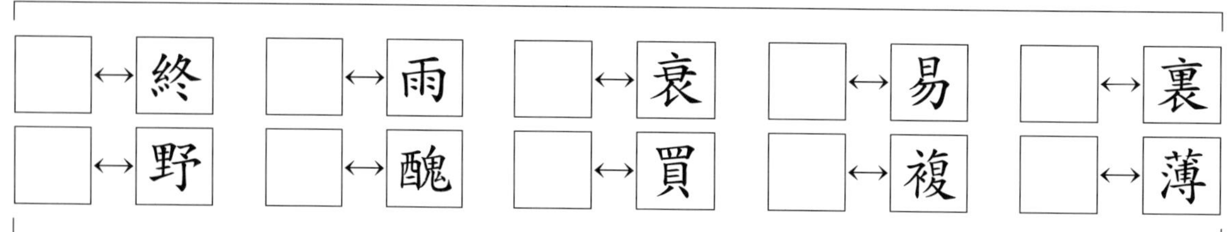

○ (117쪽) 정답☞ ① 좋아요[三口有點 牛角不出] : 三과 口에 점[點]이 있으니 이는 '言'자이고, 소뿔이 나오지 않았으니[牛角不出] 이는 '午(오)'자이다. 따라서 [言+午] = 許(허락할 허)이다.

아래 한자의 뜻과 소리를 빈칸에 쓰세요.

☆표는 3급Ⅱ 漢字임.

麥☆(麥)	桃☆(木)	倣(人)	吹☆(口)	峯☆(山)	謁(言)	愧(心)	付☆(人)
보리 맥	복숭아 도	본뜰 방	불[鼓吹] 취:	봉우리 봉	뵐 알	부끄러울 괴:	부칠 부:

아래 설명을 읽고 빈칸에 보기 와 같이 쓰세요.

보기 良書(어질 량)(글 서)[양서]

麥粉(　　　)(　　　)[　　　]

도▸ ①밀가루 ②보리의 가루.

麥芽(　　　)(　　　)[　　　]

도▸ ①보리 싹. ②엿기름.

麥秀之嘆 [　　　]

(　　　)(　　　)(　　　)(　　　)

도▸ 기자(箕子)가 은(殷)이 망한 후에, 폐허가 된 그 도읍지에 보리만 부질없이 자라는 것을 보고 한탄했다는 故事에서 나온 말로, '멸망한 고국(故國)에 대한 한탄'을 이르는 말.

桃李(　　　)(　　　)[　　　]

도▸ ①복숭아와 자두, 또는 그 꽃이나 열매. ②'남이 천거한 좋은 인재(人材)'를 비유하여 이르는 말.

武陵桃源 [　　　]

(　　　)(　　　)(　　　)(　　　)

도▸ 도연명(陶淵明)의 '도화원기(桃花源記)'에 나오는 別天地(별천지). 사람들이 화목하고 행복하게 살 수 있는 이상향(理想鄕). 준도원(桃源).

模倣(　　　)(　　　)[　　　]

도▸ 본뜸. 흉내냄. 모습(模襲). 모본(模本).

鼓吹(　　　)(　　　)[　　　]

도▸ ①북을 치고 피리를 붊. ②사상 따위를 열렬히 주장하여 널리 알림. ③용기를 북돋움.

吹浪(　　　)(　　　)[　　　]

도▸ 물고기가 물 위에 떠서 숨을 쉬느라고 입을 벌렸다 오므렸다함.

峯頂(　　　)(　　　)[　　　]

도▸ 산봉우리의 맨 꼭대기.

尖峯(　　　)(　　　)[　　　]

도▸ 뾰족한 산봉우리.

謁見(　　　)(　　　)[　　　]

도▸ 지체 높은 사람을 찾아뵘.

拜謁(　　　)(　　　)[　　　]

도▸ 지체 높은 분을 만나 뵘. 면알(面謁). 예임금을 拜謁하다.

謁聖及第 [　　　]

(　　　)(　　　)(　　　)(　　　)

도▸ 알성과(謁聖科)에 합격함, 또는 그 사람.

愧色(　　　)(　　　)[　　　]

도▸ 부끄러워하는 얼굴빛. 참색(慙色).

慙愧(　　　)(　　　)[　　　]

도▸ 부끄럽게 여김.

貸付(　　　)(　　　)[　　　]

도▸ ①이자(利子)나 기한(期限)을 정하여 돈을 꾸어 줌. ②어떤 물건을 돌려받기로 하고 남에게 빌려주어 쓰게 함.

付託(　　　)(　　　)[　　　]

도▸ 어떤 일을 하여 달라고 당부(當付)하여 맡김.

倣效(　　　)(　　　)[　　　]

도▸ 그대로 본받음.

도움글

○틀리기 쉬운 한자어의 독音! 예 見糧(현량), 拜見(배현), 露見(노현), 賜見(사현), 散見(산현), 朝見(조현)

○'模倣'은 뜻이 서로 비슷한 한자로 결합된 한자어이다. 참 模=範(모범), 愧=慙(괴참), 愧=恥(괴치), 寄=付(기부)

1. 아래 한자어漢字語의 독음讀音을 쓰세요.

麥飯[ ]	倣似[ ]	麥浪[ ]	吹雪[ ]	麥酒[ ]	迎謁[ ]
諷刺[ ]	付送[ ]	謁廟[ ]	賃貸[ ]	受諾[ ]	交付[ ]

2. 아래 글을 읽고 밑줄 친 낱말은 한자漢字로, 한자어漢字語는 독음讀音으로 고쳐 쓰세요.

漢字를 이용한 鄕札[1]·吏讀[2]·口訣[3] 등은 오랜 세월 不完全하게나마 우리말을 적어 온 글자요, 한글이 없었던 時節에 너무도 많은 漢字語들이 생겨났고, 우리 文化가 漢字文化라 해도 좋을 정도로 우리 문화의 축적[4]은 漢字로 이루어진 것이다.

뿐인가. 훈민정음[5] 制定 후 첫 작품인 龍飛御天歌[6]가 「해동[7] 六龍이 ᄂᆞᄅᆞ샤 일마다 天福이시니 古聖이 同符[8] ᄒᆞ시니」와 같은 國漢혼용[9]文이요 그 이후로 小說이나 언간(諺簡) 등 순한글로 된 것이 없는 것이 아니나, 漢籍이나 國漢혼용의 古文獻이 많은 것이 또한 사실이요, 무엇보다도 오늘날 국어의 70%가 漢字말이라는 엄연한 현실, 悠久[10]한 漢字 사용의 역사(三國 이전부터 二千數百年 써옴), 固有한 漢字音, 1920년대의 「조선일보」, 「동아일보」의 두 신문이나 개화기[11]의 모든 교과서도 國漢혼용이었고 國産 漢字語가 많은 상황 등 어느 모로 보나 漢字를 國字로 보는 것이 妥當[12]한 것이다.

漢字語에는 中國産, 韓國産, 日本産이 있는바 漢字 傳來 이래 中世語, 近世語까지에는 中國産, 國産 漢字語가 주류[13]를 이루었으나 특히 19세기 後半期에 이르러 日本産 漢字語의 流入으로 文化用語, 學術用語 대부분이 그대로 中國이나 韓國에서도 通用되는 것이다.

學校, 文學, 哲學, 科學, 심리학[14], 社會學, 代表, 표준[15], 보험[16], 보증[17], 전화[18], 영화[19], 冷藏庫[20]등이 日産인데 이들은 그대로 한국은 물론이요 중국에서도 쓰이고 있는 것들이다. 다만 그 發音이 다를 뿐이다. 이들을 韓國 漢字音으로 發音하면 韓國語가 되는 것이요, 漢字로 쓰면 韓·中·日이 같은 뜻으로 이해[21]하는 것이다. 그러므로 漢字는 우리말을 적는 國字인 동시에 한자 문화권에서 통용되는 공통문자인 것이다. 世界化 시대, 아태[22]시대에 中·日語의 基礎[23]도 되는 漢字이기도 하다. – 「'한글과 漢字는 두 날개다'라는 구호[24]는 眞理다」

1.	2.	3.	4.	5.	6.
7.	8.	9.	10.	11.	12.
13.	14.	15.	16.	17.	18.
19.	20.	21.	22.	23.	24.

3. 다음 물음에 답하세요.

(1) 다음 중 설명이 잘못된 것은?
① 米壽 - 88세 ② 喜壽 - 77세
③ 進甲 - 62세 ④ 白壽 - 100세

(2) 다음 한자성어 중 잘못 쓰인 것은?
① 心機一轉 ② 殺身成仁
③ 豪言張談 ④ 五里霧中

도움글

❍ '諷刺'자의 '刺'자는 쓰임에 따라 뜻과 소리가 달라지는 글자이다. 참 刺(찌를 자, 찌를 척, 수라 라)

아래 한자의 뜻과 소리를 빈칸에 쓰세요.

☆표는 3급Ⅱ 漢字임.

巖☆(山)	貢☆(貝)	排☆(手)	履☆(尸)	昭(日)	哲☆(口)	訂(言)	踏☆(足)
바위 암	바칠 공:	밀칠 배	밟을 리:	밝을 소	밝을 철	바로잡을 정	밟을 답

아래 설명을 읽고 빈칸에 보기 와 같이 쓰세요.

보기 良書(어질 량)(글 서)[양서]

巖盤(　　)(　　)[　　]
뜻▸ 다른 바위 속으로 돌입하여 굳어진 고르지 아니한 큰 바위.

巖壁(　　)(　　)[　　]
뜻▸ 바위가 깎아지른 듯이 높이 솟아 수직(垂直)의 벽을 이룬 것.

租貢(　　)(　　)[　　]
뜻▸ 조세(租稅) 등을 바치는 것.
참 朝貢(조공)▹왕조 때, 속국(屬國)이 종주국(宗主國)에게 때마다 예물(禮物)을 바치던 일.

貢納(　　)(　　)[　　]
뜻▸ 지난날, 백성이 지방에서 나는 특산물을 현물로 조정에 바치던 일. 납공(納貢). 준 공(貢).
참 公納(공납)▹국고(國庫)로 들어가는 조세(租稅).

排擊(　　)(　　)[　　]
뜻▸ 남의 사상·의견 따위를 싫어하여 물리침.

排除(　　)(　　)[　　]
뜻▸ 장애가 되는 것을 물리쳐서 없앰. 예 자기감정을 排除하고 일을 처리하다.

履行(　　)(　　)[　　]
뜻▸ ①실제로 함. 말과 같이 함. 예 약속을 履行하다. ②법적 의무의 실행. [채무 소멸의 경우의 변제(辨濟)를 이름]

昭明(　　)(　　)[　　]
뜻▸ 사물에 밝음. 밝고 영리(榮利)함.
참 疏明(소명)▹재판에서, 주장하는 사실이 확실하다는 생각을 법관으로 하여금 가지게 하거나 그만한 증거를 제시함. 예 疏明 자료를 제출하다.

履歷書[　　]
(　　)(　　)(　　)
뜻▸ 이력(履歷)을 적은 문서(文書).

昭詳(　　)(　　)[　　]
뜻▸ 분명(分明)하고 자세(仔細)함. 예 昭詳히 아뢰다.

聰哲(　　)(　　)[　　]
뜻▸ 총명(聰明)하고 지혜가 있다. 총지(聰智)하다.

明哲(　　)(　　)[　　]
뜻▸ 총명하여 사리에 밝음. 지혜가 뛰어남.
참 明徹(명철)▹사리가 분명하고 투철(透徹)하다.

增訂(　　)(　　)[　　]
뜻▸ 잘못된 데를 고치고 모자라는 것을 보탬.
참 贈呈(증정)▹선물이나 기념품 따위를 드림.

改訂(　　)(　　)[　　]
뜻▸ 책의 잘못된 내용을 바로잡음.
참 改正(개정)▹바르게 고침. 예 맞춤법 改正案

訂正(　　)(　　)[　　]
뜻▸ 잘못을 고쳐 바로잡음.
참 政情(정정)▹정계(政界)의 움직임. 정치 정세.

踏襲(　　)(　　)[　　]
뜻▸ 그때까지 해 내려온 것을 그대로 따르거나 이어나감. 도습(蹈襲). 습답(襲踏).

踏査(　　)(　　)[　　]
뜻▸ 현장(現場)에 가서 보고 조사함.
참 答辭(답사)▹식장에서 식사(式辭)나 축사(祝辭)에 대하여 답례로 하는 말. 반 송사(送辭).

도움글

○ 혼동하기 쉬운 한자의 음音! 참1 排(배)와 非(비)　참2 昭(소)와 照(조)　참3 哲(철)과 晳(석)

1. 아래 한자어漢字語의 독음讀音을 쓰세요.

巖石[ ]	履氷[ ]	歲貢[ ]	昭應[ ]	排律[ ]	排煙[ ]
踐踏[ ]	賓貢[ ]	踏橋[ ]	排斥[ ]	排出[ ]	貢獻[ ]
排置[ ]	排列[ ]	履踐[ ]	踏步[ ]	排球[ ]	哲理[ ]

2. 아래 글을 읽고 밑줄 친 낱말은 한자漢字로, 한자어漢字語는 독음讀音으로 고쳐 쓰세요.

토론[1]이란, 의견[2]이 서로 대립[3]할 수 있는 문제[4]에 대하여 참가[5]자들이 각기[6] 자기의 의견이 옳다고 주장[7]하는 말하기 방식[8]이다. 토론은 말하기의 한 형식[9]이지만, 글을 쓸 때에 생각을 발견[10]하는 방법으로 활용[11]할 수 있다.

격언[12]에는 세상[13]을 바르게 살아가는 데 필요[14]한 지혜와 교훈[15]이 들어 있고, 선인[16]들의 인생관과 처세관[17]이 깃들어 있기 때문에 후인들에게 마음의 양식[18]이 될만한 내용[19]들이다.

속담[20]은 오랜 생활 경험[21]에서 얻어진 智慧[22]로, 재치[23] 있는 표현[24] 속에 비유적(比喩的)인 내용이 담겨 있다.

1.	2.	3.	4.	5.	6.
7.	8.	9.	10.	11.	12.
13.	14.	15.	16.	17.	18.
19.	20.	21.	22.	23.	24.

3. 다음은 혼동混同하기 쉬운 한자漢字들이다. ( ) 속에 독음讀音과 훈음訓音을 쓰세요.

◦ 已往( ) ▷ ( )( )	◦ 討論( ) ▷ ( )( )
◦ 己巳( ) ▷ ( )( )	◦ 倫理( ) ▷ ( )( )
◦ 征伐( ) ▷ ( )( )	◦ 隣接( ) ▷ ( )( )
◦ 代身( ) ▷ ( )( )	◦ 哀憐( ) ▷ ( )( )
◦ 辨明( ) ▷ ( )( )	◦ 辯護( ) ▷ ( )( )

4. 다음 한자어漢字語 중에서 첫 음절이 긴소리인 것을 골라 그 번호를 쓰세요.

(1)…( ) ① 政黨 ② 黨派 ③ 徒黨 ④ 野黨	(4)…( ) ① 豫言 ② 宣言 ③ 虛言 ④ 格言
(2)…( ) ① 海水 ② 南海 ③ 金海 ④ 領海	(5)…( ) ① 不定 ② 安定 ③ 限定 ④ 認定
(3)…( ) ① 申告 ② 忠告 ③ 密告 ④ 警告	(6)…( ) ① 法規 ② 朗讀 ③ 聰明 ④ 雪景

도움글

❍ 愛之重之(애지중지) ▷ 매우 사랑하여 소중히 여기는 모양. ※'之'자는 대명사(代名詞)

❍ 貧賤之交不可忘(빈천지교불가망) ▷ 가난하고 어려울 때 도움 받은 친구를 잊으면 안 된다.

❀ 아래 한자의 뜻과 소리를 빈칸에 쓰세요.

☆표는 3급Ⅱ 漢字임.

培☆(土)	壬☆(士)	辨(辛)	炎☆(火)	憐(心)	嗚(口)	丹☆(丶)	附☆(阜)
북돋울 배	북방 임	분별할 변	불꽃 염	불쌍히여길 련	슬플 오	붉을 단	붙을 부

❀ 아래 설명을 읽고 빈칸에 보기 와 같이 쓰세요.

보기 良書(어질 량)(글 서)[양서]

培養(　　　)(　　　)[　　　]
도▸ ①식물을 가꾸어 기름. 예새로운 種子를 培養하다. ②사람을 길러 냄. 예人才를 培養하다.

栽培(　　　)(　　　)[　　　]
도▸ 식물(植物)을 심어서 기름.
참 再拜(재배)▹두 번 절함. 두 번 절하여 올림.
참 單拜(단배)▹한 번 절함, 또는 한 번만 하는 절.

壬辰錄[　　　]
(　　　)(　　　)(　　　)
도▸ 作者·年代 미상(未詳)의 고대 소설. [임진왜란을 소재(素材)로 한 것으로, 허구적(虛構的) 승전사(勝戰史)로 꾸며짐]

辨明(　　　)(　　　)[　　　]
도▸ ①사리를 가려내어 똑똑히 밝힘. ②자신의 언행 따위에 대하여 남이 납득할 수 있도록 설명함. 예반성보다는 구구한 辨明만 늘어놓았다.

辨濟(　　　)(　　　)[　　　]
도▸ ①빚을 갚음. ②남에게 입힌 손해를 물어줌. 변상(辨償). 예돈으로 辨濟하다.

暴炎(　　　)(　　　)[　　　]
도▸ 갑작스러운 더위. 매우 심한 더위. 폭서(暴暑).

炎症(　　　)(　　　)[　　　]
도▸ 세균(細菌)이나 그 밖의 어떤 원인으로 몸의 어떤 부분이 붉어지면서 붓고 열이나 통증, 기능 장애 따위를 일으키는 일.
참 厭症(염증)▹싫증.

哀憐(　　　)(　　　)[　　　]
도▸ 애처롭고 가엾게 여김.

同病相憐[　　　]
(　　　)(　　　)(　　　)(　　　)
도▸ ①같은 병의 환자끼리 서로 가엾게 여김. ②어려운 처지에 있는 사람끼리 동정하고 도움.

嗚咽(　　　)(　　　)[　　　]
도▸ 목이 메도록 울음. 예유족들의 嗚咽로 장례식장은 숙연했다. ※ 咽: 목멜 열(특급)

嗚呼(　　　)(　　　)[　　　]
도▸ (한문투의 문장에서) 슬픔, 또는 탄식을 나타낼 때 '아~', '오~'의 뜻으로 쓰는 말. 오호라.

丹粧(　　　)(　　　)[　　　]
도▸ 손을 대어 산뜻하게 꾸밈. 예집을 丹粧하다.

一片丹心[　　　]
(　　　)(　　　)(　　　)(　　　)
도▸ '한 조각의 붉은 마음'이라는 뜻으로, '변치 않는 참된 마음'을 이르는 말. 예임 향한 一片丹心이야 가실 줄이 있으랴.

寄附(　　　)(　　　)[　　　]
도▸ 어떤 일을 도울 목적으로 재물을 내어놓음. 예학교 발전을 위한 寄附金 입학이 늘고 있다.

附設(　　　)(　　　)[　　　]
도▸ 주가 되는 것에 딸리어 설치함. 예각급 학교에 도서관을 附設하다.

도움글

○ '咽'자는 뜻에 따라 음이 달라지는 글자이다. 예1 咽頭▹(목구멍 인)(머리 두) 예2 嗚咽▹(슬플 오)(목멜 열)

○ 혼동하기 쉬운 글자의 訓音을 쓰세요. 문1 培(　　　) ≠ 倍(　　　) 문2 辨(　　　) ≠ 辯(　　　) 문3 栽(　　　) ≠ 裁(　　　) 문4 憐(　　　) ≠ 隣(　　　)

정답☞125쪽

1. 아래 한자어漢字語의 독음讀音을 쓰세요.

培植[ ]	可憐[ ]	丹楓[ ]	附屬[ ]	附着[ ]	辯論[ ]
辨別[ ]	附近[ ]	阿附[ ]	炎涼[ ]	炎暑[ ]	朱丹[ ]
附錄[ ]	肺炎[ ]	回附[ ]	憐憫[ ]	辨證[ ]	辨償[ ]

2. 아래 글을 읽고 밑줄 친 낱말은 한자漢字로, 한자어漢字語는 독음讀音으로 고쳐 쓰세요.

베이컨(F. Bacon)이 "아는 것이 힘"이라고 했을 때, 이는 과학적 지식이 自然을 지배[1]할 수 있음을 의미[2]한 것이었다. 이러한 주장[3]의 배경[4]에는 科學이 예술[5]이나 종교[6]와는 달리 주관적[7] 價値[8]判斷[9]에서 벗어나서 사물의 본질과 현상의 구조[10]를 객관적[11]으로 파악(把握)할 수 있다는 과학관이 깔려 있다. 그러나 오늘날 많은 과학 철학자들이나 과학 사가[12]들은 자연과학자들도 가설을 설정[13]할 때 예술가적 상상력[14]을 동원[15]하며, 종교 지도자[16]들처럼 어느 특정[17]한 신조[18]를 固執[19]하기도 한다고 주장한다. 또한 과학적 지식도 과학자들의 공동체[20] 안에서 합의[21]되어야만 그 객관성을 확보[22]할 수 있다고 한다.

만약 이것이 사실이라면 베이컨이 말한 과학적 지식의 객관성과 優越性[23]은 심각[24]하게 挑戰[25]받을 뿐만 아니라, 과학적 진리[26]도 예술적 직관[27]이나 종교적 靈感[28]과 엄밀[29]하게 구분되기 어렵다는 문제가 제기[30]된다.

– 서강대학교 자연계 논술고사 제시문

1.	2.	3.	4.	5.	6.
7.	8.	9.	10.	11.	12.
13.	14.	15.	16.	17.	18.
19.	20.	21.	22.	23.	24.
25.	26.	27.	28.	29.	30.

3. 아래 한자漢字는 쓰임에 따라 음音이 여러 가지로 변화되는 글자이다. [ ] 속에 독음讀音을 쓰세요.

1 布(펼 포, 俗音 ▷ 보) :	宣布[ ]	公布[ ]	布敎[ ]	布施[ ]
2 推(밀 추, 밀 퇴) :	推測[ ]	推敲[ ]	推進[ ]	推薦[ ]
3 茶(차 다, 俗音 ▷ 차) :	茶盤[ ]	茶菓[ ]	茶禮[ ]	茶飯事[ ]

도움글

○ 布施 ▷ ①(포시):남에게 물건을 베풂. ②(보시):불교에서, 탐욕이 없는 깨끗한 마음으로 남에게 재물을 베풂.

○ 附加價値 ▷ '기업이 일정 기간의 생산 과정에서 새로이 만들어 낸 가치'를 말하는 것으로, 매출액에서 재료비 · 동력비(動力費) · 연료비 · 감가상각비(減價償却費) 등을 뺀 것을 말함.

아래 한자의 뜻과 소리를 빈칸에 쓰세요.

☆표는 3급Ⅱ 漢字임.

斜☆(斗)	絹(糸)	錦☆(金)	幣(巾)	雖(隹)	率☆(玄)	照☆(火)	慘(心)
비낄 사	비단 견	비단 금	화폐 폐	비록 수	비율 률 거느릴 솔	비칠 조	참혹할 참

아래 설명을 읽고 빈칸에 보기 와 같이 쓰세요.

보기 良書(어질 량)(글 서)[양서]

傾斜(　　)(　　)[　　]
뜻▸ 비스듬히 기울어짐, 또는 그 정도나 상태.

斜邊(　　)(　　)[　　]
뜻▸ 빗변.
참事變(사변)▹나라의 큰 사건. 예6·25 事變

絹布(　　)(　　)[　　]
뜻▸ ①비단(緋緞)과 포목(布木). ②비단.

軟絹(　　)(　　)[　　]
뜻▸ 부드럽게 누인 명주(明紬).

錦地(　　)(　　)[　　]
뜻▸ 상대편을 높이어 그가 '사는 곳'을 이르는 말.

錦衣還鄕[　　]
(　　)(　　)(　　)(　　)
뜻▸ '비단옷을 입고 고향에 돌아온다.'는 뜻으로, '성공하여 고향으로 돌아옴'을 이르는 말.

貨幣(　　)(　　)[　　]
뜻▸ 돈. 상품 교환의 매개체로서, 지불의 수단이나 가치의 척도 또는 축적의 목적물로서 사회에 유통되는 금화·은화·동화·지폐 따위

納幣(　　)(　　)[　　]
뜻▸ 혼인(婚姻) 때, 신랑집에서 신부집으로 예물(禮物)을 보내는 일, 또는 그 예물. 납징(納徵).

率直(　　)(　　)[　　]
뜻▸ 거짓이나 숨김이 없이 바르고 곧음.

輕率(　　)(　　)[　　]
뜻▸ 언행이 조심성이 없고 가벼움. 경거(輕遽).

支持率[　　]
(　　)(　　)(　　)
뜻▸ (선거 따위에서) 유권자(有權者)들이 특정 후보를 지지하는 비율(比率).

率先垂範[　　]
(　　)(　　)(　　)(　　)
뜻▸ 앞장서서 하여 모범(模範)을 보임.

觀照(　　)(　　)[　　]
뜻▸ ①불교에서, 참된 지혜로 개개의 사물이나 이치를 비추어 봄을 이름. ②대상(對象)의 본질을 주관을 떠나서 냉정히 응시(凝視)함.

照準(　　)(　　)[　　]
뜻▸ 탄알이 목표에 명중하도록 겨냥함.

慘劇(　　)(　　)[　　]
뜻▸ ①비참한 내용을 줄거리로 한 연극. ②참혹하고 끔찍하게 벌어진 일이나 사건.

慘狀(　　)(　　)[　　]
뜻▸ 끔찍한 모양이나 상태.

도움글

○ 雖不中不遠矣(수부중불원의)▹'비록 적중(的中)하지는 못했어도 표적에서 멀어지지는 않았다.'는 말로, '적중에 가까움'을 이르는 말. 참雖▹비록~하더라도. 비록~일지라도. 아무리~하여도

○ '率'자는 쓰임에 따라 訓音에 주의! 예1 統率(통솔)▹(거느릴 통)(거느릴 솔) 예2 比率(비율)▹(견줄 비)(비율 률)

○ (123쪽)정답☞ 문1 培(북돋울 배) ≠ 倍(곱 배) 문2 辨(분별할 변) ≠ 辯(말씀 변)
문3 栽(심을 재) ≠ 裁(옷마를 재) 문4 憐(불쌍히여길 련) ≠ 隣(이웃 린)

1. 아래 한자어漢字語의 독음讀音을 쓰세요.

斜徑[ ]	錦帳[ ]	斜線[ ]	幣貢[ ]	斜視[ ]	素絹[ ]
率伴[ ]	照度[ ]	慘事[ ]	幣物[ ]	照覽[ ]	比率[ ]
紙幣[ ]	利率[ ]	率易[ ]	照鑑[ ]	斜照[ ]	橫斜[ ]
落照[ ]	悲慘[ ]	幣帛[ ]	參照[ ]	對照[ ]	照會[ ]

2. 아래 글을 읽고 밑줄 친 낱말은 한자漢字로, 한자어漢字語는 독음讀音으로 고쳐 쓰세요.

※ 다음은 韓國語文敎育硏究會 초대[1]會長 이희승(李熙昇) 박사[2]의 同會誌 [어문硏究] 創刊[3]號 一部이다.

언어와 문자는 역사적 소산[4]이기 때문에 그 전통[5]을 존중[6]하지 않을 수 없고, 또 사회적 성과[7]이기 때문에 사회의 실정[8]과 대중[9]을 무시[10]할 수가 없다. 그뿐 아니라 민족[11]문화의 향상[12]은 隣接[13] 민족의 문화와의 교류[14]로 인하여 促進[15]되는 것이므로, 우리 사위[16]에 있는 민족의 언어·문자생활과 보조[17]를 맞추지 않을 수 없다. 이상[18]의 여건[19]을 무시하거나 거부[20]할 경우에는 우리 문화는 停滯[21]·위축(萎縮)하게 될 것이요. 隣接文化와 沒交涉[22] 상태[23]에 빠지게 되어 끝끝내 문화적 고아[24]를 면하지 못하게 될 것이다.

1.	2.	3.	4.	5.	6.
7.	8.	9.	10.	11.	12.
13.	14.	15.	16.	17.	18.
19.	20.	21.	22.	23.	24.

3. 아래 한자漢字와 뜻이 서로 비슷한 한자漢字를 □ 속에 넣어 한자어漢字語를 완성하세요.

倉 = □	扶 = □	淨 = □	貢 = □	滅 = □
思 = □	恒 = □	和 = □	返 = □	屈 = □

도움글

○ 四圍 : 사방의 둘레. 예 모든 사람들이 잠들었는지 四圍가 고요했다.

○ 틀리기 쉬운 한자어의 독음!

예1 效率(효율) 예2 率直(솔직) 예3 降服(항복) 예4 可憐(가련) 예5 推敲(퇴고) 예6 推理(추리)

아래 한자의 뜻과 소리를 빈칸에 쓰세요.

☆표는 3급Ⅱ 漢字임.

祈☆(示)	貸☆(貝)	借☆(人)	債☆(人)	鑄☆(金)	輝(車)	沒☆(水)	陷☆(阜)
빌[祈願] 기	빌릴 대ː 뀔 대ː	빌 차ː 빌릴 차ː	빚 채ː	쇠불릴 주	빛날 휘	빠질 몰	빠질 함ː

아래 설명을 읽고 빈칸에 보기 와 같이 쓰세요.

보기 良書(어질 량)(글 서)[양서]

祈願(　　)(　　)[　　]
도▸ 소원(所願)이 이루어지기를 빎. 기축(祈祝).
참 紀元(기원)▹역사상으로 연대(年代)를 계산하는 데 기준(基準)이 되는 해.
참 起源(기원)▹사물의 생긴 근원. 남상(濫觴).
참 棋院(기원)▹바둑 전문가들이 조직하는 단체, 또는 그 집합소.

祈雨祭[　　]
(　　)(　　)(　　)
도▸ 비가 오기를 비는 제사. 반 기청제(祈晴祭).

貸出(　　)(　　)[　　]
도▸ 돈이나 물건 따위를 빚으로 꾸어주거나 빌려 줌. 예 현금 貸出 반 차입(借入).

貸與(　　)(　　)[　　]
도▸ 빌려주거나 꾸어 줌. 대급(貸給).

借額(　　)(　　)[　　]
도▸ 빌린 돈의 액수(額數).
참 差額(차액)▹어떤 액수에서 다른 어떤 액수를 제하고 남은 나머지 액수.

假借(　　)(　　)[　　]
도▸ ①임시로 빌리거나 꿈. ②사정을 보아줌. 예 假借없다. ③한자의 六書 중, 뜻은 다르나 음이 같은 글자를 빌려 쓰는 방법. [美國, 亞細亞 등]

債券(　　)(　　)[　　]
도▸ (국가, 지방 자치 단체, 은행, 기업 등이) 자금을 빌리기 위하여 발행하는 공채, 사채 등의 유가 증권.
참 債權(채권)▹빚진 사람에게 빚을 준 사람이 행사할 수 있는 권리.

鑄貨(　　)(　　)[　　]
도▸ 금속 따위를 녹여서 만든 화폐(貨幣).

鑄造(　　)(　　)[　　]
도▸ 금속을 녹여 거푸집에 넣어 물건을 만드는 일.
참 主潮(주조)▹중심이 되는 사조나 경향.
참 主調(주조)▹한 악곡 전체에서 중심이 되는 가락.

光輝(　　)(　　)[　　]
도▸ 환한 빛. 반짝이는 빛. 광요(光耀).

輝銀鑛[　　]
(　　)(　　)(　　)
도▸ 은이 들어 있는 광석의 한 가지. [황화은으로 이루어졌으며, 강한 광택이 있는 검은 회색임.]

沈沒(　　)(　　)[　　]
도▸ 물에 빠져 가라앉음. 침륜(沈淪). 침닉(沈溺).

沒收(　　)(　　)[　　]
도▸ 주형의 범죄 행위와 일정한 관계가 있는 물건을 박탈하는 형벌.

缺陷(　　)(　　)[　　]
도▸ 부족하거나 완전하지 못하여 흠이 되는 점. 결점(缺點). 흠. 예 그는 성격상의 缺陷으로 동료들과 쉽게 친해지지 못했다.

陷落(　　)(　　)[　　]
도▸ ①땅이 꺼져서 내려앉음. 함몰(陷沒). ②성(城)이나 요소(要所) 따위를 빼앗거나 빼앗김.

負債(　　)(　　)[　　]
도▸ 남에게 빚을 짐, 또는 그 빚. 예 負債를 탕감(蕩減)하다.

도움글

○ '沈沒'은 뜻이 서로 비슷한 한자로 결합된 한자어이다. 참 沈 = 默(침묵), 沈 = 潛(침잠)

1. 아래 한자어漢字語의 독음讀音을 쓰세요.

祈求[ ]	借用[ ]	謀陷[ ]	輝燭[ ]	租借[ ]	沒落[ ]
貸借[ ]	債務[ ]	私債[ ]	沒却[ ]	賃貸[ ]	沒頭[ ]
出沒[ ]	沒殺[ ]	埋沒[ ]	公債[ ]	貸切[ ]	陷沒[ ]
輝巖[ ]	卜債[ ]	借邊[ ]	貸與[ ]	輝石[ ]	祈祝[ ]

2. 아래 글을 읽고 밑줄 친 낱말은 한자漢字로, 한자어漢字語는 독음讀音으로 고쳐 쓰세요.

자동차에서 내뿜는 排氣[1] 가스 중에는 이산화황과 아황산가스가 나오는데 이것이 산성비로 변하여 우리 인체에 해로운 影響[2]을 줄 뿐만 아니라 土壤[3]을 산성화시켜 국토를 황무지로 만들고 있다. 서울 환경[4] 연구원의 발표에 의하면 서울에는 산도 기준[5] 5, 6 이하인 산성비가 많이 내렸다고 했는데 이 비로 인한 被害[6]도 피부 손상[7], 눈병, 脫毛症[8] 등으로 나타나 우리에게 직접적인 피해를 주고 있다고 한다. 뿐만 아니라 공장에서 나오는 매연 역시 공기를 더럽히는 주요 원인[9]인데, 공장 굴뚝의 집진(集塵) 장치[10]나 유독[11] 가스 淨化[12] 장치를 설치하여 공기를 깨끗하게 걸러야 한다. 또한 오존층을 파괴하는 물질로 알려져 있는 냉장고, 에어컨의 冷媒[13]제도 대기를 병들게 하므로 이에 대한 代替[14] 연료[15]의 실용화가 시급한 과제이다.

수질 汚染[16]은 우리가 당면한 과제[17] 중 가장 시급한 일인데, 환경 연구원의 보고[18]에 의하면 지난 1월에는 낙동강에서 기준치를 훨씬 웃도는 양의 벤젠이나 톨루엔 등의 물질이 검출[19]되어 식수원으로 부적합[20]하다는 판정이 있었고, 영산강의 물은 지금 汚染으로 3급수에도 못 미쳐 물 공급이 중단[21]되었다고 한다. 낙동강, 영산강뿐만 아니라 우리의 모든 식수원이 汚染되고 있는 실정이다. 이러한 일은 우선 공동 책임 의식을 가지고 각 가정에서부터 徹底[22]히 수질 보존에 힘써야 한다. 지나친 세제 사용을 抑制[23]해야 하며 각 가정이나 공장 등에서 흘러나오는 廢水[24]는 반드시 淨化 시설을 거치도록 설비해야만 할 것이다.

1.	2.	3.	4.	5.	6.
7.	8.	9.	10.	11.	12.
13.	14.	15.	16.	17.	18.
19.	20.	21.	22.	23.	24.

도움글

- '祈祝'은 뜻이 서로 비슷한 한자로 결합된 한자어이다. 참 慶 = 祝(경축), 陷 = 沒(함몰)
- 卜債 : 점을 쳐 준 값으로 점쟁이에게 주는 돈.
- 冷媒 : 열 교환기에서 열을 빼앗기 위하여 사용하는 매체(媒體).

아래 한자의 뜻과 소리를 빈칸에 쓰세요.

☆표는 3급Ⅱ 漢字임.

奪☆(大)	慙(心)	菌☆(艸)	煩(火)	繁☆(糸)	恥☆(心)	柔☆(木)	募(力)
빼앗을 탈	부끄러울 참	버섯 균	번거로울 번	번성할 번	부끄러울 치	부드러울 유	모을 모 뽑을 모

아래 설명을 읽고 빈칸에 보기 와 같이 쓰세요.

보기 良書(어질 량)(글 서)[양서]

侵奪(　　　)(　　　)[　　　]
도▸ 침범(侵犯)하여 빼앗음.

奪取(　　　)(　　　)[　　　]
도▸ 남의 것을 억지로 빼앗아 가짐.
참 脫臭(탈취) ▹ 냄새를 뺌.

慙德(　　　)(　　　)[　　　]
도▸ (특히, 임금이) 부덕(不德)함을 부끄러워함.

慙悔(　　　)(　　　)[　　　]
도▸ 부끄럽게 여겨 뉘우침.
참 懺悔(참회) ▹ 자기가 지은 죄를 뉘우치거나 용서를 비는 일. activity 지난날의 잘못을 懺悔하다.

殺菌(　　　)(　　　)[　　　]
도▸ 세균(細菌)을 죽여 없앰. 멸균(滅菌).

抗菌性[　　　]
(　　　)(　　　)(　　　)
도▸ 세균의 생장과 발육을 저지하는 성질.

除煩(　　　)(　　　)[　　　]
도▸ (한문 투의 간단한 편지 첫머리에) '번거로운 인사말을 덜고 바로 할 말을 적는다.'는 뜻으로 쓰는 말.

煩雜(　　　)(　　　)[　　　]
도▸ 번거롭고 뒤섞여 어수선함.

應募(　　　)(　　　)[　　　]
도▸ 모집(募集)에 응함. 활 應募 작품을 發送하다.

繁華(　　　)(　　　)[　　　]
도▸ 번성(繁盛)하고 화려(華麗)함. 활 繁華한 거리.

繁榮(　　　)(　　　)[　　　]
도▸ 일이 성하게 잘됨.

恥辱(　　　)(　　　)[　　　]
도▸ 수치(羞恥)와 모욕(侮辱).

破廉恥[　　　]
(　　　)(　　　)(　　　)
도▸ 염치(廉恥)없이 뻔뻔스러움.

厚顔無恥[　　　]
(　　　)(　　　)(　　　)(　　　)
도▸ 뻔뻔스러워 부끄러움을 모름.

懷柔(　　　)(　　　)[　　　]
도▸ 어루만져 달램. 잘 달래어 따르게 함.

優柔不斷[　　　]
(　　　)(　　　)(　　　)(　　　)
도▸ 줏대 없이 어물거리기만 하고 딱 잘라 결단을 내리지 못함.

募集(　　　)(　　　)[　　　]
도▸ ①조건에 맞는 사람이나 사물을 모음. ②채권이나 보험 따위의 청약을 모으는 일.

公募(　　　)(　　　)[　　　]
도▸ 일반에게 널리 공개(公開)하여 모집함.

도움글

○ '慙'자와 '慚'자는 쓰임이 같은 異體字이다. 예1 採 = 采 예2 牀 = 床 예3 飜 = 翻 예4 沙 = 砂
○ '募集'은 뜻이 서로 비슷한 한자로 결합된 한자어이다. 참 掠 = 奪(약탈), 慙 = 愧(참괴), 愧 = 恥(괴치)
○ **나무 그늘 아래서 쉬어가기.**
문 나무 위로 올라가 방귀를 연달아 뀌고 있는 한자는? (　　) ①集 ②染 ③梨 ④桑 정답☞다음 쪽

1. 아래 한자어漢字語의 독음讀音을 쓰세요.

奪色[ ]	奪還[ ]	強奪[ ]	削奪[ ]	慙伏[ ]	滅菌[ ]
病菌[ ]	細菌[ ]	頻繁[ ]	溫柔[ ]	繁盛[ ]	國恥[ ]
廉恥[ ]	柔順[ ]	柔弱[ ]	柔軟[ ]	繁昌[ ]	爭奪[ ]

2. 다음은 동음이의어同音異義語이다. 낱말의 뜻에 알맞은 한자漢字를 쓰세요.

☞ **동음이의어**(同音異義語)란, 발음은 같으나 뜻이 다른 한자어를 말한다. 이는 한글로 표기하면 그 뜻을 구별하기 어렵기 때문에, 한자로써 그 뜻을 구별해야 한다.

경비 (경계하고 지킴)	경비 (일을 하는데 드는 비용)	장편 (내용이 긴 작품)	장편 (짧은 문학 작품)

지급 (매우 급함)	지급 (돈을 내어줌)	동지 (이십사절기)	동지 (뜻을 같이함)

녹음 (나무의 그늘)	녹음 (소리를 재생함)	지도 (가르치어 이끎)	지도 (지구를 나타낸 그림)

3. 다음 단어單語를 한자漢字로 쓰세요.

1 가로수 (길을 따라 줄지어 심은 나무)	2 성묘 (조상의 산소를 찾아 돌봄)
3 간결 (간단하고 깔끔함)	4 사진 (사진기로 물체의 형상을 박아낸 것)
5 비관 (일이 잘 안될 것으로 봄)	6 음력 (양력의 相對語)
7 대한민국 (우리나라의 이름)	8 동포 (같은 겨레)

1	2	3	4
5	6	7	8

○ (129쪽)정답☞ ④桑(뽕나무 상) : 나무 위에서[木] '뽕나무'의 '뽕'소리를 또[又] + 또[又] + 또[又]낸다는 뜻.

아래 한자의 뜻과 소리를 빈칸에 쓰세요. ☆표는 3급II 漢字임.

抄(手)	抽(手)	桑☆(木)	尖(小)	播(手)	猛☆(犬)	郞☆(邑)	廟(广)
뽑을 초	뽑을 추	뽕나무 상	뾰족할 첨	뿌릴 파	사나울 맹	사내 랑	사당 묘

아래 설명을 읽고 빈칸에 보기 와 같이 쓰세요. 보기 良書(어질 량)(글 서)[양서]

抄錄( )( )[ ]
도▸ 필요한 대목만을 가려 뽑아 적음, 또는 그 기록, 초기(抄記). 준초(抄).
참草綠(초록)▹푸른 빛깔과 누른 빛깔의 중간색.

抄略( )( )[ ]
도▸ ①노략질로 빼앗음. ②글의 내용을 간추리고 생략함.

抽象( )( )[ ]
도▸ 개별적인 사물이나 구체적인 개념으로 파악함, 또는 그렇게 하는 정신 작용. 반구상(具象).

抽獎( )( )[ ]
도▸ 어떤 사람이나 물건 따위의 뛰어난 점을 말하고 추천(推薦)함.

桑婦( )( )[ ]
도▸ 뽕을 따는 부녀자.
참相扶(상부)▹서로 부축함. 서로 도움.
참喪夫(상부)▹남편을 여읨. 반상처(喪妻).

桑田碧海 [ ]
( )( )( )( )
도▸ '뽕밭이 변하여 푸른 바다가 된다.'는 뜻으로, '세상일이 덧없이 바뀜'을 이르는 말.

尖端( )( )[ ]
도▸ ①물건의 뾰족한 끝. ②시대의 흐름·유행(流行) 따위의 맨 앞장.

尖銳( )( )[ ]
도▸ ①끝이 뾰족하고 서슬이 날카로움. 첨리(尖利). ②사상이나 행동이 급진적이고 과격(過激)함.

傳播( )( )[ ]
도▸ 전하여 널리 퍼뜨림. 전포(傳布). 파전(播傳).
참電波(전파)▹전자기파(電磁氣波) 중에서 적외선 이상의 파장을 갖는 것. 전기파(電氣波).

播種( )( )[ ]
도▸ 논밭에 곡식의 씨앗을 뿌림. 낙종(落種). 부종(付種). 종파(種播). 파식(播植).

猛虎( )( )[ ]
도▸ 몹시 사나운 범.

猛活躍 [ ]
( )( )( )
도▸ 맹렬(猛烈)하게 활약(活躍)함, 또는 그러한 활약.

新郞( )( )[ ]
도▸ 곧 결혼하거나 갓 결혼한 남자. 반신부(新婦).

花郞( )( )[ ]
도▸ 신라 때, 민간 수양 단체로 조직되었던 청소년의 집단, 또는 그 중심인물.
참畫廊(화랑)▹①그림 등 미술품을 전시하는 시설. ②화상(畫商)이 경영하는 전시장. 그림가게.

宗廟( )( )[ ]
도▸ 조선 때, 역대 임금과 왕비의 위패를 모시던 왕실의 사당. 대묘(大廟). 태묘(太廟). 준묘(廟).
참種苗(종묘)▹식물의 씨나 싹을 심어 묘목을 가꿈, 또는 그 묘목(苗木).

廟策( )( )[ ]
도▸ 조정의 계책. 묘의(廟議)에서 결정한 계획.
참妙策(묘책)▹매우 교묘한 꾀. 절묘한 계책.

○ 다음 중 한자의 쓰임이 잘못된 것은? ①討倫(토론) ②鮮血(선혈) ③貧富(빈부) ④傳統(전통) 정답☞다음 쪽

1. 아래 한자어漢字語의 독음讀音을 쓰세요.

抄本[ ]	猛擊[ ]	播越[ ]	抄集[ ]	尖尾[ ]	尖塔[ ]
猛襲[ ]	猛烈[ ]	扶桑[ ]	桑葉[ ]	猛將[ ]	勇猛[ ]
家廟[ ]	猛犬[ ]	廟堂[ ]	猛禽[ ]	廟院[ ]	花郎[ ]
猛獸[ ]	猛奮[ ]	尖兵[ ]	抽出[ ]	抽拔[ ]	猛省[ ]
令郎[ ]	播遷[ ]	侍郎[ ]	農桑[ ]	猛威[ ]	播多[ ]

2. 아래 글을 읽고 밑줄 친 낱말은 한자漢字로, 한자어漢字語는 독음讀音으로 고쳐 쓰세요.

내 생각으로는 萬若[1] 케플러나 뉴턴의 발견이 어느 과정[2]을 거치지 않고서는 도저히 그 발견을 이룩하지 못할 때, 이런 경우 뉴턴의 자기발견을 인류[3]에게 普及[4]시키기 위해서 그 방해자[5]들을 해치울 권리[6]가 있다는 것입니다. 아니, 그렇게 해야만 할 의무[7]를 걸머지고 있다고 봅니다. 물론 그렇다고 해서 뉴턴이 마음대로 사람을 죽이거나 시장[8]을 찾아다니며 도둑질할 권리를 가졌다는 것은 아닙니다. 내가 記憶[9]하기에는 그 논문[10]을 이렇게 전개[11]한 것 같습니다. 즉, 온 인류의 예[12]를 들어 건설[13]자나 입법[14]자를 보더라도 태고[15]적부터 오늘날까지 리쿠르고스, 솔로몬, 모하메드, 나폴레옹 같은 사람들은 모두 하나같이 새 법률[16]을 반포(頒布)하고 그 법률에 의해 종래[17] 사회가 신봉[18]해 오던 구법[19]을 破壞[20]한 그 하나만으로도 범죄[21]자인 것입니다. 그들은 자기를 위해서 피를 흘리지 않으면 안 될 경우[22]에 처하면 – 무고(無辜)한 피도 있고 옛 秩序[23]를 위해 흘린 비장[24]한 피도 있지만–조금도 주저(躊躇)하지 않고 피를 흘리게 했습니다.

– 『죄와 벌』

1.	2.	3.	4.	5.	6.
7.	8.	9.	10.	11.	12.
13.	14.	15.	16.	17.	18.
19.	20.	21.	22.	23.	24.

3. 다음 한자성어漢字成語를 한자漢字로 고쳐 쓰세요.

(1) 부창부隨 ( )	(4) 朋우유신 ( )	(7) 언어도斷 ( )
(2) 유무相통 ( )	(5) 사필歸정 ( )	(8) 이實직고 ( )
(3) 근墨자흑 ( )	(6) 시종일貫 ( )	(9) 사顧무친 ( )

도움글

○ (131쪽)정답☞ ①討倫(토론) → 討論 ※ 론(論)자와 륜(倫)자는 혼동하는 경우가 많으니 주의!

아래 한자의 뜻과 소리를 빈칸에 쓰세요. ☆표는 3급Ⅱ 漢字임.

廊☆(广)	慈☆(心)	燒☆(火)	透☆(辶)	鹿(鹿)	讓☆(言)	偏☆(人)	肥☆(肉)
사랑채 랑 행랑 랑	사랑 자	사를 소ː	사무칠 투	사슴 록	사양할 양ː	치우칠 편	살찔 비ː

아래 설명을 읽고 빈칸에 보기 와 같이 쓰세요. 보기 良書(어질 량)(글 서)[양서]

畫廊(　)(　)[　]
도▸ 그림 등 미술품을 전시하는 시설. 그림가게.
참 花郞(화랑) ▹ 신라 때, 민간 수양 단체로 조직되었던 청소년의 집단, 또는 그 중심인물.

廊廟(　)(　)[　]
도▸ ①정전(正殿). 정사(政事)를 보는 곳. ②조정(朝廷)을 이름. 廟堂(묘당).

慈悲(　)(　)[　]
도▸ ①고통 받는 이를 사랑하고 불쌍히 여기는 마음. ②부처가 중생을 불쌍히 여겨 고통을 덜어주고 안락하게 해주려는 마음. 자비심.

慈堂(　)(　)[　]
도▸ 상대편의 어머니를 높이어 일컫는 말. 대부인. 북당(北堂). 영당(令堂). 훤당(萱堂).

燃燒(　)(　)[　]
도▸ 불이 붙어서 탐.
참 年少(연소) ▹ 나이가 젊음, 또는 어림. 반 年老.

燒滅(　)(　)[　]
도▸ 타서 없어짐. 태워 없앰.
참 消滅(소멸) ▹ 싹 쓸어 없앰.

透徹(　)(　)[　]
도▸ ①속까지 환히 비쳐 볼 수 있게 투명함. ②사리가 분명하여 어긋남이 없이 철저함.

透映(　)(　)[　]
도▸ 속까지 환히 비침.
참 投影(투영) ▹ 지면이나 수면 따위에 어떤 물체의 그림자가 비침, 또는 그 비친 그림자.

鹿角(　)(　)[　]
도▸ 사슴의 뿔.

鹿尾(　)(　)[　]
도▸ ①사슴의 꼬리. ②진귀한 음식.

辭讓(　)(　)[　]
도▸ 겸손(謙遜)하여 받지 않거나 응하지 아니함.
참 斜陽(사양) ▹ ①서쪽으로 기울어진 해. ②시세의 변천으로 사라지거나 몰락해 가는 일을 비유하여 이르는 말. 예 斜陽길에 접어든 사업.

讓步(　)(　)[　]
도▸ ①길을 비켜 줌, 또는 자리를 내줌. ②생각이나 주장을 굽혀 남의 의견을 좇음.

偏差(　)(　)[　]
도▸ 표준(標準)이 되는 수치(數値)나 위치(位置)·방향 따위에서 벗어난 정도(程度)나 크기.

偏愛(　)(　)[　]
도▸ 어느 한 사람이나 한쪽만을 유달리 사랑함.
예 아버지의 偏愛는 맏이에게 집중됐다.

肥壤(　)(　)[　]
도▸ 기름진 땅. 肥土(비토). 沃壤(옥양).

天高馬肥[　]
(　)(　)(　)(　)
도▸ '하늘이 높고 말이 살찐다.'는 뜻으로, '가을'을 말할 때 수식하는 뜻으로 이르는 말.

肥料(　)(　)[　]
도▸ 식물의 생장을 촉진하는 영양 물질. 거름.

도움글
○ '燃燒'은 뜻이 서로 비슷한 한자로 결합된 한자어이다. 참 辭 = 讓(사양), 消 = 滅(소멸), 透 = 徹(투철)

1. 아래 한자어漢字語의 독음讀音을 쓰세요.

肥大[ ]	慈愛[ ]	回廊[ ]	慈姑[ ]	浸透[ ]	慈善[ ]
慈惠[ ]	慈親[ ]	透過[ ]	仁慈[ ]	燒却[ ]	燒酒[ ]
燒失[ ]	肥滿[ ]	讓與[ ]	燒香[ ]	全燒[ ]	透明[ ]
巖廊[ ]	禪讓[ ]	透寫[ ]	慈顔[ ]	讓位[ ]	肥強[ ]

2. 다음 한자어漢字語의 독음讀音을 쓰세요.

1. 佳境 ( )	2. 陰謀 ( )	3. 廣漠 ( )	4. 踏步 ( )
5. 閣議 ( )	6. 供給 ( )	7. 露出 ( )	8. 綿密 ( )
9. 幹線 ( )	10. 懇請 ( )	11. 神靈 ( )	12. 拘禁 ( )
13. 倫理 ( )	14. 連絡 ( )	15. 慣例 ( )	16. 突破 ( )
17. 久遠 ( )	18. 悲戀 ( )	19. 挑戰 ( )	20. 激浪 ( )
21. 築臺 ( )	22. 兼備 ( )	23. 鼓吹 ( )	24. 淸涼 ( )
25. 皆勤 ( )	26. 糖分 ( )	27. 劍舞 ( )	28. 耕讀 ( )
29. 滅種 ( )	30. 承諾 ( )	31. 渴望 ( )	32. 奬勵 ( )
33. 緊急 ( )	34. 但書 ( )	35. 慶賀 ( )	36. 企圖 ( )
37. 隆盛 ( )	38. 表裏 ( )	39. 菊判 ( )	40. 距離 ( )
41. 黃栗 ( )	42. 鋼鐵 ( )	43. 免許 ( )	44. 冠帶 ( )
45. 同盟 ( )	46. 綱常 ( )	47. 巧辯 ( )	48. 晩年 ( )
49. 契約 ( )	50. 莫論 ( )		

3. 다음 물음에 답하세요.

※ 다음에 예시한 單語 중에서 첫 음절이 긴소리인 것을 골라 그 번호를 쓰세요.

(1)…( ) ①家屋 ②可觀 ③加減 ④街路樹

(2)…( ) ①孝道 ②和答 ③合法 ④豪傑

(3)…( ) ①企業 ②記錄 ③貴族 ④權力

(4)…( ) ①飛行 ②分散 ③平常 ④祕策

※ 다음에 예시한 單語 중에서 첫 음절이 짧게 발음되는 것을 골라 그 번호를 쓰세요.

(5)…( ) ①感氣 ②改善 ③開業 ④可能

(6)…( ) ①開店 ②派生 ③破産 ④敗北

(7)…( ) ①村落 ②最強 ③總會 ④催眠

(8)…( ) ①純粹 ②順次 ③信義 ④愼重

도움글

○ **나무 그늘 아래서 쉬어가기.**

問 어느 노총각에게 지나가던 노파가 다음과 같은 글자를 써주고 말없이 떠나갔다. 이는 무엇을 뜻하는 것일까?

[左七右七橫山倒出-좌도 칠이오, 우도 칠이오, 옆으로 누운 산이 거꾸로 솟는다] 정답☞ 136쪽

① 婦 - 부인을 얻는다 ② 修 - 수양하면 성공한다 ③ 切 - 장가들 수 없다 ④ 希 - 희망을 가져라

아래 한자의 뜻과 소리를 빈칸에 쓰세요.

☆표는 3급Ⅱ 漢字임.

諒(言)	審☆(宀)	麻☆(麻)	謹(言)	曉(日)	距☆(足)	祥(示)	禽☆(内)
살펴알 량 믿을 량	살필 심	삼 마	삼갈 근	새벽 효	상거할 거	상서 상	새 금

아래 설명을 읽고 빈칸에 보기 와 같이 쓰세요.

보기 良書(어질 량)(글 서)[양서]

諒解(　　)(　　)[　　]
도▸ 사정을 참작하여 납득함.

諒察(　　)(　　)[　　]
도▸ 헤아려 살핌. 양촉(諒燭).
참 亮察(양찰)▹사정(事情) 따위를 밝게 살핌.

審査(　　)(　　)[　　]
도▸ 자세히 조사하여 가려내거나 정함.
참 心思(심사)▹남을 해치려는 심술궂은 마음.
㊀그 사람 心思가 보통 고약한 게 아니야.

審議(　　)(　　)[　　]
도▸ 제출(提出)된 안건(案件)을 상세히 검토하고 그 가부(可否)를 논의함. ㊀예산안을 審議하다.

麻紙(　　)(　　)[　　]
도▸ 삼 껍질이나 삼베를 원료로 하여 만든 종이.

麻醉(　　)(　　)[　　]
도▸ 마취(痲醉). 수술할 때 약물 등을 써서 생물체의 감각을 일시적으로 마비시키는 일.

謹啓(　　)(　　)[　　]
도▸ '삼가 아룁니다.'의 뜻으로, 편지의 첫머리에 쓰는 말.

謹封(　　)(　　)[　　]
도▸ 편지 겉봉에 '삼가 봉함'의 뜻으로 쓰는 말.

獸疫(　　)(　　)[　　]
도▸ 가축(家畜)의 돌림병.

曉鷄(　　)(　　)[　　]
도▸ 새벽을 알리는 닭.

曉示(　　)(　　)[　　]
도▸ 타이름. 유시(諭示).
참 嚆矢(효시)▹지난날, 중국에서 전쟁을 시작하는 신호로 우는살을 먼저 쏘았다는 데서 '사물이 비롯된 맨 처음'을 비유하여 이르는 말.

距絶(　　)(　　)[　　]
도▸ 남의 제의(提議)나 요구(要求) 따위를 받아들이지 아니하고 물리침. 비거부(拒否). 拒絶.

近距離[　　]
(　　)(　　)(　　)
도▸ 가까운 거리. 반원거리(遠距離).

祥慶(　　)(　　)[　　]
도▸ 경사(慶事)스러운 일. 기꺼운 일.
참 上京(상경)▹시골에서 서울로 올라옴.
참 常經(상경)▹마땅하고도 떳떳한 도리.

嘉祥(　　)(　　)[　　]
도▸ 경사(慶事)스러운 징조(徵兆).
참 假想(가상)▹실제로는 없는 것을 있는 것처럼 미루어 생각함. ㊀假想 침투 방어(防禦) 훈련

禽獸(　　)(　　)[　　]
도▸ 날짐승과 길짐승. 조수(鳥獸).
참 禁輸(금수)▹수입(輸入)이나 수출(輸出)을 금지함.
참 錦繡(금수)▹비단과 수를 놓은 직물(織物).

도움글

○ 痲中之蓬(마중지봉) : '삼밭에 나는 쑥'이라는 말로, '곧게 자라는 삼밭에서 자란 쑥은 저절로 곧게 자라게 된다.'는 뜻에서 '선한 사람과 사귀면 그 감화(感化)를 받아 자연히 선해짐'을 비유하여 이르는 말이다.
○ '痲'와 '痳'는 '마비되다'의 뜻으로 쓰일 때에는 통용(通用)한다. 예1 痲痺 = 痳痺 예2 痲藥 = 痳藥

1. 아래 한자어漢字語의 독음讀音을 쓰세요.

諒知[ ]	審問[ ]	鳥獸[ ]	謹篤[ ]	距躍[ ]	謹愼[ ]
初審[ ]	謹拜[ ]	謹厚[ ]	曉露[ ]	恭謹[ ]	謹嚴[ ]
怪獸[ ]	祥雲[ ]	吉祥[ ]	曉霧[ ]	曉霜[ ]	諒燭[ ]
審理[ ]	審判[ ]	祥符[ ]	獸醫[ ]	豫審[ ]	勤儉[ ]

2. 아래 글을 읽고 밑줄 친 낱말은 한자漢字로, 한자어漢字語는 독음讀音으로 고쳐 쓰세요.

재산[1]은 삶에 必需的[2]이다. 그것은 우리가 잘살고 자식들을 제대로 가르칠 수 있게 한다. 물고기나 새들의 수컷이 구애[3]할 때 먹이나 둥지를 만드는 데 필요한 물건[4]들을 갖고 암컷에게 다가간다는 사실은 吟味[5]할 만하다. 우리에게 物慾이[6] 그리도 강한 것은 그것이 우리의 생존[7]과 번식(繁殖)에 도움이 되기 때문이다.

그래서 物慾을 抑制[8]하기는 아주 힘들고 그 일에 성공[9]하는 사람들은 거의 없다. 物慾을 抑制하라고 목청을 높이는 사람들도 예외[10]가 아니다. 그런 얘기를 자주 하는 사람은 종교[11] 지도[12]자들이고 그들은 자신을 청빈[13]의 전범[14]으로 여기는 듯하지만 찬찬히 살펴보면 사정[15]은 크게 다르다.

그들이 자신의 재산이라고 부를 만한 것은 어쩌면 걸친 옷 한 벌뿐일지도 모른다. 그러나 그들은 끼니 걱정을 하거나 잘 곳을 찾아야 하는 처지[16]가 아니다. 모은 돈이 없다고 불안해하지도 않는다.

그들은 자신이 속한 종교 단체[17]가 가진 재산의 惠澤[18]을 입기 때문이다. 모든 사회에서 종교 단체들은 엄청난 재산을 가졌고 흔히 가장 큰 지주[19]들이었다. 현대에도 사정은 비슷하니, 종교 단체들은 큰 정치[20]적 影響力[21]과 재산을 가졌다. 따라서 종교 단체들의 구성원[22]은, 특히 높은 자리에 오른 종교 지도자는 사회적으로 높은 대접[23]을 받을 뿐 아니라 수작(酬酌)도 괜찮고 아주 안정[24]된 일자리를 누리는 것이다.

복거일, 『자연스러운 物慾』 中

1.	2.	3.	4.	5.	6.
7.	8.	9.	10.	11.	12.
13.	14.	15.	16.	17.	18.
19.	20.	21.	22.	23.	24.

3. 아래 한자漢字와 뜻이 반대反對, 또는 상대相對되는 한자漢字를 □ 속에 넣어 단어單語를 완성하세요.

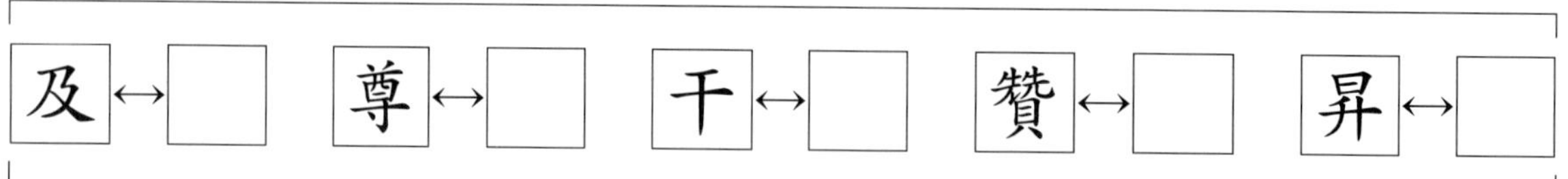

○ (134쪽)정답☞ ①婦-부인을 얻는다. ※왼쪽도 七이오, 오른쪽도 七이면 '女'자이고, '横山倒出'은 '帚(추)'가 된다. 따라서 두 글자를 합하면 '婦'자 된다.

아래 한자의 뜻과 소리를 빈칸에 쓰세요.

☆표는 3급Ⅱ 漢字임.

焉(火)	拔☆(手)	刊☆(刀)	銘☆(金)	晨(日)	愼☆(心)	乙☆(乙)	漏☆(水)
어찌 언	뽑을 발	새길 간	새길 명	새벽 신	삼갈 신:	새 을	샐 루:

아래 설명을 읽고 빈칸에 보기 와 같이 쓰세요.

보기 良書(어질 량)(글 서)[양서]

焉烏(　　)(　　)[　　]
도▸ '焉'과 '烏'의 글자 모양이 서로 비슷하여 '틀리기 쉬운 일'을 이름. 오언(烏焉). 노어(魯魚).

焉敢生心 [　　]
(　　)(　　)(　　)(　　)
도▸ '어찌 감히 그런 마음을 먹을 수 있으랴'는 뜻으로 쓰이는 말. 안감생심(安敢生心).

拔群(　　)(　　)[　　]
도▸ 여럿 가운데 특별히 뛰어남. 걸출(傑出).
구 拔群의 실력으로 堂堂히 입상(入賞)하다.

拔本塞源 [　　]
(　　)(　　)(　　)(　　)
도▸ 원인을 철저하게 다스려 다시 발생치 못하게 함.

創刊(　　)(　　)[　　]
도▸ 정기 간행물이 첫 호를 간행함. 반 종간(終刊).

改刊(　　)(　　)[　　]
도▸ 책 따위의 원판을 다시 고쳐서 발간(發刊)함.
참 開墾(개간)▹땅을 새로 일구어 논밭을 만듦.
참 開刊(개간)▹책을 처음으로 펴냄.

碑銘(　　)(　　)[　　]
도▸ 비면(碑面)에 새긴 글.
참 悲鳴(비명)▹몹시 놀라거나 괴롭거나 다급하거나 할 때에 지르는 외마디 소리.

座右銘 [　　]
(　　)(　　)(　　)
도▸ 늘 가까이 적어 두고, 경계로 삼는 말이나 글.

晨旦(　　)(　　)[　　]
도▸ 아침. 晨朝(신조).
참 神壇(신단)▹신령에게 제사지내는 단.

昏定晨省 [　　]
(　　)(　　)(　　)(　　)
도▸ '저녁에 이부자리를 보고 아침에 자리를 돌아본다.'는 뜻으로, '자식이 아침저녁으로 부모의 안부를 물어서 살핌'을 이르는 말.

謹愼(　　)(　　)[　　]
도▸ ①언행(言行)을 삼가고 조심함. ②잘못한 행동에 대하여 반성(反省)하고 들어앉아 행동을 삼가고 조심함. 구 집에서 謹愼하고 있다.

愼重(　　)(　　)[　　]
도▸ 매우 조심성이 있음.

乙種(　　)(　　)[　　]
도▸ 둘째 등급의 종류. 갑종의 다음.

甲男乙女 [　　]
(　　)(　　)(　　)(　　)
도▸ 특별히 알려지지 아니한 '평범한 보통 사람들'을 이르는 말. 비 張三李四, 匹夫匹婦.

漏籍(　　)(　　)[　　]
도▸ 사무 착오(錯誤) 등으로, 호적(戶籍)·병적(兵籍)·학적(學籍) 따위에서 빠짐.
참 累積(누적)▹포개져 쌓임, 또는 포개어 쌓음.

漏電(　　)(　　)[　　]
도▸ 절전이 불완전하여 전류의 일부가 전선 밖으로 새어 나가는 일, 또는 그 전류.

도움글

○ 割鷄焉用牛刀(할계언용우도)▹'닭 잡는 데 소 잡는 칼을 쓸 필요가 없다.'는 뜻으로, '작은 일 처리에 큰 인물의 손을 빌릴 필요가 없음'을 비유하여 이르는 말.

1. 아래 한자어漢字語의 독음讀音을 쓰세요.

忽焉[ ]	發刊[ ]	拔去[ ]	曉旦[ ]	選拔[ ]	刊校[ ]
晨鷄[ ]	刊削[ ]	銘刻[ ]	廢刊[ ]	週刊[ ]	朝刊[ ]
畏愼[ ]	新刊[ ]	銘心[ ]	漏泄[ ]	漏聞[ ]	晨起[ ]
愼獨[ ]	脫漏[ ]	審愼[ ]	愼厚[ ]	漏電[ ]	乙種[ ]
刊刻[ ]	刊行[ ]	漏水[ ]	謙愼[ ]	刻漏[ ]	休刊[ ]

2. 아래 글을 읽고 밑줄 친 낱말은 한자漢字로, 한자어漢字語는 독음讀音으로 고쳐 쓰세요.

오랫동안 수도[1]한 종교 지도자들은 청빈의 전범으로 칭송[2]되지만 그들이 그렇게 수도하는 동안 세속[3]의 凡人[4]들이 늘 걱정하는 의식주[5] 문제는 어떻게 해결[6]했을까 하는 소박[7]한 물음은 좀처럼 제기[8]되지 않는다. 그렇게 裕福[9]한 사람들이 집세와 과외비[10]를 마련하려고 東奔[11]서주[12]하고, 한창 일할 나이에 밀려날지 모른다는 생각에 늘 조마조마한 사람들에게 물욕을 버리라고 충고[13]하는 모습은 좋게 보려고 해도 마음에 생선 가시처럼 걸린다.

모든 욕망은 진화[14]의 손길로 다듬어졌다. 개체[15]들의 생존과 종족[16]의 유지에 도움이 되기 때문에 살아남은 것이다. 따라서 물욕을 억누르는 일은 힘만 들고 효과[17]는 없다. 물욕의 본질[18]을 바로 보고 그것과 妥協[19]하는 것이 순리[20]다.

그리고 물욕이 크게 해로운 경우는 언뜻 생각하기보다는 훨씬 드물다. 돈은 대체로 사회에 필요한 일을 해야 벌 수 있다. 비록 어느 사회에서나 나쁜 짓으로 돈을 버는 사람들이 많기는 하지만 일찍이 새뮤얼 존슨이 말한 것처럼 뭐니 뭐니 해도 돈을 버는 일에 매달릴 때 사람은 죄를 가장 적게 짓는다. 그리고 하이에크가 指摘[21]한 것처럼 사치(奢侈)는 물질적 풍요(豊饒)에 선행[22]하는 현상이다.

사회와 문명은 욕망을-그것이 성욕이든 물욕이든 공명심[23]이든-버리라는 얘기를 하는 사람들에 의해 유지되고 발전해 온 것이 아니다. 자식들은 자신보다 좀 낫게 살기를 바라면서 땀 흘려 돈을 번 사람들에 의해 유지되고 발전해 온 것이다. 이제는 그런 선남선녀[24]들이 편안한 마음으로 돈을 벌게 하라.

– 복거일, 『자연스러운 物慾』

1.	2.	3.	4.	5.	6.
7.	8.	9.	10.	11.	12.
13.	14.	15.	16.	17.	18.
19.	20.	21.	22.	23.	24.

도움글

○ 刻漏(각루) ▷ 물시계. 좁은 구멍을 통하여 물이 일정한 속도로 그릇에 떨어지게 하여, 그릇에 고이는 물의 양이나 줄어든 물의 양을 헤아려서 시간을 계산할 수 있도록 만든 시계.

아래 한자의 뜻과 소리를 빈칸에 쓰세요. ☆표는 3급Ⅱ 漢字임.

霜☆(雨)	禪☆(示)	縱☆(糸)	丑(一)	盲☆(目)	鹽☆(鹵)	盤☆(皿)	裏☆(衣)
서리 상	선 선	세로 종	소 축	소경 맹 눈멀 맹	소금 염	소반 반	속 리

아래 설명을 읽고 빈칸에 보기 와 같이 쓰세요. 보기 良書(어질 량)(글 서)[양서]

霜降( )( )[ ]
뜻▸ 이십사절기(二十四節氣)의 하나. 한로(寒露)와 입동(立冬) 사이로, 10월 24일경임.

星霜( )( )[ ]
뜻▸ 별은 일년에 하늘을 한바퀴 돌고, 서리는 해마다 내린다는 뜻으로, '세월'을 이름. 예10여 星霜
참聖像(성상)▹성인이나 임금의 초상(肖像).

雪上加霜[ ]
( )( )( )( )
뜻▸ '눈 위에 또 서리가 덮인 격'이라는 뜻으로, '어려운 일이 연거푸 일어남'을 이르는 말.

禪讓( )( )[ ]
뜻▸ 임금이 다음 임금에게 왕위(王位)를 물려줌. 선위(禪位).

禪院( )( )[ ]
뜻▸ 선종(禪宗)의 절. 선사(禪寺). 선찰(禪刹).
참船員(선원)▹선박의 승무원. 뱃사람. 선인(船人).

縱斷( )( )[ ]
뜻▸ ①세로로 끊음, 또는 길이로 자름. ②남북의 방향으로 건너가거나 건너옴. 반횡단(橫斷).

縱橫無盡[ ]
( )( )( )( )
뜻▸ 행동이 마음 내키는 대로 자유자재임.

盛況裏[ ]
( )( )( )
뜻▸ 어떤 일을 성대하게 이룬 가운데. 예해변가 요제가 盛況裏에 막을 내리다.

盲龜浮木[ ]
( )( )( )( )
뜻▸ '눈먼 거북이 물에 뜬 나무를 만났다.'는 뜻으로, '어려운 판에 뜻밖에 좋은 일을 만나 어려움을 면하게 됨'을 이르는 말. 盲龜遇木.

盲腸( )( )[ ]
뜻▸ 소장(小腸)과 대장(大腸)의 경계 부분에 달려있는, 끝이 막힌 장관(腸管). 막창자.

製鹽( )( )[ ]
뜻▸ 소금을 만듦.

鹽化( )( )[ ]
뜻▸ 어떤 물질이 염소(鹽素)와 화합(化合)함.

基盤( )( )[ ]
뜻▸ 기초가 되는 지반(地盤), 기본이 되는 자리.
참起草(기초)▹글의 초안(草案)을 잡음. 예선언문(宣言文)을 起草하다.

圓盤( )( )[ ]
뜻▸ 원반던지기에 쓰는, 나무 바탕에 쇠붙이로 심과 테두리를 씌우고 둥글넓적하게 만든 판.

表裏( )( )[ ]
뜻▸ ①겉과 속. 안과 밖. ②임금이 신하에게 내리거나 신하가 임금에게 바치던 옷감.

腦裏( )( )[ ]
뜻▸ 생각하는 머릿속. 의식의 속. 뇌중(腦中).

丑時( )( )[ ]
뜻▸ 십이시의 둘째 시. 상오 1시부터 3시 사이.

도움글
○ '鹽'자와 '塩'자는 쓰임이 같은 異體字이다. 참1 雁(안)=鴈 참2 戱(희)=戲 참3 豊(풍)=豐 참4 慙(참)=慚

1. 아래 한자어漢字語의 독음讀音을 쓰세요.

霜菊[ ]	嚴霜[ ]	盲從[ ]	縱列[ ]	銀盤[ ]	縱逸[ ]
禪德[ ]	霜眉[ ]	盲點[ ]	操縱[ ]	盲探[ ]	參禪[ ]
禪師[ ]	苦鹽[ ]	盤還[ ]	盲信[ ]	霜露[ ]	縱貫[ ]
礎盤[ ]	音盤[ ]	放縱[ ]	盤石[ ]	禪味[ ]	眼盲[ ]
鹽分[ ]	鹽氣[ ]	鹽田[ ]	裏面[ ]	縱擊[ ]	旋盤[ ]
霜葉[ ]	禪僧[ ]	霜雪[ ]	文盲[ ]	縱橫[ ]	坐禪[ ]

2. 아래 훈訓과 음音에 알맞은 한자漢字를 쓰세요.

1. 거짓 가 ( )	2. 일 흥 ( )	3. 따뜻할 난 ( )
4. 멜 담 ( )	5. 힘쓸 무 ( )	6. 집 궁 ( )
7. 재물 화 ( )	8. 물결 파 ( )	9. 연구할 구 ( )
10. 무리 중 ( )	11. 지을 조 ( )	12. 줄 수 ( )
13. 죽일 살 ( )	14. 남을 여 ( )	15. 찾을 방 ( )
16. 부처 불 ( )	17. 이지러질결 ( )	18. 일어날 기 ( )

3. 다음 단어單語를 한자漢字로 쓰세요.

(1) 혈맥 (피가 도는 맥관)	(6) 지도 (가르치거나 이끎)
(2) 흡연 (담배를 피움)	(7) 인정 (옳다고 믿고 정하는 일)
(3) 태도 (몸을 가지는 모양)	(8) 왕복 (갔다가 돌아옴)
(4) 시험 (지식이나 능력을 검사하고 평가하는 일)	(9) 은혜 (베풀어주는 혜택)
(5) 강의 (글이나 학설의 뜻을 강설함)	(10) 보호 (돌보아 잘 지킴)

(1)	(2)	(3)	(4)	(5)
(6)	(7)	(8)	(9)	(10)

도움글

- 盤根錯節(반근착절) ▷ '서린 뿌리와 엉클어진 마디'라는 뜻으로, '뒤얽혀서 처리하기 어려운 일'을 이르는 말.
- '裏'자는 '裡'자와 쓰임이 같은 異體字이다. 참1 針(침) = 鍼 참2 雁(안) = 鴈 참3 予(여) = 余

아래 한자의 뜻과 소리를 빈칸에 쓰세요.

☆표는 3급Ⅱ 漢字임.

欺 (欠)	某 (木)	賓 (貝)	掌☆ (手)	綿☆ (糸)	那 (邑)	誓 (言)	鎖☆ (金)
속일 기	아무 모:	손 빈	손바닥 장:	솜 면	어찌 나:	맹세할 서:	쇠사슬 쇄:

아래 설명을 읽고 빈칸에 보기 와 같이 쓰세요.

보기 良書(어질 량)(글 서)[양서]

詐欺(　　)(　　)[　　]
뜻▸ ①못된 목적으로 남을 속임. ②남을 속여 착오(錯誤)에 빠지도록 하는 범죄 행위.

欺弄(　　)(　　)[　　]
뜻▸ 속이어 농락(籠絡)함.

某種(　　)(　　)[　　]
뜻▸ 불확실하거나 밝히기 어려운 어떠한 종류.
참 모종 ▹ 옮기어 심기 위하여 씨앗을 뿌려 가꾼 어린 식물, 또는 그것을 옮겨 심는 일.

某處(　　)(　　)[　　]
뜻▸ 불확실하거나 밝히기 어려운 아무 곳. 어떤 곳. 모소(某所).

迎賓(　　)(　　)[　　]
뜻▸ 손을 맞이함. 특히 국빈(國賓) 등을 맞이함.

管掌(　　)(　　)[　　]
뜻▸ 일을 맡아서 다루거나 맡아봄. 예 사무를 管掌하다.
참 館長(관장) ▹ 도서관・박물관 등과 같이 '館'자가 붙은 기관의 장.

宣誓(　　)(　　)[　　]
뜻▸ 여러 사람 앞에서 공개하여 맹세하는 일.

孤掌難鳴 [　　]
(　　)(　　)(　　)(　　)
뜻▸ '외손뼉은 울릴 수 없다.'는 뜻으로, '혼자서는 일을 이루지 못함', 또는 '맞서는 사람이 없으면 싸움이 되지 않음'을 이르는 말.

綿密(　　)(　　)[　　]
뜻▸ 자세(仔細)하여 빈틈이 없음.

綿織(　　)(　　)[　　]
뜻▸ '면직물(綿織物)'의 준말. 목면직(木綿織).
참 免職(면직) ▹ ①일하던 자리에서 물러나게 함. ②공무원을 그 직위에서 물러나게 함. 면관(免官). 해임(解任). 해직(解職).

那落(　　)(　　)[　　]
뜻▸ ①지옥. ②'도저히 벗어날 수 없는 극한 상황'을 이르는 말.

那邊(　　)(　　)[　　]
뜻▸ 어디. 어느 곳.

盟誓(　　)(　　)[　　]
뜻▸ ①'맹세'의 본딧말. ②굳게 약속하거나 다짐함.

賓廳(　　)(　　)[　　]
뜻▸ 왕조 때, 의정 대신(議政大臣)들이 모여서 회의하던 곳.

鎖國(　　)(　　)[　　]
뜻▸ 외국과의 교통이나 무역을 막음. 반 개국(開國).
예 鎖國政策.

連鎖反應 [　　]
(　　)(　　)(　　)(　　)
뜻▸ 하나의 반응(反應)이 계기(契機)가 되어 다른 곳에 되풀이하여 진행되는 반응.
참 連鎖(연쇄) ▹ ①서로 이어 맺음. 예 連鎖 충돌 사고 발생. ②이어져 있는 사슬. 예 먹이 連鎖.

도움글

○ 期滿免除(기만면제) ▹ 법률(法律)상 정한 기간이 지나서 그 책임, 또는 형벌의 집행(執行)을 면하게 됨.
○ 다음 漢字의 略字를 알아보자. 문1 龜 = 亀　문2 當 = 当　문3 圖 = 図　문4 燈 = 灯　문5 應 = 応

1. 아래 한자어漢字語의 독음讀音을 쓰세요.

綿延[ ] 欺情[ ] 來賓[ ] 欺隱[ ] 某某[ ] 純綿[ ]
欺罔[ ] 貴賓[ ] 閉鎖[ ] 鎖港[ ] 賓貢[ ] 綿弱[ ]
欺惑[ ] 誓約[ ] 石綿[ ] 欺笑[ ] 合掌[ ] 賓主[ ]
綿篤[ ] 鎖窓[ ] 賓客[ ] 某氏[ ] 連綿[ ] 誓願[ ]

2. 아래 글을 읽고 밑줄 친 낱말은 한자漢字로, 한자어漢字語는 독음讀音으로 고쳐 쓰세요.

※ 다음 두 글은 어느 有力紙에 실린 글이다.

가 필리핀 라모스 대통령[1]은 관광 弘報[2]에 유난히 열심[3]이다. 年前 AFEC 首腦[4]들과의 개별[5] 면담[6]에서도 그는 되도록 많은 관광객[7]을 필리핀에 보내달라고 懇曲[8]히 요청[9]했다고 한다. 상대방[10]들은 무슨 긴한 정치 경제[11] 외교 문제로 만나자는 줄로 알았을 것이다. 그러나 그는 필리핀은 물가[12]도 싸고 경치[13]도 좋아서 관광지로서는 그만이니 돈 많은 어른들은 안 오더라도 청소년[14]들을 많이 보내 주면 좋을 것이라고 말했다. 각국의 頂上[15]들이 쓴웃음을 짓지 않을 수 없었다고 한다. 그런 그가 지난 10월 마닐라에서 열린 국제[16] 관광 교역전[17]에 참석한 것은 너무나 당연했다. …… '필리핀 시가가 최고'라며 손님들에게 피워 보라고 권했다 한다.

나 자정[18] 무렵이 지나면 서울의 도로는 무법천지[19]가 된다. 신호등[20]은 있으나마나다. 橫斷[21] 보도[22]에는 파란불이 켜졌으나 선뜻 건너갈 수가 없다. 신호등을 무시한 차량들이 아슬아슬하게 疾走[23]를 하기 때문이다. 그 시간대[24]에 신호를 지키는 차량은 몇 대나 될까.

1.	2.	3.	4.	5.	6.
7.	8.	9.	10.	11.	12.
13.	14.	15.	16.	17.	18.
19.	20.	21.	22.	23.	24.

3. 아래 한자어漢字語와 뜻이 서로 반대反對, 또는 상대相對되는 한자어漢字語를 □ 속에 한자漢字로 쓰세요.

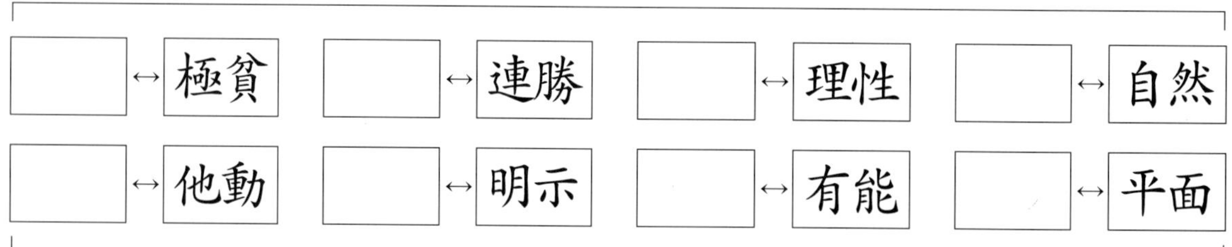

□ ↔ 極貧
□ ↔ 連勝
□ ↔ 理性
□ ↔ 自然
□ ↔ 他動
□ ↔ 明示
□ ↔ 有能
□ ↔ 平面

○ **혼동하기 쉬운 글자!** 참1 罔(망)과 岡(강) 참2 貧(빈)과 貪(탐) 참3 綿(면)과 錦(금) 참4 廷(정)과 延(연)
○ '疾'자는 쓰임에 따라 그 뜻이 다양한 한자이다. 참1 疾病 ▷ (병 질)(병 병) 참2 疾風 ▷ (빠를 질)(바람 풍)

아래 한자의 뜻과 소리를 빈칸에 쓰세요.

☆표는 3급Ⅱ 漢字임.

衰☆(衣)	肯(肉)	森☆(木)	巡☆(巛)	鍊☆(金)	慧☆(心)	乎(丿)	衡☆(行)
쇠할 쇠	즐길 긍	수풀 삼	돌[轉] 순 순행할 순	쇠불릴 련 단련할 련	슬기로울 혜	어조사 호	저울대 형

아래 설명을 읽고 빈칸에 보기 와 같이 쓰세요.

보기 良書(어질 량)(글 서)[양서]

衰殘(　　)(　　)[　　]
뜻▸ ①힘이 빠져 거의 죽게 됨. ②쇠하여 없어짐.

老衰(　　)(　　)[　　]
뜻▸ 늙어서 쇠약(衰弱)함. 예 老衰하신 부모님을 정성으로 봉양(奉養)하다.

興亡盛衰[　　]
(　　)(　　)(　　)(　　)
뜻▸ 흥(興)하여 일어남과 쇠(衰)하여 멸망(滅亡)함.

首肯(　　)(　　)[　　]
뜻▸ 남의 주장(主張)이나 言行이 옳다고 인정(認定)함. 예 그의 생각에 모두 首肯했다.

肯定(　　)(　　)[　　]
뜻▸ 어떤 사실이나 생각・설(說) 따위를 그러하다고 인정(認定)함. 예 이번 일에 대하여 肯定하는 태도를 보였다. 반 부정(否定).

森林(　　)(　　)[　　]
뜻▸ 나무가 많이 우거진 곳. 수풀.

森羅萬象[　　]
(　　)(　　)(　　)(　　)
뜻▸ 우주 속에 존재하는 온갖 사물과 모든 현상.

巡航(　　)(　　)[　　]
뜻▸ 배를 타고 여러 곳을 돌아다님.

巡察(　　)(　　)[　　]
뜻▸ 순회(巡廻)하여 살핌. 예 하루도 빠짐없이 정확한 시간에 巡察을 돌다.

洗鍊(　　)(　　)[　　]
뜻▸ ①씻어서 불림. ②글이나 교양・인품 따위를 갈고 다듬어 우아(優雅)하고 고상(高尙)하게 함.

鍊磨(　　)(　　)[　　]
뜻▸ 심신이나 지식・기능 따위를 갈고 닦음. 예 정신을 鍊磨하다.
참 硏磨(연마) ▹ 금석・보석・유리・돌 따위를 갈고 닦아서 표면을 반질반질하게 함. 연마(鍊磨).

修鍊(　　)(　　)[　　]
뜻▸ 정신이나 학문・기술 따위를 닦아서 단련함.

慧眼(　　)(　　)[　　]
뜻▸ 사물의 본질이나 이면(裏面)을 꿰뚫어 보는 눈. 예 앞날을 내다보는 慧眼.

慧性(　　)(　　)[　　]
뜻▸ 민첩(敏捷)하고 총명(聰明)한 성품(性品).
참 彗星(혜성) ▹ ①긴 꼬리를 달고 태양을 중심으로 타원형이나 포물선을 그리면서 운행하는 별. ②어떤 분야에서 갑자기 나타나 뛰어나게 뚜렷한 존재를 비유하여 이르는 말. 예 彗星같이 등장하다.

確乎(　　)(　　)[　　]
뜻▸ 굳게. 든든하게. 확실하게. 예 確乎한 신념.

均衡(　　)(　　)[　　]
뜻▸ 어느 한쪽으로 기울거나 치우치지 아니한 상태. 예 均衡을 유지(維持)하다.

衡平(　　)(　　)[　　]
뜻▸ 한쪽에 치우침이 없이 균형이 잡힌 상태.

도움글

○ '鍊(쇠불릴 련)'자와 '練(익힐 련)'자는 이체자(異體字)로, 바꾸어 써도 무방(無妨)한 경우가 많다.
예1 洗鍊 = 洗練 예2 鍊磨 = 練磨 예3 修鍊 = 修練 예4 鍊習 = 練習 = 演習

1. 아래 한자어漢字語의 독음讀音을 쓰세요.

肯志[ ]	智慧[ ]	衰弱[ ]	巡訪[ ]	衰態[ ]	巡警[ ]
教鍊[ ]	訓鍊[ ]	巡禮[ ]	衰退[ ]	衰弊[ ]	森嚴[ ]

2. 아래 글을 읽고 밑줄 친 낱말은 한자漢字로, 한자어漢字語는 독음讀音으로 고쳐 쓰세요.

'엉뚱하다'는 것은 既存[1]의 상식[2]이나 통상적[3] 기대[4]에서 크게 벗어난 생각이나 행동을 형용[5]하는 말이다. 우리는 종종[6] 일상[7]생활의 사소(些少)한 문제로부터 인간과 자연의 문제에 이르기까지 다양[8]한 문제들에 관한 '엉뚱한' 생각이나 행동을 접[9]하게 된다.

이러한 생각과 행동은 통상적인 기대에서 크게 벗어나는 것이므로 사람들의 敏感[10]한 반응[11]을 일으키고 나아가 그 성격[12]이나 상황[13]에 따라 크든 작든 사회에 肯定[14]적으로 또는 부정[15]적으로 영향을 주기도 한다. 예컨대 최근[16]의 '영생교 사건[17]'이나 '막가파 사건'에서 알 수 있듯이 엉뚱한 생각이나 행동이 커다란 사회문제를 일으키기도 한다. 이와는 달리 '지구[18]중심설'이 지배[19]하던 당시 서구(西歐) 사회에서 '태양[20]중심설'은 극히 엉뚱한 생각이었으나 과학의 발전에 크게 기여[21]했다. 이런 점에서 엉뚱한 생각이나 행동을 사회적으로 권장[22]할 것인가, 억제할 것인가 하는 문제는 관심[23]을 끄는 논쟁[24]거리가 될 수 있다.

– 성균관대학교 논술고사 中

1.	2.	3.	4.	5.	6.
7.	8.	9.	10.	11.	12.
13.	14.	15.	16.	17.	18.
19.	20.	21.	22.	23.	24.

3. 아래 한자漢字는 쓰임에 따라 음音이 여러 가지로 변화되는 글자이다. [ ] 속에 독음讀音을 쓰세요.

1 復(다시 부, 회복할 복):	復興[ ]	回復[ ]	復古[ ]	報復[ ]
2 否(아닐 부, 막힐 비):	可否[ ]	否定[ ]	否塞[ ]	否運[ ]
3 殺(죽일 살, 감할 쇄, 빠를 쇄):	打殺[ ]	殺到[ ]	減殺[ ]	相殺[ ]

도움글

- 肯志(긍지)와 矜持(긍지) ▷ 1 肯志 ▷ 찬성의 뜻. 2 矜持 ▷ 자신의 재능(才能)이나 능력(能力) 따위를 믿음으로써 가지는 자랑. ※ 矜(자랑할 긍), 持(가질 지)
- '乎'자는 주로 한문(漢文)에서 '어조사'로 쓰이는 글자이다. ①의문(疑問)・영탄(詠嘆)・호격(呼格) 등의 어조사 ②전치사(~에, ~보다) ③부사를 만드는 의미(確乎) ④탄식의 뜻(아!, 어!)
- '智慧'는 뜻이 서로 비슷한 한자로 결합된 한자어이다. 참 衰 = 弱(쇠약), 森 = 林(삼림), 導 = 訓(도훈)
- 否塞 : 운수가 꽉 막힘.
- 否運 : 막혀서 어려운 처지에 이른 운수.

아래 한자의 뜻과 소리를 빈칸에 쓰세요.

☆표는 3급Ⅱ 漢字임.

哀☆(口)	奈(大)	溪☆(水)	架☆(木)	姑☆(女)	塗(土)	靈☆(雨)	竊(穴)
슬플 애	어찌 내	시내 계	시렁 가:	시어미 고	칠할 도	신령 령	훔칠 절

아래 설명을 읽고 빈칸에 보기 와 같이 쓰세요.

보기 良書(어질 량)(글 서)[양서]

哀歡( )( )[ ]
뜻▸ 슬픔과 기쁨. 희비(喜悲). 예 哀歡을 함께하다.

哀願( )( )[ ]
뜻▸ 통사정을 하며 애절히 바람. 예 간절한 哀願.
참 哀怨(애원)▹애절(哀切)히 원망(怨望)함.

哀乞伏乞[ ]
( )( )( )( )
뜻▸ 애처롭게 사정하여 굽실거리며 빌고 또 빎.

奈何( )( )[ ]
뜻▸ 어떻게. 어찌하여.

莫無可奈[ ]
( )( )( )( )
뜻▸ ①고집이 세어서 남의 말을 듣지 않거나 융통성이 없음. ②아무리 하여도. 도무지.

溪泉( )( )[ ]
뜻▸ 골짜기에서 솟는 샘.

溪邊( )( )[ ]
뜻▸ 시냇가.

架設( )( )[ ]
뜻▸ 건너질러 설치(設置)함. 예 전화선을 架設하다.
참 假說(가설)▹아직 증명되지 아니한 이론.
참 假設(가설)▹실제에 없는 것을 있는 것으로 침.

高架( )( )[ ]
뜻▸ 땅 위에 높다랗게 건너지름. 예 高架道路
참 高價(고가)▹비싼 가격. 반 염가(廉價). 저가(低價).

姑婦( )( )[ ]
뜻▸ 시어머니와 며느리. 고식(姑媳).

姑息的[ ]
( )( )( )
뜻▸ 일시적(一時的)이며 임시(臨時) 변통인 것.

塗炭( )( )[ ]
뜻▸ 생활이 몹시 곤궁하거나 고통스러운 처지.

塗裝( )( )[ ]
뜻▸ 물체 겉면을 마감하기 위해 도료를 바르거나 칠해서 치장하는 것.

靈感( )( )[ ]
뜻▸ ①신의 계시(啓示)를 받은 것같이 머리에 번득이는 신묘한 생각. ②신불의 영묘한 감응(感應).
참 令監(영감)▹나이가 많은 남자.

英靈( )( )[ ]
뜻▸ '죽은 사람의 영혼'을 높이어 이르는 말.

竊盜( )( )[ ]
뜻▸ 남의 물건을 몰래 훔침.

竊取( )( )[ ]
뜻▸ 남의 물건을 훔치어 가짐.
참 絶取(절취)▹잘라 냄. 절취(切取). 절취(截取).

十字架[ ]
( )( )( )
뜻▸ '十'자 모양의 표. [지난날, 죄지은 사람의 팔과 다리를 못으로 박아 매달아 죽이던 형틀]

도움글

○ '姑婦'는 뜻이 서로 상대되는 뜻으로 결합된 한자어이다. 참 哀↔歡(애환), 高↔低(고저), 取↔捨(취사)
○ 姑息之計(고식지계)▹근본적인 해결책이 아닌, 임시변통(臨時變通)의 계책. 고식책(姑息策).

1. 아래 한자어漢字語의 독음讀音을 쓰세요.

哀痛[ ]	姑從[ ]	溪路[ ]	靈妙[ ]	靈物[ ]	架空[ ]
聖靈[ ]	幽靈[ ]	靈長[ ]	靈藥[ ]	翁姑[ ]	緣溪[ ]
哀惜[ ]	靈媒[ ]	哀愁[ ]	哀傷[ ]	姑保[ ]	深溪[ ]
神靈[ ]	妄靈[ ]	溪流[ ]	溪川[ ]	慈姑[ ]	靈前[ ]
筆架[ ]	姑母[ ]	塗料[ ]	悲哀[ ]	架橋[ ]	塗色[ ]

2. 아래 글을 읽고 밑줄 친 낱말은 한자漢字로, 한자어漢字語는 독음讀音으로 고쳐 쓰세요.

가 이번 세미나에서 최종현 회장[1]은 개회사[2]를 통해 "세계 경제[3]는 WTO 발족[4]이 내외 기업간 국경[5] 없는 치열(熾熱)한 경쟁[6]을 벌이는 시대로 轉換[7]되고 있어 대·중소기업은 상호간[8]에 同伴[9]자 관계[10]를 구축[11]하여 세계 최고 품질의 제품[12]을 생산해야 한다."고 강조[13]했다.

나 오는 10월 10일부터 12일까지 3일간 울산시 상공[14]회의소 6층 전시[15]실과 7층 대강당[16]에서는 제17회 유공 취미[17]전이 開催[18]된다.
울산 COMPLEX 최대의 문화행사인 제17회 유공 취미전에는 여가[19]선용[20]과 情緖[21] 함양(涵養) 활동으로 평소 준비한 각 동호회[22]의 작품전시와 활동사진 전시뿐 아니라 음악 동호회의 경축[23] 음악제[24]도 마련되어 있다.

1.	2.	3.	4.	5.	6.
7.	8.	9.	10.	11.	12.
13.	14.	15.	16.	17.	18.
19.	20.	21.	22.	23.	24.

3. 다음 물음에 답하세요.

※다음에 例示한 單語 중에서 첫 음절이 긴소리인 것을 골라 그 번호를 쓰세요.

(1)…( ) ① 詩歌 ② 申氏 ③ 辛氏 ④ 市街
(2)…( ) ① 鼓手 ② 高大 ③ 古代 ④ 故鄕
(3)…( ) ① 命令 ② 固有 ③ 司法 ④ 私法

※다음에 例示한 單語 중에서 첫 음절이 짧게 발음되는 것을 골라 그 번호를 쓰세요.

(4)…( ) ① 放送 ② 放學 ③ 放火 ④ 放心
(5)…( ) ① 未安 ② 未開 ③ 未來 ④ 未決
(6)…( ) ① 假面 ② 巨富 ③ 敎育 ④ 刊行

도움글

❍ '悲哀'는 뜻이 서로 비슷한 한자로 결합된 한자어이다. '悲'자와 뜻이 서로 비슷한 유의자는 '哀'자 이외에 '慨(슬퍼할 개)', '慘(참혹할 참)'자 등이 있다.

아래 한자의 뜻과 소리를 빈칸에 쓰세요.

☆표는 3급Ⅱ 漢字임.

甚☆(甘)	芽☆(艸)	腐☆(肉)	緯(糸)	濯(水)	惜☆(心)	妻☆(女)	震☆(雨)
심할 심ː	싹 아	썩을 부ː	씨 위	씻을 탁	아낄 석	아내 처	우레 진ː

아래 설명을 읽고 빈칸에 보기 와 같이 쓰세요.

보기 良書(어질 량)(글 서)[양서]

劇甚(　　)(　　)[　　]
도▸ 아주 심함. 태심(太甚).

甚急(　　)(　　)[　　]
도▸ 매우 급함. 형세가 매우 절박(切迫)함.
참 審級(심급)▹같은 사건을 각기 다른 법원에서 반복하여 심판할 때, 그 법원 사이의 심판의 순서, 또는 상하의 계급.

發芽(　　)(　　)[　　]
도▸ ①풀이나 나무에서 싹이 틈. ②씨앗에서 싹이 틈. 싹트기. 아생(芽生).

幼芽(　　)(　　)[　　]
도▸ (씨눈의 한 부분으로) 자라서 줄기나 잎이 되는 부분.

腐敗(　　)(　　)[　　]
도▸ ①썩음. ②정신적으로 타락(墮落)함.

油腐(　　)(　　)[　　]
도▸ 기름에 튀긴 두부.

經緯(　　)(　　)[　　]
도▸ ①피륙의 날과 씨. ②'經緯度', '經緯線'의 준말. ③일이 전개되어 온 과정.

緯線(　　)(　　)[　　]
도▸ 위도(緯度)를 나타낸 가상의 선. 씨금. 씨줄. 반 경선(經線).
참 僞善(위선)▹겉으로만 착한 체함, 또는 겉치레로 보이는 선행(善行).

洗濯(　　)(　　)[　　]
도▸ 빨래. 예 오래된 옷이라도 洗濯해서 깨끗이 입도록 합시다.

濯冠(　　)(　　)[　　]
도▸ 갓을 씻어 깨끗이 함, 또는 씻어 깨끗이 한 갓.

哀惜(　　)(　　)[　　]
도▸ 슬프고 아까움. 예 故人의 죽음은 哀惜한 일이다.

買占賣惜[　　]
(　　)(　　)(　　)(　　)
도▸ 값이 오를 것을 예상(豫想)하여, 어떤 상품(商品)을 한꺼번에 많이 사 두고 팔지 않으려고 하는 일. '사재기'.

賢妻(　　)(　　)[　　]
도▸ 어진 아내. 현명(賢明)한 아내. 비 양처(良妻).

妻男(　　)(　　)[　　]
도▸ 아내의 남자 형제.

震怒(　　)(　　)[　　]
도▸ (지위, 또는 연령이 높은 사람이) 몹시 화를 냄.

耐震(　　)(　　)[　　]
도▸ (건축물 따위가) 지진에 손상을 입지 않고 견디는 것.

餘震(　　)(　　)[　　]
도▸ ①큰 지진이 있은 다음에 이어서 일어나는 작은 지진. ②큰 사건이 일어난 다음에 미치는 영향.

도움글

- '經緯'는 뜻이 서로 상대되는 한자로 결합된 한자어이다. 참 賢愚(현우), 夫妻(부처), 哀樂(애락), 哀歡(애환)
- '洗濯'은 뜻이 서로 비슷한 한자로 결합된 한자어이다. 참 雷震(뇌진), 忍耐(인내), 悲哀(비애), 幼稚(유치)
- 천경지위(天經地緯) : '하늘이 정하고 땅이 받드는 길'이라는 뜻으로, 영원히 변하지 않는 진리나 법칙을 이르는 말.

1. 아래 한자어漢字語의 독음讀音을 쓰세요.

甚難[ ]	麥芽[ ]	妻弟[ ]	豆腐[ ]	惜別[ ]	濯足[ ]
惜敗[ ]	幸甚[ ]	妻兄[ ]	痛惜[ ]	緯度[ ]	惜陰[ ]

2. 아래 글을 읽고 밑줄 친 낱말은 한자漢字로, 한자어漢字語는 독음讀音으로 고쳐 쓰세요.

率居[1]는 비단 미미한 집안에 태어난 상민[2]일 뿐만 아니라, 그림 그릴 지필[3]마저 구할 수 없는 가난한 사람이었음을 알 수 있다. 凡人[4] 같으면 희망조차 품을 수 없는 역경[5]이었으나, 率居는 그 지성[6]스러운 노력으로써 독학, 독창[7]하여 畢竟[8] 화성[9]이 되었으니, 위대한 천재일수록 남다른 노력을 경주[10]한다는 실례[11]를 率居에게서 발견할 것이다. 참으로 率居는 입지전[12] 중의 위인이요, 고학[13]으로 성공하려는 사람들에게는 영원히 산 모범이 된다 하겠다.

단군 御眞[14]에서 크게 힘을 얻은 率居는 皇龍寺 벽화[15]에서 이름을 드날렸다. 물론, 率居의 걸작[16]으로서 분황사 관음보살상도 있고 斷俗寺 유마상도 있었으나, 그 중에도 가장 神品으로 칭송[17]을 받는 것은 황룡사 벽에 그린 노송[18]이었으니, 가끔 새들이 날아들었다는 이야기가 있는 것만 보아도 그 벽화가 얼마나 뛰어난 절세[19]관의 神畫였는지 짐작할 수 있다. 이제 삼국사기[20]의 기록을 보면 아래와 같다.

"일찍이 皇龍寺 벽에다 노송을 그렸는데, 줄기는 껍질이 비늘과 같이 일고 가지와 잎은 서리고 엉클어져, 가끔 까마귀와 솔개며 제비와 참새가 날아들어 앉으려다 미끄러져 떨어졌다. 해가 오래 되어 색채가 흐리므로 그 절의 중이 丹青[21]을 입혔더니, 새들이 다시는 오지 않았다."

이것을 보면, 率居의 神靈스러운 붓은 새들이 天然物로 속을 만큼 神韻[22]이 生動했던 것을 알 것이다. 그러나 그 절의 중이 다시 丹青을 입힌 일과 같은 것은 국보적 神畫에 대하여 너무나도 沒知覺[23]했음을 나타내는 것이니, 참으로 哀惜[24]하다.

1.	2.	3.	4.	5.	6.
7.	8.	9.	10.	11.	12.
13.	14.	15.	16.	17.	18.
19.	20.	21.	22.	23.	24.

3. 다음은 독음이 여러 가지로 변하는 한자漢字들이다. ( )에 독음讀音과 훈음訓音을 쓰세요.

◦遊說( ) ▷ ( )( )	◦投降( ) ▷ ( )( )
◦謁見( ) ▷ ( )( )	◦比率( ) ▷ ( )( )

도움글

○ 濯纓濯足(탁영탁족) : '갓끈과 발을 물에 담가 씻는다.'는 뜻으로, 세상의 부귀영화에 얽매임이 없이 자연에 순응하면서 순진무구한 아이들처럼 맑고 초연하게 살아감을 비유한 말이다. - 『孟子』 ※ 纓(갓끈 영)

아래 한자의 뜻과 소리를 빈칸에 쓰세요.

☆표는 3급Ⅱ 漢字임.

擁(手)	淺☆(水)	牙☆(牙)	違(辵)	紛☆(糸)	肩(肉)	冥(冖)	蒙☆(艸)
낄 옹	얕을 천	어금니 아	어긋날 위	어지러울 분	어깨 견	어두울 명	어두울 몽

아래 설명을 읽고 빈칸에 보기 와 같이 쓰세요.

보기 良書(어질 량)(글 서)[양서]

擁壁( )( )[ ]
도▶ 흙이 압력에 의해 무너지지 않도록 만든 벽.

擁護( )( )[ ]
도▶ ①부축하여 보호(保護)함. ②편들어 지킴.
예 인권(人權)을 擁護하다.

深淺( )( )[ ]
도▶ 깊음과 얕음.

淺薄( )( )[ ]
도▶ 지식이나 생각 따위가 얕거나, 말이나 행동 따위가 상스러움.

齒牙( )( )[ ]
도▶ 사람의 '이'를 점잖게 이르는 말.

象牙塔[ ]
( )( )( )
도▶ ①속세를 떠나 조용히 예술을 사랑하거나, 현실도피적인 학구태도. ②'대학'을 달리 이르는 말.

違背( )( )[ ]
도▶ 약속이나 명령 따위를 어기거나 지키지 아니함. 위반(違反).

違憲( )( )[ ]
도▶ 법률 또는 명령, 규칙 등의 내용이나 절차 따위가 헌법 규정을 어김. 반합헌(合憲).

紛雜( )( )[ ]
도▶ 많은 사람이 북적거려 어수선함.

紛失( )( )[ ]
도▶ 자기도 모르는 사이에 잃어버림.

肩輿( )( )[ ]
도▶ 사람 둘이 앞뒤에서 메는 가마. 교자(轎子).

比肩( )( )[ ]
도▶ '어깨를 나란히 한다.'는 뜻으로, '낫고 못함이 없이 서로 비슷함'을 이름. 병견(竝肩).

冥福( )( )[ ]
도▶ 죽은 뒤 저승에서 받는 복.
참 名卜(명복)▷이름난 점쟁이.

冥感( )( )[ ]
도▶ 은연(隱然)중에 감응(感應)함.

童蒙( )( )[ ]
도▶ 아직 장가를 들지 않은 아이. 어린아이.

訓蒙字會[ ]
( )( )( )( )
도▶ 조선 중종 때, 최세진(崔世珍)이 지은 한자 학습서. [3,360자의 한자를 사물에 따라 갈라 한글로 음과 뜻을 달았음]

도움글

○ 다음 글을 읽고 밑줄 친 낱말을 漢字로 쓰세요.

가 ①물질문명 속에서 ②타락하고 ③속물화된 우리 인간이 ④솔직한 마음으로 자신을 ⑤반성하고 ⑥용감한 ⑦결심으로 바른 길을 ⑧선택해야 한다.

나 ①세종대왕은 가장 ②우수한 ③표음문자인 ④훈민정음을 ⑤창제하셨다.

다 우리는 ①과거의 ②무사안일과 ③구태의연한 ④수동적 ⑤사고방식에서 ⑥탈피하여야 한다.

라 ①회사의 ②장기적인 ③발전은 ④경영자의 ⑤노력만으로는 ⑥불가능하다.

정답☞다음 쪽

1. 아래 한자어漢字語의 독음讀音을 쓰세요.

牙輪[ ]	紛爭[ ]	啓蒙[ ]	紛錯[ ]	昏冥[ ]	竝肩[ ]
違反[ ]	幽冥[ ]	違約[ ]	蒙塵[ ]	違法[ ]	紛糾[ ]
淺近[ ]	微賤[ ]	淺識[ ]	兩肩[ ]	違錯[ ]	冥婚[ ]

2. 아래 글을 읽고 밑줄 친 낱말은 한자漢字로, 한자어漢字語는 독음讀音으로 고쳐 쓰세요.

가정[1] 내의 폭군[2]은 어디서나 볼 수가 있다. 그리고 이기[3]주의자는 자기 자신의 행복을 주위[4] 사람들이 규칙[5]으로 삼는 것이라 생각하고 싶겠지만, 그것은 생각이 너무 얕은 것이다. 사물은 결코 그런 식으로 운행[6]되지 않는다. 이기주의자가 슬픈 것은 행복을 기다리고 있기 때문이다. 흔히 일상의 번거로운 일이 하나도 없더라도 危殆[7]는 역시 찾아온다. 그러므로 이기주의자가 자기를 사랑해 주는 사람이나 자기를 싫어하는 사람에게 강제[8]하는 것은 권태(倦怠)와 불행[9]의 법률[10]이다. 이와 반대[11]로 유쾌(愉快)함은 무언가 寬大[12]한 것을 가지고 있다. 받기보다는 오히려 주는 것이다. 우리들이 타인[13]의 행복[14]을 생각해야 한다는 것은 사실이다. 그러나 우리들이 자기를 사랑해 주는 사람들을 취하여 할 수 있는 일은 역시[15] 자기가 행복해지는 일이라는 것을 사람들은 별로 말하지 않는다.

이 점은 예의[16]가 우리들에게 가르쳐 주는 바다. 예의란 내부에 대한 외부의 반작용[17]에 의하여 卽刻[18] 느껴지는 외관상[19]의 행복이다. 그것은 부동[20]의 법칙이면서도 언제나 잊혀지고 있다. 그러므로 예의 바른 사람들은 보답[21] 받는 줄도 모르게 즉시 보답을 받는다. 젊은이들이 할 수 있는 효과[22]적인 최상[23]의 아첨(阿諂)은 나이 먹은 사람들 앞에서 행복의 빛인 아름다움을 결코 잃지 않는 일이다. 이것은 말하자면 그들이 행하는 친절[24]이라는 것이다.

– 알랭, 『幸福論』

1.	2.	3.	4.	5.	6.
7.	8.	9.	10.	11.	12.
13.	14.	15.	16.	17.	18.
19.	20.	21.	22.	23.	24.

3. 아래 한자漢字와 뜻이 비슷한 한자漢字를 □ 속에 넣어 단어單語를 완성하세요.

感 = □　貫 = □　忿 = □　畢 = □　貢 = □

도움글

○ (149쪽) 정답☞ 가 ①物質文明 ②墮落 ③俗物化 ④率直 ⑤反省 ⑥勇敢 ⑦決心 ⑧選擇
나 ①世宗大王 ②優秀 ③表音文字 ④訓民正音 ⑤創製
다 ①過去 ②無事安逸 ③舊態依然 ④受動的 ⑤思考方式 ⑥脫皮
라 ①會社 ②長期的 ③發展 ④經營者 ⑤努力 ⑥不可能

아래 한자의 뜻과 소리를 빈칸에 쓰세요. ☆표는 3급Ⅱ 漢字임.

茫(艸)	佳☆(人)	詐(言)	旦☆(日)	霧(雨)	殿☆(殳)	慨(心)	坐☆(土)
아득할 망	아름다울 가ː	속일 사	아침 단	안개 무ː	전각 전ː	슬퍼할 개ː	앉을 좌ː

아래 설명을 읽고 빈칸에 보기 와 같이 쓰세요. 보기 良書(어질 량)(글 서)[양서]

茫漠( )( )[ ]
도▸ ①그지없이 넓다. 희미하게 또렷하지 않음. ②뚜렷한 계획이나 희망이 없어 마음이 답답하다.

茫然自失[ ]
( )( )( )( )
도▸ 황당하거나 어찌할 줄을 몰라 멍한 듯이 정신을 잃음.

佳緣( )( )[ ]
도▸ ①좋은 인연(因緣). ②서로 사랑하게 되는 남녀간의 연분(緣分).
참 佳宴(가연)▹경사스러운 연회(宴會). 좋은 잔치.

漸入佳境[ ]
( )( )( )( )
도▸ 갈수록 더욱 좋거나 재미있는 경지(境地)로 들어감, 또는 그 모양.

詐稱( )( )[ ]
도▸ 이름·직업(職業)·나이·주소(住所) 따위를 거짓으로 속여 말함. 위칭(僞稱).

詐誕( )( )[ ]
도▸ 언행(言行)이 간사(姦詐)하고 허황(虛荒)함.

曉旦( )( )[ ]
도▸ 새벽.

元旦( )( )[ ]
도▸ 설날 아침. 세단(歲旦). 원신(元辰).

霧散( )( )[ ]
도▸ ①안개가 흩어짐. 안개가 갬. ②안개가 개듯이 흔적(痕迹) 없이 흩어짐. 예 모처럼의 계획이 霧散되다.
참 無産(무산)▹재산이 없음. 반 有産

五里霧中[ ]
( )( )( )( )
도▸ '5리에 걸친 안개 속'이라는 뜻으로, '찾을 길이 막연하거나, 갈피를 잡을 수 없음'을 이름.

御殿( )( )[ ]
도▸ 임금이 있는 전각(殿閣).

便殿( )( )[ ]
도▸ 임금이 평소에 거처하는 궁전(宮殿).

憤慨( )( )[ ]
도▸ 몹시 화를 냄. 매우 분하게 여김. 분탄(憤歎).

感慨無量[ ]
( )( )( )( )
도▸ 마음에 사무치는 느낌이 끝이 없음.

坐禪( )( )[ ]
도▸ 조용히 앉아서 선정(禪定)으로 들어 수행함.

坐井觀天[ ]
( )( )( )( )
도▸ '우물에 앉아서 하늘을 본다.'는 뜻으로, '사람의 견해(見解)가 좁음'을 비유하여 이르는 말.

도움글

○ 坐食山空(좌식산공)▹'가만히 앉아서 먹으면 산도 빈다.'는 뜻으로, '아무리 재산이 많아도 놀고먹기만 하면 끝내는 없어지고 만다.'는 것을 비유하여 이르는 말.

○ 혼동하기 쉬운 글자! 참1 旦(단)과 且(차) 참2 秀(수)와 季(계) 참3 緣(연)과 綠(록) 참4 慨(개)와 概(개)

1. 아래 한자어漢字語의 독음讀音을 쓰세요.

茫蒼[ ]	佳作[ ]	坐定[ ]	霧露[ ]	佳勝[ ]	茫然[ ]
佳境[ ]	詐欺[ ]	雲霧[ ]	連坐[ ]	佳節[ ]	佳景[ ]
詐取[ ]	旦暮[ ]	佳約[ ]	旦夕[ ]	坐更[ ]	薄霧[ ]
煙霧[ ]	姦詐[ ]	詐病[ ]	宿霧[ ]	坐像[ ]	祥霧[ ]
慨歎[ ]	坐視[ ]	坐忘[ ]	佳趣[ ]	坐屈[ ]	詐術[ ]

2. 아래 글을 읽고 밑줄 친 낱말은 한자漢字로, 한자어漢字語는 독음讀音으로 고쳐 쓰세요.

이 친절[1]이라는 말은 실로 여러 가지 의미[2]가 있으나 그 곳에 있는 다른 표현[3]을 사용[4]하면 이유[5] 없는 행복, 生에서 솟아나는 것처럼 존재[6] 그 자체[7]에서 솟아나는 행복이라고 해도 좋다. 優雅[8]하다고 하면, 친절에 덧붙여서 좀더 주의력[9]과 의지[10]가 작용[11]된 경우[12]를 말한다. 이것은 이미 청년[13]의 풍만[14]함을 가지고는 안 될 때에 나타난다.

그러나 어떤 폭군[15]이든지 잘먹는다든가 조금도 무료한 것처럼 보이지 않는다든가 하는 것은 있을 수 있는 일이다. 그렇기 때문에 우울(憂鬱)한 폭군, 타인[16]의 기쁨을 조금도 좋아하지 않는 것 같이 보이는 폭군이 무엇보다도 기쁨을 가지고 있는 사람들에 의하여 타파[17]되고 征服[18]되는 수가 있는 것이다. – 알랭, 『幸福論』

1.	2.	3.	4.	5.	6.
7.	8.	9.	10.	11.	12.
13.	14.	15.	16.	17.	18.

3. 다음 훈訓과 음音에 알맞은 한자漢字를 쓰세요.

1. 밭 전 ( )	2. 나아갈 진 ( )	3. 터럭 모 ( )
4. 좋을 호 ( )	5. 피 혈 ( )	6. 대 죽 ( )
7. 같을 여 ( )	8. 콩 두 ( )	9. 양 양 ( )
10. 끌 인 ( )	11. 뭍 륙 ( )	12. 머리 두 ( )
13. 쌀 포 ( )	14. 재물 화 ( )	15. 모양 형 ( )
16. 자리 위 ( )	17. 얼굴 용 ( )	18. 목숨 명 ( )

도움글

○ 坐忘 : 중국의 전국 시대에 장자(莊子)가 설파한 수양법의 한 가지로, '사람이 현세를 살기 위한 모든 조건들을 망각해 버리고 자연스럽게 존재의 근본 이법과 일체가 되는 것'을 말한다. – 『莊子』

아래 한자의 뜻과 소리를 빈칸에 쓰세요.

☆표는 3급Ⅱ 漢字임.

緖☆(糸)	憶☆(心)	惟(心)	涼☆(冫)	互(二)	載☆(車)	栽☆(木)	于(二)
실마리 서	생각할 억	생각할 유	서늘할 량	서로 호	실을 재	심을 재	어조사 우

아래 설명을 읽고 빈칸에 보기 와 같이 쓰세요.

보기 良書(어질 량)(글 서)[양서]

端緖( )( )[ ]
도▸ ①일의 시초. ②어떤 사건이나 문제를 푸는 실마리. 끄트머리.

情緖( )( )[ ]
도▸ ①어떤 일을 경험하거나 생각할 때에 일어나는 갖가지 감정, 또는 그런 감정을 유발하는 주위의 분위기나 기분. ②희로애락과 같이 본능적·충동적으로 외부에 표출되기 쉬운 감정.

記憶( )( )[ ]
도▸ 지난 일을 잊지 않고 외어 둠, 또는 그 내용.

追憶( )( )[ ]
도▸ 지나간 일을 돌이켜 생각함, 또는 그 생각. 추상(追想).

惟獨( )( )[ ]
도▸ 여럿 가운데 홀로. 오직 홀로.

思惟( )( )[ ]
도▸ ①논리적으로 생각함. ②철학에서, 감각·지각 이외의 인식 작용. ③불교에서, '대상(對象)을 마음속에 그리며 생각함'을 이르는 말.

淸涼( )( )[ ]
도▸ 맑고 서늘함. 활 淸涼飮料를 마시다.
참 淸亮(청량)▹소리가 맑고 깨끗함. 활 淸亮한 목소리로 노래하다.

相互( )( )[ ]
도▸ 상대가 되는 이쪽 저쪽 모두. 활 相互作用
참 商號(상호)▹상점이나 회사의 이름. 활 商號를 새롭게 바꾸어 걸다.

互換( )( )[ ]
도▸ 서로 교환(交換)함. 활 두 기종은 互換이 잘 된다.
참 虎患(호환)▹범이 사람이나 가축에 끼치는 해.

積載( )( )[ ]
도▸ 차(車)나 선박(船舶) 따위에 짐을 실음. 활 차량 요금에 비해 積載 능력이 크다.

連載( )( )[ ]
도▸ 신문이나 잡지 따위에, 소설이나 기사·논문(論文)·만화 따위를 연속(連續)해서 싣는 일. 활 소설의 連載가 중단되다.

輪栽( )( )[ ]
도▸ (농업에서) 돌려짓기.

植栽( )( )[ ]
도▸ 풀과 나무를 심고 가꾸는 것. 활 숲의 70퍼센트 이상이 인공 植栽로 이루어졌다.
참 殖財(식재)▹생산물, 또는 재산을 늘림.

于飛( )( )[ ]
도▸ '부부(夫婦)가 화합(和合)함'을 비유한 말. [봉황 한 쌍이 사이좋게 날아간다는 시에서 유래함]
참 雨備(우비)▹(우산, 비옷 따위의) 비를 맞지 않기 위해 사용하는 여러 가지 물건.

于山國[ ]
( )( )( )
도▸ 울릉도(鬱陵島)의 옛 이름.

納涼( )( )[ ]
도▸ 여름에 시원한 곳에 나가서 바람을 쐼. 활 納涼 특집 방송

도움글

○ '惟'자는 '唯', '維'자와 같이 '오직'이라는 뜻으로 쓰이기도 하고, 각각 惟(생각할 유)·唯(대답할 유)·維(벼리 유)자로 쓰이기도 한다. 예 惟一(유일) = 唯一 = 維一 예 一切惟心造(일체유심조)

1. 아래 한자어漢字語의 독음讀音을 쓰세요.

互選[ ]	記載[ ]	于先[ ]	頭緖[ ]	連互[ ]	栽植[ ]
船載[ ]	溫涼[ ]	于歸[ ]	互稱[ ]	由緖[ ]	緖論[ ]
互讓[ ]	緖餘[ ]	遺緖[ ]	荒涼[ ]	憶念[ ]	伏惟[ ]

2. 다음은 동음이의어同音異義語이다. 낱말의 뜻에 알맞은 한자를 쓰세요.

☞ **동음이의어**(同音異義語)란, 발음은 같으나 뜻이 다른 한자어를 말한다. 이는 한글로 표기하면 그 뜻을 구별하기 어렵기 때문에, 한자로써 그 뜻을 구별해야 한다.

기원 (역사상 햇수의 기준)	기원 (사물이 생긴 근원)	부상 (상처를 입음)	부상 (덧붙여서 주는 상)

경로 (지나는 길)	경로 (노인을 공경함)	과정 (일이 되어 가는 경로)	과정 (과업의 정도)

구호 (어려운 사람을 보호함)	구호 (주장 따위의 호소)	전승 (싸워 이김)	전승 (계통을 전하여 이어감)

3. 다음은 혼동混同하기 쉬운 한자漢字이다. ( ) 속에 독음讀音과 훈음訓音을 쓰세요.

◦ 榮譽( ) ▹ ( )( )	◦ 困辱( ) ▹ ( )( )
◦ 選擧( ) ▹ ( )( )	◦ 因果( ) ▹ ( )( )
◦ 渴症( ) ▹ ( )( )	◦ 萬若( ) ▹ ( )( )
◦ 拜謁( ) ▹ ( )( )	◦ 苦樂( ) ▹ ( )( )

도움글

○ 혼동하기 쉬운 글자! 참1 栽(재)와 裁(재) 참2 船(선)과 般(반) 참3 讓(양)과 壤(양) 참4 于(우)와 干(간)

○ 載酒文字(재주문자) ▹ '술을 가지고 가서 글을 가르쳐 주기를 청한다.'는 말로, '학문에 부지런함'을 뜻함.

아래 한자의 뜻과 소리를 빈칸에 쓰세요.

☆표는 3급Ⅱ 漢字임.

昏(日)	丈☆(一)	愚☆(心)	幼☆(幺)	辱☆(辰)	伴(人)	於(方)	鳳☆(鳥)
어두울 혼	어른 장ː	어리석을 우	어릴 유	욕될 욕	짝 반ː	어조사 어 탄식할 오	봉새 봉ː

아래 설명을 읽고 빈칸에 보기 와 같이 쓰세요.

보기 良書(어질 량)(글 서)[양서]

昏迷( )( )[ ]
뜻▸ ①의식이 흐림. ②사리에 어두운 상태.

昏絶( )( )[ ]
뜻▸ 정신이 아찔하여 까무러침.

丈夫( )( )[ ]
뜻▸ ①다 자란 건강한 남자. ②'大丈夫'의 준말.
참 帳簿(장부)▹금품의 수입(收入)과 지출(支出)을 기록하는 일, 또는 그 책. 부책(簿冊).

春府丈[ ]
( )( )( )
뜻▸ '남의 아버지'를 높이어 일컫는 말. 춘당(椿堂). 춘부대인(春府大人). 춘정(春庭).

愚劣( )( )[ ]
뜻▸ 어리석고 못남.
참 優劣(우열)▹우수(優秀)함과 열등(劣等)함.

愚民政策[ ]
( )( )( )( )
뜻▸ 지배자가 지배 체제의 안정을 유지하기 위해 피지배자로 하여금 정치적 관심을 갖지 않게 하거나 비판 정신을 흐리게 하는 정책.

幼蟲( )( )[ ]
뜻▸ 새끼벌레. 애벌레. 자충(仔蟲).
참 幼沖(유충)▹사람의 나이가 어림.

忍辱( )( )[ ]
뜻▸ ①욕되는 일을 참음. ②불교에서, 온갖 모욕과 번뇌를 참고 원한을 일으키지 않는 수행.

長幼( )( )[ ]
뜻▸ 어른과 어린이. 연상(年上)과 연하(年下).

榮辱( )( )[ ]
뜻▸ 영예(榮譽)와 치욕(恥辱).

隨伴( )( )[ ]
뜻▸ (어떤 일이나 현상이 다른 일이나 현상과) 함께 일어나거나 나타나는 것.
참 首班(수반)▹지위가 첫 번째인 사람. 우두머리.
예 대통령은 행정부 首班이다.

伴奏( )( )[ ]
뜻▸ (노래나 연주를 돕기 위해) 악기로 보조를 맞추는 것.
참 飯酒(반주)▹식사 때 밥에 곁들여 마시는 술.

甚至於[ ]
( )( )( )
뜻▸ 심하게는. 심하다 못해 나중에는.

於焉間[ ]
( )( )( )
뜻▸ 어느덧. 어느 사이에.

鳳湯( )( )[ ]
뜻▸ '닭고기로 끓인 국'을 익살스럽게 이르는 말.

鳳仙花[ ]
( )( )( )
뜻▸ 봉선화과의 일년초. 봉숭아. [관상용으로 심는 화초의 한 가지로 여름에 분홍(粉紅)·빨강·주홍(朱紅) 등의 꽃이 핌.]

도움글

○ 愚公移山(우공이산)▹'우공이라는 노인이 자기 집 앞의 산을 딴 곳으로 옮기려고 노력하여, 결국은 이루어내었다.'는 故事에서 생긴 말로, '무슨 일이든지 꾸준히 노력하면 이루어낼 수 있다.'는 뜻으로 비유한 말.

1. 아래 한자어漢字語의 독음讀音을 쓰세요.

昏困[ ]	愚拙[ ]	昏忘[ ]	愚鈍[ ]	方丈[ ]	幼男[ ]
幼稚[ ]	黃昏[ ]	辱知[ ]	愚弄[ ]	恥辱[ ]	杖家[ ]
困辱[ ]	幼兒[ ]	鳳毛[ ]	幼弱[ ]	丈母[ ]	愚計[ ]
同伴[ ]	幼蒙[ ]	屈辱[ ]	侮辱[ ]	幼婦[ ]	鳳枕[ ]

2. 아래 글을 읽고 밑줄 친 낱말은 한자漢字로, 한자어漢字語는 독음讀音으로 고쳐 쓰세요.

왜 생쥐의 삶은 부조리[1]하지 않은가, 물론 달의 운행[2] 역시 부조리하지 않지만 그것은 달의 운행이 아무런 목적[3]도, 의도적[4] 노력[5]도 없기 때문이다. 이에 반해, 생쥐는 생존[6]하기 위해서 일을 해야 한다. 그래도 생쥐의 삶은 부조리하다고 할 수 없다. 왜냐하면 생쥐는 자신이 결국[7]은 한 마리의 쥐에 불과[8]하다는 것을 깨닫게 해줄 자기의식[9]과 자기 超越[10](자기 자신을 떠나 영원[11] 또는 神의 관점[12]-譯者 註)의 능력이 없기 때문이다. 만일 생쥐에게 이런 깨달음이 생긴다면 그의 삶도 부조리해질 것이다. 쥐가 자기의식을 한다고 해서 다른 것이 되는 것도 아니고 생쥐 이상[13]의 삶을 살 수 있는 것도 아니기 때문이다. 새롭게 자기의식을 가지더라도 대답할 수 없는 의식들과 暴棄[14]할 수 없는 여러 가지 삶의 목적들을 가득 안은 채 그는 여전히 微微[15]하고 부산한 한 마리의 생쥐로서의 삶으로 돌아가야만 하는 것이다. … 중략 …

부조리를 느끼는 것이 우리의 진정[16]한 상황[17]을 자각[18]하는 한 가지의 방법이라면 (그 상황을 부조리하다고 느끼기 전에는 부조리한 것이 될 수 없겠지만), 그렇다면 그 부조리를 우리가 憎惡[19]하거나 回避[20]할 이유가 어디 있겠는가.

부조리를 느낄 수 있는 능력은 인간의 한계[21]를 이해[22]할 수 있는 능력에서 생기는 것이다. 영원이라는 관점에서 보아 세상에서 의미 있는 것은 아무것도 없다는 생각이 든다면 바로 그 생각조차도 아무런 의미가 없는 것이고 따라서 우리는 우리의 삶을 영웅[23]주의나 절망[24] 대신 아이러니의 관점에서 바라볼 수 있을 것이다.

– 토마스 나겔, 『도덕의 문제들』

1.	2.	3.	4.	5.	6.
7.	8.	9.	10.	11.	12.
13.	14.	15.	16.	17.	18.
19.	20.	21.	22.	23.	24.

도움글

○ 나무 그늘 아래서 쉬어가기.

문1 고종이 꿈에 '田'자가 나타나는 꿈을 꾸었다. 이것이 어떤 조짐인지 신하에게 물었다. 무슨 뜻일까?
① 아들을 얻을 조짐. ② 국토를 넓힐 조짐. ③ 좋은 일이 일어날 조짐 ④ 좋지 않은 일이 일어날 조짐

문2 다음 중 한자의 쓰임이 잘못된 것은? ①緊蜜(긴밀) ②培養(배양) ③需要(수요) ④徹底(철저) 정답☞ 158쪽

아래 한자의 뜻과 소리를 빈칸에 쓰세요.

☆표는 3급Ⅱ 漢字임.

隨☆(阜)	抱(手)	豈(豆)	訟☆(言)	憫(心)	畜☆(田)	潤☆(水)	兆☆(儿)
따를 수	안을 포:	어찌 기	송사할 송:	민망할 민	짐승 축	불을 윤:	억조 조

아래 설명을 읽고 빈칸에 보기 와 같이 쓰세요.

보기 良書(어질 량)(글 서)[양서]

附隨(　　)(　　)[　　]
뜻▸ 주된 것에 따라가는 것, 또는 그에 따라서 일어나는 것. 예 측면 지원하는 附隨 효과가 크다.

隨筆(　　)(　　)[　　]
뜻▸ 일정한 형식이 없이 체험이나 감상·의견 따위를 생각나는 대로 자유롭게 적은 글.

夫唱婦隨[　　]
(　　)(　　)(　　)(　　)
뜻▸ '남편이 주장(主張)하고 아내가 이에 따른다.'는 말로, '부부의 화합하는 도리'를 뜻하는 말.

濕潤(　　)(　　)[　　]
뜻▸ 습기(濕氣)를 띠고 있음. 습기가 많음.

懷抱(　　)(　　)[　　]
뜻▸ 마음속에 품은 생각.

抱腹絶倒[　　]
(　　)(　　)(　　)(　　)
뜻▸ '배를 안고 넘어진다.'는 뜻으로, '몹시 웃음'을 형용하는 말. 봉복절도(捧腹絶到). 준 절도(絶倒).

訴訟(　　)(　　)[　　]
뜻▸ 법원에 재판을 청구하는 일, 또는 그 절차.

訟事(　　)(　　)[　　]
뜻▸ 소송(訴訟)하는 일.
참 送辭(송사)▹'送別辭'의 준말.
참 頌辭(송사)▹공덕(功德)을 기리는 말.

憐憫(　　)(　　)[　　]
뜻▸ 불쌍하고 딱함. 예 그에게 憐憫의 정을 느끼다.

憫迫(　　)(　　)[　　]
뜻▸ 근심이 아주 절박(切迫)함.
참 民泊(민박)▹민가(民家)에 숙박(宿泊)함.

畜産(　　)(　　)[　　]
뜻▸ 가축을 기르고 쳐서 인간 생활에 유용(有用)한 물질을 생산하고 이용하는 농업의 한 부문.

牧畜(　　)(　　)[　　]
뜻▸ 소·말·양 따위의 가축을 길러 번식(繁殖)시키는 일. 목양(牧養). 예 농경과 牧畜이라는 사회적 분업이 발생하다.

利潤(　　)(　　)[　　]
뜻▸ ①장사하여 남은 돈. 이익(利益). ②기업의 총수익에서 모든 생산비를 뺀 나머지의 소득.
예 생산비가 증가하면 기업의 利潤이 감소한다.

抱負(　　)(　　)[　　]
뜻▸ 마음속에 지닌, 앞날에 대한 생각·계획(計劃)이나 희망(希望).

徵兆(　　)(　　)[　　]
뜻▸ 어떤 일이 일어나려고 하거나 생겨날 것을 예상하게 하는 조짐. 전조(前兆).

兆民(　　)(　　)[　　]
뜻▸ 모든 백성. 많은 백성.

도움글

○ 豈有此理(기유차리)▹그럴 리가 있으랴. 그럴 리는 없음.

○ 나무 그늘 아래서 쉬어가기.

문 선본이는 아버지와 등산(登山)을 하다가 "山자가 네 개로다"라고 말했다. 무슨 뜻으로 말한 것일까?
①산세가 무척 험하다. ②산길이 여러 갈래다. ③배가 몹시 고프다. ④산 위에 산이다. 정답☞다음 쪽

1. 아래 한자어漢字語의 독음讀音을 쓰세요.

兆候[　]	隨行[　]	憫笑[　]	吉兆[　]	抱擁[　]	潤筆[　]
爭訟[　]	畜養[　]	潤澤[　]	聽訟[　]	浸潤[　]	訟案[　]

2. 아래 글을 읽고 밑줄 친 낱말은 한자漢字로, 한자어漢字語는 독음讀音으로 고쳐 쓰세요.

> 우리가 흔히 어서 독립을 완성[1]하고 한성[2]에 들어가 보기를 말하오. 이것이 대단히 기쁜 일이지마는 대한[3]의 독립을 아니 보리라는 결심[4]이 있어야 독립을 볼 수 있을 것이오. 저마다 '죽겠다' 하지마는 정말 죽을 때에는 생명[5]이 아까울는지 모르겠소.
>
> 그러나 만일[6] 奴隸[7]의 수치(羞恥)를 절실[8]히 깨달을진대 죽음을 무서워하지 아니할 것이오. 살아서 독립의 영광[9]을 보려 하지 말고 죽어서 독립의 거름이 되자. 입으로 독립군[10]이 되지 말고 몸으로 독립군이 되어라. 그리하여 아무리 하여서라도 독립 전쟁[11]을 기성[12]하기를 결심하여야 하오.
>
> 安昌浩, 『安島山全集』

1.	2.	3.	4.	5.	6.
7.	8.	9.	10.	11.	12.

3. 아래 한자어漢字語와 뜻이 서로 반대反對, 또는 상대相對되는 한자어漢字語를 한자漢字로 쓰세요.

(1) 祕密 ↔ (　)	(2) 敵對 ↔ (　)	(3) 內容 ↔ (　)
(4) 立體 ↔ (　)	(5) 原始 ↔ (　)	(6) 求心 ↔ (　)
(7) 差別 ↔ (　)	(8) 故意 ↔ (　)	(9) 生產 ↔ (　)

4. 읽고 물음에 답하세요.

※다음 單語 중 뜻이 같거나 비슷한 한자[類意字]가 결합된 것을 가려 그 番號를 쓰세요.

(1)··(　) ① 思想 ② 問答 ③ 山川 ④ 京鄕

(2)··(　) ① 天地 ② 競爭 ③ 出缺 ④ 手足

(3)··(　) ① 衣服 ② 成敗 ③ 山河 ④ 異同

※다음 중 反意字 結合構造로 된 漢字語를 골라 그 番號를 쓰세요.

(4)··(　) ① 利害 ② 堅固 ③ 極端 ④ 段階

(5)··(　) ① 辭說 ② 喜悲 ③ 增加 ④ 音聲

(6)··(　) ① 創作 ② 崇高 ③ 住居 ④ 攻守

○ (156쪽)정답☞ 문1 ④ : '田'자를 파자(破字)하면 왼쪽도 해[日]이고 오른쪽도 해[日]이다. 즉 해[日]는 일본(日本)을 뜻하는 것이므로 일본의 세력이 침투해 오는 것을 암시하고 있다. 문2 ① 緊蜜(긴밀)→緊密(긴밀)

○ (157쪽)정답☞ ③ 배가 몹시 고프다. : 4개의 山자를 둘씩 합하여 발음하면 '출출하다[出出]'가 되기 때문

아래 한자의 뜻과 소리를 빈칸에 쓰세요.

☆표는 3급Ⅱ 漢字임.

丘☆(一)	阿☆(阜)	稚☆(禾)	岸☆(山)	獲☆(犬)	凍☆(冫)	絡☆(糸)	襲☆(衣)
언덕 구	언덕 아	어릴 치	언덕 안:	얻을 획	얼 동:	얽을 락 이을 락	엄습할 습

아래 설명을 읽고 빈칸에 보기 와 같이 쓰세요.

보기 良書(어질 량)(글 서)[양서]

丘陵(　　　)(　　　)[　　　]
도▸ 언덕.

砂丘(　　　)(　　　)[　　　]
도▸ 사막이나 물가에 바람이나 물결의 힘으로 생긴 모래 언덕.

阿片(　　　)(　　　)[　　　]
도▸ 익기 전의 양귀비의 씨방에서 흘러나오는 진으로 만든 마약.

阿附(　　　)(　　　)[　　　]
도▸ 남의 환심(歡心)을 사기 위하여 알랑거리며 붙좇음. 아첨(阿諂).

幼稚(　　　)(　　　)[　　　]
도▸ ①사람의 나이가 어림. ②생각이나 하는 짓이 어림.
참 留置(유치) ▹ ①남의 물건을 맡아둠. ②재판의 진행이나 그 결과의 집행을 위하여 일정한 곳에 사람을 가두어 두는 일.
참 乳齒(유치) ▹ 젖니.

稚氣(　　　)(　　　)[　　　]
도▸ 어린애 같은 유치하고 철없는 감정이나 기분.

彼岸(　　　)(　　　)[　　　]
도▸ 불교에서, 이승의 번뇌(煩惱)를 해탈(解脫)하여 열반(涅槃)의 세계에 도달하는 일, 또는 그 경지. 반 차안(此岸).

岸壁(　　　)(　　　)[　　　]
도▸ ①깎아지른 듯한 낭떠러지로 된 바닷가나 강가. ②큰 배를 대기 위하여 항구나 강가에 콘크리트나 돌 따위로 쌓아서 만든 축대(築臺).

獲得(　　　)(　　　)[　　　]
도▸ 얻어내거나 얻어 가짐. 손에 넣음.

捕獲(　　　)(　　　)[　　　]
도▸ ①적병을 사로잡음. ②짐승이나 물고기를 잡음. ③적의 선박이나 범법한 중립국의 선박을 임검(臨檢)·수색(搜索)하고 나포(拿捕)하는 일.

凍結(　　　)(　　　)[　　　]
도▸ ①물이 얼어붙음. 빙결(氷結). ②자산(資産)이나 자금(資金) 따위의 이동, 또는 사용을 일시 금지(禁止)함.

冷凍(　　　)(　　　)[　　　]
도▸ 식품 따위의 부패(腐敗)를 막기 위하여 냉각(冷却)시켜서 얼림.

連絡(　　　)(　　　)[　　　]
도▸ 정보 따위를 전하는 것, 또는 그 정보. 관계를 가지는 것, 또는 그 관계.

脈絡(　　　)(　　　)[　　　]
도▸ ①혈관(血管)의 계통. ②글이나 말의 부분들의 뜻이나 내용이 서로 이어져 있는 관계나 흐름.

逆襲(　　　)(　　　)[　　　]
도▸ 적(敵)의 공격(攻擊)을 받고 있던 수비(守備)가 거꾸로 적을 습격(襲擊)함. 예 빠른 逆襲으로 득점을 노리다.

被襲(　　　)(　　　)[　　　]
도▸ 습격을 당함. 예 被襲을 당하다.

猛襲(　　　)(　　　)[　　　]
도▸ 맹렬(猛烈)하게 습격함, 또는 그러한 습격.

도움글

○ '砂丘'에서 '砂'자는 '沙'자와 쓰임이 같은 異體字이다. 참1 溪(시내 계) = 谿　참2 床(상 상) = 牀

1. 아래 한자어漢字語의 독음讀音을 쓰세요.

斷岸[ ]	沿岸[ ]	海岸[ ]	丘墓[ ]	河岸[ ]	比丘[ ]
被襲[ ]	經絡[ ]	凍傷[ ]	稚拙[ ]	漁獲[ ]	因襲[ ]
獲罪[ ]	凍裂[ ]	襲擊[ ]	凍死[ ]	凍破[ ]	丘墳[ ]
阿丘[ ]	襲承[ ]	聯絡[ ]	段丘[ ]	踏襲[ ]	稚兒[ ]
奇襲[ ]	攻襲[ ]	凍氷[ ]	急襲[ ]	冷凍[ ]	凍太[ ]

2. 아래 글을 읽고 밑줄 친 낱말은 한자漢字로, 한자어漢字語는 독음讀音으로 고쳐 쓰세요.

급변[1]하는 企業[2] 주변 환경 속에서 조직의 발전과 성장을 위해 노사[3]단결[4]을 통해 자발적[5]으로 대응[6]코자 하는 조직 분위기가 成熟[7]될 때 위기[8]상황[9]을 跳躍[10]의 발판으로 삼을 수 있는 것이다. 이에 따라 우리는 과거의 무사[11]安逸[12]과 구태[13]의연[14]한 수동[15]적 사고방식에서 脫皮[16]하여 적극적이고 미래 지향적인 자기 혁신[17] 욕구를 충족시킴으로써 企業의 발전이 곧 나의 발전을 의미함을 인식[18]해야 한다.

1.	2.	3.	4.	5.	6.
7.	8.	9.	10.	11.	12.
13.	14.	15.	16.	17.	18.

3. 다음 한자漢字의 훈訓과 음音을 쓰세요.

1. 衰 ( )	2. 森 ( )	3. 巡 ( )	4. 衡 ( )	5. 溪 ( )
6. 架 ( )	7. 塗 ( )	8. 竊 ( )	9. 芽 ( )	10. 震 ( )
11. 淺 ( )	12. 違 ( )	13. 肩 ( )	14. 冥 ( )	15. 佳 ( )
16. 詐 ( )	17. 霧 ( )	18. 坐 ( )	19. 互 ( )	20. 栽 ( )

4. 아래 한자漢字와 뜻이 반대反對, 또는 상대相對되는 한자漢字를 □ 속에 넣어 단어單語를 완성하세요.

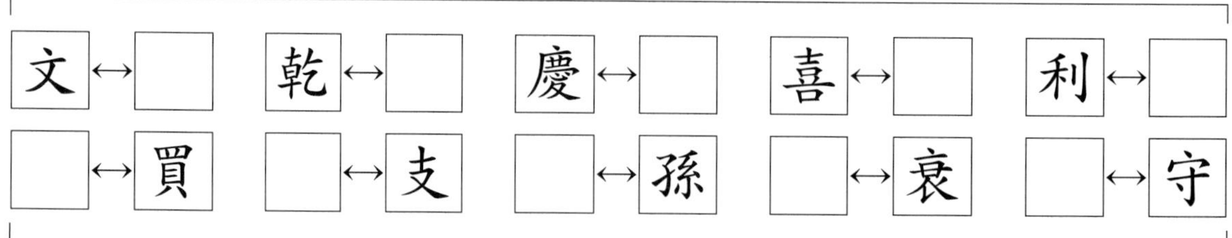

도움글

○ '殺'자는 총획이 '11획'이다. '木'자 오른쪽 위에 '丶'를 찍는 것을 잊는 경우가 있으니 주의!

아래 한자의 뜻과 소리를 빈칸에 쓰세요. ☆표는 3급Ⅱ 漢字임.

陵☆(阜)	罔(网)	错☆(金)	累☆(糸)	庶(广)	驛☆(馬)	編☆(糸)	蓮☆(艸)
언덕 릉	없을 망	어긋날 착	여러 루: 자주 루:	여러 서:	역 역	엮을 편	연꽃 련

아래 설명을 읽고 빈칸에 보기 와 같이 쓰세요. 보기 良書(어질 량)(글 서)[양서]

陵谷之變 [ ]
( )( )( )( )
도▸ '언덕과 골짜기가 뒤바뀐다.'는 말로, '세상일의 변천이 극심(極甚)함'을 비유하여 이르는 말.

陵辱( )( ) [ ]
도▸ ①남을 업신여겨 욕보임. ②폭력(暴力)으로 여자를 욕보임.

罔極( )( ) [ ]
도▸ ①임금이나 어버이의 은혜(恩惠)가 워낙 커서 갚을 길이 없음. ②'罔極之痛'의 준말.

欺罔( )( ) [ ]
도▸ 그럴듯하게 속임.

錯覺( )( ) [ ]
도▸ 실제(實際)와는 다른데도 실제처럼 깨닫거나 생각함.

錯誤( )( ) [ ]
도▸ ①착각으로 말미암은 잘못. ②사실과 생각하고 있는 바가 일치하지 않는 일. 착류(錯謬).

係累( )( ) [ ]
도▸ ①어떤 사물에 얽매이어 누(累)가 됨. ②딸린 식구(食口)로 말미암아 얽매이는 누.

累卵之勢 [ ]
( )( )( )( )
도▸ 포개 놓은 알처럼 몹시 위태(危殆)로운 형세.

庶政( )( ) [ ]
도▸ 온갖 정사(政事).

庶務( )( ) [ ]
도▸ 어떤 특정한 이름을 붙일 수 없는 일반적이고 잡다한 사무, 또는 그런 일을 맡아 하는 사람.

驛館( )( ) [ ]
도▸ 공무(公務)로 여행하는 관원(官員)이 묵던 집.

驛遞( )( ) [ ]
도▸ 역참(驛站)에서 공문(公文)을 주고받던 일. 역전(驛傳).

編著( )( ) [ ]
도▸ 책 따위를 엮어 지음, 또는 그 책.

編隊( )( ) [ ]
도▸ ①대오(隊伍)를 갖추는 일. ②비행기 따위가 대형(隊形)을 갖추는 일, 또는 그 대형.

豫編( )( ) [ ]
도▸ 군 현역을 마치고 민간인으로서 예비역에 편입함. 예 육군 중장으로 豫編하다.

蓮步( )( ) [ ]
도▸ '미인(美人)의 걸음걸이'를 이르는 말.

蓮花臺 [ ]
( )( )( )
도▸ ①불교에서, 극락세계에 있다는 대. 준연대(蓮臺). ②나라의 잔치 때 추던 춤의 한 가지.

도움글

○ 혼동하기 쉬운 글자! 참1 罔(망)과 岡(강) 참2 期(기)와 欺(기) 참3 隊(대)와 墜(추) 참4 陵(릉)과 陸(륙)
○ **나무 그늘 아래서 쉬어가기.** 문 아래의 낱말은 무엇을 뜻하는 것일까?(※뜻을 생각할 것)
[平頭 空工 眠川 睡目] ①자연의 태초 ②숫자의 종류 ③잠자는 모습 ④얼굴 모양 정답☞다음 쪽

1. 아래 한자어漢字語의 독음讀音을 쓰세요.

陵侮[ ]	江陵[ ]	丘陵[ ]	庶出[ ]	罔民[ ]	錯亂[ ]
編物[ ]	蓮池[ ]	累減[ ]	累計[ ]	累代[ ]	編户[ ]
累增[ ]	庶幾[ ]	庶子[ ]	庶母[ ]	交錯[ ]	錯視[ ]
紅蓮[ ]	驛舍[ ]	驛夫[ ]	錯雜[ ]	累積[ ]	驛員[ ]
編成[ ]	編制[ ]	係累[ ]	庶民[ ]	編次[ ]	編曲[ ]

2. 아래 글을 읽고 밑줄 친 낱말은 한자漢字로, 한자어漢字語는 독음讀音으로 고쳐 쓰세요.

※다음은 "유공소식"에 실린 글입니다.

국내 경기[1]는 점차 하강[2] 국면에 들어서고 있고, 밖으로는 WTO 체제[3]에 따른 자유 무역[4]의 움직임이 가속화[5] 될 것으로 예상[6]됩니다.

또한 우리가 영위[7]하고 있는 에너지·화학[8] 업계에서도 치열(熾烈)한 경쟁이 계속될 전망입니다. 정유[9] 업계는, 정제[10]설비[11] 擴充[12]과 석유산업 자유화의 흐름 속에서 더욱 시장경쟁[13]이 치열해질 전망이며, 화학 업계 역시 생산용량[14] 증대[15]와 제품[16] 가격[17] 하락[18]으로 인해 국내외에서 치열한 경쟁이 펼쳐질 것으로 예상됩니다. 특히 우리 회사에 1996년은 작년[19]에 수립[20]한 「1996-2002 장기[21] 경영 計劃[22]」을 추진[23]하는 첫해로서, 21세기 세계 일류[24] 기업으로 도약할 수 있는 확고한 발판을 마련해야 하는 중요한 해이기도 합니다.

1.	2.	3.	4.	5.	6.
7.	8.	9.	10.	11.	12.
13.	14.	15.	16.	17.	18.
19.	20.	21.	22.	23.	24.

3. 다음 사자성어四字成語를 완성하세요.

(1)( )柯一夢	(3)昏( )晨省	(5)同價紅( )	(7)我田( )水
(2)( )頭狗肉	(4)風( )之歎	(6)牛耳讀( )	(8)晝( )夜讀

도움글

○ 罔極之痛(망극지통) ▷ '한없는 슬픔'이라는 말로, '임금과 어버이의 상사(喪事)'에 쓰는 말.

○ (161쪽)정답☞ ②숫자의 종류 : '平頭'는 '평평한 머리'라는 뜻으로, '一'을 뜻하고, '空工'은 '工'자가 '비었다'는 뜻으로, '二'자를 뜻하고, '眠川'은 '川'자가 '잠자다'는 뜻으로, '三'자를 뜻하고, '睡目'은 '目'자가 '잠자다'는 뜻으로, '四'자를 뜻한다. 이는 중국의 잡화점에서 썼던 비밀숫자이다.

아래 한자의 뜻과 소리를 빈칸에 쓰세요.

☆표는 3급Ⅱ 漢字임.

軟☆(車)	啓☆(口)	旬☆(日)	薄☆(艸)	糖☆(米)	昔(日)	耶(耳)	押(手)
연할 연	열 계	열흘 순	엷을 박	엿 당	예 석	어조사 야	누를 압

아래 설명을 읽고 빈칸에 보기 와 같이 쓰세요.

보기 良書(어질 량)(글 서)[양서]

柔軟(　　)(　　)[　　]
도▸ 부드럽고 연함. 예 몸놀림이 매우 柔軟하다.

軟禁(　　)(　　)[　　]
도▸ 외부와의 접촉이나 외출은 허가하지 않으나, 신체의 자유를 속박(束縛)하지 않는 감금.

啓發(　　)(　　)[　　]
도▸ 지능(知能)을 깨우쳐 열어 줌.

啓蒙(　　)(　　)[　　]
도▸ 바른 지식을 가지지 못한 사람을 일깨워, 새롭고 바른 지식을 가지도록 함. 계발(啓發).

旬報(　　)(　　)[　　]
도▸ 열흘에 한 번씩 발간(發刊)하는 신문이나 잡지.

初旬(　　)(　　)[　　]
도▸ 상순(上旬). 초하루부터 초열흘까지의 동안.

稀薄(　　)(　　)[　　]
도▸ ①일의 가망이 적음. 예 성사될 可望性이 稀薄하다. ②정신 따위가 약함. 예 애국심이 稀薄하다.

旬五志 [　　]
(　　)(　　)(　　)
도▸ 조선 효종 때, 홍만종이 지은 책. [정철·송순의 詩歌와 중국의 서유기(西遊記)에 대하여 評하고, 130여 개의 속담(俗談)을 부록으로 실었음]

佳人薄命 [　　]
(　　)(　　)(　　)(　　)
도▸ 소식(蘇軾)의 '薄命佳人詩'에 나오는 말로, '아름다운 여자는 수명이 짧음'을 이르는 말.

糖類(　　)(　　)[　　]
도▸ 액체(液體)에 녹으며 단맛이 있는 탄수화물.

製糖(　　)(　　)[　　]
도▸ 설탕을 만듦.

昔年(　　)(　　)[　　]
도▸ ①옛날. 여러 해 전. ②지난해

古昔(　　)(　　)[　　]
도▸ 오랜 옛날. 옛적.

耶蘇(　　)(　　)[　　]
도▸ 예수. 그리스도.

有耶無耶 [　　]
(　　)(　　)(　　)(　　)
도▸ 있는 듯 없는 듯 흐지부지함.

押留(　　)(　　)[　　]
도▸ 법에 따라 채무자의 재산의 사용이나 처분을 금하는 것.

押送(　　)(　　)[　　]
도▸ 죄인이나 피의자를 어떤 곳에서 다른 곳으로 옮기는 일.

押收(　　)(　　)[　　]
도▸ 증거물이나 몰수할 물건 등을 강제로 거둬 감.

薄利多賣 [　　]
(　　)(　　)(　　)(　　)
도▸ 상품(商品)의 이익(利益)을 적게 보고 많이 팔아 이문(利文)을 올리는 일.

도움글

○ 계발(啓發)과 개발(開發) ○ 開發 : 인간 생활에 도움이 되는 새로운 것을 생각해 내어 실용화하는 일.

1. 아래 한자어漢字語의 독음讀音을 쓰세요.

啓示[ ]	軟質[ ]	糖分[ ]	薄氷[ ]	果糖[ ]	拜啓[ ]
軟弱[ ]	軟骨[ ]	野薄[ ]	輕薄[ ]	淺薄[ ]	薄待[ ]

2. 아래 글을 읽고 밑줄 친 낱말은 한자漢字로, 한자어漢字語는 독음讀音으로 고쳐 쓰세요.

최근[1]의 우리 사회 일각[2]에서 활발(活潑)하게 논의[3]하고 있는 감성[4]지능[5] 또는 情緖[6]적 지능의 槪念[7]은 인간의 행복과 성공[8]을 위해서 情緖的 능력이 가장 중요한 요소[9]라는 다니엘 골만의 이론[10]을 중심으로 하고 있다. 衝動[11]의 조절[12], 忍耐[13]력, 열정[14]과 자발[15]적 동기[16], 공감[17]과 사회적 機敏性[18], 자기 자신에 대한 이해[19] 같은 것이 감성 지능에 包含[20]된다. 감성 지능의 계발은 교육의 새로운 과제[21]가 되고 있으며 현대인이 겪고 있는 情緖的 고통[22]과 도덕적 문제를 해결할 수 있는 새로운 가능성[23]을 보여주고 있다.

우리나라의 교육적 위기[24]는 창조[25]적 지성의 발전과 情緖的 능력의 함양(涵養)을 疏忽[26]히 하는 것에서도 비롯되지만 도덕적 능력의 향상을 위한 교육적 노력이 지식의 전수[27]에서 그치는 것에도 있다. 情緖的 능력이나 도덕적 능력은 구조화[28]된 교실의 활동을 통해서도 어느 정도 길러질 수 있다. 그러나 그러한 능력은 근본적으로 자연스러운 생활 속에서 이루어지는 경험[29]을 교육적으로 다루어 나아갈 때에만 제대로 길러질 수 있게 되는 것이다. 교육이 교실에서만 이루어지는 것으로 생각하는 것은 교실보다 더 큰 사회와 자연 속에서 이루어지는 참된 의미의 교육을 忘却[30]하는 것이다.

-「서울신문 - 時論」 中

1.	2.	3.	4.	5.	6.
7.	8.	9.	10.	11.	12.
13.	14.	15.	16.	17.	18.
19.	20.	21.	22.	23.	24.
25.	26.	27.	28.	29.	30.

3. 아래 한자漢字는 쓰임에 따라 음音이 여러 가지로 변화되는 글자이다. [ ] 속에 독음讀音을 쓰세요.

1 說(말씀 설, 달랠 세, 기쁠 열) :	說敎[ ]	遊說[ ]	喜說[ ]	說明[ ]
2 辰(별 진, 지지地支 진, 때 신) :	辰星[ ]	生辰[ ]	日辰[ ]	誕辰[ ]
3 樂(즐길 락, 노래 악, 좋아할 요) :	樂隊[ ]	樂園[ ]	樂山樂水[ ]	

도움글

- 혼동하기 쉬운 글자! 참1 傳(전), 博(박), 傅(부) 참2 佳(가), 住(주), 往(왕) 참3 暮(모), 墓(묘), 幕(막)
- 薄氷 : ①살얼음. ②'근소한 차이'를 비유적으로 이르는 말.
- 拜啓 : '절하고 아뢴다.'는 뜻으로, 편지 첫머리에 쓰는 말. 비 경계(敬啓). 근계(謹啓).

아래 한자의 뜻과 소리를 빈칸에 쓰세요. ☆표는 3급Ⅱ 漢字임.

昇☆(日)	臟☆(肉)	唯(口)	尙☆(小)	猶☆(犬)	獄☆(犬)	妥(女)	遷☆(辵)
오를 승	오장 장:	오직 유	오히려 상▸	오히려 유	옥[囚舍] 옥	온당할 타:	옮길 천:

아래 설명을 읽고 빈칸에 보기 와 같이 쓰세요. 보기 良書(어질 량)(글 서)[양서]

昇級(　)(　)[　]
도▸ 등급(等級)이 오름.

昇降機[　]
(　)(　)(　)
도▸ 사람이나 짐을 아래위로 나르는 기계(器械). 엘리베이터.

臟器(　)(　)[　]
도▸ 내장(內臟)의 여러 기관. [특히 흉강(胸腔)과 복강(腹腔)에 있는 기관] 활臟器를 寄贈하여 수많은 생명을 살리는 고귀한 삶.

肺臟(　)(　)[　]
도▸ 육상동물(陸上動物) 호흡기의 주요 부분. 폐부(肺腑). 허파. 준폐.

唯識(　)(　)[　]
도▸ 불교에서, 일체의 제법(諸法)은 오직 식(識)이 변하여 이루어진 것이라는 말.

唯物論[　]
(　)(　)(　)
도▸ 영혼이나 정신 따위의 실재(實在)를 부정하고, 우주 만물의 궁극적 실재는 물질뿐이라고 보는 이론. 반유심론(唯心論).

高尙(　)(　)[　]
도▸ 인품(人品)이나 학문(學問)·취미(趣味) 따위가 정도가 높으며 품위(品位)가 있음.

崇尙(　)(　)[　]
도▸ 높이어 소중(所重)하게 여김.

猶豫(　)(　)[　]
도▸ ①우물쭈물하며 망설임. ②시일(時日)을 미루거나 늦춤.

過猶不及[　]
(　)(　)(　)(　)
도▸ '지나침은 미치지 못함과 같다.'는 뜻으로, '중용(中庸)이 중함'을 이름. 준과불급(過不及).

監獄(　)(　)[　]
도▸ ①조선 말에 '감옥서(監獄署)'를 고친 이름으로, 형벌의 집행에 관한 사무를 맡아보던 관아. ②'교도소'를 이전에 이르던 말. 준옥(獄).

脫獄(　)(　)[　]
도▸ 죄수(罪囚)가 교도소(矯導所)를 빠져나와 도망함. 탈감(脫監).

妥當(　)(　)[　]
도▸ ①사리에 마땅하고 온당(穩當)함. ②철학에서, '어떤 판단이나 처사가 실정과 도리에 합당하여 인식상의 가치를 지니고 있음'을 이르는 말.

妥協(　)(　)[　]
도▸ 두 편이 서로 좋도록 절충(折衷)하여 협의(協議)함, 또는 그 협의.

遷都(　)(　)[　]
도▸ 도읍(都邑)을 옮김.

變遷(　)(　)[　]
도▸ 세월이 흐르는 동안에 변하여 달라짐. 변이(變移). 활생물의 變遷 과정을 조사하다.

도움글

○ '昇降'과 '乘降'은 모두 뜻이 서로 대립되는 한자로 결합된 한자어이다. '昇降'은 '登降'과 같은 말로, '(엘리베이터 따위가) 오르고 내리는 것'을 뜻하고, '乘降'은 '(차, 배, 비행기 따위를) 타고 내리는 것'을 뜻한다.

1. 아래 한자어漢字語의 독음讀音을 쓰세요.

獄訟[ ]	獄案[ ]	獄囚[ ]	昇降[ ]	出獄[ ]	誇尙[ ]
遷轉[ ]	播遷[ ]	累遷[ ]	左遷[ ]	昇進[ ]	昇合[ ]
妥安[ ]	上昇[ ]	妥議[ ]	昇天[ ]	昇沈[ ]	乘合[ ]
尙宮[ ]	昇格[ ]	尙古[ ]	尙武[ ]	肝臟[ ]	妥結[ ]

2. 아래 글을 읽고 밑줄 친 낱말은 한자漢字로, 한자어漢字語는 독음讀音으로 고쳐 쓰세요.

경영[1] 기본[2] 이념[3]은 첫째로 우리 경영인들이 기업을 보는 견해[4]가 기업에 臨[5]하는 태도[6] 즉, 기업[7]관의 합의[8]가 이루어져야 한다.

둘째로 기업을 경영하는 데 있어 목표[9]를 어디에 둘 것인가를 정해야 한다.

셋째로 우리 경영인들이 경영에 임할 때 많은 규칙[10]이나 방침[11]을 정하거나 의사[12]결정을 내려야 하는데 이 때 합의된 일정[13]한 경영 원칙[14]이 없으면 줏대를 잃게 되고 시간에 따라, 상황[15]에 따라, 사람에 따라, 그 내용이 변할 수 없다. 기업 경영의 판단[16] 기준[17]은 여러 가지가 있을 수 있겠으나 어느 기업은 기업의 흥망[18]에 기준을 두고 경영 원칙을 정하기도 하였다.

1.	2.	3.	4.	5.訓音	6.
7.	8.	9.	10.	11.	12.
13.	14.	15.	16.	17.	18.

3. 다음 한자漢字를 약자略字로 쓰세요.

(1) 國 …… ( )	(4) 對 …… ( )	(7) 舊 …… ( )	(10) 萬 …… ( )
(2) 實 …… ( )	(5) 區 …… ( )	(8) 假 …… ( )	(11) 擔 …… ( )
(3) 廣 …… ( )	(6) 擇 …… ( )	(9) 圖 …… ( )	(12) 學 …… ( )

4. 아래 한자어漢字語와 뜻이 서로 반대反對, 또는 상대相對되는 한자어漢字語를 □ 속에 한자漢字로 쓰세요.

別居 ↔ □　　自律 ↔ □　　輕視 ↔ □　　高調 ↔ □

도움글

○ 혼동하기 쉬운 글자! 참1 囚(수)와 因(인) 참2 獄(옥)과 嶽(악) 참3 乘(승)과 乖(괴) 참4 宮(궁)과 官(관)
○ 播遷 : 임금이 도성을 떠나 다른 곳으로 피란(避亂)하던 일. 거빈(去邠), 파월(播越), 파탕(播蕩).

아래 한자의 뜻과 소리를 빈칸에 쓰세요.

☆표는 3급Ⅱ 漢字임.

裁☆(衣)	漆☆(水)	妃☆(女)	攝(手)	誦(言)	莫☆(艸)	慾☆(心)	恕☆(心)
옷마를 재	옻 칠	왕비 비	다스릴 섭 잡을 섭	욀 송ː	없을 막	욕심 욕	용서할 서ː

아래 설명을 읽고 빈칸에 보기 와 같이 쓰세요.

보기 良書(어질 량)(글 서)[양서]

決裁(　　　)(　　　)[　　　]
도▸ 상관(上官)이 부하(部下)가 제출(提出)한 의안(議案)을 헤아려 승인(承認)함.

裁判(　　　)(　　　)[　　　]
도▸ 구체적인 쟁송(爭訟)을 해결하기 위하여 국가기관인 법원(法院)이나 법관(法官)이 내리는 공권적(公權的) 판단.

漆板(　　　)(　　　)[　　　]
도▸ 분필(粉筆)로 글씨를 쓰게 된 흑색(黑色)이나 녹색(綠色)의 판.

漆黑(　　　)(　　　)[　　　]
도▸ 검고 윤이 나는 빛깔. 용 漆黑 같은 밤.

貴妃(　　　)(　　　)[　　　]
도▸ ①조선 초의, 후궁(後宮)의 가장 높은 지위. ②고려 때, 비빈(妃嬪)에게 주던 칭호(稱號).

皇妃(　　　)(　　　)[　　　]
도▸ 황제(皇帝)의 아내. 황후(皇后).

攝理(　　　)(　　　)[　　　]
도▸ 자연계를 지배하고 있는 원리. 용 자연의 **攝理**.

包攝(　　　)(　　　)[　　　]
도▸ 남을 자기편으로 끌어넣음. 용 **包攝**을 당하다.

暗誦(　　　)(　　　)[　　　]
도▸ 시가(詩歌)나 문장(文章) 따위를 적은 것을 보지 않고 입으로 욈.

讀誦(　　　)(　　　)[　　　]
도▸ ①소리를 내어 읽음. ②독경(讀經).

莫論(　　　)(　　　)[　　　]
도▸ 주로, '莫論하고'의 꼴로 쓰이어, '따져 말할 나위도 없이', '논의할 것도 없이'의 뜻을 나타냄.

莫強(　　　)(　　　)[　　　]
도▸ 더할 수 없이 강함.

慾望(　　　)(　　　)[　　　]
도▸ 무엇을 하거나 가지고 싶어 간절(懇切)히 바라고 원함, 또는 그 마음.

貪慾(　　　)(　　　)[　　　]
도▸ ①탐내는 욕심. 준 탐(貪). ②불교에서 이르는 삼독(三毒)의 하나, 자기 뜻에 맞는 사물에 애착(愛着)하여 만족할 줄 모르는 일.

寬恕(　　　)(　　　)[　　　]
도▸ 너그럽게 용서함. 관면(寬免). 관유(寬宥).

容恕(　　　)(　　　)[　　　]
도▸ 잘못이나 죄를 꾸짖거나 벌하지 않고 끝냄.

도움글

- '讀'자는 쓰임에 따라 뜻과 소리가 달라지는 한자이다. 예1 讀書(독서) 예2 句讀(구두) 예3 吏讀(이두)
- '攝理'은 뜻이 서로 비슷한 한자로 결합된 한자어이다. 참 暗 = 冥(암명), 貪 = 慾(탐욕), 皇 = 帝(황제)
- '裁(옷마를 재)'자의 뜻인 '마르다'는 '옷감이나 재목 따위의 재료를 치수에 맞게 자르는 것'을 이르는 말이다.
- **나무 그늘 아래서 쉬어가기.**

문 다음 한자 중 점을 하나 찍으면 단단해지고, 점을 빼면 다시 물렁물렁해지는 것은?

① 今　② 王　③ 大　④ 水

정답☞다음 쪽

1. 아래 한자어漢字語의 독음讀音을 쓰세요.

誦經[ ]	裁斷[ ]	制裁[ ]	王妃[ ]	裁量[ ]	裁可[ ]
莫大[ ]	索莫[ ]	慾心[ ]	莫重[ ]	過慾[ ]	慾求[ ]
食慾[ ]	忠恕[ ]	裁決[ ]	淫慾[ ]	攝取[ ]	攝政[ ]

2. 아래 글을 읽고 밑줄 친 낱말은 한자漢字로, 한자어漢字語는 독음讀音으로 고쳐 쓰세요.

(1) 조선 (배를 만듦) ……………… ( )	(6) 호국 (나라를 지킴) …………… ( )
(2) 항상 (늘) ……………………………… ( )	(7) 노송 (늙은 소나무) …………… ( )
(3) 백반 (쌀밥) ………………………… ( )	(8) 가격 (값) …………………………… ( )
(4) 노력 (힘씀) ………………………… ( )	(9) 골격 (뼈대) ……………………… ( )
(5) 추종 (뒤따름) …………………… ( )	(10) 독소 (독이 되는 성분) ……… ( )

3. 다음 단어單語와 뜻이 서로 반대反對 또는 상대相對되는 단어를 【보기】에서 골라 한자漢字로 쓰세요.

【보기】 徐行 早急 均等 庶民 妥協 平安 需要 團體 誠實 自立 革新 許多

(1) 苦痛 - ( )	(3) 固執 - ( )	(5) 差別 - ( )
(2) 貴族 - ( )	(4) 依支 - ( )	(6) 保守 - ( )

4. 다음의 훈訓과 음音에 맞는 한자漢字를 쓰세요.

1. 낮을 저 ( )	2. 고기 육 ( )	3. 등 배 ( )
4. 힘쓸 노 ( )	5. 끝 단 ( )	6. 콩 두 ( )
7. 머무를 류 ( )	8. 깊을 심 ( )	9. 절 사 ( )
10. 별 성 ( )	11. 갈 왕 ( )	12. 날 비 ( )
13. 옮길 이 ( )	14. 은혜 은 ( )	15. 도울 조 ( )
16. 달릴 주 ( )	17. 벌레 충 ( )	18. 마루 종 ( )

○ 攝政 ▷ 임금이 어떤 사정으로 직접 다스릴 수 없을 때, 임금을 대신하여 나라를 다스림, 또는 그러한 사람.

○ (167쪽)정답☞ ④ 水 - 水+丶=氷(얼음 빙)

아래 한자의 뜻과 소리를 빈칸에 쓰세요.

☆표는 3급Ⅱ 漢字임.

仰☆(人)	雷☆(雨)	井☆(二)	韻☆(音)	響☆(音)	哭☆(口)	旣(无)	詠(言)
우러를 앙	우레 뢰	우물 정	운 운	울릴 향	울 곡	이미 기	읊을 영

아래 설명을 읽고 빈칸에 보기 와 같이 쓰세요.

보기 良書(어질 량)(글 서)[양서]

信仰(　　)(　　)[　　]
도▸ 신(神) 등을 굳게 믿어 그 가르침을 지키고 그에 따르는 일.

仰祝(　　)(　　)[　　]
도▸ 우러러 축하(祝賀)함.

避雷(　　)(　　)[　　]
도▸ 낙뢰(落雷)를 피함.

附和雷同[　　]
(　　)(　　)(　　)(　　)
도▸ 아무런 주견(主見)이 없이 남의 의견(意見)이나 행동에 덩달아 따름. 雷同附和.

井華水[　　]
(　　)(　　)(　　)
도▸ 이른 새벽에 길은 깨끗한 우물물. 예기단에 井華水를 올려놓고 아들의 합격을 기원하였다.

天井不知[　　]
(　　)(　　)(　　)(　　)
도▸ '천장을 모른다.'는 뜻으로, '물건 값 따위가 자꾸 오르기만 함'을 이르는 말.

音韻(　　)(　　)[　　]
도▸ ①한자의 음(音)과 운(韻). ②말을 이루는 하나하나의 소리. 음소(音素).
참 陰雲(음운)▹짙게 낀 검은 비구름.

韻致(　　)(　　)[　　]
도▸ 고아(高雅)한 품격을 갖춘 멋. 풍치(風致).

響應(　　)(　　)[　　]
도▸ ①소리에 따라 마주 소리가 울림. ②남의 주창(主唱)에 따라 마주 같은 행동을 함.
참 饗應(향응)▹특별히 융숭(隆崇)하게 대접함.

音響(　　)(　　)[　　]
도▸ 소리의 울림. 울리어 귀로 느끼게 되는 소리

哭聲(　　)(　　)[　　]
도▸ 곡(哭)하는 소리.
참 曲城(곡성)▹굽이지게 쌓은 성벽. 곱은 성.

痛哭(　　)(　　)[　　]
도▸ 목 놓아 큰소리로 욺.
참 慟哭(통곡)▹큰소리로 섧게 욺.

旣決(　　)(　　)[　　]
도▸ ①이미 결정됨. 이결(已決). ②재판의 판정이 이미 확정(確定)됨.
참 起結(기결)▹①사물의 처음과 끝. 시작과 마침. ②한시(漢詩)에서의 기구(起句)와 결구(結句).

旣得權[　　]
(　　)(　　)(　　)
도▸ 특정한 개인이나 법인, 또는 국가가 정당한 절차(節次)를 밟아 이미 얻은 법률상의 권리.

詠歎(　　)(　　)[　　]
도▸ ①깊이 감동함. ②감동을 소리로 내어 나타냄.

詠懷(　　)(　　)[　　]
도▸ 품은 感懷(감회)를 시가(詩歌)로 읊음.

도움글

○ '詠'자와 '咏'자는 뜻과 소리가 같은 異體字이다.

정답☞ 다음 쪽

문1 다음 중 한자의 쓰임이 바르지 않은 것은? ① 珠算(주산) ② 恨界(한계) ③ 短篇(단편) ④ 信賴(신뢰)

문2 다음 중 한자의 쓰임이 바르지 않은 것은? ① 暫時(잠시) ② 潤擇(윤택) ③ 著述(저술) ④ 照明(조명)

1. 아래 한자어漢字語의 독음讀音을 쓰세요.

影響[ ]	魚雷[ ]	旣婚[ ]	反響[ ]	旣望[ ]	詠歌[ ]
哭泣[ ]	仰告[ ]	愛詠[ ]	仰見[ ]	仰望[ ]	仰訴[ ]
旣成[ ]	雷管[ ]	雷聲[ ]	地雷[ ]	落雷[ ]	誦詠[ ]
韻字[ ]	機雷[ ]	韻文[ ]	鬼哭[ ]	押韻[ ]	仰視[ ]

2. 아래 글을 읽고 밑줄 친 낱말은 한자漢字로, 한자어漢字語는 독음讀音으로 고쳐 쓰세요.

국가의 배경[1]이 없는 언어, 국가의 공용어[2]로 인정[3]되지 아니한 언어는 국어가 될 수 없다.

가령[4] 한 국가에 수종[5]의 국가가 竝立[6]하여 있는 경우는 그 각 언어가 민족을 배경으로 하는 동시[7]에 국가도 배경으로 삼는 까닭에 즉 공용어로 인정된 까닭에 국어로서의 의의[8]를 가지게 된다.

한 나라의 국어가 단일[9]하다 할지라도 그 구체적[10] 言語의 전체[11]가 지역[12]적으로 또는 사회적으로 반드시 동일[13]하지는 않다. 방언[14]이 있는 동시에 어떠한 特殊[15]한 사회[16] 혹은 계급[17]에 한하여서만 사용되는 말도 있다. 이와 같은 말은 그 전부[18]가 그대로 국어가 될 수는 없고, 그 국민의 다수[19]가 이해[20]할 수 있는 말, 즉 표준어[21]라야 비로소 국어로 缺陷[22]이 없는 요건[23]을 구비[24]하게 될 것이다.

1.	2.	3.	4.	5.	6.
7.	8.	9.	10.	11.	12.
13.	14.	15.	16.	17.	18.
19.	20.	21.	22.	23.	24.

3. 다음 한자성어漢字成語를 완성完成하세요.

(1) 進 ( ) 維 谷	(2) 面 ( ) 腹 背	(3) 矯 角 ( ) 牛
(4) 自 ( ) 自 得	(5) 脣 ( ) 齒 寒	(6) 口 尙 ( ) 臭
(7) 風 ( ) 之 歎	(8) ( ) 木 求 魚	(9) ( ) 恭 非 禮
(10) ( ) 池 肉 林	(11) ( ) 株 待 兔	(12) 大 ( ) 晩 成

도움글

- 雷逢電別(뇌봉전별) ▷ '천둥같이 만나고 번개같이 작별한다.'는 뜻으로, '홀연(忽然)히 상봉(相逢)하였다가 홀연히 이별하는 것'을 말함.
- (169쪽) 정답 ☞ 문1 ②恨界(한계) → 限界(한계) 문2 ②潤擇(윤택) → 潤澤(윤택)

아래 한자의 뜻과 소리를 빈칸에 쓰세요.

☆표는 3급Ⅱ 漢字임.

稿☆(禾)	脅☆(肉)	閏(門)	奚(大)	逮(辵)	淫☆(水)	賴☆(貝)	斯(斤)
원고 고 볏짚 고	위협할 협	윤달 윤:	어찌 해	잡을 체	음란할 음	의뢰할 뢰:	이 사

아래 설명을 읽고 빈칸에 보기 와 같이 쓰세요.

보기 良書(어질 량)(글 서)[양서]

草稿(　　)(　　)[　　]
도▸ 시문(詩文)의 초벌 원고(原稿).

投稿(　　)(　　)[　　]
도▸ 신문사・잡지사 따위에 원고(原稿)를 보냄.

寄稿(　　)(　　)[　　]
도▸ 신문・잡지 등에 싣기 위하여 원고를 써서 보냄. 用 정해진 기간에 寄稿하기 바람.
참 氣高萬丈(기고만장) ▹ 펄펄 뛸 만큼 크게 성이 남. 用 氣高萬丈한 태도.

脅迫(　　)(　　)[　　]
도▸ ①어떤 일을 강제로 시키기 위하여 을러서 괴롭게 굶. ②해악(害惡)을 끼치겠다는 말을 하거나 태도를 지어 남에게 겁을 주는 일.

威脅(　　)(　　)[　　]
도▸ 으르고 협박(脅迫)함. 공하(恐嚇). 위하(威嚇).

閏餘(　　)(　　)[　　]
도▸ ①나머지. ②윤월(閏月).

閏朔(　　)(　　)[　　]
도▸ 윤년(閏年)에 드는 달, 또는 윤일(閏日)이 든 달. [태음력에서는 평년보다 한 달을 더하여 윤달을 만들고, 태양력에서는 2월이 평년보다 하루가 많음]

奚琴(　　)(　　)[　　]
도▸ 민속 악기의 한 가지. 깡깡이. [둥근 나무통에 긴 나무를 박고 두 가닥의 명주실을 매어 활로 비벼서 켬]
참 解禁(해금) ▹ 금지하였던 것을 풂.

逮捕(　　)(　　)[　　]
도▸ 죄인이나 혐의(嫌疑)가 있는 사람을 붙잡음. 用 범인의 逮捕에 현상금이 걸려 있다.

逮繫(　　)(　　)[　　]
도▸ 체포하여 옥(獄)에 가둠.

淫亂(　　)(　　)[　　]
도▸ 음탕(淫蕩)하고 난잡(亂雜)함.

淫談(　　)(　　)[　　]
도▸ 음란하고 방탕한 이야기. 用 여자 직원의 얼굴을 쳐다보면서 淫談을 늘어놓는 것도 성희롱이다.

信賴(　　)(　　)[　　]
도▸ 믿고 의지(依支)함. 用 남북 대화는 信賴를 쌓는 것이 무엇보다 중요하다.

依賴(　　)(　　)[　　]
도▸ ①남에게 의지(依支)함. ②남에게 부탁(付託)함. 用 소송(訴訟)을 依賴하다.

斯文(　　)(　　)[　　]
도▸ ①유교(儒教)의 도의(道義), 또는 그 문화. ②유학자(儒學者)를 높이어 이르는 말.
참 沙門(사문) ▹ 출가하여 도를 닦는 불교의 수도승.

斯文亂賊[　　]
(　　)(　　)(　　)(　　)
도▸ 유교 사상에 어긋나는 언행을 하는 사람.

脅奪(　　)(　　)[　　]
도▸ 위협(威脅)하여 빼앗음.

도움글

○ '草稿'에서 '草'자는 '초벌=애벌'을 뜻하는 말로, '같은 일을 여러 차례 거듭하여야 할 때에 맨 처음 대강하여 낸 차례'를 이르는 말이다. 참 기초(起草), 초안(草案), 초매(草昧), 초본(草本), 초집(草集), 초창(草創)

1. 아래 한자어漢字語의 독음讀音을 쓰세요.

淫樂[ ]	淫貪[ ]	淫縱[ ]	原稿[ ]	脅制[ ]	舊稿[ ]
拙稿[ ]	淫慾[ ]	稿料[ ]	脫稿[ ]	投稿[ ]	遺稿[ ]

2. 다음 단어單語를 한자漢字로 쓰세요.

(1) 협력 (힘을 모아 서로 도움)	(6) 창조 (새로운 것을 처음으로 만듦)
(2) 수비 (지키어 막음)	(7) 중생 (많은 생명 있는 것들)
(3) 진실 (거짓이 없고 참됨)	(8) 단위 (사물을 비교 계산하는 기본이 되는 것)
(4) 연결 (서로 이어 맺음)	(9) 해답 (질문이나 문제에 대하여 답함)
(5) 정치 (국가의 주권자가 통치함)	(10) 향기 (향냄새)

(1)	(2)	(3)	(4)	(5)
(6)	(7)	(8)	(9)	(10)

3. 다음 한자와 어울려 서로 뜻이 통하는 한자를 【보기】에서 골라 2음절의 한자어를 완성하세요.

【보기】 可 入 分 冷 約 雅 加 埋 場 求 彩 收 罷 誓 沈 農 兒 聯 手 腸 立 墨

(1) 職　(2) 淡　(3) 盟　(4) 沒

4. 다음 한자어漢字語의 독음讀音을 쓰세요.

1. 冠婚 ( )	2. 拘留 ( )	3. 緊密 ( )	4. 廢刊 ( )	5. 慣習 ( )
6. 症狀 ( )	7. 需要 ( )	8. 輸送 ( )	9. 司祭 ( )	10. 召集 ( )
11. 演技 ( )	12. 僞裝 ( )	13. 裁判 ( )	14. 愼重 ( )	15. 憂慮 ( )
16. 擴張 ( )	17. 胸中 ( )	18. 徹底 ( )	19. 含蓄 ( )	20. 橫材 ( )
21. 借額 ( )	22. 慘劇 ( )	23. 疾病 ( )	24. 執筆 ( )	25. 贊成 ( )
26. 債務 ( )	27. 契約 ( )	28. 賤職 ( )	29. 倉庫 ( )	30. 拾得 ( )
31. 糖類 ( )	32. 臨終 ( )	33. 謀士 ( )	34. 淡水 ( )	35. 突破 ( )
36. 返還 ( )	37. 凡常 ( )	38. 腐敗 ( )	39. 沒落 ( )	40. 培養 ( )
41. 畜産 ( )	42. 奪取 ( )	43. 被告 ( )	44. 追加 ( )	45. 衝擊 ( )

도움글

○ 淫縱 : 음란(淫亂)하고 방탕(放蕩)하여 하고 싶은 일을 제멋대로 함.

아래 한자의 뜻과 소리를 빈칸에 쓰세요.

☆표는 3급Ⅱ 漢字임.

頻(頁)	夷(大)	吟(口)	久☆(丿)	熟☆(火)	循(彳)	此☆(止)	克☆(儿)
자주 빈	오랑캐 이	읊을 음	오랠 구:	익을 숙	돌[轉] 순	이 차	이길 극

아래 설명을 읽고 빈칸에 보기 와 같이 쓰세요.

보기 良書(어질 량)(글 서)[양서]

頻繁(　)(　)[　]
뜻▸ 매우 잦음. 빈번(頻煩). 빈삭(頻數). 문 왕래(往來)가 頻繁하다.

頻發(　)(　)[　]
뜻▸ 일이 자주 일어남. 문 頻發하는 방화(放火)사건.

夷滅(　)(　)[　]
뜻▸ ①멸망(滅亡)시킴. ②지형(地形) 따위가 메워져 평평하게 됨.

東夷族[　]
(　)(　)(　)
뜻▸ 중국 사람들이 그들의 동쪽에 있는 이민족들을 멸시(蔑視)하여 이르던 말. [우리나라를 일컬음]

吟味(　)(　)[　]
뜻▸ ①시가(詩歌)를 읊조리며 그 깊은 뜻을 맛봄. ②사물의 내용이나 속뜻을 깊이 새기어 맛봄.

吟風弄月[　]
(　)(　)(　)(　)
뜻▸ 맑은 바람과 밝은 달을 대하여 시를 지어 읊으며 즐김. 음풍영월(吟風咏月). 준 풍월(風月).

久遠(　)(　)[　]
뜻▸ 아득히 멀고 오램. 영원함.
참 救援(구원) ▹ ①위험이나 곤란(困難)에 빠져 있는 사람을 구하여 줌. ②기독교에서, 인류를 죄악(罪惡)과 고통(苦痛)과 죽음에서 건져내는 일.

克己(　)(　)[　]
뜻▸ 자기의 욕망(慾望)이나 충동·감정 따위를 의지로 눌러 이김. 자제(自制).

熟眠(　)(　)[　]
뜻▸ 잠이 깊이 듦, 또는 그 잠. 숙수(熟睡).
참 熟面(숙면) ▹ 여러 번 보아 잘 아는 얼굴.

深思熟考[　]
(　)(　)(　)(　)
뜻▸ 깊이 생각함, 또는 그 생각. 문 深思熟考하여 그 일을 처리하시오.

循環(　)(　)[　]
뜻▸ 한 차례 돌아서 다시 먼저의 자리로 돌아옴, 또는 그것을 되풀이함.

因循(　)(　)[　]
뜻▸ ①내키지 않아서 머뭇거림. ②낡은 인습(因襲)을 고집(固執)하고 고치지 않음.

此際(　)(　)[　]
뜻▸ 이 즈음, 이 기회. [주로 '차제에'의 꼴로 쓰임] 此期(차기).

於此彼[　]
(　)(　)(　)
뜻▸ '어차어피(於此於彼)'의 준말. 이차피(以此彼).

克服(　)(　)[　]
뜻▸ 어렵고 힘든 일을 이겨냄.
참 克復(극복) ▹ 어려운 상태를 이겨내어 본디의 상태로 되돌아감.

持久(　)(　)[　]
뜻▸ 어떤 상태를 오래 버티어 견딤.
참 地球(지구) ▹ 인류가 살고 있는 천체. [자전(自轉)하면서 태양의 세 번째 궤도를 공전함]

도움글

○ 혼동하기 쉬운 글자! 참1 持(지)와 特(특) 참2 此(차)와 比(비) 참3 熟(숙)과 孰(숙) 참4 頻(빈)과 煩(번)

1. 아래 한자어漢字語의 독음讀音을 쓰세요.

成熟[　　]	恒久[　　]	熟計[　　]	半熟[　　]	吟誦[　　]	熟練[　　]
熟醉[　　]	燒夷[　　]	未熟[　　]	此生[　　]	久留[　　]	長久[　　]
循行[　　]	久屈[　　]	循良[　　]	吟曲[　　]	熟成[　　]	熟讀[　　]
審克[　　]	熟達[　　]	超克[　　]	彼此[　　]	此乘[　　]	完熟[　　]
朗吟[　　]	圓熟[　　]	悠久[　　]	吟詠[　　]	早熟[　　]	久別[　　]

2. 아래 글을 읽고 밑줄 친 낱말은 한자漢字로, 한자어漢字語는 독음讀音으로 고쳐 쓰세요.

가 역사[1]는 현재에서 떨어진 과거[2]의 사실을 연구[3]하는 것이지만 현재 사실을 전혀 忘却[4]한 죽은 학문[5]으로 관념[6]되어서는 안 된다. 이런 의미에서 역사는 될수록 현재 현실에 立脚[7]하여 현재와의 關聯[8]에서 과거를 고찰[9]해야 할 것이다. 다시 말하면 역사는 현재를 더욱 명확[10]히 이해[11]하기 위하여 또 자아[12] 반성 자아비판[13]을 위하여 과거에 관한 생동[14]한 지식[15]을 얻고자 함에 그 목적이 있다.

나 시인의 동심[16]이 매양[17] 존중[18]되는 것은 이 때문이다. 어린이의 마음은 인생을 넓게 관찰[19]하고 깊이 思索[20]한다고 해서가 아니라, 맑은 눈으로써, 다시 말하면 이기적인 고려[21]에서 해방[22]되어 자연과 인생을 똑바로 보고 純眞[23]하게 지각[24]할 수 있기 때문에 존중된다.

1.	2.	3.	4.	5.	6.
7.	8.	9.	10.	11.	12.
13.	14.	15.	16.	17.	18.
19.	20.	21.	22.	23.	24.

3. 아래 한자어漢字語와 뜻이 서로 반대反對, 또는 상대相對되는 한자어漢字語를 □ 속에 한자漢字로 쓰세요.

複數 ↔ □　　固定 ↔ □　　對話 ↔ □　　凶年 ↔ □

□ ↔ 友好　　□ ↔ 怨恨　　□ ↔ 形式　　□ ↔ 暗黑

도움글

○ **나무 그늘 아래서 쉬어가기.**

문 옛날 어느 대감 집 식객이 '日'자를 세로로 길게 쓰고, 또 '心'자에서 가운데 한 점을 지운 후에 이를 대감에게 보였다. 이는 무엇을 뜻하는 것일까?

①내기 바둑이나 한 판 두지요. ②배가 고프다. ③산책이나 갑시다. ④날씨가 좋습니다.

정답☞176쪽

아래 한자의 뜻과 소리를 빈칸에 쓰세요.

☆표는 3급Ⅱ 漢字임.

携(手)	也(乙)	厄(厂)	遂(辵)	謂(言)☆	飢(食)	泣(水)	供(人)☆
이끌 휴	이끼 야ː 어조사 야ː	액 액	드디어 수	이를 위	주릴 기	울 읍	이바지할 공ː

아래 설명을 읽고 빈칸에 보기 와 같이 쓰세요.

보기 良書(어질 량)(글 서)[양서]

携帶(　)(　)[　]
뜻▸ 어떤 물건을 몸에 지님. 휴지(携持).

提携(　)(　)[　]
뜻▸ 공동(共同)의 목적을 위하여 서로 도움, 또는 공동으로 일을 함.

也帶(　)(　)[　]
뜻▸ 문무과(文武科)의 방(傍)이 났을 때 급제(及第)한 사람이 띠던 띠.

厄運(　)(　)[　]
뜻▸ 재난(災難)을 당할 운수(運數).

災厄(　)(　)[　]
뜻▸ 재앙(災殃)과 액운(厄運). 준재(災).

橫厄(　)(　)[　]
뜻▸ 뜻밖에 당하게 되는 아주 나쁜 일.

遂行(　)(　)[　]
뜻▸ 일을 계획(計劃)한 대로 해냄.
참修行(수행) ▹ ①행실을 바르게 닦음. ②불도(佛道)를 닦음.
참隨行(수행) ▹ ①높은 지위에 있는 사람을 따라감. ②따라 행함.

完遂(　)(　)[　]
뜻▸ 목적(目的)이나 책임을 모두 이루거나 다함.

提供(　)(　)[　]
뜻▸ 보내어 이바지함. 갖다 바침. 日자료를 提供하다.

稱謂(　)(　)[　]
뜻▸ ①사물을 부르는 이름. 명칭(名稱). ②의견을 진술함. 칭술(稱述).

所謂(　)(　)[　]
뜻▸ 이른바.
참少尉(소위) ▹ 중위(中尉)의 아래 계급(階級).

飢渴(　)(　)[　]
뜻▸ 배고프고 목마름.

飢寒(　)(　)[　]
뜻▸ 굶주림과 추위.
참期限(기한) ▹ ①미리 작정한 때. ②일정한 때.

泣血(　)(　)[　]
뜻▸ 어버이의 상(喪)을 당하여 피눈물을 흘리며 슬피 욺.

泣請(　)(　)[　]
뜻▸ 울면서 청(請)함.

感泣(　)(　)[　]
뜻▸ 감격(感激)·감동(感動)하여 욺. 日은혜에 感泣하다.

供給(　)(　)[　]
뜻▸ ①요구나 필요에 따라 물품 따위를 제공함. ②판매나 교환을 위하여 상품을 시장에 내놓음.

佛供(　)(　)[　]
뜻▸ 부처 앞에 공양(供養)하는 일. 불향(佛享).

도움글

- '也'자는 漢文 문장에 주로 쓰이는 漢字이다. 이는 '어조사, 또, 또한' 등의 뜻으로 쓰인다.
  예1 也與(야여) ▹ 반어(反語)에 의한 강한 단정(斷定)을 나타내는 어조사. 예2 也矣(야의), 也與哉(야여재)···
- 이바지 ▹ ①(신부가 시댁에 가져가는) 정성 들여 준비한 음식. ②(사회 이익을 위하여) 직접 돕거나 힘을 쓰는 일.

1. 아래 한자어漢字語의 독음讀音을 쓰세요.

可謂[ ]	哭泣[ ]	飢困[ ]	哀泣[ ]	供與[ ]	號泣[ ]
供養[ ]	供需[ ]	厄禍[ ]	悲泣[ ]	扶攜[ ]	未遂[ ]

2. 다음은 동음이의어同音異義語이다. 낱말의 뜻에 알맞은 한자漢字를 쓰세요.

☞ **동음이의어**(同音異義語)란, 발음은 같으나 뜻이 다른 한자어를 말한다. 이는 한글로 표기하면 그 뜻을 구별하기 어렵기 때문에, 한자로써 그 뜻을 구별해야 한다.

성대 (아주 성하고 큼)	성대 (소리를 내는 기관)	단정 (얌전하고 깔끔함) 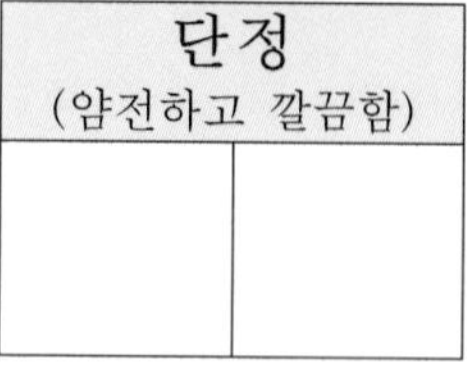	단정 (분명히 결정함)
인상 (잊혀지지 않는 자취)	인상 (값을 올림) 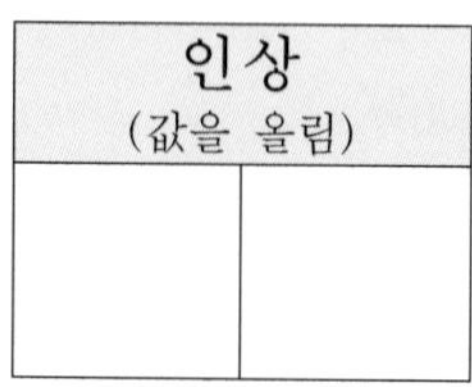	연장 (기준보다 늘임) 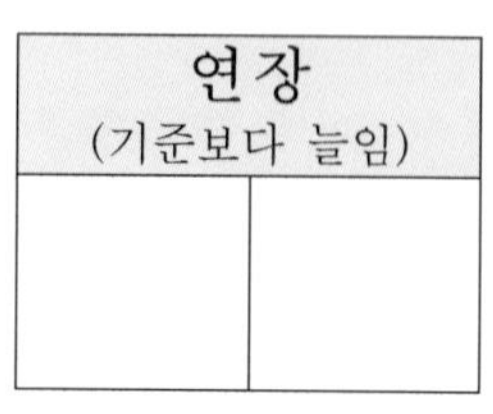	연장 (나이가 많음)
방문 (남을 찾아 봄)	방문 (방으로 드나드는 문) 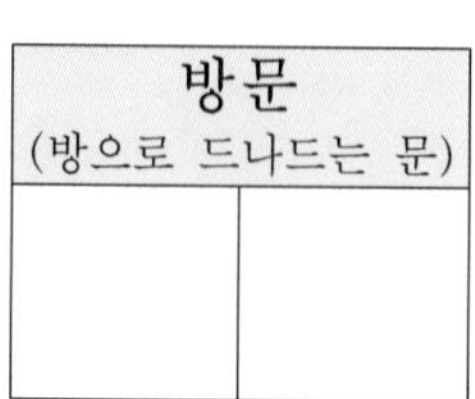	교감 (교무를 감독하는 직책)	교감 (접촉하여 감응함)

3. 다음 한자漢字의 훈訓과 음音을 쓰세요.

1. 味 ( )	2. 航 ( )	3. 豪 ( )	4. 影 ( )	5. 井 ( )
6. 央 ( )	7. 飛 ( )	8. 難 ( )	9. 巖 ( )	10. 炭 ( )
11. 值 ( )	12. 尾 ( )	13. 吹 ( )	14. 移 ( )	15. 寺 ( )
16. 池 ( )	17. 銅 ( )	18. 帶 ( )	19. 童 ( )	20. 走 ( )

도움글

○ (174쪽)정답☞ ② '日'을 길게 쓴 것은 '해가 길다'는 뜻에서 '한낮'을 의미하고, '心'자에 가운데 점이 없다는 것은 '마음에 점을 찍듯이 간단하게 먹는 식사[點心]가 없음'을 뜻한다.

아래 한자의 뜻과 소리를 빈칸에 쓰세요.

☆표는 3급Ⅱ 漢字임.

露☆(雨)	乃(丿)	隣(阜)	慣☆(心)	倫☆(人)	役☆(彳)	曾☆(曰)	矣(矢)
이슬 로	이에 내	이웃 린	익숙할 관	인륜 륜	부릴 역	일찍 증	어조사 의

아래 설명을 읽고 빈칸에 보기 와 같이 쓰세요.

보기 良書(어질 량)(글 서)[양서]

露宿( )( )[ ]
도▸ 한데서 밤을 지냄. 노와(露臥). 야숙(野宿).

露骨的[ ]
( )( )( )
도▸ 있는 그대로 숨기지 않고 드러내는 것.

乃至( )( )[ ]
도▸ ①수량을 나타내는 말 사이에 끼여 '얼마에서 얼마까지'의 뜻을 나타냄. ②사물의 이름 사이에 끼여 '또는'·'혹은'의 뜻을 나타냄.

乃父( )( )[ ]
도▸ ①그 사람의 아버지. ②'이 아비'라는 뜻으로, 아버지가 아들에 대하여 자신을 스스로 일컫는 말. 내옹(乃翁).

隣接( )( )[ ]
도▸ 이웃해 있음. 맞닿아 있음.

慣例( )( )[ ]
도▸ 이전부터 해 내려와서 습관처럼 되어 버린 일.
참 冠禮(관례)▹지난날, 아이가 어른이 될 때 올리던 예식. [남자는 갓을 쓰고, 여자는 쪽을 쪘음]

善隣( )( )[ ]
도▸ 이웃과 사이좋게 지냄.

廢倫( )( )[ ]
도▸ 남자 또는 여자가 결혼하지 않거나 또는 못함.
참 悖倫(패륜)▹사람으로서 마땅히 지켜야 할 도리에 어긋남. 예 悖倫 범죄(犯罪)가 늘고 있다.

倫理( )( )[ ]
도▸ ①사람이 지켜야 할 도리(道理)와 규범(規範), 곧 인륜 도덕의 원리. ②'倫理學'의 준말.

荷役( )( )[ ]
도▸ 배에 짐을 싣고 부리는 일.

主役( )( )[ ]
도▸ ①주되는 구실, 또는 주되는 구실을 하는 사람. ②연극이나 영화 따위에서 주되는 역할, 또는 주되는 역할을 맡아 하는 배우.

曾孫( )( )[ ]
도▸ 아들의 손자. 손자의 아들. 증손자.

曾祖父[ ]
( )( )( )
도▸ 할아버지의 아버지. 아버지의 할아버지. 준 曾祖.

慣習( )( )[ ]
도▸ 일정한 사회에서 오랫동안 지켜 내려와, 일반적으로 인정되고 습관화되어 온 질서나 규칙.

도움글

- '矣'자는 한문 문장에서 주로 '어조사, 영탄' 등의 뜻으로 쓰인다. 예1 矣哉(의재) 예2 矣乎(의호)
- 曾參殺人(증삼살인)▹'증자(曾子)와 같은 이름을 가진 자가 살인(殺人)을 했는데, 사람들이 증자의 어머니에게 曾參이 사람을 죽였다고 말했다. 하지만 어머니는 처음에는 이를 믿지 않았으나, 여러 사람이 똑같은 말을 전하자, 놀라고 두려워했다.'는 故事에서 생긴 말로, '거짓말도 여러 사람이 하면 참말로 되어 버림'을 비유하여 이르는 말이다.
- **나무 그늘 아래서 쉬어가기.**
  문 어떤 사람이 절벽에서 굴러 떨어져서 꼼짝하지 못하고 있을 때, 산신령이 나타나서 '이 약을 여러 번 먹으면 병이 낫는다.'고 하면서 처방전에 적어준 한자는? ①草 ②十 ③牛 ④魚 정답☞ 다음 쪽

1. 아래 한자어漢字語의 독음讀音을 쓰세요.

役割[ ]	暴露[ ]	服役[ ]	勞役[ ]	倫匹[ ]	苦役[ ]
使役[ ]	習慣[ ]	乃翁[ ]	兵役[ ]	甘露[ ]	乃兄[ ]
表露[ ]	隣保[ ]	雨露[ ]	賦役[ ]	露出[ ]	隣近[ ]
慣性[ ]	露店[ ]	慣行[ ]	現役[ ]	吐露[ ]	比倫[ ]

2. 아래 글을 읽고 밑줄 친 낱말은 한자漢字로, 한자어漢字語는 독음讀音으로 고쳐 쓰세요.

마르크스의 '철학[1]이론'은 辨證法[2]적 唯物論[3]이다. 獨逸[4]의 칸트로부터 헤겔에 이르는 獨逸의 관념[5]철학의 影響[6]을 받아 헤겔의 辨證法과 그의 弟子인 포이어바흐의 唯物論을 결합[7]시켜 辨證法적 唯物論을 완성[8]했다. 즉, 모든 것은 내부 모순(矛盾)에 의해 정·반·합[9]의 과정[10]으로 계속 변화[11]하는데, 결국 물질[12]적인 하부구조[13][생산력+생산관계]가 정신[14]적인 상부구조[법률[15]적+정치[16]적]를 결정[17]짓는다고 보고, 사회변화와 역사 발전의 법칙을 과학적으로 糾明[18]하고자 했다.

1.	2.	3.	4.	5.	6.
7.	8.	9.	10.	11.	12.
13.	14.	15.	16.	17.	18.

3. 다음 물음에 답하세요.

※다음 중 서로 뜻이 다른 構造로 된 漢字語를 골라 그 番號를 쓰세요.

(1)…( ) ① 利害 ② 崇高 ③ 議論 ④ 存在

(2)…( ) ① 歡喜 ② 賣買 ③ 音聲 ④ 貧窮

(3)…( ) ① 歌謠 ② 敎訓 ③ 幸福 ④ 喜怒

※다음 單語 중 뜻이 같거나 비슷한 漢字가 결합된 것을 가려 그 번호를 쓰세요.

(4)…( ) ① 群衆 ② 京鄕 ③ 難易 ④ 貧富

(5)…( ) ① 異同 ② 師事 ③ 死活 ④ 果實

(6)…( ) ① 山海 ② 年歲 ③ 因果 ④ 內外

4. 다음은 혼동混同하기 쉬운 한자漢字이다. ( ) 속에 독음讀音과 훈음訓音을 쓰세요.

- 賓客( ) ▷ ( )( )
- 容納( ) ▷ ( )( )
- 佳景( ) ▷ ( )( )
- 緊急( ) ▷ ( )( )
- 堅固( ) ▷ ( )( )
- 往復( ) ▷ ( )( )

○ (177쪽)정답☞ ② 十 : 타박상에는 쓸개가 좋다고 한다. 따라서 十(열십)자는 '열[쓸개]이 열[十] 개'라는 '음의 유사성'에서 해답을 얻을 수 있다.

아래 한자의 뜻과 소리를 빈칸에 쓰세요. ☆표는 3급Ⅱ 漢字임.

喪☆(口)	皇☆(白)	臨☆(臣)	哉(口)	脣(肉)	被☆(衣)	聯☆(耳)	忘(心)
잃을 상	임금 황	임할 림	어조사 재	입술 순	입을 피	연이을 련	잊을 망

아래 설명을 읽고 빈칸에 보기 와 같이 쓰세요. 보기 良書(어질 량)(글 서)[양서]

喪失(　　　)(　　　)[　　　]
도▸ 기억(記憶)이나 자신(自信)·자격(資格)·권리(權利)·의미 등 주로 추상적인 것을 잃어버림.

問喪(　　　)(　　　)[　　　]
도▸ 남의 죽음에 애도(哀悼)의 뜻을 표함.

皇太子[　　　]
(　　　)(　　　)(　　　)
도▸ 황위(皇位)를 이을 황자(皇子). 동궁(東宮).

皇城新聞[　　　]
(　　　)(　　　)(　　　)(　　　)
도▸ 남궁억(南宮檍)·나수연(羅壽淵) 등이 1898년에 발간한 개화기(開化期)의 신문.

臨終(　　　)(　　　)[　　　]
도▸ ①죽음에 다다름, 또는 그때의 망종(亡終). 임사(臨死). 최후(最後). ②아버지나 어머니가 운명할 때에 그 옆에 모시고 있음. 종신(終身).

君臨(　　　)(　　　)[　　　]
도▸ ①임금으로서 백성을 다스림. ②어떤 분야에서 절대적인 세력을 가지고 남을 압도하는 일.

快哉(　　　)(　　　)[　　　]
도▸ 마음먹은 대로 일이 아주 잘되어 매우 만족스러움, 또는 그럴 때 지르는 소리. 예 합격 통지를 받은 순간 **快哉**를 불렀다.

哉生明[　　　]
(　　　)(　　　)(　　　)
도▸ 달이 처음으로 빛을 발하는 일. 곧, '음력 초사흘'을 이름. '哉'는 처음, 시작을 뜻함.

脣音(　　　)(　　　)[　　　]
도▸ 자음의 한 갈래. 두 입술 사이에서 내는 소리.

脣亡齒寒[　　　]
(　　　)(　　　)(　　　)(　　　)
도▸ '입술이 없으면 이가 시리다.'는 뜻으로, '이해 관계가 서로 밀접하여 한쪽이 망하면 다른 한쪽도 보전하기 어려움'을 비유하여 이르는 말.

被擊(　　　)(　　　)[　　　]
도▸ 습격(襲擊), 또는 사격(射擊)을 받음.

被選(　　　)(　　　)[　　　]
도▸ 선거(選擧)에서 뽑힘. 예 회장선거에서 **被選**되다.

聯關(　　　)(　　　)[　　　]
도▸ 서로 관계를 맺음. 관련(關聯).

聯盟(　　　)(　　　)[　　　]
도▸ 둘 이상의 단체나 국가 따위가 공동의 목적을 위하여 서로 돕고 행동을 함께할 것을 약속하는 일, 또는 그 조직체.

忘却(　　　)(　　　)[　　　]
도▸ ①잊어버림. 망실(忘失). ②경험하였거나 학습한 내용을 되살리기 어렵게 된 상태.

健忘症[　　　]
(　　　)(　　　)(　　　)
도▸ 기억력(記憶力)이 부실(不實)하여 잘 잊어버리는 병증. 준 건망(健忘).

張皇(　　　)(　　　)[　　　]
도▸ 번거롭고 긺. 예 **張皇**한 설명을 늘어놓다.

도움글

○'喪失'은 뜻이 서로 비슷한 한자로 결합된 한자어이다. 참 忘 = 失(망실), 皇 = 王(황왕), 皇 = 帝(황제)

1. 아래 한자어漢字語의 독음讀音을 쓰세요.

被告[ ]	降臨[ ]	聯邦[ ]	被殺[ ]	喪家[ ]	臨床[ ]
被害[ ]	被襲[ ]	喪心[ ]	聯合[ ]	弔喪[ ]	被訴[ ]
對聯[ ]	皇帝[ ]	初喪[ ]	喪禮[ ]	皇陵[ ]	喪妻[ ]
國喪[ ]	喪服[ ]	皇妃[ ]	脫喪[ ]	被動[ ]	敎皇[ ]
皇宮[ ]	好喪[ ]	臨時[ ]	皇孫[ ]	聯隊[ ]	臨迫[ ]
再臨[ ]	被服[ ]	聯立[ ]	居喪[ ]	喪輿[ ]	護喪[ ]

2. 아래 글을 읽고 밑줄 친 낱말은 한자漢字로, 한자어漢字語는 독음讀音으로 고쳐 쓰세요.

마르크스의 '경제[1]이론'은 잉여(剩餘)가치[2]설과 착취설(搾取說)이 그 핵심[3]이다. 이는 영국[4]의 스미스와 리카도의 노동[5]가치설을 발전시킨 것인데, 노동가치설은 일체[6]의 상품[7] 가치가 그 상품 생산[8]에 투하[9]된 직·간접[10]적인 노동의 양[11]에 의해 결정[12]된다는 학설[13]이다. 마르크스는 唯物[14]사관[15]을 주창[16]한 뒤로 그의 중심[17] 연구[18]를 근대[19] 자본주의 사회[20]의 경제구조[21]를 해부(解剖)하는 데 두었는데, 이때의 중심 概念[22]이 바로 잉여가치론이었다. 자세한 것은 『자본론』[23]에 記述[24]되어 있다.

1.	2.	3.	4.	5.	6.
7.	8.	9.	10.	11.	12.
13.	14.	15.	16.	17.	18.
19.	20.	21.	22.	23.	24.

3. 아래 한자漢字와 뜻이 비슷한 한자漢字를 □ 속에 넣어 단어單語를 완성하세요.

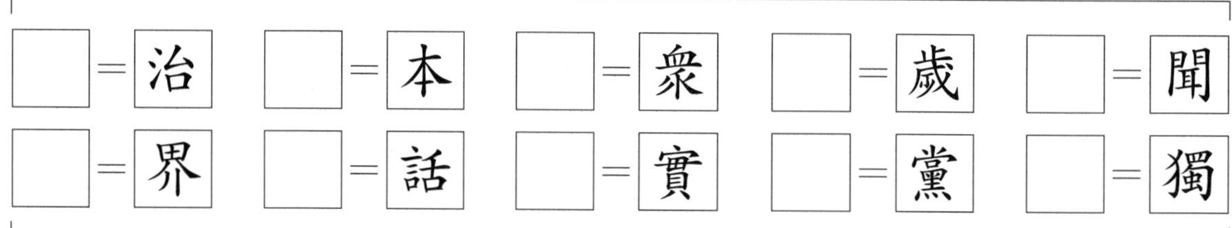

도움글

- '忘年交(망년교)'는 나이 차이를 따지지 않고 재주와 학문을 존중하여 사귀는 것을 이르는 말로, 이는 '忘年之友'라고도 하는데, 연장자가 연하자에게 대하여 이르는 말이다. 따라서 해마다 연말이면 모임마다 '忘年會(망년회)'를 베푸는데, 이는 '송년회(送年會)'로 고쳐 부르는 것이 옳을 것이다.
- 唯物論 : 만물의 근원을 물질로 보고, 모든 정신 현상도 물질의 작용이나 그 산물이라고 주장하는 이론.

아래 한자의 뜻과 소리를 빈칸에 쓰세요. ☆표는 3급Ⅱ 漢字임.

尺☆(尸)	誇☆(言)	頗(頁)	詳☆(言)	屢(尸)	玆(玄)	紫☆(糸)	跡☆(足)
자 척	자랑할 과:	자못 파	자세할 상	여러 루:	이 자	자줏빛 자	발자취 적

아래 설명을 읽고 빈칸에 보기 와 같이 쓰세요. 보기 良書(어질 량)(글 서)[양서]

曲尺(　　)(　　)[　　]
도▶ 나무나 쇠로 'ㄱ'자 모양으로 만든 자. 곡척(曲尺). 구(矩).

越尺(　　)(　　)[　　]
도▶ 낚시에서, 잡은 물고기의 길이가 한 자 남짓함, 또는 그 물고기.

誇張(　　)(　　)[　　]
도▶ 사실보다 지나치게 떠벌려 나타냄.
참 課長(과장) ▷ 관청(官廳)이나 회사(會社) 등에서 한 과(課)의 우두머리.

誇大妄想[　　]
(　　)(　　)(　　)(　　)
도▶ 자기의 능력·용모·지위 등을 과대하게 평가하여 사실인 것처럼 믿는 일, 또는 그런 생각.

偏頗(　　)(　　)[　　]
도▶ 생각이나 처사(處事) 따위가 한편으로 치우쳐 공평(公平)하지 못함.

頗多(　　)(　　)[　　]
도▶ 자못 많다. 매우 많다. 예 그런 정도의 물품은 남쪽으로 내려가면 頗多하네.
참 播多(파다) ▷ 소문이 널리 퍼져 있다. 예 온 동네에 소문이 播多하다.

詳考(　　)(　　)[　　]
도▶ 자세히 참고(參考)함. 상세히 검토(檢討)함.
참 上古(상고) ▷ 먼 옛날. 예 上古時代

寺跡(　　)(　　)[　　]
도▶ 절의 역사(歷史).

屢次(　　)(　　)[　　]
도▶ 여러 차례. 누회(累回).

屢試屢驗[　　]
(　　)(　　)(　　)(　　)
도▶ 여러 번 시험하고 여러 번 경험(經驗)함.

屢代奉祀[　　]
(　　)(　　)(　　)(　　)
도▶ 여러 대(代)의 제사(祭祀)를 받듦.

紫煙(　　)(　　)[　　]
도▶ ①담배 연기. ②보랏빛 연기.
참 自然(자연) ▷ 사람의 힘을 더하지 아니하고 저절로 된 것. 반 인공(人工).

紫外線[　　]
(　　)(　　)(　　)
도▶ 파장(波長)이 가시광선보다 짧고 엑스선보다 긴, 눈에 보이지 않는 복사선(輻射線).

追跡(　　)(　　)[　　]
도▶ ①도망하는 자의 뒤를 밟아 쫓음. ②지금까지 있었던 일이나 사건 따위의 자취를 더듬음.

詳述(　　)(　　)[　　]
도▶ 자세하게 진술(陳述)함. 예 내용을 詳述하다.
참 商術(상술) ▷ 장사하는 솜씨. 예 뛰어난 商術로 많은 돈을 벌다.

詳細(　　)(　　)[　　]
도▶ 자상(仔詳)하고 세밀(細密)함.
참 常稅(상세) ▷ 늘 내야 하는 일정한 조세(租稅).

도움글

○'玆'자는 [玄+玄]의 결합자로, 주로 漢文 문장에서 '이, 이에, 검다' 등의 뜻으로 쓰인다. 이는 '茲(무성할 자 : 艸-총10획)'자와 혼동하는 경우가 많으니 주의해야 한다.

1. 아래 한자어漢字語의 독음讀音을 쓰세요.

屢報[ ] 屢朔[ ] 奇跡[ ] 古跡[ ] 跡捕[ ] 人跡[ ]
足跡[ ] 筆跡[ ] 尺度[ ] 尺簡[ ] 誇示[ ] 浮誇[ ]

2. 아래 글을 읽고 밑줄 친 낱말은 한자漢字로, 한자어漢字語는 독음讀音으로 고쳐 쓰세요.

마르크스의 정치[1]이론은 계급[2]투쟁[3]설 · 폭력[4]혁명[5]론 · 국가消滅[6]론 · 프롤레타리아 獨裁[7]론 등으로 구성[8]된다. 이는 마르크스가 '공상[9]적 사회주의'라고 명명[10]한 생시몽 등의 프랑스 사회주의 사상에서 影響[11]을 받은 것이다. 이들의 사상은 초기 자본[12]주의의 모순(矛盾)과 해악[13]을 비판[14]하여 무계급 사회의 理想을 高揚[15]시킨 점에서 마르크스에게 지대[16]한 影響을 주었다. 그런데 '공상적 사회주의자'들은 자본주의 사회를 변혁[17]하는 원동력[18]을 사회와 相衝[19]계급 사람들의 자발적[20] 반성[21]에서 찾고 있는 데 비해 마르크스의 정치학은 그것을 계급투쟁에서 찾고 있다. 이 계급투쟁론은 유물사관이나 잉여가치론(剩餘價値論)과 아울러 '과학적 사회주의'라는 이름을 낳는 데 큰 기여[22]를 했다. 여기서 그는 결국 자본주의의 必滅과 사회주의의 도래[23]를 예견[24]한다.

1.	2.	3.	4.	5.	6.
7.	8.	9.	10.	11.	12.
13.	14.	15.	16.	17.	18.
19.	20.	21.	22.	23.	24.

3. 아래 한자漢字의 훈음訓音과 부수部首를 《보기》와 같이 쓰세요. 《보기》 ☞ 送 [보낼 송] [辵 = 辶]

夜[ ][ ] 孝[ ][ ] 老[ ][ ]
罔[ ][ ] 恭[ ][ ] 雄[ ][ ]
募[ ][ ] 育[ ][ ] 字[ ][ ]

4. 아래 한자漢字와 뜻이 반대反對, 또는 상대相對되는 한자漢字를 □ 속에 넣어 단어單語를 완성하세요.

利 ↔ □ 喜 ↔ □ 收 ↔ □ 損 ↔ □ 進 ↔ □

도움글

○ '奇'자의 총획수는 '8획'으로 부수는 '大'자이다. 그러나 보통 글을 쓸 때에는 '大'자를 '立'자로 바꾸어 쓰기도 하는 데, 이는 무방(無妨)하다. 하지만 부수가 '立'자로 바뀌는 것은 아니다.

아래 한자의 뜻과 소리를 빈칸에 쓰세요.

☆표는 3급Ⅱ 漢字임.

眠☆(目)	潛☆(水)	沈☆(水)	頃☆(頁)	暫☆(日)	默☆(黑)	拘☆(手)	執☆(土)
잘 면	잠길 잠	잠길 침▸ 성 심▸	이랑 경 잠깐 경	잠깐 잠▸	잠잠할 묵	잡을 구	잡을 집

아래 설명을 읽고 빈칸에 보기 와 같이 쓰세요.

보기 良書(어질 량)(글 서)[양서]

催眠(　　)(　　)[　　]

도▸ 의도적(意圖的)·인위적(人爲的)으로 수면(睡眠)과 같은 상태가 되게 함.

醉眠(　　)(　　)[　　]

도▸ 술에 취하여 잠.

潛跡(　　)(　　)[　　]

도▸ 잠종비적(潛蹤祕跡)의 준말. 종적(蹤迹)을 아주 감추어 버림.

潛在力[　　]

(　　)(　　)(　　)

도▸ 겉으로 드러나지 않고 속에 숨어 있는 힘.

沈潛(　　)(　　)[　　]

도▸ ①깊이 가라앉아 잠김. '온순한 성질'을 이름. ②마음을 가라앉혀 생각을 모음.

沈清傳[　　]

(　　)(　　)(　　)

도▸ 작자와 연대를 알 수 없는 조선 후기의 소설.

沈水(　　)(　　)[　　]

도▸ 물 속에 잠김.

참 浸水(침수)▹물에 젖거나 잠김. 예 浸水 가옥.

참 寢睡(침수)▹수면(睡眠)의 높임말.

萬頃蒼波[　　]

(　　)(　　)(　　)(　　)

도▸ 한없이 넓은 바다나 호수의 푸른 물결.

頃刻(　　)(　　)[　　]

도▸ 아주 짧은 동안. 예 목숨이 頃刻에 달렸다.

暫時(　　)(　　)[　　]

도▸ 잠시간. 잠깐 동안. 예 그를 暫時 기다리다.

暫定的[　　]

(　　)(　　)(　　)

도▸ 우선 임시(臨時)로 정한 것. 예 暫定的인 조치.

默念(　　)(　　)[　　]

도▸ ①마음속으로 빎. 묵도(默禱). ②조용히 생각함. 묵고(默考).

默認(　　)(　　)[　　]

도▸ 말없이 승낙함, 또는 그대로 보아 넘김. 묵낙(默諾). 묵허(默許).

拘禁(　　)(　　)[　　]

도▸ 피고인 또는 피의자를 공소(公訴)에 따라 구치소나 교도소에 감금(監禁)하는 일.

拘留(　　)(　　)[　　]

도▸ 잡아서 가둠. [自由刑의 한 가지로, 1일 이상 30일 미만 동안 구치소에 가두어 자유를 속박함]

執筆(　　)(　　)[　　]

도▸ 붓을 들고 글이나 글씨를 씀. 예 자서전(自敍傳)을 執筆하다.

執權(　　)(　　)[　　]

도▸ 정권(政權)을 잡음. 권세(權勢)를 가짐.

○ '沈'자는 뜻에 따라 소리가 변하는 글자이므로 讀音에 주의! 참 沈(잠길 침, 성姓 심)

※ 沈靑 ▹唐·宋 때에, 중국 강서성 경덕진요(景德鎭窯)에서 만든 연한 물빛의 청순한 백자. 영청(影靑).

○ 모양은 다르나 訓音이 같은 異體字▹ 예1 跡 = 蹟 = 迹▹(자취 적) 예2 暫 = 蹔▹(잠깐 잠)

1. 아래 한자어漢字語의 독음讀音을 쓰세요.

熟眠[ ]	沈降[ ]	潛伏[ ]	默契[ ]	沈積[ ]	沈痛[ ]
陰沈[ ]	執着[ ]	沈沒[ ]	暫見[ ]	執念[ ]	冬眠[ ]
默示[ ]	固執[ ]	沈默[ ]	擊沈[ ]	沈着[ ]	寡默[ ]

2. 아래 글을 읽고 밑줄 친 낱말은 한자漢字로, 한자어漢字語는 독음讀音으로 고쳐 쓰세요.

韓信은 漢나라 유방(劉邦)과 초(楚)나라 項羽[1]와의 싸움에서 유방이 승리하는 데 가장 큰 공[2]을 세운 사람이다. 전쟁[3]이 끝나고 천하를 통일[4]한 유방은 한신을 초나라 왕에 封[5]했지만 늘 그가 다른 마음을 품고 자신에게 挑戰[6]할 것이 걱정되었다. 이때, 마침 項羽의 부하였던 종리매(鐘離昧)라는 將帥[7]가 옛 친구[8]인 한신에게 몸을 의탁(依託)하고 있다는 보고[9]가 들어왔다. 유방은 종리매를 逮捕[10]하라고 급히 명령을 내렸지만, 한신은 차마 옛 친구를 背叛[11]할 수 없어서 그 명령을 따르지 않았다.

유방은 한신을 직접[12] 공격[13]해서는 승산[14]이 없다는 것을 알고, 한신을 비롯한 모든 諸侯[15]들을 초나라 국경[16]인 陳으로 모이게 한다. 이는 모임을 빙자(憑藉)하여 한신을 사로잡으려고 했던 것이다. 한신은 망설이다 자결[17]한 종리매의 목을 가지고 가서 유방에게 바치지만, 유방은 한신을 포박(捕縛)하게 했다. 그러자 한신은 다음과 같이 말했다. "날랜 토끼가 죽고 나면 사냥개도 삶아지고(狡兎死, 走狗烹), 높이 나는 새가 사라지면 좋은 활도 집어넣고(高鳥盡, 良弓藏), 적국[18]을 부수고 나면 謀臣[19]이 죽는다(敵國破, 謀臣亡)고 했으니, 내가 죽는 것이 당연[20]하다."

이 이야기, 《토사구팽(兎死狗烹)》은 『사기』[21]에 실려 있는 것으로, '토끼를 다 잡고 나면 사냥개를 삶는다.'는 뜻에서, 要緊[22]한 때에는 소중[23]히 여기다가도 쓸모없게 되면 賤待[24]하고 쉽게 버린다는 의미로 쓰이는 말이다.

1.	2.	3.	4.	5.訓音	6.
7.	8.	9.	10.	11.	12.
13.	14.	15.	16.	17.	18.
19.	20.	21.	22.	23.	24.

3. 아래 한자漢字는 쓰임에 따라 음音이 여러 가지로 변화되는 글자이다. [ ] 속에 독음讀音을 쓰세요.

1 洞(골 동, 밝을 통) : 洞里[ ] 洞燭[ ] 洞察[ ] 洞會[ ]
2 暴(모질포, 사나울폭) : 暴露[ ] 暴惡[ ] 暴棄[ ] 暴落[ ]
3 度(법도도, 헤아릴탁) : 制度[ ] 度內[ ] 度量衡[ ] 度支部[ ]

도움글

○ 혼동하기 쉬운 글자! 예1 狗 ▷ 개 구 : 犬-총8획 ☞ 羊頭狗肉 예2 拘 ▷ 잡을 구 : 手-총8획 ☞ 拘俗(구속)

아래 한자의 뜻과 소리를 빈칸에 쓰세요.

☆표는 3급Ⅱ 漢字임.

捉(手)	片☆(片)	糾(糸)	葬☆(艸)	帥☆(巾)	殃(歹)	云(二)	餓(食)
잡을 착	조각 편	얽힐 규	장사지낼 장	장수 수	재앙 앙	이를 운	주릴 아

아래 설명을 읽고 빈칸에 보기 와 같이 쓰세요.

보기 良書(어질 량)(글 서)[양서]

捕捉(　　)(　　)[　　]
도▸ ①꼭 붙잡음. ②일의 요점이나 요령을 깨침.

捉囚(　　)(　　)[　　]
도▸ 죄인(罪人)을 잡아 가둠.
참 着手(착수) ▹ 일에 손을 대어 시작함. 예 공사에 着手하다.

斷片的[　　]
(　　)(　　)(　　)
도▸ 여럿으로 끊어진 조각.

片道(　　)(　　)[　　]
도▸ 오거나 가는 길 중 어느 한쪽의 길.

糾彈(　　)(　　)[　　]
도▸ (공적인 문제에 대해서) 책임이나 잘못을 들추어내어 세차게 따지고 비난하는 것. 예 부정 선거와 독재에 대한 糾彈 데모가 한창이다.

紛糾(　　)(　　)[　　]
도▸ 이해관계나 주장이 서로 엇갈려 다투는 상황. 예 사업장마다 노사 紛糾가 일어나고 있다.

葬送曲[　　]
(　　)(　　)(　　)
도▸ ①장례 때 연주하는 악곡(樂曲). ②장송 행진곡.

火葬(　　)(　　)[　　]
도▸ 시체를 불에 살라 장사지내는 일.
참 化粧(화장) ▹ 화장품을 얼굴 따위에 바르고 매만져 곱게 꾸밈.

將帥(　　)(　　)[　　]
도▸ 군사를 지휘 통솔(統率)하는 장군(將軍). 장관(將官). 장령(將領).

統帥權[　　]
(　　)(　　)(　　)
도▸ 한 나라의 군대를 지휘(指揮)·통솔하는 권력.

災殃(　　)(　　)[　　]
도▸ 천변지이(天變地異) 따위로 말미암은 불행(不幸)한 변고(變故).

殃禍(　　)(　　)[　　]
도▸ 지은 죄의 갚음으로 받는 온갖 재앙(災殃).

云爲(　　)(　　)[　　]
도▸ ①말하는 일과 행동하는 일. ②세상물정(世上物情). 세태인정(世態人情).

云云(　　)(　　)[　　]
도▸ ①글이나 말을 인용(引用)하거나 중도(中途)에서 끊어 생략(省略)할 때. ②이러쿵저러쿵 말함, 또는 그렇게 하는 여러 가지 말.

飢餓(　　)(　　)[　　]
도▸ 굶주림.

餓死(　　)(　　)[　　]
도▸ 굶어 죽음. 기사(饑死).

破片(　　)(　　)[　　]
도▸ 깨어져 부서진 조각.

○ '飢餓'는 서로 뜻이 비슷한 類義字이다. 참 '飢'자는 '饑'자와 쓰임이 같은 異體字이다.
○ **혼동하기 쉬운 글자!** 참1 帥(수)와 師(사) 참2 片(편)과 爿(장) 참3 捉(착)과 促(촉) 참4 囚(수)와 因(인)
문 다음 중 뜻이 서로 비슷한 한자로 결합된 것이 아닌 것은? ①慈愛 ②安危 ③貢獻 ④恒常 정답☞다음 쪽

1. 아래 한자어漢字語의 독음讀音을 쓰세요.

元帥[　　]	餓鬼[　　]	天殃[　　]	寒餓[　　]	殃慶[　　]	餓殺[　　]
把捉[　　]	片刻[　　]	捉送[　　]	片雲[　　]	推捉[　　]	葬儀[　　]
片月[　　]	葬禮[　　]	鳥葬[　　]	片肉[　　]	埋葬[　　]	細片[　　]

2. 다음은 동음이의어同音異義語이다. 낱말의 뜻에 알맞은 한자를 쓰세요.

☞ **동음이의어**(同音異義語)란, 발음은 같으나 뜻이 다른 한자어를 말한다. 이는 한글로 표기하면 그 뜻을 구별하기 어렵기 때문에, 한자로써 그 뜻을 구별해야 한다.

감상 (마음에 일어나는 생각)	감상 (작품을 이해하고 즐김)	비보 (급한 통지)	비보 (슬픈 소식)

시인 (그러하다고 인정함)	시인 (시를 짓는 사람)	정당 (정치적인 단체)	정당 (바르고 마땅함)

인정 (어진 정치)	인정 (옳다고 믿고 정함)	이해 (사리를 분별하여 앎)	이해 (이익과 손해)

3. 다음 한자漢字를 약자略字로 쓰세요.

(1) 繼 ····· (　　)	(4) 彈 ····· (　　)	(7) 邊 ····· (　　)	(10) 廣 ····· (　　)
(2) 關 ····· (　　)	(5) 當 ····· (　　)	(8) 肅 ····· (　　)	(11) 賣 ····· (　　)
(3) 辭 ····· (　　)	(6) 禮 ····· (　　)	(9) 壓 ····· (　　)	(12) 與 ····· (　　)

- 片刻 ▷ 짧은 시간. 삽시간(霎時間). ⊕片刻도 지체할 수 없다.
- **혼동하기 쉬운 글자!** 참1 着(착)과 看(간) 참2 丹(단)과 舟(주) 참3 埋(매)와 理(리) 참4 折(절)과 析(석)
- (185쪽)정답 ☞ ② '안위(安危)'는 반대자(反對字)임.

아래 한자의 뜻과 소리를 빈칸에 쓰세요.

☆표는 3급Ⅱ 漢字임.

促☆(人)	催☆(人)	彼☆(彳)	暮(日)	浸☆(水)	寡☆(宀)	卜(卜)	漸☆(水)
재촉할 촉	재촉할 최:	저 피:	저물 모:	잠길 침:	적을 과:	점 복	점점 점:

아래 설명을 읽고 빈칸에 보기 와 같이 쓰세요.

보기 良書(어질 량)(글 서)[양서]

促進( )( )[ ]
도▸ 재촉하여 빨리 진행(進行)하도록 함.
참 觸診(촉진)▹환자의 몸을 문지르거나 눌러 보고 그 반응으로 증상을 헤아리는 진찰(診察)법.

督促( )( )[ ]
도▸ 몹시 재촉함. 빨리 하라고 자꾸 조르다.
예 등록금 납부를 督促하다.

開催( )( )[ ]
도▸ 어떤 모임이나 행사(行事) 따위를 엶.

催告( )( )[ ]
도▸ ①재촉의 뜻을 나타내는 통지. ②법률상 일정한 행위를 할 것을 상대방에게 요구하는 통지.
참 最高(최고)▹가장 높음. 반 최하(最下). 최저(最低).

彼此( )( )[ ]
도▸ ①이것과 저것. 이편과 저편의 사이. ②서로.

知彼知己 [ ]
( )( )( )( )
도▸ 적(敵)의 형편(形便)과 나의 힘을 자세히 앎.

歲暮( )( )[ ]
도▸ 해의 마지막 때. 설밑. 세만(歲晩). 세말(歲末). 연말(年末). 연종(年終). 세밑.

朝三暮四 [ ]
( )( )( )( )
도▸ '눈앞에 보이는 차이만 알고 결과가 같은 것을 모르는 것'을 비유하여 이르는 말.

浸潤( )( )[ ]
도▸ ①물기가 차차 젖어듦. ②(사상이나 병균 따위가) 차차 번져 들어감. 예 결핵균이 폐에 浸潤하다.

浸透( )( )[ ]
도▸ ①액체가 속으로 스며 젖어듦. ②어떤 현상이나 사상 따위가 속속 스며들거나 깊이 들어감.

寡默( )( )[ ]
도▸ 말수가 적고 침착(沈着)함.

衆寡不敵 [ ]
( )( )( )( )
도▸ 적은 수효(數爻)로 많은 수효를 맞겨루지 못함. 과부적중(寡不適中).

卜居( )( )[ ]
도▸ 좋은 땅을 찾아서 살 곳을 정함. 복지(卜地).

卜債( )( )[ ]
도▸ 점을 친 대가로 점쟁이에게 주는 돈.

漸增( )( )[ ]
도▸ 점점 많아짐. 점점 불어남.

漸進的 [ ]
( )( )( )
도▸ 점차로 조금씩 나아가는 것.

主催( )( )[ ]
도▸ 행사(行事)나 회합(會合)을 앞장서서 내세워 엶.
예 경시대회를 主催하다.

도움글

○ 彼一時此一時(피일시차일시)▹'그때 그렇게 한 것도 하나의 경우였고, 이때 이렇게 한 것도 또한 하나의 경우여서 그때그때의 경우에 적응(適應)해서 한 것이므로 결코 모순(矛盾)되지 않다.'는 말로, '그때와 지금은 사정이 다르다.'는 뜻으로 쓰이는 말.

1. 아래 한자어漢字語의 독음讀音을 쓰세요.

販促[ ]	刺促[ ]	漸次[ ]	浸濕[ ]	促急[ ]	催淚[ ]
切促[ ]	暮春[ ]	浸染[ ]	卜吉[ ]	催促[ ]	卜占[ ]
薄暮[ ]	寡獨[ ]	卜術[ ]	促求[ ]	浸禮[ ]	促徵[ ]
寡婦[ ]	漸染[ ]	促迫[ ]	催眠[ ]	多寡[ ]	彼岸[ ]

2. 아래 글을 읽고 밑줄 친 낱말은 한자漢字로, 한자어漢字語는 독음讀音으로 고쳐 쓰세요.

한편 설치류(齧齒類)에 속하는 프레리도그라는 동물은 <u>집단</u>[1]으로 굴속에 서식(棲息)하는데 그 집단 내에서 <u>하위</u>[2]에 속하는 동물이 굴 밖에서 보초(步哨)를 선다. 그러다가 <u>捕食</u>[3]자나 <u>침입</u>[4]자가 나타나면 자신이 큰 위험을 당할 수 있음에도 불구하고 다른 프레리도그들에게 <u>경계</u>[5] <u>신호</u>[6]를 보내어 <u>위험</u>[7]을 피하게 한다. 프레리도그는 이런 방법으로 자신의 가족을 <u>보호</u>[8]함으로써 그들이 <u>공유</u>[9]하는 <u>유전자</u>[10]가 그 <u>개체군</u>[11]에서 <u>영속</u>[12]되도록 하는 것이다. 즉, 동물의 이러한 <u>이타</u>[13] 행동도 자신과 같은 유전자를 많이 갖는 <u>근연</u>[14] 개체들을 남기고 그 개체들을 통해서 자신의 유전자와 <u>동일</u>[15]한 유전자를 다음 세대에 전하기 위한 행동으로 볼 수 있다. - 중략 - 사회생물학에서는 이러한 희생(犧牲)이나 이타 행동, <u>협력</u>[16], 母性 행동 등을 자신의 근연 개체와 무리를 구하는 집단을 선택기제라고 설명한다. 즉, 자신의 유전자를 더 많이 <u>복제</u>[17]하여 효율적으로 <u>혈족</u>[18]을 보존하는 <u>적응</u>[19] 행동의 <u>일종</u>[20]이라는 것이다. 그리고 동물의 이러한 행동들은 각 개체의 <u>의지</u>[21]로 <u>선택</u>[22]되기보다 유전적으로 그렇게 하도록 되어 있으며, 심지어 개체는 유전자 증식(增殖)을 위한 <u>機械</u>[23]나 운반자(運搬者)에 <u>불과</u>[24]하다고 한다.

– 서울대 인문 · 자연공통 논술고사 中

1.	2.	3.	4.	5.	6.
7.	8.	9.	10.	11.	12.
13.	14.	15.	16.	17.	18.
19.	20.	21.	22.	23.	24.

3. 아래 한자어漢字語와 뜻이 서로 반대反對, 또는 상대相對되는 한자어漢字語를 □ 속에 한자漢字로 쓰세요.

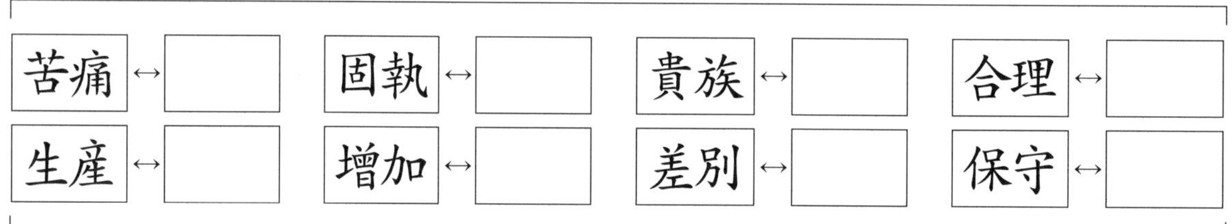

苦痛 ↔
固執 ↔
貴族 ↔
合理 ↔
生産 ↔
增加 ↔
差別 ↔
保守 ↔

도움글

○ '促急'은 뜻이 서로 비슷한 한자로 결합된 한자어이다. 참 促 = 迫(촉박), 催 = 促(최촉)

아래 한자의 뜻과 소리를 빈칸에 쓰세요.

☆표는 3급Ⅱ 漢字임.

亭☆(亠)	濕☆(水)	燕☆(火)	祀☆(示)	侯(人)	粟(米)	捕☆(手)	貝(貝)
정자 정	젖을 습	제비 연	제사 사	제후 후	조 속	잡을 포	조개 패

아래 설명을 읽고 빈칸에 보기 와 같이 쓰세요.

보기 良書(어질 량)(글 서)[양서]

亭閣(　　)(　　)[　　]
도▸ 놀거나 쉬기 위하여, 주로 경치나 전망이 좋은 곳에 아담하게 지은 집. 정자(亭子).

亭子(　　)(　　)[　　]
도▸ 정각(亭閣).

濕冷(　　)(　　)[　　]
도▸ 습기로 인하여 허리 아래가 찬 병. 한습(寒濕).

高溫多濕[　　]
(　　)(　　)(　　)(　　)
도▸ 높은 온도와 습기가 많은 기후.

燕息(　　)(　　)[　　]
도▸ 한가로이 집에서 편안히 쉼. 연휴(燕休).

燕尾服[　　]
(　　)(　　)(　　)
도▸ 검은 모직물로 지은 남자용 서양식 예복. 저고리의 뒷자락이 제비꼬리처럼 길게 갈라져 있음.

祭祀(　　)(　　)[　　]
도▸ 신령(神靈)에게 음식을 차려 놓고 정성을 나타내는 의식. 향사(享祀). 준제(祭) 높제향(祭享).
참題詞(제사)▹책이나 화폭 위에 관련된 내용을 시문으로 적은 글.

祀典(　　)(　　)[　　]
도▸ 제사지내는 예전(禮典).
참辭典(사전)▹낱말을 모아 일정한 순서로 배열하여, 발음·뜻·용법·어원 등을 해설한 책. 사서(辭書). 사림(辭林). 어전(語典).
참事前(사전)▹무슨 일이 있기 전.

諸侯(　　)(　　)[　　]
도▸ 봉건(封建) 시대에, 군주로부터 받은 영토와 그 영내에 사는 백성을 다스리던 사람.

封侯(　　)(　　)[　　]
도▸ 제후(諸侯)로 봉(封)함, 또는 그 제후.

粟米(　　)(　　)[　　]
도▸ 좁쌀.

粟飯(　　)(　　)[　　]
도▸ 조밥.

粟奴(　　)(　　)[　　]
도▸ 조의 깜부기.

捕手(　　)(　　)[　　]
도▸ (야구에서) 본루를 지키며 투수가 던지는 공을 받는 선수.
참砲手(포수)▹총으로 짐승을 잡는 사냥꾼.

捕盜廳[　　]
(　　)(　　)(　　)
도▸ (옛날에) 도둑이나 범죄자를 잡아 다스리던 관청.

貝葉(　　)(　　)[　　]
도▸ '패다라엽(貝多羅葉)'의 준말. 참

龜貝(　　)(　　)[　　]
도▸ 거북 껍데기와 조개껍데기. 고대의 화폐.

魚貝類[　　]
(　　)(　　)(　　)
도▸ 생선류와 조개 종류.

도움글

○ 패다라엽(貝多羅葉) : '인도(印度)의 다라수(多羅樹) 잎'으로, 불경(佛經)을 베끼는 데 썼다.

1. 아래 한자어漢字語의 독음讀音을 쓰세요.

燕賀[ ]	侯爵[ ]	濕潤[ ]	捕獲[ ]	燕樂[ ]	捕繫[ ]
錦貝[ ]	蒸濕[ ]	崇祀[ ]	濕氣[ ]	倉粟[ ]	濕度[ ]

2. 아래 글을 읽고 밑줄 친 낱말은 한자漢字로, 한자어漢字語는 독음讀音으로 고쳐 쓰세요.

茶山의 思想 체계[1]에 있어 우선 우리의 주위[2]에 오르는 것은 그의 과학적 세계관[3]이다. 그는 하늘은 둥글고, 지구는 네모지고, 움직이지도 않으며, 중국이 세계의 중심이라는 왜곡(歪曲)된 종래[4]의 세계관을 부정[5]하고, 지구는 둥글고 자전[6]하며, 지구상에는 중국 이외의 수많은 국가들이 분포[7]되어 있다는 사실을 올바로 인식[8]하였다. 이것은 중화 사대[9]주의적 세계관으로부터의 脫皮[10]를 의미하는 것이기도 하다.

다산의 이러한 과학적이며 비중국 중심적인 세계관은 실은 그의 자연 과학 기술에 대한 정확하고 該博[11]한 지식을 土臺[12]로 하여 형성된 것이었다. 그는 기술을 천하게 여기고 가벼이 여기던 종래의 통념[13]을 시정[14]하여 기술이 인간의 사회생활에서 차지하는 비중[15]의 莫重[16]함과 役割[17]의 중대함을 올바로 인식하고, 물질적인 면에서의 기술은 시대가 내려올수록 발전하는 것이라고 확신[18]하였다. 그는 또한 인간이 동물과 구별되는 것은 인륜-오륜을 가진 것에만 있는 것이 아니라, 기술을 소유하고 그것을 발전시켜 나가는 점에서 인간은 동물과 뚜렷이 구별된다고 보았다. 그는 기술을 중요시하는 입장[19]에서 낙후[20]된 당시의 실정을 개탄(慨歎)하고, 서양의 근대 기술 문명을 받아들여서 우리보다 앞서 가던 중국의 기술 문명을 하루 속히 받아들일 것을 역설[21]하였다. 그가 기술 도입을 주장하는 것은 나라의 부국강병[22] 및 이용후생[23]과 직결[24]되는 농업 기술·방직(紡織) 기술·군사 기술, 특히 군기[25] 제조 기술·의료 기술의 혁신[26]을 무엇보다도 중요시하였다.

그는 이렇듯 자연과학과 기술의 중요성을 인식하였을 뿐만 아니라, 그것을 이론 및 시험의 두 가지 측면에서 스스로 연구 개발하고, 기술의 응용[27]에도 노력을 아끼지 아니하였다. 그는 축성[28]·총포[29]·兵車에 대한 지식과 기술을 소유하였고, 자신이 기중기[30]와 활자를 만들기도 하였으며, 종두법(種痘法)을 우리나라에서 처음으로 연구 실험하였다.

– 한영우, 『한국의 문화 전통』

1.	2.	3.	4.	5.	6.
7.	8.	9.	10.	11.	12.
13.	14.	15.	16.	17.	18.
19.	20.	21.	22.	23.	24.
25.	26.	27.	28.	29.	30.

도움글

○ 혼동하기 쉬운 글자! 참1 粟(속)과 栗(률) 참2 貝(패)와 見(견) 참3 錦(금)과 綿(면) 참4 候(후)와 侯(후)

아래 한자의 뜻과 소리를 빈칸에 쓰세요.

☆표는 3급Ⅱ 漢字임.

姪(女)	睡(目)	拙(手)	奴☆(女)	遵(辵)	囚(囗)	已☆(己)	禍☆(示)
조카 질	졸음 수	졸할 졸	종[奴僕] 노	좇을 준:	가둘 수	이미 이:	재앙 화:

아래 설명을 읽고 빈칸에 보기 와 같이 쓰세요.

보기 良書(어질 량)(글 서)[양서]

姪婦(　　)(　　)[　　]
도▸ 조카며느리.

從姪(　　)(　　)[　　]
도▸ ①종형제의 아들. 당질(堂姪). ②남편의 종형제의 아들.

昏睡(　　)(　　)[　　]
도▸ ①정신없이 혼혼히 잠듦. ②의식이 없어짐.
참婚需(혼수)▹혼인(婚姻)에 드는 물품, 또는 비용.

睡眠(　　)(　　)[　　]
도▸ 잠을 잠, 또는 잠.
참水面(수면)▹물의 표면. 예水面에 비친 달 그림자.

稚拙(　　)(　　)[　　]
도▸ 유치(幼稚)하고 졸렬(拙劣)함.

拙稿(　　)(　　)[　　]
도▸ 남 앞에서 '자기의 원고(原稿)'를 겸손(謙遜)하게 이르는 말.

賣國奴[　　]
(　　)(　　)(　　)
도▸ 매국(賣國) 행위(行爲)를 하는 놈.

守錢奴[　　]
(　　)(　　)(　　)
도▸ 돈을 모을 줄만 알고 쓰려고는 하지 않는 인색(吝嗇)한 사람을 욕으로 이르는 말.

罪囚(　　)(　　)[　　]
도▸ 죄를 저지르고 옥에 갇힌 사람. 수인(囚人).

遵法(　　)(　　)[　　]
도▸ 법령을 지킴. 법을 따름.
참峻法(준법)▹엄격(嚴格)한 법률(法律).

遵守(　　)(　　)[　　]
도▸ 규칙이나 명령 따위를 그대로 좇아서 지킴.
참俊秀(준수)▹①재주와 슬기가 남달리 뛰어남. ②풍채(風采)가 썩 빼어남.

脫獄囚[　　]
(　　)(　　)(　　)
도▸ 교도소(矯導所)에서 빠져 나와 도망한 죄수.

已往(　　)(　　)[　　]
도▸ ①지나간 때. 이전(以前). ②'이왕에'의 준말. 기왕(既往).

不得已[　　]
(　　)(　　)(　　)
도▸ 하는 수 없이. 마지못하여. 불가부득(不可不得).

禍福(　　)(　　)[　　]
도▸ 재화(災禍)의 복록(福祿).
참華服(화복)▹무색옷. 반소복(素服).

災禍(　　)(　　)[　　]
도▸ 재앙(災殃)과 화난(禍難). 액화(厄禍).
참財貨(재화)▹사람의 욕망(慾望)을 만족(滿足)시키는 모든 물질(物質).

轉禍爲福[　　]
(　　)(　　)(　　)(　　)
도▸ 화(禍)가 바뀌어 오히려 복(福)이 됨.

도움글

○ 혼동하기 쉬운 글자! 참1 已(이)와 己(기) 참2 賣(매)와 買(매) 참3 往(왕)과 住(주) 참4 遵(준)과 導(도)
○ '已往'의 '已'자는 '己(몸 기)'자, 또는 '巳(뱀 사)'자 등과 혼동하기 쉬우니 주의!

1. 아래 한자어漢字語의 독음讀音을 쓰세요.

橫禍[ ]	庸拙[ ]	寢睡[ ]	叔姪[ ]	午睡[ ]	禍根[ ]
遵據[ ]	拙筆[ ]	拙手[ ]	奴婢[ ]	已決[ ]	愚拙[ ]
囚繫[ ]	農奴[ ]	囚禁[ ]	堂姪[ ]	長姪[ ]	奉遵[ ]
獄囚[ ]	禍難[ ]	拙劣[ ]	拙速[ ]	囚衣[ ]	筆禍[ ]

2. 다음 단어單語를 한자漢字로 쓰세요.

(1) 고공 (높은 하늘)	(6) 재정 (국가의 발전을 위하여 필요한 재산)
(2) 대리 (어떤 사람을 대신함)	(7) 신호 (특정한 내용을 나타내는 정보)
(3) 독선 (자기만이 옳다고 믿고 행동하는 일)	(8) 설화 (신화 등의 이야기)
(4) 매점 (물건을 파는 가게)	(9) 숭불 (불교를 숭상함)
(5) 고향 (태어나 자란 곳)	(10) 오인 (잘못 인정함)

(1)	(2)	(3)	(4)	(5)
(6)	(7)	(8)	(9)	(10)

3. 다음 뜻을 가진 사자성어四字成語를 한자漢字로 쓰세요.

(1) 겨울철에도 지조를 지키는 소나무·대나무·매화 (세한삼우) ▷ .... ( )
(2) 썩 많은 가운데에 극히 적은 수 (구우일모) ▷ .... ( )
(3) 오래부터 사귀어 온 친구 (십년지기) ▷ .... ( )
(4) 한 가지 일로써 두 가지 이익을 얻음 (일거양득) ▷ .... ( )

4. 다음 한자漢字의 훈訓과 음音을 쓰세요.

1. 壁 ( )	2. 報 ( )	3. 務 ( )	4. 得 ( )	5. 銅 ( )
6. 禁 ( )	7. 宮 ( )	8. 權 ( )	9. 康 ( )	10. 留 ( )
11. 産 ( )	12. 慶 ( )	13. 列 ( )	14. 連 ( )	15. 麗 ( )
16. 訪 ( )	17. 隊 ( )	18. 仕 ( )	19. 督 ( )	20. 副 ( )
21. 律 ( )	22. 難 ( )	23. 罰 ( )	24. 賞 ( )	25. 達 ( )
26. 洗 ( )	27. 味 ( )	28. 怒 ( )	29. 端 ( )	30. 錄 ( )

도움글

○ '叔姪'은 뜻이 서로 대립되는 한자로 결합된 한자어이고, '拙劣'은 뜻이 서로 비슷한 한자로 결합된 한자어이다.

아래 한자의 뜻과 소리를 빈칸에 쓰세요.

☆표는 3급Ⅱ 漢字임.

拳☆(手)	拾☆(手)	礎☆(石)	俊(人)	賜(貝)	贈(貝)	絃(糸)	幹☆(干)
주먹 권	주울 습 갖은열 십	주춧돌 초	준걸 준	줄 사	줄 증	줄 현	줄기 간

아래 설명을 읽고 빈칸에 보기 와 같이 쓰세요.

보기 良書(어질 량)(글 서)[양서]

拳鬪(　　)(　　)[　　]
도▸ 두 사람이 링 위에서 양손에 글러브를 끼고, 주먹으로 서로 상대편을 쳐서 승부(勝負)를 겨루는 경기(競技).

拳銃(　　)(　　)[　　]
도▸ 한 손으로 다룰 수 있게 만든 작은 총. 단총(短銃). 피스톨(pistol).
참 權寵(권총)▹권세와 임금의 총애를 가진 사람.

厚賜(　　)(　　)[　　]
도▸ 윗사람이 아랫사람에게 물품 따위를 후하게 내려 줌.
참 後嗣(후사)▹대를 잇는 아들. 예 後嗣가 없다.

收拾(　　)(　　)[　　]
도▸ ①흩어진 물건들을 거두어들임. 수쇄(收刷). ②어지러운 마음이나 사태를 거두어 바로잡음.
참 修習(수습)▹정식(正式)으로 실무(實務)를 맡기 전에 배워 익힘, 또는 그러한 일.

基礎(　　)(　　)[　　]
도▸ ①건축물의 무게를 떠받치고 안정시키기 위하여 설치하는 밑받침. 토대. ②사물이 이루어지는 바탕. 근본(根本).

礎盤(　　)(　　)[　　]
도▸ 주춧돌.
참 初盤(초반)▹바둑이나 운동 경기 따위에서 승부의 첫 판국, 또는 첫 단계.

俊秀(　　)(　　)[　　]
도▸ 재주나 슬기, 또는 풍채(風采)가 남달리 뛰어남.
참 遵守(준수)▹규칙(規則)이나 명령(命令) 따위를 그대로 좇아서 지킴.

賜額(　　)(　　)[　　]
도▸ 임금이 사당(祠堂)이나 서원(書院) 등에 이름을 지어 그것을 새긴 편액(扁額)을 내리던 일.

贈與(　　)(　　)[　　]
도▸ ①남에게 금품을 줌. 기증(寄贈). 증유(贈遺). ②자기 재산을 무상으로 상대편에게 줄 의사를 나타내고, 상대편이 이를 받아들이는 일.

寄贈(　　)(　　)[　　]
도▸ 물건을 선물로 보내 줌

管絃樂[　　]
(　　)(　　)(　　)
도▸ 관악기·현악기·타악기에 의한 합주.

伯牙絶絃[　　]
(　　)(　　)(　　)(　　)
도▸ '자기를 알아주는 참다운 벗의 죽음을 슬퍼함'을 이르는 말.

才幹(　　)(　　)[　　]
도▸ 일을 적절(適切)하게 잘 처리하는 능력[기능].

幹部陣[　　]
(　　)(　　)(　　)
도▸ 간부에 속하는 사람들.

拾得(　　)(　　)[　　]
도▸ 남이 잃어버린 물건을 주움. 반 분실(紛失).
참 習得(습득)▹배워 터득함. 익혀서 얻음.

俊傑(　　)(　　)[　　]
도▸ 재주와 슬기가 뛰어난 사람. 준사(俊士).

도움글
○ '拾'자는 쓰임에 따라 발음이 달라진다. 예1 五拾 = 五十▹(다섯 오)(열 십) 예2 拾遺▹(주울 습)(남길 유)

1. 아래 한자어漢字語의 독음讀音을 쓰세요.

拳法[ ]	拾遺[ ]	賜給[ ]	斷絃[ ]	賜號[ ]	礎石[ ]
俊逸[ ]	贈遺[ ]	幹枝[ ]	彈絃[ ]	賜藥[ ]	根幹[ ]
拾集[ ]	骨幹[ ]	拳術[ ]	下賜[ ]	絃誦[ ]	鐵拳[ ]
採拾[ ]	柱礎[ ]	幹線[ ]	階礎[ ]	賜宴[ ]	賢俊[ ]

2. 아래 글을 읽고 밑줄 친 낱말은 한자漢字로, 한자어漢字語는 독음讀音으로 고쳐 쓰세요.

인간 생활에 있어서의 웃음은 하늘의 별과 같다. 웃음은 별처럼 한 가닥의 광명[1]을 던져 주고, 신비[2]로운 암시[3]도 풍겨준다.

웃음은 또한 봄비와도 같다. 이것이 없었던들 인생은 벌써 沙漠[4]이 되어 버렸을 것인데 감미[5]로운 웃음으로 하여 인정[6]의 초목[7]은 무성[8]을 계속[9]하고 있는 것이다.

이렇게 말하면 웃음은 우리에게 복이 될 것이다. 그러나 웃음에도 여러 가지 色彩[10]가 있다. 빙그레 웃는 破顔大笑[11]가 있는가 하면 깔깔대며 웃는 拍掌大笑[12]가 있다.

깨가 쏟아지는 간간대소(衎衎大笑)가 있는가 하면, 허리가 부러질 지경의 抱腹絶倒[13]도 있다. '아하하' 소리를 치는 앙천대소(仰天大笑)가 있는 반면[14]에, 헤식디 헤식게 히죽히죽거리는 김빠진 웃음도 있다.

이러한 종류의 웃음들은 우리 인생에 아무 해로울 것이 조금도 없다. 오히려 위안[15]을 베풀고 활기를 북돋는 덕[16]을 남겨 놓을 뿐이다.

그러나 웃음은 언제나 우리를 복된 동산으로만 인도[17]하는 것은 아니다. 남을 깔보고 비웃는 냉소[18]도 있고, 허풍[19]을 떨고 능청을 부리는 너털웃음이 있다. 대상[20]을 誘惑[21]하기 위하여 눈초리에 姦邪[22]가 흐르는 눈웃음이 있는가 하면 상대편[23]의 환심[24]을 사기 위하여 억지로 지어 웃는 선웃음이란 것도 있다.

– 이희승, 「유머 철학」

1.	2.	3.	4.	5.	6.
7.	8.	9.	10.	11.	12.
13.	14.	15.	16.	17.	18.
19.	20.	21.	22.	23.	24.

3. 아래 한자漢字와 뜻이 반대反對, 또는 상대相對되는 한자漢字를 □ 속에 넣어 단어單語를 완성하세요.

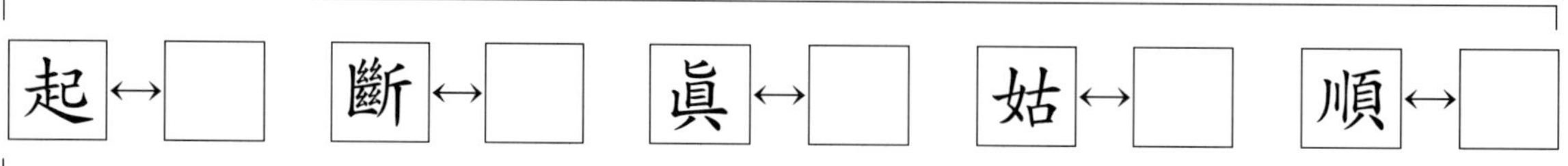

○ **동음이의어**同音異義語 ☞ 拾得 ≠ 習得 斷續 ≠ 團束 眞假 ≠ 眞價 起伏 ≠ 起復 幹線 ≠ 間選

아래 한자의 뜻과 소리를 빈칸에 쓰세요.

☆표는 3급Ⅱ 漢字임.

僧☆(人)	媒☆(女)	娛(女)	症☆(疒)	著☆(艸)	鎭☆(金)	泥☆(水)	陶☆(阜)
중 승	중매 매	즐길 오:	증세 증▸	나타날 저▸	진압할 진▸	진흙 니	질그릇 도

아래 설명을 읽고 빈칸에 보기 와 같이 쓰세요.

보기 良書(어질 량)(글 서)[양서]

僧舞( )( )[ ]
뜻▸ 민속 무용의 한 가지. [흰 고깔을 쓰고, 흰 장삼을 입고 추는, 불교적 색채가 짙은 독무(獨舞)]

禪僧( )( )[ ]
뜻▸ ①참선(參禪)하고 있는 중. ②선종(禪宗)의 중.
참 先勝(선승)▹여러 번을 겨루는 경기 등에서 첫 판을 먼저 이김.

媒體( )( )[ ]
뜻▸ ①어떤 사실을 널리 전달하는 데 매개가 되는 것. ②다른 곳으로 전달하는 구실을 하는 물체.

觸媒( )( )[ ]
뜻▸ 화학 반응에서, 자신은 결과적으로 아무런 반응이 일어나지 않으나 다른 물질의 반응을 촉진(促進)하거나 지연(遲延)시키게 하는 물질.

娛樂( )( )[ ]
뜻▸ 사람의 마음을 즐겁게 하고 위안(慰安)을 베푸는 것.

歡娛( )( )[ ]
뜻▸ 기뻐하고 즐거워함. 환락(歡樂).

渴症( )( )[ ]
뜻▸ ①목마름. ②'渴急症'의 준말.

症候群[ ]
( )( )( )
뜻▸ 몇 가지 증세가 늘 함께 인정되나 그 원인이 분명하지 않거나 단일(單一)이 아닐 때에 병명(病名)에 따라 붙이는 명칭.

顯著( )( )[ ]
뜻▸ 뚜렷함. 드러나게 분명(分明)함. 표저(表著).

著作權[ ]
( )( )( )
뜻▸ 저작자가 자기 저작물의 복제(複製)·번역(飜譯)·방송(放送)·상연(上演) 등을 독점적(獨占的)으로 이용할 수 있는 권리.

鎭壓( )( )[ ]
뜻▸ 억눌러서 가라앉힘.

鎭靜( )( )[ ]
뜻▸ ①흥분(興奮)이나 아픔 따위가 가라앉아 고요해짐. ②시끄럽고 요란(擾亂)한 것을 가라앉혀 조용하게 함.

泥醉( )( )[ ]
뜻▸ 술에 몹시 취함. 곤드레만드레 취함.

泥火山[ ]
( )( )( )
뜻▸ 땅속에서 가스가 솟아나올 때 함께 나온 진흙이 쌓여 생긴 작은 산. [유전(油田) 지역에서 흔히 볼 수 있음]

陶醉( )( )[ ]
뜻▸ ①거나하게 술이 취함. ②무엇에 홀린 듯이 열중(熱中)하거나 기분이 좋아짐.

陶器( )( )[ ]
뜻▸ 진흙을 원료로 하여 빚어서 비교적 낮은 온도로 구운 도자기.

도움글

○ '著'자는 '着'자와 쓰임이 같은 異體字이나, 최근에는 '著'자와 '着'자를 구별하여 쓰는 경우가 많다.
예1 着服(착복) 예2 離着陸(이착륙) 예3 編著(편저) 예4 較著(교저) 예5 著者(저자) 예6 到着(도착)

1. 아래 한자어漢字語의 독음讀音을 쓰세요.

症狀[ ]	共著[ ]	厭症[ ]	陶印[ ]	著述[ ]	僧律[ ]
重鎭[ ]	著書[ ]	高僧[ ]	拘泥[ ]	論著[ ]	汚泥[ ]
文鎭[ ]	途泥[ ]	重症[ ]	媒介[ ]	編著[ ]	炎症[ ]
症勢[ ]	仲媒[ ]	靈媒[ ]	喜娛[ ]	鎭痛[ ]	戱娛[ ]

2. 다음 낱말을 한자漢字로 쓰세요.

(1) 시대사조 ………………………… ( )	(11) 기상천외 ………………………… ( )
(2) 전시효과 ………………………… ( )	(12) 중계방송 ………………………… ( )
(3) 재무제표 ………………………… ( )	(13) 경제지수 ………………………… ( )
(4) 정보공해 ………………………… ( )	(14) 구조조정 ………………………… ( )
(5) 공정무역 ………………………… ( )	(15) 적자생존 ………………………… ( )
(6) 회계연도 ………………………… ( )	(16) 노동쟁의 ………………………… ( )
(7) 신변잡기 ………………………… ( )	(17) 환경감시 ………………………… ( )
(8) 진행상황 ………………………… ( )	(18) 유기농법 ………………………… ( )
(9) 실물거래 ………………………… ( )	(19) 자치단체 ………………………… ( )
(10) 군중심리 ………………………… ( )	(20) 주택청약 ………………………… ( )

3. 다음 한자성어漢字成語와 같은 뜻을 가진 속담俗談을 쓰세요.

(1) 識字憂患 ▷
(2) 目不識丁 ▷
(3) 十伐之木 ▷
(4) 馬耳東風 ▷
(5) 苦盡甘來 ▷

도움글

○ 推敲(퇴고) ▷ 당나라 시인 가도(賈島)가 '스님이 달 아래 문을 두드린다(僧敲月下門).'이라는 문구를 짓고, 推(퇴 : 밀다)자를 쓸까, 敲(고 : 두드리다)자를 쓸까 고민하다가 마침 길을 지나던 한퇴지에게 물어 '敲'자로 고쳤다는 고사(故事)에서 생긴 말로, '시나 글귀를 여러 번 생각하여 좋게 고치는 것'을 이르는 말로 쓰인다.

아래 한자의 뜻과 소리를 빈칸에 쓰세요. ☆표는 3급Ⅱ 漢字임.

獸☆(犬)	何☆(人)	閣☆(門)	館☆(食)	宇☆(宀)	逐(辵)	懲(心)	屯(屮)
짐승 수	어찌 하	집 각	집 관	집 우	쫓을 축	징계할 징	진칠 둔

아래 설명을 읽고 빈칸에 보기 와 같이 쓰세요. 보기 良書(어질 량)(글 서)[양서]

猛獸(　　)(　　)[　　]
도▸ 사나운 짐승.

獸醫(　　)(　　)[　　]
도▸ '獸醫師'의 준말.
참 隨意(수의) ▹ ①뜻대로 함. ②속박(束縛)이 없음.
예 隨意契約을 체결(締結)하다.
참 囚衣(수의) ▹ 죄수(罪囚)들이 입는 옷.

何故(　　)(　　)[　　]
도▸ 무슨 까닭·이유.

閣下(　　)(　　)[　　]
도▸ ①높은 지위에 있는 사람에 대한 경칭(敬稱). ②가톨릭에서, '주교', '대주교'에 대한 경칭.

改閣(　　)(　　)[　　]
도▸ 내각(內閣)을 개편(改編)함.

博物館[　　]
(　　)(　　)(　　)
도▸ 역사·민속·산업·과학·예술 등에 관한 자료를 널리 수집, 보관하고 전시하여 사회 교육과 학술 연구에 도움이 되게 만든 시설.

領事館[　　]
(　　)(　　)(　　)
도▸ 영사가 그 주재지(駐在地)에서 사무를 보는 관청.

屯營(　　)(　　)[　　]
도▸ 군사가 주둔(駐屯)한 곳.

御宇(　　)(　　)[　　]
도▸ 임금이 나라를 다스리는 동안.

氣宇(　　)(　　)[　　]
도▸ ①마음의 넓이. 예 氣宇가 壯大하다. ②기백, 또는 기개와 도량(度量). 예 氣宇가 활발하다.
참 祈雨(기우) ▹ 가물 때 비가 오기를 빎.

角逐(　　)(　　)[　　]
도▸ 서로 이기려고 맞서서 다툼.

逐出(　　)(　　)[　　]
도▸ 쫓아냄. 몰아냄.

懲罰(　　)(　　)[　　]
도▸ 부정(不正)이나 부당(不當)한 행위에 대하여 응징(膺懲)하는 뜻으로 주는 벌.

勸善懲惡[　　]
(　　)(　　)(　　)(　　)
도▸ 선행(善行)을 장려하고 악행(惡行)을 징계(懲戒)하는 일. 준 권징(勸懲).

屯畓(　　)(　　)[　　]
도▸ ①주둔병의 군량을 자급하기 위하여 마련되어 있는 논. ②각 궁과 관아에 딸렸던 논.

何厚何薄[　　]
(　　)(　　)(　　)(　　)
도▸ '어느 쪽은 후하고 어느 쪽은 박하게 한다.'는 뜻으로, '사람에 따라 차별 대우함'을 이르는 말.

도움글

○ 杞憂(기우) ▹ '기(杞)나라 사람이 하늘이 무너져 내려앉지 않을까 하고 걱정했다.'는 고사에서 비롯된 말로, '장래(將來)의 일에 대한 쓸데없는 걱정'을 이르는 말.

○ 다음 중 漢字의 讀音이 잘못된 것은? ①更張(경장) ②樂園(낙원) ③減殺(감살) ④標識(표지) 정답☞다음 쪽

1. 아래 한자어漢字語의 독음讀音을 쓰세요.

禽獸[ ]	獸肉[ ]	殿閣[ ]	獸皮[ ]	何處[ ]	閣議[ ]
閣僚[ ]	驛館[ ]	內閣[ ]	徵逐[ ]	天宇[ ]	層閣[ ]
公館[ ]	奈何[ ]	組閣[ ]	眉宇[ ]	屋宇[ ]	驅逐[ ]
野獸[ ]	斥逐[ ]	懲戒[ ]	懲役[ ]	怪獸[ ]	碑閣[ ]

2. 아래 글을 읽고 밑줄 친 낱말은 한자漢字로, 한자어漢字語는 독음讀音으로 고쳐 쓰세요.

※ 등불의 발전 과정[1] - 전지[2] 실험[3] 중 원리[4] 발견

밤의 어둠을 몰아내기 위한 인류의 노력[5]은 최초[6]에 집안의 화톳불이나 마당의 모닥불로부터 시작됐고 이후 나무진이나 동물성 기름을 이용한 횃불, 식물성 기름을 주전자(酒煎子)에 담아 꼭지 쪽으로 심지[7]를 낸 차 주전자 램프 등이 사용됐다. 이후 레오나르도 다빈치가 이러한 등불에 유리관을 씌워 공기 공급[8]을 원활(圓滑)히 해 그을음을 줄이는 램프를 개발[9]하기도 했으나 18세기[10]까지도 등불은 여전[11]히 어떤 물체[12]를 태워 얻는 수준[13]에 지나지 않았다.

그러나 1802년 영국의 화학자 데이비는 볼타가 개발한 전지 실험을 하다가 전지의 양극[14]에서 뽑아낸 두 가닥 끝에 목탄[15]조각을 붙여 일정한 距離[16]까지 가까이 대면 반원[17]을 그리는 불꽃이 그 사이에서 일어난다는 사실[18]을 발견했다.

기원[19]전 육백 년 인류가 처음으로 전류[20]를 발견 - 당시[21] 호박 목걸이를 닦아 광을 내면 마찰(摩擦) 전기 때문에 먼지가 더 잘 달라붙는 현상을 발견했고 이 마찰 전기를 호박의 그리스어인 일렉트론으로 부르게 됐음 - 한 이래 실로 2천4백 년 만에 전류가 빛으로 轉換[22]될 수 있다는 사실을 찾아낸 것이다.

데이비는 이 원리를 이용, 4년 뒤 유리관을 씌운 아크 전등-빛이 반원의 형태를 그린다는 의미로 命名-을 발명했고 2년 뒤 이를 가로등[23]으로 만들어 파리의 콩코드 광장[24]을 밝히는 데 성공했다.

1.	2.	3.	4.	5.	6.
7.	8.	9.	10.	11.	12.
13.	14.	15.	16.	17.	18.
19.	20.	21.	22.	23.	24.

도움글

○ **동음이의어**同音異義語 ☞ 眉宇 ≠ 微雨 ≠ 尾羽　驅逐 ≠ 構築 ≠ 拘縮　驛館 ≠ 譯官 ≠ 歷觀

○ (197쪽)정답☞ ③ 減殺(감살)→減殺(감쇄)

아래 한자의 뜻과 소리를 빈칸에 쓰세요. ☆표는 3급Ⅱ 漢字임.

偶☆(人)	弔(弓)	租☆(禾)	廷☆(廴)	蹟☆(足)	杯(木)	宴☆(宀)	匹(匸)
짝 우	조상할 조	조세 조	조정 정	자취 적	잔 배	잔치 연	짝 필

아래 설명을 읽고 빈칸에 보기 와 같이 쓰세요. 보기 良書(어질 량)(글 서)[양서]

配偶者 [ ]
( )( )( )
도▸ 남편이 아내를, 아내가 남편을 '부부로서 짝이 되는 상대자'라는 뜻으로 이르는 말.

偶像崇拜 [ ]
( )( )( )( )
도▸ 우상을 종교적 신앙의 대상으로 믿거나 추앙(推仰)하는 일.

謹弔( )( ) [ ]
도▸ 삼가 조상(弔喪)함.

弔喪( )( ) [ ]
도▸ 남의 죽음에 대하여 애도(哀悼)의 뜻을 표함. 문상(問喪).

租稅( )( ) [ ]
도▸ 국가나 지방 자치 단체가 필요한 경비(經費)를 마련하기 위하여 국민으로부터 강제로 거두어들이는 돈. 공세(貢稅). 공조. 준세(稅).

租庸調 [ ]
( )( )( )
도▸ 당대(唐代)의 세제(稅制). '租'는 곡물(穀物), '庸'은 노역(勞役), '調'는 베로 거두는 세.

廷爭( )( ) [ ]
도▸ 조정(朝廷)의 다수(多數)의 면전(面前)에서 간(諫)하고 다투는 일.
참政爭(정쟁)▹정치(政治)상의 싸움.

法廷( )( ) [ ]
도▸ 법관이 재판을 행하는 장소. 재판정(裁判廷).

奇蹟( )( ) [ ]
도▸ 인간의 힘으로는 불가능한 일을 이루어 내는 일.

事蹟( )( ) [ ]
도▸ 오랫동안에 걸쳐 있었던 일이나 사건의 자취.

杯盤( )( ) [ ]
도▸ ①술을 마시는 잔과 그릇. ②흥겹게 노는 잔치.

杯中蛇影 [ ]
( )( )( )( )
도▸ 공연(空然)한 의혹(疑惑)으로 고민(苦悶)하는 일. [어떤 사람이 벽에 걸린 활 그림자가 술잔에 비친 것을 뱀으로 잘못 알고, 뱀을 삼켰다고 생각하여 병이 되었는데 친구가 그렇지 않음을 설명해 주었더니, 곧 개운하게 병이 나았다는 故事에서 온 말]

酒宴( )( ) [ ]
도▸ 술자리.
참主演(주연)▹①연극이나 영화 등에서 주인공으로 출연(出演)함. ②'주연배우'의 준말.

祝賀宴 [ ]
( )( )( )
도▸ 축하하기 위하여 베푸는 연회(宴會). 준축연.

匹敵( )( ) [ ]
도▸ 재주나 힘 따위가 엇비슷하여 서로 견줄 만함.
참筆跡(필적)▹손수 쓴 글씨나 그림의 형적. 수적(手跡).

匹夫匹婦 [ ]
( )( )( )( )
도▸ 대수롭지 않은 그저 평범한 남녀. 비甲男乙女.

도움글

○ 혼동하기 쉬운 글자! 참1 廷(정)과 延(연) 참2 租(조)와 祖(조) 참3 弟(제)와 弔(조) 참4 謹(근)과 勤(근)

1. 아래 한자어漢字語의 독음讀音을 쓰세요.

弔旗[ ] 租賦[ ] 偶發[ ] 弔慰[ ] 偶然[ ] 弔意[ ]
古蹟[ ] 弔問[ ] 筆跡[ ] 弔哭[ ] 退廷[ ] 廷論[ ]
朝廷[ ] 宴需[ ] 文蹟[ ] 行蹟[ ] 擧杯[ ] 乾杯[ ]
宴席[ ] 慶弔[ ] 倫匹[ ] 宴會[ ] 配匹[ ] 土偶[ ]

2. 아래 글을 읽고 밑줄 친 낱말은 한자漢字로, 한자어漢字語는 독음讀音으로 고쳐 쓰세요.

시인[1]의 임무[2]는 실제[3]로 일어난 일을 이야기하는 것이 아니라, 일어날 수 있는 일, 즉 蓋然性[4]이나 필연성[5]에 따라 가능[6]한 일을 이야기하는 데 있다. 역사가와 시인의 차이[7]는 산문[8]으로 이야기하느냐 운문으로 이야기하느냐에 있는 것이 아니라 (왜냐하면 헤로도투스의 작품은 운문으로 고쳐 쓸 수도 있을 것이나 韻律[9]이 있든 없든 간에 역시 일종의 역사임에 변함이 없기 때문에) 전자[10]는 실제로 일어난 것을 이야기하고, 후자는 일어날 수 있는 것을 이야기한다는 점에 있다. 따라서 詩는 역사보다 더 철학[11]적이고 더 진지(眞摯)하다. 普遍[12]적인 것을 이야기한다 함은 (비록 시가 등장[13] 인물들에게 어떤 특정[14]한 이름을 賦與[15]한다고 하더라도) 이런 또는 저런 類型[16]의 인간이 蓋然的으로, 또는 필연적으로 말하거나 행할 수 있는 일을 이야기함을 의미한다. 개별[17]적인 것을 이야기한다 함은 이를테면 알키비아데스가 무엇을 행하였으며 무엇을 경험[18]하였는가를 이야기함을 말한다.

– 아리스토텔레스, 「시학」 중

1.	2.	3.	4.	5.	6.
7.	8.	9.	10.	11.	12.
13.	14.	15.	16.	17.	18.

3. 다음 한자어漢字語의 독음讀音을 쓰세요.

1. 免罪 ( ) 2. 隆盛 ( ) 3. 浮刻 ( ) 4. 旋律 ( ) 5. 我執 ( )
6. 溪谷 ( ) 7. 裁可 ( ) 8. 催眠 ( ) 9. 縱橫 ( ) 10. 比較 ( )
11. 鼓吹 ( ) 12. 泣訴 ( ) 13. 衝突 ( ) 14. 振幅 ( ) 15. 附屬 ( )
16. 貸付 ( ) 17. 滅菌 ( ) 18. 簿記 ( ) 19. 拾得 ( ) 20. 猛威 ( )
21. 換拂 ( ) 22. 著述 ( ) 23. 貫徹 ( ) 24. 懇請 ( ) 25. 惜別 ( )
26. 奮鬪 ( ) 27. 濕冷 ( ) 28. 憂愁 ( ) 29. 逸話 ( ) 30. 執着 ( )
31. 癸亥 ( ) 32. 署理 ( ) 33. 卑賤 ( ) 34. 遂行 ( ) 35. 販促 ( )
36. 堤防 ( ) 37. 勤愼 ( ) 38. 盲腸 ( ) 39. 苗木 ( ) 40. 沿岸 ( )
41. 越尺 ( ) 42. 暫時 ( ) 43. 踏査 ( ) 44. 策略 ( ) 45. 且置 ( )

도움글

○ '慶弔'는 뜻이 서로 상대되는 한자로 결합된 한자어이고, '配匹'은 뜻이 서로 비슷한 한자로 결합된 한자어이다.

아래 한자의 뜻과 소리를 빈칸에 쓰세요.

☆표는 3급Ⅱ 漢字임.

劃☆(刀)	侮(人)	嫌(女)	追☆(辵)	宙☆(宀)	刺☆(刀)	衝☆(行)	蒸☆(艸)
그을 획	업신여길 모	싫어할 혐	쫓을 추 따를 추	집 주	찌를 자 찌를 척	찌를 충	찔 증

아래 설명을 읽고 빈칸에 보기 와 같이 쓰세요.

보기 良書(어질 량)(글 서)[양서]

區劃(　　　)(　　　)[　　　]
도▸ 어떤 토지나 처소(處所) 따위를 경계(境界)를 지어 가름, 또는 그 가른 구역의 하나하나.

劃期的[　　　]
(　　　)(　　　)(　　　)
도▸ 새로운 시대를 열어 놓을 만한 것. 새로운 기원(紀元)을 그을 만한 것. 획시기적(劃時期的).

受侮(　　　)(　　　)[　　　]
도▸ 모욕(侮辱)을 당함. 例 이국땅에서 受侮를 받으면서도 희망을 잃지 않았다.

侮辱(　　　)(　　　)[　　　]
도▸ 깔보고 욕보임. 例 너무 심한 侮辱을 당하다.

嫌疑(　　　)(　　　)[　　　]
도▸ ①꺼리고 싫어함. ②범죄를 저지른 사람일 것이라는 의심. 例 사건에 관련이 있다는 嫌疑를 받았다.

嫌惡(　　　)(　　　)[　　　]
도▸ 싫어하고 미워함. 염오(厭惡).

追更(　　　)(　　　)[　　　]
도▸ '追加更正豫算(추가경정예산)'의 준말.

追放(　　　)(　　　)[　　　]
도▸ 해(害)가 되거나 부적격한 자를 쫓아냄.

蒸氣壓[　　　]
(　　　)(　　　)(　　　)
도▸ 증기가 고체, 또는 액체와 평행 상태에 있을 때의 증기의 압력. 증기압력.

宇宙(　　　)(　　　)[　　　]
도▸ ①온 세계를 둘러싸고 있는 공간. ②천체를 비롯한 만물을 포용하는 물리학적 공간을 이름.

宙合樓[　　　]
(　　　)(　　　)(　　　)
도▸ 창덕궁(昌德宮) 안의 한 누(樓).

刺激(　　　)(　　　)[　　　]
도▸ 자극을 받아 몹시 흔들림.
참 刺擊(자격)▹찌르고 침.
참 資格(자격)▹어떤 행동을 하는 데 필요한 조건.

刺客(　　　)(　　　)[　　　]
도▸ 어떤 음모에 가담하거나 남의 사주(使嗾)를 받고 사람을 몰래 찔러 죽이는 사람.

折衝(　　　)(　　　)[　　　]
도▸ '쳐들어오는 적이 창끝을 꺾는다.'는 뜻으로, '국제간의 외교적 담판, 또는 흥정'을 이르는 말.
참 折衷(절충)▹둘 이상이 서로 다른 사물이나 견해 따위에서, 한쪽에 치우치지 않고 양쪽의 좋은 점을 골라 뽑아 알맞게 조화시키는 일.

要衝地[　　　]
(　　　)(　　　)(　　　)
도▸ ①교통·상업 면에서 매우 중요한 곳. ②지세(地勢)가 아군(我軍)에게는 유리(有利)하고 적(敵)에게는 불리한 곳.

蒸發(　　　)(　　　)[　　　]
도▸ ①액체(液體)가 그 표면에서 기체(氣體)로 변하는 일. 참 승화(昇華). ②'사람이나 물건이 갑자기 사라져 행방불명이 됨'을 속되게 이르는 말.

도움글

○ 다음 중 한자의 쓰임이 잘못된 것은? ①拾得(습득) ②行烈(항렬) ③牡丹(모란) ④遊說(유세) 정답☞ 다음 쪽

1. 아래 한자어漢字語의 독음讀音을 쓰세요.

企劃[ ]	追遠[ ]	追認[ ]	追尊[ ]	追慕[ ]	追跡[ ]
刺絡[ ]	追究[ ]	訴追[ ]	追憶[ ]	追徵[ ]	追納[ ]
衝動[ ]	追崇[ ]	點劃[ ]	追從[ ]	追薦[ ]	追給[ ]
追窮[ ]	追考[ ]	追加[ ]	字劃[ ]	刺殺[ ]	衝擊[ ]
蒸氣[ ]	衝激[ ]	刺探[ ]	追擊[ ]	衝突[ ]	蒸濕[ ]

2. 아래 글을 읽고 밑줄 친 낱말은 한자漢字로, 한자어漢字語는 독음讀音으로 고쳐 쓰세요.

우리 주위[1]에 생활하고 있는 모든 생물의 상호[2]관계에 관하여 우리가 지극[3]히 무지[4]하다는 사실을 率直[5]하게 시인[6]한다면, 종 및 변종[7]의 기원[8]에 관하여 아직 설명[9]하지 않는 것이 아무리 많다 해도 어느 누구도 그것에 대하여 놀라서는 안 된다. 어째서 어떤 종은 널리 분포[10]되어 있고 개체[11]수가 많으며 그것과 비슷한 종은 어째서 좁게 분포되어 있고 개체수도 적은가를 설명할 수 있는 사람이 있을까? 그런데 이런 관계는 이 세계에 사는 모든 자의 현재의 평안을, 그리고 내가 믿는 바에 의하면 장래[12]의 성공 및 변화까지도 결정[13]하는 것이어서 대단히 중요하다. 이 세계의 역사에 있어서 과거에 여러 지질[14]시대에 살던 수많은 거주[15]자의 상호관계에 대하여 우리는 아는 바가 너무나 적다. 아직 뚜렷하지 못한 것이 많이 있고 앞으로도 뚜렷하지 못한 채로 남을 것이 많이 있겠지만, 그러나 나는 있는 성의를 다해 愼重[16]히 연구했고 냉정[17]한 판단[18]을 내린 결과, 대다수의 박물[19]학자가 최근에까지 품고 있었고 나도 역시 인정[20]하고 있던 견해[21], 즉 각자의 종은 따로따로 독립적으로 창조[22]되었다는 사실에 대하여 의심을 품을 수가 없게 되었다. 나는 종은 불변하는 것이 아니며, 어느 한 종에서 만들어졌다고 인정되는 변종이 그 종의 자손인 것과 마찬가지로 이른바 같은 속에 속하는 종들은 일반적으로 이미 消滅[23]해 버린 종으로부터 얻어진 자손이라고 확신[24]한다. 또한 나는 '자연도태(自然淘汰)'가 변화의 유일한 방법은 아니지만 가장 중요한 방법이라는 것도 확신하는 바이다.

– 다윈, 『종의기원』

1.	2.	3.	4.	5.	6.
7.	8.	9.	10.	11.	12.
13.	14.	15.	16.	17.	18.
19.	20.	21.	22.	23.	24.

도움글

○ 다음은 같은 漢字가 첫 음절에서 長短 두 가지로 發音되는 例이다. [: 장음]
참1 痲醉(마취) : 痲雀(마작)　참2 貫通(관통) : 貫珠(관주)　참3 議員(의원) : 議政(의정)
○ (201쪽)정답☞ ② 行烈(항렬) → 行列(항렬)

아래 한자의 뜻과 소리를 빈칸에 쓰세요.

☆표는 3급Ⅱ 漢字임.

裂☆(衣)	茶☆(艸)	秩☆(禾)	忍☆(心)	覆☆(襾)	珠☆(玉)	昌☆(日)	索☆(糸)
찢어질 렬	차 다 차 차	차례 질	참을 인	덮을 부 뒤집힐 복	구슬 주	창성할 창	찾을 색 노 삭

아래 설명을 읽고 빈칸에 보기 와 같이 쓰세요.

보기 良書(어질 량)(글 서)[양서]

滅裂(　　　　)(　　　　)[　　　　]
도▸ 찢기고 흩어져 형체(形體)조차 없어짐.

決裂(　　　　)(　　　　)[　　　　]
도▸ (회담 따위에서) 의견이 서로 맞지 않아 협상이 이루어지지 않고 갈라짐. 용 회담이 決裂되다.

破裂(　　　　)(　　　　)[　　　　]
도▸ 내부의 압력(壓力)으로 말미암아 깨어지거나 갈라져 터짐. 용 수도관이 破裂되다.

綠茶(　　　　)(　　　　)[　　　　]
도▸ 차나무의 잎이 푸른빛이 나도록 말려서 만든 차.

茶飯事[　　　　]
(　　　　)(　　　　)(　　　　)
도▸ '恒茶飯事'의 준말. 늘 있는 일. 예사로운 일.

秩序(　　　　)(　　　　)[　　　　]
도▸ 올바른 상태를 유지하기 위해서 지켜야 할 일정한 차례나 규칙. 용 秩序를 바로잡다.

秩卑(　　　　)(　　　　)[　　　　]
도▸ 관직(官職)과 녹봉(祿俸)이 낮음. 반 질고(秩高).

殘忍(　　　　)(　　　　)[　　　　]
도▸ 인정(人情)이 없고 몹시 모짊.

目不忍見[　　　　]
(　　　　)(　　　　)(　　　　)(　　　　)
도▸ 몹시 딱하고 참혹하거나 처참하여 차마 눈뜨고 볼 수 없음.

覆面(　　　　)(　　　　)[　　　　]
도▸ (남이 알아보지 못하게) 보자기나 수건 따위로 얼굴을 싸서 가림. 용 범인은 覆面을 하였다.

被覆(　　　　)(　　　　)[　　　　]
도▸ 거죽을 덮어씌움, 또는 덮어 싸는 물건. 용 電線의 被覆이 벗겨져 위험하다.
참 被服(피복) ▷ 옷. 의복. 용 작전에 필요한 식량과 被服이 지급되었다.

念珠(　　　　)(　　　　)[　　　　]
도▸ (부처에게 절하거나 염불할 때) 손가락 끝으로 한 알씩 넘기면서 그 횟수를 세거나 손목이나 목에 거는, 모감주나무의 열매 따위를 실에 꿰어서 둥글게 만든 것.

默珠(　　　　)(　　　　)[　　　　]
도▸ (가톨릭에서) 기도를 드릴 때에 사용하는 줄에 꿴 구슬.

繁昌(　　　　)(　　　　)[　　　　]
도▸ 한창 잘되어 성함. 번성(繁盛). 용 사업이 해마다 繁昌하다.

隆昌(　　　　)(　　　　)[　　　　]
도▸ 융성(隆盛). 매우 기운차고 성하게 일어남.

探索(　　　　)(　　　　)[　　　　]
도▸ 감추어진 사물을 이리저리 더듬어 찾음. 용 밤마다 별자리를 探索하였다.

鋼索(　　　　)(　　　　)[　　　　]
도▸ 여러 가닥의 강철 철사를 꼬아서 만든 줄.

도움글

- '綠茶', '茶飯事'와 같이 '茶'자는 쓰임에 따라 '차', 또는 '다'로 읽는다.
- '殘忍'의 '忍'자는 쓰임에 따라 뜻이 다양하게 변함에 주의하여야 한다. 예 忍(참을 인, 차마 인)
- '探索'의 '索'자는 쓰임에 훈과 음이 다르게 쓰이는 글자이다. 예 索引(찾을 색)(끌 인), 腐索(썩을 부)(노 삭)

1. 아래 한자어漢字語의 독음讀音을 쓰세요.

分裂[ ]	茶道[ ]	忍辱[ ]	茶禮[ ]	紅茶[ ]	茶器[ ]
思索[ ]	飜覆[ ]	忍苦[ ]	昌盛[ ]	忍耐[ ]	討索[ ]

2. 아래 글을 읽고 밑줄 친 낱말은 한자漢字로, 한자어漢字語는 독음讀音으로 고쳐 쓰세요.

春秋時代 송(宋)나라의 양공(襄公)은 齊[1]나라의 환공(桓公)이 자신의 사후[2]에 아들을 卽位[3]시켜 달라는 비밀[4] 부탁(付託)을 받고 환공이 죽은 후에 약속[5]대로 환공의 아들을 齊나라의 임금으로 卽位시키는 데 큰 공[6]을 세운다. 이 일이 契機[7]가 되어 양공은 환공의 뒤를 이어 천하를 제패(制覇)할 것을 꿈꾼다. 그래서 신하들의 반대[8]를 무릅쓰고 초나라와 결전[9]을 감행[10]하게 된다.

宋나라가 먼저 강 건너편에 진[11]을 치고 있었고 초나라는 강을 건너와 송나라와 결전을 하려 하였다. 이때 公子 목이(目夷)가 "적[12]이 강을 채 건너지 못한 틈을 타서 공격[13]을 하면 적을 이길 수 있을 것입니다."라고 권[14]하였다. 그러나 양공은 "그것은 정당[15]한 싸움이 아니다. 정정당당[16]하게 싸워 이기지 못한다면 어떻게 참다운 승자[17]가 될 수 있겠는가?"하며 듣지 않았다. 이윽고 초나라 군사가 강을 건너와 진을 치고 있을 때 목이가 다시 "적이 진을 다 벌이기 전에 공격을 가한다면 적을 혼란[18]에 빠뜨릴 수 있을 것입니다."라고 권하였으나, 송나라 양공은 "군자는 상대방[19]이 어려울 때 괴롭히지 않는다."라고 하며 許諾[20]하지 않았다.

초나라가 진을 친 후, 군대[21]를 정비[22]하여 송나라와 전투[23]를 벌인 결과[24] 송은 초나라에 대패[25]하고 말았다. 이 일을 두고 세상 사람들은 송나라 양공을 비웃었다.

윗글 《宋襄之仁》은 '송나라 양공의 어짐'이라는 뜻으로, '덮어놓고 착하기만 하여 실제[26]적으로는 價値[27]가 없는 대의[28]명분[29]만을 지키고, 쓸데없는 동정[30]을 베풂'을 이르는 말로 쓰인다.

1.訓音	2.	3.	4.	5.	6.
7.	8.	9.	10.	11.	12.
13.	14.	15.	16.	17.	18.
19.	20.	21.	22.	23.	24.
25.	26.	27.	28.	29.	30.

3. 아래 한자漢字는 쓰임에 따라 음音이 여러 가지로 변화되는 글자이다. [ ] 속에 독음讀音을 쓰세요.

1 刺(찌를 자, 찌를 척) :	刺客[ ]	亂刺[ ]	刺殺[ ]	刺探[ ]
2 宅(집 택, 집 댁) :	宅內[ ]	貴宅[ ]	家宅[ ]	宅地[ ]

○ 틀리기 쉬운 한자! 예1 緊과 堅 ▷ 緊急(긴급), 堅固(견고) 예2 歷과 曆 ▷ 歷史(역사), 陽曆(양력)

○ '忍'자는 '차마, 참다' 등의 뜻을 가지고 있다. 예1 目不忍見 ▷ (忍 ▷ 차마) 예2 忍辱 ▷ (忍 ▷ 참다)

아래 한자의 뜻과 소리를 빈칸에 쓰세요.

☆표는 3급Ⅱ 漢字임.

尋 (寸)	彩☆ (彡)	曆☆ (日)	軒 (車)	妄☆ (女)	戊 (戈)	薦 (艸)	徐☆ (彳)
찾을 심	채색 채:	책력 력	집 헌	망령될 망:	천간 무:	천거할 천:	천천할 서:

아래 설명을 읽고 빈칸에 보기 와 같이 쓰세요.

보기 良書(어질 량)(글 서)[양서]

尋常(　　　)(　　　)[　　　]
도▸ 대수롭지 않음. 보통임. 예사(例事)로움. 범상(凡常). 반비상(非常).

尋訪(　　　)(　　　)[　　　]
도▸ 방문(訪問)하여 찾아봄.

精彩(　　　)(　　　)[　　　]
도▸ ①아름답고 영롱한 빛깔. ②생기가 넘치는 표정.

淡彩畫[　　　]
(　　　)(　　　)(　　　)
도▸ 묵화(墨畫)에서, 엷은 빛깔로 산뜻하게 그린 그림.

曆術(　　　)(　　　)[　　　]
도▸ 해와 달의 운행의 현상에 의거(依據)하여 책력(冊曆)을 만드는 방법.
참 譯述(역술)▹번역하여 말하거나 기술(記述)함.

冊曆(　　　)(　　　)[　　　]
도▸ 천체(天體)를 측정하여 해와 달의 움직임과 절기(節氣)를 적어 놓은 책. 역서(曆書). 참 달력.

軒燈(　　　)(　　　)[　　　]
도▸ 처마에 다는 등.

軒擧(　　　)(　　　)[　　　]
도▸ 풍채(風采)가 좋고 의기(義氣)가 당당(堂堂)함. 헌앙(軒昂).

徐執(　　　)(　　　)[　　　]
도▸ 일을 천천히 진행(進行)시킴.

妄想(　　　)(　　　)[　　　]
도▸ ①있지도 않은 사실을 상상(想像)하여 마치 사실인 양 굳게 믿는 일, 또는 그러한 생각. 망념(妄念). ②정신 장애로 말미암아 생기는 잘못된 판단이나 확신(確信).

輕擧妄動[　　　]
(　　　)(　　　)(　　　)(　　　)
도▸ 깊이 생각해 보지도 않고 경솔(輕率)하게 함부로 행동함, 또는 그런 행동. 조동(躁動).

戊子(　　　)(　　　)[　　　]
도▸ 戊寅・戊辰・戊午・戊申・戊戌 등과 같이 육십갑자(六十甲子)의 하나.

戊夜(　　　)(　　　)[　　　]
도▸ 오경(五更). 오전 3시에서 5시 사이.

追薦(　　　)(　　　)[　　　]
도▸ 불교에서, 죽은 사람의 명복(冥福)을 비는 일.
참 推薦(추천)▹①좋거나 알맞다고 생각되는 물건을 남에게 권함. ②알맞은 사람을 천거(薦擧)함. 추거(推擧).

薦度(　　　)(　　　)[　　　]
도▸ 죽은 사람의 넋을 부처에게 인연(因緣)을 맺어주어 좋은 곳으로 가게 하는 일.
참 遷都(천도)▹도읍(都邑)을 옮김.

徐羅伐[　　　]
(　　　)(　　　)(　　　)
도▸ ①'신라(新羅)'를 이전에 이르던 말. ②'경주(慶州)'를 이전에 이르던 말.

도움글

○ 一字多音語字[한 글자가 둘 이상의 음을 가진 字]! 예1 洞察(통찰) 洞窟(동굴) 예2 更生(갱생) 更正(경정) 예3 簡易(간이) 貿易(무역) 예4 反省(반성) 省略(생략) 예5 降雨(강우) 降伏(항복) 예6 推測(추측) 推敲(퇴고)

1. 아래 한자어漢字語의 독음讀音을 쓰세요.

光彩[ ]	映彩[ ]	妄言[ ]	陽曆[ ]	妄念[ ]	月曆[ ]
飛軒[ ]	軒號[ ]	席薦[ ]	妄覺[ ]	迷妄[ ]	公薦[ ]
妄發[ ]	妄身[ ]	推尋[ ]	老妄[ ]	陰曆[ ]	虛妄[ ]
多彩[ ]	彩度[ ]	薦擧[ ]	曆數[ ]	尋究[ ]	妄靈[ ]

2. 아래 글을 읽고 밑줄 친 낱말은 한자漢字로, 한자어漢字語는 독음讀音으로 고쳐 쓰세요.

(가) 세종[1] 대왕은 가장 우수[2]한 표음[3]문자인 훈민정음[4]을 창제[5]하셨다.
(나) 또 하나의 학문적 배경[6]을 이루었던 송학은 고도[7]로 발달했던 유교[8]철학을 말하는 것이다.
(다) 한국의 민족적 試鍊[9]과 그 역사적 사회적 조건[10]이 한국 현대시와 아주 필연[11]적이며 숙명[12]적인 관계[13]를 맺고 있다.
(라) 이런 훈련[14]과 교양[15]이 부족하여 진정[16]한 비평[17]에 대한 이해[18]가 부족하였다.

1.	2.	3.	4.	5.	6.
7.	8.	9.	10.	11.	12.
13.	14.	15.	16.	17.	18.

3. 다음 훈訓과 음音에 알맞은 한자漢字를 쓰세요.

1. 노래 가 ( )	2. 농사 농 ( )	3. 공 구 ( )	4. 급할 급 ( )
5. 동산 원 ( )	6. 뭍 륙 ( )	7. 거울 경 ( )	8. 남을 잔 ( )
9. 무리 당 ( )	10. 고울 려 ( )	11. 버들 류 ( )	12. 넓을 박 ( )
13. 갖출 비 ( )	14. 비석 비 ( )	15. 흩을 산 ( )	16. 우편 우 ( )
17. 길 로 ( )	18. 쌓을 축 ( )	19. 책 편 ( )	20. 항구 항 ( )

4. 아래 한자어漢字語와 뜻이 서로 반대反對, 또는 상대相對되는 한자어漢字語를 □ 속에 한자漢字로 쓰세요.

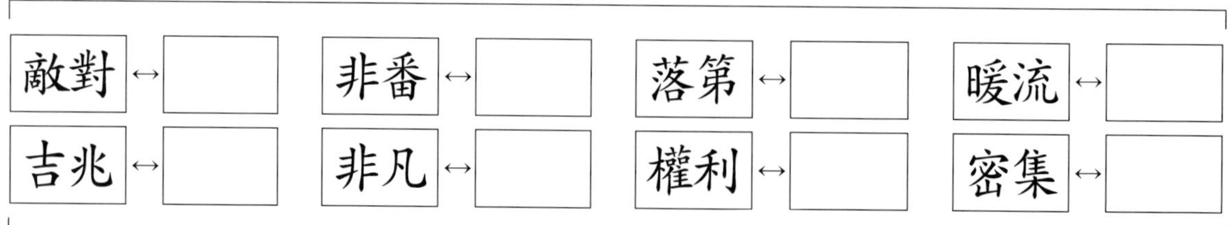

敵對 ↔ □
非番 ↔ □
落第 ↔ □
暖流 ↔ □
吉兆 ↔ □
非凡 ↔ □
權利 ↔ □
密集 ↔ □

○ 推尋 : 찾아내어 가지거나 받아 냄. 예 아침 일찍 물건을 推尋해 오라고 사람을 보냈다.

아래 한자의 뜻과 소리를 빈칸에 쓰세요.

☆표는 3급Ⅱ 漢字임.

賤☆(貝)	妾(女)	廉(广)	朔(月)	燭(火)	醜(酉)	版☆(片)	裳☆(衣)
천할 천	첩 첩	청렴할 렴	초하루 삭	촛불 촉	추할 추	판목 판	치마 상

아래 설명을 읽고 빈칸에 보기 와 같이 쓰세요.

보기 良書(어질 량)(글 서)[양서]

貴賤(　　　)(　　　)[　　　]
도▸ 신분(身分)이 귀하거나 천한 일, 또는 높은 사람과 낮은 사람.

賤職(　　　)(　　　)[　　　]
도▸ 천한 직업.
참 天職(천직) ▹ 천성(天性)에 알맞은 직업.

妻妾(　　　)(　　　)[　　　]
도▸ 아내와 첩. 적첩(嫡妾).

愛妾(　　　)(　　　)[　　　]
도▸ 사랑하여 아끼는 첩.

廉價(　　　)(　　　)[　　　]
도▸ 싼값. 저가(低價).

廉探(　　　)(　　　)[　　　]
도▸ 어떤 일의 사정이나 내막(內幕) 따위를 몰래 조사함. 수담(搜探). 염찰(廉察). 염알이.

朔望(　　　)(　　　)[　　　]
도▸ ①음력(陰曆) 초하루와 보름. ②'삭망전(朔望奠)'의 준말.

朔風(　　　)(　　　)[　　　]
도▸ 겨울철에 북쪽에서 불어오는 찬바람. 北風.

朔茶禮[　　　]
(　　　)(　　　)(　　　)
도▸ 매월 초하룻날 사당(祠堂)에서 지내는 차례. 삭단(朔單).

燭臺(　　　)(　　　)[　　　]
도▸ 촛대.

洞房華燭[　　　]
(　　　)(　　　)(　　　)(　　　)
도▸ 혼례(婚禮) 후, 신랑(新郞)이 신부(新婦)의 방에서 첫날밤을 지내는 의식. 준 동방(洞房).

醜態(　　　)(　　　)[　　　]
도▸ 추저분하고 창피스러운 태도나 짓거리.

醜拙(　　　)(　　　)[　　　]
도▸ 더럽고 째째함.

出版(　　　)(　　　)[　　　]
도▸ 저작물(著作物)을 책으로 꾸며 세상에 내놓음. 출간(出刊). 간행(刊行).

版勢(　　　)(　　　)[　　　]
도▸ 판국(版局)의 형세(形勢).

衣裳(　　　)(　　　)[　　　]
도▸ ①여자가 겉에 입는 저고리와 치마. ②옷.

綠衣紅裳[　　　]
(　　　)(　　　)(　　　)(　　　)
도▸ '연두저고리와 다홍치마'라는 뜻으로, '젊은 여인의 고운 옷차림'을 이르는 말.

燭淚(　　　)(　　　)[　　　]
도▸ 초가 녹아내리는 모양을 눈물에 견주어 이르는 말. 촉농(燭膿).

도움글

- '貴賤'은 뜻이 서로 대립되는 한자로 결합된 한자어이다. 참 美 ↔ 醜(미추)
- '朔茶禮'의 '茶'자는 쓰임에 따라 뜻과 소리가 달라지는 글자이다. 참 茶(차 다, 차 차)
- 同價紅裳(동가홍상) : '같은 값이면 다홍치마'라는 말로, '기왕이면 좋은 것을 택한다.'는 의미로 쓰이는 말.

1. 아래 한자어漢字語의 독음讀音을 쓰세요.

燭察[ ]	活版[ ]	潔廉[ ]	醜面[ ]	醜雜[ ]	醜惡[ ]
貧賤[ ]	版畫[ ]	美妾[ ]	版權[ ]	原版[ ]	銅版[ ]
廉問[ ]	卑賤[ ]	廉讓[ ]	再版[ ]	微賤[ ]	賤待[ ]
醜談[ ]	華燭[ ]	燈燭[ ]	洞燭[ ]	美醜[ ]	淸廉[ ]

2. 아래 글을 읽고 밑줄 친 낱말은 한자漢字로, 한자어漢字語는 독음讀音으로 고쳐 쓰세요.

사색(四色)[도] 당쟁[1]의 소용돌이 속에서 임진왜란(壬辰倭亂)과 丙子胡亂[2]의 수난[3]을 겪고 나자 조선에선 사상적인 변화가 일기 시작했다. 조선 왕조가 국가 근본이념[4]으로 표방(標榜)한 유교[5]의 관념[6]적인 이론이 漸次[7]로 자취를 감추게 되고 실질적인 사상, 즉 실학의 새 바람이 불기 시작했다. 보수파[8]들의 공리공론[9]을 과감[10]히 일축(一蹴)하고 인생론에 대두(擡頭)되는 모든 사상을 실제 문제에 結付[11]시켜 해결[12]짓자는 실학[13] 사상이 발흥[14]되고 학파[15]를 형성하는 단계[16]에 이르게 된 것이다.

실학은 효종·현종 때 사람인 반계 유형원이 청나라 초기에 발흥된 '실사구시'[17]의 사상을 받아 들여 영·정조 이후 박지원의 『연암집』을 비롯하여 이익의 『성호사설』, 정약용의 『여유당전서』 등의 著述[18]이 연속[19]적으로 출간되어 더욱 고조[20]된 시대사조[21]라 하겠다. 실사구시란 말은 고증[22]학에서 출발하여 중국 청조를 거쳐 우리나라에 영·정조 시대에 그 사조와 함께 유입되었는데, 당시의 학자들은 이것을 학문 최고의 도라고 간주(看做)하였다. 그러나 실사구시는 영·정조 시대에 있어서 현실 변혁적인 의미를 갖게 되었고, 그것은 복종[23]의 사회로부터 현실 자각의 시대로 발전하는 자체적 成熟[24]과 서구(西歐) 문화의 영향으로 말미암아 사회사상에 일대 변혁의 기운이 시작된 까닭이다.

– 실학사상의 배경

1.	2.	3.	4.	5.	6.
7.	8.	9.	10.	11.	12.
13.	14.	15.	16.	17.	18.
19.	20.	21.	22.	23.	24.

도움글

- '卑賤'은 뜻이 서로 비슷한 한자로 결합된 한자어이고, '美醜'는 뜻이 서로 대립되는 한자로 결합된 한자어이다.
- 廉問 : 사정이나 형편 따위를 몰래 물어봄. 비 염알이. 염찰(廉察). 염탐(廉探). 내탐(內探).
- 四色 : 조선 때, 정치적 대립을 일삼던 네 당파(黨派), 곧 노론(老論)·소론(少論)·남인(南人)·북인(北人).
- '洞燭'의 '洞'자는 쓰임에 따라 뜻과 소리가 달라지는 글자이다. 참 洞(골 동, 밝을 통)
- 華燭 : 혼례 의식 때, '빛깔을 들인 밀초'를 밝히는 데서 '혼례(婚禮)'를 달리 이르는 말이다.

아래 한자의 뜻과 소리를 빈칸에 쓰세요.

☆표는 3급Ⅱ 漢字임.

刀☆(刀)	碧☆(石)	宰(宀)	岳(山)	泰☆(水)	乘☆(丿)	貪(貝)	塔☆(土)
칼 도	푸를 벽	재상 재	큰산 악	클 태	탈 승	탐낼 탐	탑 탑

아래 설명을 읽고 빈칸에 보기 와 같이 쓰세요.

보기 良書(어질 량)(글 서)[양서]

刀劍(　　)(　　)[　　]
뜻▸ '칼이나 검'을 아울러 이르는 말.

刀折矢盡[　　]
(　　)(　　)(　　)(　　)
뜻▸ '칼은 부러지고 화살은 다 써서 없어진다.'는 말로, '싸울 대로 싸워서 다시 더 싸움에 나갈 도리'가 없음을 이르는 말.

碧溪(　　)(　　)[　　]
뜻▸ 물이 매우 맑아 푸른빛이 도는 시내.

碧昌牛[　　]
(　　)(　　)(　　)
뜻▸ ①평안북도의 벽동(碧潼). 창성(昌城) 지방에서 나는, 크고 억센 소. ②'벽창호'의 본딧말.

宰相(　　)(　　)[　　]
뜻▸ (옛날에) 임금을 보필하여 모든 관원을 지휘, 감독하는 자리에 있던 이품 이상의 벼슬아치.

主宰(　　)(　　)[　　]
뜻▸ 책임을 지고 일을 맡아 처리함.

山岳(　　)(　　)[　　]
뜻▸ 육지 가운데 다른 곳보다 두드러지게 솟아 있는 높고 험한 부분. 산(山).

慰靈塔[　　]
(　　)(　　)(　　)
뜻▸ 죽은 사람의 혼령(魂靈)을 위로(慰勞)하고 추모(追慕)하기 위해 세운 탑. 예 無名勇士의 慰靈塔에 헌화(獻花)하다.

泰平(　　)(　　)[　　]
뜻▸ ①세상이 안정되고 풍년(豊年)이 들어 아무 걱정이 없고 평안(平安)함. ②성격이 느긋하여 근심 걱정 없이 태연(泰然)함.

泰然自若[　　]
(　　)(　　)(　　)(　　)
뜻▸ 마음에 무슨 충동(衝動)을 담을 만한 일이 있어도 태연하고 천연(天然)스러움.

乘務員[　　]
(　　)(　　)(　　)
뜻▸ 기차(汽車)·선박(船舶)·비행기(飛行機) 등에서 승객 관리에 관한 일을 맡아보는 사람.

乘勝長驅[　　]
(　　)(　　)(　　)(　　)
뜻▸ 싸움에 이긴 여세(餘勢)를 타고 계속 몰아침.

貪心(　　)(　　)[　　]
뜻▸ ①탐내는 마음. ②부당(不當)한 욕심(慾心).

貪多務得[　　]
(　　)(　　)(　　)(　　)
뜻▸ 많은 것을 탐내어 얻으려 애씀.

忠魂塔[　　]
(　　)(　　)(　　)
뜻▸ 충의(忠義)를 위하여 죽은 사람의 넋을 기리기 위하여 세운 탑.

岳父(　　)(　　)[　　]
뜻▸ 아내의 아버지.

○ '乘(탈 승)'자와 '昇(오를 승)'자의 차이는 反義語로 그 뜻을 살펴볼 수 있다. ☞ 1 乘降(승강) : (기차나 버스 따위에) 타고 내림. 예 乘降場. 2 昇降(승강) : 오르고, 내림. 올라갔다 내려갔다 함. 예 昇降機.

1. 아래 한자어漢字語의 독음讀音을 쓰세요.

貪慾[ ]	乘勢[ ]	石塔[ ]	軍刀[ ]	佛塔[ ]	上乘[ ]
泰東[ ]	鐵塔[ ]	乘除[ ]	便乘[ ]	短刀[ ]	乘客[ ]
合乘[ ]	利刀[ ]	塔影[ ]	塔頭[ ]	乘馬[ ]	層塔[ ]
宰列[ ]	食貪[ ]	泰斗[ ]	塔碑[ ]	乘船[ ]	果刀[ ]
乘用車[ ]	大乘的[ ]	冠岳山[ ]	安益泰[ ]	紀念塔[ ]	

2. 아래 글을 읽고 밑줄 친 낱말은 한자漢字로, 한자어漢字語는 독음讀音으로 고쳐 쓰세요.

大槪[1] 정치를 잘하려면 반드시 전 시대의 치란[2]의 자취를 살펴보아야 한다. 그 자취를 살펴보려면 오로지 역사의 기록[3]을 詳考[4]하여야 한다.

성군[5] 세종이 몸소 입에 담은 정치[6] 철학이자 역사 인식[7]이다. 그의 치세[8]가 가장 훌륭했던 태평[9]성대[10]로 평가[11]되는 것은 정법[12]과 조화[13]를 무엇보다도 소중히 하였던 그분의 역사 인식이 실행으로 옮겨졌기 때문이다.

그른 정무[14]를 살핌에 있어서도 常經과 권도[15]를 존중[16]하면서도 어느 한쪽에 치우치지 않았으며 특히 몸소 정법을 실행해 보이는 것으로 臣僚[17]들로 하여금 龜鑑[18]을 삼게 하였다.

그 한 예로 대궐 안에 초가를 지어놓고 몸소 거기서 기거[19]하는 것으로 백성들의 고초(苦楚)를 체험[20]하였다. 신하들이 大殿[21]으로 들 것을 懇請[22]하였으나 세종은 듣지 않았다.

한 시대를 온전하게 이끌어 가기 위해서는 지도[23]자의 정치철학과 역사 인식이 확실[24]해야 한다.

– 文化日報, 韓國의 論點

1.	2.	3.	4.	5.	6.
7.	8.	9.	10.	11.	12.
13.	14.	15.	16.	17.	18.
19.	20.	21.	22.	23.	24.

3. 다음 뜻을 가진 사자성어四字成語를 한자漢字로 쓰세요.

(1) 죽음의 위기에서 간신히 되살아남 (기사회생) ▷ .... ( )
(2) 한 편으론 믿기도 하고 또 다른 한 편으론 의심하기도 함 (반신반의) ▷ .... ( )
(3) 슬기로운 사람도 많은 생각 중에는 한 가지 실수가 있을 수 있음 (천려일실) ▷ · ( )

도움글

○ '乘除'는 '곱하기와 나누기'를 이르는 말로, 뜻이 서로 대립되는 한자로 결합된 한자어이다.

아래 한자의 뜻과 소리를 빈칸에 쓰세요.

☆표는 3급Ⅱ 漢字임.

毫(毛)	兔☆(儿)	恒☆(心)	徹☆(彳)	販☆(貝)	醉☆(酉)	逸☆(辵)	寧☆(宀)
터럭 호	토끼 토	항상 항	통할 철	팔[賣] 판	취할 취:	편안할 일	편안 녕

아래 설명을 읽고 빈칸에 보기 와 같이 쓰세요.

보기 良書(어질 량)(글 서)[양서]

毫末(　　)(　　)[　　]

뜻▸ '털끝, 또는 털끝만큼 작은 것'이나 '극히 적은 것'을 비유하여 이르는 말.

揮毫(　　)(　　)[　　]

뜻▸ 붓을 휘둘러 글씨를 쓰거나 그림을 그림. 휘필(揮筆). 휘쇄(揮灑).

脫兔(　　)(　　)[　　]

뜻▸ '위기(危機)를 빠져 달아나는 토끼'란 뜻으로, '동작이 매우 재빠름'을 비유하여 이르는 말.

龜毛兔角[　　]

(　　)(　　)(　　)(　　)

뜻▸ '거북의 털과 토끼의 뿔'이라는 뜻으로, '도무지 있을 수 없거나 전혀 없음'을 비유하여 이르는 말.

恒習(　　)(　　)[　　]

뜻▸ 늘 하는 버릇.

恒茶飯[　　]

(　　)(　　)(　　)

뜻▸ ①늘 있어 이상할 것이 없는 예사(例事)로운 일. ②예사로.

洞徹(　　)(　　)[　　]

뜻▸ ①환히 비침. 투명(透明)함. ②환하게 통함.

徹頭徹尾[　　]

(　　)(　　)(　　)(　　)

뜻▸ 처음부터 끝까지 철저(徹底)함. 예 일을 徹頭徹尾해라.

販促(　　)(　　)[　　]

뜻▸ '販賣促進'의 준말. 예 販促 사원 교육.

販賣(　　)(　　)[　　]

뜻▸ 상품(商品)을 팖. 예 販賣量이 급증(急增)하다.

心醉(　　)(　　)[　　]

뜻▸ 어떤 사물에 깊이 빠져 마음을 빼앗김.
참 深醉(심취) ▷ 술 따위에 몹시 취함.

醉生夢死[　　]

(　　)(　　)(　　)(　　)

뜻▸ '취몽 속에서 살고 죽는다.'는 뜻으로, '아무 뜻 없이 한세상을 흐리멍덩하게 보냄'을 이르는 말.

逸話(　　)(　　)[　　]

뜻▸ 어떤 사람이나 어떤 사건에 관련된 아직 세상에 널리 알려지지 않은 이야기. 일문(逸聞).
예 많은 逸話를 남기고 세상을 떠나다.

逸品(　　)(　　)[　　]

뜻▸ 아주 뛰어난 물품, 또는 다시없는 물품. 신품(神品). 절품(絶品). 예 도자기의 우아(優雅)한 자태(姿態)가 逸品이다.

康寧(　　)(　　)[　　]

뜻▸ 대개 윗사람에게 쓰는 말로, 몸이 건강(健康)하고 마음이 편안(便安)함.

安寧(　　)(　　)[　　]

뜻▸ ①'平安'의 높임말. ②사회(社會)가 평화(平和)롭고 질서가 흐트러지지 않음. 예 세계의 평화(平和)와 安寧을 기원(祈願)하다.

도움글

○ '兎'자와 '兔'자는 쓰임이 같은 異體字이다. 참1 跡 = 蹟 = 迹 참2 采 = 採 참3 蛇 = 巳

○ '洞徹'의 '洞'자는 쓰임에 따라 뜻과 소리가 달라지는 글자이다. 참 洞窟(동굴), 洞察(통찰)

1. 아래 한자어漢字語의 독음讀音을 쓰세요.

毫端[ ]	販路[ ]	毫髮[ ]	醉客[ ]	恒常[ ]	宿醉[ ]
恒操[ ]	逸居[ ]	貫徹[ ]	散逸[ ]	徹夜[ ]	丁寧[ ]
街販[ ]	兔毫[ ]	醉歌[ ]	恒例[ ]	醉興[ ]	隱逸[ ]
徹底[ ]	放逸[ ]	透徹[ ]	超逸[ ]	恒時[ ]	寧暇[ ]

2. 다음은 동음이의어同音異義語이다. 낱말의 뜻에 알맞은 한자漢字를 쓰세요.

☞ **동음이의어**(同音異義語)란, 발음은 같으나 뜻이 다른 한자어를 말한다. 이는 한글로 표기하면 그 뜻을 구별하기 어렵기 때문에, 한자로써 그 뜻을 구별해야 한다.

장관 (볼 만한 경관)	장관 (행정 각부의 책임자)	구조 (사람을 도와서 구원함)	구조 (전체를 이룬 관계)

부인 (옳다고 인정하지 않음)	부인 (아내)	부정 (그렇지 않다고 함)	부정 (바르지 않음)

경계 (조심하게 함)	경계 (지역이 갈라지는 한계)	인도 (가르쳐 일깨움)	인도 (사람이 다니는 길)

3. 다음 단어單語를 한자漢字로 쓰세요.

(1) 경각심(경계하는 마음)	(3) 희소식(기쁜 소식)	(5) 도화선(불을 댕기는 심지)
(2) 미개인(진보하지 못한 사람)	(4) 자부심(자랑으로 여기는 마음)	(6) 배수진(물을 등지고 치는 진)

1.	2.	3.	4.	5.	6.

도움글

○ '貫徹'은 뜻이 서로 비슷한 한자로 결합된 한자어이다. 참 毫 = 髮(호발), 透 = 徹(투철)

○ 宿醉 : '이튿날까지 깨지 아니하는 취기(醉氣)'를 이르는 말로, 숙성(宿醒), 숙정(宿酲), 숙주(宿酒)라고도 한다.

아래 한자의 뜻과 소리를 빈칸에 쓰세요.

☆표는 3급Ⅱ 漢字임.

敍(攴)	述☆(辵)	伸(人)	幕☆(巾)	幅(巾)	奏☆(大)	蒼☆(艸)	蔬(艸)
펼 서	펼 술	펼 신	장막 막	폭 폭	아뢸 주	푸를 창	나물 소

아래 설명을 읽고 빈칸에 보기 와 같이 쓰세요.

보기 良書(어질 량)(글 서)[양서]

敍述( )( )[ ]
뜻▸ 어떤 사실을 차례를 좇아 말하거나 적음.

敍情詩[ ]
( )( )( )
뜻▸ 시의 3대 장르 중의 하나로, 시인의 사상·감정을 서정적(抒情的)·주관적으로 읊은 시.

述懷( )( )[ ]
뜻▸ 마음속에 품고 있는 생각, 느낌, 추억 등을 말하는 것, 또는 그 말. 예 할아버지의 述懷를 통해서 그 당시의 상황을 짐작할 수 있었다.

著述( )( )[ ]
뜻▸ 책을 씀, 또는 그 책. 저작. 찬술(撰述).

伸縮( )( )[ ]
뜻▸ 늘고 줆. 늘이고 줄임.
참 新築(신축) ▷ 새로 축조(築造)하거나 건축(建築)함.

伸張( )( )[ ]
뜻▸ 물체의 크기나 세력 따위가 늘어나고 펼쳐짐.
참 身長(신장) ▷ 사람의 키.
참 腎臟(신장) ▷ 척주(脊柱)의 양쪽에 하나씩 있는 내장(內臟)의 한 가지. 콩팥. 준 신(腎).

黑幕( )( )[ ]
뜻▸ ①검은 장막(帳幕). ②겉으로 드러나지 않은 음흉(陰凶)한 내막.

帳幕( )( )[ ]
뜻▸ ①사람이 들어가 볕이나 비를 피할 수 있도록 한데에 둘러치는 막. ②안을 보지 못하게 둘러치는 막, 또는 그러한 조처.

步幅( )( )[ ]
뜻▸ 한 걸음 걸었을 때의 너비. 예 개중에는 다른 사람들보다 특별히 步幅이 큰 사람도 있었다.

全幅( )( )[ ]
뜻▸ ①한 폭의 전부, 온 너비. ②일정한 범위의 전체.
참 前幅(전폭) ▷ 앞폭.
참 傳爆(전폭) ▷ 폭발하기 쉬운 것으로부터 폭발하기 어려운 것으로 차차 폭발을 전달 확장하는 방법.

協奏( )( )[ ]
뜻▸ 두 개 이상의 악기가 함께 연주하는 것, 또는 그 연주. 합주(合奏). 예 관현악의 協奏.

演奏( )( )[ ]
뜻▸ 청중 앞에서 악기를 다루어 음악을 들려주는 일.

蒼空( )( )[ ]
뜻▸ 맑게 개어 푸른 하늘. 창천(蒼天).

蒼生( )( )[ ]
뜻▸ 세상의 모든 사람.

蔬果( )( )[ ]
뜻▸ '채소와 과일'을 아울러 이르는 말. 과채(果菜).

蔬食( )( )[ ]
뜻▸ ①거친 음식. 악식(惡食). ②채식(菜食).
참 消息(소식) ▷ ①안부 따위에 대한 기별(寄別)이나 편지 따위. ②어떤 상황이나 동정(同情) 따위에 대한 사정(事情).
참 小食(소식) ▷ 음식을 적게 먹음. 예 한밤중에는 小食하고, 새벽에는 성내지 말라.

도움글

○ '伸縮'은 뜻이 서로 상대되는 한자로 결합된 한자어이고, '帳幕'은 뜻이 서로 비슷한 한자로 결합된 한자어이다.

1. 아래 한자어漢字語의 독음讀音을 쓰세요.

滿幅[ ]	蒼海[ ]	蒼茫[ ]	橫幅[ ]	幕府[ ]	暢敍[ ]
追伸[ ]	幕間[ ]	敍事[ ]	引伸[ ]	幕舍[ ]	屈伸[ ]

2. 아래 글을 읽고 밑줄 친 낱말은 한자漢字로, 한자어漢字語는 독음讀音으로 고쳐 쓰세요.

단테가 서양 중세의 종교적 지배[1]에서 벗어나서 인간의 회복[2]을 주장[3]한 대담(大膽)한 시대감각[4]을 가졌다고 한다면 貨幣[5]경제, 交換[6]경제에 눈을 떴던 박지원은 封建[7]경제의 틀을 과감히 깨부수고 새로운 경제秩序[8]를 마련하고자 했던 것이다. 한 세기 이전의 주장임을 감안(勘案)할 때에 그것은 선견지명[9]이라고 하지 않을 수 없다.

역사의식이 강한 사회 과학이나 문학도[10]의 작품은 현재성을 역사적으로 의식하여 미래를 지향[11]한다. 이에 대하여 역사가들은 오히려 과거에 執着[12]하여 현재를 불가피[13]하게 이해하는 데서 막[14]을 내리려 한다. 이러한 比較[15]가 가능하다면 역사가의 역사의식은 현재보다는 과거에 머무름을 볼 수 있다. 그렇다고 하여도 역사가들이 제시[16]한 역사 설명은 문학이나 사회 政策[17]론자들의 역사의식 수준[18]을 높여 역사를 보는 눈, 미래에 대한 기대를 묘사(描寫)하는 데 도움을 준다.

역사를 배워야 한다든가, 역사책을 많이 읽으라는 권고[19]에는 개개의 역사 사실에 관한 지식을 넓히라는 것도 있지만, 역사를 넓게 보고 자기 나름대로 현재의 삶을 평가[20]할 수 있는 역사의식을 갖추는 데 더 큰 의도[21]가 있다. 역사는 과거 사실의 조합이지만, 곧 미래를 전제로 한 현재의 모체이다. 과거의 역사를 비판[22]하고 그 시시비비[23]를 따지는 일도 불필요한 것은 아니나, 잘못하면 구도덕의 관점에서 선악 판단이라는 초보[24]적인 수준에 머무르기 쉽고, 정신 질환자인 연산군을 폭군으로 매도(罵倒)해버리는 잘못을 저지를 수 있다.

– 강우철, 『역사는 왜 배우는가』

1.	2.	3.	4.	5.	6.
7.	8.	9.	10.	11.	12.
13.	14.	15.	16.	17.	18.
19.	20.	21.	22.	23.	24.

3. 다음 한자漢字의 훈訓과 음音을 쓰세요.

1. 架 ( )	2. 豈 ( )	3. 忌 ( )	4. 稀 ( )	5. 篤 ( )
6. 欄 ( )	7. 臨 ( )	8. 幕 ( )	9. 茫 ( )	10. 盟 ( )
11. 稚 ( )	12. 蔬 ( )	13. 慰 ( )	14. 緯 ( )	15. 芽 ( )
16. 訣 ( )	17. 裝 ( )	18. 愼 ( )	19. 遷 ( )	20. 街 ( )
21. 掃 ( )	22. 幣 ( )	23. 項 ( )	24. 訂 ( )	25. 掛 ( )

도움글

❍ '屈伸'은 뜻이 서로 상대되는 한자로 결합된 한자어이다. 참 干↔滿(간망), 縱↔橫(종횡), 推↔引(추인)

아래 한자의 뜻과 소리를 빈칸에 쓰세요.

☆표는 3급Ⅱ 漢字임.

釋☆(釆)	賃☆(貝)	懷☆(心)	笛☆(竹)	欲☆(欠)	乾☆(乙)	賀☆(貝)	訴☆(言)
풀[解] 석	품삯 임:	품을 회	피리 적	하고자할 욕	하늘 건 마를 간/건	하례할 하:	호소할 소

아래 설명을 읽고 빈칸에 보기 와 같이 쓰세요.

보기 良書(어질 량)(글 서)[양서]

釋放(　　　)(　　　)[　　　]
도▸ ①잡혀 있는 사람을 용서(容恕)하여 놓아 줌. ②법에 의하여, 구금(拘禁)을 해제(解除)함.

稀釋(　　　)(　　　)[　　　]
도▸ 용액(溶液)에 물이나 용매(溶媒) 따위를 가하여 묽게 하는 일.

賃貸(　　　)(　　　)[　　　]
도▸ 임금(賃金)을 받고 자기 물건을 상대편에게 사용・수익(受益)하게 하는 일.

運賃(　　　)(　　　)[　　　]
도▸ 운반(運搬)이나 운송(運送)・운수(運輸)한 보수로 받거나 무는 삯. 운송료(運送料). 짐삯.

懷古(　　　)(　　　)[　　　]
도▸ 옛일을 돌이켜 생각함. 회구(懷舊).
참 回顧(회고)▹①뒤를 돌아다 봄. ②지난 일을 돌이켜 생각함.

懷疑(　　　)(　　　)[　　　]
도▸ ①의심을 품음, 또는 그 의심. ②인식이나 지식에 결정적인 근거(根據)가 없어 그 확실성을 의심하는 정신 상태.
참 會議(회의)▹①여럿이 모여 의논함, 또는 그 모임. ②어떤 사항을 평의(評議)하는 기관.
참 會意(회의)▹①뜻을 깨달음. ②회심. ③한자 육서(六書)의 하나. 둘 이상의 한자를 뜻으로 결합시켜 새 글자를 만든 방법.

汽笛(　　　)(　　　)[　　　]
도▸ 기관차(機關車)・선박(船舶) 등의 신호 장치, 또는 그것으로 내는 소리.

欲求(　　　)(　　　)[　　　]
도▸ 무엇을 얻거나 무슨 일을 하고자 바라고 원함, 또는 그 욕망(慾望).

欲速不達[　　　]
(　　)(　　)(　　)(　　)
도▸ 너무 빨리 하려고 서두르면 도리어 일을 이루지 못한다는 말.

乾燥(　　　)(　　　)[　　　]
도▸ ①물기가 증발(蒸發)하여 없어짐. 마름. ②물기를 없앰. 말림.

乾杯(　　　)(　　　)[　　　]
도▸ 여러 사람이 경사(慶事)를 축하하거나 건강을 기원하면서 함께 술잔을 들어 술을 마시는 일.

慶賀(　　　)(　　　)[　　　]
도▸ 경사스러운 일을 축하(祝賀)함.
참 敬賀(경하)▹공경하여 축하함.

祝賀(　　　)(　　　)[　　　]
도▸ '기쁘고 즐겁다.'는 뜻으로 인사함, 또는 그 인사.

訴追(　　　)(　　　)[　　　]
도▸ ①검사가 형사 사건에 대하여 공소(公訴)를 제기(提起)하는 일. ②탄핵(彈劾)을 발의(發議)하여 파면(罷免)을 요구하는 일.

被訴(　　　)(　　　)[　　　]
도▸ 제소(提訴)를 당함.

胡笛(　　　)(　　　)[　　　]
도▸ 태평소(太平簫).

도움글

❍ '乾'자는 '건', 또는 '간'으로 발음하나 현대에는 대체로 '건'으로 읽는다.

1. 아래 한자어漢字語의 독음讀音을 쓰세요.

賀禮[ ]	訴訟[ ]	賀客[ ]	賀正[ ]	釋尊[ ]	訴願[ ]
起訴[ ]	賃借[ ]	告訴[ ]	懷抱[ ]	勝訴[ ]	笛聲[ ]
泣訴[ ]	懷柔[ ]	解釋[ ]	船賃[ ]	乾坤[ ]	提訴[ ]

2. 다음 한자어漢字語의 독음讀音을 쓰세요.

1. 稅額 ( )	2. 從屬 ( )	3. 實踐 ( )	4. 庸拙 ( )
5. 編著 ( )	6. 誘導 ( )	7. 連帶 ( )	8. 腐索 ( )
9. 終末 ( )	10. 書簡 ( )	11. 所藏 ( )	12. 觀照 ( )
13. 禽獸 ( )	14. 疏遠 ( )	15. 怠慢 ( )	16. 墮落 ( )
17. 紫煙 ( )	18. 經歷 ( )	19. 遊離 ( )	20. 憂愁 ( )
21. 彼岸 ( )	22. 連綿 ( )	23. 追更 ( )	24. 深淺 ( )
25. 畢納 ( )	26. 透徹 ( )	27. 掠奪 ( )	28. 康寧 ( )
29. 添削 ( )	30. 許諾 ( )	31. 尖端 ( )	32. 貢物 ( )
33. 思慮 ( )	34. 滅裂 ( )	35. 騷亂 ( )	36. 提携 ( )
37. 魂靈 ( )	38. 貯蓄 ( )	39. 蒸氣 ( )	40. 睡眠 ( )
41. 劣惡 ( )	42. 照覽 ( )	43. 派遣 ( )	44. 歸還 ( )

3. 다음 물음에 답하세요.

※다음 중 첫음절에서 긴소리로 발음되는 것은?	※다음 漢字가 類義語로 이루어진 것은?
(1)…( ) ①箇箇 ②怪狀 ③菓子 ④徐氏	(6)…( ) ①境-界 ②江-山 ③開-閉 ④攻-守
(2)…( ) ①審査 ②喪家 ③凡例 ④亞細亞	(7)…( ) ①君-臣 ②夫-婦 ③山-川 ④政-治
(3)…( ) ①倉庫 ②符合 ③沈沒 ④吐하다	(8)…( ) ①勝-負 ②將-卒 ③物-心 ④居-住
(4)…( ) ①片肉 ②巖石 ③荷物 ④仲介	(9)…( ) ①初-終 ②根-本 ③自-至 ④異-同
(5)…( ) ①未開 ②迷兒 ③痲醉 ④沿革	(10)…( ) ①談-話 ②主-從 ③成-敗 ④水-火

4. 다음 한자성어漢字成語를 완성完成하세요.

(1) 同 ( ) 紅 裳	(4) 昏 ( ) 晨 省	(7) 結 草 ( ) 恩
(2) 羊 ( ) 狗 肉	(5) ( ) 覽 強 記	(8) 錦 衣 還 ( )
(3) 風 樹 之 ( )	(6) 明 若 ( ) 火	(9) 佳 人 ( ) 命

도움글

❍ '懷抱'와 '解釋'은 뜻이 서로 비슷한 한자로 결합된 한자어이고, '乾坤'은 상대되는 한자로 결합된 한자어이다.

아래 한자의 뜻과 소리를 빈칸에 쓰세요.

☆표는 3급Ⅱ 漢字임.

俱(人)	項☆(頁)	吐☆(口)	諾☆(言)	腰(肉)	癸(癶)	肺☆(肉)	毁(殳)
함께 구	항목 항	토할 토	허락할 낙	허리 요	북방 계 천간 계	허파 폐	헐 훼

아래 설명을 읽고 빈칸에 보기 와 같이 쓰세요.

보기 良書(어질 량)(글 서)[양서]

俱發( )( )[ ]
도▸ 함께 발생(發生)함.

俱存( )( )[ ]
도▸ 부모가 다 살아 계심.

浦項( )( )[ ]
도▸ 경상북도의 한 항구 도시.
참 浦港(포항)▹포구(浦口)와 항구(港口).

條項( )( )[ ]
도▸ 정해 놓은 법률이나 규정 따위의, 낱낱의 조항이나 항목(項目). 절목(節目). 조목(條目).

吐露( )( )[ ]
도▸ 속마음을 다 드러내어 말함. 토파(吐破).

實吐( )( )[ ]
도▸ (숨기고 있던 것을) 사실 그대로 밝히어 말함.

承諾( )( )[ ]
도▸ ①청하는 바를 들어줌. ②청약(請約)에 응하여 계약을 성립시키려고 하는 의사(意思) 표시.

受諾( )( )[ ]
도▸ 요구(要求)를 받아들여 승낙(承諾)함. 예 그의 제안(提案)을 수락(受諾)하다.

應諾( )( )[ ]
도▸ 요구에 응하거나 허락(許諾)함. 예 제의(提議)에 應諾하다.

腰帶( )( )[ ]
도▸ 허리띠.

腰痛( )( )[ ]
도▸ '허리가 아픈 증세'를 이르는 말. 허리앓이.

癸亥( )( )[ ]
도▸ 육십갑자의 맨 마지막. 간지(干支).

癸未字 [ ]
( )( )( )
도▸ 조선 태종 3년(1403) 계미년에 만든 최초의 구리 활자.

肺炎( )( )[ ]
도▸ 병균에 감염되어 오한, 발열, 기침, 호흡 곤란 따위가 생기는 폐의 염증.

肺結核 [ ]
( )( )( )
도▸ 결핵균(結核菌)이 폐에 침입(侵入)하여 생기는 질병. 폐환(肺患).

毁損( )( )[ ]
도▸ ①체면(體面)이나 명예(名譽)를 손상(損傷)함. 예 명예(名譽)를 毁損하다. ②헐거나 깨뜨려 못쓰게 함. 예 문화재(文化財)를 毁損하다.

毁傷( )( )[ ]
도▸ 몸에 상처(傷處)를 냄.

도움글

○ '諾'자의 본래 訓과 音은 '허락할 낙'이나 쓰임에 따라 '락'으로도 읽는다. 참 許諾(허락), 快諾(쾌락)

○ **나무 그늘 아래서 쉬어가기.**

문1 '女'자가 셋이 모이면 '姦(간사할 간)'자가 된다. 그렇다면 '男(사내 남)'자가 셋이 모이면 무슨 뜻일까?

문2 '話'자의 한 글자 속에는 몇 개의 한자가 들어 있을까?

정답☞ 다음 쪽

1. 아래 한자어漢字語의 독음讀音을 쓰세요.

項目[ ]	吐說[ ]	強項[ ]	吐血[ ]	折腰[ ]	諾否[ ]
唯諾[ ]	變項[ ]	輕諾[ ]	毁滅[ ]	然諾[ ]	許諾[ ]
腰間[ ]	腰劍[ ]	腰輿[ ]	吐破[ ]	伸腰[ ]	肺肝[ ]
肺病[ ]	肺臟[ ]	宿諾[ ]	毁折[ ]	毁節[ ]	腰部[ ]

2. 아래 글을 읽고 밑줄 친 낱말은 한자漢字로, 한자어漢字語는 독음讀音으로 고쳐 쓰세요.

가 시조[1]는 천년 동안이나 오랜 우리의 문화[2]적 유산[3] 중에서 가장 오래 명맥[4]을 維持[5]해 왔다.

나 물질[6] 문명[7] 속에서 墮落[8]하고 속물화[9]된 우리 인간이 率直[10]한 마음으로 우리 자신[11]을 반성[12]하고 용감[13]한 결심[14]으로 바른 길을 선택[15]해야 한다.

다 어머니가 서당[16]에 간 아이를 고대[17]하는 정성[18]이 담겨 있다.

1.	2.	3.	4.	5.	6.
7.	8.	9.	10.	11.	12.
13.	14.	15.	16.	17.	18.

3. 다음 한자漢字와 어울려 서로 뜻이 통하는 한자漢字를 【보기】에서 골라 쓰세요.

【보기】 辨 減 償 據 辯 修 候 保 序 史 想 宿 闕 判 査 書 忠 載 出 甘 霜 再 豫

(1)

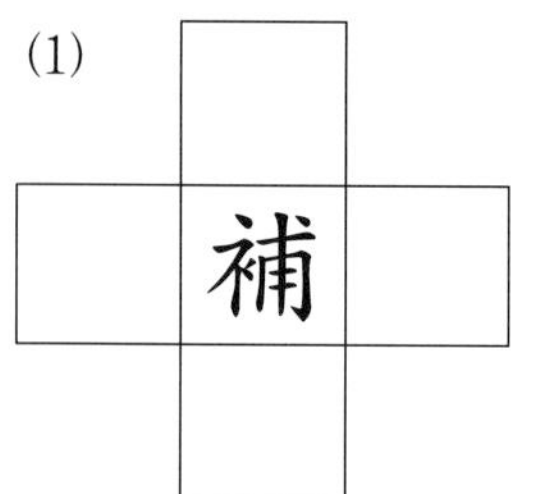

(2)

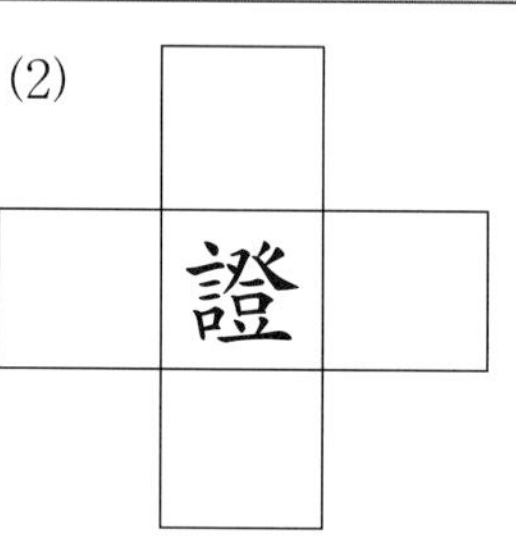

(3)

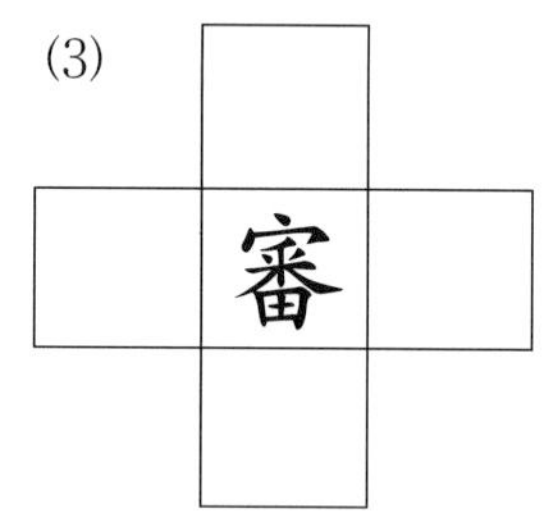

(4) 露

4. 다음 단어單語의 뜻에 반대, 또는 상대되는 한자어漢字語를 한자漢字로 쓰세요.

(1) 否認 – ( )	(2) 光明 – ( )	(5) 異端 – ( )	(6) 自然 – ( )
(3) 君子 – ( )	(4) 非凡 – ( )	(7) 歡喜 – ( )	(8) 理性 – ( )

도움글

○ (217쪽)정답☞ 문1 남자가 여럿이 모이면 음흉해지므로, (능글 능)자이다.
문2 11개 : 一(일), 二(이), 三(삼), 言(언), 口(구), 丿(별), 千(천), 十(십), 古(고), 舌(설), 話(화)

아래 한자의 뜻과 소리를 빈칸에 쓰세요.

☆표는 3급Ⅱ 漢字임.

泳 (水)	弊☆ (廾)	亨 (亠)	豪☆ (豕)	姻 (女)	爐☆ (火)	睦☆ (目)	矢 (矢)
헤엄칠 영:	폐단 폐: 해질 폐:	형통할 형	호걸 호	혼인 인	화로 로	화목할 목	화살 시:

아래 설명을 읽고 빈칸에 보기 와 같이 쓰세요.

보기 良書(어질 량)(글 서)[양서]

水泳(　　)(　　)[　　]
도▸ 헤엄.
참 秀英(수영)▹재능(才能)이나 지혜(智慧)가 뛰어남.

遊泳(　　)(　　)[　　]
도▸ 헤엄치며 놂.

弊端(　　)(　　)[　　]
도▸ 어떤 일이나 행동에서 나타나는 옳지 못한 경향(傾向)이나 해로운 현상.

弊害(　　)(　　)[　　]
도▸ 폐단(弊端)과 손해(損害). 병폐(病弊).

亨國(　　)(　　)[　　]
도▸ 임금이 즉위하여 나라를 이어받음.
참 形局(형국)▹어떤 일이 벌어진 형편이나 국면.

亨通(　　)(　　)[　　]
도▸ 모든 일이 뜻과 같이 잘되어 감.

豪傑(　　)(　　)[　　]
도▸ 지용(智勇)이 뛰어나고 도량(度量)과 기개(氣概)를 갖춘 사람.

豪言壯談[　　]
(　　)(　　)(　　)(　　)
도▸ 분수(分數)에 맞지 않은 말을 희떱게 지껄임, 또는 그 말. 대언장담(大言壯談).

婚姻(　　)(　　)[　　]
도▸ 장가들고 시집가는 일. 곧 남녀가 부부가 되는 일. 결혼(結婚). 혼취(婚娶).

姻親(　　)(　　)[　　]
도▸ 사돈(査頓).

煖爐(　　)(　　)[　　]
도▸ 석탄(石炭)이나 장작을 때어서 방안을 따뜻하게 하는 기구, 또는 그런 장치. 난로(煖爐).

輕水爐[　　]
(　　)(　　)(　　)
도▸ 경수를 감속재·냉각재로 이용하는 원자로.

和睦(　　)(　　)[　　]
도▸ 뜻이 맞고 정다움.
참 花木(화목)▹꽃이 피는 나무. 화수(花樹).

親睦(　　)(　　)[　　]
도▸ 서로 친하여 화목(和睦)함.

弓矢(　　)(　　)[　　]
도▸ 활과 화살. 궁전(弓箭).

流矢(　　)(　　)[　　]
도▸ 일정한 목표가 없이 날아다니는 화살. 목표를 빗나간 화살.
참 酉時(유시)▹ 오후 다섯 시부터 일곱 시까지.

도움글

- '弊害'는 뜻이 서로 비슷한 한자로 결합된 한자어이다. 참 婚 = 姻(혼인), 和 = 睦(화목), 戱 = 遊(희유)
- '弓矢'는 뜻이 서로 대립되는 한자로 결합된 한자어이다. 참 輕 ↔ 重(경중), 親 ↔ 疎(친소), 親 ↔ 疏(친소)
- 嚆矢(효시)▹①소리 나는 화살. 우는살. ②지난날, 중국에서 전쟁을 시작하는 신호로 우는살을 먼저 쏘았다는 데서 사물이 비롯된 '맨 처음'을 비유하여 이르는 말.

1. 아래 한자어漢字語의 독음讀音을 쓰세요.

姻戚[ ]	風爐[ ]	窮弊[ ]	弊政[ ]	姻姪[ ]	恭睦[ ]
弊習[ ]	富豪[ ]	毒矢[ ]	豪強[ ]	豪放[ ]	香爐[ ]

2. 아래 글을 읽고 밑줄 친 낱말은 한자漢字로, 한자어漢字語는 독음讀音으로 고쳐 쓰세요.

『莊子』에 그림자가 싫어서 계속 도망[1]가는 사람 이야기가 나옵니다. 빨리 달리면 달릴수록 그림자도 더 빨리 따라오니 그는 더 빨리 달아나려고만 합니다. 장자는 그 사람에게 이렇게 충고[2]합니다. 당신이 나무 그늘에서 쉬면 그림자도 따라오지 않을 것이라고.

현대 사회의 여러 가지 문제점[3]들을 보면서 우리는 장자의 이러한 처방[4]에 대하여 생각해 봅니다. 과학 기술의 발달로 우리는 엄청난 일을 해내고 있습니다. 무인 宇宙船[5]을 보내 태양계[6]를 탐사[7]하고 전파[8] 망원경[9]으로 宇宙의 끝을 보려고 합니다. 수십 킬로미터의 입자가속기(粒子加速器)를 설치[10]하여 宇宙의 시초를 밝히려 하며, 유전[11] 암호[12]를 해독[13]하여 생명의 신비[14]를 벗기려 합니다. 그러나 한쪽에서는 전쟁이 끊이지 않고, 굶어 죽는 사람이 수천만을 헤아리며, 핵의 威脅[15]과 공해[16] 문제를 안고 있습니다. 지구의 온도가 점점 높아진다고 하고, 오존층이 破壞[17]되어 극지방에 가까울수록 백내장[18] 같은 눈병이 훨씬 많이 생긴다고 합니다. 머지않아 지금의 농토가 沙漠[19]으로 변해갈 것이라고 하고, 쓰레기가 인간을 덮어 버릴 것이라는 경고[20]도 나옵니다.

인간이 개발과 발전이라고 추구[21]한 노력이 결국 이런 문제만 낳는 것이라면, 인간을 쓰레기를 늘리기만 하는 지구의 汚染[22]자라고 부르는 것이 적합[23]할 것 같습니다. 장자는 문명의 그림자인 쓰레기를 만들지 않으려면 나무 그늘 아래서 쉬라고 하였습니다. 그러나 과학자들은 대체로 인간을 더욱 편하게 살 수 있게 하면서 이 모든 문제를 해결할 길이 과학 기술의 발전에 있다고 생각합니다. 莊子의 소극[24]적인 방법으로 이 문제를 해결할 수도 없고, 그렇게 하지도 않을 것입니다. 그런 점에서 장자가 추구한 이상은, 꿈은 현실보다 너무 높고 힘은 현실보다 너무 弱한 사람들의 이야기처럼 느껴집니다. – 김교범, 이현구, 『동양철학에세이』

1.	2.	3.	4.	5.	6.
7.	8.	9.	10.	11.	12.
13.	14.	15.	16.	17.	18.
19.	20.	21.	22.	23.	24.

3. 아래 한자漢字와 뜻이 반대反對, 또는 상대相對되는 한자漢字를 □ 속에 넣어 단어單語를 완성하세요.

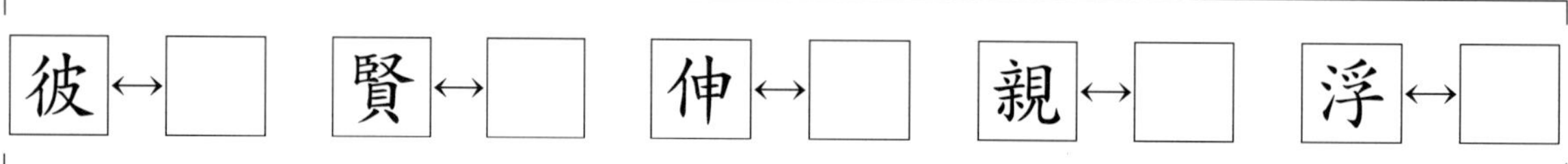

彼↔□ 賢↔□ 伸↔□ 親↔□ 浮↔□

도움글

○ 姻姪 : 조카가 고모부를 상대하여 자기를 이르는 일인칭 대명사. 고질(姑姪), 부질(婦姪).

아래 한자의 뜻과 소리를 빈칸에 쓰세요. ☆표는 3급Ⅱ 漢字임.

暢(日)	弓☆(弓)	濁(水)	搖(手)	塊(土)	壤☆(土)	弄☆(廾)	勵☆(力)
화창할 창:	활 궁	흐릴 탁	흔들 요	흙덩이 괴	흙덩이 양:	희롱할 롱:	힘쓸 려:

아래 설명을 읽고 빈칸에 보기 와 같이 쓰세요. 보기 良書(어질 량)(글 서)[양서]

暢達(　)(　)[　]
도▸ ①구김살 없이 펴거나 자람. ②막힘이 없이 통하거나 숙달(熟達)함. 통달(通達).

流暢(　)(　)[　]
도▸ 글을 읽거나, 하는 말이 거침이 없다. 예 그는 流暢하게 연설(演說)하였다.

洋弓(　)(　)[　]
도▸ ①서양식(西洋式)의 활. ②올림픽 경기 종목.

弓師(　)(　)[　]
도▸ 활을 만드는 사람. 활잡이.

混濁(　)(　)[　]
도▸ ①불순(不純)한 것들이 섞여 흐림. ②정치나 사회 현상 따위가 어지럽고 흐림. 예 混濁한 정치 풍토.

濁酒(　)(　)[　]
도▸ 막걸리.

鈍濁(　)(　)[　]
도▸ ①성질이 굼뜨고 흐리터분함. ②소리가 굵고 거칠며 웅숭깊음. 예 기계에서 鈍濁한 소리가 나다.

擧世皆濁[　]
(　)(　)(　)(　)
도▸ 온 세상이 바르거나 맑지 못하고 흐려 있음.

動搖(　)(　)[　]
도▸ ①움직이고 흔들림. ②불안한 상태에 빠짐. 예 마음의 動搖가 일다.

搖之不動[　]
(　)(　)(　)(　)
도▸ 흔들어도 조금도 움직이지 않음.

搖尾乞憐[　]
(　)(　)(　)(　)
도▸ '개가 꼬리를 흔들며 알랑거린다.'는 뜻으로, '간사하고 아첨을 잘함'을 비유하여 이르는 말.

金塊(　)(　)[　]
도▸ ①금의 덩이. ②금화(金貨)의 황금.

天壤之差[　]
(　)(　)(　)(　)
도▸ 하늘과 땅 사이와 같이, 엄청나게 큰 차이. 天壤之間. 天壤之判. 운니지차(雲泥之差).

壤墳(　)(　)[　]
도▸ ①농사짓는 데 적합한 기름진 땅. ②무덤.

愚弄(　)(　)[　]
도▸ 남을 바보로 여기고 업신여겨 놀림.

弄假成眞[　]
(　)(　)(　)(　)
도▸ 장난삼아 한 짓이 진심으로 한 것같이 됨.

激勵(　)(　)[　]
도▸ 남의 용기나 의욕을 북돋우어 힘을 내게 함.

督勵(　)(　)[　]
도▸ 감독(監督)하여 격려(激勵)함.

도움글

○ 요람(搖籃)에서 무덤까지 관 태어나서 죽을 때까지. [제2차 세계 대전 후, 영국의 노동당이 사회보장 제도의 완벽한 실시를 주장하여 내세운 표어(標語)]

1. 아래 한자어漢字語의 독음讀音을 쓰세요.

搖動[　　]	弄聲[　　]	強弓[　　]	弓手[　　]	和暢[　　]	銀塊[　　]
弄談[　　]	勉勵[　　]	肥壤[　　]	獎勵[　　]	清濁[　　]	欺弄[　　]

2. 아래 글을 읽고 밑줄 친 낱말은 한자漢字로, 한자어漢字語는 독음讀音으로 고쳐 쓰세요.

태항산(太行山)은 둘레가 칠백 리[1]나 되고 높이가 만 길이나 되는 커다란 산으로, 원래는 기주(冀州) 남쪽, 하양(河陽) 북쪽에 있었다. 愚公은 나이가 아흔 가까이 된 노인이었다. 그는 이 태항산이 앞을 가로막고 있었기 때문에, 나다니기에 몹시 불편[2]하게 여겼다. 그래서 가족[3]들과 함께 힘을 모아 이 산을 옮기기로 했다. 그는 아들・손자[4]와 함께 산을 허물고 돌을 깨서 삼태기에 담아 발해(渤海)까지 가서 버리고 왔는데, 한 번 갔다 오는데 일 년이 걸렸다고 한다. 하곡(河曲)에 사는 지수(智叟)라는 노인[5]이 이 광경[6]을 보고 웃으며 "살아갈 날도 얼마 남지 않은 사람이 그 약[7]한 힘으로 어떻게 많은 돌과 흙을 운반(運搬)하려 하는가."라고 했다.

그러자 愚公은 "당신[8]은 어찌 그렇게 소견[9]이 좁은가? 내가 죽더라도 나에게는 자식[10]이 남아 있고, 그 자식이 손자를 낳고, 그 손자가 다시 자식을 낳지 않는가? 이렇게 우리는 자자손손[11] 대[12]를 이어 가지만, 산은 결코 불어나는 일이 없을 것이네. 그러니 언젠가는 산이 평평[13]해질 날이 있을 것이다."라고 했다. 지수는 아무 말도 하지 못했다.

山神靈[14]이 이 말을 듣고 愚公의 말대로 산이 없어질까 겁이 났다. 그래서 玉皇[15]상제[16]에게 이를 말려 주도록 呼訴[17]했다. 그러나 玉皇상제는 愚公의 정성[18]에 감동[19]하여 지금의 자리로 태항산을 옮겨 주었다.

윗글 《愚公移山》[20]은 『列子』[21]에 실려 있는 것으로, '남이 보기에는 어리석어 보이지만, 한 가지 일을 포기하지 않고 계속[22]하다 보면 언젠가는 목적[23]을 달성[24]하게 됨'을 이르는 말로 쓰인다.

1.	2.	3.	4.	5.	6.
7.	8.	9.	10.	11.	12.
13.	14.	15.	16.	17.	18.
19.	20.	21.	22.	23.	24.

3. 아래 한자어漢字語와 뜻이 서로 반대反對, 또는 상대相對되는 한자어漢字語를 □ 속에 한자漢字로 쓰세요.

感情 ↔ □　　養家 ↔ □　　低俗 ↔ □　　共用 ↔ □

○ '行'자는 쓰임에 따라 訓音이 달라지는 글자이다. 예1 雁行 ▷ (기러기 안)(항렬 항) 예2 暗行 ▷ (어두울 암)(다닐 행)
○ '搖動'은 뜻이 서로 비슷한 한자로 결합된 한자어이다. 참 獎 = 勵(장려), 勉 = 勵(면려)

아래 한자의 뜻과 소리를 빈칸에 쓰세요. ☆표는 3급Ⅱ 漢字임.

鶴☆(鳥)	垂☆(土)	僚(人)	戚☆(戈)	析(木)	征☆(彳)	劍☆(刀)	訣☆(言)
학 학	드리울 수	동료 료	친척 척	쪼갤 석	칠[征討] 정	칼 검:	이별할 결

아래 설명을 읽고 빈칸에 보기 와 같이 쓰세요. 보기 良書(어질 량)(글 서)[양서]

鶴首苦待 [ ]
( )( )( )( )
도▸ '학처럼 목을 빼고 기다린다.'는 뜻으로, '몹시 기다림'을 뜻하는 말. 예 鶴首苦待하던 합격증이 도착하다.

群鷄一鶴 [ ]
( )( )( )( )
도▸ '닭의 무리 속에 있는 한 마리의 학'이라는 뜻으로, '평범한 여러 사람 가운데의 뛰어난 한 사람'을 비유하여 이르는 말.

垂直( )( )[ ]
도▸ ①똑바로 드리움, 또는 그 상태. ②지면, 또는 평면과 직각을 이룬 상태.

懸垂幕 [ ]
( )( )( )
도▸ 선전문이나 구호 따위를 써서 드리운 천.

閣僚( )( )[ ]
도▸ 한 나라의 내각을 구성하는 각 장관.

幕僚( )( )[ ]
도▸ (군에서) 사령관에 직속되어 보좌하는 참모.

姻戚( )( )[ ]
도▸ 혼인(婚姻) 관계로 맺어진 친족.

戚黨( )( )[ ]
도▸ 외척(外戚)과 처족(妻族). 반 친당(親黨).

戚姪( )( )[ ]
도▸ 조카뻘이 되는 외척(外戚).

解析( )( )[ ]
도▸ 사물을 자세히 이론적으로 연구함. 解析學.
참 解釋(해석) ▹ 사물의 뜻이나 내용 따위를 자신의 논리에 따라 풀어서 이해함.

析出( )( )[ ]
도▸ 화합물을 분석하여 어떤 물질을 골라 냄.

分析( )( )[ ]
도▸ 복합(複合)된 사물을 그 요소(要所)나 성질(性質)에 따라 가르는 일.

征伐( )( )[ ]
도▸ 무력을 써서 적이나 죄 있는 무리를 치는 일.

遠征( )( )[ ]
도▸ ①멀리 적을 치러 감. ②먼 곳으로 경기나 조사·답사·탐험 따위를 하러 감. 예 遠征競技

劍舞( )( )[ ]
도▸ 칼춤.

寶劍( )( )[ ]
도▸ 보배로운 칼. 보도(寶刀).

帶劍( )( )[ ]
도▸ ①칼을 참. ②총의 끝에 달아 쓰는 칼.

訣別( )( )[ ]
도▸ ①(두 사람이) 아주 헤어짐. ②관계를 완전히 끊음. 예 과거와의 訣別을 의미한다.

秘訣( )( )[ ]
도▸ 세상에 알려지지 않은 자기만의 묘한 방법.

도움글

○ '秘訣'에서 '秘'자는 '祕'자와 쓰임이 같은 異體字이다. 예1 秘密(비밀) = 祕密 예2 極秘(극비) = 極祕

1. 아래 한자어漢字語의 독음讀音을 쓰세요.

征途[ ]	劍術[ ]	征服[ ]	短劍[ ]	長劍[ ]	親戚[ ]
劍客[ ]	出征[ ]	劍法[ ]	鶴翼[ ]	劍道[ ]	黃鶴[ ]

2. 아래 글을 읽고 밑줄 친 낱말은 한자漢字로, 한자어漢字語는 독음讀音으로 고쳐 쓰세요.

상표[1]는 어떤 企業[2]이 자사의 상품을 고유하게 표시하고 다른 회사의 상품과 구별하기 위해 사용하는 시각[3]적 기호[4] 또는 도안을 말한다.

상표는 주로 단어·문구[5]·숫자·도안·이름 등으로 만들어지며, 그밖에 상품·포장[6]의 형태나 특징, 기호를 添附[7]한 색채 조합, 단순한 색채 조합, 열거[8]된 모든 기호의 조합[9] 등을 이용해 고안[10]되기도 한다. 상표는 載貨[11]·用役[12]의 출처를 나타냄으로써 2가지의 중요한 기능을 한다. 첫째, 어떤 상품을 다른 사람의 상품으로 표시하거나 다른 이름으로 유통[13]시키는 불공정[14]한 경쟁으로부터 제조업[15]자와 상인을 보호한다. 둘째, 고객에게 상품의 질을 보장함으로써 소비자를 보호하는 역할을 한다. 상표는 재산으로 여겨지기 때문에 대부분의 나라가 상표법의 적용[16]범위[17]를 부당 경쟁에 대한 통제[18] 이상으로 확장하여 상표 소유자의 권리를 보호하고 있다. 따라서 承認[19]받지 않고 상표를 사용할 경우 虛僞[20]나 詐欺[21]행위로 처리될 뿐 아니라, 사유[22] 재산권[23] 침해[24]의 구성 요건이 된다.

1.	2.	3.	4.	5.	6.
7.	8.	9.	10.	11.	12.
13.	14.	15.	16.	17.	18.
19.	20.	21.	22.	23.	24.

3. 아래 한자漢字와 뜻이 비슷한 한자漢字를 □ 속에 넣어 단어單語를 완성하세요.

□=悟	尺=□	棄=□	皇=□	尋=□
□=慮	□=繫	恐=□	畢=□	□=勵

- 혼동하기 쉬운 '도(途, 塗, 道)'자를 자세히…. 참1 '途'자는 '길, 도로' 등의 뜻으로 쓰이고, 참2 '塗'자는 '진흙, 길, 도로, 더럽다' 등의 뜻으로 쓰이며, 참3 '道'자는 '길, 말하다, 도리, 도덕' 등의 뜻으로 쓰인다.
- '服'자는 '옷, 입다, 일용품, 좇다, 마시다, 행하다' 등의 뜻으로 쓰인다. 예1 服從(복종) 예2 服務(복무)
- 載貨 : 화물을 차나 배에 실음, 또는 그 화물. 뜻 트럭의 용적량(容積量)을 넘지 않도록 載貨하였다.

아래 한자의 뜻과 소리를 빈칸에 쓰세요.

☆표는 3급Ⅱ 漢字임.

躍(足)	獵(犬)	遞(辵)	秒(禾)	把(手)	紋☆(糸)	冒(冂)	逝(辵)	隷(隶)
뛸 약	사냥 렵	갈릴 체	분초 초	잡을 파	무늬 문	무릅쓸 모	갈 서	종[奴隷] 례

아래 설명을 읽고 빈칸에 보기 와 같이 쓰세요.

보기 良書(어질 량)(글 서)[양서]

跳躍(　　)(　　)[　　]
도▸ ①몸을 날려 위로 뛰어오르는 것. ②(어떤 상태가) 매우 빠르게 더 나은 상태가 되는 것.

飛躍(　　)(　　)[　　]
도▸ ①급격히 발전하거나 뛰어오름. ②(말이나 생각 따위가 논리의) 순서나 단계를 제대로 밟지 않고 건너뜀. 예 논리의 飛躍이 너무 심하다.

獵奇(　　)(　　)[　　]
도▸ 매우 이상하고 끔찍한 것에 호기심을 갖고 흥미를 느낌. 예 獵奇的인 사건에 경악하다.

涉獵(　　)(　　)[　　]
도▸ '물을 건너 찾아다닌다.'는 뜻으로, '많은 책을 널리 읽거나 많이 경험함'을 이르는 말.

遞減(　　)(　　)[　　]
도▸ 등수를 따라서 차례로 줄어들어감. 반 체증(遞增). 체가(遞加).
참 體感(체감) ▹ 몸에 느끼는 감각. 예 體感溫度

遞信(　　)(　　)[　　]
도▸ ①우편이나 전신 따위의 통신. ②차례로 여러 곳을 거쳐 소식이나 편지를 전하는 일.

秒針(　　)(　　)[　　]
도▸ (시계에서) 초를 나타내는 바늘.
참 草寢(초침) ▹ 한데에서 잠을 잠. 야숙(野宿).

秒速(　　)(　　)[　　]
도▸ 1초 동안의 속도.

把守(　　)(　　)[　　]
도▸ 일정한 곳에 망을 보며 지킴.

把捉(　　)(　　)[　　]
도▸ ①마음을 단단히 다잡음. ②일의 요점이나 요령을 잘 깨침. 포착(捕捉).

指紋(　　)(　　)[　　]
도▸ 손가락 끝의 안쪽에 나타나는 살갗의 생김새, 또는 그것의 흔적. 예 서류에 指紋을 찍다.
참 地文(지문) ▹ (주로 시험 문제 따위에서) 주어진 내용의. 예 다음 地文을 읽고 물음에 답하시오.

波紋(　　)(　　)[　　]
도▸ ①수면에 이는 잔물결. ②어떠한 일이 다른 것에 미치는 영향. 예 큰 波紋을 던져주고 있다.

冒險(　　)(　　)[　　]
도▸ 위험을 무릅쓰고 하는 일. 예 冒險을 감행하다.

冒認(　　)(　　)[　　]
도▸ 남의 것을 자기 것처럼 꾸미어 속임.

急逝(　　)(　　)[　　]
도▸ (높은 분이나 어른이) 갑자기 죽음.

逝去(　　)(　　)[　　]
도▸ (사회적으로 지위가 높거나 유명한 사람의) '죽음'을 높여 이르는 말.

奴隷(　　)(　　)[　　]
도▸ (옛날에) 남에게 속한 재산이 되어 남이 시키는 일을 해야 하며 물건처럼 사고파는 대상이 되었던 사람.

隷屬(　　)(　　)[　　]
도▸ ①남의 지배나 지휘 아래 매임. ②윗사람에게 매여 있는 아랫사람.

도움글

○ '秒針'의 '針'자는 '鍼(1급 침 침)'자와 쓰임이 같은 異體字이나 현대에는 구별하여 쓰는 것이 일반적이다.

1. 아래 한자어漢字語의 독음讀音을 쓰세요.

遮送[ ]	遮任[ ]	遮增[ ]	無紋[ ]	遮差[ ]	把掌[ ]
石紋[ ]	紋章[ ]	躍動[ ]	把持[ ]	花紋[ ]	躍進[ ]
冒頭[ ]	川獵[ ]	冒沒[ ]	活躍[ ]	冒廉[ ]	冒雪[ ]

2. 다음은 천간과 십이지이다. 한자의 훈訓과 음音을 쓰세요.

✪ 天　干 :	甲( )	乙( )	丙( )	丁( )	戊( )
	己( )	庚( )	辛( )	壬( )	癸( )
✪ 十二支 :	子( )	丑( )	寅( )	卯( )	辰( )
	巳( )	午( )	未( )	申( )	酉( )
	戌( )	亥( )			

3. 아래 글을 읽고 밑줄 친 낱말은 한자漢字로, 한자어漢字語는 독음讀音으로 고쳐 쓰세요.

梨花[1]에 월백[2]ᄒᆞ고 은한[3]이 삼경[4]인 제
一枝春心[5]을 자규[6]ㅣ야 아랴마는
다정[7]도 병[8]인 양하여 잠 못 드러 하노라

- 이조년

백설[9]이 ᄌᆞ자진 골에 구름이 머흐레라
반가온 梅花[10]ᄂᆞᆫ 어ᄂᆡ 곳에 퓌엿ᄂᆞᆫ고
석양[11]의 홀로 셔 이셔 갈 곳 몰라 ᄒᆞ노라

- 이색

흥망[12]이 유수[13]ᄒᆞ니 만월[14]臺[15]도 추초[16]ㅣ로다
오백년[17] 도읍[18]이 牧笛[19]에 부쳐시니
석양에 지나ᄂᆞᆫ 객[20]이 눈물계워 ᄒᆞ노라

- 원천석

이몸이 죽어가셔 무어시 될고ᄒᆞ니
봉래산 第一峯[21]에 落落長松[22] 되야 이셔
백설이 滿乾坤[23]ᄒᆞᆯ제 獨也靑靑[24]ᄒᆞ리라

- 성삼문

1.	2.	3.	4.	5.	6.
7.	8.	9.	10.	11.	12.
13.	14.	15.訓音	16.	17.	18.
19.	20.	21.	22.	23.	24.

도움글

❍ 六十甲子 ▷ 10干과 12支를 결합하여 만든 60개의 간지(干支). [10간의 첫째인 甲과 12지의 첫째인 子를 붙여서 甲子, 다음에 그 둘째인 乙과 丑을 붙여서 乙丑을 얻는다. 이와 같이 차례대로 하나씩의 간지를 붙여서 60개의 간지를 얻은 후, 다시 甲子로 되돌아온다. 결과적으로 하나의 干에 6개의 支가 배당된다.]

한자능력검정시험 **3급**(3급II 포함)

훈음쓰기·한자쓰기

학습도움

훈음쓰기 · 한자쓰기

✔ 훈음쓰기와 한자쓰기는 4급(1,000자)을 제외한 3급 신습한자(817자)를 본문학습의 차례에 따라 총정리할 수 있도록 엮은 것입니다.

✔ 3급에 배정된 한자는 하나의 글자가 여러 가지의 訓과 音으로 쓰이는 예가 많으므로, 뒤에 수록된 배정한자(1,817자)를 참조하여 학습하기 바랍니다.

학습방법

[훈음쓰기 1 · 한자쓰기 1]와 [한자쓰기 2 · 훈음쓰기 2]를 풀이하여 서로 대조(對照)하여 정답을 확인한 후, 틀린 漢字에 대해서는 낱말을 만들어서 반복 학습합니다.

정답확인

훈음쓰기와 한자쓰기를 서로 대조(對照)하면 정답을 확인할 수 있습니다.

예 1 훈음쓰기 1

親 (見)	計 (言)	路 (足)	軍 (車)	道 (辵)	剛 ✩ (刀)

예 2 한자쓰기 1

친할 친	셀 계	길 로	군사 군	길 도	굳셀 강

아래 빈칸에 한자의 훈과 음을 쓰세요.

정답 ☞ 231쪽 ☆표는 3급Ⅱ 배정한자

훈음쓰기 1

微☆(彳)	曰(曰)	横☆(木)	輿(車)	旱(日)	胸☆(肉)	央☆(大)	皮☆(皮)
般☆(舟)	枝☆(木)	齊☆(齊)	肝☆(肉)	姦(女)	邪☆(邑)	懇☆(心)	耕☆(耒)
磨☆(石)	赴☆(走)	之☆(丿)	乞(乙)	藏☆(艸)	忽☆(心)	値☆(人)	冠☆(冖)
鋼☆(金)	若☆(艸)	償☆(人)	狗(犬)	戌(戈)	浦☆(水)	晴(日)	御☆(彳)
穫(禾)	巷(己)	慢(心)	傲(人)	琴☆(玉)	龜(龜)	浪☆(水)	殆☆(歹)
僞☆(人)	鴻(鳥)	巧☆(工)	涉(水)	玄☆(玄)	兼☆(八)	畿☆(田)	怠(心)
耐☆(而)	較☆(車)	謙☆(言)	荒☆(艸)	渡☆(水)	傍(人)	側☆(人)	譜☆(言)
桂☆(木)	惱(心)	娘☆(女)	嶺☆(山)	吾(口)	寂☆(宀)	卽☆(卩)	貞☆(貝)
谷☆(谷)	腦☆(肉)	倉☆(人)	僅(人)	恭☆(心)	婢☆(女)	貿☆(貝)	苟(艸)
需☆(雨)	菊☆(艸)	剛☆(刀)	穴☆(穴)	聰(耳)	鬼☆(鬼)	厥(厂)	其☆(八)
慕☆(心)	影☆(彡)	幽☆(幺)	斤(斤)	愁☆(心)	謀☆(言)	械☆(木)	孰(子)

도움글

○ 다음 漢字語의 讀音을 쓰세요. 정답 ☞ 230쪽

문1 快晴( ) 문2 收穫( ) 문3 怠慢( ) 문4 僞造( ) 문5 渡江( )
문6 龜鑑( ) 문7 胸部( ) 문8 懇請( ) 문9 承諾( ) 문10 激浪( )

아래 훈음에 알맞은 한자를 빈칸에 쓰세요.

정답 ☞ 232쪽

한자쓰기 

기러기 안	걸 괘	기쁠 열	기와 와	기울 보	괴이할 괴	긴뱀 사	긴할 긴
지름길 경	길 도	깃 우	까마귀 오	깎을 삭	깨끗할 정	고을 현	꺼릴 기
꼬리 미	정수리 정	꽃다울 방	꾀 책	꾀할 기	근심 우	꿸 유	꾸밀 식
끓을 탕	낄 개	나 아	난간 란	너그러울 관	깨달을 오	나라 방	나란히 병
나물 채	번역할 번	낯 안	나을 유	나 여	난초 란	날개 익	날릴 양
날카로울 예	남녘 병	낮을 비	나비 접	냄새 취	너 여	넓을 홍	넉넉할 유
넓을 막	넋 혼	흩어질 만	사이뜰 격	넓을 호	클 홍	나 여	넓힐 척 박을 탁
넘어질 도	넓힐 확	갖출 해 마땅 해	그루 주	그리워할 련 그릴 련	꿀 밀	꿈 몽	꿸 관
넘칠 람	노략질할 략	녹 록	논 답	놀이 희	높을 륭	누구 수	기둥 주
누를 억	누릴 향	이끌 견 끌 견	누울 와	눈깜짝일 순	눈물 루	눈썹 미	뉘우칠 회
느릴 완	늙은이 옹	늦을 만	더딜 지 늦을 지	다 개	다 함	다락 루	다를 수

도움글

○ 정답(229쪽) ☞ 문1 快晴(쾌청) 문2 收穫(수확) 문3 怠慢(태만) 문4 僞造(위조) 문5 渡江(도강) 문6 龜鑑(귀감) 문7 胸部(흉부) 문8 懇請(간청) 문9 承諾(승낙) 문10 激浪(격랑)

한자쓰기

아래 훈음에 알맞은 한자를 빈칸에 쓰세요. 정답 ☞ 229쪽

작을 미	가로 왈	가로 횡	수레 여	가물 한	가슴 흉	가운데 앙	가죽 피
가지 반	가지 지	가지런할 제	간 간	간음할 간	간사할 사	간절할 간	밭갈 경
갈 마	갈 부 나아갈 부	갈 지	빌 걸	감출 장	갑자기 홀	값 치	갓 관
강철 강	같을 약 반야 야	갚을 상	개 구	개 술	개 포	갤 청	거느릴 어
거둘 확	거리 항	거만할 만	거만할 오	거문고 금	거북 귀 틀 균	물결 랑	거의 태
거짓 위	기러기 홍	공교할 교	건널 섭	검을 현	겸할 겸	경기 기	게으를 태
견딜 내	견줄 교	겸손할 겸	거칠 황	건널 도	곁 방	곁 측	족보 보
계수나무 계	번뇌할 뇌	계집 낭	고개 령	나 오	고요할 적	곧 즉	곧을 정
골 곡	골 뇌 뇌수 뇌	곳집 창	겨우 근	공손할 공	계집종 비	무역할 무	진실로 구
쓰일 수	국화 국	굳셀 강	굴 혈	귀밝을 총	귀신 귀	그 궐	그 기
그릴 모	그림자 영	그윽할 유	근 근 날 근	근심 수	꾀 모	기계 계	누구 숙

도움글

○ 정답(232쪽) ☞ 문1 思慕(사모) 문2 補闕(보궐) 문3 緊張(긴장) 문4 需要(수요) 문5 聰明(총명) 문6 煩惱(번뇌) 문7 瓦當(와당) 문8 僞裝(위장) 문9 臨終(임종) 문10 擴張(확장)

아래 빈칸에 한자의 훈과 음을 쓰세요. 정답 ☞ 230쪽 ☆표는 3급Ⅱ 배정한자 **훈음쓰기 2**

雁(隹)	掛(手)	悅☆(心)	瓦☆(瓦)	補☆(衣)	怪☆(心)	蛇☆(虫)	緊☆(糸)
徑☆(彳)	途☆(辵)	羽☆(羽)	烏☆(火)	削☆(刀)	淨☆(水)	縣☆(糸)	忌(心)
尾☆(尸)	頂☆(頁)	芳☆(艸)	策☆(竹)	企☆(人)	憂☆(心)	誘☆(言)	飾☆(食)
湯☆(水)	介☆(人)	我☆(戈)	欄☆(木)	寬☆(宀)	悟☆(心)	邦(邑)	竝(立)
菜☆(艸)	飜(飛)	顔☆(頁)	愈(心)	余(人)	蘭☆(艸)	翼☆(羽)	揚☆(手)
銳(金)	丙☆(一)	卑☆(十)	蝶(虫)	臭(自)	汝(水)	洪☆(水)	裕☆(衣)
漠☆(水)	魂☆(鬼)	漫(水)	隔☆(阜)	浩☆(水)	弘(弓)	予(亅)	拓☆(手)
倒☆(人)	擴(手)	該(言)	株☆(木)	戀☆(心)	蜜(虫)	夢☆(夕)	貫☆(貝)
濫(水)	掠(手)	祿☆(示)	畓(田)	戲☆(戈)	隆☆(阜)	誰(言)	柱☆(木)
抑☆(手)	享(亠)	牽(牛)	臥(臣)	瞬☆(目)	淚(水)	眉(目)	悔☆(心)
緩☆(糸)	翁(羽)	晩☆(日)	遲(辵)	皆(白)	咸(口)	樓☆(木)	殊☆(歹)

도움글

❍ 다음 漢字語의 讀音을 쓰세요. 정답 ☞ 231쪽

문1 思慕( ) 문2 補闕( ) 문3 緊張( ) 문4 需要( ) 문5 聰明( )
문6 煩惱( ) 문7 瓦當( ) 문8 僞裝( ) 문9 臨終( ) 문10 擴張( )

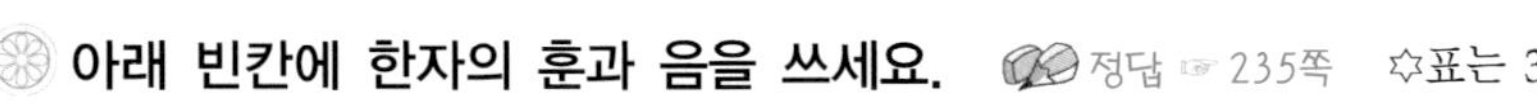
아래 빈칸에 한자의 훈과 음을 쓰세요.
정답 ☞ 235쪽
☆표는 3급II 배정한자

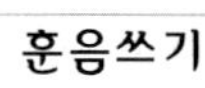
훈음쓰기

3

脚☆(肉)	但☆(人)	扶☆(手)	迫☆(辵)	刷☆(刀)	硬☆(石)	粧☆(米)	楓☆(木)
似(人)	肖☆(肉)	墻(土)	唐☆(口)	觸☆(角)	臺☆(至)	概☆(木)	抵☆(手)
汚(水)	尤(尢)	暑(日)	添(水)	蓋☆(艸)	蔽(艸)	只(口)	佐(人)
贊☆(貝)	篤(竹)	亥(亠)	挑(手)	旋☆(方)	疫☆(疒)	顧(頁)	還☆(辵)
返(辵)	豚(豕)	敦(攴)	繫(糸)	胡☆(肉)	蘇☆(艸)	滯☆(水)	恐☆(心)
堤(土)	鈍(金)	雙☆(隹)	郭(邑)	丸(丶)	獻☆(犬)	疏☆(疋)	稀☆(禾)
郊(邑)	梁☆(木)	坤(土)	殉(歹)	兮(八)	酌(酉)	摘☆(手)	汗☆(水)
漂(水)	騷(馬)	零(雨)	墮(土)	奮☆(大)	拂☆(手)	振☆(手)	庸(广)
亦☆(亠)	又(又)	且(一)	卯(卩)	超☆(走)	跳(足)	浮☆(水)	宜(宀)
枯(木)	懼(心)	畏(田)	遍(辵)	懸☆(心)	奔☆(大)	酉(酉)	越☆(走)
恣(心)	了(亅)	罷(罒)	畢☆(田)	竟(立)	塞☆(土)	逢☆(辵)	孟☆(子)

도움글

○ 다음 漢字語의 讀音을 쓰세요. 정답 ☞ 234쪽

문1 欄干(　　) 문2 魂靈(　　) 문3 銳利(　　) 문4 弘益人間(　　) 문5 拓本(　　)
문6 寬待(　　) 문7 餘裕(　　) 문8 墮落(　　) 문9 明鏡止水(　　) 문10 派遣(　　)

아래 훈음에 알맞은 한자를 빈칸에 쓰세요. 정답 ☞236쪽

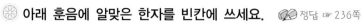

한자쓰기 4

배 주	뱀 사	버금 아	부를 빙	버들 양	버릴 기	버릴 사	폐할 폐 버릴 폐
번역할 역	벌 봉	범 인 동방 인	범 호	벗 붕	베개 침	배부를 포	베풀 진 묵을 진
벨 할	벼 도	관리 리 벼슬아치 리	별 경	벼 화	엉길 응	벼리 강	벼슬 작
벼리 유	벼슬 경	별 진 때 신	씩씩할 장	병 질	병풍 병	보낼 견	보낼 수
보리 맥	복숭아 도	본뜰 방	불 취	봉우리 봉	뵐 알	부끄러울 괴	부칠 부
바위 암	바칠 공	밀칠 배	밟을 리	밝을 소	밝을 철	바로잡을 정	밟을 답
북돋울 배	북방 임	분별할 변	불꽃 염	불쌍히여길 련	슬플 오	붉을 단	붙을 부
비낄 사	비단 견	비단 금	화폐 폐	비록 수	비율 률 거느릴 솔	비칠 조	참혹할 참
빌 기	빌릴 대 꿜 대	빌 차 빌릴 차	빛 채	쇠불릴 주	빛날 휘	빠질 몰	빠질 함
빼앗을 탈	부끄러울 참	버섯 균	번거로울 번	번성할 번	부끄러울 치	부드러울 유	모을 모 뽑을 모
뽑을 초	뽑을 추	뽕나무 상	뾰족할 첨	뿌릴 파	사나울 맹	사내 랑	사당 묘

도움글

○ 정답(233쪽) ☞ 문1 欄干(난간) 문2 魂靈(혼령) 문3 銳利(예리) 문4 弘益人間(홍익인간) 문5 拓本(탁본) 문6 寬待(관대) 문7 餘裕(여유) 문8 墮落(타락) 문9 明鏡止水(명경지수) 문10 派遣(파견)

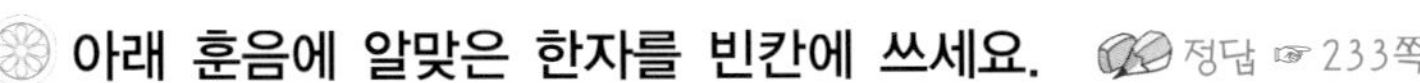

아래 훈음에 알맞은 한자를 빈칸에 쓰세요. 정답 ☞ 233쪽

한자쓰기 3

다리 각	다만 단	도울 부	핍박할 박	인쇄할 쇄	굳을 경	단장할 장	단풍 풍
닮을 사	닮을 초 같을 초	담 장	당나라 당 당황할 당	닿을 촉	대 대	대개 개	막을 저 겨룰 저
더러울 오	더욱 우	더울 서	더할 첨	덮을 개	덮을 폐	다만 지	도울 좌
도울 찬	도타울 독	돼지 해	돋울 도	돌 선	전염병 역	돌아볼 고	돌아올 환
돌아올 반	돼지 돈	도타울 돈	맬 계	되 호	되살아날 소	막힐 체	두려울 공
둑 제	둔할 둔	두 쌍 쌍 쌍	둘레 곽	둥글 환	드릴 헌	드물 소	드물 희
들 교 성밖 교	들보 량 돌다리 량	땅[따] 곤	따라죽을 순	어조사 혜	술부을 작 잔질할 작	딸 적	땀 한
떠다닐 표	떠들 소	떨어질 령 영 령	떨어질 타	떨칠 분	떨칠 불	떨칠 진	떳떳할 용
또 역	또 우	또 차	토끼 묘	뛰어넘을 초	떨 도	뜰 부	마땅 의
마를 고	두려워할 구	두려워할 외	두루 편	(매)달 현	달릴 분	닭 유	넘을 월
방자할 자 마음대로 자	마칠 료	마칠 파	마칠 필	마침내 경	막힐 색 변방 새	만날 봉	만 맹

○ 정답(234쪽) ☞ 문1 印刷(인쇄) 문2 觸覺(촉각) 문3 添加(첨가) 문4 隆起(융기) 문5 擴大(확대) 문6 白眉(백미) 문7 樓閣(누각) 문8 稀薄(희박) 문9 均割(균할) 문10 降臨(강림)

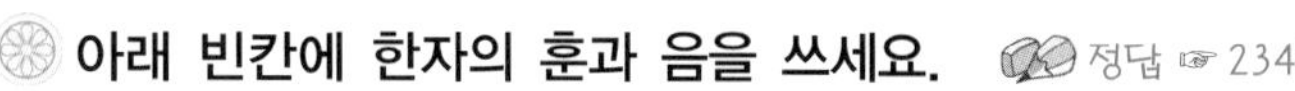

아래 빈칸에 한자의 훈과 음을 쓰세요. 정답 ☞ 234쪽 ☆표는 3급Ⅱ 배정한자

훈음쓰기 4

舟(舟)	巳(己)	亞☆(二)	聘(耳)	楊(木)	棄(木)	捨(手)	廢☆(广)
譯☆(言)	蜂(虫)	寅(宀)	虎☆(虍)	朋(月)	枕(木)	飽(食)	陳☆(阜)
割☆(刀)	稻(禾)	吏☆(口)	庚(广)	禾(禾)	凝(冫)	綱☆(糸)	爵(爪)
維☆(糸)	卿(卩)	辰☆(辰)	莊☆(艸)	疾☆(疒)	屛(尸)	遣(辵)	輸☆(車)
麥☆(麥)	桃☆(木)	倣(人)	吹☆(口)	峯☆(山)	謁(言)	愧(心)	付☆(人)
巖☆(山)	貢☆(貝)	排☆(手)	履☆(尸)	昭(日)	哲☆(口)	訂(言)	踏☆(足)
培☆(土)	壬☆(士)	辨(辛)	炎☆(火)	憐(心)	鳴(口)	丹☆(丶)	附☆(阜)
斜☆(斗)	絹(糸)	錦☆(金)	幣(巾)	雖(隹)	率☆(玄)	照☆(火)	慘(心)
祈☆(示)	貸☆(貝)	借☆(人)	債☆(人)	鑄☆(金)	輝(車)	沒☆(水)	陷☆(阜)
奪☆(大)	慙(心)	菌☆(艸)	煩(火)	繁☆(糸)	恥☆(心)	柔☆(木)	募(力)
抄(手)	抽(手)	桑☆(木)	尖(小)	播(手)	猛☆(犬)	郞☆(邑)	廟(广)

○ 다음 漢字語의 讀音을 쓰세요. 정답 ☞ 235쪽

문1 印刷(　　) 문2 觸覺(　　) 문3 添加(　　) 문4 隆起(　　) 문5 擴大(　　)
문6 白眉(　　) 문7 樓閣(　　) 문8 稀薄(　　) 문9 均割(　　) 문10 降臨(　　)

아래 빈칸에 한자의 훈과 음을 쓰세요.

정답 ☞ 239쪽 ☆표는 3급Ⅱ 배정한자

훈음쓰기 5

伯☆(人)	勿☆(勹)	詞☆(言)	而(而)	騎☆(馬)	淡☆(水)	淑☆(水)	雅☆(隹)
嘗(口)	托(手)	司☆(口)	賦☆(貝)	辛(辛)	梅☆(木)	荷☆(艸)	盟☆(皿)
契☆(大)	含☆(口)	狂☆(犬)	泊(水)	墨☆(土)	遙☆(辵)	悠☆(心)	免☆(儿)
苗(艸)	諸☆(言)	沙☆(水)	須(頁)	侍☆(人)	貌☆(豸)	像☆(人)	軌(車)
渴(水)	壽☆(士)	驅(馬)	誕(言)	池☆(水)	澤☆(水)	劣(力)	壞☆(土)
崩(山)	墳(土)	凡☆(几)	輩☆(車)	茂☆(艸)	簿☆(竹)	埋(土)	涯(水)
滅☆(水)	譽☆(言)	燥(火)	署☆(网)	幾(幺)	憎☆(心)	及☆(又)	迷(辵)
洲☆(水)	鑑☆(金)	染☆(木)	沿☆(水)	却(卩)	斥(斤)	滴(水)	搜(手)
惑☆(心)	敏(攴)	螢(虫)	替(曰)	換☆(手)	矯(矢)	騰(馬)	忙(心)
突☆(穴)	叫(口)	仲☆(人)	召(口)	徵☆(彳)	封☆(寸)	符☆(竹)	鼓☆(鼓)
踐☆(足)	栗☆(木)	飯☆(食)	胃☆(肉)	閱(門)	腹☆(肉)	梨(木)	叛(又)

도움글

○ 다음 漢字語의 讀音을 쓰세요. 정답 ☞ 238쪽

문1 善隣(　　) 문2 墮落(　　) 문3 奮鬪(　　) 문4 振作(　　) 문5 過負荷(　　)

문6 古稀(　　) 문7 漂流(　　) 문8 郊外(　　) 문9 抽象(　　) 문10 隨行員(　　)

아래 훈음에 알맞은 한자를 빈칸에 쓰세요.

정답 ☞ 240쪽

한자쓰기 

사랑채 랑 행랑 랑	사랑 자	사를 소	사무칠 투	사슴 록	사양할 양	치우칠 편	살찔 비
살펴알 량 믿을 량	살필 심	삼 마	삼갈 근	새벽 효	상거할 거	상서 상	새 금
어찌 언	뽑을 발	새길 간	새길 명	새벽 신	삼갈 신	새 을	샐 루
서리 상	선 선	세로 종	소 축	소경 맹 눈멀 맹	소금 염	소반 반	속 리
속일 기	아무 모	손 빈	손바닥 장	솜 면	어찌 나	맹세할 서	쇠사슬 쇄
쇠할 쇠	즐길 긍	수풀 삼	돌 순 순행할 순	쇠불릴 련 단련할 련	슬기로울 혜	어조사 호	저울대 형
슬플 애	어찌 내	시내 계	시렁 가	시어미 고	칠할 도	신령 령	훔칠 절
심할 심	싹 아	썩을 부	씨 위	씻을 탁	아낄 석	아내 처	우레 진
낄 옹	얕을 천	어금니 아	어긋날 위	어지러울 분	어깨 견	어두울 명	어두울 몽
아득할 망	아름다울 가	속일 사	아침 단	안개 무	전각 전	슬퍼할 개	앉을 좌
실마리 서	생각할 억	생각할 유	서늘할 량	서로 호	실을 재	심을 재	어조사 우

○ 정답(237쪽) ☞ 문1 善隣(선린) 문2 墮落(타락) 문3 奮鬪(분투) 문4 振作(진작) 문5 過負荷(과부하) 문6 古稀(고희) 문7 漂流(표류) 문8 郊外(교외) 문9 抽象(추상) 문10 隨行員(수행원)

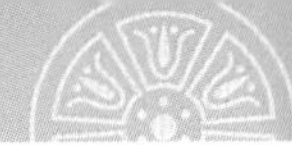

아래 훈음에 알맞은 한자를 빈칸에 쓰세요. 정답 ☞ 237쪽

만 백	말 물	말 사 글 사	말이을 이	말탈 기	맑을 담	맑을 숙	맑을 아
맛볼 상	맡길 탁	맡을 사	부세 부	매울 신	매화 매	멜 하	맹세 맹
맺을 계	머금을 함	미칠 광	머무를 박 배댈 박	먹 묵	멀 요	멀 유	면할 면
모 묘	모두 제	모래 사	모름지기 수	모실 시	모양 모	모양 상	바퀴자국 궤
목마를 갈	목숨 수	몰 구	낳을 탄 거짓 탄	못 지	못 택	못할 렬	무너질 괴
무너질 붕	무덤 분	무릇 범	무리 배	무성할 무	문서 부	묻을 매	물가 애
멸할 멸 꺼질 멸	기릴 예 명예 예	마를 조	마을 서 관청 서	몇 기	미울 증	미칠 급	미혹할 미
물가 주	거울 감	물들 염	물따라갈 연 따를 연	물리칠 각	물리칠 척	물방울 적	찾을 수
미혹할 혹	민첩할 민	반딧불 형	바꿀 체	바꿀 환	바로잡을 교	오를 등	바쁠 망
갑자기 돌	부르짖을 규	버금 중	부를 소	부를 징	봉할 봉	부호 부	북 고
밟을 천	밤 률	밥 반	밥통 위	볼 열	배 복	배나무 리	배반할 반

○ 정답(240쪽) ☞ 문1 契約(계약) 문2 含有(함유) 문3 盟誓(맹서) 문4 破滅(파멸) 문5 名譽(명예) 문6 苗種(묘종) 문7 貌樣(모양) 문8 混雜(혼잡) 문9 驚歎(경탄) 문10 增減(증감)

아래 빈칸에 한자의 훈과 음을 쓰세요. 정답 ☞ 238쪽 ☆표는 3급Ⅱ 배정한자

훈음쓰기 6

廊☆(广)	慈☆(心)	燒☆(火)	透☆(辵)	鹿(鹿)	讓☆(言)	偏☆(人)	肥☆(肉)
諒(言)	審☆(宀)	麻☆(麻)	謹(言)	曉(日)	距☆(足)	祥(示)	禽☆(内)
焉(火)	拔☆(手)	刊☆(刀)	銘☆(金)	晨(日)	愼☆(心)	乙☆(乙)	漏☆(水)
霜☆(雨)	禪☆(示)	縱☆(糸)	丑(一)	盲☆(目)	鹽☆(鹵)	盤☆(皿)	裏☆(衣)
欺(欠)	某(木)	賓(貝)	掌☆(手)	綿☆(糸)	那(邑)	誓(言)	鎖☆(金)
衰☆(衣)	肯(肉)	森☆(木)	巡☆(巛)	鍊☆(金)	慧☆(心)	乎(丿)	衡☆(行)
哀☆(口)	奈(大)	溪☆(水)	架☆(木)	姑☆(女)	塗(土)	靈☆(雨)	竊(穴)
甚☆(甘)	芽☆(艸)	腐☆(肉)	緯(糸)	濯(水)	惜☆(心)	妻☆(女)	震☆(雨)
擁(手)	淺☆(水)	牙☆(牙)	違(辵)	紛☆(糸)	肩(肉)	冥(冖)	蒙☆(艸)
茫(艸)	佳☆(人)	詐(言)	旦☆(日)	霧(雨)	殿☆(殳)	慨(心)	坐☆(土)
緖☆(糸)	憶☆(心)	惟(心)	涼☆(冫)	互(二)	載☆(車)	栽☆(木)	于(二)

○ 다음 漢字語의 讀音을 쓰세요. 정답 ☞ 239쪽

문1 契約(　　　) 문2 含有(　　　) 문3 盟誓(　　　) 문4 破滅(　　　) 문5 名譽(　　　)
문6 苗種(　　　) 문7 貌樣(　　　) 문8 混雜(　　　) 문9 驚歎(　　　) 문10 增減(　　　)

훈음쓰기
7

아래 빈칸에 한자의 훈과 음을 쓰세요.
정답 ☞ 243쪽
☆표는 3급Ⅱ 배정한자

昏(日)	丈☆(一)	愚☆(心)	幼☆(幺)	辱☆(辰)	伴(人)	於(方)	鳳☆(鳥)
隨☆(阜)	抱(手)	豈(豆)	訟☆(言)	憫(心)	畜☆(田)	潤☆(水)	兆☆(儿)
丘☆(一)	阿☆(阜)	稚☆(禾)	岸☆(山)	獲☆(犬)	凍☆(冫)	絡☆(糸)	襲☆(衣)
陵☆(阜)	罔(网)	錯☆(金)	累☆(糸)	庶(广)	驛☆(馬)	編☆(糸)	蓮☆(艸)
軟☆(車)	啓☆(口)	旬☆(日)	薄☆(艸)	糖☆(米)	昔(日)	耶(耳)	押(手)
昇☆(日)	臟☆(肉)	唯(口)	尙☆(小)	猶☆(犬)	獄☆(犬)	妥(女)	遷☆(辵)
裁☆(衣)	漆☆(水)	妃☆(女)	攝(手)	誦(言)	莫☆(艸)	慾☆(心)	恕☆(心)
仰☆(人)	雷☆(雨)	井☆(二)	韻☆(音)	響☆(音)	哭☆(口)	旣(无)	詠(言)
稿☆(禾)	脅☆(肉)	閏(門)	奚☆(大)	逮(辵)	淫☆(水)	賴☆(貝)	斯(斤)
頻(頁)	夷(大)	吟(口)	久☆(丿)	熟☆(火)	循(彳)	此☆(止)	克☆(儿)
携(手)	也(乙)	厄(厂)	遂(辵)	謂☆(言)	飢(食)	泣(水)	供☆(人)

도움글

○ 다음 漢字語의 讀音을 쓰세요. 정답 ☞ 242쪽

문1 交換(　　) 문2 矯正(　　) 문3 履行(　　) 문4 栗谷(　　) 문5 鑄造(　　)

문6 踏査(　　) 문7 排斥(　　) 문8 逃避(　　) 문9 情況(　　) 문10 容易(　　)

아래 훈음에 알맞은 한자를 빈칸에 쓰세요.

정답 ☞ 244쪽

이슬 로	이에 내	이웃 린	익숙할 관	인륜 륜	부릴 역	일찍 증	어조사 의
잃을 상	임금 황	임할 림	어조사 재	입술 순	입을 피	연이을 련	잊을 망
자 척	자랑할 과	자못 파	자세할 상	여러 루	이 자	자줏빛 자	발자취 적
잘 면	잠길 잠	잠길 침 성 심	이랑 경 잠깐 경	잠깐 잠	잠잠할 묵	잡을 구	잡을 집
잡을 착	조각 편	얽힐 규	장사지낼 장	장수 수	재앙 앙	이를 운	주릴 아
재촉할 촉	재촉할 최	저 피	저물 모	잠길 침	적을 과	점 복	점점 점
정자 정	젖을 습	제비 연	제사 사	제후 후	조 속	잡을 포	조개 패
조카 질	졸음 수	졸할 졸	종 노	좇을 준	가둘 수	이미 이	재앙 화
주먹 권	주울 습 열 십	주춧돌 초	준걸 준	줄 사	줄 증	줄 현	줄기 간
중 승	중매 매	즐길 오	증세 증	나타날 저	진압할 진	진흙 니	질그릇 도
짐승 수	어찌 하	집 각	집 관	집 우	쫓을 축	징계할 징	진칠 둔

○ 정답(241쪽) ☞ 문1 交換(교환) 문2 矯正(교정) 문3 履行(이행) 문4 栗谷(율곡) 문5 鑄造(주조) 문6 踏査(답사) 문7 排斥(배척) 문8 逃避(도피) 문9 情況(정황) 문10 容易(용이)

한자쓰기 

아래 훈음에 알맞은 한자를 빈칸에 쓰세요. 정답 ☞ 241쪽

어두울 혼	어른 장	어리석을 우	어릴 유	욕될 욕	짝 반	어조사 어 탄식할 오	새 봉
따를 수	안을 포	어찌 기	송사할 송	민망할 민	짐승 축	불을 윤	억조 조
언덕 구	언덕 아	어릴 치	언덕 안	얻을 획	얼 동	얽을 락 이을 락	엄습할 습
언덕 릉	없을 망	어긋날 착	여러 루 자주 루	여러 서	역 역	엮을 편	연꽃 련
연할 연	열 계	열흘 순	엷을 박	엿 당 사탕 탕	예 석	어조사 야	누를 압
오를 승	오장 장	오직 유	오히려 상	오히려 유	옥 옥	온당할 타	옮길 천
옷마를 재	옻 칠	왕비 비	다스릴 섭 잡을 섭	읠 송	없을 막	욕심 욕	용서할 서
우러를 앙	우레 뢰	우물 정	운 운	울릴 향	울 곡	이미 기	읊을 영
원고 고 볏집 고	위협할 협	윤달 윤	어찌 해	잡을 체	음란할 음	의뢰할 뢰	이 사
자주 빈	오랑캐 이	읊을 음	오랠 구	익을 숙	돌 순	이 차	이길 극
이끌 휴	이끼 야	액 액	드디어 수	이를 위	주릴 기	울 읍	이바지할 공

○ 정답(244쪽) ☞ 문1 別莊(별장) 문2 桃李(도리) 문3 謁見(알현) 문4 廉恥(염치) 문5 突出(돌출) 문6 絶叫(절규) 문7 派遣(파견) 문8 亂舞(난무) 문9 停滯(정체) 문10 婚需(혼수)

아래 빈칸에 한자의 훈과 음을 쓰세요. 정답 ☞ 242쪽 ☆표는 3급Ⅱ 배정한자 훈음쓰기 

露☆(雨)	乃(丿)	隣(阜)	慣☆(心)	倫☆(人)	役☆(彳)	曾☆(日)	矣(矢)
喪☆(口)	皇☆(白)	臨☆(臣)	哉(口)	脣(肉)	被☆(衣)	聯☆(耳)	忘(心)
尺☆(尸)	誇☆(言)	頗(頁)	詳☆(言)	屢(尸)	玆(玄)	紫☆(糸)	跡☆(足)
眠☆(目)	潛☆(水)	沈☆(水)	頃☆(頁)	暫☆(日)	默☆(黑)	拘☆(手)	執☆(土)
捉(手)	片☆(片)	糾(糸)	葬☆(艸)	帥☆(巾)	殃(歹)	云(二)	餓(食)
促☆(人)	催☆(人)	彼☆(彳)	暮(日)	浸☆(水)	寡☆(宀)	卜(卜)	漸☆(水)
亭☆(亠)	濕☆(水)	燕☆(火)	祀☆(示)	侯(人)	粟(米)	捕☆(手)	貝(貝)
姪(女)	睡(目)	拙(手)	奴☆(女)	遵(辵)	囚(囗)	已☆(己)	禍☆(示)
拳☆(手)	拾☆(手)	礎☆(石)	俊(人)	賜(貝)	贈(貝)	絃(糸)	幹☆(干)
僧☆(人)	媒☆(女)	娛(女)	症☆(疒)	著☆(艸)	鎭☆(金)	泥☆(水)	陶☆(阜)
獸☆(犬)	何☆(人)	閣☆(門)	館☆(食)	宇☆(宀)	逐(辵)	懲(心)	屯(屮)

○ 다음 漢字語의 讀音을 쓰세요. 정답 ☞ 243쪽

문1 別莊(　　) 문2 桃李(　　) 문3 謁見(　　) 문4 廉恥(　　) 문5 突出(　　)
문6 絶叫(　　) 문7 派遣(　　) 문8 亂舞(　　) 문9 停滯(　　) 문10 婚需(　　)

아래 빈칸에 한자의 훈과 음을 쓰세요.

정답 ☞ 247쪽 ☆표는 3급Ⅱ 배정한자

훈음쓰기 9

偶☆(人)	弔(弓)	租☆(禾)	廷☆(廴)	蹟☆(足)	杯(木)	宴☆(宀)	匹(匸)
劃☆(刀)	侮(人)	嫌(女)	追☆(辵)	宙☆(宀)	刺☆(刀)	衝☆(行)	蒸☆(艸)
裂☆(衣)	茶☆(艸)	秩☆(禾)	忍☆(心)	覆☆(襾)	珠☆(玉)	昌☆(日)	索☆(糸)
尋(寸)	彩☆(彡)	曆☆(日)	軒(車)	妄☆(女)	戊(戈)	薦(艸)	徐☆(彳)
賤☆(貝)	妾(女)	廉(广)	朔(月)	燭(火)	醜(酉)	版☆(片)	裳☆(衣)
刀☆(刀)	碧☆(石)	宰(宀)	岳(山)	泰☆(水)	乘☆(丿)	貪(貝)	塔☆(土)
毫(毛)	免☆(儿)	恒☆(心)	徹☆(彳)	販(貝)	醉☆(酉)	逸☆(辵)	寧☆(宀)
敍(攴)	述☆(辵)	伸(人)	幕☆(巾)	幅(巾)	奏☆(大)	蒼☆(艸)	蔬(艸)
釋☆(釆)	賃☆(貝)	懷☆(心)	笛☆(竹)	欲☆(欠)	乾☆(乙)	賀☆(貝)	訴☆(言)
俱(人)	項☆(頁)	吐☆(口)	諾☆(言)	腰(肉)	癸(癶)	肺☆(肉)	毁(殳)
泳(水)	弊☆(廾)	亨(亠)	豪☆(豕)	姻(女)	爐☆(火)	睦☆(目)	矢(矢)

○ 다음 漢字語의 讀音을 쓰세요. 정답 ☞ 246쪽

문1 選拔(　　　) 문2 尖端(　　　) 문3 肥肉(　　　) 문4 抄略(　　　) 문5 募集(　　　)
문6 奪取(　　　) 문7 播種(　　　) 문8 狀況(　　　) 문9 脫黃(　　　) 문10 刹那(　　　)

아래 훈음에 알맞은 한자를 빈칸에 쓰세요. 정답 ☞ 248쪽

한자쓰기 10

화창할 창	활 궁	흐릴 탁	흔들 요	흙덩이 괴	흙덩이 양	희롱할 롱	힘쓸 려
학 학	드리울 수	동료 료	친척 척	쪼갤 석	칠 정	칼 검	이별할 결
뛸 약	사냥 렵	갈릴 체	분초 초	잡을 파	무늬 문	무릎쓸 모	갈 서
종 례							

愛國歌는 왜 부르는가? 歌詞의 뜻을 제대로 알고 부르게 하는 것이 敎育의 바른길이다. 그런데 「三千里」에 「千」을 틀린 숫자 37명 중 「天」으로 쓴 사람이 28이고 「川」으로 쓴 사람이 15명이었다. 또 「里」를 틀린 숫자 31명 중 27명이 「理」로 적었다. 이런 誤答이 나온 것에 정말 啞然失色하지 않을 수 없다. 大卒者들의 漢字 認知度가 이렇다는 점을 敎育者, 교육관계 기관, 政治界, 言論界 등은 깊이 反省해야 한다.

韓·中·日 三國 중 惟獨 우리만 常用漢字가 없다. 亞太時代에 對備하여 2,000자 程度의 常用漢字 制定이 時急하다. 오늘날 強調되고 있는 敎育改革의 核心이 漢字 섞인 敎科書로 이루어지는 國語敎育의 革新에 있음을 다시 한 번 強調한다.

《愛國歌의 '뜻'을 아는가》 中에서 - 南廣祐 - 韓國日報·아침을 열며

愛 國 歌

作曲 : 安益泰

1 東海물과 白頭山이 마르고 닳도록
하느님이 保佑하사 우리나라 萬歲.
無窮花 三千里 華麗江山
大韓 사람 大韓으로 길이 保全하세.

2 南山 위에 저 소나무 鐵甲을 두른 듯
바람 소리 不變함은 우리 氣像일세.
無窮花 三千里 華麗江山
大韓 사람 大韓으로 길이 保全하세.

3 가을 하늘 空豁한데 높고 구름 없이
밝은 달은 우리 가슴 一片丹心일세.
無窮花 三千里 華麗江山
大韓 사람 大韓으로 길이 保全하세.

4 이 氣像과 이 맘으로 忠誠을 다하여
괴로우나 즐거우나 나라 사랑하세.
無窮花 三千里 華麗江山
大韓 사람 大韓으로 길이 保全하세

○ 정답(245쪽) ☞ 문1 選拔(선발) 문2 尖端(첨단) 문3 肥肉(비육) 문4 抄略(초략) 문5 募集(모집) 문6 奪取(탈취) 문7 播種(파종) 문8 狀況(상황) 문9 脫黃(탈황) 문10 刹那(찰나)

아래 훈음에 알맞은 한자를 빈칸에 쓰세요. 정답 ☞ 245쪽

짝 우	조상할 조	조세 조	조정 정	자취 적	잔 배	잔치 연	짝 필
그을 획	업신여길 모	싫어할 혐	쫓을 추 따를 추	집 주	찌를 자 찌를 척	찌를 충	찔 증
찢어질 렬	차 다 차 차	차례 질	참을 인	덮을 부 뒤집힐 복	구슬 주	창성할 창	찾을 색 노 삭
찾을 심	채색 채	책력 력	집 헌	망령될 망	천간 무	천거할 천	천천할 서
천할 천	첩 첩	청렴할 렴	초하루 삭	촛불 촉	추할 추	판목 판	치마 상
칼 도	푸를 벽	재상 재	큰산 악	클 태	탈 승	탐낼 탐	탑 탑
터럭 호	토끼 토	항상 항	통할 철	팔 판	취할 취	편안할 일	편안 녕
펼 서	펼 술	펼 신	장막 막	폭 폭	아뢸 주	푸를 창	나물 소
풀 석	품삯 임	품을 회	피리 적	하고자할 욕	하늘 건 마를 간/건	하례할 하	호소할 소
함께 구	항목 항	토할 토	허락할 낙	허리 요	북방 계 천간 계	허파 폐	헐 훼
헤엄칠 영	폐단 폐 해질 폐	형통할 형	호걸 호	혼인 인	화로 로	화목할 목	화살 시

○ 정답(248쪽) ☞ 문1 裏面(이면) 문2 英靈(영령) 문3 衰亡(쇠망) 문4 慨歎(개탄) 문5 漏水(누수) 문6 肯定(긍정) 문7 凄涼(처량) 문8 跳躍(도약) 문9 缺陷(결함) 문10 沈着(침착)

아래 빈칸에 한자의 훈과 음을 쓰세요. 정답 ☞ 246쪽 ☆표는 3급II 배정한자 훈음쓰기 

暢(日)	弓☆(弓)	濁(水)	搖(手)	塊(土)	壤☆(土)	弄☆(廾)	勵☆(力)
鶴☆(鳥)	垂☆(土)	僚(人)	戚☆(戈)	析(木)	征☆(彳)	劍☆(刀)	訣☆(言)
躍(足)	獵(犬)	遮(辵)	秒(禾)	把(手)	紋☆(糸)	冒(冂)	逝(辵)
隷(隶)							

본관本貫에 대하여 알아보자.

본관(本貫)은 관향(貫鄕), 또는 본(本)이라고도 한다. 한 집안의 가장 웃어른이 되는 조상께서 태어나신 땅, 또는 고향을 이르는 말로, 자신의 계통을 알아볼 수 있는 중요한 의미를 지닌다.

예1 元(원주 원씨) ▷ 본관(원주) 예2 金(김해 김씨) ▷ 본관(김해)

갖은자(壹·貳·參·拾)에 대하여 알아보자.

한자에서, 흔히 쓰이는 글자보다 획이 더 많고 구성을 다르게 한 글자를 말하는 것으로, 금전상의 증서에 고쳐 쓰는 일을 막기 위해 쓰이기도 한다.

예 38,219(삼만 팔천이백일십구) - 參萬八千貳百壹拾九

부수部首에 대하여 알아보자.

부수(部數)란, 모든 한자(漢字)를 그 짜임에 따라 분류할 때, 나타나는 공통부분으로 자전(字典)이나 사전(辭典)에서 글자를 찾는 데 필요한 기본글자를 말한다.

부수는 모두 214자이다. 이는 본래 한자의 글자 모양을 바탕으로 같은 부분, 비슷한 부분을 가진 한자를 한곳에 모아 놓고, 공통된 부분을 질서 있게 벌여놓기 위하여 골라 뽑은 기본글자이므로 한자의 짜임과 중요한 관계를 맺고 있다. 게다가 동일한 부수의 글자는 대개 공통된 뜻을 지니고 있으므로, 부수는 그 한자의 뜻과 밀접한 관계가 있다.

☞ **틀리기 쉬운 한자漢字의 부수部首**

哭(울 곡 : 口부 총10획) 夢(꿈 몽 : 夕부 총14획) 服(옷 복 : 月부 총 8획)
孟(맏 맹 : 子부 총 8획) 執(잡을 집 : 土부 총11획) 與(더불 여 : 臼부 총14획)

도움글

○ 다음 漢字語의 讀音을 쓰세요. 정답 ☞ 247쪽

문1 裏面( ) 문2 英靈( ) 문3 衰亡( ) 문4 慨歎( ) 문5 漏水( )
문6 肯定( ) 문7 凄涼( ) 문8 跳躍( ) 문9 缺陷( ) 문10 沈着( )

한자능력검정시험 3급(3급Ⅱ 포함)

꾸러미

(반대자·상대자 / 반의어 / 유의자 / 동음이의어)

학습도움

반대자 · 반의어(251쪽~262쪽 / 263쪽~276쪽)

✔ 반대 · 상대자(反對字) : 두 개의 글자가 서로 뜻이 반대되거나 상대相對되는 뜻을 가진 낱말을 말합니다.

✔ 반의어(反義語) : 두 개의 낱말이 서로 반대, 또는 상대相對되는 뜻으로 이루어진 낱말을 말합니다.

유의자(277쪽~296쪽)

✔ 유의자(類義字) : 두 개의 글자가 서로 뜻이 비슷하거나 대등對等한 뜻을 가진 낱말을 말합니다.

동음이의어(297쪽~306쪽)

✔ 동음이의어(同音異義語) : 발음은 같으나 뜻이 다른 한자어를 말합니다.

정답확인

홀수 쪽과 짝수 쪽을 서로 대조對照하면 정답을 확인할 수 있습니다.

☞ **반대자**(反對字) · **상대자**(相對字)란, 두 개의 글자가 서로 뜻이 반대되거나 상대(相對)되는 뜻을 가진 낱말을 말한다.

5급加 - 4Ⅱ減(가감)
5급可 - 4급否(가부)
5급加 - 4Ⅱ除(가제)
4급干 - 4Ⅱ滿(간만)
4급簡 - 4Ⅱ細(간세)
4급甘 - 6급苦(감고)
7Ⅱ江 - 8급山(강산)
6급強 - 6Ⅱ弱(강약)
3Ⅱ剛 - 3Ⅱ柔(강유)
4급開 - 4급閉(개폐)
5급去 - 7급來(거래)
5급去 - 4Ⅱ留(거류)
4급巨 - 4Ⅱ細(거세)
3Ⅱ乾 - 3급坤(건곤)
3Ⅱ乾 - 3Ⅱ濕(건습)
3Ⅱ硬 - 3Ⅱ軟(경연)
4Ⅱ經 - 3급緯(경위)
4Ⅱ慶 - 3급弔(경조)
5급輕 - 7급重(경중)
6급京 - 4Ⅱ鄕(경향)
4급繼 - 4Ⅱ絶(계절)
3Ⅱ啓 - 4급閉(계폐)
6급古 - 6Ⅱ今(고금)
6급苦 - 6Ⅱ樂(고락)

3Ⅱ姑 - 4Ⅱ婦(고부)
6Ⅱ高 - 3Ⅱ卑(고비)
6Ⅱ高 - 4Ⅱ低(고저)
6Ⅱ高 - 7Ⅱ下(고하)
5급曲 - 7Ⅱ直(곡직)
6Ⅱ功 - 5Ⅱ過(공과)
6Ⅱ功 - 5급罪(공죄)
7Ⅱ空 - 5Ⅱ陸(공륙)
6Ⅱ公 - 4급私(공사)
3Ⅱ供 - 3Ⅱ需(공수)
4급攻 - 4Ⅱ防(공방)
4급攻 - 4Ⅱ守(공수)
3Ⅱ寬 - 3Ⅱ猛(관맹)
4Ⅱ官 - 8급民(관민)
6Ⅱ光 - 4Ⅱ陰(광음)
3Ⅱ巧 - 3급拙(교졸)
8급敎 - 6급習(교습)
8급敎 - 8급學(교학)
4급君 - 8급民(군민)
4급君 - 5Ⅱ臣(군신)
4급屈 - 3급伸(굴신)
3Ⅱ弓 - 3급矢(궁시)
5급貴 - 3Ⅱ賤(귀천)
4급勤 - 3급慢(근만)

4급勤 - 3급怠(근태)
6Ⅱ今 - 6급古(금고)
6Ⅱ今 - 3급昔(금석)
3Ⅱ及 - 5급落(급락)
6Ⅱ急 - 3Ⅱ緩(급완)
4Ⅱ起 - 5Ⅱ結(기결)
4Ⅱ起 - 4급伏(기복)
4Ⅱ起 - 3급臥(기와)
4Ⅱ起 - 3Ⅱ陷(기함)
3급飢 - 3급飽(기포)
5급吉 - 5Ⅱ凶(길흉)
3Ⅱ諾 - 4급否(낙부)
4Ⅱ難 - 4급易(난이)
7Ⅱ男 - 8급女(남녀)
8급南 - 8급北(남북)
7Ⅱ內 - 8급外(내외)
3Ⅱ奴 - 3Ⅱ婢(노비)
6급多 - 3Ⅱ寡(다과)
6급多 - 7급少(다소)
4Ⅱ單 - 4급複(단복)
3Ⅱ旦 - 7급夕(단석)
4Ⅱ斷 - 4Ⅱ續(단속)
6Ⅱ短 - 8급長(단장)
7Ⅱ答 - 7급問(답문)

5Ⅱ當 - 5급落(당락)
5Ⅱ當 - 4급否(당부)
8급大 - 7급小(대소)
3Ⅱ貸 - 3Ⅱ借(대차)
5급都 - 7Ⅱ農(도농)
8급東 - 8급西(동서)
7급同 - 4급異(동이)
7Ⅱ動 - 4급靜(동정)
7Ⅱ動 - 5급止(동지)
7급冬 - 7급夏(동하)
6급頭 - 3Ⅱ尾(두미)
3급鈍 - 3급敏(둔민)
4Ⅱ得 - 3Ⅱ喪(득상)
4Ⅱ得 - 6급失(득실)
7급登 - 4급降(등강)
7급登 - 5급落(등락)
3급騰 - 5급落(등락)
5Ⅱ良 - 4급否(양부)
7급來 - 4Ⅱ往(내왕)
7급來 - 5급去(내거)
5급冷 - 5급熱(냉열)
5급冷 - 4Ⅱ暖(냉난)
5급冷 - 6급溫(냉온)
5Ⅱ勞 - 6급使(노사)

☞ **반대자**(反對字) · **상대자**(相對字)란, 두 개의 글자가 서로 뜻이 반대되거나 상대(相對)되는 뜻을 가진 낱말을 말한다.

7급老 - 7급少(노소)
7급老 - 3Ⅱ幼(노유)
7급老 - 6Ⅱ童(노동)
5Ⅱ陸 - 7Ⅱ海(육해)
6Ⅱ理 - 4급亂(이란)
4급離 - 6급合(이합)
6Ⅱ利 - 5Ⅱ害(이해)
3Ⅱ吏 - 8급民(이민)
4Ⅱ滿 - 4급干(만간)
5급賣 - 5급買(매매)
6Ⅱ明 - 3Ⅱ滅(명멸)
6Ⅱ明 - 4Ⅱ暗(명암)
8급母 - 7Ⅱ子(모자)
7급問 - 7Ⅱ答(문답)
7급文 - 4Ⅱ武(문무)
7급文 - 6급言(문언)
7Ⅱ物 - 7급心(물심)
6급美 - 3급醜(미추)
8급民 - 4Ⅱ官(민관)
6Ⅱ班 - 4Ⅱ常(반상)
6Ⅱ發 - 5Ⅱ着(발착)
7Ⅱ方 - 4Ⅱ圓(방원)
4Ⅱ背 - 6급向(배향)
8급白 - 5급黑(백흑)

3급煩 - 4급簡(번간)
3Ⅱ腹 - 4Ⅱ背(복배)
6급本 - 5급末(본말)
8급父 - 8급母(부모)
8급父 - 7Ⅱ子(부자)
7급夫 - 4Ⅱ婦(부부)
7급夫 - 3Ⅱ妻(부처)
3Ⅱ浮 - 3Ⅱ沈(부침)
8급北 - 8급南(북남)
6Ⅱ分 - 6급合(분합)
3Ⅱ卑 - 6Ⅱ高(비고)
4Ⅱ悲 - 6Ⅱ樂(비락)
4Ⅱ悲 - 4급歡(비환)
4Ⅱ悲 - 4급喜(비희)
4Ⅱ貧 - 4Ⅱ富(빈부)
3급賓 - 7급主(빈주)
5급氷 - 5급炭(빙탄)
5Ⅱ士 - 8급民(사민)
6급死 - 8급生(사생)
3Ⅱ邪 - 7Ⅱ正(사정)
4Ⅱ師 - 8급弟(사제)
6급死 - 7Ⅱ活(사활)
8급山 - 7급川(산천)
8급山 - 5급河(산하)

8급山 - 7Ⅱ海(산해)
4Ⅱ殺 - 7Ⅱ活(살활)
3Ⅱ詳 - 4급略(상략)
4Ⅱ常 - 6Ⅱ班(상반)
5급賞 - 4Ⅱ罰(상벌)
7Ⅱ上 - 7Ⅱ下(상하)
8급生 - 3Ⅱ滅(생멸)
8급生 - 3Ⅱ沒(생몰)
8급生 - 6급死(생사)
8급生 - 4Ⅱ殺(생살)
3급暑 - 5급寒(서한)
5급善 - 5Ⅱ惡(선악)
8급先 - 7Ⅱ後(선후)
4Ⅱ盛 - 3Ⅱ衰(성쇠)
6Ⅱ成 - 5급敗(성패)
4Ⅱ細 - 8급大(세대)
3Ⅱ疏 - 4Ⅱ密(소밀)
4Ⅱ續 - 4Ⅱ斷(속단)
4급損 - 4Ⅱ得(손득)
4급損 - 4Ⅱ益(손익)
4Ⅱ送 - 4Ⅱ受(송수)
4Ⅱ送 - 4급迎(송영)
4Ⅱ收 - 5급給(수급)
4Ⅱ收 - 4Ⅱ支(수지)

3Ⅱ需 - 5급給(수급)
4Ⅱ受 - 5급給(수급)
4Ⅱ受 - 4급與(수여)
8급水 - 5Ⅱ陸(수륙)
8급水 - 8급火(수화)
5Ⅱ首 - 3Ⅱ尾(수미)
4Ⅱ受 - 3Ⅱ拂(수불)
4Ⅱ授 - 4Ⅱ受(수수)
7Ⅱ手 - 7Ⅱ足(수족)
4급叔 - 3급姪(숙질)
5Ⅱ順 - 4Ⅱ逆(순역)
3Ⅱ乘 - 4급降(승강)
3Ⅱ昇 - 4급降(승강)
6급勝 - 4급負(승부)
6급勝 - 5급敗(승패)
3Ⅱ乘 - 4Ⅱ除(승제)
6Ⅱ始 - 5급末(시말)
4Ⅱ是 - 4급非(시비)
6Ⅱ始 - 5급終(시종)
6Ⅱ新 - 6급古(신고)
6Ⅱ新 - 5Ⅱ舊(신구)
5Ⅱ臣 - 8급民(신민)
6Ⅱ身 - 7급心(신심)
6Ⅱ信 - 4급疑(신의)

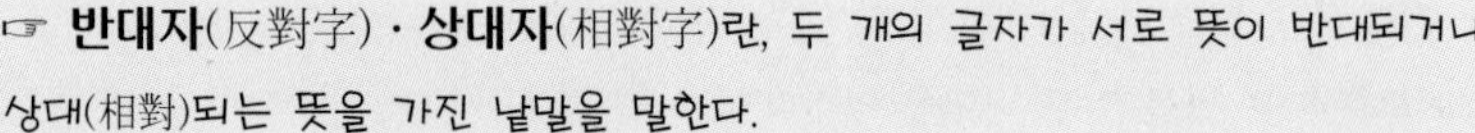

☞ **반대자**(反對字) · **상대자**(相對字)란, 두 개의 글자가 서로 뜻이 반대되거나 상대(相對)되는 뜻을 가진 낱말을 말한다.

3급伸 - 4급縮(신축)
6급失 - 4Ⅱ得(실득)
5Ⅱ實 - 4급否(실부)
7급心 - 6Ⅱ身(심신)
7급心 - 6Ⅱ體(심체)
4Ⅱ深 - 3Ⅱ淺(심천)
3Ⅱ雅 - 4Ⅱ俗(아속)
7Ⅱ安 - 4급否(안부)
7Ⅱ安 - 4급危(안위)
6급愛 - 5Ⅱ惡(애오)
6급愛 - 3Ⅱ憎(애증)
3Ⅱ哀 - 6Ⅱ樂(애락)
3Ⅱ哀 - 4급歡(애환)
6급陽 - 4Ⅱ陰(양음)
3Ⅱ抑 - 3Ⅱ揚(억양)
6급言 - 7급文(언문)
6급言 - 6급行(언행)
4급與 - 4Ⅱ受(여수)
4급與 - 6급野(여야)
7급然 - 4급否(연부)
3Ⅱ炎 - 3Ⅱ涼(염량)
4급迎 - 4Ⅱ送(영송)
4Ⅱ榮 - 3급枯(영고)
4Ⅱ榮 - 3Ⅱ辱(영욕)

4급豫 - 5Ⅱ決(예결)
3급銳 - 3급鈍(예둔)
4Ⅱ玉 - 6급石(옥석)
6급溫 - 5급冷(온랭)
6급溫 - 3Ⅱ涼(온량)
3Ⅱ緩 - 6Ⅱ急(완급)
4Ⅱ往 - 7급來(왕래)
4Ⅱ往 - 3급返(왕반)
4Ⅱ往 - 4Ⅱ復(왕복)
6Ⅱ用 - 3급捨(용사)
4급優 - 3급劣(우열)
7Ⅱ右 - 7Ⅱ左(우좌)
5Ⅱ雨 - 3급晴(우청)
6급遠 - 6급近(원근)
4급怨 - 4Ⅱ恩(원은)
8급月 - 8급日(월일)
7급有 - 5급無(유무)
4급隱 - 5Ⅱ見(은견)
4급隱 - 6Ⅱ現(은현)
4급隱 - 5Ⅱ見(은현)
4급隱 - 4급顯(은현)
4Ⅱ恩 - 4급怨(은원)
4Ⅱ陰 - 6급陽(음양)
4Ⅱ陰 - 3급晴(음청)

6Ⅱ音 - 4Ⅱ義(음의)
6Ⅱ音 - 6급訓(음훈)
4급異 - 7급同(이동)
5급因 - 6Ⅱ果(인과)
8급人 - 7급天(인천)
8급日 - 8급月(일월)
5Ⅱ任 - 3Ⅱ免(임면)
7급入 - 5급落(입락)
7급入 - 7급出(입출)
4급姊 - 4급妹(자매)
7Ⅱ子 - 8급女(자녀)
7Ⅱ子 - 8급母(자모)
7Ⅱ自 - 5급他(자타)
6Ⅱ昨 - 6Ⅱ今(작금)
4Ⅱ將 - 5Ⅱ兵(장병)
4Ⅱ將 - 5Ⅱ士(장사)
4Ⅱ將 - 5Ⅱ卒(장졸)
8급長 - 6Ⅱ短(장단)
8급長 - 3Ⅱ幼(장유)
4Ⅱ田 - 3급畓(전답)
7Ⅱ前 - 7Ⅱ後(전후)
7Ⅱ正 - 6Ⅱ反(정반)
7Ⅱ正 - 4급否(정부)
7Ⅱ正 - 4Ⅱ副(정부)

7Ⅱ正 - 3Ⅱ邪(정사)
7Ⅱ正 - 4Ⅱ誤(정오)
7Ⅱ正 - 3Ⅱ僞(정위)
8급弟 - 8급兄(제형)
4Ⅱ早 - 3Ⅱ晩(조만)
6급朝 - 3급暮(조모)
6급朝 - 7급夕(조석)
6급朝 - 6급野(조야)
7급祖 - 6급孫(조손)
3급燥 - 3Ⅱ濕(조습)
4급存 - 5급亡(존망)
4급存 - 3Ⅱ滅(존멸)
4급存 - 3Ⅱ沒(존몰)
4급存 - 5급無(존무)
4급存 - 3Ⅱ廢(존폐)
4Ⅱ尊 - 3Ⅱ卑(존비)
4Ⅱ尊 - 3Ⅱ侍(존시)
5급終 - 6Ⅱ始(종시)
3Ⅱ縱 - 3Ⅱ橫(종횡)
3Ⅱ坐 - 7Ⅱ立(좌립)
3Ⅱ坐 - 3급臥(좌와)
7Ⅱ左 - 7Ⅱ右(좌우)
5급罪 - 4Ⅱ罰(죄벌)
5급罪 - 4급刑(죄형)

☞ **반대자**(反對字) · **상대자**(相對字)란, 두 개의 글자가 서로 뜻이 반대되거나 상대(相對)되는 뜻을 가진 낱말을 말한다.

6급晝 - 6급夜(주야)
7급主 - 5II客(주객)
7급主 - 4급從(주종)
7급重 - 5급輕(중경)
4II衆 - 3II寡(중과)
8급中 - 8급外(중외)
4II增 - 4II減(증감)
4II增 - 3II削(증삭)
4II增 - 4급損(증손)
3급贈 - 7II答(증답)
3II憎 - 6급愛(증애)
3급遲 - 6급速(지속)
4급智 - 3II愚(지우)
7급地 - 7급天(지천)
5II知 - 6급行(지행)
4II眞 - 4II假(진가)
4II眞 - 3II僞(진위)
4II進 - 4II退(진퇴)
6II集 - 4II配(집배)
6II集 - 4급散(집산)
3II借 - 3II貸(차대)
5II着 - 6II發(착발)
3II贊 - 6II反(찬반)
3II淺 - 4II深(천심)

7급天 - 3II壤(천양)
7급天 - 7급地(천지)
5급鐵 - 6급石(철석)
3급添 - 4II減(첨감)
3급添 - 3II削(첨삭)
3급晴 - 5II雨(청우)
3급晴 - 4II陰(청음)
6II淸 - 3급濁(청탁)
5급初 - 5급終(초종)
3급醜 - 6급美(추미)
4급推 - 4II引(추인)
7급春 - 7급秋(춘추)
7급出 - 4II缺(출결)
7급出 - 4급納(출납)
7급出 - 3II沒(출몰)
7급出 - 7급入(출입)
4II忠 - 4II逆(충역)
4II取 - 3II貸(취대)
4II取 - 3급捨(취사)
4II治 - 4급亂(치란)
3II沈 - 3II浮(침부)
4II快 - 3급鈍(쾌둔)
5급炭 - 5급氷(탄빙)
3II吐 - 4급納(토납)

4급投 - 5급打(투타)
5급敗 - 4II興(패흥)
3II廢 - 7II立(폐립)
3II廢 - 4II置(폐치)
6II表 - 3II裏(표리)
4II豊 - 5II凶(풍흉)
3II皮 - 4급骨(피골)
3II彼 - 3II我(피아)
3II彼 - 3II此(피차)
7급夏 - 7급冬(하동)
8급學 - 7급問(학문)
4급閑 - 3급忙(한망)
5급寒 - 4II暖(한란)
5급寒 - 3급暑(한서)
5급寒 - 5급熱(한열)
5급寒 - 6급溫(한온)
7II海 - 7II空(해공)
7II海 - 5II陸(해륙)
6급向 - 4II背(향배)
4II虛 - 5II實(허실)
4급顯 - 3II微(현미)
4급顯 - 4II密(현밀)
3II玄 - 4II素(현소)
4II賢 - 3II愚(현우)

6II形 - 3II影(형영)
8급兄 - 8급弟(형제)
4급刑 - 5급罪(형죄)
4II好 - 5II惡(호오)
4II呼 - 4II應(호응)
4II呼 - 4II吸(호흡)
3급昏 - 6II明(혼명)
3II禍 - 5II福(화복)
6II和 - 6II戰(화전)
7II活 - 4II殺(활살)
3II皇 - 8급民(황민)
6II會 - 4급散(회산)
4급厚 - 3II薄(후박)
7II後 - 8급先(후선)
6급訓 - 8급學(훈학)
3급毁 - 3II譽(훼예)
3II胸 - 4II背(흉배)
5II凶 - 5급吉(흉길)
5II凶 - 4II豊(흉풍)
5급黑 - 8급白(흑백)
4II興 - 5급亡(흥망)
4II興 - 5급敗(흥패)
4급喜 - 4II怒(희로)
4급喜 - 4II悲(희비)

☞ **반대자**(反對字) · **상대자**(相對字)란, 두 개의 글자가 서로 뜻이 반대되거나 상대(相對)되는 뜻을 가진 낱말을 말한다.

☞ 

아래의 훈음에 알맞은 반대자를 보기와 같이 한자로 쓰세요. 정답 ☞ 256쪽 하단

좋을 호	미워할 오	두터울 후	엷을 박	흉할 흉	풍년 풍	기쁠 희	성낼 노/로
겉 표	속 리	저 피	나 아	저 피	이 차	어질 현	어리석을우
더할 첨	깎을 삭	갤 청	비 우	날 출	빠질 몰	충성 충	거스를 역
있을 존	망할 망	있을 존	폐할 폐	마칠 종	비로소 시	도울 찬	돌아올 반
밭 전	논 답	바를 정	그르칠 오	이를 조	늦을 만	높을 존	낮을 비

○ 反義結合語 정답은 위의 《정답 ☞ 쪽》이 가리키는 곳의 下段에 있는 讀音쓰기 問題와 서로 대조하면 알 수 있도록 하였다. 頭音法則에 주의하여 그 뜻을 헤아려야 할 것이다.

○ 반의결합어의 독음을 쓰세요. 정답 ☞ 262쪽 상단 前後 (　　　) 手足 (　　　)

晝夜 (　　　) 長短 (　　　) 男女 (　　　) 先後 (　　　) 老少 (　　　)

多少 (　　　) 增減 (　　　) 古今 (　　　) 坐立 (　　　) 貴賤 (　　　)

☞ **반대자**(反對字) · **상대자**(相對字)란, 두 개의 글자가 서로 뜻이 반대되거나 상대(相對)되는 뜻을 가진 낱말을 말한다.

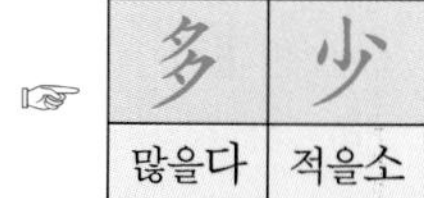

多	少
많을다	적을소

아래의 훈음에 알맞은 반대자를 보기와 같이 한자로 쓰세요.

정답 ☞ 257쪽 하단

구슬 옥	돌 석	느릴 완	급할 급	갈 왕	회복할 복	사랑 애	미울 증
머리 수	꼬리 미	편안 안	위태할 위	슬플 애	기쁠 환	더불 여	들 야
뜰 부	잠길 침	죽을 사	살 활	날 생	죽을 사	성할 성	쇠할 쇠
맡길 임	면할 면	글월 문	호반 무	물건 물	마음 심	아름다울미	추할 추
아침 단	저녁 석	빌릴 대	빌 차	움직일 동	고요할 정	떠날 리/이	합할 합

○ 반의결합어의 독음을 쓰세요.

정답 ☞ 255쪽 상단

好惡 (　　　) 厚薄 (　　　) 凶豊 (　　　) 喜怒 (　　　) 表裏 (　　　)
彼我 (　　　) 彼此 (　　　) 賢愚 (　　　) 添削 (　　　) 晴雨 (　　　)
出沒 (　　　) 忠逆 (　　　) 存亡 (　　　) 存廢 (　　　) 終始 (　　　)
贊反 (　　　) 田畓 (　　　) 正誤 (　　　) 早晚 (　　　) 尊卑 (　　　)

☞ **반대자**(反對字) · **상대자**(相對字)란, 두 개의 글자가 서로 뜻이 반대되거나 상대(相對)되는 뜻을 가진 낱말을 말한다.

☞ 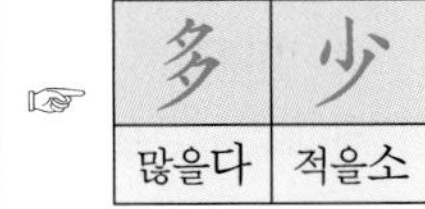

아래의 훈음에 알맞은 반대자를 보기와 같이 한자로 쓰세요.

정답 ☞ 258쪽 하단

일어날 기	엎드릴 복	어려울 난	쉬울 이	사랑 애	미워할 오	많을 다	적을 과
지날 경	씨 위	쓸 고	즐길 락	부지런할근	게으를 태	미칠 급	떨어질 락
방패 간	찰 만	달 감	쓸 고	하늘 건	땅 곤	하늘 건 마를 간	젖을 습
옳을 가	아닐 부	공평할 공	사사 사	벼슬 관	백성 민	가난할 빈	부자 부
서울 경	시골 향	임금 군	신하 신	마음 심	몸 신	칠 공	막을 방

○ 반의결합어의 독음을 쓰세요.

정답 ☞ 256쪽 상단

玉石 (　　)	緩急 (　　)	往復 (　　)	愛憎 (　　)	首尾 (　　)
安危 (　　)	哀歡 (　　)	與野 (　　)	浮沈 (　　)	死活 (　　)
生死 (　　)	盛衰 (　　)	任免 (　　)	文武 (　　)	物心 (　　)
美醜 (　　)	旦夕 (　　)	貸借 (　　)	動靜 (　　)	離合 (　　)

☞ **반대자**(反對字) · **상대자**(相對字)란, 두 개의 글자가 서로 뜻이 반대되거나 상대(相對)되는 뜻을 가진 낱말을 말한다.

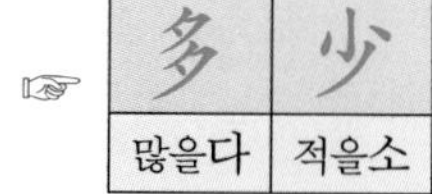

多	少
많을 다	적을 소

아래의 훈음에 알맞은 반대자를 보기와 같이 한자로 쓰세요.

정답 ☞ 259쪽 하단

더불 여	아닐 부	끊을 단	이을 속	스승 사	아우 제	열 개	닫을 폐
높을 고	낮을 저	일 흥 흥할 흥	망할 망	모 방	둥글 원	가질 취	버릴 사
은혜 은	원망할 원	장수 장	병사 병	나아갈 진	물러날 퇴	날 출	이지러질 결
빌 허	열매 실	이길 승	질 부	그늘 음	별 양	장수 장	마칠 졸 군사 졸
참 진	거짓 가	갈 왕	올 래	다를 이	한가지 동	맑을 아	풍속 속

○ 반의결합어의 독음을 쓰세요.

정답 ☞ 257쪽 상단

起伏 (　　　) 難易 (　　　) 愛惡 (　　　) 多寡 (　　　) 經緯 (　　　)
苦樂 (　　　) 勤怠 (　　　) 及落 (　　　) 干滿 (　　　) 甘苦 (　　　)
乾坤 (　　　) 乾濕 (　　　) 可否 (　　　) 公私 (　　　) 官民 (　　　)
貧富 (　　　) 京鄉 (　　　) 君臣 (　　　) 心身 (　　　) 攻防 (　　　)

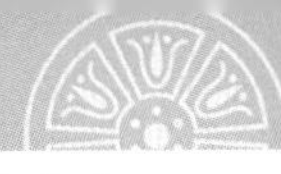

☞ **반대자**(反對字) · **상대자**(相對字)란, 두 개의 글자가 서로 뜻이 반대되거나 상대(相對)되는 뜻을 가진 낱말을 말한다.

☞ 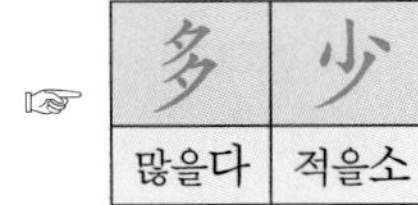

多	少
많을다	적을소

아래의 훈음에 알맞은 반대자를 보기와 같이 한자로 쓰세요.

정답 ☞ 260쪽 하단

주인 주	좇을 종	모을 집	짝 배 / 나눌 배	기쁠 희	슬플 비	상줄 상	벌할 벌
칠 공	지킬 수	얻을 득	잃을 실	지아비 부	며느리 부	보낼 송	맞을 영
덜 손	더할 익	순할 순	거스를 역	옳을 시 / 이 시	아닐 비	모을 집	흩을 산
동녘 동	서녘 서	쓰일 수	줄 급	경사 경	조상할 조	홑 단	겹칠 복
갈 거	올 래	이할 리/이	해칠 해	공 공	지날 과 / 허물 과	얼음 빙	숯 탄

○ 반의결합어의 독음을 쓰세요.

정답 ☞ 258쪽 상단

與否 ( )	斷續 ( )	師弟 ( )	開閉 ( )	高低 ( )
興亡 ( )	方圓 ( )	取捨 ( )	恩怨 ( )	將兵 ( )
進退 ( )	出缺 ( )	虛實 ( )	勝負 ( )	陰陽 ( )
將卒 ( )	眞假 ( )	往來 ( )	異同 ( )	雅俗 ( )

☞ **반대자**(反對字) · **상대자**(相對字)란, 두 개의 글자가 서로 뜻이 반대되거나 상대(相對)되는 뜻을 가진 낱말을 말한다.

☞ 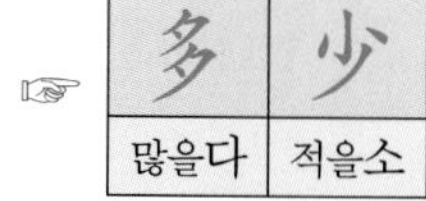

아래의 훈음에 알맞은 반대자를 보기와 같이 한자로 쓰세요.

정답 ☞ 261쪽 하단

가벼울경	무거울중	필 발	붙을 착	굽을 곡	곧을 직	길할 길	흉할 흉
넉넉할 우	못할 렬/열	펼 신	줄일 축	시어미 고	며느리 부	줄 수	받을 수
일할 로/노	하여금 사 부릴 사	메 산	물 하	이길 승	패할 패	새 신	예 구
착할 선	악할 악	스스로 자	다를 타	주인 주	손 객	검을 흑	흰 백
이룰 성	패할 패	비로소 시	마칠 종	처음 초	마칠 종	있을 유	없을 무

○ 반의결합어의 독음을 쓰세요.

정답 ☞ 259쪽 상단

主從 (　　　) 集配 (　　　) 喜悲 (　　　) 賞罰 (　　　) 攻守 (　　　)
得失 (　　　) 夫婦 (　　　) 送迎 (　　　) 損益 (　　　) 順逆 (　　　)
是非 (　　　) 集散 (　　　) 東西 (　　　) 需給 (　　　) 慶弔 (　　　)
單複 (　　　) 去來 (　　　) 利害 (　　　) 功過 (　　　) 氷炭 (　　　)

☞ **반대자**(反對字) · **상대자**(相對字)란, 두 개의 글자가 서로 뜻이 반대되거나 상대(相對)되는 뜻을 가진 낱말을 말한다.

☞ 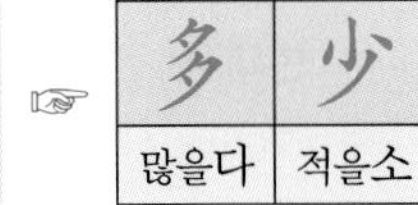

多	少
많을다	적을소

아래의 훈음에 알맞은 반대자를 보기와 같이 한자로 쓰세요.

정답 ☞ 262쪽 하단

인할 인	실과 과	뭍 륙/육	바다 해	윗 상	아래 하	팔 매	살 매
근본 본	끝 말	하늘 천	땅 지	착할 선	악할 악	재앙 화	복 복
아침 조	저녁 석	메 산	내 천	마땅 당	떨어질 락	찰 랭/냉	따뜻할 온
안 내	바깥 외	찰 랭/냉	더울 열	더할 가	덜 감	찰 한	따뜻할 난
날 일	달 월	남녘 남	북녘 북	물을 문	대답 답	강할 강	약할 약

○ 반의결합어의 독음을 쓰세요.

정답 ☞ 260쪽 상단

輕重 (　　)	發着 (　　)	曲直 (　　)	吉凶 (　　)	優劣 (　　)
伸縮 (　　)	姑婦 (　　)	授受 (　　)	勞使 (　　)	山河 (　　)
勝敗 (　　)	新舊 (　　)	善惡 (　　)	自他 (　　)	主客 (　　)
黑白 (　　)	成敗 (　　)	始終 (　　)	初終 (　　)	有無 (　　)

☞ **반대자**(反對字) · **상대자**(相對字)란, 두 개의 글자가 서로 뜻이 반대되거나 상대(相對)되는 뜻을 가진 낱말을 말한다.

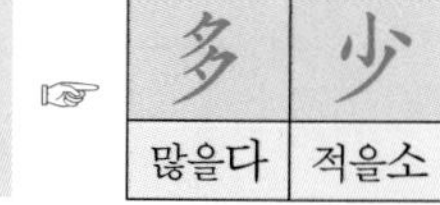

多	少
많을다	적을소

아래의 훈음에 알맞은 반대자를 보기와 같이 한자로 쓰세요.

정답 ☞ 255쪽 하단

앞 전	뒤 후	손 수	발 족	낮 주	밤 야	긴 장	짧을 단
사내 남	계집 녀	먼저 선	뒤 후	늙을 로/노	젊을 소	많을 다	적을 소
더할 증	덜 감	예 고	이제 금	앉을 좌	설 립	귀할 귀	천할 천

여지(餘地)를 남기는 여유(餘裕)

환혁(桓革)이라는 사람이 말했다.

"彫刻할 때, 코는 조금 큼직하게 하고 눈은 조금 작게 시작하는 것이 좋다. 큰 코는 깎아서 작게 할 수 있지만 작은 코는 크게 할 수 없고, 작은 눈은 크게 넓힐 수 있지만 큰 눈은 작게 고칠 수가 없기 때문이다."

世上의 일도 이와 마찬가지이다. 以後에 바로잡을 수 있는 餘地를 남겨 두면 失敗가 적을 것이다.

— 『韓非子』, 「세림하편(說林下篇)」

○ 반의결합어의 독음을 쓰세요.

정답 ☞ 261쪽 상단

因果 (　　　) 陸海 (　　　) 上下 (　　　) 賣買 (　　　) 本末 (　　　)
天地 (　　　) 寒暑 (　　　) 禍福 (　　　) 朝夕 (　　　) 山川 (　　　)
當落 (　　　) 冷溫 (　　　) 內外 (　　　) 冷熱 (　　　) 加減 (　　　)
寒暖 (　　　) 日月 (　　　) 南北 (　　　) 問答 (　　　) 強弱 (　　　)

☞ **반의어**(反義語) · **상대어**(相對語)란, 두 개의 낱말이 서로 반대, 또는 상대되는 뜻으로 이루어진 낱말을 말한다.

5급5Ⅱ可決(가결)-4급5Ⅱ否決(부결)
3Ⅱ7Ⅱ架空(가공)-5Ⅱ6급實在(실재)
5급5급加熱(가열)-5급3급冷却(냉각)
5급7급加重(가중)-5급4Ⅱ輕減(경감)
3급7Ⅱ却下(각하)-4Ⅱ6Ⅱ受理(수리)
3Ⅱ6Ⅱ幹線(간선)-4Ⅱ6Ⅱ支線(지선)
4급3급干涉(간섭)-6Ⅱ5Ⅱ放任(방임)
4급4급干潮(간조)-4Ⅱ4급滿潮(만조)
6급5Ⅱ感性(감성)-6Ⅱ5Ⅱ理性(이성)
4Ⅱ7급減少(감소)-4Ⅱ5급增加(증가)
6급5Ⅱ感情(감정)-6Ⅱ5Ⅱ理性(이성)
4Ⅱ4Ⅱ減退(감퇴)-4Ⅱ4Ⅱ增進(증진)
3Ⅱ5급剛健(강건)-4급3Ⅱ優柔(우유)
3Ⅱ5급剛健(강건)-3Ⅱ6Ⅱ柔弱(유약)
6급3Ⅱ強硬(강경)-3Ⅱ6Ⅱ柔和(유화)
6급3Ⅱ強硬(강경)-3Ⅱ6Ⅱ軟弱(연약)
6급5급強固(강고)-3Ⅱ6Ⅱ薄弱(박약)
6급8급強大(강대)-6Ⅱ8Ⅱ弱小(약소)
6급4Ⅱ強制(강제)-5Ⅱ6Ⅱ任意(임의)
6급6Ⅱ強風(강풍)-3Ⅱ6Ⅱ微風(미풍)
4급3Ⅱ降臨(강림)-3Ⅱ7급昇天(승천)
6급6Ⅱ開放(개방)-4급3Ⅱ閉鎖(폐쇄)
4Ⅱ6급個別(개별)-7Ⅱ6Ⅱ全體(전체)
3Ⅱ7급概算(개산)-4Ⅱ7급精算(정산)

3Ⅱ7급蓋然(개연)-5Ⅱ7급必然(필연)
5Ⅱ5Ⅱ客觀(객관)-7급5Ⅱ主觀(주관)
5Ⅱ6Ⅱ客體(객체)-7급6Ⅱ主體(주체)
4급8급巨大(거대)-3Ⅱ8급微小(미소)
4급4Ⅱ巨富(거부)-4Ⅱ4Ⅱ極貧(극빈)
4급4급拒否(거부)-4Ⅱ4급容納(용납)
4급4급拒否(거부)-4Ⅱ4Ⅱ容認(용인)
4급4급拒否(거부)-4Ⅱ3Ⅱ承諾(승낙)
4급4급拒否(거부)-4Ⅱ4Ⅱ承認(승인)
4급4급拒否(거부)-4Ⅱ3Ⅱ應諾(응낙)
4급4Ⅱ拒絶(거절)-4Ⅱ4Ⅱ承認(승인)
4급4Ⅱ拒絶(거절)-4Ⅱ3Ⅱ承諾(승낙)
5급4Ⅱ建設(건설)-4Ⅱ3Ⅱ破壞(파괴)
3Ⅱ3급乾燥(건조)-3Ⅱ3Ⅱ濕潤(습윤)
4급6Ⅱ傑作(걸작)-3급6Ⅱ拙作(졸작)
4급4Ⅱ儉素(검소)-3Ⅱ5급浪費(낭비)
4급5Ⅱ儉約(검약)-3Ⅱ5급浪費(낭비)
5Ⅱ6Ⅱ結果(결과)-7Ⅱ4급動機(동기)
5Ⅱ6Ⅱ結果(결과)-5급5급原因(원인)
5Ⅱ3Ⅱ決裂(결렬)-6Ⅱ4Ⅱ和解(화해)
5Ⅱ3Ⅱ決裂(결렬)-6급6Ⅱ合意(합의)
5Ⅱ7급決算(결산)-4급7급豫算(예산)
5Ⅱ5급決選(결선)-4급5급豫選(예선)
5Ⅱ6급決定(결정)-4Ⅱ4Ⅱ留保(유보)

5Ⅱ6급結合(결합)-6Ⅱ4급分離(분리)
4Ⅱ6급經度(경도)-3급6급緯度(위도)
4Ⅱ4Ⅱ經常(경상)-3Ⅱ7Ⅱ臨時(임시)
5급4Ⅱ輕減(경감)-5급7급加重(가중)
5급3Ⅱ輕薄(경박)-7급4급重厚(중후)
5급3Ⅱ輕率(경솔)-3Ⅱ7급愼重(신중)
5급4Ⅱ輕視(경시)-7급4Ⅱ重視(중시)
3Ⅱ7Ⅱ硬直(경직)-3Ⅱ3Ⅱ柔軟(유연)
6Ⅱ3Ⅱ高尙(고상)-4Ⅱ4Ⅱ低俗(저속)
6Ⅱ3Ⅱ高尙(고상)-3Ⅱ4Ⅱ卑俗(비속)
6Ⅱ3Ⅱ高雅(고아)-4Ⅱ4Ⅱ低俗(저속)
6Ⅱ3Ⅱ高雅(고아)-3Ⅱ4Ⅱ卑俗(비속)
6Ⅱ6급高遠(고원)-3Ⅱ6급卑近(비근)
6Ⅱ5Ⅱ高調(고조)-4Ⅱ5Ⅱ低調(저조)
4Ⅱ6Ⅱ故意(고의)-5Ⅱ6급過失(과실)
5급6급固定(고정)-5Ⅱ7Ⅱ流動(유동)
6급4급苦痛(고통)-4Ⅱ6Ⅱ快樂(쾌락)
4급4Ⅱ困難(곤란)-4Ⅱ4급容易(용이)
6Ⅱ6급公開(공개)-4급3급隱蔽(은폐)
6Ⅱ7Ⅱ公平(공평)-3Ⅱ3급偏頗(편파)
3Ⅱ5급供給(공급)-3Ⅱ5Ⅱ需要(수요)
7Ⅱ3Ⅱ空腹(공복)-4Ⅱ3Ⅱ滿腹(만복)
7Ⅱ4Ⅱ空想(공상)-6Ⅱ5Ⅱ現實(현실)
4급4Ⅱ攻勢(공세)-4Ⅱ4Ⅱ守勢(수세)

☞ **반의어**(反義語) · **상대어**(相對語)란, 두 개의 낱말이 서로 반대, 또는 상대되는 뜻으로 이루어진 낱말을 말한다.

6Ⅱ6Ⅱ共用(공용)-4급6Ⅱ專用(전용)
6Ⅱ7급共有(공유)-4급7급專有(전유)
5Ⅱ6급過多(과다)-3급7급僅少(근소)
5Ⅱ6급過失(과실)-4Ⅱ6Ⅱ故意(고의)
3Ⅱ8급寬大(관대)-4급5Ⅱ嚴格(엄격)
4Ⅱ4Ⅱ官尊(관존)-8급3Ⅱ民卑(민비)
6Ⅱ6Ⅱ光明(광명)-4Ⅱ5급暗黑(암흑)
3Ⅱ4급巧妙(교묘)-3급3급拙劣(졸렬)
3급8급郊外(교외)-5급7급都心(도심)
3Ⅱ4Ⅱ拘禁(구금)-3Ⅱ6Ⅱ釋放(석방)
3Ⅱ4Ⅱ拘禁(구금)-6Ⅱ3Ⅱ放免(방면)
3Ⅱ5Ⅱ拘束(구속)-6Ⅱ3Ⅱ放免(방면)
3Ⅱ5Ⅱ拘束(구속)-4Ⅱ6Ⅱ解放(해방)
4Ⅱ7급求心(구심)-6급7급遠心(원심)
7급7급口語(구어)-7급7급文語(문어)
5Ⅱ6Ⅱ具體(구체)-3급4급抽象(추상)
4급7Ⅱ君子(군자)-8급8급小人(소인)
4급6급屈服(굴복)-3Ⅱ4급抵抗(저항)
4Ⅱ6Ⅱ權利(권리)-4Ⅱ4Ⅱ義務(의무)
4Ⅱ4Ⅱ極貧(극빈)-4급4Ⅱ巨富(거부)
3급7급僅少(근소)-5Ⅱ6급過多(과다)
6급4Ⅱ近接(근접)-6급3Ⅱ遠隔(원격)
6급7Ⅱ近海(근해)-6급6급遠洋(원양)
3Ⅱ6급錦衣(금의)-4Ⅱ6급布衣(포의)

4Ⅱ5급禁止(금지)-5급5급許可(허가)
4Ⅱ5급禁止(금지)-4Ⅱ4Ⅱ解禁(해금)
6Ⅱ4급急激(급격)-3Ⅱ3급緩慢(완만)
6Ⅱ5Ⅱ急性(급성)-3급5Ⅱ慢性(만성)
6Ⅱ4Ⅱ急進(급진)-3Ⅱ4Ⅱ漸進(점진)
6Ⅱ6급急行(급행)-3Ⅱ6급緩行(완행)
3Ⅱ6Ⅱ及第(급제)-5급6Ⅱ落第(낙제)
3급6급肯定(긍정)-4급6급否定(부정)
3급5Ⅱ既決(기결)-4Ⅱ5Ⅱ未決(미결)
4Ⅱ7Ⅱ起立(기립)-5Ⅱ6급着席(착석)
4급3Ⅱ奇拔(기발)-7Ⅱ3Ⅱ平凡(평범)
4급7급奇數(기수)-3Ⅱ7급偶數(우수)
3급3급飢餓(기아)-3급7Ⅱ飽食(포식)
7Ⅱ3Ⅱ記憶(기억)-3급3급忘却(망각)
3Ⅱ4급緊縮(긴축)-3Ⅱ6Ⅱ緩和(완화)
5급3Ⅱ吉兆(길조)-5Ⅱ3Ⅱ凶兆(흉조)
6Ⅱ5Ⅱ樂觀(낙관)-4Ⅱ5Ⅱ悲觀(비관)
6Ⅱ6급樂園(낙원)-7급3Ⅱ地獄(지옥)
5급6Ⅱ落第(낙제)-3Ⅱ6Ⅱ及第(급제)
5급4Ⅱ落鄕(낙향)-7급5Ⅱ出仕(출사)
4급4급卵管(난관)-4Ⅱ4급精管(정관)
4Ⅱ5Ⅱ暖流(난류)-5급5Ⅱ寒流(한류)
4Ⅱ4Ⅱ難解(난해)-4Ⅱ4급容易(용이)
3급6Ⅱ濫讀(남독)-4Ⅱ6Ⅱ精讀(정독)

3급6Ⅱ濫用(남용)-5Ⅱ5Ⅱ節約(절약)
5Ⅱ6Ⅱ朗讀(낭독)-3Ⅱ6Ⅱ默讀(묵독)
3Ⅱ5급浪費(낭비)-4급4Ⅱ儉素(검소)
3Ⅱ5급浪費(낭비)-4급5Ⅱ儉約(검약)
7Ⅱ4Ⅱ內容(내용)-6Ⅱ6급形式(형식)
7Ⅱ4Ⅱ內容(내용)-8급5Ⅱ外觀(외관)
7Ⅱ3Ⅱ內憂(내우)-8급5급外患(외환)
7Ⅱ4Ⅱ內包(내포)-8급4급外延(외연)
5급3급冷却(냉각)-5급5급加熱(가열)
7급3Ⅱ老鍊(노련)-4Ⅱ3Ⅱ未熟(미숙)
5Ⅱ7Ⅱ能動(능동)-3Ⅱ7Ⅱ被動(피동)
5Ⅱ3Ⅱ能熟(능숙)-4Ⅱ3Ⅱ未熟(미숙)
6급5Ⅱ多元(다원)-8급5Ⅱ一元(일원)
4Ⅱ4Ⅱ單純(단순)-4급4급複雜(복잡)
4Ⅱ6급單式(단식)-4급6급複式(복식)
6Ⅱ4급短縮(단축)-4급8급延長(연장)
7Ⅱ4급答辯(답변)-5Ⅱ4급質疑(질의)
5Ⅱ6급當番(당번)-4급6급非番(비번)
6Ⅱ7Ⅱ對答(대답)-5Ⅱ4급質疑(질의)
6Ⅱ7Ⅱ對話(대화)-5Ⅱ8급獨白(독백)
8급3Ⅱ大乘(대승)-8급3Ⅱ小乘(소승)
5급7급都心(도심)-3급8급郊外(교외)
5Ⅱ8급獨白(독백)-6Ⅱ7Ⅱ對話(대화)
5Ⅱ4Ⅱ獨創(독창)-4급3급模倣(모방)

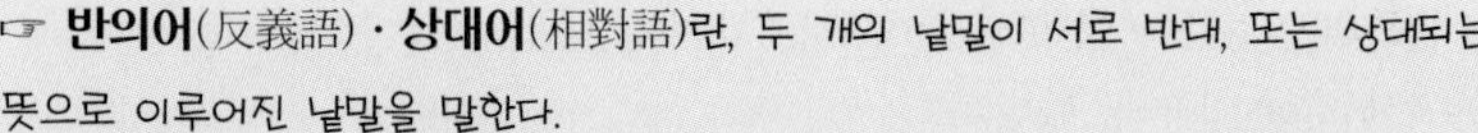
☞ **반의어**(反義語) · **상대어**(相對語)란, 두 개의 낱말이 서로 반대, 또는 상대되는 뜻으로 이루어진 낱말을 말한다.

7급4급同居(동거)-6급4급別居(별거)
7Ⅱ4급動機(동기)-5Ⅱ6Ⅱ結果(결과)
7Ⅱ3급動搖(동요)-7Ⅱ6급安定(안정)
3급6급鈍感(둔감)-3급6급敏感(민감)
3급3급鈍濁(둔탁)-3급6Ⅱ銳利(예리)
4Ⅱ6Ⅱ得意(득의)-6급6Ⅱ失意(실의)
7급7Ⅱ登場(등장)-4Ⅱ7Ⅱ退場(퇴장)
6Ⅱ5Ⅱ等質(등질)-4급5Ⅱ異質(이질)
3Ⅱ7급漠然(막연)-4Ⅱ7급確然(확연)
3급5Ⅱ慢性(만성)-6Ⅱ5Ⅱ急性(급성)
4Ⅱ3Ⅱ滿腹(만복)-7Ⅱ3Ⅱ空腹(공복)
4Ⅱ4급滿潮(만조)-4급4급干潮(간조)
5급3Ⅱ末尾(말미)-3급6급冒頭(모두)
3급3급忘却(망각)-7Ⅱ3Ⅱ記憶(기억)
3Ⅱ5급滅亡(멸망)-3Ⅱ4Ⅱ隆興(융흥)
3Ⅱ5급滅亡(멸망)-3Ⅱ4Ⅱ隆盛(융성)
6Ⅱ5급明示(명시)-4Ⅱ5급暗示(암시)
7Ⅱ6급名目(명목)-5Ⅱ5Ⅱ實質(실질)
7Ⅱ3Ⅱ名譽(명예)-3Ⅱ3Ⅱ恥辱(치욕)
3급6급冒頭(모두)-5급3Ⅱ末尾(말미)
4급3급模倣(모방)-4Ⅱ4Ⅱ創造(창조)
4급3급模倣(모방)-5Ⅱ4Ⅱ獨創(독창)
5급5Ⅱ無能(무능)-7급5Ⅱ有能(유능)
3Ⅱ6Ⅱ默讀(묵독)-5Ⅱ6Ⅱ朗讀(낭독)

7급7급文語(문어)-7급7급口語(구어)
7Ⅱ5Ⅱ物質(물질)-4Ⅱ6Ⅱ精神(정신)
3Ⅱ4Ⅱ微官(미관)-4급4Ⅱ顯官(현관)
3Ⅱ8급微小(미소)-4급8급巨大(거대)
3Ⅱ6Ⅱ微風(미풍)-6급6Ⅱ強風(강풍)
4Ⅱ5Ⅱ未決(미결)-3급5Ⅱ既決(기결)
4Ⅱ3Ⅱ未熟(미숙)-5Ⅱ3Ⅱ能熟(능숙)
4Ⅱ3Ⅱ未熟(미숙)-7급3Ⅱ老鍊(노련)
4Ⅱ3Ⅱ未熟(미숙)-6Ⅱ3Ⅱ成熟(성숙)
4Ⅱ3Ⅱ未熟(미숙)-4Ⅱ3Ⅱ圓熟(원숙)
3급6급敏感(민감)-3급6급鈍感(둔감)
3급6급敏速(민속)-3급3급遲鈍(지둔)
8급3Ⅱ民卑(민비)-4Ⅱ4Ⅱ官尊(관존)
4Ⅱ6Ⅱ密集(밀집)-4급6급散在(산재)
3Ⅱ6Ⅱ薄弱(박약)-6급5급強固(강고)
6Ⅱ6Ⅱ反共(반공)-4Ⅱ6Ⅱ容共(용공)
6Ⅱ6급反目(반목)-6Ⅱ3Ⅱ和睦(화목)
6Ⅱ4급反抗(반항)-6급4급服從(복종)
3급4Ⅱ返濟(반제)-3Ⅱ6Ⅱ借用(차용)
6Ⅱ8급發生(발생)-6Ⅱ3Ⅱ消滅(소멸)
6Ⅱ6Ⅱ發信(발신)-4Ⅱ6Ⅱ受信(수신)
3급4급傍系(방계)-7Ⅱ4급直系(직계)
6Ⅱ3Ⅱ放免(방면)-3Ⅱ5Ⅱ拘束(구속)
6Ⅱ7급放心(방심)-5급7급操心(조심)

6Ⅱ5Ⅱ放任(방임)-4급3급干涉(간섭)
4Ⅱ4Ⅱ背恩(배은)-4Ⅱ4Ⅱ報恩(보은)
8급4급白髮(백발)-4급3Ⅱ紅顔(홍안)
8급6급白晝(백주)-4Ⅱ6급深夜(심야)
3Ⅱ3급繁忙(번망)-4급4급閑散(한산)
3Ⅱ8급凡人(범인)-3Ⅱ8급超人(초인)
6급4급別居(별거)-7급4급同居(동거)
4Ⅱ4Ⅱ保守(보수)-4급6Ⅱ革新(혁신)
4Ⅱ4Ⅱ保守(보수)-4Ⅱ4Ⅱ進步(진보)
4Ⅱ4Ⅱ報恩(보은)-4Ⅱ4Ⅱ背恩(배은)
4급3급普遍(보편)-6급3Ⅱ特殊(특수)
4급6급複式(복식)-4Ⅱ6급單式(단식)
4급4급複雜(복잡)-4Ⅱ4Ⅱ單純(단순)
6급4급服從(복종)-6Ⅱ4급反抗(반항)
6급6Ⅱ本業(본업)-4Ⅱ6Ⅱ副業(부업)
6급5Ⅱ本質(본질)-6Ⅱ4급現象(현상)
4Ⅱ5급富貴(부귀)-4Ⅱ3Ⅱ貧賤(빈천)
4Ⅱ3Ⅱ富裕(부유)-4Ⅱ4급貧窮(빈궁)
7Ⅱ5Ⅱ不當(부당)-3급5Ⅱ妥當(타당)
3Ⅱ3Ⅱ扶桑(부상)-3급3Ⅱ咸池(함지)
4Ⅱ6Ⅱ副業(부업)-6급6Ⅱ本業(본업)
4급5Ⅱ否決(부결)-5급5Ⅱ可決(가결)
4급4Ⅱ否認(부인)-4Ⅱ4Ⅱ是認(시인)
4급6급否定(부정)-3급6급肯定(긍정)

☞ **반의어**(反義語) · **상대어**(相對語)란, 두 개의 낱말이 서로 반대, 또는 상대되는 뜻으로 이루어진 낱말을 말한다.

7Ⅱ5Ⅱ 不調(부조) - 4Ⅱ5Ⅱ 快調(쾌조)
7Ⅱ4Ⅱ 不備(불비) - 5급4Ⅱ 完備(완비)
7Ⅱ6Ⅱ 不運(불운) - 6Ⅱ6Ⅱ 幸運(행운)
7Ⅱ4급 不況(불황) - 4Ⅱ4급 好況(호황)
6Ⅱ4급 分離(분리) - 5Ⅱ6급 結合(결합)
6Ⅱ4급 分離(분리) - 6급6Ⅱ 合體(합체)
6Ⅱ4급 分散(분산) - 6Ⅱ8급 集中(집중)
6Ⅱ3급 分析(분석) - 4Ⅱ6급 統合(통합)
6Ⅱ3Ⅱ 分裂(분열) - 4Ⅱ8급 統一(통일)
6Ⅱ4Ⅱ 分解(분해) - 6급6Ⅱ 合成(합성)
3Ⅱ5급 紛爭(분쟁) - 6Ⅱ4Ⅱ 和解(화해)
4Ⅱ5Ⅱ 悲觀(비관) - 6Ⅱ5Ⅱ 樂觀(낙관)
4Ⅱ3Ⅱ 悲哀(비애) - 4급4급 歡喜(환희)
4급4Ⅱ 非難(비난) - 4급4급 稱讚(칭찬)
4급6급 非番(비번) - 5Ⅱ6급 當番(당번)
4급3Ⅱ 非凡(비범) - 7Ⅱ3Ⅱ 平凡(평범)
3Ⅱ6급 卑近(비근) - 6Ⅱ6급 高遠(고원)
3Ⅱ4Ⅱ 卑俗(비속) - 6Ⅱ3Ⅱ 高尙(고상)
3Ⅱ4Ⅱ 卑俗(비속) - 6Ⅱ3Ⅱ 高雅(고아)
4Ⅱ4급 貧窮(빈궁) - 4Ⅱ3Ⅱ 富裕(부유)
4Ⅱ3Ⅱ 貧賤(빈천) - 4Ⅱ5급 富貴(부귀)
4급5Ⅱ 辭任(사임) - 4급5Ⅱ 就任(취임)
6급3Ⅱ 死藏(사장) - 7Ⅱ6Ⅱ 活用(활용)
6급7Ⅱ 死後(사후) - 8급7Ⅱ 生前(생전)

3Ⅱ4Ⅱ 削減(삭감) - 3급5급 添加(첨가)
3Ⅱ4Ⅱ 削除(삭제) - 3급5급 添加(첨가)
4급7급 散文(산문) - 3Ⅱ7급 韻文(운문)
4급6급 散在(산재) - 4Ⅱ6Ⅱ 密集(밀집)
5Ⅱ6Ⅱ 相對(상대) - 4Ⅱ6Ⅱ 絶對(절대)
5Ⅱ3급 相違(상위) - 5Ⅱ3급 類似(유사)
3Ⅱ3Ⅱ 詳述(상술) - 4급3Ⅱ 略述(약술)
7Ⅱ3Ⅱ 上昇(상승) - 7Ⅱ4급 下降(하강)
3Ⅱ6급 喪失(상실) - 3Ⅱ4Ⅱ 獲得(획득)
8급7Ⅱ 生家(생가) - 5Ⅱ7Ⅱ 養家(양가)
8급5Ⅱ 生産(생산) - 6Ⅱ5급 消費(소비)
8급6Ⅱ 生成(생성) - 6Ⅱ3Ⅱ 消滅(소멸)
8급7Ⅱ 生食(생식) - 8급7Ⅱ 火食(화식)
8급7Ⅱ 生前(생전) - 6급7Ⅱ 死後(사후)
3Ⅱ6Ⅱ 釋放(석방) - 3Ⅱ4Ⅱ 拘禁(구금)
5급6Ⅱ 善用(선용) - 5Ⅱ6Ⅱ 惡用(악용)
8급7급 先天(선천) - 7Ⅱ7급 後天(후천)
5Ⅱ6Ⅱ 性急(성급) - 3Ⅱ8급 悠長(유장)
6Ⅱ3Ⅱ 成熟(성숙) - 4Ⅱ3Ⅱ 未熟(미숙)
5Ⅱ5Ⅱ 洗練(세련) - 3Ⅱ3급 稚拙(치졸)
5Ⅱ3급 歲暮(세모) - 8급6급 年頭(연두)
3급4급 騷亂(소란) - 4급4급 靜肅(정숙)
6Ⅱ4Ⅱ 消極(소극) - 4급4Ⅱ 積極(적극)
6Ⅱ3Ⅱ 消滅(소멸) - 6Ⅱ8급 發生(발생)

6Ⅱ3Ⅱ 消滅(소멸) - 8급6Ⅱ 生成(생성)
6Ⅱ5급 消費(소비) - 8급5Ⅱ 生産(생산)
7급4Ⅱ 所得(소득) - 4급6급 損失(손실)
8급3Ⅱ 小乘(소승) - 8급3Ⅱ 大乘(대승)
8급8급 小人(소인) - 4급7Ⅱ 君子(군자)
4Ⅱ6급 續行(속행) - 8급5급 中止(중지)
4급6급 損失(손실) - 7급4Ⅱ 所得(소득)
4Ⅱ6Ⅱ 送信(송신) - 4Ⅱ6Ⅱ 受信(수신)
7Ⅱ7Ⅱ 手動(수동) - 7Ⅱ7Ⅱ 自動(자동)
4Ⅱ6Ⅱ 受理(수리) - 3급7Ⅱ 却下(각하)
4Ⅱ6Ⅱ 受信(수신) - 4Ⅱ6Ⅱ 送信(송신)
4Ⅱ6Ⅱ 受信(수신) - 6Ⅱ6Ⅱ 發信(발신)
3Ⅱ5Ⅱ 需要(수요) - 3Ⅱ5급 供給(공급)
4Ⅱ5Ⅱ 守節(수절) - 3급5Ⅱ 毁節(훼절)
4Ⅱ4Ⅱ 守勢(수세) - 4급4Ⅱ 攻勢(공세)
5Ⅱ4Ⅱ 順境(순경) - 4Ⅱ4Ⅱ 逆境(역경)
5Ⅱ6급 順行(순행) - 4Ⅱ6급 逆行(역행)
3Ⅱ4Ⅱ 拾得(습득) - 4급6급 遺失(유실)
3Ⅱ3Ⅱ 濕潤(습윤) - 3Ⅱ3급 乾燥(건조)
4Ⅱ3Ⅱ 承諾(승낙) - 4급4급 拒否(거부)
4Ⅱ3Ⅱ 承諾(승낙) - 4급4Ⅱ 拒絶(거절)
4Ⅱ4Ⅱ 承認(승인) - 4급4Ⅱ 拒絶(거절)
4Ⅱ4Ⅱ 承認(승인) - 4급4급 拒否(거부)
6급6Ⅱ 勝利(승리) - 5급8급 敗北(패배)

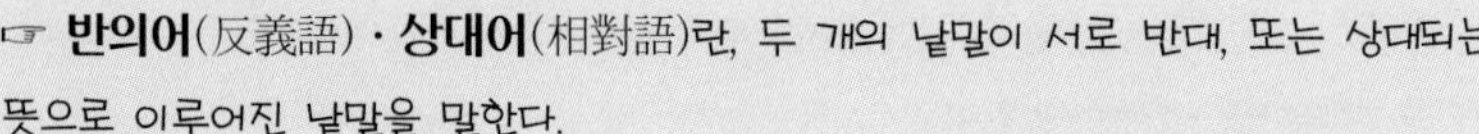

☞ **반의어**(反義語) · **상대어**(相對語)란, 두 개의 낱말이 서로 반대, 또는 상대되는 뜻으로 이루어진 낱말을 말한다.

3Ⅱ7급昇天(승천)-4급3Ⅱ降臨(강림)
4Ⅱ4Ⅱ是認(시인)-4급4Ⅱ否認(부인)
3Ⅱ7급愼重(신중)-5급3Ⅱ輕率(경솔)
8급8급室女(실녀)-4Ⅱ6Ⅱ總角(총각)
6급6Ⅱ失意(실의)-4Ⅱ6Ⅱ得意(득의)
5Ⅱ6급實在(실재)-3Ⅱ7Ⅱ架空(가공)
5Ⅱ4Ⅱ實際(실제)-6Ⅱ4Ⅱ理論(이론)
5Ⅱ5Ⅱ實質(실질)-7Ⅱ6급名目(명목)
4Ⅱ6급深夜(심야)-8급6급白晝(백주)
5Ⅱ6Ⅱ惡用(악용)-5급6Ⅱ善用(선용)
5Ⅱ5Ⅱ惡材(악재)-4Ⅱ5Ⅱ好材(호재)
5Ⅱ4급惡評(악평)-4Ⅱ4급好評(호평)
7Ⅱ6급安定(안정)-7Ⅱ3급動搖(동요)
7Ⅱ4급安靜(안정)-4Ⅱ3Ⅱ興奮(흥분)
4Ⅱ5급暗示(암시)-6Ⅱ5급明示(명시)
4Ⅱ5급暗黑(암흑)-6Ⅱ6Ⅱ光明(광명)
6급4Ⅱ愛好(애호)-3급5Ⅱ嫌惡(혐오)
6Ⅱ8Ⅱ弱小(약소)-6급8급強大(강대)
4급3Ⅱ略述(약술)-3Ⅱ3Ⅱ詳述(상술)
5Ⅱ7Ⅱ養家(양가)-8급7Ⅱ生家(생가)
3Ⅱ4Ⅱ抑制(억제)-3Ⅱ4Ⅱ促進(촉진)
4급5Ⅱ嚴格(엄격)-3Ⅱ8급寬大(관대)
4Ⅱ4Ⅱ逆境(역경)-5Ⅱ4Ⅱ順境(순경)
4Ⅱ4급逆轉(역전)-4Ⅱ4급好轉(호전)

4Ⅱ6급逆行(역행)-5Ⅱ6급順行(순행)
8급6급年頭(연두)-5Ⅱ3급歲暮(세모)
3급3급憐憫(연민)-3Ⅱ5Ⅱ憎惡(증오)
3Ⅱ6Ⅱ軟弱(연약)-6급3Ⅱ強硬(강경)
4급8급延長(연장)-6Ⅱ4급短縮(단축)
4Ⅱ6급連勝(연승)-4Ⅱ5급連敗(연패)
4Ⅱ5급連敗(연패)-4Ⅱ6급連勝(연승)
3급5Ⅱ劣惡(열악)-4급5Ⅱ優良(우량)
4Ⅱ4급榮轉(영전)-7Ⅱ3Ⅱ左遷(좌천)
3Ⅱ3Ⅱ靈魂(영혼)-4Ⅱ6Ⅱ肉體(육체)
3급6Ⅱ銳利(예리)-3급3급鈍濁(둔탁)
4급7급豫算(예산)-5Ⅱ7급決算(결산)
4급5급豫選(예선)-5Ⅱ5급決選(결선)
6급4Ⅱ溫暖(온난)-5급5급寒冷(한랭)
3Ⅱ3급緩慢(완만)-6Ⅱ4급急激(급격)
3Ⅱ6급緩行(완행)-6Ⅱ6급急行(급행)
3Ⅱ6Ⅱ緩和(완화)-3Ⅱ4급緊縮(긴축)
5급4Ⅱ完備(완비)-7Ⅱ4Ⅱ不備(불비)
4Ⅱ4Ⅱ往復(왕복)-3Ⅱ7Ⅱ片道(편도)
8급5Ⅱ外觀(외관)-7Ⅱ4Ⅱ內容(내용)
8급4급外延(외연)-7Ⅱ4Ⅱ內包(내포)
8급5급外患(외환)-7Ⅱ3Ⅱ內憂(내우)
4Ⅱ6Ⅱ容共(용공)-6Ⅱ6Ⅱ反共(반공)
4Ⅱ4급容納(용납)-4급4급拒否(거부)

4Ⅱ4급容易(용이)-4Ⅱ4Ⅱ難解(난해)
4Ⅱ4급容易(용이)-4급4Ⅱ困難(곤란)
4Ⅱ4Ⅱ容認(용인)-4급4급拒否(거부)
3Ⅱ7급偶數(우수)-4급7급奇數(기수)
3Ⅱ7급偶然(우연)-5Ⅱ7급必然(필연)
4급5Ⅱ優良(우량)-3급5Ⅱ劣惡(열악)
4급3Ⅱ優柔(우유)-3Ⅱ5급剛健(강건)
5Ⅱ4Ⅱ友好(우호)-4Ⅱ6Ⅱ敵對(적대)
3Ⅱ7급韻文(운문)-4급7급散文(산문)
4Ⅱ3Ⅱ圓熟(원숙)-4Ⅱ3Ⅱ未熟(미숙)
6급3Ⅱ遠隔(원격)-6급4Ⅱ近接(근접)
6급7급遠心(원심)-4Ⅱ7급求心(구심)
6급6급遠洋(원양)-6급7Ⅱ近海(근해)
5급6Ⅱ原理(원리)-4Ⅱ6Ⅱ應用(응용)
5급5급原因(원인)-5Ⅱ6Ⅱ結果(결과)
4급4급怨恨(원한)-4Ⅱ4Ⅱ恩惠(은혜)
3급6급緯度(위도)-4Ⅱ6급經度(경도)
3급5Ⅱ違法(위법)-6급5Ⅱ合法(합법)
7급5Ⅱ有能(유능)-5급5Ⅱ無能(무능)
5Ⅱ7Ⅱ流動(유동)-5급6급固定(고정)
4Ⅱ4Ⅱ留保(유보)-5Ⅱ6급決定(결정)
5Ⅱ3급類似(유사)-5Ⅱ3급相違(상위)
4급6급遺失(유실)-3Ⅱ4Ⅱ拾得(습득)
3Ⅱ6Ⅱ柔弱(유약)-3Ⅱ5급剛健(강건)

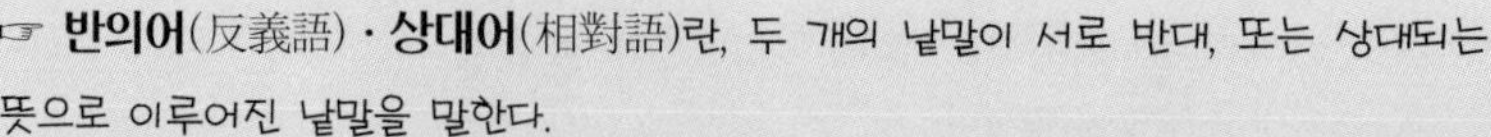
☞ **반의어**(反義語) · **상대어**(相對語)란, 두 개의 낱말이 서로 반대, 또는 상대되는 뜻으로 이루어진 낱말을 말한다.

3Ⅱ3Ⅱ柔軟(유연)–3Ⅱ7Ⅱ硬直(경직)
3Ⅱ6Ⅱ柔和(유화)–6급3Ⅱ強硬(강경)
3Ⅱ8급悠長(유장)–5Ⅱ6Ⅱ性急(성급)
4Ⅱ6Ⅱ肉體(육체)–3Ⅱ3Ⅱ靈魂(영혼)
3Ⅱ4Ⅱ隆起(융기)–3Ⅱ3Ⅱ陷沒(함몰)
3Ⅱ4Ⅱ隆起(융기)–3Ⅱ4급沈降(침강)
3Ⅱ4Ⅱ隆盛(융성)–3Ⅱ5급滅亡(멸망)
3Ⅱ4Ⅱ隆興(융흥)–3Ⅱ5급滅亡(멸망)
4급3급隱蔽(은폐)–6Ⅱ6급公開(공개)
4Ⅱ4Ⅱ恩惠(은혜)–4급4급怨恨(원한)
4Ⅱ3Ⅱ應諾(응낙)–4급4급拒否(거부)
4Ⅱ7Ⅱ應答(응답)–5Ⅱ4급質疑(질의)
4Ⅱ6Ⅱ應對(응대)–5Ⅱ4급質疑(질의)
4Ⅱ6Ⅱ應用(응용)–5급6Ⅱ原理(원리)
4Ⅱ4Ⅱ義務(의무)–4Ⅱ6Ⅱ權利(권리)
4급4급依存(의존)–7Ⅱ7Ⅱ自立(자립)
4급5급依他(의타)–7Ⅱ7Ⅱ自立(자립)
4급4Ⅱ異端(이단)–7Ⅱ4Ⅱ正統(정통)
4급5Ⅱ異說(이설)–6급5Ⅱ通說(통설)
4급5Ⅱ異說(이설)–6급5Ⅱ定說(정설)
4급5Ⅱ異質(이질)–6Ⅱ5Ⅱ等質(등질)
4급6급異例(이례)–6급6급通例(통례)
6Ⅱ4Ⅱ理論(이론)–5Ⅱ4Ⅱ實際(실제)
6Ⅱ5Ⅱ理性(이성)–6급5Ⅱ感性(감성)

6Ⅱ5Ⅱ理性(이성)–6급5Ⅱ感情(감정)
4급5Ⅱ離陸(이륙)–5Ⅱ5Ⅱ着陸(착륙)
8급4Ⅱ人爲(인위)–7Ⅱ7급自然(자연)
8급4Ⅱ人造(인조)–7급7급天然(천연)
8급3Ⅱ一般(일반)–6급3Ⅱ特殊(특수)
8급5Ⅱ一元(일원)–6급5Ⅱ多元(다원)
3Ⅱ7Ⅱ臨時(임시)–4Ⅱ4Ⅱ經常(경상)
5Ⅱ6Ⅱ任意(임의)–6급4Ⅱ強制(강제)
7Ⅱ6Ⅱ立體(입체)–7Ⅱ7급平面(평면)
7Ⅱ7Ⅱ自動(자동)–7Ⅱ7Ⅱ手動(수동)
7Ⅱ7Ⅱ自動(자동)–5급7Ⅱ他動(타동)
7Ⅱ7Ⅱ自立(자립)–4급4급依存(의존)
7Ⅱ7Ⅱ自立(자립)–4급5급依他(의타)
7Ⅱ7급自然(자연)–8급4Ⅱ人爲(인위)
7Ⅱ4Ⅱ自律(자율)–5급4Ⅱ他律(타율)
7Ⅱ6Ⅱ自意(자의)–5급6Ⅱ他意(타의)
7Ⅱ7Ⅱ子正(자정)–7Ⅱ7Ⅱ正午(정오)
4Ⅱ4Ⅱ低俗(저속)–6Ⅱ3Ⅱ高雅(고아)
4Ⅱ4Ⅱ低俗(저속)–6Ⅱ3Ⅱ高尙(고상)
4Ⅱ5Ⅱ低調(저조)–6Ⅱ5Ⅱ高調(고조)
4Ⅱ7Ⅱ低下(저하)–6급7Ⅱ向上(향상)
3Ⅱ4급抵抗(저항)–4급6급屈服(굴복)
3Ⅱ4급抵抗(저항)–4급4급投降(투항)
4급4Ⅱ積極(적극)–6Ⅱ4Ⅱ消極(소극)

4Ⅱ6Ⅱ敵對(적대)–5Ⅱ4Ⅱ友好(우호)
4급6Ⅱ專用(전용)–6Ⅱ6Ⅱ共用(공용)
4급7급專有(전유)–6Ⅱ7급共有(공유)
7Ⅱ6Ⅱ全體(전체)–4Ⅱ6급個別(개별)
4Ⅱ6Ⅱ絶對(절대)–5Ⅱ6Ⅱ相對(상대)
5Ⅱ5Ⅱ節約(절약)–3급6Ⅱ濫用(남용)
3Ⅱ4Ⅱ漸進(점진)–6Ⅱ4Ⅱ急進(급진)
4Ⅱ4급精管(정관)–4급4급卵管(난관)
4Ⅱ6Ⅱ精讀(정독)–3급6Ⅱ濫讀(남독)
4Ⅱ7급精算(정산)–3Ⅱ7급概算(개산)
4Ⅱ6Ⅱ精神(정신)–7Ⅱ5Ⅱ物質(물질)
6급5Ⅱ定說(정설)–4급5Ⅱ異說(이설)
6급5Ⅱ定着(정착)–3급5Ⅱ漂流(표류)
4급4급靜肅(정숙)–3급4급騷亂(소란)
7Ⅱ7Ⅱ正午(정오)–7Ⅱ7Ⅱ子正(자정)
7Ⅱ4Ⅱ正統(정통)–4급4Ⅱ異端(이단)
3급5Ⅱ弔客(조객)–3Ⅱ5Ⅱ賀客(하객)
5급7급操心(조심)–6Ⅱ7급放心(방심)
4급4Ⅱ存續(존속)–3Ⅱ5급廢止(폐지)
3급3급拙劣(졸렬)–3Ⅱ4급巧妙(교묘)
3급6Ⅱ拙作(졸작)–4급6Ⅱ傑作(걸작)
3Ⅱ4Ⅱ縱斷(종단)–3Ⅱ4Ⅱ橫斷(횡단)
7Ⅱ3Ⅱ左遷(좌천)–4Ⅱ4급榮轉(영전)
7급5Ⅱ主觀(주관)–5Ⅱ5Ⅱ客觀(객관)

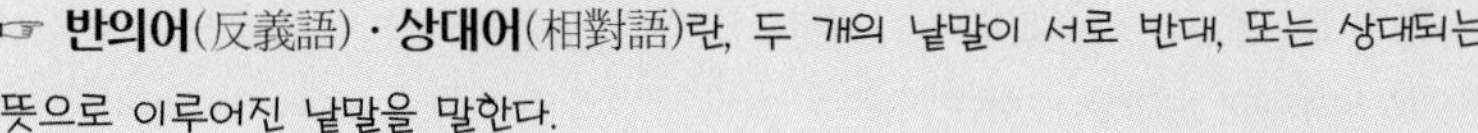
☞ **반의어**(反義語) · **상대어**(相對語)란, 두 개의 낱말이 서로 반대, 또는 상대되는 뜻으로 이루어진 낱말을 말한다.

7급6Ⅱ主體(주체)-5Ⅱ6Ⅱ客體(객체)
7급4Ⅱ重視(중시)-5급4Ⅱ輕視(경시)
7급4급重厚(중후)-5급3Ⅱ輕薄(경박)
8급5급中止(중지)-4Ⅱ6급續行(속행)
4Ⅱ5급增加(증가)-4Ⅱ7급減少(감소)
4Ⅱ4Ⅱ增進(증진)-4Ⅱ4Ⅱ減退(감퇴)
3Ⅱ5Ⅱ憎惡(증오)-3급3급憐憫(연민)
3급3급遲鈍(지둔)-3급6급敏速(민속)
4Ⅱ6Ⅱ支線(지선)-3Ⅱ6Ⅱ幹線(간선)
7급3Ⅱ地獄(지옥)-6Ⅱ6급樂園(낙원)
7Ⅱ4급直系(직계)-3급4급傍系(방계)
4Ⅱ4Ⅱ進步(진보)-4Ⅱ4Ⅱ保守(보수)
4Ⅱ5Ⅱ進化(진화)-4Ⅱ5Ⅱ退化(퇴화)
4Ⅱ5Ⅱ眞實(진실)-4Ⅱ3Ⅱ虛僞(허위)
3Ⅱ4급鎭靜(진정)-4Ⅱ3Ⅱ興奮(흥분)
5Ⅱ4급質疑(질의)-6Ⅱ7Ⅱ對答(대답)
5Ⅱ4급質疑(질의)-4Ⅱ7Ⅱ應答(응답)
5Ⅱ4급質疑(질의)-4Ⅱ6Ⅱ應對(응대)
5Ⅱ4급質疑(질의)-7Ⅱ4급答辯(답변)
6Ⅱ8급集中(집중)-6Ⅱ4급分散(분산)
6Ⅱ6급集合(집합)-4Ⅱ4급解散(해산)
4급6급差別(차별)-7Ⅱ6Ⅱ平等(평등)
3Ⅱ6Ⅱ借用(차용)-3급4Ⅱ返濟(반제)
5Ⅱ5Ⅱ着陸(착륙)-4급5Ⅱ離陸(이륙)

5Ⅱ6급着席(착석)-4Ⅱ7Ⅱ起立(기립)
3급5급慘敗(참패)-4Ⅱ6급快勝(쾌승)
4Ⅱ4Ⅱ創造(창조)-4급3급模倣(모방)
4Ⅱ8급處女(처녀)-4Ⅱ6Ⅱ總角(총각)
4Ⅱ7Ⅱ處子(처자)-4Ⅱ6Ⅱ總角(총각)
7급7급天然(천연)-8급4Ⅱ人造(인조)
3급5급添加(첨가)-3Ⅱ4Ⅱ削除(삭제)
3급5급添加(첨가)-3Ⅱ4Ⅱ削減(삭감)
3Ⅱ8급超人(초인)-3Ⅱ8급凡人(범인)
3Ⅱ4Ⅱ促進(촉진)-3Ⅱ4Ⅱ抑制(억제)
4Ⅱ6Ⅱ總角(총각)-4Ⅱ7Ⅱ處子(처자)
4Ⅱ6Ⅱ總角(총각)-8급8급室女(실녀)
4Ⅱ6Ⅱ總角(총각)-4Ⅱ8급處女(처녀)
3급4급抽象(추상)-5Ⅱ6Ⅱ具體(구체)
4급8급縮小(축소)-3급8급擴大(확대)
7급5Ⅱ出仕(출사)-5급4Ⅱ落鄕(낙향)
7급5Ⅱ出仕(출사)-4Ⅱ5Ⅱ退仕(퇴사)
7급5Ⅱ出仕(출사)-4Ⅱ4Ⅱ退官(퇴관)
7급5Ⅱ出仕(출사)-4Ⅱ3Ⅱ退耕(퇴경)
4급5Ⅱ就任(취임)-4급5Ⅱ辭任(사임)
3Ⅱ3Ⅱ恥辱(치욕)-7Ⅱ3Ⅱ名譽(명예)
3Ⅱ3급稚拙(치졸)-5Ⅱ5Ⅱ洗練(세련)
3Ⅱ4급沈降(침강)-3Ⅱ4Ⅱ隆起(융기)
4급4급稱讚(칭찬)-4급4Ⅱ非難(비난)

4Ⅱ6Ⅱ快樂(쾌락)-6급4급苦痛(고통)
4Ⅱ6급快勝(쾌승)-3급5급慘敗(참패)
4Ⅱ5Ⅱ快調(쾌조)-7Ⅱ5Ⅱ不調(부조)
3급5Ⅱ妥當(타당)-7Ⅱ5Ⅱ不當(부당)
5급7Ⅱ他動(타동)-7Ⅱ7Ⅱ自動(자동)
5급4Ⅱ他律(타율)-7Ⅱ4Ⅱ自律(자율)
5급6Ⅱ他意(타의)-7Ⅱ6Ⅱ自意(자의)
6급6급通例(통례)-4급6급異例(이례)
6급5Ⅱ通說(통설)-4급5Ⅱ異說(이설)
4Ⅱ8급統一(통일)-6Ⅱ3Ⅱ分裂(분열)
4Ⅱ6급統合(통합)-6Ⅱ3급分析(분석)
4Ⅱ3Ⅱ退耕(퇴경)-7급5Ⅱ出仕(출사)
4Ⅱ4Ⅱ退官(퇴관)-7급5Ⅱ出仕(출사)
4Ⅱ5Ⅱ退仕(퇴사)-7급5Ⅱ出仕(출사)
4Ⅱ7Ⅱ退場(퇴장)-7급7Ⅱ登場(등장)
4Ⅱ5Ⅱ退化(퇴화)-4Ⅱ5Ⅱ進化(진화)
4급4급投降(투항)-3Ⅱ4급抵抗(저항)
6급3Ⅱ特殊(특수)-8급3Ⅱ一般(일반)
6급3Ⅱ特殊(특수)-4급3급普遍(보편)
4Ⅱ3Ⅱ破壞(파괴)-5급4Ⅱ建設(건설)
5급8급敗北(패배)-6급6Ⅱ勝利(승리)
3Ⅱ7Ⅱ片道(편도)-4Ⅱ4Ⅱ往復(왕복)
3Ⅱ3급偏頗(편파)-6Ⅱ7Ⅱ公平(공평)
7Ⅱ6Ⅱ平等(평등)-4급6급差別(차별)

☞ **반의어**(反義語) · **상대어**(相對語)란, 두 개의 낱말이 서로 반대, 또는 상대되는 뜻으로 이루어진 낱말을 말한다.

7Ⅱ7급平面(평면)-7Ⅱ6Ⅱ立體(입체)

7Ⅱ3Ⅱ平凡(평범)-4급3Ⅱ奇拔(기발)

7Ⅱ3Ⅱ平凡(평범)-4급3Ⅱ非凡(비범)

4급3Ⅱ閉鎖(폐쇄)-6급6Ⅱ開放(개방)

3Ⅱ5급廢止(폐지)-4급4Ⅱ存續(존속)

3급7Ⅱ飽食(포식)-3급3급飢餓(기아)

4Ⅱ6급布衣(포의)-3Ⅱ6급錦衣(금의)

4Ⅱ3급暴騰(폭등)-4Ⅱ5급暴落(폭락)

4Ⅱ5급暴落(폭락)-4Ⅱ3급暴騰(폭등)

3급5Ⅱ漂流(표류)-6급5Ⅱ定着(정착)

3Ⅱ7Ⅱ被動(피동)-5Ⅱ7Ⅱ能動(능동)

5Ⅱ7급必然(필연)-3Ⅱ7급蓋然(개연)

5Ⅱ7급必然(필연)-3Ⅱ7급偶然(우연)

7Ⅱ4급下降(하강)-7Ⅱ3Ⅱ上昇(상승)

3Ⅱ5Ⅱ賀客(하객)-3급5Ⅱ弔客(조객)

5급5급寒冷(한랭)-6급4Ⅱ溫暖(온난)

5급5Ⅱ寒流(한류)-4Ⅱ5Ⅱ暖流(난류)

4급4급閑散(한산)-3Ⅱ3급繁忙(번망)

3Ⅱ3Ⅱ陷沒(함몰)-3Ⅱ4Ⅱ隆起(융기)

3급3Ⅱ咸池(함지)-3Ⅱ3Ⅱ扶桑(부상)

6급5Ⅱ合法(합법)-3급5Ⅱ違法(위법)

6급6Ⅱ合成(합성)-6Ⅱ4Ⅱ分解(분해)

6급6Ⅱ合意(합의)-5Ⅱ3Ⅱ決裂(결렬)

6급6Ⅱ合體(합체)-6Ⅱ4급分離(분리)

4Ⅱ4Ⅱ解禁(해금)-4Ⅱ5급禁止(금지)

4Ⅱ6Ⅱ解放(해방)-3Ⅱ5Ⅱ拘束(구속)

4Ⅱ4급解散(해산)-6Ⅱ6급集合(집합)

6Ⅱ6Ⅱ幸運(행운)-7Ⅱ6Ⅱ不運(불운)

6급7Ⅱ向上(향상)-4Ⅱ7Ⅱ低下(저하)

5급5급許可(허가)-4Ⅱ5급禁止(금지)

4Ⅱ3Ⅱ虛僞(허위)-4Ⅱ5Ⅱ眞實(진실)

4급6Ⅱ革新(혁신)-4Ⅱ4Ⅱ保守(보수)

4급4Ⅱ顯官(현관)-3Ⅱ4Ⅱ微官(미관)

6Ⅱ4급現象(현상)-6급5Ⅱ本質(본질)

6Ⅱ5Ⅱ現實(현실)-7Ⅱ4Ⅱ空想(공상)

3급5Ⅱ嫌惡(혐오)-6급4Ⅱ愛好(애호)

6Ⅱ6급形式(형식)-7Ⅱ4Ⅱ內容(내용)

4Ⅱ5Ⅱ好材(호재)-5Ⅱ5Ⅱ惡材(악재)

4Ⅱ4급好轉(호전)-4Ⅱ4급逆轉(역전)

4Ⅱ4급好評(호평)-5Ⅱ4급惡評(악평)

4Ⅱ4급好況(호황)-7Ⅱ4급不況(불황)

4급3Ⅱ紅顔(홍안)-8급4급白髮(백발)

6Ⅱ3Ⅱ和睦(화목)-6Ⅱ6급反目(반목)

6Ⅱ4Ⅱ和解(화해)-5Ⅱ3Ⅱ決裂(결렬)

6Ⅱ4Ⅱ和解(화해)-3Ⅱ5급紛爭(분쟁)

8급7Ⅱ火食(화식)-8급7Ⅱ生食(생식)

3급8급擴大(확대)-4급8급縮小(축소)

4Ⅱ7급確然(확연)-3Ⅱ7급漠然(막연)

4급4급歡喜(환희)-4Ⅱ3Ⅱ悲哀(비애)

7Ⅱ6Ⅱ活用(활용)-6급3Ⅱ死藏(사장)

3Ⅱ4Ⅱ獲得(획득)-3Ⅱ6급喪失(상실)

3Ⅱ4Ⅱ橫斷(횡단)-3Ⅱ4Ⅱ縱斷(종단)

7Ⅱ7급後天(후천)-8급7급先天(선천)

3급5Ⅱ毁節(훼절)-4Ⅱ5Ⅱ守節(수절)

5Ⅱ3Ⅱ凶兆(흉조)-5급3Ⅱ吉兆(길조)

4Ⅱ3Ⅱ興奮(흥분)-7Ⅱ4급安靜(안정)

4Ⅱ3Ⅱ興奮(흥분)-3Ⅱ4급鎭靜(진정)

☞ **반의어**(反義語) · **상대어**(相對語)란, 두 개의 낱말이 서로 반대, 또는 상대되는 뜻으로 이루어진 낱말을 말한다.

上	級	⇔	下	級
윗 상	등급 급		아래 하	등급 급

아래의 훈음에 알맞은 반의어를 보기와 같이 한자로 쓰세요.

정답 ☞ 272쪽 하단

		⇔		
옳을 가	결단할 결	⇔	아닐 부	결단할 결
느낄 감	뜻 정	⇔	다스릴리/이	성품 성
낱 개	다를 별	⇔	온전 전	몸 체
손 객	볼 관	⇔	주인 주	볼 관
클 거	부자 부	⇔	극진할 극	가난할 빈
가벼울 경	볼 시	⇔	무거울 중	볼 시
연고 고	뜻 의	⇔	지날 과 허물 과	잃을 실
굳을 고	정할 정	⇔	흐를 류/유	움직일 동
스스로 자	뜻 의	⇔	다를 타	뜻 의
낮을 저	풍속 속	⇔	높을 고	오히려 상

○ 반의어의 독음을 쓰세요. 정답 ☞ 272쪽 상단

		敵對(　　　)-友好(　　　)
絶對(　　　)-相對(　　　)	退化(　　　)-進化(　　　)	敗北(　　　)-勝利(　　　)
非凡(　　　)-平凡(　　　)	悲哀(　　　)-歡喜(　　　)	高調(　　　)-低調(　　　)
隱蔽(　　　)-公開(　　　)	客體(　　　)-主體(　　　)	死後(　　　)-生前(　　　)

☞ **반의어**(反義語) · **상대어**(相對語)란, 두 개의 낱말이 서로 반대, 또는 상대되는 뜻으로 이루어진 낱말을 말한다.

上	級	⇔	下	級
윗 상	등급 급		아래 하	등급 급

아래의 훈음에 알맞은 반의어를 보기와 같이 한자로 쓰세요.

정답 ☞ 271쪽 하단

		⇔					⇔		
대적할 적	대할 대		벗 우	좋을 호	끊을 절	대할 대		서로 상	대할 대
물러날 퇴	될 화		나아갈 진	될 화	패할 패	달아날 배		이길 승	이할 리
아닐 비	무릇 범		평평할 평	무릇 범	슬플 비	슬플 애		기쁠 환	기쁠 희
높을 고	고를 조		낮을 저	고를 조	숨을 은	덮을 폐		공평할 공	열 개
손 객	몸 체		주인 주	몸 체	죽을 사	뒤 후		날 생	앞 전

○ 반의어의 독음을 쓰세요. 정답 ☞ 271쪽 상단

可決(　　　)-否決(　　　)

感情(　　　)-理性(　　　)　個別(　　　)-全體(　　　)　客觀(　　　)-主觀(　　　)

巨富(　　　)-極貧(　　　)　輕視(　　　)-重視(　　　)　故意(　　　)-過失(　　　)

固定(　　　)-流動(　　　)　自意(　　　)-他意(　　　)　低俗(　　　)-高尙(　　　)

☞ **반의어**(反義語) · **상대어**(相對語)란, 두 개의 낱말이 서로 반대, 또는 상대되는 뜻으로 이루어진 낱말을 말한다.

上	級	⇔	下	級
윗 상	등급 급		아래 하	등급 급

아래의 훈음에 알맞은 반의어를 보기와 같이 한자로 쓰세요.

정답 ☞ 274쪽 하단

		⇔		
날 생	밥 식	⇔	불 화	밥 식
먼저 선	하늘 천	⇔	뒤 후	하늘 천
악할 악	쓸 용	⇔	착할 선	쓸 용
어두울 암	보일 시	⇔	밝을 명	보일 시
기를 양	집 가	⇔	날 생	집 가
이을 련/연	패할 패	⇔	이을 련/연	이길 승
은혜 은	은혜 혜	⇔	원망할 원	한할 한
의지할 의	있을 존	⇔	스스로 자	설 립
빽빽할 밀	모을 집	⇔	흩을 산	있을 재
다를 별	살 거	⇔	한가지 동	살 거

○ 반의어의 독음을 쓰세요. 정답 ☞ 274쪽 상단

無能(　　　)-有能(　　　)

物質(　　　)-精神(　　　)　內容(　　　)-形式(　　　)　登場(　　　)-退場(　　　)

落第(　　　)-及第(　　　)　暖流(　　　)-寒流(　　　)　吉兆(　　　)-凶兆(　　　)

樂觀(　　　)-悲觀(　　　)　否認(　　　)-是認(　　　)　不運(　　　)-幸運(　　　)

☞ **반의어**(反義語)·**상대어**(相對語)란, 두 개의 낱말이 서로 반대, 또는 상대되는 뜻으로 이루어진 낱말을 말한다.

上	級	⇔	下	級
윗 상	등급 급		아래 하	등급 급

아래의 훈음에 알맞은 반의어를 보기와 같이 한자로 쓰세요.

정답 ☞ 273쪽 하단

		⇔		
없을 무	능할 능	⇔	있을 유	능할 능
물건 물	바탕 질	⇔	자세할 정	귀신 신
안 내	얼굴 용	⇔	모양 형	법 식
오를 등	마당 장	⇔	물러날 퇴	마당 장
떨어질락/낙	차례 제	⇔	미칠 급	차례 제
따뜻할 난	흐를 류	⇔	찰 한	흐를 류
길할 길	조짐 조 억조 조	⇔	흉할 흉	조짐 조 억조 조
즐길 락/낙	볼 관	⇔	슬플 비	볼 관
아닐 부	알 인	⇔	이 시 옳을 시	알 인
아닐 불	옮길 운	⇔	다행 행	옮길 운

○ 반의어의 독음을 쓰세요. 정답 ☞ 273쪽 상단

		生食(　　)-火食(　　)
先天(　　)-後天(　　)	惡用(　　)-善用(　　)	暗示(　　)-明示(　　)
養家(　　)-生家(　　)	連敗(　　)-連勝(　　)	恩惠(　　)-怨恨(　　)
依存(　　)-自立(　　)	密集(　　)-散在(　　)	別居(　　)-同居(　　)

☞ **반의어**(反義語)·**상대어**(相對語)란, 두 개의 낱말이 서로 반대, 또는 상대되는 뜻으로 이루어진 낱말을 말한다.

上	級	⇔	下	級
윗 상	등급 급		아래 하	등급 급

◎ 아래의 훈음에 알맞은 반의어를 보기와 같이 한자로 쓰세요. 정답 ☞ 276쪽 하단

		⇔		
아닐 비	차례 번	⇔	마땅 당	차례 번
권세 권	이할 리	⇔	옳을 의	힘쓸 무
이미 기	결단할 결	⇔	아닐 미	결단할 결
다를 이	끝 단	⇔	바를 정	거느릴 통
사람 인	하 위	⇔	스스로 자	그럴 연
설 립/입	몸 체	⇔	평평할 평	낯 면
스스로 자	움직일 동	⇔	다를 타	움직일 동
스스로 자	법칙 률/율	⇔	다를 타	법칙 률/율
언덕 원	비로소 시	⇔	글월 문	밝을 명
홀로 독	비롯할 창	⇔	본뜰 모	본뜰 방

○ 반의어의 독음을 쓰세요. 정답 ☞ 276쪽 상단

		供給(　　)-需要(　　)
暴落(　　)-暴騰(　　)	保守(　　)-革新(　　)	架空(　　)-實在(　　)
共用(　　)-專用(　　)	求心(　　)-遠心(　　)	差別(　　)-平等(　　)
苦痛(　　)-快樂(　　)	增加(　　)-減少(　　)	生産(　　)-消費(　　)

☞ **반의어**(反義語) · **상대어**(相對語)란, 두 개의 낱말이 서로 반대, 또는 상대되는 뜻으로 이루어진 낱말을 말한다.

上	級	⇔	下	級
윗 상	등급 급		아래 하	등급 급

아래의 훈음에 알맞은 반의어를 보기와 같이 한자로 쓰세요.

정답 ☞ 275쪽 하단

		⇔		
이바지할 공	줄 급	⇔	구할 수	요긴할 요
사나울 폭	떨어질 락	⇔	사나울 폭	오를 등
지킬 보	지킬 수	⇔	가죽 혁 고칠 혁	새 신
시렁 가	빌 공	⇔	열매 실	있을 재
한가지 공	쓸 용	⇔	오로지 전	쓸 용
구할 구	마음 심	⇔	멀 원	마음 심
다를 차	다를 별	⇔	평평할 평	무리 등
쓸 고	아플 통	⇔	쾌할 쾌	즐길 락
더할 증	더할 가	⇔	덜 감	적을 소
날 생	낳을 산	⇔	사라질 소	쓸 비

○ 반의어의 독음을 쓰세요. 정답 ☞ 275쪽 상단

權利(　　　)-義務(　　　)
人爲(　　　)-自然(　　　)
自律(　　　)-他律(　　　)
旣決(　　　)-未決(　　　)
立體(　　　)-平面(　　　)
原始(　　　)-文明(　　　)
非番(　　　)-當番(　　　)
異端(　　　)-正統(　　　)
自動(　　　)-他動(　　　)
獨創(　　　)-模倣(　　　)

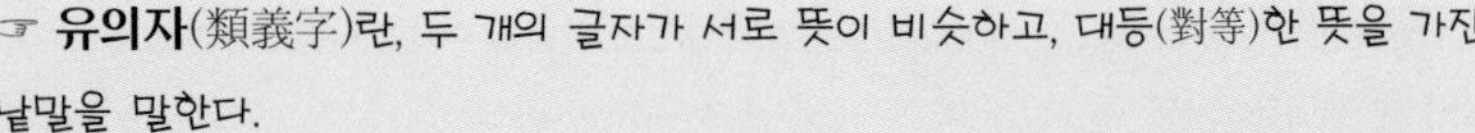

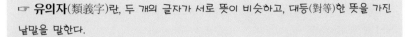

☞ **유의자**(類義字)란, 두 개의 글자가 서로 뜻이 비슷하고, 대등(對等)한 뜻을 가진 낱말을 말한다.

5Ⅱ價-3Ⅱ値(가치)
5급加-4Ⅱ增(가증)
5급加-3급添(가첨)
7Ⅱ家-8급室(가실)
7Ⅱ家-5급屋(가옥)
7Ⅱ家-5Ⅱ宅(가택)
7Ⅱ家-4Ⅱ戶(가호)
7급歌-3급詠(가영)
7급歌-4Ⅱ謠(가요)
7급歌-5급唱(가창)
7급歌-5급曲(가곡)
7급歌-6Ⅱ樂(가악)
4Ⅱ街-3급巷(가항)
4Ⅱ街-7Ⅱ道(가도)
4Ⅱ街-6급路(가로)
4급刻-3Ⅱ銘(각명)
4급覺-3Ⅱ悟(각오)
3Ⅱ刊-4급刻(간각)
3급姦-3Ⅱ淫(간음)
3Ⅱ懇-5Ⅱ切(간절)
3Ⅱ懇-4Ⅱ誠(간성)
4급簡-4급略(간략)
4급簡-4급擇(간택)
7Ⅱ間-3Ⅱ隔(간격)

6급感-4급覺(감각)
4급敢-6Ⅱ勇(감용)
4Ⅱ減-3Ⅱ削(감삭)
4Ⅱ減-6Ⅱ省(감생)
4Ⅱ減-4급損(감손)
4Ⅱ監-4Ⅱ視(감시)
4Ⅱ監-4Ⅱ察(감찰)
4Ⅱ監-5Ⅱ觀(감관)
3Ⅱ剛-5급健(강건)
3Ⅱ剛-4급堅(강견)
4Ⅱ康-3Ⅱ寧(강녕)
6급強-5급健(강건)
7Ⅱ江-5급河(강하)
3Ⅱ綱-3Ⅱ維(강유)
3Ⅱ綱-4급紀(강기)
4Ⅱ講-3Ⅱ釋(강석)
4Ⅱ講-4Ⅱ解(강해)
4Ⅱ講-3급誦(강송)
4급降-7Ⅱ下(강하)
3Ⅱ蓋-3Ⅱ覆(개복)
6급開-3Ⅱ啓(개계)
5Ⅱ客-5Ⅱ旅(객려)
4급居-3Ⅱ館(거관)
4급居-4Ⅱ留(거류)

4급居-7급住(거주)
4급居-7Ⅱ家(거가)
4급巨-8급大(거대)
5급擧-7Ⅱ動(거동)
3Ⅱ距-4급離(거리)
3Ⅱ乾-3급燥(건조)
3Ⅱ乾-3급枯(건고)
5급健-3Ⅱ剛(건강)
5급建-7Ⅱ立(건립)
3급乞-4Ⅱ求(걸구)
4Ⅱ檢-3급閱(검열)
4Ⅱ檢-4Ⅱ督(검독)
4Ⅱ檢-4Ⅱ察(검찰)
4Ⅱ檢-5급査(검사)
4급擊-5급打(격타)
5Ⅱ格-6급式(격식)
4급激-3Ⅱ衝(격충)
4급激-4급烈(격렬)
3Ⅱ隔-7Ⅱ間(격간)
4급堅-3Ⅱ剛(견강)
4급堅-3Ⅱ硬(견경)
4급堅-6급強(견강)
4급堅-5급固(견고)
3급牽-4Ⅱ引(견인)

5Ⅱ決-4Ⅱ斷(결단)
5Ⅱ決-4급判(결판)
4Ⅱ潔-3Ⅱ淨(결정)
4Ⅱ潔-8급白(결백)
5Ⅱ結-5Ⅱ束(결속)
5Ⅱ結-5Ⅱ約(결약)
5Ⅱ結-4급構(결구)
3Ⅱ訣-6급別(결별)
3Ⅱ謙-3Ⅱ讓(겸양)
6급京-5급都(경도)
4급傾-3Ⅱ斜(경사)
4급傾-3Ⅱ倒(경도)
4Ⅱ境-6Ⅱ界(경계)
4Ⅱ境-4급域(경역)
4Ⅱ慶-3Ⅱ賀(경하)
4Ⅱ慶-5Ⅱ福(경복)
4Ⅱ慶-5급祝(경축)
5Ⅱ敬-3Ⅱ恭(경공)
5급景-6Ⅱ光(경광)
5급競-5급爭(경쟁)
4Ⅱ經-6Ⅱ理(경리)
4Ⅱ經-5Ⅱ過(경과)
4Ⅱ經-5Ⅱ歷(경력)
4Ⅱ經-4급營(경영)

☞ **유의자**(類義字)란, 두 개의 글자가 서로 뜻이 비슷하고, 대등(對等)한 뜻을 가진 낱말을 말한다.

4Ⅱ警-4급戒(경계)	4Ⅱ故-5Ⅱ舊(고구)	3Ⅱ寡-7급少(과소)	5Ⅱ廣-4Ⅱ博(광박)
4Ⅱ警-4급覺(경각)	3급枯-3급渴(고갈)	6Ⅱ果-5Ⅱ實(과실)	5Ⅱ廣-3Ⅱ漠(광막)
4급鏡-3Ⅱ鑑(경감)	5급考-4Ⅱ究(고구)	6Ⅱ果-4급敢(과감)	3Ⅱ怪-4급異(괴이)
3Ⅱ契-5Ⅱ約(계약)	5급考-4급慮(고려)	6Ⅱ科-6급目(과목)	3Ⅱ怪-4급奇(괴기)
3Ⅱ契-4급券(계권)	6급苦-3급辛(고신)	5Ⅱ課-4Ⅱ程(과정)	3급愧-3급慙(괴참)
4급季-5급末(계말)	6급苦-4Ⅱ難(고난)	5Ⅱ過-5급去(과거)	3급愧-3Ⅱ恥(괴치)
4급季-5Ⅱ節(계절)	6Ⅱ高-5급卓(고탁)	5Ⅱ過-6급失(과실)	3Ⅱ巧-4급妙(교묘)
3Ⅱ溪-7급川(계천)	3Ⅱ哭-3급泣(곡읍)	5Ⅱ過-4Ⅱ誤(과오)	8급敎-6급訓(교훈)
6Ⅱ界-4Ⅱ境(계경)	4급穀-4급糧(곡량)	4Ⅱ官-3급爵(관작)	5급橋-3Ⅱ梁(교량)
6Ⅱ界-4급域(계역)	4급困-4급窮(곤궁)	3Ⅱ慣-6급習(관습)	5급橋-3Ⅱ脚(교각)
3급繫-5Ⅱ束(계속)	3Ⅱ供-4급與(공여)	4급管-3Ⅱ掌(관장)	3급矯-7Ⅱ直(교직)
4급繼-4Ⅱ承(계승)	3Ⅱ供-5급給(공급)	4급管-6Ⅱ理(관리)	3급矯-7Ⅱ正(교정)
4급繼-4Ⅱ續(계속)	6Ⅱ共-7급同(공동)	5Ⅱ觀-4급覽(관람)	3급郊-6급野(교야)
6Ⅱ計-3Ⅱ策(계책)	4급孔-3Ⅱ穴(공혈)	5Ⅱ觀-4Ⅱ視(관시)	3Ⅱ丘-3Ⅱ陵(구릉)
6Ⅱ計-7급數(계수)	7Ⅱ工-4Ⅱ造(공조)	5Ⅱ觀-4Ⅱ察(관찰)	3Ⅱ久-6급遠(구원)
6Ⅱ計-7급算(계산)	7Ⅱ工-6Ⅱ作(공작)	3Ⅱ貫-6급通(관통)	5Ⅱ具-4Ⅱ備(구비)
4급階-6급級(계급)	3Ⅱ恐-3급懼(공구)	3Ⅱ貫-3Ⅱ徹(관철)	6급區-4급域(구역)
4급階-4급層(계층)	3Ⅱ恭-5Ⅱ敬(공경)	5Ⅱ關-4급與(관여)	6급區-6Ⅱ分(구분)
4급階-4급段(계단)	4급攻-4Ⅱ伐(공벌)	5Ⅱ關-3Ⅱ鎖(관쇄)	6급區-6급別(구별)
6급古-3급昔(고석)	4급攻-4급擊(공격)	3Ⅱ館-3Ⅱ閣(관각)	5급救-4급援(구원)
5Ⅱ告-8급白(고백)	4급攻-4급討(공토)	6Ⅱ光-7급色(광색)	5급救-4Ⅱ濟(구제)
5Ⅱ告-5급示(고시)	7Ⅱ空-4Ⅱ虛(공허)	6Ⅱ光-3Ⅱ彩(광채)	4급構-4Ⅱ造(구조)
4급孤-5Ⅱ獨(고독)	3Ⅱ貢-3Ⅱ獻(공헌)	6Ⅱ光-3급輝(광휘)	4급構-4Ⅱ築(구축)
4급孤-3Ⅱ寂(고적)	3Ⅱ貢-4급納(공납)	6Ⅱ光-6Ⅱ明(광명)	4Ⅱ求-3Ⅱ索(구색)

☞ **유의자**(類義字)란, 두 개의 글자가 서로 뜻이 비슷하고, 대등(對等)한 뜻을 가진 낱말을 말한다.

4Ⅱ求-3급乞(구걸)
4Ⅱ究-5급考(구고)
4Ⅱ究-3급竟(구경)
5Ⅱ舊-4Ⅱ故(구고)
3급苟-3급且(구차)
4급君-8급王(군왕)
4급君-7급主(군주)
4급群-4Ⅱ衆(군중)
4급群-4Ⅱ黨(군당)
8급軍-5Ⅱ旅(군려)
8급軍-5Ⅱ兵(군병)
8급軍-5Ⅱ士(군사)
6급郡-7급邑(군읍)
6급郡-3급縣(군현)
4급屈-4급折(굴절)
4급屈-5급曲(굴곡)
4Ⅱ宮-7Ⅱ家(궁가)
4Ⅱ宮-3Ⅱ殿(궁전)
4급窮-4Ⅱ究(궁구)
4급窮-4Ⅱ極(궁극)
4급窮-3Ⅱ塞(궁색)
4급窮-4급盡(궁진)
4급窮-4급困(궁곤)
4급券-3Ⅱ契(권계)

4급勸-3Ⅱ勵(권려)
4급勸-4급奬(권장)
4급勸-4급勉(권면)
4Ⅱ權-3Ⅱ衡(권형)
4Ⅱ權-4급稱(권칭)
4급歸-3Ⅱ還(귀환)
5급貴-7급重(귀중)
3Ⅱ鬼-6Ⅱ神(귀신)
3급糾-4Ⅱ察(규찰)
3급糾-6Ⅱ明(규명)
3급糾-5Ⅱ結(규결)
3급糾-4급彈(규탄)
5급規-4급範(규범)
5급規-5Ⅱ格(규격)
5급規-5급則(규칙)
5급規-4Ⅱ律(규율)
5급規-6급例(규례)
5급規-6급式(규식)
5급規-6급度(규탁)
4급均-7Ⅱ平(균평)
4급均-5Ⅱ調(균조)
4급均-6Ⅱ等(균등)
3급龜-3Ⅱ裂(균열)
3Ⅱ克-6급勝(극승)

4급劇-3Ⅱ甚(극심)
4Ⅱ極-4급窮(극궁)
4Ⅱ極-4급盡(극진)
4Ⅱ極-4Ⅱ端(극단)
4급勤-3Ⅱ愼(근신)
6급根-6급本(근본)
3Ⅱ禽-4Ⅱ鳥(금조)
6Ⅱ急-6급速(급속)
6Ⅱ急-3Ⅱ迫(급박)
6Ⅱ急-3Ⅱ促(급촉)
5급給-3급賜(급사)
5급給-4급與(급여)
3Ⅱ企-5Ⅱ望(기망)
4Ⅱ器-5Ⅱ具(기구)
4급奇-3Ⅱ怪(기괴)
4급寄-3Ⅱ付(기부)
5Ⅱ己-6Ⅱ身(기신)
3급忌-3급嫌(기혐)
5급技-4Ⅱ藝(기예)
5급技-6Ⅱ術(기술)
3급旣-3Ⅱ已(기이)
4급機-3Ⅱ械(기계)
3급欺-3급詐(기사)
3Ⅱ祈-5급祝(기축)

4급紀-3Ⅱ綱(기강)
7Ⅱ記-5Ⅱ識(기지)
7Ⅱ記-4Ⅱ錄(기록)
4Ⅱ起-6Ⅱ發(기발)
4Ⅱ起-7Ⅱ立(기립)
3급飢-3급餓(기아)
3Ⅱ緊-5Ⅱ要(긴요)
8급金-5급鐵(금철)
4Ⅱ難-6급苦(난고)
4급納-3Ⅱ貢(납공)
4급納-7급入(납입)
4급納-3Ⅱ獻(납헌)
3Ⅱ耐-3Ⅱ忍(내인)
8급女-3Ⅱ娘(여랑)
5Ⅱ念-4급慮(염려)
5Ⅱ念-4Ⅱ想(염상)
4Ⅱ努-7Ⅱ力(노력)
3Ⅱ奴-3급隷(노예)
7Ⅱ農-3Ⅱ耕(농경)
3Ⅱ但-3급只(단지)
4Ⅱ單-5Ⅱ獨(단독)
5Ⅱ團-4Ⅱ圓(단원)
4Ⅱ斷-5Ⅱ決(단결)
4Ⅱ斷-4Ⅱ絶(단절)

☞ **유의자**(類義字)란, 두 개의 글자가 서로 뜻이 비슷하고, 대등(對等)한 뜻을 가진 낱말을 말한다.

4Ⅱ斷-5Ⅱ切(단절)
4급段-4급階(단계)
4Ⅱ端-5급末(단말)
4Ⅱ端-7Ⅱ正(단정)
4Ⅱ達-6급通(달통)
4Ⅱ達-6Ⅱ成(달성)
4Ⅱ擔-5Ⅱ任(담임)
5급談-5Ⅱ說(담설)
5급談-7Ⅱ話(담화)
5급談-6급言(담언)
6Ⅱ堂-8급室(당실)
5Ⅱ當-3급該(당해)
6Ⅱ代-3급替(대체)
8급大-4급巨(대거)
3Ⅱ刀-3Ⅱ劍(도검)
5Ⅱ到-4Ⅱ達(도달)
5Ⅱ到-5Ⅱ着(도착)
6Ⅱ圖-6급畫(도화)
4Ⅱ導-4Ⅱ引(도인)
4Ⅱ導-6급訓(도훈)
4급徒-4Ⅱ黨(도당)
4급徒-3Ⅱ輩(도배)
3Ⅱ渡-3급涉(도섭)
4급盜-4급賊(도적)

4급盜-3급竊(도절)
3급跳-3급躍(도약)
4급逃-4급避(도피)
4급逃-5급亡(도망)
7Ⅱ道-6급路(도로)
7Ⅱ道-3Ⅱ途(도도)
7Ⅱ道-3급塗(도도)
7Ⅱ道-6Ⅱ理(도리)
5급都-7Ⅱ市(도시)
5급都-7급邑(도읍)
4Ⅱ毒-5Ⅱ害(독해)
5Ⅱ獨-4급孤(독고)
3급敦-4급厚(돈후)
3급敦-3급篤(돈독)
3Ⅱ突-3Ⅱ忽(돌홀)
7Ⅱ動-3급搖(동요)
7급同-8급一(동일)
7급同-6Ⅱ等(동등)
7급洞-7급里(동리)
7급洞-3Ⅱ穴(동혈)
6급頭-5Ⅱ首(두수)
3급屯-4급陣(둔진)
6Ⅱ等-6급級(등급)
6Ⅱ等-5Ⅱ類(등류)

4Ⅱ羅-4Ⅱ列(나열)
5급落-3급墮(낙타)
3Ⅱ絡-4Ⅱ脈(낙맥)
3Ⅱ浪-3급漫(낭만)
5급冷-3Ⅱ涼(냉량)
5급冷-5급寒(냉한)
5Ⅱ勞-4Ⅱ務(노무)
5Ⅱ勞-4급勤(노근)
7급老-3급翁(노옹)
6급綠-8급青(녹청)
4Ⅱ論-4Ⅱ議(논의)
3Ⅱ雷-3Ⅱ震(뇌진)
3Ⅱ樓-3Ⅱ閣(누각)
3Ⅱ樓-3Ⅱ館(누관)
3Ⅱ陵-3Ⅱ丘(능구)
3급掠-3Ⅱ奪(약탈)
4급略-6Ⅱ省(약생)
4급糧-4급穀(양곡)
5Ⅱ良-4Ⅱ好(양호)
5Ⅱ良-5급善(양선)
3급諒-5Ⅱ知(양지)
5Ⅱ旅-5Ⅱ客(여객)
4Ⅱ麗-6급美(여미)
5Ⅱ練-6급習(연습)

3급憐-3급憫(연민)
4Ⅱ連-4Ⅱ續(연속)
8급年-5Ⅱ歲(연세)
3Ⅱ戀-3Ⅱ慕(연모)
3Ⅱ戀-6급愛(연애)
3급零-5급落(영락)
5급領-4Ⅱ受(영수)
5급領-4Ⅱ統(영통)
5급領-3Ⅱ率(영솔)
3Ⅱ靈-6Ⅱ神(영신)
3Ⅱ靈-3Ⅱ魂(영혼)
6급例-6급式(예식)
6급例-5Ⅱ法(예법)
6급例-5Ⅱ典(예전)
6급例-5급規(예규)
5급料-5급量(요량)
5급料-6급度(요탁)
5Ⅱ流-3Ⅱ浪(유랑)
4Ⅱ留-7급住(유주)
4Ⅱ律-5Ⅱ法(율법)
3Ⅱ隆-4Ⅱ盛(융성)
3Ⅱ隆-4Ⅱ興(융흥)
3Ⅱ隆-3Ⅱ昌(융창)
6Ⅱ利-4Ⅱ益(이익)

☞ **유의자**(類義字)란, 두 개의 글자가 서로 뜻이 비슷하고, 대등(對等)한 뜻을 가진 낱말을 말한다.

4급離-6급別(이별)
3Ⅱ磨-4Ⅱ硏(마연)
5급末-3Ⅱ尾(말미)
5급末-4Ⅱ端(말단)
3급忘-6급失(망실)
7Ⅱ每-4Ⅱ常(매상)
4Ⅱ脈-3Ⅱ絡(맥락)
3Ⅱ猛-4Ⅱ暴(맹포)
3Ⅱ猛-6Ⅱ勇(맹용)
3Ⅱ盟-3급誓(맹세)
4급勉-3Ⅱ勵(면려)
7급面-3Ⅱ顔(면안)
7급面-3Ⅱ貌(면모)
7급面-4Ⅱ容(면용)
3Ⅱ滅-5급亡(멸망)
7Ⅱ名-6급號(명호)
7Ⅱ名-4급稱(명칭)
7급命-5급令(명령)
6Ⅱ明-6Ⅱ光(명광)
6Ⅱ明-8급白(명백)
6Ⅱ明-3급輝(명휘)
6Ⅱ明-5Ⅱ朗(명랑)
3급募-6Ⅱ集(모집)
3Ⅱ慕-3Ⅱ戀(모련)

3Ⅱ慕-6급愛(모애)
4급模-4급範(모범)
4급模-3급倣(모방)
4Ⅱ毛-4급髮(모발)
3Ⅱ謀-3Ⅱ策(모책)
3Ⅱ茂-4Ⅱ盛(무성)
3Ⅱ貿-4급易(무역)
7급文-3Ⅱ彩(문채)
7급文-6Ⅱ書(문서)
7급文-6급章(문장)
8급門-4Ⅱ戶(문호)
7Ⅱ物-5급件(물건)
7Ⅱ物-5Ⅱ品(물품)
3Ⅱ尾-5급末(미말)
3Ⅱ微-4Ⅱ細(미세)
3Ⅱ微-8급小(미소)
6급美-4Ⅱ麗(미려)
3급迷-3Ⅱ惑(미혹)
3급憫-3급憐(민련)
3급敏-6급速(민속)
6급朴-4Ⅱ素(박소)
3Ⅱ迫-6Ⅱ急(박급)
3Ⅱ迫-3Ⅱ脅(박협)
3급返-3Ⅱ還(반환)

3Ⅱ飯-7Ⅱ食(반식)
6Ⅱ發-5Ⅱ展(발전)
6Ⅱ發-4급射(발사)
6Ⅱ發-4Ⅱ起(발기)
4급妨-5Ⅱ害(방해)
6Ⅱ放-3Ⅱ釋(방석)
7Ⅱ方-7Ⅱ正(방정)
7Ⅱ方-7Ⅱ道(방도)
3급邦-8급國(방국)
3Ⅱ排-3급斥(배척)
4Ⅱ配-6Ⅱ分(배분)
4Ⅱ配-3급匹(배필)
3급煩-7급數(번삭)
6급番-4Ⅱ次(번차)
6급番-6Ⅱ第(번제)
3Ⅱ繁-3Ⅱ茂(번무)
3급飜-3Ⅱ譯(번역)
5Ⅱ法-6급式(법식)
5Ⅱ法-6급例(법례)
5Ⅱ法-6급度(법도)
5Ⅱ法-5급則(법칙)
5Ⅱ法-5Ⅱ典(법전)
5Ⅱ法-5급規(법규)
5Ⅱ法-4Ⅱ律(법률)

3Ⅱ碧-8급靑(벽청)
3Ⅱ碧-4Ⅱ玉(벽옥)
3Ⅱ碧-6급綠(벽록)
5Ⅱ變-5급改(변개)
5Ⅱ變-5Ⅱ化(변화)
5Ⅱ變-4급更(변경)
5Ⅱ變-4급易(변역)
5Ⅱ變-4급革(변혁)
4Ⅱ邊-4Ⅱ際(변제)
6급別-5급選(별선)
6급別-4급離(별리)
6급別-4급差(별차)
5Ⅱ兵-5Ⅱ卒(병졸)
5Ⅱ兵-5Ⅱ士(병사)
6급病-5급患(병환)
4Ⅱ保-4Ⅱ護(보호)
4Ⅱ保-4Ⅱ衛(보위)
4Ⅱ報-3Ⅱ償(보상)
4Ⅱ報-5Ⅱ告(보고)
5Ⅱ福-4Ⅱ慶(복경)
3Ⅱ覆-3Ⅱ蓋(복개)
6급本-6급根(본근)
6급本-4급源(본원)
5Ⅱ奉-5Ⅱ仕(봉사)

☞ **유의자**(類義字)란, 두 개의 글자가 서로 뜻이 비슷하고, 대등(對等)한 뜻을 가진 낱말을 말한다.

5Ⅱ奉-4Ⅱ承(봉승)
5Ⅱ奉-3Ⅱ獻(봉헌)
3Ⅱ逢-4급遇(봉우)
4Ⅱ副-4Ⅱ次(부차)
3Ⅱ扶-4Ⅱ護(부호)
3Ⅱ扶-4Ⅱ助(부조)
4급負-3Ⅱ荷(부하)
3Ⅱ賦-4급與(부여)
6Ⅱ部-4Ⅱ隊(부대)
6Ⅱ部-5Ⅱ類(부류)
3Ⅱ附-4급屬(부속)
3Ⅱ附-5Ⅱ着(부착)
6Ⅱ分-4Ⅱ配(분배)
6Ⅱ分-6급別(분별)
6Ⅱ分-3Ⅱ割(분할)
6Ⅱ分-3급析(분석)
6Ⅱ分-6급區(분구)
3급墳-4급墓(분묘)
3Ⅱ奔-4Ⅱ走(분주)
4급憤-4Ⅱ怒(분노)
4급憤-3급慨(분개)
3급崩-3Ⅱ壞(붕괴)
3급朋-5Ⅱ友(붕우)
3Ⅱ卑-3Ⅱ賤(비천)

4Ⅱ悲-3급慨(비개)
4Ⅱ悲-3Ⅱ哀(비애)
4Ⅱ悲-3급慘(비참)
4급批-4급評(비평)
5급比-3Ⅱ較(비교)
5급費-6Ⅱ用(비용)
4Ⅱ貧-4급窮(빈궁)
4Ⅱ貧-4급困(빈곤)
3급賓-5Ⅱ客(빈객)
3급聘-3급召(빙소)
3급聘-4급招(빙초)
7Ⅱ事-4Ⅱ務(사무)
7Ⅱ事-6Ⅱ業(사업)
6급使-3Ⅱ役(사역)
6급使-5급令(사령)
5Ⅱ士-5Ⅱ兵(사병)
5급思-4급慮(사려)
5급思-5급考(사고)
5급思-4Ⅱ想(사상)
5급思-5Ⅱ念(사념)
5급思-3Ⅱ慕(사모)
5급思-3급惟(사유)
3Ⅱ斜-4급傾(사경)
5급查-4Ⅱ察(사찰)

5급查-4Ⅱ檢(사검)
5급查-3급閱(사열)
6Ⅱ社-6Ⅱ會(사회)
4Ⅱ舍-5급屋(사옥)
4Ⅱ舍-5Ⅱ宅(사택)
3급詐-3급欺(사기)
3급賜-5급給(사급)
4급辭-3Ⅱ讓(사양)
4급辭-5Ⅱ說(사설)
3Ⅱ削-4Ⅱ減(삭감)
8급山-3Ⅱ陵(산릉)
8급山-3급岳(산악)
4급散-3급漫(산만)
5Ⅱ產-8급生(산생)
7급算-7급數(산수)
3Ⅱ森-7급林(삼림)
7Ⅱ上-3Ⅱ昇(상승)
5Ⅱ商-5급量(상량)
3Ⅱ喪-6급失(상실)
4Ⅱ想-5급思(상사)
4Ⅱ想-5Ⅱ念(상념)
4Ⅱ狀-4Ⅱ態(상태)
5Ⅱ相-3급互(상호)
7급色-3Ⅱ彩(색채)

8급生-7Ⅱ活(생활)
8급生-5Ⅱ產(생산)
8급生-7급出(생출)
6Ⅱ省-4Ⅱ減(생감)
6Ⅱ省-4급略(생략)
3Ⅱ徐-3Ⅱ緩(서완)
3급暑-5급熱(서열)
6Ⅱ書-4급冊(서책)
6Ⅱ書-4급籍(서적)
3급誓-3Ⅱ盟(서맹)
3급逝-5급去(서거)
3Ⅱ釋-6Ⅱ放(석방)
5급善-5Ⅱ良(선량)
3Ⅱ旋-4Ⅱ回(선회)
5급選-5급擧(선거)
5급選-4급擇(선택)
5급選-3Ⅱ拔(선발)
5Ⅱ鮮-4Ⅱ麗(선려)
4Ⅱ設-4Ⅱ施(설시)
5Ⅱ說-7Ⅱ話(설화)
3급攝-6Ⅱ理(섭리)
7Ⅱ姓-4급氏(성씨)
5Ⅱ性-7급心(성심)
6Ⅱ成-4급就(성취)

☞ **유의자**(類義字)란, 두 개의 글자가 서로 뜻이 비슷하고, 대등(對等)한 뜻을 가진 낱말을 말한다.

6Ⅱ省-4Ⅱ察(성찰)
4Ⅱ聲-6Ⅱ音(성음)
7Ⅱ世-6Ⅱ代(세대)
7Ⅱ世-6Ⅱ界(세계)
5Ⅱ洗-3급濯(세탁)
4Ⅱ細-3Ⅱ微(세미)
8급小-3Ⅱ微(소미)
6Ⅱ消-3Ⅱ滅(소멸)
4Ⅱ素-6급朴(소박)
4Ⅱ素-5Ⅱ質(소질)
3급蔬-3Ⅱ菜(소채)
3Ⅱ訴-3Ⅱ訟(소송)
4급損-5Ⅱ害(손해)
4급損-4급傷(손상)
4급損-4Ⅱ減(손감)
4급損-6급失(손실)
3Ⅱ訟-3Ⅱ訴(송소)
3Ⅱ衰-6Ⅱ弱(쇠약)
4Ⅱ修-6급習(수습)
4Ⅱ修-3Ⅱ飾(수식)
4Ⅱ受-5급領(수령)
3Ⅱ壽-7급命(수명)
4Ⅱ守-4Ⅱ衛(수위)
4Ⅱ授-4급與(수여)

4Ⅱ收-3Ⅱ拾(수습)
4Ⅱ收-3급穫(수확)
6급樹-7급林(수림)
6급樹-8급木(수목)
3Ⅱ殊-4급異(수이)
3Ⅱ殊-6급特(수특)
3Ⅱ獸-3Ⅱ畜(수축)
3급睡-3Ⅱ眠(수면)
4급秀-4급傑(수걸)
3Ⅱ輸-4Ⅱ送(수송)
5Ⅱ首-6급頭(수두)
5Ⅱ宿-4급寢(숙침)
3Ⅱ淑-6Ⅱ淸(숙청)
3Ⅱ熟-5Ⅱ練(숙련)
4급肅-4급嚴(숙엄)
4Ⅱ純-4Ⅱ潔(순결)
6Ⅱ術-4Ⅱ藝(술예)
4급崇-6Ⅱ高(숭고)
4급崇-3Ⅱ尙(숭상)
3Ⅱ濕-3Ⅱ潤(습윤)
6급習-3Ⅱ慣(습관)
6급習-8급學(습학)
6급習-5Ⅱ練(습련)
4Ⅱ承-5Ⅱ奉(승봉)

4Ⅱ承-4급繼(승계)
6Ⅱ始-4Ⅱ創(시창)
6Ⅱ始-5급初(시초)
4Ⅱ施-4Ⅱ設(시설)
7Ⅱ時-5급期(시기)
4Ⅱ試-4Ⅱ驗(시험)
6급式-5Ⅱ典(식전)
6급式-6급例(식례)
7급植-3Ⅱ栽(식재)
3Ⅱ飾-3Ⅱ粧(식장)
3급伸-4급張(신장)
3Ⅱ愼-7급重(신중)
3Ⅱ愼-3급謹(신근)
4Ⅱ申-5Ⅱ告(신고)
6Ⅱ神-3Ⅱ靈(신령)
6Ⅱ神-3Ⅱ鬼(신귀)
6Ⅱ身-6Ⅱ體(신체)
3급辛-6급苦(신고)
3급辛-4급烈(신열)
6급失-5급敗(실패)
8급室-7Ⅱ家(실가)
5Ⅱ實-6Ⅱ果(실과)
3Ⅱ審-5급査(심사)
3급尋-4Ⅱ訪(심방)

7급心-5Ⅱ性(심성)
5Ⅱ兒-6Ⅱ童(아동)
3Ⅱ阿-3Ⅱ丘(아구)
6Ⅱ樂-7급歌(악가)
7Ⅱ安-7Ⅱ平(안평)
7Ⅱ安-4Ⅱ康(안강)
7Ⅱ安-3Ⅱ寧(안녕)
4Ⅱ眼-6급目(안목)
3Ⅱ顔-7급面(안면)
4Ⅱ暗-3급冥(암명)
4Ⅱ壓-3Ⅱ抑(압억)
3급殃-5급災(앙재)
3급殃-3Ⅱ禍(앙화)
6급愛-3Ⅱ慕(애모)
6급愛-3Ⅱ戀(애련)
3급厄-3Ⅱ禍(액화)
5Ⅱ約-5Ⅱ結(약결)
5Ⅱ約-5Ⅱ束(약속)
3Ⅱ壤-8급土(양토)
3급楊-4급柳(양류)
4급樣-4Ⅱ態(양태)
5Ⅱ養-7급育(양육)
3Ⅱ御-5급領(어령)
7급語-4급辭(어사)

☞ **유의자**(類義字)란, 두 개의 글자가 서로 뜻이 비슷하고, 대등(對等)한 뜻을 가진 낱말을 말한다.

3Ⅱ抑-4Ⅱ壓(억압)
6급言-4급辭(언사)
6급言-5급談(언담)
6급言-7급語(언어)
6급言-5Ⅱ說(언설)
4급嚴-4급肅(엄숙)
6Ⅱ業-7Ⅱ事(업사)
6Ⅱ業-4Ⅱ務(업무)
3급輿-7급地(여지)
4Ⅱ餘-4급暇(여가)
4급域-4Ⅱ境(역경)
3Ⅱ役-6급使(역사)
4급燃-3Ⅱ燒(연소)
4Ⅱ研-4Ⅱ究(연구)
4Ⅱ研-3Ⅱ磨(연마)
4Ⅱ研-4Ⅱ修(연수)
4급緣-5급因(연인)
3Ⅱ悅-6Ⅱ樂(열락)
3급閱-4급覽(열람)
4급映-3Ⅱ照(영조)
4Ⅱ榮-4급華(영화)
6급永-6급遠(영원)
6급永-3Ⅱ久(영구)
6급英-6급特(영특)

3급詠-3급吟(영음)
3급詠-5급唱(영창)
3급詠-7급歌(영가)
4Ⅱ藝-6Ⅱ術(예술)
3급銳-6Ⅱ利(예리)
3급傲-3급慢(오만)
3급娛-6Ⅱ樂(오락)
3급汚-3급濁(오탁)
4Ⅱ誤-3Ⅱ錯(오착)
5급屋-3Ⅱ宇(옥우)
5급屋-4Ⅱ舍(옥사)
6급溫-4Ⅱ暖(온난)
5급完-7Ⅱ全(완전)
3Ⅱ緩-3Ⅱ徐(완서)
3급畏-3급懼(외구)
3급搖-7Ⅱ動(요동)
5Ⅱ要-4Ⅱ求(요구)
5Ⅱ要-3Ⅱ緊(요긴)
3급遙-6급遠(요원)
6Ⅱ勇-3Ⅱ猛(용맹)
6Ⅱ勇-4급敢(용감)
4Ⅱ容-3Ⅱ貌(용모)
3급庸-4Ⅱ常(용상)
6Ⅱ用-5급費(용비)

3Ⅱ宇-3Ⅱ宙(우주)
3Ⅱ憂-4급慮(우려)
3Ⅱ憂-5급患(우환)
3Ⅱ憂-3Ⅱ愁(우수)
3Ⅱ羽-3Ⅱ翼(우익)
3급云-3Ⅱ謂(운위)
6Ⅱ運-7Ⅱ動(운동)
4급怨-4급恨(원한)
4급援-5급救(원구)
5급院-3Ⅱ宇(원우)
5급願-5Ⅱ望(원망)
5Ⅱ偉-8급大(위대)
4급危-3Ⅱ殆(위태)
4급委-5Ⅱ任(위임)
3급違-3Ⅱ錯(위착)
4급儒-5Ⅱ士(유사)
4급遊-3Ⅱ戲(유희)
3Ⅱ幼-3Ⅱ稚(유치)
3Ⅱ幼-7급少(유소)
3Ⅱ悠-3Ⅱ久(유구)
3Ⅱ裕-7Ⅱ足(유족)
4급遺-6급失(유실)
4Ⅱ肉-6Ⅱ身(육신)
4Ⅱ肉-6Ⅱ體(육체)

7급育-5Ⅱ養(육양)
5Ⅱ陸-7급地(육지)
3Ⅱ潤-3Ⅱ澤(윤택)
3Ⅱ潤-3Ⅱ濕(윤습)
3Ⅱ潤-3Ⅱ沒(윤몰)
4Ⅱ恩-4Ⅱ惠(은혜)
4급隱-4급祕(은비)
3급吟-3급詠(음영)
3Ⅱ淫-3급姦(음간)
6Ⅱ音-3Ⅱ韻(음운)
6Ⅱ音-4Ⅱ聲(음성)
3급泣-3Ⅱ哭(읍곡)
4급依-4급據(의거)
3급宜-5Ⅱ當(의당)
6Ⅱ意-4Ⅱ義(의의)
6Ⅱ意-4Ⅱ志(의지)
6Ⅱ意-4급趣(의취)
6Ⅱ意-5급思(의사)
6급衣-6급服(의복)
4Ⅱ議-4Ⅱ論(의논)
4Ⅱ移-4급轉(이전)
4Ⅱ移-6Ⅱ運(이운)
4급仁-3Ⅱ慈(인자)
5급因-4급緣(인연)

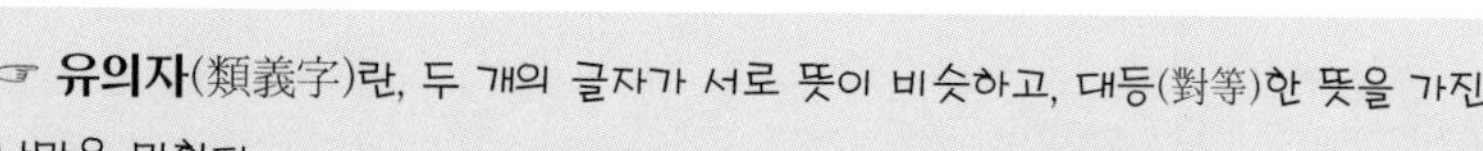
☞ **유의자**(類義字)란, 두 개의 글자가 서로 뜻이 비슷하고, 대등(對等)한 뜻을 가진 낱말을 말한다.

4Ⅱ引-3급牽(인견)
4Ⅱ引-4Ⅱ導(인도)
3Ⅱ忍-3Ⅱ耐(인내)
4Ⅱ認-5Ⅱ識(인식)
4Ⅱ認-5Ⅱ知(인지)
8급一-7급同(일동)
3Ⅱ賃-3Ⅱ貸(임대)
7급入-4급納(입납)
3Ⅱ刺-3Ⅱ衝(자충)
4급姿-3Ⅱ貌(자모)
3Ⅱ慈-6급愛(자애)
3Ⅱ慈-4급仁(자인)
7Ⅱ自-5Ⅱ己(자기)
4급資-4Ⅱ貨(자화)
4급資-5Ⅱ財(자재)
4급資-5Ⅱ質(자질)
4급殘-4Ⅱ餘(잔여)
3Ⅱ丈-7급夫(장부)
4Ⅱ將-3Ⅱ帥(장수)
4급帳-3Ⅱ幕(장막)
3Ⅱ掌-4급管(장관)
4급裝-3Ⅱ飾(장식)
8급長-3Ⅱ久(장구)
4급奬-4급勸(장권)
4급奬-3Ⅱ勵(장려)
6Ⅱ才-4Ⅱ藝(재예)
6Ⅱ才-6Ⅱ術(재술)
3Ⅱ栽-7급植(재식)
5급災-3급殃(재앙)
5급災-3급厄(재액)
5급災-3Ⅱ禍(재화)
5Ⅱ財-4Ⅱ貨(재화)
5급爭-4급鬪(쟁투)
5급爭-5급競(쟁경)
3Ⅱ抵-4급抗(저항)
3Ⅱ抵-3Ⅱ觸(저촉)
3Ⅱ著-6Ⅱ作(저작)
5급貯-4Ⅱ蓄(저축)
5급貯-4급積(저적)
3Ⅱ寂-4급靜(적정)
4급積-5급貯(적저)
4급積-3Ⅱ累(적루)
4급積-4Ⅱ蓄(적축)
4급賊-4급盜(적도)
7Ⅱ全-5급完(전완)
5Ⅱ典-4Ⅱ律(전율)
5Ⅱ典-5Ⅱ法(전법)
5Ⅱ典-4급籍(전적)
5Ⅱ典-6급式(전식)
5Ⅱ典-6급例(전례)
5Ⅱ典-4급範(전범)
6Ⅱ戰-5급爭(전쟁)
6Ⅱ戰-4급鬪(전투)
4급轉-4Ⅱ移(전이)
4급轉-4Ⅱ回(전회)
4급錢-3급幣(전폐)
5Ⅱ切-4Ⅱ斷(절단)
3급竊-4급盜(절도)
5Ⅱ節-4급季(절계)
4Ⅱ絶-4Ⅱ斷(절단)
4Ⅱ接-4Ⅱ續(접속)
5급停-4Ⅱ留(정류)
5급停-5급止(정지)
5급停-7급住(정주)
3Ⅱ征-4Ⅱ伐(정벌)
5Ⅱ情-6Ⅱ意(정의)
4급整-3Ⅱ齊(정제)
7Ⅱ正-7Ⅱ方(정방)
7Ⅱ正-7Ⅱ直(정직)
3Ⅱ淨-4Ⅱ潔(정결)
3Ⅱ貞-7Ⅱ直(정직)
4급靜-3Ⅱ寂(정적)
4급帝-8급王(제왕)
4Ⅱ祭-3Ⅱ祀(제사)
6Ⅱ第-4Ⅱ次(제차)
6Ⅱ第-5Ⅱ宅(제택)
4Ⅱ製-4Ⅱ造(제조)
4Ⅱ製-6Ⅱ作(제작)
4Ⅱ除-4Ⅱ減(제감)
6Ⅱ題-6급目(제목)
3Ⅱ齊-4급整(제정)
4Ⅱ早-6급速(조속)
3Ⅱ照-4급映(조영)
3Ⅱ租-3Ⅱ賦(조부)
3Ⅱ租-4Ⅱ稅(조세)
4급組-4급織(조직)
5Ⅱ調-4급均(조균)
5Ⅱ調-6Ⅱ和(조화)
4Ⅱ造-6Ⅱ作(조작)
4급存-6급在(존재)
4Ⅱ尊-6Ⅱ高(존고)
4Ⅱ尊-4급崇(존숭)
4Ⅱ尊-5급貴(존귀)
5Ⅱ卒-5Ⅱ兵(졸병)
3급拙-3급劣(졸렬)
5급終-5급末(종말)

☞ **유의자**(類義字)란, 두 개의 글자가 서로 뜻이 비슷하고, 대등(對等)한 뜻을 가진 낱말을 말한다.

5급終-5급止(종지)
5급終-3급了(종료)
5급終-4Ⅱ端(종단)
5급終-5Ⅱ結(종결)
4급座-6급席(좌석)
5급罪-5Ⅱ過(죄과)
7급主-4급君(주군)
7급住-4급居(주거)
4급周-4급圍(주위)
5Ⅱ州-6급郡(주군)
4급朱-4급紅(주홍)
3Ⅱ珠-4Ⅱ玉(주옥)
3급舟-5급船(주선)
3급俊-4급傑(준걸)
3급遵-4Ⅱ守(준수)
8급中-3Ⅱ央(중앙)
7급重-4급複(중복)
4Ⅱ增-5급加(증가)
3Ⅱ憎-5Ⅱ惡(증오)
3급贈-4급與(증여)
3급贈-5급給(증급)
7급地-3급輿(지여)
4Ⅱ志-6Ⅱ意(지의)
4급智-3Ⅱ慧(지혜)

5Ⅱ知-5Ⅱ識(지식)
4급珍-4Ⅱ寶(진보)
4Ⅱ眞-5Ⅱ實(진실)
3Ⅱ辰-5Ⅱ宿(진수)
4Ⅱ進-4급就(진취)
4Ⅱ進-7급出(진출)
3Ⅱ陳-4Ⅱ列(진열)
3Ⅱ疾-6급病(질병)
3Ⅱ疾-5급患(질환)
3Ⅱ秩-5급序(질서)
5Ⅱ質-7Ⅱ正(질정)
5Ⅱ質-4Ⅱ素(질소)
5Ⅱ質-6급朴(질박)
6Ⅱ集-5Ⅱ團(집단)
6Ⅱ集-6Ⅱ會(집회)
6Ⅱ集-3급募(집모)
3Ⅱ徵-4Ⅱ收(징수)
3Ⅱ徵-3급聘(징빙)
3급懲-4급戒(징계)
4급差-4급異(차이)
4급差-6급別(차별)
4Ⅱ次-6Ⅱ第(차제)
3Ⅱ錯-4Ⅱ誤(착오)
4급讚-3Ⅱ譽(찬예)

4Ⅱ察-5Ⅱ見(찰견)
4Ⅱ察-5Ⅱ觀(찰관)
5Ⅱ參-4급與(참여)
3급慙-3급愧(참괴)
3Ⅱ倉-4급庫(창고)
4Ⅱ創-6Ⅱ作(창작)
4Ⅱ創-6Ⅱ始(창시)
4Ⅱ創-5급初(창초)
5급唱-7급歌(창가)
3Ⅱ彩-3Ⅱ紋(채문)
3Ⅱ彩-6Ⅱ光(채광)
3Ⅱ彩-7급色(채색)
4급採-4급擇(채택)
3Ⅱ菜-3급蔬(채소)
4급冊-6Ⅱ書(책서)
3Ⅱ策-3Ⅱ謀(책모)
5Ⅱ責-5Ⅱ任(책임)
7급天-3Ⅱ覆(천부)
3Ⅱ淺-3Ⅱ薄(천박)
3Ⅱ踐-3Ⅱ踏(천답)
5급鐵-3Ⅱ鋼(철강)
3급尖-4Ⅱ端(첨단)
3급添-5급加(첨가)
6Ⅱ淸-3Ⅱ淨(청정)

6Ⅱ淸-3Ⅱ淑(청숙)
6Ⅱ淸-4Ⅱ潔(청결)
4급聽-6Ⅱ聞(청문)
8급靑-3Ⅱ碧(청벽)
8급靑-3Ⅱ蒼(청창)
8급靑-6급綠(청록)
3급替-3Ⅱ換(체환)
3급替-6Ⅱ代(체대)
3Ⅱ滯-3Ⅱ塞(체색)
6Ⅱ體-6Ⅱ身(체신)
5급初-4Ⅱ創(초창)
4급招-3급聘(초빙)
3Ⅱ超-5Ⅱ過(초과)
3Ⅱ超-3Ⅱ越(초월)
3Ⅱ促-3Ⅱ迫(촉박)
3Ⅱ促-6Ⅱ急(촉급)
8급寸-5Ⅱ節(촌절)
7급村-7급里(촌리)
7급村-5급落(촌락)
3급聰-6Ⅱ明(총명)
3Ⅱ催-3Ⅱ促(최촉)
3급抽-3Ⅱ拔(추발)
3Ⅱ追-4급從(추종)
3Ⅱ追-3Ⅱ隨(추수)

☞ **유의자**(類義字)란, 두 개의 글자가 서로 뜻이 비슷하고, 대등(對等)한 뜻을 가진 낱말을 말한다.

3Ⅱ畜-5급牛(축우)
5급祝-4Ⅱ慶(축경)
4Ⅱ築-4급構(축구)
4Ⅱ蓄-4급積(축적)
7급出-7급生(출생)
5Ⅱ充-4Ⅱ滿(충만)
3Ⅱ衝-4급激(충격)
3Ⅱ衝-3Ⅱ突(충돌)
4급趣-6Ⅱ意(취의)
3Ⅱ側-3급傍(측방)
4Ⅱ測-6급度(측탁)
4급層-4급階(층계)
4Ⅱ治-6Ⅱ理(치리)
3Ⅱ稚-3Ⅱ幼(치유)
4Ⅱ侵-3급掠(침략)
4Ⅱ侵-4급犯(침범)
3Ⅱ沈-3Ⅱ沒(침몰)
3Ⅱ沈-3Ⅱ默(침묵)
3Ⅱ沈-3Ⅱ潛(침잠)
3Ⅱ浸-3Ⅱ透(침투)
3급墮-5급落(타락)
5급打-4급擊(타격)
5급卓-3Ⅱ越(탁월)
6급度-5급量(탁량)

3급濁-3급汚(탁오)
3Ⅱ奪-3급掠(탈략)
4급探-3Ⅱ索(탐색)
3급貪-3Ⅱ慾(탐욕)
3급怠-3급慢(태만)
4Ⅱ態-4급樣(태양)
3Ⅱ泰-7Ⅱ平(태평)
5Ⅱ宅-4Ⅱ舍(택사)
8급土-7급地(토지)
8급土-3Ⅱ壤(토양)
4급討-4Ⅱ伐(토벌)
7급洞-4Ⅱ達(통달)
7급洞-6급通(통통)
4Ⅱ統-5급領(통령)
4Ⅱ統-6급合(통합)
4Ⅱ統-3Ⅱ帥(통수)
4Ⅱ統-3Ⅱ率(통솔)
6급通-3Ⅱ透(통투)
6급通-3Ⅱ徹(통철)
6급通-4Ⅱ達(통달)
6급通-3Ⅱ貫(통관)
4Ⅱ退-3급却(퇴각)
3Ⅱ透-3Ⅱ徹(투철)
3Ⅱ透-3Ⅱ浸(투침)

3Ⅱ透-6급通(투통)
4급鬪-6Ⅱ戰(투전)
4급鬪-5급爭(투쟁)
6급特-3Ⅱ殊(특수)
6급特-4급異(특이)
4Ⅱ波-3Ⅱ浪(파랑)
4급判-5Ⅱ決(판결)
3급販-5급賣(판매)
5급敗-5급亡(패망)
5급敗-8급北(패배)
7급便-7Ⅱ安(편안)
7Ⅱ平-6Ⅱ和(평화)
7Ⅱ平-7Ⅱ安(평안)
7Ⅱ平-4급均(평균)
7Ⅱ平-6Ⅱ等(평등)
3Ⅱ廢-5급亡(폐망)
3Ⅱ廢-3급棄(폐기)
3Ⅱ弊-5Ⅱ害(폐해)
4Ⅱ包-4급圍(포위)
4Ⅱ包-4Ⅱ容(포용)
4Ⅱ包-3Ⅱ含(포함)
3급抱-3Ⅱ懷(포회)
3급抱-3급擁(포옹)
3Ⅱ捕-3Ⅱ獲(포획)

3Ⅱ捕-3급捉(포착)
4Ⅱ暴-3Ⅱ露(폭로)
6Ⅱ表-3Ⅱ皮(표피)
5Ⅱ品-7Ⅱ物(품물)
5Ⅱ品-5급件(품건)
4Ⅱ豊-7Ⅱ足(풍족)
4Ⅱ豊-4급厚(풍후)
4급疲-4급困(피곤)
4급疲-5Ⅱ勞(피로)
3Ⅱ皮-4급革(피혁)
3Ⅱ畢-3급竟(필경)
7Ⅱ下-4급降(하강)
5급河-7급川(하천)
3Ⅱ賀-4Ⅱ慶(하경)
8급學-6급習(학습)
5급寒-5급冷(한랭)
4급恨-4급歎(한탄)
3Ⅱ陷-3Ⅱ沒(함몰)
4급抗-4급拒(항거)
4Ⅱ航-5급船(항선)
5Ⅱ害-4급損(해손)
5Ⅱ害-4Ⅱ毒(해독)
7Ⅱ海-6급洋(해양)
4Ⅱ解-3Ⅱ釋(해석)

☞ **유의자**(類義字)란, 두 개의 글자가 서로 뜻이 비슷하고, 대등(對等)한 뜻을 가진 낱말을 말한다.

4Ⅱ解-4급散(해산)
4Ⅱ解-6Ⅱ消(해소)
4Ⅱ解-6Ⅱ放(해방)
3급該-5Ⅱ當(해당)
6급行-4Ⅱ爲(행위)
6급行-7Ⅱ動(행동)
4Ⅱ鄕-7급村(향촌)
4Ⅱ虛-7Ⅱ空(허공)
4Ⅱ虛-5급無(허무)
4Ⅱ虛-3Ⅱ僞(허위)
5급許-3Ⅱ諾(허락)
5급許-5급可(허가)
4급憲-5Ⅱ法(헌법)
3Ⅱ獻-4급納(헌납)
3Ⅱ懸-3급掛(현괘)
3Ⅱ玄-4급妙(현묘)
3급絃-6Ⅱ線(현선)
4Ⅱ賢-5Ⅱ良(현량)
4급顯-3Ⅱ著(현저)
4급顯-6Ⅱ現(현현)
3급嫌-5Ⅱ惡(혐오)
3급嫌-3급忌(혐기)
4Ⅱ協-6Ⅱ和(협화)
3Ⅱ脅-3Ⅱ迫(협박)

4급刑-4Ⅱ罰(형벌)
6Ⅱ形-6급式(형식)
6Ⅱ形-4급象(형상)
6Ⅱ形-3Ⅱ像(형상)
6Ⅱ形-3Ⅱ貌(형모)
6Ⅱ形-4Ⅱ容(형용)
6Ⅱ形-4Ⅱ態(형태)
4Ⅱ惠-3Ⅱ澤(혜택)
4Ⅱ惠-4Ⅱ恩(혜은)
3Ⅱ慧-4급智(혜지)
3급互-5Ⅱ相(호상)
3급毫-4급髮(호발)
3급毫-4Ⅱ毛(호모)
4급婚-3급姻(혼인)
3급昏-3급冥(혼명)
4급混-3급濁(혼탁)
4급混-4급亂(혼란)
4급混-4급雜(혼잡)
3Ⅱ魂-3Ⅱ靈(혼령)
3급鴻-3급雁(홍안)
5Ⅱ化-5Ⅱ變(화변)
6Ⅱ和-7Ⅱ平(화평)
6Ⅱ和-3Ⅱ睦(화목)
6Ⅱ和-4Ⅱ協(화협)

3Ⅱ禍-3급殃(화앙)
3Ⅱ禍-3급厄(화액)
3Ⅱ禍-5급災(화재)
7Ⅱ話-6급言(화언)
7Ⅱ話-5Ⅱ說(화설)
4Ⅱ貨-3급幣(화폐)
4Ⅱ貨-5Ⅱ財(화재)
6급畫-6Ⅱ圖(화도)
4Ⅱ確-5급固(확고)
5급患-3Ⅱ憂(환우)
4급歡-3Ⅱ悅(환열)
4급歡-4급喜(환희)
3Ⅱ還-4급歸(환귀)
3Ⅱ皇-4급帝(황제)
3Ⅱ皇-8급王(황왕)
3Ⅱ荒-3Ⅱ廢(황폐)
4Ⅱ回-4급歸(회귀)
4Ⅱ回-4급轉(회전)
4Ⅱ回-3Ⅱ旋(회선)
3Ⅱ悔-4급恨(회한)
3Ⅱ懷-3급抱(회포)
6Ⅱ會-6Ⅱ社(회사)
6Ⅱ會-6Ⅱ集(회집)
3Ⅱ獲-4Ⅱ得(획득)

3급曉-3급晨(효신)
6급訓-4Ⅱ導(훈도)
6급訓-8급敎(훈교)
3급毁-3Ⅱ壞(훼괴)
3급輝-6Ⅱ光(휘광)
7급休-4Ⅱ息(휴식)
3급携-4Ⅱ帶(휴대)
5Ⅱ凶-3Ⅱ猛(흉맹)
5Ⅱ凶-5Ⅱ惡(흉악)
5Ⅱ凶-4Ⅱ暴(흉포)
4Ⅱ吸-6Ⅱ飮(흡음)
4Ⅱ興-3Ⅱ隆(흥륭)
4Ⅱ興-4Ⅱ起(흥기)
4급喜-3Ⅱ悅(희열)
4급喜-6Ⅱ樂(희락)
4Ⅱ希-5Ⅱ望(희망)
4Ⅱ希-5급願(희원)
3Ⅱ稀-7급少(희소)
3Ⅱ稀-5급貴(희귀)
3Ⅱ戱-4급遊(희유)

☞ **유의자**(類義字)란, 두 개의 글자가 서로 뜻이 비슷하고, 대등(對等)한 뜻을 가진 낱말을 말한다.

☞ 

身	體
몸 신	몸 체

아래의 훈음에 알맞은 유의자를 보기와 같이 한자로 쓰세요.

정답 ☞ 290쪽 하단

더할 증	더할 가	높을 숭	오히려 상	그림 도	그림 화	화할 화	화할 협
깨달을 각	깨달을 오	화할 화	화목할 목	말씀 담	말씀 화	빌 공	빌 허
가릴 선	가릴 택	느낄 감	깨달을 각	굳셀 건	굳셀 강	은혜 은	은혜 혜
살 주	살 거	가릴 선	뺄 발	칠 공	칠 격	붉을 주	붉을 홍
순수할 순	깨끗할 결	변할 변	될 화	법 법	법 전	비평할 비	평할 평

○ 유의자의 독음을 쓰세요. 정답 ☞ 290쪽 상단

境界(　　　) 捕獲(　　　)

承繼(　　　) 每常(　　　) 申告(　　　) 堅固(　　　) 崇高(　　　) 段階(　　　)

恐懼(　　　) 打擊(　　　) 恭敬(　　　) 貢獻(　　　) 果實(　　　) 過去(　　　)

報告(　　　) 畢竟(　　　) 窮極(　　　) 貯蓄(　　　) 廢棄(　　　) 祈祝(　　　)

☞ **유의자**(類義字)란, 두 개의 글자가 서로 뜻이 비슷하고, 대등(對等)한 뜻을 가진 낱말을 말한다.

☞

身	體
몸 신	몸 체

아래의 훈음에 알맞은 유의자를 보기와 같이 한자로 쓰세요. 정답 ☞ 289쪽 하단

지경 경	지경 계	잡을 포	얻을 획	이을 승	이을 계	매양 매	떳떳할 상
납 신	알릴 고	굳을 견	굳을 고	높을 숭	높을 고	층계 단	섬돌 계
두려울 공	두려울 구	칠 타	칠 격	공손할 공	공경 경	바칠 공	드릴 헌
실과 과	열매 실	지날 과	갈 거	갚을 보 알릴 보	알릴 고	다할 필	마칠 경
다할 궁	극진할 극	쌓을 저	쌓을 축	폐할 폐	버릴 기	빌 기	빌 축

○ 유의자의 독음을 쓰세요. 정답 ☞ 289쪽 상단

增加(　　) 崇尚(　　)
圖畫(　　) 和協(　　) 覺悟(　　) 和睦(　　) 談話(　　) 空虛(　　)
選擇(　　) 感覺(　　) 健剛(　　) 恩惠(　　) 住居(　　) 選拔(　　)
攻擊(　　) 朱紅(　　) 純潔(　　) 變化(　　) 法典(　　) 批評(　　)

☞ **유의자**(類義字)란, 두 개의 글자가 서로 뜻이 비슷하고, 대등(對等)한 뜻을 가진 낱말을 말한다.

☞

身	體
몸 신	몸 체

※ 아래의 훈음에 알맞은 유의자를 보기와 같이 한자로 쓰세요. 정답 ☞ 292쪽 하단

갈 연	연구할 구	무리 군	무리 중	굽힐 굴	굽을 곡	가난할 빈	다할 궁
꿸 관	통할 철	요긴할 요	구할 구	지날 과 허물 과	잃을 실	재물 재	재물 화
끝 말	끝 단	이를 도	통달할 달	무리 도	무리 당	클 위	큰 대
생각 상	생각 념	의논할 의	논할 론/논	극진할 극	끝 단	임금 황	임금 제
외로울 고	홀로 독	도타울 돈	도타울 독	길 도	길 로	가르칠 교	가르칠 훈

○ 유의자의 독음을 쓰세요. 정답 ☞ 292쪽 상단

巨大(　　　) 舍宅(　　　)

飢餓(　　　) 歡喜(　　　) 隆盛(　　　) 充滿(　　　) 終末(　　　) 規則(　　　)

勉勵(　　　) 滅亡(　　　) 樹木(　　　) 眼目(　　　) 茂盛(　　　) 貿易(　　　)

資質(　　　) 聽聞(　　　) 素朴(　　　) 返還(　　　) 毛髮(　　　) 討伐(　　　)

☞ **유의자**(類義字)란, 두 개의 글자가 서로 뜻이 비슷하고, 대등(對等)한 뜻을 가진 낱말을 말한다.

☞ 

아래의 훈음에 알맞은 유의자를 보기와 같이 한자로 쓰세요.

정답 ☞ 291쪽 하단

클 거 / 큰 대	집 사 / 집 택	주릴 기 / 주릴 아	기쁠 환 / 기쁠 희
높을 륭/융 / 성할 성	채울 충 / 찰 만	마칠 종 / 끝 말	법 규 / 법 칙
힘쓸 면 / 힘쓸 려	멸할 멸 / 망할 망	나무 수 / 나무 목	눈 안 / 눈 목
무성할 무 / 성할 성	무역할 무 / 바꿀 역	재물 자 / 바탕 질	들을 청 / 들을 문
본디 소 / 질박할 박	돌이킬 반 / 돌아올 환	털 모 / 터럭 발	칠 토 / 칠 벌

○ 유의자의 독음을 쓰세요. 정답 ☞ 291쪽 상단

研究(　　) 群衆(　　)
屈曲(　　) 貧窮(　　) 貫徹(　　) 要求(　　) 過失(　　) 財貨(　　)
末端(　　) 到達(　　) 徒黨(　　) 偉大(　　) 想念(　　) 議論(　　)
極端(　　) 皇帝(　　) 孤獨(　　) 敦篤(　　) 道路(　　) 敎訓(　　)

☞ **유의자**(類義字)란, 두 개의 글자가 서로 뜻이 비슷하고, 대등(對等)한 뜻을 가진 낱말을 말한다.

☞

身	體
몸 신	몸 체

아래의 훈음에 알맞은 유의자를 보기와 같이 한자로 쓰세요.

정답 ☞ 294쪽 하단

본뜰 모	법 범	떠날 리/이	다를 별	병사 병	선비 사	뜻 의	생각 사
보배 진	보배 보	곳집 창	곳집 고	경사 경	복 복	모양 자	모양 모
뿌리 근	근본 본	도울 부	도울 조	집 가	집 택	물러날 퇴	물리칠 각
생각 사	생각 상	풀 석	놓을 방	베풀 시	베풀 설	말씀 사	말씀 설
소리 음	소리 성	간절할 간	정성 성	해 년/연	해 세	씻을 세	씻을 탁

○ 유의자의 독음을 쓰세요. 정답 ☞ 294쪽 상단

墳墓(　　) 憤怒(　　)

奔走(　　) 具備(　　) 思慮(　　) 生產(　　) 附屬(　　) 兵卒(　　)

削減(　　) 繼續(　　) 卓越(　　) 保護(　　) 技術(　　) 監視(　　)

法式(　　) 知識(　　) 尋訪(　　) 擔任(　　) 參與(　　) 連續(　　)

☞ **유의자**(類義字)란, 두 개의 글자가 서로 뜻이 비슷하고, 대등(對等)한 뜻을 가진 낱말을 말한다.

☞ 

身	體
몸 신	몸 체

아래의 훈음에 알맞은 유의자를 보기와 같이 한자로 쓰세요.

정답 ☞ 293쪽 하단

무덤 분	무덤 묘	분할 분	성낼 노	달릴 분	달릴 주	갖출 구	갖출 비
생각 사	생각 려	날 생	낳을 산	붙을 부	붙일 속	병사 병	마칠 졸 군사 졸
깎을 삭	덜 감	이을 계	이을 속	높을 탁	넘을 월	지킬 보	도울 호
재주 기	재주 술	볼 감	볼 시	법 법	법 식	알 지	알 식
찾을 심	찾을 방	멜 담	맡길 임	참여할 참	더불 여	이을 련/연	이을 속

○ 유의자의 독음을 쓰세요. 정답 ☞ 293쪽 상단

模範(　　) 離別(　　)

兵士(　　) 意思(　　) 珍寶(　　) 倉庫(　　) 慶福(　　) 姿貌(　　)

根本(　　) 扶助(　　) 家宅(　　) 退却(　　) 思想(　　) 釋放(　　)

施設(　　) 辭說(　　) 音聲(　　) 懇誠(　　) 年歲(　　) 洗濯(　　)

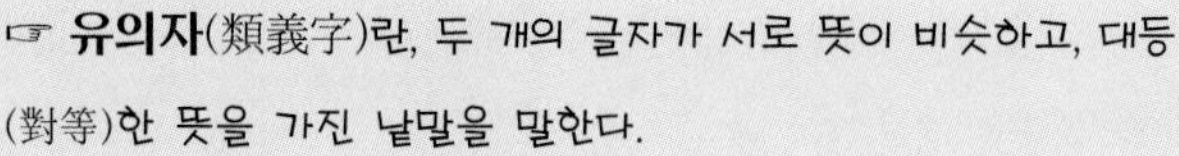
☞ **유의자**(類義字)란, 두 개의 글자가 서로 뜻이 비슷하고, 대등(對等)한 뜻을 가진 낱말을 말한다.

☞ 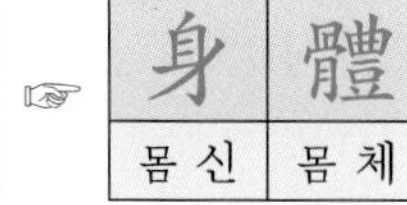

아래의 훈음에 알맞은 유의자를 보기와 같이 한자로 쓰세요. 정답 ☞ 296쪽 하단

재주 기	재주 예	집 가	집 옥	노래 가	노래 요	근심 우	근심 수
원망할 원	한할 한	길 영	멀 원	바랄 희	원할 원	나아갈 진	나아갈 취
고기 육	몸 신	높을 륭/융	창성 창	뜻 취	뜻 의	섬돌 계	층 층
어질 인	사랑 자	지을 제	지을 작	글월 문	글 장	싸움 투	다툴 쟁
바를 정	곧을 직	뾰족할 첨	끝 단	법 법	법도 도	버금 부	버금 차

○ 유의자의 독음을 쓰세요. 정답 ☞ 296쪽 상단

造作(　　　) 戰爭(　　　)

存在(　　　) 舍屋(　　　) 蓄積(　　　) 盜賊(　　　) 身體(　　　) 完全(　　　)

斷絶(　　　) 心性(　　　) 淨潔(　　　) 救濟(　　　) 終了(　　　) 競爭(　　　)

居住(　　　) 俊傑(　　　) 中央(　　　) 意志(　　　) 停止(　　　) 慈愛(　　　)

☞ **유의자**(類義字)란, 두 개의 글자가 서로 뜻이 비슷하고, 대등(對等)한 뜻을 가진 낱말을 말한다.

☞ 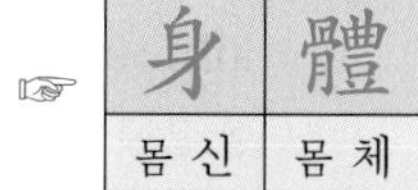

身	體
몸 신	몸 체

아래의 훈음에 알맞은 유의자를 보기와 같이 한자로 쓰세요.

정답 ☞ 295쪽 하단

지을 조	지을 작	싸움 전	다툴 쟁	있을 존	있을 재	집 사	집 옥
쌓을 축	쌓을 적	도둑 도	도둑 적	몸 신	몸 체	완전할 완	온전 전
끊을 단	끊을 절	마음 심	성품 성	깨끗할 정	깨끗할 결	구원할 구	건널 제
마칠 종	마칠 료	다툴 경	다툴 쟁	살 거	살 주	준걸 준	뛰어날 걸
가운데 중	가운데 앙	뜻 의	뜻 지	머무를 정	그칠 지	사랑 자	사랑 애

○ 유의자의 독음을 쓰세요. 정답 ☞ 295쪽 상단

技藝(　　) 家屋(　　)

歌謠(　　) 憂愁(　　) 怨恨(　　) 永遠(　　) 希願(　　) 進就(　　)

肉身(　　) 隆昌(　　) 趣意(　　) 階層(　　) 仁慈(　　) 製作(　　)

文章(　　) 鬪爭(　　) 正直(　　) 尖端(　　) 法度(　　) 副次(　　)

☞ **동음이의어**(同音異義語)란, 발음은 같으나 뜻이 다른 한자어를 말한다. 이는 한글로 표기하면 그 뜻을 구별하기 어렵기 때문에 한자로써 그 뜻을 헤아려야 한다.

아래 한자어는 동음이의어입니다. 한자의 훈음을 쓰세요.

정답 ☞ 별책 81쪽 배정한자 참조

家具(가구) ▷ ( ) ( )
: 살림에 쓰이는 세간

家口(가구) ▷ ( ) ( )
: 주거와 생계 단위

假說(가설) ▷ ( ) ( )
: 아직 증명되지 아니한 이론

架設(가설) ▷ ( ) ( )
: 건너질러 설치(設置)함

感想(감상) ▷ ( ) ( )
: 마음에 일어나는 생각

鑑賞(감상) ▷ ( ) ( )
: 작품을 이해하고 즐김

降靈(강령) ▷ ( ) ( )
: 신의 영이 인간에게 내림

綱領(강령) ▷ ( ) ( )
: 일의 으뜸이 되는 줄거리

改良(개량) ▷ ( ) ( )
: 고치어 좋게 함

改量(개량) ▷ ( ) ( )
: 다시 측정함

改定(개정) ▷ ( ) ( )
: 고치어 다시 정함

改正(개정) ▷ ( ) ( )
: 바르게 고침

警戒(경계) ▷ ( ) ( )
: 조심하게 함

境界(경계) ▷ ( ) ( )
: 지역이 갈라지는 한계

景氣(경기) ▷ ( ) ( )
: 경제 활동 상황

競起(경기) ▷ ( ) ( )
: 운동 경기

敬老(경로) ▷ ( ) ( )
: 노인을 공경함

經路(경로) ▷ ( ) ( )
: 지나는 길

警備(경비) ▷ ( ) ( )
: 경계하고 지킴

經費(경비) ▷ ( ) ( )
: 일을 하는 데 드는 비용

高價(고가) ▷ ( ) ( )
: 비싼 가격

高架(고가) ▷ ( ) ( )
: 땅 위에 높다랗게 건너지름

古文(고문) ▷ ( ) ( )
: 옛글

顧問(고문) ▷ ( ) ( )
: 전문적인 의견을 말하는 직책

固守(고수) ▷ ( ) ( )
: 굳게 지킴

高手(고수) ▷ ( ) ( )
: 수가 높은 사람

公約(공약) ▷ ( ) ( )
: 공중에 대한 약속

空約(공약) ▷ ( ) ( )
: 헛된 약속

아래 한자어는 동음이의어입니다. 한자의 훈음을 쓰세요.

정답 ☞ 별책 81쪽 배정한자 참조

課長(과장) ▷ (　　　　) (　　　　)
: 관청이나 회사 등에서 한 과의 우두머리

誇張(과장) ▷ (　　　　) (　　　　)
: 사실보다 지나치게 떠벌려 나타냄

課程(과정) ▷ (　　　　) (　　　　)
: 과업의 정도

過程(과정) ▷ (　　　　) (　　　　)
: 일이 되어 가는 경로

冠帶(관대) ▷ (　　　　) (　　　　)
: 벼슬아치들이 입던 공복

寬貸(관대) ▷ (　　　　) (　　　　)
: 너그럽게 용서함

冠禮(관례) ▷ (　　　　) (　　　　)
: 아이가 어른이 될 때 올리던 예식

慣例(관례) ▷ (　　　　) (　　　　)
: 이전부터 습관처럼 되어 버린 일

館長(관장) ▷ (　　　　) (　　　　)
: 도서관 · 박물관 등과 같은 기관의 장

管掌(관장) ▷ (　　　　) (　　　　)
: 일을 맡아서 다루거나 맡아봄

觀徹(관철) ▷ (　　　　) (　　　　)
: 사물을 꿰뚫어 봄

貫徹(관철) ▷ (　　　　) (　　　　)
: 주장이나 방침 따위를 일관하여 밀고 나감

校監(교감) ▷ (　　　　) (　　　　)
: 교무를 감독하는 직책

交感(교감) ▷ (　　　　) (　　　　)
: 접촉하여 감응함

教壇(교단) ▷ (　　　　) (　　　　)
: 강의 때 올라서는 단

教團(교단) ▷ (　　　　) (　　　　)
: 종교 단체

校庭(교정) ▷ (　　　　) (　　　　)
: 학교의 운동장

矯正(교정) ▷ (　　　　) (　　　　)
: 버릇이나 결점 따위를 바로잡아 고침

救助(구조) ▷ (　　　　) (　　　　)
: 사람을 도와서 구원함

構造(구조) ▷ (　　　　) (　　　　)
: 전체를 이루고 있는 관계

構築(구축) ▷ (　　　　) (　　　　)
: 구조물 같은 것을 쌓아 올려 만듦

驅逐(구축) ▷ (　　　　) (　　　　)
: 어떤 세력이나 해로운 것을 몰아냄

救護(구호) ▷ (　　　　) (　　　　)
: 어려운 사람을 보호함

口號(구호) ▷ (　　　　) (　　　　)
: 주장 따위의 호소

貴重(귀중) ▷ (　　　　) (　　　　)
: 매우 소중함

貴中(귀중) ▷ (　　　　) (　　　　)
: 상대편을 높이는 말

給水(급수) ▷ (　　　　) (　　　　)
: 물을 공급함

級數(급수) ▷ (　　　　) (　　　　)
: 우열의 등급

技士(기사) ▷ (　　　　) (　　　　)
: 기술 자격

技師(기사) ▷ (　　　　) (　　　　)
: 전문적인 기술자

氣象(기상) ▷ (　　　　) (　　　　)
: 대기 중에서 일어나는 여러 가지 현상

氣像(기상) ▷ (　　　　) (　　　　)
: 타고난 마음씨와 겉으로 드러난 태도

아래 한자어는 동음이의어입니다. 한자의 훈음을 쓰세요.

정답 ☞ 별책 81쪽 배정한자 참조

起源(기원) ▷ (　　　　) (　　　　)
: 사물이 생긴 근원

祈願(기원) ▷ (　　　　) (　　　　)
: 소원이 이루어지기를 빎

期限(기한) ▷ (　　　　) (　　　　)
: 미리 작정한 때

飢寒(기한) ▷ (　　　　) (　　　　)
: 굶주림과 추위

記號(기호) ▷ (　　　　) (　　　　)
: 뜻을 나타내기 위한 문자나 부호

畿湖(기호) ▷ (　　　　) (　　　　)
: '경기도'와 '충청도'를 아울러 이르는 말

勞費(노비) ▷ (　　　　) (　　　　)
: 노동의 대가로 주는 돈

奴婢(노비) ▷ (　　　　) (　　　　)
: 사내종과 계집종을 이르는 말

綠陰(녹음) ▷ (　　　　) (　　　　)
: 나무의 그늘

錄音(녹음) ▷ (　　　　) (　　　　)
: 소리를 재생함

弄談(농담) ▷ (　　　　) (　　　　)
: 놀리거나 웃기기 위해 장난조로 하는 말

農談(농담) ▷ (　　　　) (　　　　)
: 농사에 관한 이야기.

累積(누적) ▷ (　　　　) (　　　　)
: 포개져 쌓임

漏籍(누적) ▷ (　　　　) (　　　　)
: 착오 등으로, 호적 · 학적 따위에서 빠짐

端緖(단서) ▷ (　　　　) (　　　　)
: 일의 시초

但書(단서) ▷ (　　　　) (　　　　)
: 조건이나 예외 등을 밝혀 적은 글

斷定(단정) ▷ (　　　　) (　　　　)
: 분명히 결정함

端正(단정) ▷ (　　　　) (　　　　)
: 얌전하고 깔끔함

團地(단지) ▷ (　　　　) (　　　　)
: 주택이나 공장 같은 시설을 조성한 지역

但只(단지) ▷ (　　　　) (　　　　)
: 다만. 한갓

答辭(답사) ▷ (　　　　) (　　　　)
: 식사나 축사에 대하여 답례로 하는 말

踏査(답사) ▷ (　　　　) (　　　　)
: 실지로 현장에 가서 보고 조사함

大師(대사) ▷ (　　　　) (　　　　)
: 고승(高僧)을 높이어 일컫는 말

臺詞(대사) ▷ (　　　　) (　　　　)
: 배우가 무대 위에서 하는 말

同情(동정) ▷ (　　　　) (　　　　)
: 남의 불행을 위로함

動靜(동정) ▷ (　　　　) (　　　　)
: 상황이 전개되는 상태

同志(동지) ▷ (　　　　) (　　　　)
: 뜻을 같이 함

冬至(동지) ▷ (　　　　) (　　　　)
: 이십사절기(二十四節氣)의 하나

童話(동화) ▷ (　　　　) (　　　　)
: 어린이를 위한 이야기

同化(동화) ▷ (　　　　) (　　　　)
: 하나로 변화되다

免職(면직) ▷ (　　　　) (　　　　)
: 일하던 자리에서 물러나게 함

綿織(면직) ▷ (　　　　) (　　　　)
: 면직물의 준말

아래 한자어는 동음이의어입니다. 한자의 훈음을 쓰세요.

정답 ☞ 별책 81쪽 배정한자 참조

面責(면책) ▷ (　　　　　) (　　　　　)
: 마주 대하여 책망하는 것

免責(면책) ▷ (　　　　　) (　　　　　)
: 책임이나 책망을 면하는 것

發展(발전) ▷ (　　　　　) (　　　　　)
: 세력 따위가 뻗음

發電(발전) ▷ (　　　　　) (　　　　　)
: 전기를 일으킴

房門(방문) ▷ (　　　　　) (　　　　　)
: 방으로 드나드는 문

訪問(방문) ▷ (　　　　　) (　　　　　)
: 남을 찾아 봄

補强(보강) ▷ (　　　　　) (　　　　　)
: 약한 부분을 보태고 채워서 튼튼하게 함

補講(보강) ▷ (　　　　　) (　　　　　)
: 결강을 보충하기 위해 강의함

報告(보고) ▷ (　　　　　) (　　　　　)
: 결과나 내용을 알림

寶庫(보고) ▷ (　　　　　) (　　　　　)
: 귀중한 것이 많이 보관되어 있는 곳.

補給(보급) ▷ (　　　　　) (　　　　　)
: 물자 등을 계속 대어 줌

普及(보급) ▷ (　　　　　) (　　　　　)
: 널리 펴서 알리거나 사용하게 함

步道(보도) ▷ (　　　　　) (　　　　　)
: 사람이 다니는 길

報道(보도) ▷ (　　　　　) (　　　　　)
: 새 소식을 널리 알림

副賞(부상) ▷ (　　　　　) (　　　　　)
: 덧붙여서 주는 상

負傷(부상) ▷ (　　　　　) (　　　　　)
: 상처를 입음

婦人(부인) ▷ (　　　　　) (　　　　　)
: 아내

否認(부인) ▷ (　　　　　) (　　　　　)
: 옳다고 인정하지 않음

否定(부정) ▷ (　　　　　) (　　　　　)
: 그렇지 않다고 함

不正(부정) ▷ (　　　　　) (　　　　　)
: 바르지 않음

佛畫(불화) ▷ (　　　　　) (　　　　　)
: 불교에 관한 것을 제재로 한 그림

不和(불화) ▷ (　　　　　) (　　　　　)
: 서로 화합하지 못함

悲鳴(비명) ▷ (　　　　　) (　　　　　)
: 다급할 때 지르는 소리

碑銘(비명) ▷ (　　　　　) (　　　　　)
: 비면(碑面)에 새긴 글

飛報(비보) ▷ (　　　　　) (　　　　　)
: 급한 통지

悲報(비보) ▷ (　　　　　) (　　　　　)
: 슬픈 소식

非行(비행) ▷ (　　　　　) (　　　　　)
: 도리에 어긋나는 행위

飛行(비행) ▷ (　　　　　) (　　　　　)
: 하늘을 날아다님

事故(사고) ▷ (　　　　　) (　　　　　)
: 뜻밖에 일어난 사건

思考(사고) ▷ (　　　　　) (　　　　　)
: 생각함

事變(사변) ▷ (　　　　　) (　　　　　)
: 나라의 큰 사건

斜邊(사변) ▷ (　　　　　) (　　　　　)
: 빗변

아래 한자어는 동음이의어입니다. 한자의 훈음을 쓰세요.

정답 ☞ 별책 81쪽 배정한자 참조

死守(사수) ▷ (　　　) (　　　)
: 목숨을 걸고 지킴

射手(사수) ▷ (　　　) (　　　)
: 총포를 잘 쏘는 사람

師恩(사은) ▷ (　　　) (　　　)
: 스승의 은혜

謝恩(사은) ▷ (　　　) (　　　)
: 은혜에 대하여 감사함

辭典(사전) ▷ (　　　) (　　　)
: 낱말을 모아 발음·뜻 등을 해설한 책

事前(사전) ▷ (　　　) (　　　)
: 무슨 일이 있기 전

事情(사정) ▷ (　　　) (　　　)
: 일의 형편

查正(사정) ▷ (　　　) (　　　)
: 조사하여 바로잡음

山水(산수) ▷ (　　　) (　　　)
: 산과 물

算數(산수) ▷ (　　　) (　　　)
: 수를 셈함

商街(상가) ▷ (　　　) (　　　)
: 상점이 늘어선 거리

喪家(상가) ▷ (　　　) (　　　)
: 초상집

商術(상술) ▷ (　　　) (　　　)
: 장사하는 솜씨

詳述(상술) ▷ (　　　) (　　　)
: 자세하게 진술함

上品(상품) ▷ (　　　) (　　　)
: 높은 품격

商品(상품) ▷ (　　　) (　　　)
: 사고 파는 물품

商號(상호) ▷ (　　　) (　　　)
: 상점이나 회사의 이름

相互(상호) ▷ (　　　) (　　　)
: 서로

先勝(선승) ▷ (　　　) (　　　)
: 경기 등에서 첫 판을 먼저 이김

禪僧(선승) ▷ (　　　) (　　　)
: 참선하고 있는 중

聲帶(성대) ▷ (　　　) (　　　)
: 소리를 내는 기관

盛大(성대) ▷ (　　　) (　　　)
: 아주 성하고 큼

聖像(성상) ▷ (　　　) (　　　)
: 성인이나 임금의 초상

星霜(성상) ▷ (　　　) (　　　)
: '세월'을 이르는 말

稅入(세입) ▷ (　　　) (　　　)
: 조세 수입

歲入(세입) ▷ (　　　) (　　　)
: 회계 연도 총수입

小童(소동) ▷ (　　　) (　　　)
: 열 살 미만의 어린아이

騷動(소동) ▷ (　　　) (　　　)
: 놀라거나 흥분하여 소란을 일으키는 것

所願(소원) ▷ (　　　) (　　　)
: 원하는 바

疎遠(소원) ▷ (　　　) (　　　)
: 지내는 사이가 탐탁하지 않고 멀다

水道(수도) ▷ (　　　) (　　　)
: 상수도

首都(수도) ▷ (　　　) (　　　)
: 중앙 정부가 있는 도시

아래 한자어는 동음이의어입니다. 한자의 훈음을 쓰세요.

정답 ☞ 별책 81쪽 배정한자 참조

水面(수면) ▷ (　　　　) (　　　　)
: 물의 표면

睡眠(수면) ▷ (　　　　) (　　　　)
: 잠을 잠

首尾(수미) ▷ (　　　　) (　　　　)
: 처음과 끝. 양끝

秀眉(수미) ▷ (　　　　) (　　　　)
: 빼어나게 아름다운 눈썹

首相(수상) ▷ (　　　　) (　　　　)
: 내각의 우두머리

受賞(수상) ▷ (　　　　) (　　　　)
: 상을 받음

首席(수석) ▷ (　　　　) (　　　　)
: 맨 윗자리

壽石(수석) ▷ (　　　　) (　　　　)
: 아름다운 자연석

修習(수습) ▷ (　　　　) (　　　　)
: 정식으로 실무를 맡기 전에 배워 익힘

收拾(수습) ▷ (　　　　) (　　　　)
: 흩어진 물건들을 거두어들임

修身(수신) ▷ (　　　　) (　　　　)
: 마음과 행실을 닦음

受信(수신) ▷ (　　　　) (　　　　)
: 통신을 받음

修行(수행) ▷ (　　　　) (　　　　)
: 행실을 바르게 닦음

遂行(수행) ▷ (　　　　) (　　　　)
: 일을 계획한 대로 해냄

熟面(숙면) ▷ (　　　　) (　　　　)
: 여러 번 보아 잘 아는 얼굴

熟眠(숙면) ▷ (　　　　) (　　　　)
: 잠이 깊이 듦

肅淸(숙청) ▷ (　　　　) (　　　　)
: 잘못이나 그릇된 일을 치워 없앰

淑淸(숙청) ▷ (　　　　) (　　　　)
: 행동이나 성품이 정숙하고 깨끗하다

純直(순직) ▷ (　　　　) (　　　　)
: 마음이 순진하고 곧음

殉職(순직) ▷ (　　　　) (　　　　)
: 직무를 다하다가 목숨을 잃는 것

習得(습득) ▷ (　　　　) (　　　　)
: 배워 터득함. 익혀서 얻음

拾得(습득) ▷ (　　　　) (　　　　)
: 남이 잃어버린 물건을 주움

施賞(시상) ▷ (　　　　) (　　　　)
: 상장이나 상금을 줌

詩想(시상) ▷ (　　　　) (　　　　)
: 시인의 착상이나 구상

是認(시인) ▷ (　　　　) (　　　　)
: 그러하다고 인정함

詩人(시인) ▷ (　　　　) (　　　　)
: 시를 짓는 사람

申告(신고) ▷ (　　　　) (　　　　)
: 어떠한 사실을 보고함

辛苦(신고) ▷ (　　　　) (　　　　)
: 어려운 일을 당하여 몹시 애씀

新築(신축) ▷ (　　　　) (　　　　)
: 새로 축조하거나 건축함

伸縮(신축) ▷ (　　　　) (　　　　)
: 늘이고 줄임

實數(실수) ▷ (　　　　) (　　　　)
: 유리수와 무리수

失手(실수) ▷ (　　　　) (　　　　)
: 잘못을 저지름

아래 한자어는 동음이의어입니다. 한자의 훈음을 쓰세요.

정답 ☞ 별책 81쪽 배정한자 참조

實情(실정) ▷ (　　　　) (　　　　)
: 실제의 사정

失政(실정) ▷ (　　　　) (　　　　)
: 정치를 잘못함

逆說(역설) ▷ (　　　　) (　　　　)
: 모순되지만 진리

力說(역설) ▷ (　　　　) (　　　　)
: 힘주어 말함

延長(연장) ▷ (　　　　) (　　　　)
: 기준보다 늘임

年長(연장) ▷ (　　　　) (　　　　)
: 나이가 많음

厭症(염증) ▷ (　　　　) (　　　　)
: 싫증

炎症(염증) ▷ (　　　　) (　　　　)
: 세균이 들어서 몸이 붓고 열이 나는 일

憂愁(우수) ▷ (　　　　) (　　　　)
: 근심과 걱정

優秀(우수) ▷ (　　　　) (　　　　)
: 여럿 가운데 특별히 뛰어남

愚劣(우열) ▷ (　　　　) (　　　　)
: 어리석고 못남

優劣(우열) ▷ (　　　　) (　　　　)
: 우수함과 열등함

怨讐(원수) ▷ (　　　　) (　　　　)
: 원한이 맺힌 사람

元首(원수) ▷ (　　　　) (　　　　)
: 최고 통치권자

胃腸(위장) ▷ (　　　　) (　　　　)
: 위와 창자

僞裝(위장) ▷ (　　　　) (　　　　)
: 사실과 다르게 거짓으로 꾸밈

油脂(유지) ▷ (　　　　) (　　　　)
: 동물, 또는 식물에서 채취한 기름

遺志(유지) ▷ (　　　　) (　　　　)
: 죽은 이가 생전에 이루지 못하고 남긴 뜻

留置(유치) ▷ (　　　　) (　　　　)
: 남의 물건을 맡아둠

幼稚(유치) ▷ (　　　　) (　　　　)
: 사람의 나이가 어림

留學(유학) ▷ (　　　　) (　　　　)
: 외국에서 공부함

儒學(유학) ▷ (　　　　) (　　　　)
: 유교의 학문

依舊(의구) ▷ (　　　　) (　　　　)
: 옛날과 다름이 없다

疑懼(의구) ▷ (　　　　) (　　　　)
: 의심하여 두려워하는 것

意思(의사) ▷ (　　　　) (　　　　)
: 생각이나 마음

義士(의사) ▷ (　　　　) (　　　　)
: 지조를 지키는 사람

異性(이성) ▷ (　　　　) (　　　　)
: 남성과 여성

理性(이성) ▷ (　　　　) (　　　　)
: 논리적인 마음의 작용

理解(이해) ▷ (　　　　) (　　　　)
: 사리를 분별하여 앎

利害(이해) ▷ (　　　　) (　　　　)
: 이익과 손해

引導(인도) ▷ (　　　　) (　　　　)
: 가르쳐 일깨움

人道(인도) ▷ (　　　　) (　　　　)
: 사람이 다니는 길

아래 한자어는 동음이의어입니다. 한자의 훈음을 쓰세요.

정답 ☞ 별책 81쪽 배정한자 참조

人命(인명) ▷ (　　　　) (　　　　)
: 사람의 목숨

人名(인명) ▷ (　　　　) (　　　　)
: 사람의 이름

引上(인상) ▷ (　　　　) (　　　　)
: 값을 올림

印象(인상) ▷ (　　　　) (　　　　)
: 잊혀지지 않는 자취

仁政(인정) ▷ (　　　　) (　　　　)
: 어진 정치

認定(인정) ▷ (　　　　) (　　　　)
: 옳다고 믿고 정함

壯觀(장관) ▷ (　　　　) (　　　　)
: 볼 만한 경관

長官(장관) ▷ (　　　　) (　　　　)
: 행정 각부의 책임자

丈夫(장부) ▷ (　　　　) (　　　　)
: 다 자란 남자

帳簿(장부) ▷ (　　　　) (　　　　)
: 금품의 수입과 지출을 기록하는 책

長策(장책) ▷ (　　　　) (　　　　)
: 좋은 계책

粧冊(장책) ▷ (　　　　) (　　　　)
: 책을 꾸미어 만듦

長篇(장편) ▷ (　　　　) (　　　　)
: 내용이 긴 작품

掌篇(장편) ▷ (　　　　) (　　　　)
: 짧은 문학 작품

再考(재고) ▷ (　　　　) (　　　　)
: 다시 한 번 생각함

在庫(재고) ▷ (　　　　) (　　　　)
: 창고에 있음

再拜(재배) ▷ (　　　　) (　　　　)
: 두 번 절함, 또는 그 절

栽培(재배) ▷ (　　　　) (　　　　)
: 식물을 심어서 가꿈

財貨(재화) ▷ (　　　　) (　　　　)
: 사람의 욕망을 만족시키는 모든 물질

災禍(재화) ▷ (　　　　) (　　　　)
: 재앙과 화난

全景(전경) ▷ (　　　　) (　　　　)
: 전체의 경치

戰警(전경) ▷ (　　　　) (　　　　)
: 전투경찰

傳記(전기) ▷ (　　　　) (　　　　)
: 위인들에 대한 기록

電氣(전기) ▷ (　　　　) (　　　　)
: 전류의 현상

全力(전력) ▷ (　　　　) (　　　　)
: 온 힘

電力(전력) ▷ (　　　　) (　　　　)
: 전기의 힘

前例(전례) ▷ (　　　　) (　　　　)
: 이전의 사례

典例(전례) ▷ (　　　　) (　　　　)
: 전거(典據)가 되는 선례

展示(전시) ▷ (　　　　) (　　　　)
: 물품을 늘어놓음

戰時(전시) ▷ (　　　　) (　　　　)
: 전쟁하고 있는 때

前後(전후) ▷ (　　　　) (　　　　)
: 앞과 뒤

戰後(전후) ▷ (　　　　) (　　　　)
: 전쟁이 끝난 뒤

아래 한자어는 동음이의어입니다. 한자의 훈음을 쓰세요.

정답 ☞ 별책 81쪽 배정한자 참조

正當(정당) ▷ (　　　) (　　　)
: 바르고 마땅함

政黨(정당) ▷ (　　　) (　　　)
: 정치적인 단체

庭園(정원) ▷ (　　　) (　　　)
: 뜰

定員(정원) ▷ (　　　) (　　　)
: 정해진 인원

停電(정전) ▷ (　　　) (　　　)
: 전력이 끊김

停戰(정전) ▷ (　　　) (　　　)
: 전투 행위를 그침

提唱(제창) ▷ (　　　) (　　　)
: 어떤 일을 내세워 주장함

齊唱(제창) ▷ (　　　) (　　　)
: 여럿이 한목에 소리 내어 부름

條理(조리) ▷ (　　　) (　　　)
: 앞뒤가 들어맞음

調理(조리) ▷ (　　　) (　　　)
: 음식을 만듦

造船(조선) ▷ (　　　) (　　　)
: 배를 건조함

朝鮮(조선) ▷ (　　　) (　　　)
: 우리나라 옛이름

造花(조화) ▷ (　　　) (　　　)
: 만든 꽃

調和(조화) ▷ (　　　) (　　　)
: 서로 잘 어울림

種苗(종묘) ▷ (　　　) (　　　)
: 식물의 씨나 싹을 심어 묘목을 가꿈

宗廟(종묘) ▷ (　　　) (　　　)
: 임금과 왕비의 위패를 모시던 사당

主演(주연) ▷ (　　　) (　　　)
: 연극이나 영화 등에서 주인공으로 출연함

酒宴(주연) ▷ (　　　) (　　　)
: 술자리

俊秀(준수) ▷ (　　　) (　　　)
: 재주와 슬기가 남달리 뛰어남

遵守(준수) ▷ (　　　) (　　　)
: 규칙이나 명령 따위를 좇아서 지킴

地球(지구) ▷ (　　　) (　　　)
: 인류가 살고 있는 천체

持久(지구) ▷ (　　　) (　　　)
: 어떤 상태를 오래 버티어 견딤

支給(지급) ▷ (　　　) (　　　)
: 돈을 내어줌

至急(지급) ▷ (　　　) (　　　)
: 매우 급함

指導(지도) ▷ (　　　) (　　　)
: 가르치어 이끎

地圖(지도) ▷ (　　　) (　　　)
: 지구를 나타낸 그림

知性(지성) ▷ (　　　) (　　　)
: 생각·판단하는 능력

至誠(지성) ▷ (　　　) (　　　)
: 정성이 지극함

志願(지원) ▷ (　　　) (　　　)
: 뜻하여 바람

支援(지원) ▷ (　　　) (　　　)
: 편들어서 도움

直線(직선) ▷ (　　　) (　　　)
: 곧은 줄

直選(직선) ▷ (　　　) (　　　)
: 직접선거

아래 한자어는 동음이의어입니다. 한자의 훈음을 쓰세요.

정답 ☞ 별책 81쪽 배정한자 참조

眞否(진부) ▷ (　　　　) (　　　　)
: 참됨과 참되지 못함

陳腐(진부) ▷ (　　　　) (　　　　)
: 케케묵고 낡음

天職(천직) ▷ (　　　　) (　　　　)
: 천성에 알맞은 직업

賤職(천직) ▷ (　　　　) (　　　　)
: 천한 직업

淸算(청산) ▷ (　　　　) (　　　　)
: 진 빚을 갚음

靑山(청산) ▷ (　　　　) (　　　　)
: 푸른 산

招待(초대) ▷ (　　　　) (　　　　)
: 남을 불러 대접함

初代(초대) ▷ (　　　　) (　　　　)
: 첫 번째 사람

初喪(초상) ▷ (　　　　) (　　　　)
: 사람이 죽어서 장사지내기까지의 일

肖像(초상) ▷ (　　　　) (　　　　)
: 사람의 얼굴이나 모습

祝電(축전) ▷ (　　　　) (　　　　)
: 축하 전보

祝典(축전) ▷ (　　　　) (　　　　)
: 축하하는 식전

寢睡(침수) ▷ (　　　　) (　　　　)
: 수면의 높임말

沈水(침수) ▷ (　　　　) (　　　　)
: 물 속에 잠김

脫臭(탈취) ▷ (　　　　) (　　　　)
: 냄새를 뺌

奪取(탈취) ▷ (　　　　) (　　　　)
: 남의 것을 억지로 빼앗아 가짐

通話(통화) ▷ (　　　　) (　　　　)
: 말을 주고받음

通貨(통화) ▷ (　　　　) (　　　　)
: 화폐

表紙(표지) ▷ (　　　　) (　　　　)
: 책의 겉장

標識(표지) ▷ (　　　　) (　　　　)
: 표시나 특징

筆跡(필적) ▷ (　　　　) (　　　　)
: 손수 쓴 글씨나 그림의 형적

匹敵(필적) ▷ (　　　　) (　　　　)
: 서로 엇비슷하여 서로 견줄 만함

解禁(해금) ▷ (　　　　) (　　　　)
: 금지하였던 것을 풂

奚琴(해금) ▷ (　　　　) (　　　　)
: 민속 악기의 한 가지

香水(향수) ▷ (　　　　) (　　　　)
: 향료를 섞어 만든 액체 화장품

鄕愁(향수) ▷ (　　　　) (　　　　)
: 고향을 그리워하는 마음이나 시름

婚需(혼수) ▷ (　　　　) (　　　　)
: 혼인에 드는 물품

昏睡(혼수) ▷ (　　　　) (　　　　)
: 정신없이 혼혼히 잠듦

還拂(환불) ▷ (　　　　) (　　　　)
: 잘못 받은 요금 따위를 되돌려주는 것

換拂(환불) ▷ (　　　　) (　　　　)
: 환산하여 지불하는 것

한자능력검정시험 **3급(3급Ⅱ 포함)**

첫음 장음

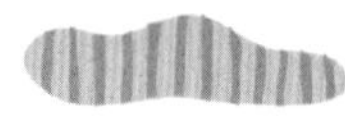

첫음 장음

한자어漢字語 첫 음절音節에서 긴소리로 발음되는 것을 말합니다.

학습방법

먼저 한자어의 독음讀音을 이용하여 훈음訓音을 (　) 속에 쓰면서, 그 낱말을 익히는 것이 효과적입니다.

정답확인

정답은 뒤에 수록한 배정한자(별책부록 81쪽～103쪽), 또는 옥편玉篇을 참조하여 확인하기 바랍니다.

다음은 첫 음절에서 긴소리로 발음되는 한자이다. (　　) 속에 훈음을 쓰세요.

佳 3Ⅱ 아름다울 가
佳宴(가연) ▷ (　　) (　　)
佳緣(가연) ▷ (　　) (　　)

架 3Ⅱ 시렁 가
架空(가공) ▷ (　　) (　　)
架設(가설) ▷ (　　) (　　)

暇 4급 겨를 가, 틈 가
暇景(가경) ▷ (　　) (　　)
暇日(가일) ▷ (　　) (　　)

假 4Ⅱ 거짓 가
假想(가상) ▷ (　　) (　　)
假稱(가칭) ▷ (　　) (　　)

可 5급 옳을 가
可決(가결) ▷ (　　) (　　)
可否(가부) ▷ (　　) (　　)

姦 3급 간음할 간
姦淫(간음) ▷ (　　) (　　)
姦通(간통) ▷ (　　) (　　)

懇 3Ⅱ 정성 간
懇曲(간곡) ▷ (　　) (　　)
懇切(간절) ▷ (　　) (　　)

敢 4급 감히 감
敢不(감불) ▷ (　　) (　　)
敢行(감행) ▷ (　　) (　　)

減 4Ⅱ 덜 감
減量(감량) ▷ (　　) (　　)
減刑(감형) ▷ (　　) (　　)

感 6급 느낄 감
感氣(감기) ▷ (　　) (　　)
感動(감동) ▷ (　　) (　　)

講 4Ⅱ 욀 강
講堂(강당) ▷ (　　) (　　)
講座(강좌) ▷ (　　) (　　)

慨 3급 슬퍼할 개
慨世(개세) ▷ (　　) (　　)
慨歎(개탄) ▷ (　　) (　　)

介 3Ⅱ 낄 개
介入(개입) ▷ (　　) (　　)
介在(개재) ▷ (　　) (　　)

概 3Ⅱ 대개 개
概念(개념) ▷ (　　) (　　)
概論(개론) ▷ (　　) (　　)

距 3Ⅱ 상거할 거
距離(거리) ▷ (　　) (　　)
距躍(거약) ▷ (　　) (　　)

據 4급 근거 거
據點(거점) ▷ (　　) (　　)
據實(거실) ▷ (　　) (　　)

拒 4급 막을 거
拒否(거부) ▷ (　　) (　　)
拒絶(거절) ▷ (　　) (　　)

巨 4급 클 거
巨富(거부) ▷ (　　) (　　)
巨額(거액) ▷ (　　) (　　)

去 5급 갈 거
去來(거래) ▷ (　　) (　　)
去就(거취) ▷ (　　) (　　)

擧 5급 들 거
擧手(거수) ▷ (　　) (　　)
擧動(거동) ▷ (　　) (　　)

健 5급 굳셀 건
健在(건재) ▷ (　　) (　　)
健壯(건장) ▷ (　　) (　　)

建 5급 세울 건
建立(건립) ▷ (　　) (　　)
建築(건축) ▷ (　　) (　　)

劍 3Ⅱ 칼 검 ※ 劍 = 劒
劍舞(검무) ▷ (　　) (　　)
劍術(검술) ▷ (　　) (　　)

儉 4급 검소할 검
儉素(검소) ▷ (　　) (　　)
儉約(검약) ▷ (　　) (　　)

다음은 첫 음절에서 긴소리로 발음되는 한자이다. ( ) 속에 훈음을 쓰세요.

檢 4II 검사할 검
檢査(검사) ▷ ( ) ( )
檢討(검토) ▷ ( ) ( )

遣 3급 보낼 견
遣歸(견귀) ▷ ( ) ( )
遣外(견외) ▷ ( ) ( )

見 5II 볼 견
見聞(견문) ▷ ( ) ( )
見學(견학) ▷ ( ) ( )

竟 3급 마침내 경
竟夕(경석) ▷ ( ) ( )
竟夜(경야) ▷ ( ) ( )

鏡 4급 거울 경
鏡戒(경계) ▷ ( ) ( )
鏡面(경면) ▷ ( ) ( )

警 4II 깨우칠 경
警戒(경계) ▷ ( ) ( )
警察(경찰) ▷ ( ) ( )

慶 4II 경사 경
慶事(경사) ▷ ( ) ( )
慶祝(경축) ▷ ( ) ( )

敬 5II 공경 경
敬老(경로) ▷ ( ) ( )
敬語(경어) ▷ ( ) ( )

競 5급 다툴 경
競演(경연) ▷ ( ) ( )
競走(경주) ▷ ( ) ( )

癸 3급 북방 계, 천간 계
癸亥(계해) ▷ ( ) ( )
癸水(계수) ▷ ( ) ( )

繫 3급 맬 계
繫留(계류) ▷ ( ) ( )
繫牧(계목) ▷ ( ) ( )

桂 3II 계수나무 계
桂樹(계수) ▷ ( ) ( )
桂皮(계피) ▷ ( ) ( )

啓 3II 열 계
啓蒙(계몽) ▷ ( ) ( )
啓發(계발) ▷ ( ) ( )

械 3II 기계 계
械繫(계계) ▷ ( ) ( )
械器(계기) ▷ ( ) ( )

戒 4급 경계할 계
戒律(계율) ▷ ( ) ( )
戒嚴(계엄) ▷ ( ) ( )

系 4급 이어맬 계
系列(계열) ▷ ( ) ( )
系統(계통) ▷ ( ) ( )

繼 4급 이을 계
繼續(계속) ▷ ( ) ( )
繼走(계주) ▷ ( ) ( )

季 4급 계절 계
季春(계춘) ▷ ( ) ( )
季節(계절) ▷ ( ) ( )

係 4II 맬 계
係員(계원) ▷ ( ) ( )
係關(계관) ▷ ( ) ( )

計 6II 셀 계
計算(계산) ▷ ( ) ( )
計略(계략) ▷ ( ) ( )

界 6II 지경 계
界標(계표) ▷ ( ) ( )
界面調(계면조) ▷ ( )( )( )

告 5II 고할 고
告發(고발) ▷ ( ) ( )
告白(고백) ▷ ( ) ( )

古 6급 예 고
古典(고전) ▷ ( ) ( )
古風(고풍) ▷ ( ) ( )

困 4급 곤할 곤
困窮(곤궁) ▷ ( ) ( )
困難(곤란) ▷ ( ) ( )

◎ 다음은 첫 음절에서 긴소리로 발음되는 한자이다. (   ) 속에 훈음을 쓰세요.

貢 3Ⅱ 바칠 공
貢納(공납) ▷ (   ) (   )
貢獻(공헌) ▷ (   ) (   )

供 3Ⅱ 이바지할 공
供給(공급) ▷ (   ) (   )
供託(공탁) ▷ (   ) (   )

孔 4급 구멍 공
孔劇(공극) ▷ (   ) (   )
孔方(공방) ▷ (   ) (   )

攻 4급 칠 공
攻擊(공격) ▷ (   ) (   )
攻勢(공세) ▷ (   ) (   )

共 6Ⅱ 한가지 공
共感(공감) ▷ (   ) (   )
共通(공통) ▷ (   ) (   )

寡 3Ⅱ 적을 과
寡默(과묵) ▷ (   ) (   )
寡婦(과부) ▷ (   ) (   )

誇 3Ⅱ 자랑할 과
誇張(과장) ▷ (   ) (   )
誇大(과대) ▷ (   ) (   )

過 5Ⅱ 지날 과
過激(과격) ▷ (   ) (   )
過程(과정) ▷ (   ) (   )

果 6Ⅱ 실과 과
果樹(과수) ▷ (   ) (   )
果然(과연) ▷ (   ) (   )

鑛 4급 쇳돌 광
鑛脈(광맥) ▷ (   ) (   )
鑛泉(광천) ▷ (   ) (   )

廣 5Ⅱ 넓을 광
廣告(광고) ▷ (   ) (   )
廣大(광대) ▷ (   ) (   )

愧 3급 부끄러울 괴
愧色(괴색) ▷ (   ) (   )
愧死(괴사) ▷ (   ) (   )

壞 3Ⅱ 무너질 괴
壞裂(괴열) ▷ (   ) (   )
壞滅(괴멸) ▷ (   ) (   )

矯 3급 바로잡을 교
矯正(교정) ▷ (   ) (   )
矯導(교도) ▷ (   ) (   )

教 8급 가르칠 교
教養(교양) ▷ (   ) (   )
教育(교육) ▷ (   ) (   )

校 8급 학교 교
校歌(교가) ▷ (   ) (   )
校庭(교정) ▷ (   ) (   )

久 3Ⅱ 오랠 구
久遠(구원) ▷ (   ) (   )
久留(구류) ▷ (   ) (   )

救 5급 구원할 구
救援(구원) ▷ (   ) (   )
救濟(구제) ▷ (   ) (   )

舊 5Ⅱ 예 구
舊面(구면) ▷ (   ) (   )
舊正(구정) ▷ (   ) (   )

郡 6급 고을 군
郡民(군민) ▷ (   ) (   )
郡守(군수) ▷ (   ) (   )

拳 3Ⅱ 주먹 권
拳銃(권총) ▷ (   ) (   )
拳鬪(권투) ▷ (   ) (   )

勸 4급 권할 권
勸告(권고) ▷ (   ) (   )
勸奬(권장) ▷ (   ) (   )

軌 3급 바퀴자국 궤
軌道(궤도) ▷ (   ) (   )
軌範(궤범) ▷ (   ) (   )

鬼 3Ⅱ 귀신 귀
鬼哭(귀곡) ▷ (   ) (   )
鬼神(귀신) ▷ (   ) (   )

다음은 첫 음절에서 긴소리로 발음되는 한자이다. (　　) 속에 훈음을 쓰세요.

歸 4급 돌아갈 귀
歸結(귀결) ▷ (　　) (　　)
歸還(귀환) ▷ (　　) (　　)

貴 5급 귀할 귀
貴賓(귀빈) ▷ (　　) (　　)
貴重(귀중) ▷ (　　) (　　)

僅 3급 겨우 근
僅少(근소) ▷ (　　) (　　)
僅僅(근근) ▷ (　　) (　　)

謹 3급 삼갈 근
謹愼(근신) ▷ (　　) (　　)
謹弔(근조) ▷ (　　) (　　)

近 6급 가까울 근
近代(근대) ▷ (　　) (　　)
近海(근해) ▷ (　　) (　　)

錦 3Ⅱ 비단 금
錦營(금영) ▷ (　　) (　　)
錦帳(금장) ▷ (　　) (　　)

禁 4Ⅱ 금할 금
禁煙(금연) ▷ (　　) (　　)
禁止(금지) ▷ (　　) (　　)

肯 3급 즐길 긍
肯定(긍정) ▷ (　　) (　　)
肯意(긍의) ▷ (　　) (　　)

那 3급 어찌 나
那邊(나변) ▷ (　　) (　　)
那落(나락) ▷ (　　) (　　)

暖 4Ⅱ 따뜻할 난
暖流(난류) ▷ (　　) (　　)
暖帶(난대) ▷ (　　) (　　)

乃 3급 이에 내
乃父(내부) ▷ (　　) (　　)
乃至(내지) ▷ (　　) (　　)

耐 3Ⅱ 견딜 내
耐熱(내열) ▷ (　　) (　　)
耐久(내구) ▷ (　　) (　　)

內 7Ⅱ 안 내
內服(내복) ▷ (　　) (　　)
內外(내외) ▷ (　　) (　　)

念 5Ⅱ 생각 념
念慮(염려) ▷ (　　) (　　)
念頭(염두) ▷ (　　) (　　)

怒 4Ⅱ 성낼 노
怒發(노발) ▷ (　　) (　　)
怒氣(노기) ▷ (　　) (　　)

但 3Ⅱ 다만 단
但書(단서) ▷ (　　) (　　)
但只(단지) ▷ (　　) (　　)

斷 4Ⅱ 끊을 단
斷面(단면) ▷ (　　) (　　)
斷定(단정) ▷ (　　) (　　)

貸 3급 빌릴 대, 뀔 대
貸付(대부) ▷ (　　) (　　)
貸與(대여) ▷ (　　) (　　)

待 6급 기다릴 대
待遇(대우) ▷ (　　) (　　)
待接(대접) ▷ (　　) (　　)

代 6Ⅱ 대신할 대
代身(대신) ▷ (　　) (　　)
代表(대표) ▷ (　　) (　　)

對 6Ⅱ 대할 대
對答(대답) ▷ (　　) (　　)
對等(대등) ▷ (　　) (　　)

倒 3급 넘어질 도
倒産(도산) ▷ (　　) (　　)
倒置(도치) ▷ (　　) (　　)

途 3Ⅱ 길 도
途泥(도니) ▷ (　　) (　　)
途中(도중) ▷ (　　) (　　)

導 4Ⅱ 인도할 도
導入(도입) ▷ (　　) (　　)
導火(도화) ▷ (　　) (　　)

다음은 첫 음절에서 긴소리로 발음되는 한자이다. (　　) 속에 훈음을 쓰세요.

到 5Ⅱ 이를 도
到着(도착) ▷ (　　) (　　)
到處(도처) ▷ (　　) (　　)

道 7Ⅱ 길 도
道德(도덕) ▷ (　　) (　　)
道理(도리) ▷ (　　) (　　)

凍 3Ⅱ 얼 동
凍結(동결) ▷ (　　) (　　)
凍傷(동상) ▷ (　　) (　　)

動 7Ⅱ 움직일 동
動産(동산) ▷ (　　) (　　)
動向(동향) ▷ (　　) (　　)

洞 7급 골 동, 밝을 통
洞口(동구) ▷ (　　) (　　)
洞察(통찰) ▷ (　　) (　　)

鈍 3급 둔할 둔
鈍角(둔각) ▷ (　　) (　　)
鈍化(둔화) ▷ (　　) (　　)

等 6Ⅱ 무리 등
等級(등급) ▷ (　　) (　　)
等數(등수) ▷ (　　) (　　)

卵 4급 알 란
卵生(난생) ▷ (　　) (　　)
卵巢(난소) ▷ (　　) (　　)

亂 4급 어지러울 란
亂世(난세) ▷ (　　) (　　)
亂立(난립) ▷ (　　) (　　)

濫 3급 넘칠 람
濫發(남발) ▷ (　　) (　　)
濫用(남용) ▷ (　　) (　　)

朗 5Ⅱ 밝을 랑
朗讀(낭독) ▷ (　　) (　　)
朗報(낭보) ▷ (　　) (　　)

冷 5급 찰 랭
冷房(냉방) ▷ (　　) (　　)
冷水(냉수) ▷ (　　) (　　)

兩 4Ⅱ 두 량
兩親(양친) ▷ (　　) (　　)
兩極(양극) ▷ (　　) (　　)

勵 3Ⅱ 힘쓸 려
勵節(여절) ▷ (　　) (　　)
勵精(여정) ▷ (　　) (　　)

慮 4급 생각할 려
慮事(여사) ▷ (　　) (　　)
慮外(여외) ▷ (　　) (　　)

戀 3Ⅱ 그리워할 련, 그릴 련
戀愛(연애) ▷ (　　) (　　)
戀情(연정) ▷ (　　) (　　)

鍊 3Ⅱ 쇠불릴 련
鍊金(연금) ▷ (　　) (　　)
鍊磨(연마) ▷ (　　) (　　)

練 5Ⅱ 익힐 련
練兵(연병) ▷ (　　) (　　)
練習(연습) ▷ (　　) (　　)

隷 3급 종 례
隷書(예서) ▷ (　　) (　　)
隷屬(예속) ▷ (　　) (　　)

例 6급 법식 례
例事(예사) ▷ (　　) (　　)
例外(예외) ▷ (　　) (　　)

禮 6급 예도 례
禮度(예도) ▷ (　　) (　　)
禮節(예절) ▷ (　　) (　　)

路 6급 길 로
路邊(노변) ▷ (　　) (　　)
路上(노상) ▷ (　　) (　　)

老 7급 늙을 로
老人(노인) ▷ (　　) (　　)
老後(노후) ▷ (　　) (　　)

弄 3Ⅱ 희롱할 롱
弄聲(농성) ▷ (　　) (　　)
弄談(농담) ▷ (　　) (　　)

다음은 첫 음절에서 긴소리로 발음되는 한자이다. (　　) 속에 훈음을 쓰세요.

賴 3Ⅱ 의뢰할 뢰
賴德(뇌덕) ▹ (　　) (　　)
賴力(뇌력) ▹ (　　) (　　)

了 3급 마칠 료
了結(요결) ▹ (　　) (　　)
了定(요정) ▹ (　　) (　　)

屢 3급 여러 루
屢次(누차) ▹ (　　) (　　)
屢報(누보) ▹ (　　) (　　)

淚 3급 눈물 루
淚道(누도) ▹ (　　) (　　)
淚眼(누안) ▹ (　　) (　　)

累 3Ⅱ 여러 루, 자주 루
累代(누대) ▹ (　　) (　　)
累積(누적) ▹ (　　) (　　)

漏 3Ⅱ 샐 루
漏落(누락) ▹ (　　) (　　)
漏水(누수) ▹ (　　) (　　)

履 3Ⅱ 밟을 리
履歷(이력) ▹ (　　) (　　)
履行(이행) ▹ (　　) (　　)

吏 3Ⅱ 관리 리, 벼슬아치 리
吏讀(이두) ▹ (　　) (　　)
吏吐(이토) ▹ (　　) (　　)

裏 3Ⅱ 속 리
裏面(이면) ▹ (　　) (　　)
裏許(이허) ▹ (　　) (　　)

離 4급 떠날 리
離別(이별) ▹ (　　) (　　)
離陸(이륙) ▹ (　　) (　　)

李 6급 오얏 리, 성姓 리
李氏(이씨) ▹ (　　) (　　)
李花(이화) ▹ (　　) (　　)

理 6Ⅱ 다스릴 리
理事(이사) ▹ (　　) (　　)
理由(이유) ▹ (　　) (　　)

利 6Ⅱ 이할 리
利用(이용) ▹ (　　) (　　)
利益(이익) ▹ (　　) (　　)

里 7급 마을 리
里長(이장) ▹ (　　) (　　)
里許(이허) ▹ (　　) (　　)

馬 5급 말 마
馬夫(마부) ▹ (　　) (　　)
馬車(마차) ▹ (　　) (　　)

慢 3급 거만할 만
慢性(만성) ▹ (　　) (　　)
慢心(만심) ▹ (　　) (　　)

漫 3급 흩어질 만
漫評(만평) ▹ (　　) (　　)
漫畫(만화) ▹ (　　) (　　)

晩 3Ⅱ 늦을 만
晩秋(만추) ▹ (　　) (　　)
晩學(만학) ▹ (　　) (　　)

萬 8급 일만 만
萬歲(만세) ▹ (　　) (　　)
萬全(만전) ▹ (　　) (　　)

妄 3Ⅱ 망령될 망
妄想(망상) ▹ (　　) (　　)
妄念(망념) ▹ (　　) (　　)

望 5Ⅱ 바랄 망
望月(망월) ▹ (　　) (　　)
望鄕(망향) ▹ (　　) (　　)

買 5급 살 매
買入(매입) ▹ (　　) (　　)
買受(매수) ▹ (　　) (　　)

猛 3Ⅱ 사나울 맹
猛獸(맹수) ▹ (　　) (　　)
猛襲(맹습) ▹ (　　) (　　)

免 3Ⅱ 면할 면
免疫(면역) ▹ (　　) (　　)
免職(면직) ▹ (　　) (　　)

다음은 첫 음절에서 긴소리로 발음되는 한자이다. (　　) 속에 훈음을 쓰세요.

勉 4급 힘쓸 면
勉學(면학) ▷ (　　) (　　)
勉行(면행) ▷ (　　) (　　)

面 7급 낯 면
面目(면목) ▷ (　　) (　　)
面會(면회) ▷ (　　) (　　)

命 7급 목숨 명
命脈(명맥) ▷ (　　) (　　)
命令(명령) ▷ (　　) (　　)

暮 3급 저물 모
暮景(모경) ▷ (　　) (　　)
暮夜(모야) ▷ (　　) (　　)

某 3급 아무 모
某種(모종) ▷ (　　) (　　)
某處(모처) ▷ (　　) (　　)

慕 3II 그릴 모
慕戀(모련) ▷ (　　) (　　)
慕化(모화) ▷ (　　) (　　)

母 8급 어미 모
母校(모교) ▷ (　　) (　　)
母國(모국) ▷ (　　) (　　)

苗 3급 모 묘
苗脈(묘맥) ▷ (　　) (　　)
苗木(묘목) ▷ (　　) (　　)

廟 3급 사당 묘
廟堂(묘당) ▷ (　　) (　　)
廟議(묘의) ▷ (　　) (　　)

卯 3급 토끼 묘
卯睡(묘수) ▷ (　　) (　　)
卯時(묘시) ▷ (　　) (　　)

墓 4급 무덤 묘
墓碑(묘비) ▷ (　　) (　　)
墓域(묘역) ▷ (　　) (　　)

妙 4급 묘할 묘
妙技(묘기) ▷ (　　) (　　)
妙案(묘안) ▷ (　　) (　　)

霧 3급 안개 무
霧散(무산) ▷ (　　) (　　)
霧露(무로) ▷ (　　) (　　)

戊 3급 천간 무
戊戌(무술) ▷ (　　) (　　)
戊夜(무야) ▷ (　　) (　　)

茂 3II 무성할 무
茂盛(무성) ▷ (　　) (　　)
茂林(무림) ▷ (　　) (　　)

貿 3II 무역할 무
貿易(무역) ▷ (　　) (　　)
貿販(무판) ▷ (　　) (　　)

舞 4급 춤출 무
舞曲(무곡) ▷ (　　) (　　)
舞樂(무악) ▷ (　　) (　　)

武 4II 호반 무
武器(무기) ▷ (　　) (　　)
武裝(무장) ▷ (　　) (　　)

務 4II 힘쓸 무
務望(무망) ▷ (　　) (　　)
務實(무실) ▷ (　　) (　　)

問 7급 물을 문
問病(문병) ▷ (　　) (　　)
問安(문안) ▷ (　　) (　　)

尾 3II 꼬리 미
尾蔘(미삼) ▷ (　　) (　　)
尾行(미행) ▷ (　　) (　　)

味 4II 맛 미
味覺(미각) ▷ (　　) (　　)
味感(미감) ▷ (　　) (　　)

返 3급 돌이킬 반
返納(반납) ▷ (　　) (　　)
返還(반환) ▷ (　　) (　　)

叛 3급 배반할 반
叛亂(반란) ▷ (　　) (　　)
叛逆(반역) ▷ (　　) (　　)

다음은 첫 음절에서 긴소리로 발음되는 한자이다. (　　) 속에 훈음을 쓰세요.

伴 3급 짝 반
伴友(반우) ▷ (　　) (　　)
伴行(반행) ▷ (　　) (　　)

反 6Ⅱ 돌이킬 반
反擊(반격) ▷ (　　) (　　)
反省(반성) ▷ (　　) (　　)

半 6Ⅱ 반 반
半年(반년) ▷ (　　) (　　)
半島(반도) ▷ (　　) (　　)

傍 3급 곁 방
傍觀(방관) ▷ (　　) (　　)
傍聽(방청) ▷ (　　) (　　)

訪 4Ⅱ 찾을 방
訪問(방문) ▷ (　　) (　　)
訪客(방객) ▷ (　　) (　　)

培 3Ⅱ 북돋울 배
培養(배양) ▷ (　　) (　　)
培植(배식) ▷ (　　) (　　)

輩 3Ⅱ 무리 배
輩流(배류) ▷ (　　) (　　)
輩出(배출) ▷ (　　) (　　)

配 4Ⅱ 나눌 배, 짝 배
配慮(배려) ▷ (　　) (　　)
配置(배치) ▷ (　　) (　　)

背 4Ⅱ 등 배
背景(배경) ▷ (　　) (　　)
背信(배신) ▷ (　　) (　　)

拜 4Ⅱ 절 배
拜見(배견) ▷ (　　) (　　)
拜禮(배례) ▷ (　　) (　　)

犯 4급 범할 범
犯罪(범죄) ▷ (　　) (　　)
犯法(범법) ▷ (　　) (　　)

範 4급 법 범
範圍(범위) ▷ (　　) (　　)
範例(범례) ▷ (　　) (　　)

辨 3급 분별할 변
辨明(변명) ▷ (　　) (　　)
辨償(변상) ▷ (　　) (　　)

辯 4급 말씀 변
辯論(변론) ▷ (　　) (　　)
辯護(변호) ▷ (　　) (　　)

變 5Ⅱ 변할 변
變更(변경) ▷ (　　) (　　)
變裝(변장) ▷ (　　) (　　)

竝 3급 나란히 병
竝設(병설) ▷ (　　) (　　)
竝唱(병창) ▷ (　　) (　　)

丙 3Ⅱ 남녘 병
丙夜(병야) ▷ (　　) (　　)
丙子(병자) ▷ (　　) (　　)

病 6급 병 병
病苦(병고) ▷ (　　) (　　)
病床(병상) ▷ (　　) (　　)

譜 3Ⅱ 족보 보
譜錄(보록) ▷ (　　) (　　)
譜系(보계) ▷ (　　) (　　)

補 3Ⅱ 기울 보
補強(보강) ▷ (　　) (　　)
補償(보상) ▷ (　　) (　　)

普 4급 넓을 보
普通(보통) ▷ (　　) (　　)
普施(보시) ▷ (　　) (　　)

寶 4Ⅱ 보배 보
寶庫(보고) ▷ (　　) (　　)
寶貨(보화) ▷ (　　) (　　)

步 4Ⅱ 걸음 보
步道(보도) ▷ (　　) (　　)
步行(보행) ▷ (　　) (　　)

報 4급 갚을 보, 알릴 보
報道(보도) ▷ (　　) (　　)
報復(보복) ▷ (　　) (　　)

다음은 첫 음절에서 긴소리로 발음되는 한자이다. (　　) 속에 훈음을 쓰세요.

鳳 3Ⅱ 봉새 봉
鳳尾(봉미) ▷ (　　) (　　)
鳳仙花(봉선화) ▷ (　　)(　　)(　　)

奉 5Ⅱ 받들 봉
奉仕(봉사) ▷ (　　) (　　)
奉養(봉양) ▷ (　　) (　　)

赴 3급 다다를 부, 갈 부
赴役(부역) ▷ (　　) (　　)
赴任(부임) ▷ (　　) (　　)

簿 3Ⅱ 문서 부
簿冊(부책) ▷ (　　) (　　)
簿籍(부적) ▷ (　　) (　　)

付 3Ⅱ 부칠 부
付託(부탁) ▷ (　　) (　　)
付種(부종) ▷ (　　) (　　)

腐 3Ⅱ 썩을 부
腐植(부식) ▷ (　　) (　　)
腐敗(부패) ▷ (　　) (　　)

賦 3Ⅱ 부세 부
賦課(부과) ▷ (　　) (　　)
賦役(부역) ▷ (　　) (　　)

副 4Ⅱ 버금 부
副賞(부상) ▷ (　　) (　　)
副業(부업) ▷ (　　) (　　)

負 4급 질 부
負擔(부담) ▷ (　　) (　　)
負傷(부상) ▷ (　　) (　　)

富 4Ⅱ 부자 부
富國(부국) ▷ (　　) (　　)
富貴(부귀) ▷ (　　) (　　)

否 4급 아닐 부
否認(부인) ▷ (　　) (　　)
否定(부정) ▷ (　　) (　　)

奮 3Ⅱ 떨칠 분
奮鬪(분투) ▷ (　　) (　　)
奮發(분발) ▷ (　　) (　　)

憤 4급 분할 분
憤怒(분노) ▷ (　　) (　　)
憤痛(분통) ▷ (　　) (　　)

卑 3Ⅱ 낮을 비
卑屈(비굴) ▷ (　　) (　　)
卑賤(비천) ▷ (　　) (　　)

肥 3Ⅱ 살찔 비
肥料(비료) ▷ (　　) (　　)
肥滿(비만) ▷ (　　) (　　)

婢 3Ⅱ 계집종 비
婢子(비자) ▷ (　　) (　　)
婢妾(비첩) ▷ (　　) (　　)

批 4급 비평할 비
批判(비판) ▷ (　　) (　　)
批評(비평) ▷ (　　) (　　)

祕 4급 숨길 비
祕密(비밀) ▷ (　　) (　　)
祕書(비서) ▷ (　　) (　　)

備 4Ⅱ 갖출 비
備置(비치) ▷ (　　) (　　)
備品(비품) ▷ (　　) (　　)

悲 4Ⅱ 슬플 비
悲觀(비관) ▷ (　　) (　　)
悲鳴(비명) ▷ (　　) (　　)

費 5급 쓸 비
費用(비용) ▷ (　　) (　　)
費目(비목) ▷ (　　) (　　)

比 5급 견줄 비
比等(비등) ▷ (　　) (　　)
比例(비례) ▷ (　　) (　　)

鼻 5급 코 비
鼻孔(비공) ▷ (　　) (　　)
鼻音(비음) ▷ (　　) (　　)

捨 3급 버릴 사
捨戒(사계) ▷ (　　) (　　)
捨身(사신) ▷ (　　) (　　)

다음은 첫 음절에서 긴소리로 발음되는 한자이다. (　　) 속에 훈음을 쓰세요.

似 3급 닮을 사
似類(사류) ▷ (　　) (　　)
似而非(사이비) ▷ (　　)(　　)(　　)

賜 3급 줄 사
賜額(사액) ▷ (　　) (　　)
賜給(사급) ▷ (　　) (　　)

巳 3급 뱀 사
巳時(사시) ▷ (　　) (　　)
巳座(사좌) ▷ (　　) (　　)

謝 4Ⅱ 사례할 사
謝禮(사례) ▷ (　　) (　　)
謝罪(사죄) ▷ (　　) (　　)

史 5Ⅱ 사기 사
史官(사관) ▷ (　　) (　　)
史記(사기) ▷ (　　) (　　)

士 5Ⅱ 선비 사
士官(사관) ▷ (　　) (　　)
士兵(사병) ▷ (　　) (　　)

死 6급 죽을 사
死活(사활) ▷ (　　) (　　)
死後(사후) ▷ (　　) (　　)

使 6급 하여금 사
使命(사명) ▷ (　　) (　　)
使用(사용) ▷ (　　) (　　)

事 7Ⅱ 일 사
事實(사실) ▷ (　　) (　　)
事由(사유) ▷ (　　) (　　)

四 8급 넉 사
四角(사각) ▷ (　　) (　　)
四季(사계) ▷ (　　) (　　)

散 4급 흩을 산
散步(산보) ▷ (　　) (　　)
散在(산재) ▷ (　　) (　　)

産 5Ⅱ 낳을 산
産卵(산란) ▷ (　　) (　　)
産母(산모) ▷ (　　) (　　)

算 7급 셈 산
算數(산수) ▷ (　　) (　　)
算出(산출) ▷ (　　) (　　)

想 4Ⅱ 생각 상
想起(상기) ▷ (　　) (　　)
想念(상념) ▷ (　　) (　　)

上 7Ⅱ 윗 상
上部(상부) ▷ (　　) (　　)
上體(상체) ▷ (　　) (　　)

逝 3급 갈 서
逝去(서거) ▷ (　　) (　　)
逝世(서세) ▷ (　　) (　　)

暑 3급 더울 서
暑濕(서습) ▷ (　　) (　　)
暑寒(서한) ▷ (　　) (　　)

誓 3급 맹세할 서
誓盟(서맹) ▷ (　　) (　　)
誓約(서약) ▷ (　　) (　　)

庶 3급 여러 서
庶務(서무) ▷ (　　) (　　)
庶民(서민) ▷ (　　) (　　)

敍 3급 펼 서
敍述(서술) ▷ (　　) (　　)
敍情(서정) ▷ (　　) (　　)

署 3Ⅱ 마을[官廳] 서
署名(서명) ▷ (　　) (　　)
署理(서리) ▷ (　　) (　　)

緖 3Ⅱ 실마리 서
緖正(서정) ▷ (　　) (　　)
緖論(서론) ▷ (　　) (　　)

恕 3Ⅱ 용서할 서
恕諒(서량) ▷ (　　) (　　)
恕免(서면) ▷ (　　) (　　)

序 5급 차례 서
序列(서열) ▷ (　　) (　　)
序頭(서두) ▷ (　　) (　　)

다음은 첫 음절에서 긴소리로 발음되는 한자이다. (　　) 속에 훈음을 쓰세요.

選 5급 가릴 선
選擧(선거) ▷ (　　) (　　)
選擇(선택) ▷ (　　) (　　)

善 5급 착할 선
善良(선량) ▷ (　　) (　　)
善處(선처) ▷ (　　) (　　)

聖 4Ⅱ 성인 성
聖堂(성당) ▷ (　　) (　　)
聖域(성역) ▷ (　　) (　　)

盛 4Ⅱ 성할 성
盛大(성대) ▷ (　　) (　　)
盛況(성황) ▷ (　　) (　　)

性 5Ⅱ 성품 성
性質(성질) ▷ (　　) (　　)
性品(성품) ▷ (　　) (　　)

姓 7Ⅱ 성 성
姓名(성명) ▷ (　　) (　　)
姓氏(성씨) ▷ (　　) (　　)

細 4Ⅱ 가늘 세
細密(세밀) ▷ (　　) (　　)
細胞(세포) ▷ (　　) (　　)

稅 4Ⅱ 세금 세
稅關(세관) ▷ (　　) (　　)
稅務(세무) ▷ (　　) (　　)

勢 4Ⅱ 형세 세
勢道(세도) ▷ (　　) (　　)
勢力(세력) ▷ (　　) (　　)

洗 5Ⅱ 씻을 세
洗面(세면) ▷ (　　) (　　)
洗練(세련) ▷ (　　) (　　)

歲 5급 해 세
歲拜(세배) ▷ (　　) (　　)
歲月(세월) ▷ (　　) (　　)

世 7Ⅱ 인간 세
世間(세간) ▷ (　　) (　　)
世俗(세속) ▷ (　　) (　　)

笑 4Ⅱ 웃음 소
笑劇(소극) ▷ (　　) (　　)
笑談(소담) ▷ (　　) (　　)

所 7급 바 소
所聞(소문) ▷ (　　) (　　)
所在(소재) ▷ (　　) (　　)

少 7급 적을 소
少年(소년) ▷ (　　) (　　)
少女(소녀) ▷ (　　) (　　)

小 8급 작을 소
小食(소식) ▷ (　　) (　　)
小兒(소아) ▷ (　　) (　　)

損 4급 덜 손
損傷(손상) ▷ (　　) (　　)
損害(손해) ▷ (　　) (　　)

誦 3급 욀 송
誦經(송경) ▷ (　　) (　　)
誦詠(송영) ▷ (　　) (　　)

訟 3Ⅱ 송사할 송
訟事(송사) ▷ (　　) (　　)
訟案(송안) ▷ (　　) (　　)

頌 4급 기릴 송, 칭송할 송
頌德(송덕) ▷ (　　) (　　)
頌辭(송사) ▷ (　　) (　　)

送 4Ⅱ 보낼 송
送舊(송구) ▷ (　　) (　　)
送別(송별) ▷ (　　) (　　)

鎖 3Ⅱ 쇠사슬 쇄
鎖骨(쇄골) ▷ (　　) (　　)
鎖國(쇄국) ▷ (　　) (　　)

刷 3Ⅱ 인쇄할 쇄
刷馬(쇄마) ▷ (　　) (　　)
刷新(쇄신) ▷ (　　) (　　)

順 5Ⅱ 순할 순
順理(순리) ▷ (　　) (　　)
順從(순종) ▷ (　　) (　　)

다음은 첫 음절에서 긴소리로 발음되는 한자이다. (   ) 속에 훈음을 쓰세요.

矢 3급 화살 시
矢言(시언) ▷ ( ) ( )
矢石(시석) ▷ ( ) ( )

侍 3Ⅱ 모실 시
侍飮(시음) ▷ ( ) ( )
侍女(시녀) ▷ ( ) ( )

施 4Ⅱ 베풀 시
施賞(시상) ▷ ( ) ( )
施設(시설) ▷ ( ) ( )

視 4Ⅱ 볼 시
視力(시력) ▷ ( ) ( )
視線(시선) ▷ ( ) ( )

是 4Ⅱ 이 시, 옳을 시
是非(시비) ▷ ( ) ( )
是認(시인) ▷ ( ) ( )

示 5급 보일 시
示範(시범) ▷ ( ) ( )
示威(시위) ▷ ( ) ( )

始 6Ⅱ 비로소 시
始動(시동) ▷ ( ) ( )
始祖(시조) ▷ ( ) ( )

市 7Ⅱ 저자 시
市民(시민) ▷ ( ) ( )
市場(시장) ▷ ( ) ( )

愼 3Ⅱ 삼갈 신
愼重(신중) ▷ ( ) ( )
愼獨(신독) ▷ ( ) ( )

信 6Ⅱ 믿을 신
信用(신용) ▷ ( ) ( )
信任(신임) ▷ ( ) ( )

甚 3Ⅱ 심할 심
甚急(심급) ▷ ( ) ( )
甚難(심난) ▷ ( ) ( )

餓 3급 주릴 아
餓鬼(아귀) ▷ ( ) ( )
餓死(아사) ▷ ( ) ( )

我 3Ⅱ 나 아
我執(아집) ▷ ( ) ( )
我軍(아군) ▷ ( ) ( )

雁 3급 기러기 안 ※ 雁 = 鴈
雁行(안항) ▷ ( ) ( )
雁陣(안진) ▷ ( ) ( )

岸 3Ⅱ 언덕 안
岸壁(안벽) ▷ ( ) ( )
岸忽(안홀) ▷ ( ) ( )

顔 3Ⅱ 낯 안
顔色(안색) ▷ ( ) ( )
顔面(안면) ▷ ( ) ( )

眼 4Ⅱ 눈 안
眼目(안목) ▷ ( ) ( )
眼鏡(안경) ▷ ( ) ( )

案 5급 책상 안
案件(안건) ▷ ( ) ( )
案內(안내) ▷ ( ) ( )

暗 4Ⅱ 어두울 암
暗殺(암살) ▷ ( ) ( )
暗黑(암흑) ▷ ( ) ( )

仰 3Ⅱ 우러를 앙
仰祝(앙축) ▷ ( ) ( )
仰望(앙망) ▷ ( ) ( )

也 3급 이끼 야, 어조사 야
也帶(야대) ▷ ( ) ( )
也無妨(야무방) ▷ ( )( )( )

野 6급 들 야
野球(야구) ▷ ( ) ( )
野黨(야당) ▷ ( ) ( )

夜 6급 밤 야
夜間(야간) ▷ ( ) ( )
夜行(야행) ▷ ( ) ( )

讓 3Ⅱ 사양할 양
讓渡(양도) ▷ ( ) ( )
讓步(양보) ▷ ( ) ( )

다음은 첫 음절에서 긴소리로 발음되는 한자이다. (　　) 속에 훈음을 쓰세요.

壤 3Ⅱ 흙덩이 양
壤地(양지) ▷ (　　) (　　)
壤土(양토) ▷ (　　) (　　)

養 5Ⅱ 기를 양
養育(양육) ▷ (　　) (　　)
養成(양성) ▷ (　　) (　　)

御 3Ⅱ 거느릴 어
御命(어명) ▷ (　　) (　　)
御用(어용) ▷ (　　) (　　)

語 7급 말씀 어
語感(어감) ▷ (　　) (　　)
語學(어학) ▷ (　　) (　　)

輿 3급 수레 여
輿論(여론) ▷ (　　) (　　)
輿望(여망) ▷ (　　) (　　)

汝 3급 너 여
汝等(여등) ▷ (　　) (　　)
汝輩(여배) ▷ (　　) (　　)

與 4급 더불 여
與野(여야) ▷ (　　) (　　)
與否(여부) ▷ (　　) (　　)

軟 3Ⅱ 연할 연
軟弱(연약) ▷ (　　) (　　)
軟質(연질) ▷ (　　) (　　)

宴 3Ⅱ 잔치 연
宴會(연회) ▷ (　　) (　　)
宴需(연수) ▷ (　　) (　　)

演 4Ⅱ 펼 연
演劇(연극) ▷ (　　) (　　)
演說(연설) ▷ (　　) (　　)

研 4Ⅱ 갈 연
研究(연구) ▷ (　　) (　　)
研修(연수) ▷ (　　) (　　)

染 3Ⅱ 물들 염
染料(염료) ▷ (　　) (　　)
染色(염색) ▷ (　　) (　　)

泳 3급 헤엄칠 영
泳法(영법) ▷ (　　) (　　)
泳涯(영애) ▷ (　　) (　　)

詠 3급 읊을 영
詠歎(영탄) ▷ (　　) (　　)
詠懷(영회) ▷ (　　) (　　)

影 3Ⅱ 그림자 영
影印(영인) ▷ (　　) (　　)
影響(영향) ▷ (　　) (　　)

永 6급 길 영
永遠(영원) ▷ (　　) (　　)
永住(영주) ▷ (　　) (　　)

銳 3급 날카로울 예
銳敏(예민) ▷ (　　) (　　)
銳利(예리) ▷ (　　) (　　)

譽 3Ⅱ 기릴 예, 명예 예
譽聲(예성) ▷ (　　) (　　)
譽望(예망) ▷ (　　) (　　)

豫 4급 미리 예
豫想(예상) ▷ (　　) (　　)
豫測(예측) ▷ (　　) (　　)

藝 4Ⅱ 재주 예
藝能(예능) ▷ (　　) (　　)
藝術(예술) ▷ (　　) (　　)

傲 3급 거만할 오
傲慢(오만) ▷ (　　) (　　)
傲視(오시) ▷ (　　) (　　)

汚 3급 더러울 오
汚染(오염) ▷ (　　) (　　)
汚辱(오욕) ▷ (　　) (　　)

娛 3급 즐길 오
娛樂(오락) ▷ (　　) (　　)
娛遊(오유) ▷ (　　) (　　)

悟 3Ⅱ 깨달을 오
悟性(오성) ▷ (　　) (　　)
悟道(오도) ▷ (　　) (　　)

다음은 첫 음절에서 긴소리로 발음되는 한자이다. (　　) 속에 훈음을 쓰세요.

誤 4Ⅱ 그르칠 오
誤算(오산) ▷ ( ) ( )
誤差(오차) ▷ ( ) ( )

午 7Ⅱ 낮 오
午前(오전) ▷ ( ) ( )
午後(오후) ▷ ( ) ( )

五 8급 다섯 오
五常(오상) ▷ ( ) ( )
五色(오색) ▷ ( ) ( )

擁 3급 낄 옹
擁護(옹호) ▷ ( ) ( )
擁壁(옹벽) ▷ ( ) ( )

臥 3급 누울 와
臥料(와료) ▷ ( ) ( )
臥病(와병) ▷ ( ) ( )

瓦 3Ⅱ 기와 와
瓦當(와당) ▷ ( ) ( )
瓦解(와해) ▷ ( ) ( )

緩 3Ⅱ 느릴 완
緩急(완급) ▷ ( ) ( )
緩慢(완만) ▷ ( ) ( )

往 4Ⅱ 갈 왕
往來(왕래) ▷ ( ) ( )
往復(왕복) ▷ ( ) ( )

畏 3급 두려워할 외
畏敬(외경) ▷ ( ) ( )
畏愼(외신) ▷ ( ) ( )

外 8급 바깥 외
外交(외교) ▷ ( ) ( )
外面(외면) ▷ ( ) ( )

曜 5급 빛날 요
曜日(요일) ▷ ( ) ( )
曜威(요위) ▷ ( ) ( )

勇 6Ⅱ 날랠 용
勇氣(용기) ▷ ( ) ( )
勇斷(용단) ▷ ( ) ( )

用 6Ⅱ 쓸 용
用意(용의) ▷ ( ) ( )
用紙(용지) ▷ ( ) ( )

又 3급 또 우
又況(우황) ▷ ( ) ( )
又重之(우중지) ▷ ( )( )( )

羽 3Ⅱ 깃 우
羽蓋(우개) ▷ ( ) ( )
羽緞(우단) ▷ ( ) ( )

宇 3Ⅱ 집 우
宇內(우내) ▷ ( ) ( )
宇宙(우주) ▷ ( ) ( )

偶 3Ⅱ 짝 우
偶像(우상) ▷ ( ) ( )
偶感(우감) ▷ ( ) ( )

遇 4급 만날 우
遇難(우난) ▷ ( ) ( )
遇害(우해) ▷ ( ) ( )

友 5Ⅱ 벗 우
友愛(우애) ▷ ( ) ( )
友情(우정) ▷ ( ) ( )

雨 5Ⅱ 비 우
雨水(우수) ▷ ( ) ( )
雨備(우비) ▷ ( ) ( )

右 7Ⅱ 오를 우, 오른(쪽) 우
右邊(우변) ▷ ( ) ( )
右便(우편) ▷ ( ) ( )

韻 3Ⅱ 운 운
韻致(운치) ▷ ( ) ( )
韻字(운자) ▷ ( ) ( )

運 6Ⅱ 옮길 운
運動(운동) ▷ ( ) ( )
運命(운명) ▷ ( ) ( )

援 4급 도울 원
援助(원조) ▷ ( ) ( )
援軍(원군) ▷ ( ) ( )

◎ 다음은 첫 음절에서 긴소리로 발음되는 한자이다. (　　) 속에 훈음을 쓰세요.

願 5급 원할 원
願書(원서) ▷ (　　) (　　)
願力(원력) ▷ (　　) (　　)

遠 6급 멀 원
遠近(원근) ▷ (　　) (　　)
遠洋(원양) ▷ (　　) (　　)

裕 3Ⅱ 넉넉할 유
裕福(유복) ▷ (　　) (　　)
裕寬(유관) ▷ (　　) (　　)

有 7급 있을 유
有名(유명) ▷ (　　) (　　)
有用(유용) ▷ (　　) (　　)

閏 3급 윤달 윤
閏朔(윤삭) ▷ (　　) (　　)
閏月(윤월) ▷ (　　) (　　)

潤 3Ⅱ 불을 윤
潤色(윤색) ▷ (　　) (　　)
潤澤(윤택) ▷ (　　) (　　)

凝 3급 엉길 응
凝視(응시) ▷ (　　) (　　)
凝固(응고) ▷ (　　) (　　)

應 4Ⅱ 응할 응
應試(응시) ▷ (　　) (　　)
應援(응원) ▷ (　　) (　　)

義 4Ⅱ 옳을 의
義務(의무) ▷ (　　) (　　)
義理(의리) ▷ (　　) (　　)

意 6Ⅱ 뜻 의
意圖(의도) ▷ (　　) (　　)
意向(의향) ▷ (　　) (　　)

已 3Ⅱ 이미 이
已決(이결) ▷ (　　) (　　)
已往(이왕) ▷ (　　) (　　)

異 4급 다를 이
異端(이단) ▷ (　　) (　　)
異常(이상) ▷ (　　) (　　)

耳 5급 귀 이
耳目(이목) ▷ (　　) (　　)
耳鳴(이명) ▷ (　　) (　　)

以 5Ⅱ 써 이
以上(이상) ▷ (　　) (　　)
以前(이전) ▷ (　　) (　　)

二 8급 두 이
二重(이중) ▷ (　　) (　　)
二世(이세) ▷ (　　) (　　)

賃 3Ⅱ 품삯 임
賃貸(임대) ▷ (　　) (　　)
賃借(임차) ▷ (　　) (　　)

壬 3Ⅱ 북방 임
壬辰(임진) ▷ (　　) (　　)
壬公(임공) ▷ (　　) (　　)

恣 3급 방자할 자, 마음대로 자
恣放(자방) ▷ (　　) (　　)
恣行(자행) ▷ (　　) (　　)

姿 4급 모양 자
姿勢(자세) ▷ (　　) (　　)
姿態(자태) ▷ (　　) (　　)

掌 3Ⅱ 손바닥 장
掌握(장악) ▷ (　　) (　　)
掌篇(장편) ▷ (　　) (　　)

藏 3Ⅱ 감출 장
藏書(장서) ▷ (　　) (　　)
藏拙(장졸) ▷ (　　) (　　)

丈 3Ⅱ 어른 장
丈夫(장부) ▷ (　　) (　　)
丈母(장모) ▷ (　　) (　　)

臟 3Ⅱ 오장 장
臟器(장기) ▷ (　　) (　　)
臟毒(장독) ▷ (　　) (　　)

葬 3Ⅱ 장사지낼 장
葬禮(장례) ▷ (　　) (　　)
葬儀(장의) ▷ (　　) (　　)

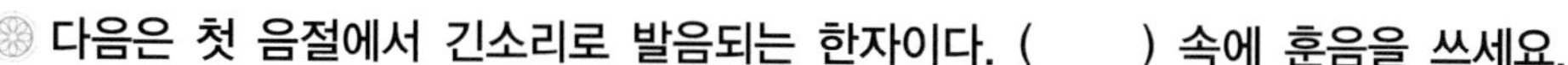
다음은 첫 음절에서 긴소리로 발음되는 한자이다. (　　) 속에 훈음을 쓰세요.

壯 4급 장할 장
壯觀(장관) ▷ (　　　) (　　　)
壯士(장사) ▷ (　　　) (　　　)

宰 3급 재상 재
宰相(재상) ▷ (　　　) (　　　)
宰官(재관) ▷ (　　　) (　　　)

栽 3Ⅱ 심을 재
栽培(재배) ▷ (　　　) (　　　)
栽植(재식) ▷ (　　　) (　　　)

載 3Ⅱ 실을 재
載錄(재록) ▷ (　　　) (　　　)
載送(재송) ▷ (　　　) (　　　)

再 5급 두 재
再拜(재배) ▷ (　　　) (　　　)
再次(재차) ▷ (　　　) (　　　)

在 6급 있을 재
在美(재미) ▷ (　　　) (　　　)
在中(재중) ▷ (　　　) (　　　)

抵 3Ⅱ 막을[抗] 저
抵抗(저항) ▷ (　　　) (　　　)
抵觸(저촉) ▷ (　　　) (　　　)

底 4급 밑 저
底邊(저변) ▷ (　　　) (　　　)
底止(저지) ▷ (　　　) (　　　)

低 4Ⅱ 낮을 저
低價(저가) ▷ (　　　) (　　　)
低空(저공) ▷ (　　　) (　　　)

貯 5급 쌓을 저
貯金(저금) ▷ (　　　) (　　　)
貯蓄(저축) ▷ (　　　) (　　　)

殿 3Ⅱ 전각 전
殿閣(전각) ▷ (　　　) (　　　)
殿堂(전당) ▷ (　　　) (　　　)

轉 4급 구를 전
轉學(전학) ▷ (　　　) (　　　)
轉向(전향) ▷ (　　　) (　　　)

錢 4급 돈 전
錢票(전표) ▷ (　　　) (　　　)
錢貨(전화) ▷ (　　　) (　　　)

典 5Ⅱ 법 전
典據(전거) ▷ (　　　) (　　　)
典籍(전적) ▷ (　　　) (　　　)

展 5Ⅱ 펼 전
展覽(전람) ▷ (　　　) (　　　)
展示(전시) ▷ (　　　) (　　　)

電 7Ⅱ 번개 전
電報(전보) ▷ (　　　) (　　　)
電話(전화) ▷ (　　　) (　　　)

戰 6Ⅱ 싸움 전
戰術(전술) ▷ (　　　) (　　　)
戰爭(전쟁) ▷ (　　　) (　　　)

漸 3Ⅱ 점점 점
漸增(점증) ▷ (　　　) (　　　)
漸次(점차) ▷ (　　　) (　　　)

店 5Ⅱ 가게 점
店房(점방) ▷ (　　　) (　　　)
店員(점원) ▷ (　　　) (　　　)

整 4급 가지런할 정
整理(정리) ▷ (　　　) (　　　)
整備(정비) ▷ (　　　) (　　　)

定 6급 정할 정
定價(정가) ▷ (　　　) (　　　)
定着(정착) ▷ (　　　) (　　　)

帝 4급 임금 제
帝國(제국) ▷ (　　　) (　　　)
帝王(제왕) ▷ (　　　) (　　　)

濟 4Ⅱ 건널 제
濟世(제세) ▷ (　　　) (　　　)
濟州(제주) ▷ (　　　) (　　　)

制 4Ⅱ 절제할 제
制度(제도) ▷ (　　　) (　　　)
制裁(제재) ▷ (　　　) (　　　)

다음은 첫 음절에서 긴소리로 발음되는 한자이다. (　　) 속에 훈음을 쓰세요.

際 4Ⅱ 즈음 제, 가 제
際遇(제우) ▷ (　　) (　　)
際會(제회) ▷ (　　) (　　)

祭 4Ⅱ 제사 제
祭器(제기) ▷ (　　) (　　)
祭壇(제단) ▷ (　　) (　　)

製 4Ⅱ 지을 제
製圖(제도) ▷ (　　) (　　)
製造(제조) ▷ (　　) (　　)

第 6Ⅱ 차례 제
第一(제일) ▷ (　　) (　　)
第五(제오) ▷ (　　) (　　)

弟 8급 아우 제
弟婦(제부) ▷ (　　) (　　)
弟子(제자) ▷ (　　) (　　)

弔 3급 조상할 조
弔喪(조상) ▷ (　　) (　　)
弔旗(조기) ▷ (　　) (　　)

照 3Ⅱ 비칠 조
照準(조준) ▷ (　　) (　　)
照覽(조람) ▷ (　　) (　　)

助 4Ⅱ 도울 조
助教(조교) ▷ (　　) (　　)
助味(조미) ▷ (　　) (　　)

早 4Ⅱ 이를 조
早期(조기) ▷ (　　) (　　)
早退(조퇴) ▷ (　　) (　　)

造 4Ⅱ 지을 조
造成(조성) ▷ (　　) (　　)
造作(조작) ▷ (　　) (　　)

佐 3급 도울 좌
佐飯(자반) ▷ (　　) (　　)
佐命(좌명) ▷ (　　) (　　)

坐 3Ⅱ 앉을 좌
坐禪(좌선) ▷ (　　) (　　)
坐像(좌상) ▷ (　　) (　　)

座 4급 자리 좌
座談(좌담) ▷ (　　) (　　)
座右銘(좌우명) ▷ (　　)(　　)(　　)

左 7Ⅱ 왼 좌
左相(좌상) ▷ (　　) (　　)
左便(좌편) ▷ (　　) (　　)

罪 5급 허물 죄
罪狀(죄상) ▷ (　　) (　　)
罪責(죄책) ▷ (　　) (　　)

宙 3Ⅱ 집 주
宙合(주합) ▷ (　　) (　　)
宙水(주수) ▷ (　　) (　　)

注 6Ⅱ 부을 주
注目(주목) ▷ (　　) (　　)
注意(주의) ▷ (　　) (　　)

住 7급 살 주
住民(주민) ▷ (　　) (　　)
住所(주소) ▷ (　　) (　　)

遵 3급 좇을 준
遵法(준법) ▷ (　　) (　　)
遵守(준수) ▷ (　　) (　　)

俊 3급 준걸 준
俊傑(준걸) ▷ (　　) (　　)
俊秀(준수) ▷ (　　) (　　)

準 4Ⅱ 준할 준
準備(준비) ▷ (　　) (　　)
準則(준칙) ▷ (　　) (　　)

衆 4Ⅱ 무리 중
衆論(중론) ▷ (　　) (　　)
衆生(중생) ▷ (　　) (　　)

重 7급 무거울 중
重力(중력) ▷ (　　) (　　)
重病(중병) ▷ (　　) (　　)

振 3Ⅱ 떨칠 진
振作(진작) ▷ (　　) (　　)
振興(진흥) ▷ (　　) (　　)

다음은 첫 음절에서 긴소리로 발음되는 한자이다. (　　) 속에 훈음을 쓰세요.

震 3Ⅱ 우레 진
震怒(진노) ▹ (　　) (　　)
震度(진도) ▹ (　　) (　　)

進 4Ⅱ 나아갈 진
進路(진로) ▹ (　　) (　　)
進就(진취) ▹ (　　) (　　)

盡 4급 다할 진
盡力(진력) ▹ (　　) (　　)
盡言(진언) ▹ (　　) (　　)

且 3급 또 차
且月(차월) ▹ (　　) (　　)
且置(차치) ▹ (　　) (　　)

借 3Ⅱ 빌 차, 빌릴 차
借名(차명) ▹ (　　) (　　)
借用(차용) ▹ (　　) (　　)

贊 3Ⅱ 도울 찬
贊成(찬성) ▹ (　　) (　　)
贊助(찬조) ▹ (　　) (　　)

讚 4급 기릴 찬
讚頌(찬송) ▹ (　　) (　　)
讚歌(찬가) ▹ (　　) (　　)

暢 3급 화창할 창
暢達(창달) ▹ (　　) (　　)
暢敍(창서) ▹ (　　) (　　)

創 4Ⅱ 비롯할 창
創始(창시) ▹ (　　) (　　)
創造(창조) ▹ (　　) (　　)

唱 5급 부를 창
唱歌(창가) ▹ (　　) (　　)
唱劇(창극) ▹ (　　) (　　)

菜 3Ⅱ 나물 채
菜蔬(채소) ▹ (　　) (　　)
菜食(채식) ▹ (　　) (　　)

債 3Ⅱ 빚 채
債券(채권) ▹ (　　) (　　)
債務(채무) ▹ (　　) (　　)

彩 3Ⅱ 채색 채
彩色(채색) ▹ (　　) (　　)
彩雲(채운) ▹ (　　) (　　)

採 4급 캘 채
採集(채집) ▹ (　　) (　　)
採擇(채택) ▹ (　　) (　　)

處 4Ⅱ 곳 처
處理(처리) ▹ (　　) (　　)
處世(처세) ▹ (　　) (　　)

薦 3급 천거할 천
薦擧(천거) ▹ (　　) (　　)
薦新(천신) ▹ (　　) (　　)

遷 3Ⅱ 옮길 천
遷都(천도) ▹ (　　) (　　)
遷善(천선) ▹ (　　) (　　)

淺 3Ⅱ 얕을 천
淺見(천견) ▹ (　　) (　　)
淺薄(천박) ▹ (　　) (　　)

踐 3Ⅱ 밟을 천
踐歷(천력) ▹ (　　) (　　)
踐祚(천조) ▹ (　　) (　　)

賤 3Ⅱ 천할 천
賤待(천대) ▹ (　　) (　　)
賤職(천직) ▹ (　　) (　　)

村 7급 마을 촌
村家(촌가) ▹ (　　) (　　)
村落(촌락) ▹ (　　) (　　)

寸 8급 마디 촌
寸劇(촌극) ▹ (　　) (　　)
寸陰(촌음) ▹ (　　) (　　)

總 4Ⅱ 다 총
總務(총무) ▹ (　　) (　　)
總額(총액) ▹ (　　) (　　)

催 3Ⅱ 재촉할 최
催告(최고) ▹ (　　) (　　)
催眠(최면) ▹ (　　) (　　)

다음은 첫 음절에서 긴소리로 발음되는 한자이다. (　　) 속에 훈음을 쓰세요.

最 5급 가장 최
最高(최고) ▷ (　　) (　　)
最低(최저) ▷ (　　) (　　)

臭 3급 냄새 취
臭敗(취패) ▷ (　　) (　　)
臭味(취미) ▷ (　　) (　　)

醉 3Ⅱ 취할 취
醉客(취객) ▷ (　　) (　　)
醉歌(취가) ▷ (　　) (　　)

吹 3Ⅱ 불 취
吹浪(취랑) ▷ (　　) (　　)
吹雪(취설) ▷ (　　) (　　)

趣 4급 뜻 취
趣味(취미) ▷ (　　) (　　)
趣向(취향) ▷ (　　) (　　)

就 4급 나아갈 취
就寢(취침) ▷ (　　) (　　)
就航(취항) ▷ (　　) (　　)

取 4Ⅱ 가질 취
取得(취득) ▷ (　　) (　　)
取消(취소) ▷ (　　) (　　)

置 4Ⅱ 둘 치
置先(치선) ▷ (　　) (　　)
置重(치중) ▷ (　　) (　　)

致 5급 이를 치
致誠(치성) ▷ (　　) (　　)
致謝(치사) ▷ (　　) (　　)

枕 3급 베개 침
枕邊(침변) ▷ (　　) (　　)
枕屛(침병) ▷ (　　) (　　)

浸 3Ⅱ 잠길 침
浸水(침수) ▷ (　　) (　　)
浸透(침투) ▷ (　　) (　　)

寢 4급 잘 침
寢具(침구) ▷ (　　) (　　)
寢室(침실) ▷ (　　) (　　)

墮 3급 떨어질 타
墮落(타락) ▷ (　　) (　　)
墮淚(타루) ▷ (　　) (　　)

妥 3급 온당할 타
妥當(타당) ▷ (　　) (　　)
妥協(타협) ▷ (　　) (　　)

打 5급 칠 타
打字(타자) ▷ (　　) (　　)
打者(타자) ▷ (　　) (　　)

誕 3급 낳을 탄, 거짓 탄
誕辰(탄신) ▷ (　　) (　　)
誕生(탄생) ▷ (　　) (　　)

歎 4급 탄식할 탄
歎息(탄식) ▷ (　　) (　　)
歎聲(탄성) ▷ (　　) (　　)

彈 4급 탄알 탄
彈壓(탄압) ▷ (　　) (　　)
彈藥(탄약) ▷ (　　) (　　)

炭 5급 숯 탄
炭鑛(탄광) ▷ (　　) (　　)
炭素(탄소) ▷ (　　) (　　)

湯 3Ⅱ 끓을 탕
湯飯(탕반) ▷ (　　) (　　)
湯藥(탕약) ▷ (　　) (　　)

態 4Ⅱ 모습 태
態度(태도) ▷ (　　) (　　)
態勢(태세) ▷ (　　) (　　)

痛 4급 아플 통
痛感(통감) ▷ (　　) (　　)
痛烈(통렬) ▷ (　　) (　　)

統 4Ⅱ 거느릴 통
統制(통제) ▷ (　　) (　　)
統治(통치) ▷ (　　) (　　)

退 4Ⅱ 물러날 퇴
退勤(퇴근) ▷ (　　) (　　)
退色(퇴색) ▷ (　　) (　　)

다음은 첫 음절에서 긴소리로 발음되는 한자이다. ( ) 속에 훈음을 쓰세요.

罷 3급 마칠 파
罷免(파면) ▷ ( ) ( )
罷場(파장) ▷ ( ) ( )

把 3급 잡을 파
把守(파수) ▷ ( ) ( )
把握(파악) ▷ ( ) ( )

破 4II 깨뜨릴 파
破局(파국) ▷ ( ) ( )
破損(파손) ▷ ( ) ( )

貝 3급 조개 패
貝物(패물) ▷ ( ) ( )
貝甲(패갑) ▷ ( ) ( )

敗 5급 패할 패
敗北(패배) ▷ ( ) ( )
敗戰(패전) ▷ ( ) ( )

評 4급 평할 평
評論(평론) ▷ ( ) ( )
評判(평판) ▷ ( ) ( )

蔽 3급 덮을 폐
蔽塞(폐색) ▷ ( ) ( )
蔽蒙(폐몽) ▷ ( ) ( )

幣 3급 화폐 폐
幣帛(폐백) ▷ ( ) ( )
幣物(폐물) ▷ ( ) ( )

肺 3II 허파 폐
肺肝(폐간) ▷ ( ) ( )
肺臟(폐장) ▷ ( ) ( )

廢 3급 폐할 폐, 버릴 폐
廢止(폐지) ▷ ( ) ( )
廢倫(폐륜) ▷ ( ) ( )

弊 3II 폐단 폐, 해질 폐
弊端(폐단) ▷ ( ) ( )
弊害(폐해) ▷ ( ) ( )

閉 4급 닫을 폐
閉業(폐업) ▷ ( ) ( )
閉會(폐회) ▷ ( ) ( )

抱 3급 안을 포
抱負(포부) ▷ ( ) ( )
抱擁(포옹) ▷ ( ) ( )

飽 3급 배부를 포
飽滿(포만) ▷ ( ) ( )
飽和(포화) ▷ ( ) ( )

捕 3II 잡을 포
捕捉(포착) ▷ ( ) ( )
捕獲(포획) ▷ ( ) ( )

砲 4II 대포 포
砲手(포수) ▷ ( ) ( )
砲彈(포탄) ▷ ( ) ( )

品 5II 물건 품
品評(품평) ▷ ( ) ( )
品類(품류) ▷ ( ) ( )

被 3II 입을 피
被害(피해) ▷ ( ) ( )
被襲(피습) ▷ ( ) ( )

彼 3II 저 피
彼岸(피안) ▷ ( ) ( )
彼此(피차) ▷ ( ) ( )

避 4급 피할 피
避難(피난) ▷ ( ) ( )
避身(피신) ▷ ( ) ( )

賀 3II 하례할 하
賀禮(하례) ▷ ( ) ( )
賀客(하객) ▷ ( ) ( )

下 7II 아래 하
下降(하강) ▷ ( ) ( )
下級(하급) ▷ ( ) ( )

夏 7급 여름 하
夏服(하복) ▷ ( ) ( )
夏節(하절) ▷ ( ) ( )

旱 3급 가물 한
旱害(한해) ▷ ( ) ( )
旱熱(한열) ▷ ( ) ( )

다음은 첫 음절에서 긴소리로 발음되는 한자이다. (　　) 속에 훈음을 쓰세요.

恨 4급 한 한
恨歎(한탄) ▷ (　　) (　　)
恨事(한사) ▷ (　　) (　　)

限 4Ⅱ 한할 한
限界(한계) ▷ (　　) (　　)
限度(한도) ▷ (　　) (　　)

漢 7Ⅱ 한수 한
漢文(한문) ▷ (　　) (　　)
漢藥(한약) ▷ (　　) (　　)

陷 3Ⅱ 빠질 함
陷落(함락) ▷ (　　) (　　)
陷沒(함몰) ▷ (　　) (　　)

巷 3급 거리 항
巷說(항설) ▷ (　　) (　　)
巷間(항간) ▷ (　　) (　　)

項 3Ⅱ 항목 항
項目(항목) ▷ (　　) (　　)
項領(항령) ▷ (　　) (　　)

抗 4급 겨룰 항
抗拒(항거) ▷ (　　) (　　)
抗議(항의) ▷ (　　) (　　)

航 4Ⅱ 배 항
航空(항공) ▷ (　　) (　　)
航路(항로) ▷ (　　) (　　)

港 4Ⅱ 항구 항
港口(항구) ▷ (　　) (　　)
港都(항도) ▷ (　　) (　　)

解 4Ⅱ 풀 해
解放(해방) ▷ (　　) (　　)
解說(해설) ▷ (　　) (　　)

害 5Ⅱ 해할 해
害蟲(해충) ▷ (　　) (　　)
害惡(해악) ▷ (　　) (　　)

海 7Ⅱ 바다 해
海洋(해양) ▷ (　　) (　　)
海外(해외) ▷ (　　) (　　)

幸 6Ⅱ 다행 행
幸福(행복) ▷ (　　) (　　)
幸運(행운) ▷ (　　) (　　)

享 3급 누릴 향
享祀(향사) ▷ (　　) (　　)
享年(향년) ▷ (　　) (　　)

響 3Ⅱ 울릴 향
響應(향응) ▷ (　　) (　　)
響效(향효) ▷ (　　) (　　)

向 6급 향할 향
向方(향방) ▷ (　　) (　　)
向上(향상) ▷ (　　) (　　)

獻 3Ⅱ 드릴 헌
獻納(헌납) ▷ (　　) (　　)
獻花(헌화) ▷ (　　) (　　)

憲 4급 법 헌
憲法(헌법) ▷ (　　) (　　)
憲兵(헌병) ▷ (　　) (　　)

險 4급 험할 험
險談(험담) ▷ (　　) (　　)
險路(험로) ▷ (　　) (　　)

驗 4Ⅱ 시험 험
驗算(험산) ▷ (　　) (　　)
驗左(험좌) ▷ (　　) (　　)

縣 3급 고을 현
縣監(현감) ▷ (　　) (　　)
縣令(현령) ▷ (　　) (　　)

懸 3Ⅱ 달 현
懸案(현안) ▷ (　　) (　　)
懸賞(현상) ▷ (　　) (　　)

顯 4급 나타날 현
顯官(현관) ▷ (　　) (　　)
顯達(현달) ▷ (　　) (　　)

現 6Ⅱ 나타날 현
現實(현실) ▷ (　　) (　　)
現場(현장) ▷ (　　) (　　)

※ 다음은 첫 음절에서 긴소리로 발음되는 한자이다. (　　) 속에 훈음을 쓰세요.

慧 3Ⅱ 슬기로울 혜
慧性(혜성) ▷ (　　) (　　)
慧眼(혜안) ▷ (　　) (　　)

惠 4Ⅱ 은혜 혜
惠存(혜존) ▷ (　　) (　　)
惠澤(혜택) ▷ (　　) (　　)

互 3급 서로 호
互換(호환) ▷ (　　) (　　)
互選(호선) ▷ (　　) (　　)

浩 3Ⅱ 넓을 호
浩歌(호가) ▷ (　　) (　　)
浩歎(호탄) ▷ (　　) (　　)

護 4Ⅱ 도울 호
護國(호국) ▷ (　　) (　　)
護衛(호위) ▷ (　　) (　　)

好 4Ⅱ 좋을 호
好感(호감) ▷ (　　) (　　)
好意(호의) ▷ (　　) (　　)

户 4Ⅱ 집 호
戶籍(호적) ▷ (　　) (　　)
戶主(호주) ▷ (　　) (　　)

混 4급 섞을 혼
混同(혼동) ▷ (　　) (　　)
混雜(혼잡) ▷ (　　) (　　)

禍 3Ⅱ 재앙 화
禍難(화난) ▷ (　　) (　　)
禍福(화복) ▷ (　　) (　　)

貨 4Ⅱ 재물 화
貨物(화물) ▷ (　　) (　　)
貨寶(화보) ▷ (　　) (　　)

換 3Ⅱ 바꿀 환
換率(환율) ▷ (　　) (　　)
換拂(환불) ▷ (　　) (　　)

患 5급 근심 환
患難(환난) ▷ (　　) (　　)
患部(환부) ▷ (　　) (　　)

況 4급 상황 황
況且(황차) ▷ (　　) (　　)
況榮(황영) ▷ (　　) (　　)

悔 3Ⅱ 뉘우칠 회
悔改(회개) ▷ (　　) (　　)
悔恨(회한) ▷ (　　) (　　)

會 6Ⅱ 모일 회
會計(회계) ▷ (　　) (　　)
會話(회화) ▷ (　　) (　　)

曉 3급 새벽 효
曉鷄(효계) ▷ (　　) (　　)
曉旦(효단) ▷ (　　) (　　)

效 5Ⅱ 본받을 효
效果(효과) ▷ (　　) (　　)
效驗(효험) ▷ (　　) (　　)

孝 7Ⅱ 효도 효
孝道(효도) ▷ (　　) (　　)
孝婦(효부) ▷ (　　) (　　)

候 4급 기후 후
候鳥(후조) ▷ (　　) (　　)
候風(후풍) ▷ (　　) (　　)

厚 4급 두터울 후
厚待(후대) ▷ (　　) (　　)
厚德(후덕) ▷ (　　) (　　)

後 7Ⅱ 뒤 후
後代(후대) ▷ (　　) (　　)
後孫(후손) ▷ (　　) (　　)

訓 6급 가르칠 훈
訓戒(훈계) ▷ (　　) (　　)
訓示(훈시) ▷ (　　) (　　)

毁 3급 헐 훼
毁謗(훼방) ▷ (　　) (　　)
毁損(훼손) ▷ (　　) (　　)

장長·단음短音 한자, 또는 긴:소리 표기는 한:국어:문교:육연:구회 안案:으로서 일반 국어사전과 다소 다른 것도 있습니다.

※「:」은 장음을 뜻함.

◎ 다음은 한 글자가 첫 음절에서 장長단短 두 가지로 발음되는 한자이다. (　　) 속에 독음을 쓰세요.

街 4Ⅱ 거리 가
: 街道(　　) : 街頭(　　)
街路燈(　　) 街路樹(　　)

肝 3Ⅱ 간 간
: 肝膽(　　) : 肝臟(　　)
肝氣(　　) 肝腸(　　)

簡 4급 간략할 간, 대쪽 간
: 簡易(　　) : 簡紙(　　)
簡略(　　) 簡單(　　)

間 7Ⅱ 사이 간
: 間食(　　) : 間接(　　)
間數(　　) 間隔(　　)

降 4급 내릴 강, 항복할 항 ※'강'으로 읽을 때만 장음
: 降等(　　) : 降臨(　　)
降伏(　　) 降書(　　)

強 6급 강할 강 ※強 = 强
: 強盜(　　) : 強制(　　)
強國(　　) 強力(　　)

蓋 3Ⅱ 덮을 개
: 蓋頭(　　) : 蓋然(　　)
蓋草(　　)

個 4Ⅱ 낱 개
: 個別(　　) : 個性(　　)
個人(　　)

改 5급 고칠 개
: 改良(　　) : 改作(　　)
改書(　　) 改札(　　)

更 4급 다시 갱, 고칠 경 ※'갱'으로 읽을 때만 장음.
: 更生(　　) : 更紙(　　)
更任(　　) 更正(　　)

景 5급 볕 경
: 景仰(　　) : 景福(　　)
景氣(　　) 景致(　　)

契 3Ⅱ 맺을 계, 종족이름 글, 애쓸 결
: 契機(　　) : 契約(　　)
契丹(글안/거란) 契闊(결활)

故 4Ⅱ 연고 고
: 故事(　　) : 故人(　　)
故鄕(　　)

固 5급 굳을 고
: 固城(　　)
固辭(　　) 固着(　　)

考 5급 생각할 고
: 考査(　　) : 考試(　　)
考案(　　) 考察(　　)

恐 3Ⅱ 두려울 공
: 恐喝※喝: 1급 꾸짖을 갈 : 恐龍(　　)
恐怖(　　)※怖: 2급 두려워할 포

課 5Ⅱ 공부할 과, 과정 과
: 課稅(　　)
課程(　　) 課題(　　)

貫 3Ⅱ 꿸 관
: 貫珠(　　)
貫通(　　) 貫徹(　　)

怪 3Ⅱ 괴이할 괴
: 怪物(　　) : 怪變(　　)
怪常(　　) 怪異(　　)

具 5Ⅱ 갖출 구
: 具氏(　　)
具備(　　) 具體的(　　)

口 7급 입 구
: 口頭(　　) : 口號(　　)
口文(　　) 口錢(　　)

卷 4급 책 권
: 卷煙(　　)
卷頭(　　) 卷數(　　)

勤 4급 부지런할 근
: 勤勞(　　) : 勤務(　　)
勤苦(　　) 勤念(　　)

難 4Ⅱ 어려울 난
: 難色(　　) : 難處(　　)
難關(　　) 難局(　　)

다음은 한 글자가 첫 음절에서 장長단短 두 가지로 발음되는 한자이다. (　　) 속에 독음을 쓰세요.

短 6Ⅱ 짧을 단
: 短文(　　　) : 短髮(　　　)
短點(　　　) 短縮(　　　)

唐 3Ⅱ 당나라 당, 당황할 당
: 唐突(　　　)
唐書(　　　) 唐詩(　　　)

帶 4Ⅱ 띠 대
: 帶劍(　　　) : 帶同(　　　)
帶狀(　　　) 帶率(　　　)

大 8급 큰 대
: 大國(　　　) : 大小(　　　)
大斗(　　　) 大田(　　　)

盜 4급 도둑 도
: 盜跖(　　　) ※ 跖 : 발바닥 척
盜用(　　　) 盜賊(　　　)

度 6급 법도 도, 헤아릴 탁 ※'도'로 읽을 때만 장단음
: 度量(　　　) : 度數(　　　)
度外(　　　) 度支(　　　)

童 6Ⅱ 아이 동
: 童心(　　　) : 童話(　　　)
童이(　　　) ※ '동이'의 잘못.

冬 7급 겨울 동
: 冬期(　　　) : 冬服(　　　)
冬至(　　　)

浪 3Ⅱ 물결 랑
: 浪費(　　　) : 浪說(　　　)
浪太(　　　)

來 7급 올 래
: 來客(　　　) : 來往(　　　)
來年(　　　) 來日(　　　)

令 5급 하여금 령
: 令監(　　　)
令狀(　　　) 令夫人(　　　)

露 3Ⅱ 이슬 로
: 露積(　　　)
露骨(　　　) 露出(　　　)

料 5급 헤아릴 료
: 料金(　　　) : 料給(　　　)
料食(　　　) 料理(　　　)

柳 4급 버들 류
: 柳車(　　　) : 柳器(　　　)
柳綠(　　　) 柳氏(　　　)

類 5Ⅱ 무리 류
: 類例(　　　) : 類別(　　　)
類달리(　　　)

麻 3Ⅱ 삼 마
: 麻雀(　　　) ※ 雀 : 1급 참새 작
麻織(　　　) 麻布(　　　)

滿 4Ⅱ 찰 만
: 滿面(　　　) : 滿發(　　　)
滿期(　　　) 滿足(　　　)

賣 5급 팔 매
: 賣上(　　　) : 賣店(　　　)
賣買(　　　)

每 7Ⅱ 매양 매
: 每年(　　　) : 每事(　　　)
每日(　　　)

孟 3Ⅱ 맏 맹
: 孟春(　　　) : 孟子(　　　)
孟浪(　　　)

侮 3급 업신여길 모
: 侮慢(　　　) : 侮蔑(　　　)
侮辱(　　　)

木 8급 나무 목
: 木工(　　　) : 木馬(　　　)
木瓜(모과)

聞 6Ⅱ 들을 문
: 聞見(　　　) : 聞一知十(　　　)
聞慶(　　　)

迷 3급 미혹할 미
: 迷宮(　　　) : 迷信(　　　)
迷兒(　　　) 迷惑(　　　)

※ 다음은 한 글자가 첫 음절에서 장長단短 두 가지로 발음되는 한자이다. ( ) 속에 독음을 쓰세요.

未 4Ⅱ 아닐 미
: 未開( ) : 未來( )
未安( )

美 6급 아름다울 미
: 美男( ) : 美術( )
美國( ) 美軍( )

放 6Ⅱ 놓을 방
: 放送( ) : 放心( )
放學( )

倍 5급 곱 배
: 倍數( ) : 倍率( )
倍達民族( )

凡 3Ⅱ 무릇 범
: 凡例( ) : 凡夫( )
凡節( )

屛 3급 병풍 병
: 屛迹( )
屛風( )

保 4Ⅱ 지킬 보
: 保健( ) : 保護( )
保證( )

符 3Ⅱ 부호 부
: 符合( ) : 符號( )
符節( )

附 3Ⅱ 붙을 부
: 附錄( ) : 附設( )
附子( )

府 4Ⅱ 마을[官廳] 부
: 府君( )
府庫( ) 府使( )

復 4Ⅱ 다시 부, 회복할 복 ※'부'로 읽을 때만 장음
: 復活( ) : 復興( )
復古( ) 復歸( )

粉 4급 가루 분
: 粉紅( )
粉骨( ) 粉食( )

分 6Ⅱ 나눌 분
: 分量( ) : 分數( )
分家( ) 分校( )

非 4Ⅱ 아닐 비
: 非常( ) : 非情( )
非但( ) 非才( )

射 4급 쏠 사
: 射亭( ) : 射臺( )
射擊( ) 射手( )

仕 5Ⅱ 섬길 사
: 仕宦( ) ※ 宦 : 1급 벼슬 환
仕官( ) 仕記( )

思 5급 생각 사
: 思想( )
思考( ) 思念( )

殺 4Ⅱ 죽일 살, 감할 쇄 ※'쇄'로 읽을 때만 장음
: 殺到( ) : 殺下( )
殺伐( ) 殺傷( )

狀 4Ⅱ 형상 상, 문서 장 ※'장'으로 읽을 때만 장음
: 狀啓( ) : 狀頭( )
狀態( ) 狀況( )

喪 3Ⅱ 잃을 상
: 喪配( ) : 喪妻( )
喪家( ) 喪服( )

尙 3Ⅱ 오히려 상
: 尙古( ) : 尙武( )
尙宮( ) 尙今( )

徐 3Ⅱ 천천할 서
: 徐步( ) : 徐行( )
徐氏( ) 徐羅伐( )

說 5Ⅱ 말씀 설, 달랠 세 ※'세'로 읽을 때만 장음
: 說客( ) : 說伏( )
說敎( ) 說明( )

燒 3급 사를 소
: 燒紙( )
燒却( ) 燒失( )

다음은 한 글자가 첫 음절에서 장長단短 두 가지로 발음되는 한자이다. (　　) 속에 독음을 쓰세요.

掃 4II 쓸 소
: 掃除(　　) : 掃地(　　)
掃蕩(　　) 掃海(　　)

素 4II 본디 소
: 素服(　　) : 素食(　　)
素朴(　　) 素材(　　)

孫 6급 손자 손
: 孫世(　　)
孫女(　　) 孫婦(　　)

手 7II 손 수
: 手巾(　　) ※ 巾 : 1급 수건 건
手段(　　) 手足(　　)

數 7급 셈 수, 자주 삭 ※ '수'로 읽을 때만 장음
: 數量(　　) : 數學(　　)
數脈(　　) 數飛(　　)

受 4II 받을 수
: 受苦(　　) ※ 이외 모두 단음.
受講(　　) 受信(　　)

宿 5II 잘 숙, 별자리 수 ※ '수'로 읽을 때만 장음
: 宿曜(　　)
宿命(　　) 宿泊(　　)

試 4II 시험 시
: 試圖(　　) : 試食(　　)
試驗(　　)

審 3II 살필 심
: 審議(　　) : 審判(　　)
審理(　　) 審査(　　)

雅 3II 맑을 아
: 雅俗(　　) : 雅趣(　　)
雅淡(　　) ※ 淡 = 澹

亞 3II 버금 아
: 亞流(　　) : 亞聖(　　)
亞鉛(　　) 亞洲(　　)

愛 6급 사랑 애
: 愛煙(　　)
愛國(　　) 愛誦(　　)

易 4급 바꿀 역, 쉬울 이 ※ '이'로 읽을 때만 장음
: 易融(　　) : 易行(　　)
易書(　　) 易學(　　)

燕 3급 제비 연
: 燕子(　　) : 燕雀(　　)
燕京(　　) 燕山君(　　)

沿 3II 물따라갈 연, 따를 연
: 沿革(　　)
沿岸(　　) 沿海(　　)

映 4급 비칠 영
: 映窓(　　)
映寫(　　) 映畫(　　)

要 5II 요긴할 요
: 要求(　　) : 要點(　　)
要領(　　) 要素(　　)

怨 4급 원망할 원
: 怨望(　　) : 怨聲(　　)
怨讐(　　) ※ 讐 : 1급 원수 수

爲 4II 하 위, 할 위
: 爲國(　　) : 爲先(　　)
爲始(　　) 爲主(　　)

飮 6II 마실 음
: 飮福(　　) : 飮食(　　)
飮毒(　　) 飮料(　　)

議 4II 의논할 의
: 議政府(　　) ※ 이외 모두 단음.
議決(　　) 議員(　　)

任 5II 맡길 임
: 任期(　　) : 任命(　　)
任氏(　　)

刺 3급 찌를 자, 찌를 척 ※ '자'로 읽을 때만 장음
: 刺客(　　) : 刺傷(　　)
刺殺(　　)

暫 3II 잠깐 잠
: 暫時(　　)
暫間(　　) 暫定(　　)

◈ 다음은 한 글자가 첫 음절에서 장長단短 두 가지로 발음되는 한자이다. (　　) 속에 독음을 쓰세요.

獎 4급 장려할 장
: 獎勸(　　) : 獎學(　　)
獎忠壇(　　) 獎忠洞(　　)

將 4Ⅱ 장수 장
: 將校(　　) : 將帥(　　)
將來(　　) 將次(　　)

長 8급 긴 장
: 長官(　　) : 長者(　　)
長短(　　) 長篇(　　)

著 3Ⅱ 나타날 저
: 著書(　　) : 著述(　　)
著押(　　) 著銜(착함)

占 4급 점령할 점
: 占據(　　) : 占領(　　)
占卜(　　) 占術(　　)

點 4급 점 점
: 點心(　　)
點檢(　　) 點線(　　)

井 3Ⅱ 우물 정
: 井邑詞(　　)
井間(　　) 井華水(　　)

正 7Ⅱ 바를 정
: 正義(　　) : 正直(　　)
正月(　　) 正初(　　)

操 5급 잡을 조
: 操心(　　) : 操鍊(　　)
操作(　　) 操縱(　　)

從 4급 좇을 종
: 從祖(　　) : 從兄(　　)
從軍(　　) 從事(　　)

種 5Ⅱ 씨 종
: 種類(　　) : 種別(　　)
種子(　　) 種族(　　)

奏 3Ⅱ 아뢸 주
: 奏功(　　) : 奏請(　　)
奏效(　　)

酒 4급 술 주
: 酒酊(　　) ※ 酊 : 1급 술취할 정
酒類(　　) 酒店(　　)

仲 3Ⅱ 버금 중
: 仲氏(　　) : 仲兄(　　)
仲媒(　　) 仲秋(　　)

症 3Ⅱ 증세 증
: 症(火症)나다(　　)
症狀(　　) 症勢(　　)

陳 3Ⅱ 베풀 진, 묵을 진
: 陳列(　　) : 陳述(　　)
陳久(　　) 陳腐(　　)

鎭 3Ⅱ 진압할 진
: 鎭壓(　　) : 鎭痛(　　)
鎭靜(　　) 鎭魂(　　)

昌 3Ⅱ 창성할 창
: 昌盛(　　) : 昌德宮(　　)
昌寧(　　) 昌平(　　)

倉 3Ⅱ 곳집 창
: 倉卒(　　)
倉庫(　　)

沈 3Ⅱ 잠길 침, 성 심
: 沈默(　　) : 沈潛(　　)
沈降(　　) 沈積(　　)

針 4급 바늘 침
: 針母(　　) : 針線(　　)
針形(　　) 針葉樹(　　)

吐 3Ⅱ 토할 토
: 吐根(　　) : 吐血(　　)
吐露(　　)

討 4급 칠 토
: 討論(　　) : 討議(　　)
討伐(　　) 討破(　　)

播 3급 뿌릴 파
: 播種(　　) : 播遷(　　)
播多(　　) 播植(　　)

다음은 한 글자가 첫 음절에서 장長단短 두 가지로 발음되는 한자이다. (   ) 속에 독음을 쓰세요.

片 3II 조각 편
: 片紙(   )
片影(   ) 片肉(   )

便 7급 편할 편
: 便紙(   )
便利(   ) 便安(   )

胞 4급 세포 포
: 胞胎(   ) ※ 胎 : 2급 아이밸 태
胞衣(   ) 胞子(   )

包 4II 쌀 포
: 包容(   ) : 包圍(   )
包裝(   ) 包含(   )

布 4II 베 포
: 布告(   ) : 布敎(   )
布木(   ) 布帳(   )

暴 4II 사나울 폭, 모질 포 ※'포'로 읽을 때만 장음
: 暴惡(   ) : 暴慢(   )
暴君(   ) 暴露(   )

荷 3급 멜 하
: 荷物(   ) : 荷役(   )
荷香(   ) 荷花(   )

汗 3II 땀 한
: 汗馬(   ) : 汗蒸(   )
汗國(   ) 汗黨(   )

韓 8급 나라 한
: 韓國(   ) : 韓食(   )
韓氏(   ) 韓山(   )

行 6급 다닐 행, 항렬 항 ※'행'으로 읽을 때만 장단음
행 : 行實(   )
행/항 行動(행동) 行進(행진) 行列(항렬)

虎 3II 범 호
: 虎口(   ) : 虎患(   )
虎班(   )

號 6급 이름 호
: 號哭(   ) : 號外(   )
號角(   )

化 5II 될 화
: 化石(   ) : 化身(   )
化粧(   ) 化學(   )

畫 6급 그림 화, 그을 획 ※'화'로 읽을 때만 장음
: 畫家(   ) : 畫幅(   )
畫順(   ) 畫策(   )

火 8급 불 화
: 火氣(   ) : 火葬(   )
火曜日(   )

環 4급 고리 환
: 環境(   )
環狀(   )

興 4II 일 흥
: 興味(   ) : 興趣(   )
興亡(   ) 興盛(   )

장음을 익히는 방법은 특별한 묘:안이 없습니다. 자주 읽고 쓰는 것이 최:상의 방법입니다.

장음은 예로부터 일상생활에서 사:용되었으나, 어느 순간 발음체계가 무너지면서 그 규칙성을 잃어버렸습니다. 현:재 많은 수험생들이 장음 문:제에 대하여 난감해 하는 것은 사:실이지만, 장음이 없어지면 우리말의 발음체계는 영:원히 그 자취를 감출 것입니다. 우리말·우리글을 지키는 일환으로 힘들어도 반:복하여 익혀 봅시다.

현:재 여러 학자들이 그 규칙과 체계에 관하여 연:구 중에 있습니다.

한자능력검정시험 3급(3급Ⅱ 포함)

약자쓰기

학습도움

약자쓰기

✔ 漢字는 實用化를 위해 예전부터 획을 줄여서 흐름을 연결하여 필기체筆記體로 사용하던 글자입니다. 漢字의 書體는 모양에 따라 전서篆書, 예서隸書, 행서行書, 초서草書, 해서楷書 등으로 구별합니다. 略字는 초서草書의 서체를 정형화定型化시킨 것으로 이해할 수 있습니다.

✔ 中國에서는 현재 우리가 보편적으로 사용하고 있는 漢字를 번체자繁體字라 하고, 획을 줄여서 만든 漢字를 간체자簡體字라고 합니다. 하지만 간체자와 약자는 간혹 같은 모양을 지닌 것도 있지만 본래 전혀 다른 의미에서 형성된 글자입니다.

학습방법

✔ 빈칸에 略字를 써가면서 서로 뜻이 통하는 漢字語를 만들어 봅니다. 文字는 사용하지 않으면 쉽게 잊혀지므로 略字 또한 實用化하는 것이 오래도록 기억할 수 있는 길이기 때문입니다.

✔ 正字로 사용되는 漢字를 먼저 白紙에 옮겨 쓴 후, 받아쓰기 형식의 略字로 고쳐 쓰는 연습을 하면 효과적으로 기억할 수 있습니다.

다음은 한자의 약자를 나열한 것입니다. 본래의 글자와 약자를 서로 비교하여 익히도록 하세요.

약자	본래 글자	급수
仮	假(거짓 가)	4Ⅱ
価	價(값 가)	5Ⅱ
覚	覺(깨달을 각)	4급
鑑	鑑(거울 감)	3Ⅱ
监	監(볼 감)	4Ⅱ
減	減(덜 감)	4Ⅱ
漑	漑(물댈 개)	3급
慨	慨(슬퍼할 개)	3급
概	槪(대개 개)	3Ⅱ

약자	본래 글자	급수
盖	蓋(덮을 개)	3Ⅱ
个	個(낱 개)	4Ⅱ
拠	據(근거 거)	4급
挙	擧(들 거)	5급
剣	劍(칼 검)	3Ⅱ
倹	儉(검소할 검)	4급
検	檢(검사할 검)	4Ⅱ
撃	擊(칠 격)	4급
坚	堅(굳을 견)	4급

다음은 한자의 약자를 나열한 것입니다. 본래의 글자와 약자를 서로 비교하여 익히도록 하세요.

약자	본자(훈 음) 급수
欠	缺(이지러질 결) 4Ⅱ
径	徑(지름길 경) 3급
経	經(지날 경) 4Ⅱ
軽	輕(가벼울 경) 5급
繋	繫(맬 계) 3급
継	繼(이을 계) 4급
穀	穀(곡식 곡) 4급
寛	寬(너그러울 관) 3Ⅱ
舘	館(집 관) 3Ⅱ
观 観	觀(볼 관) 5Ⅱ
関	關(관계할 관) 5Ⅱ
鉱	鑛(쇳돌 광) 4급
広	廣(넓을 광) 5Ⅱ
壊	壞(무너질 괴) 3Ⅱ
駆	驅(몰 구) 3급
亀	龜(거북 구) 3급
勾	句(글귀 구) 4Ⅱ
旧	舊(예 구) 5Ⅱ

다음은 한자의 약자를 나열한 것입니다. 본래의 글자와 약자를 서로 비교하여 익히도록 하세요.

약자	본자	급수
区	區(구분할 구)	6급
国	國(나라 국)	8급
劝	勸(권할 권)	4급
权	權(권세 권)	4Ⅱ
帰	歸(돌아갈 귀)	4급
既	旣(이미 기)	3급
弃	棄(버릴 기)	3급
噐	器(그릇 기)	4Ⅱ
気	氣(기운 기)	7Ⅱ

약자	본자	급수
紧	緊(긴할 긴)	3Ⅱ
寍 寕	寧(편안 녕)	3Ⅱ
悩	惱(번뇌할 뇌)	3급
脳	腦(골 뇌)	3Ⅱ
断	斷(끊을 단)	4Ⅱ
単	單(홑 단)	4Ⅱ
団	團(둥글 단)	5Ⅱ
担	擔(멜 담)	4Ⅱ
党	黨(무리 당)	4Ⅱ

다음은 한자의 약자를 나열한 것입니다. 본래의 글자와 약자를 서로 비교하여 익히도록 하세요.

약자	본자	급수
当	當(마땅 당)	5Ⅱ
台 坮	臺(대 대)	3Ⅱ
対	對(대할 대)	6Ⅱ
徳	德(큰 덕)	5Ⅱ
図	圖(그림 도)	6Ⅱ
毒	毒(독 독)	4Ⅱ
独	獨(홀로 독)	5Ⅱ
読	讀(읽을 독)	6Ⅱ
灯	燈(등 등)	4Ⅱ
楽	樂(즐길 락)	6Ⅱ
乱	亂(어지러울 란)	4급
滥	濫(넘칠 람)	3급
覧 覽	覽(볼 람)	4급
来	來(올 래)	7급
凉	涼(서늘할 량)	3Ⅱ
両	兩(두 량)	4Ⅱ
励	勵(힘쓸 려)	3Ⅱ
麗	麗(고울 려)	4Ⅱ

다음은 한자의 약자를 나열한 것입니다. 본래의 글자와 약자를 서로 비교하여 익히도록 하세요.

약자	본래 글자
恋	戀(그리워할 련) 3Ⅱ
联	聯(연이을 련) 3Ⅱ
錬	鍊(쇠불릴 련) 3Ⅱ
練	練(익힐 련) 5Ⅱ
猟	獵(사냥 렵) 3급
灵 霊	靈(신령 령) 3Ⅱ
礼	禮(예도 례) 6급
炉	爐(화로 로) 3Ⅱ
労	勞(일할 로) 5Ⅱ
录	錄(기록할 록) 4Ⅱ
竜	龍(용 룡) 4급
涙	淚(눈물 루) 3급
楼	樓(다락 루) 3Ⅱ
难	離(떠날 리) 4급
临	臨(임할 림) 3Ⅱ
満	滿(찰 만) 4Ⅱ
万	萬(일만 만) 8급
売	賣(팔 매) 5급

다음은 한자의 약자를 나열한 것입니다. 본래의 글자와 약자를 서로 비교하여 익히도록 하세요.

약자	본래의 글자	급수
麦	麥(보리 맥)	3급
皃	貌(모양 모)	3II
梦	夢(꿈 몽)	3II
庿 庙	廟(사당 묘)	3급
墨	墨(먹 묵)	3II
黙	默(잠잠할 묵)	3II
廹	迫(핍박할 박)	3II
発	發(필 발)	6II
輩	輩(무리 배)	3II
拝	拜(절 배)	4II
緐	繁(많을 번)	3II
辺 边	邊(가 변)	4II
変	變(변할 변)	5II
屏	屛(병풍 병)	3급
並	竝(나란히 병)	3급
宝	寶(보배 보)	4II
冨	富(부자 부)	4II
払	拂(떨칠 불)	3급

다음은 한자의 약자를 나열한 것입니다. 본래의 글자와 약자를 서로 비교하여 익히도록 하세요.

약자	본래 글자	약자	본래 글자
仏	佛(부처 불) 4Ⅱ	緒	緖(실마리 서) 3Ⅱ
辞	辭(말씀 사) 4급	釈	釋(풀 석) 3Ⅱ
师	師(스승 사) 4Ⅱ	禅	禪(선 선) 3Ⅱ
写 写	寫(베낄 사) 5급	舩	船(배 선) 5급
殺	殺(죽일 살) 4Ⅱ	摂	攝(다스릴 섭) 3급
甞	嘗(맛볼 상) 3급	声	聲(소리 성) 4Ⅱ
桒	桑(뽕나무 상) 3Ⅱ	岁 歳	歲(해 세) 5Ⅱ
状	狀(형상 상) 4Ⅱ	焼	燒(사를 소) 3Ⅱ
叙 敍	敍(펼 서) 3급	属	屬(붙일 속) 4급

다음은 한자의 약자를 나열한 것입니다. 본래의 글자와 약자를 서로 비교하여 익히도록 하세요.

약자	본래의 글자	급수
続	續(이을 속)	4Ⅱ
捜	搜(찾을 수)	3급
寿	壽(목숨 수)	3Ⅱ
獣	獸(짐승 수)	3Ⅱ
随	隨(따를 수)	3Ⅱ
帅	帥(장수 수)	3Ⅱ
収	收(거둘 수)	4Ⅱ
数	數(셈 수)	7급
粛 肃	肅(엄숙할 숙)	4급
湿	濕(젖을 습)	3급
乗	乘(탈 승)	3Ⅱ
実	實(열매 실)	5Ⅱ
双	雙(두 쌍)	3Ⅱ
亜	亞(버금 아)	3Ⅱ
児	兒(아이 아)	5Ⅱ
悪	惡(악할 악)	5Ⅱ
岩	巖(바위 암)	3Ⅱ
圧	壓(누를 압)	4Ⅱ

다음은 한자의 약자를 나열한 것입니다. 본래의 글자와 약자를 서로 비교하여 익히도록 하세요.

약자	본자 (훈음)	급수
薬	藥(약 약)	6Ⅱ
壌	壤(흙덩이 양)	3Ⅱ
譲	讓(사양할 양)	3Ⅱ
厳	嚴(엄할 엄)	4급
与	與(더불 여)	4급
余	餘(남을 여)	4Ⅱ
駅	驛(역 역)	3Ⅱ
訳	譯(번역할 역)	3Ⅱ
鈆	鉛(납 연)	4급
研	硏(갈 연)	4Ⅱ
塩	鹽(소금 염)	3급
営	營(경영할 영)	4급
栄	榮(영화 영)	4Ⅱ
誉	譽(기릴 예)	3Ⅱ
予	豫(미리 예)	4급
芸, 藝	藝(재주 예)	4Ⅱ
温	溫(따뜻할 온)	6급
遥	遙(멀 요)	3급

다음은 한자의 약자를 나열한 것입니다. 본래의 글자와 약자를 서로 비교하여 익히도록 하세요.

약자	본래 글자	약자	본래 글자
揺	搖(흔들 요) 3급	宜	宜(마땅 의) 3급
謡	謠(노래 요) 4II	医	醫(의원 의) 6급
貟	員(인원 원) 4II	者	者(놈 자) 6급
逺	遠(멀 원) 6급	残	殘(남을 잔) 4급
偽	僞(거짓 위) 3급	雑	雜(섞일 잡) 4급
囲	圍(에워쌀 위) 4급	臓	臟(오장 장) 3II
為	爲(하 위) 4II	蔵	藏(감출 장) 3II
隠 隐	隱(숨을 은) 4급	荘	莊(씩씩할 장) 3II
応	應(응할 응) 4II	壮	壯(장할 장) 4급

다음은 한자의 약자를 나열한 것입니다. 본래의 글자와 약자를 서로 비교하여 익히도록 하세요.

약자	본자	약자	본자
奨	奬(장려할 장) 4급	窃	竊(훔칠 절) 3급
装	裝(꾸밀 장) 4급	節	節(마디 절) 5Ⅱ
将	將(장수 장) 4Ⅱ	点 奌	點(점 점) 4급
𢦏	哉(어조사 재) 3급	浄	淨(깨끗할 정) 3Ⅱ
争	爭(다툴 쟁) 5급	静	靜(고요할 정) 4급
転	轉(구를 전) 4급	𡧃	定(정할 정) 6급
銭	錢(돈 전) 4급	斉	齊(가지런할 제) 3Ⅱ
伝	傳(전할 전) 5Ⅱ	済	濟(건널 제) 4Ⅱ
战 戦	戰(싸움 전) 6Ⅱ	条	條(가지 조) 4급

다음은 한자의 약자를 나열한 것입니다. 본래의 글자와 약자를 서로 비교하여 익히도록 하세요.

약자	본자	급수
卆	卒(마칠 졸)	5Ⅱ
从, 従	從(좇을 종)	4급
铸	鑄(쇠불릴 주)	3Ⅱ
昼	晝(낮 주)	6급
凖	準(준할 준)	3Ⅱ
即	卽(곧 즉)	3Ⅱ
曽	曾(일찍 증)	3Ⅱ
烝	蒸(찔 증)	3Ⅱ
証	證(증거 증)	4급
増	增(더할 증)	4Ⅱ
遅	遲(더딜 지)	3급
尽	盡(다할 진)	4급
珎	珍(보배 진)	4급
貭	質(바탕 질)	5Ⅱ
徴	徵(부를 징)	3Ⅱ
賛	贊(도울 찬)	3Ⅱ
讃	讚(기릴 찬)	4급
惨	慘(참혹할 참)	3급

다음은 한자의 약자를 나열한 것입니다. 본래의 글자와 약자를 서로 비교하여 익히도록 하세요.

약자	본자 (뜻 음)	급수
参	參(참여할 참)	5II
処	處(곳 처)	4II
浅	淺(얕을 천)	3II
賎	賤(천할 천)	3II
践	踐(밟을 천)	3II
迁	遷(옮길 천)	3II
鉄	鐵(쇠 철)	5급
聴	聽(들을 청)	4급
庁	廳(관청 청)	4급

약자	본자 (뜻 음)	급수
逓	遞(갈릴 체)	3급
体	體(몸 체)	6II
触	觸(닿을 촉)	3II
聡, 聰	聰(귀밝을 총)	3급
総, 總	總(다 총)	4II
虫	蟲(벌레 충)	4II
酔	醉(취할 취)	3II
歯	齒(이 치)	4II
柒	漆(옻 칠)	3급

다음은 한자의 약자를 나열한 것입니다. 본래의 글자와 약자를 서로 비교하여 익히도록 하세요.

약자	본래의 글자
称	稱(일컬을 칭) 4급
堕	墮(떨어질 타) 3급
弾	彈(탄알 탄) 4급
沢	澤(못 택) 3II
択	擇(가릴 택) 4급
兎	兔(토끼 토) 3II
廃	廢(폐할 폐) 3급
学	學(배울 학) 8급
虚	虛(빌 허) 4II
献	獻(드릴 헌) 3II
険	險(험할 험) 4급
験	驗(시험 험) 4II
県	縣(고을 현) 3급
顕	顯(나타날 현) 4급
賢	賢(어질 현) 4II
蛍	螢(반딧불 형) 3급
恵	惠(은혜 혜) 4II
号	號(이름 호) 6급

다음은 한자의 약자를 나열한 것입니다. 본래의 글자와 약자를 서로 비교하여 익히도록 하세요.

약자	본자 (뜻 음) 급수
画	畫(그림 화) 6급
拡	擴(넓힐 확) 3급
欢 歓	歡(기쁠 환) 4급
郷	鄕(시골 향) 4II
懐	懷(품을 회) 3II
会	會(모일 회) 6II
暁	曉(새벽 효) 3급
効	效(본받을 효) 5II
黒	黑(검을 흑) 5급

약자	본자 (뜻 음) 급수
兴	興(일 흥) 4II
戱 戯	戲(놀이 희) 3II
观 覧	觀覽(관람)
経 営	經營(경영)
国 权	國權(국권)
転 学	轉學(전학)
鉄 鉱	鐵鑛(철광)
党 争	黨爭(당쟁)
証 拠	證據(증거)

다음은 한자의 약자를 나열한 것입니다. 본래의 글자와 약자를 서로 비교하여 익히도록 하세요.

약자	본자(음)			
継続	繼續(계속)			
薬剤	藥劑(약제)			
仮称	假稱(가칭)			
応当	應當(응당)			
触覚	觸覺(촉각)			
効験	效驗(효험)			
参与	參與(참여)			
恵沢	惠澤(혜택)			
号数	號數(호수)			

약자	본자(음)			
虫歯	蟲齒(충치)			
双関	雙關(쌍관)			
残廃	殘廢(잔폐)			
経済	經濟(경제)			
虚実	虛實(허실)			
献辞	獻辭(헌사)			
礼讃	禮讚(예찬)			
単独	單獨(단독)			
余興	餘興(여흥)			

한자능력검정시험 3급(3급II 포함)

한자성어 · 고사성어

학습도움

한자성어 · 고사성어

- ✔ 한자성어漢字成語란 우리말의 속담俗談이나 격언格言을 한자로 옮겨 쓴 것을 말합니다.
- ✔ 고사성어故事成語란 옛날부터 전해 내려오는 내력來歷있는 일, 또는 그것을 나타낸 어구語句로써 옛사람의 지혜와 가르침이 담겨 있습니다.

학습방법

- ✔ 교재의 빈칸, 또는 한자 공책에 성어成語를 쓰면서 반복 학습합니다.
- ✔ 한자쓰기를 연습할 때에는 반드시 그 뜻을 헤아리고, 이후 받아쓰기 형식의 문제를 만들어 문제풀이 연습을 하면 錦上添花 !

다음 한자성어漢字成語를 익혀, 문제를 풀어보도록 하세요.

문제 ☞ 뒤쪽

- 加減乘除(가감승제) : '더하기 · 빼기 · 곱하기 · 나누기'를 아울러 이르는 말.
- 佳人薄命(가인박명) : '여자의 용모(容貌)가 아름다우면 운명(運命)이 짧거나 기구하다'는 뜻으로 쓰는 말.
- 刻骨難忘(각골난망) : 은혜(恩惠)를 입은 고마움이 뼈 속 깊이 새겨져 잊기 어려움.
- 角者無齒(각자무치) : 한 사람이 모든 복(福)이나 재주를 겸(兼)하지 못함을 이르는 말.
- 刻舟求劍(각주구검) : '배에서 칼을 물속에 빠뜨리자, 그 위치를 뱃전에 표시하였다가 나중에 그 칼을 찾았다'는 데서 유래한 말로, '융통성 없이 현실에 맞지 않는 생각을 고집하는 어리석음'을 이르는 말.
- 干城之材(간성지재) : 나라를 지키는 믿음직한 인재. '干城'은 '방패와 성'이라는 뜻으로, '나라를 지키는 믿음직한 군대나 인물'을 이르는 말.
- 敢不生心(감불생심) : 감히 엄두도 내지 못함. 감불생의(敢不生意).
- 甘言利說(감언이설) : 남의 비위(脾胃)를 맞추는 달콤한 말과 이로운 조건만 들어 그럴듯하게 꾸미는 말.
- 感荷不已(감하불이) : 감사하여 마지아니함. [흔히 식사(式辭)나 서간문(書簡文) 등에 쓰는 말]
- 感之德之(감지덕지) : 매우 고맙게 여김.
- 甲男乙女(갑남을녀) : '보통의 평범(平凡)한 사람들'을 이르는 말. 善男善女. 匹夫匹婦. 장삼이사(張三李四). 우부우부(愚夫愚婦). 초동급부(樵童汲婦).
- 綱常之變(강상지변) : 삼강(三綱)과 오상(五常)의 도리에 어그러진 변고(變故).
- 江湖煙波(강호연파) : 강이나 호수 위에 안개처럼 뽀얗게 이는 잔물결.
- 改過遷善(개과천선) : 지나간 잘못을 고치고 착하게 됨.
- 蓋世之才(개세지재) : 세상을 뒤덮을 만큼 뛰어난 재주, 또는 그런 재주를 가진 사람.
- 乞人憐天(걸인연천) : '거지가 하늘을 불쌍히 여긴다'는 뜻으로, '격에 맞지 않는 걱정을 함'을 이르는 말.
- 隔世之感(격세지감) : 많은 변화가 있어 다른 세대인 것처럼 느끼게 됨을 비유하는 말.
- 牽強附會(견강부회) : 이치에 맞지 않는 말을 억지로 끌어 붙여 자기의 주장하는 건에 맞도록 함.
- 見機而作(견기이작) : 그 일의 기틀을 보아 낌새를 알아채고 미리 조처(措處)함.
- 見利忘義(견리망의) : 이익만 보고 의리(義理)를 생각하지 아니함.
- 見利思義(견리사의) : 눈앞의 이익을 보면 의리를 먼저 생각함.
- 犬馬之勞(견마지로) : '개나 말의 하찮은 힘'이란 뜻으로, '자기의 노력을 낮추어 하는 말, 또는 임금이나 나라에 충성을 다하는 노력'을 이르는 말.
- 見物生心(견물생심) : 실물을 보게 되면 그것을 가지고 싶은 욕심이 생김.
- 見事生風(견사생풍) : '일거리를 대하면 손바람이 난다'는 뜻으로, '일을 빨리 처리함'을 이르는 말.
- 見危授命(견위수명) : 나라가 위태로울 때 자기의 목숨을 나라에 바침. 견위치명(見危致命).
- 堅忍不拔(견인불발) : 굳게 참고 견디어 마음이 흔들리지 아니함.
- 結義兄弟(결의형제) : 결의하여 형제의 의를 맺음. 또는 그렇게 관계를 맺은 형제. 맹형제(盟兄弟).

다음 글을 읽고 한자성어漢字成語를 완성하세요.

해답 ☞ 앞쪽 참조

	世	之	

☞ 많은 변화가 있어 다른 세대인 것처럼 느끼게 됨을 비유하는 말.

甲		乙	

☞ '보통의 평범한 사람들'을 이르는 말.

	人		天

☞ '거지가 하늘을 불쌍히 여긴다'는 뜻으로, '격에 맞지 않는 걱정을 함'을 이르는 말.

	荷	不	

☞ 감사하여 마지아니함.
[흔히 식사(式辭)나 서간문(書簡文) 등에 쓰는 말]

牽			會

☞ 이치에 맞지 않는 말을 억지로 끌어 붙여 자기의 주장하는 건에 맞도록 함.

干		之	

☞ 나라를 지키는 믿음직한 인재.

	者	無	

☞ 한 사람이 모든 복(福)이나 재주를 겸하지 못함을 이르는 말.

改		遷	

☞ 지나간 잘못을 고치고 착하게 됨.

	常	之	

☞ 삼강과 오상의 도리에 어그러진 변고.

	危	授	

☞ 나라가 위태로울 때 자기의 목숨을 나라에 바침.

加		乘	

☞ '더하기 · 빼기 · 곱하기 · 나누기'를 아울러 이르는 말.

江			波

☞ 강이나 호수 위에 안개처럼 뽀얗게 이는 잔물결.

	世	之	

☞ 세상을 뒤덮을 만큼 뛰어난 재주. 또는, 그런 재주를 가진 사람.

	人		命

☞ '여자의 용모가 아름다우면 운명이 짧거나 기구하다'는 뜻으로 쓰는 말.

甘			說

☞ 남의 비위를 맞추는 달콤한 말과 이로운 조건만 들어 그럴듯하게 꾸미는 말.

	骨		

☞ 은혜를 입은 고마움이 뼈 속 깊이 새겨져 잊기 어려움.

見			

☞ 이익만 보고 의리를 생각하지 아니함.

	舟		

☞ '미련하고 융통성(融通性)이 없음'을 비유하여 이르는 말.

다음 한자성어漢字成語를 익혀, 문제를 풀어보도록 하세요.

문제 ☞ 뒤쪽

結者解之(결자해지) : '맺은 사람이 그것을 푼다'는 뜻으로, '일을 시작한 사람이 끝맺음, 혹은 원인을 제공한 사람이 해결을 해야 한다'는 말.

結草報恩(결초보은) : '풀을 맺어 은혜를 갚는다'는 뜻으로, '죽어 혼령이 되어서라도 은혜를 잊지 않고 갚음'을 이르는 말.

兼人之勇(겸인지용) : 혼자서 능히 몇 사람을 당해 낼 만한 용기.

輕擧妄動(경거망동) : 경솔하고 분수없이 행동함.

經國濟世(경국제세) : 나라 일을 경륜(經綸)하고 세상을 구제(救濟)함 → '경제(經濟)'의 본말.

經世濟民(경세제민) : 세상을 다스리고 백성을 구제함.

傾國之色(경국지색) : '한 나라를 위기에 빠뜨리게 할 만한 미인'이라는 뜻으로, '썩 뛰어난 미인'을 이르는 말.

驚天動地(경천동지) : '하늘을 놀라게 하고 땅을 들썩거리게 한다'는 뜻으로, '세상을 몹시 놀라게 함'을 이르는 말.

敬天愛人(경천애인) : 하늘을 숭배하고 인간을 사랑함.

鷄卵有骨(계란유골) : '달걀에 뼈가 있다'는 뜻으로, '운수가 나쁜 사람은 좋은 기회를 만나도 역시 일이 잘 안 됨'을 이르는 말.

鷄鳴狗盜(계명구도) : '닭의 울음소리를 잘 흉내 내는 자와 개를 가장하여 도둑질을 잘하는 자의 도움으로 위기에서 빠져나왔다'는 데서, 천한 재주를 가진 사람도 때로는 요긴하게 쓸모가 있음을 비유하여 이르는 말.

孤立無援(고립무원) : 고립되어 구원(救援)을 받을 데가 없음.

高山流水(고산유수) : '높은 산에 흘러내리는 물'이라는 뜻으로, '극히 미묘(微妙)한 거문고의 가락, 또는 지기(知己)'를 비유하여 이르는 말.

苦肉之策(고육지책) : '자기 몸을 상해 가면서까지 꾸며 내는 계책'이라는 뜻으로, '어려운 사태에서 벗어나기 위해 어쩔 수 없이 꾸며 내는 계책'을 이르는 말. 고육계(苦肉計). 고육지계(苦肉之計). 고육책(苦肉策).

孤掌難鳴(고장난명) : '손바닥 하나로는 소리가 울리지 아니한다'는 뜻으로, '혼자의 힘만으로 일을 이루기 어려움' 또는 '맞서는 사람이 없으면 싸움이 일어나지 아니함'을 이르는 말.

曲學阿世(곡학아세) : '학문을 왜곡(歪曲)하여 세상 사람들에게 아부(阿附)한다'는 뜻으로, '의연하게 진실하지 못한 학자의 양심과 태도'를 비판하여 이르는 말.

苦盡甘來(고진감래) : '쓴 것이 다하면 단 것이 온다'는 뜻으로, '고생 끝에 즐거움이 옴'을 이르는 말.

高枕安眠(고침안면) : 베개를 높이 하여 편안히 잘 잠. 근심 없이 편안히 잘 지냄.

骨肉相殘(골육상잔) : 같은 혈족끼리 서로 다투고 해(害)하는 것. 骨肉相爭(골육상쟁)

公明正大(공명정대) : 하는 일이나 행동에 사사로움이 없이 떳떳하고 바름.

空前絶後(공전절후) : 전무후무(前無後無).

公平無私(공평무사) : 공평하여 사사로움이 없음.

過猶不及(과유불급) : 지나친 것은 오히려 그 정도에 미치지 못한 것과 같다.

過恭非禮(과공비례) : '지나친 공손은 오히려 예의에 벗어남'을 이르는 말. [過恭은 非禮라]

矯角殺牛(교각살우) : '뿔을 고치려다 소를 죽인다'는 뜻으로, '작은 일에 힘쓰다가 정도가 지나쳐 오히려 일을 망쳐버림'을 이르는 말.

巧言令色(교언영색) : 남의 환심을 사려고 아첨하는 교묘한 말과 보기 좋게 꾸미는 얼굴 빛.

다음 글을 읽고 한자성어漢字成語를 완성하세요.

해답 ☞ 앞쪽 참조

	學		世

☞ '의연하게 진실하지 못한 학자의 양심과 태도'를 비판하여 이르는 말.

	者		之

☞ '원인을 제공한 사람이 해결을 해야 한다'는 뜻으로 쓰이는 말.

	枕		眠

☞ 베개를 높이 하여 편안히 잘 잠. 근심 없이 편안히 잘 지냄.

	國		世

☞ 나라 일을 경륜(經綸)하고 세상을 구제함.

鷄		狗	

☞ '작은 재주가 뜻밖에 큰 구실을 함'을 비유하여 이르는 말.

傾		之	

☞ '한 나라를 위기에 빠뜨리게 할 만한 미인'이라는 뜻으로, '썩 뛰어난 미인'이라는 말.

	肉	之	

☞ 어려운 사태에서 벗어나기 위한 수단으로 제 몸을 괴롭히면서까지 짜내는 계책.

	肉		殘

☞ 같은 혈족끼리 서로 다투고 해치는 것.

	天		地

☞ '하늘을 놀라게 하고 땅을 들썩거리게 한다'는 뜻으로, '세상을 몹시 놀라게 함'을 이르는 말.

	人	之	

☞ 능히 몇 사람을 당해낼 만한 용기.

		有	骨

☞ '운수가 나쁜 사람은 좋은 기회를 만나도 역시 일이 잘 안 됨'을 이르는 말.

	恭	非	

☞ '지나친 공손은 오히려 예의에 벗어남'을 이르는 말.

	山		水

☞ '극히 미묘한 거문고의 가락 또는 지기(知己)'를 비유하여 이르는 말.

	盡	甘	

☞ 괴로움이 다하면 즐거움이 온다.

輕			動

☞ 경솔하고 분수없이 행동함.

	草		恩

☞ '죽어 혼령이 되어서라도 은혜를 잊지 않고 갚음'을 이르는 말.

	天		人

☞ 하늘을 숭배하고 인간을 사랑함.

	掌	難	

☞ '혼자의 힘만으로 일을 이루기 어려움' 또는 '맞서는 사람이 없으면 싸움이 일어나지 아니함'을 이르는 말.

다음 한자성어漢字成語를 익혀, 문제를 풀어보도록 하세요.

문제 ☞ 뒤쪽

- 交友以信(교우이신) : 세속오계(世俗五戒)의 하나로, '벗을 사귐에 믿음으로써 한다'는 계율(戒律).
- 教學相長(교학상장) : 남을 가르치는 일과 스승에게서 배우는 일은 다 함께 자기의 학업을 증진(增進)시키는 것임을 이르는 말.
- 九曲肝腸(구곡간장) : '굽이굽이 서린 창자'라는 뜻으로, '깊은 마음속' 또는 '시름이 쌓인 마음속'을 비유하여 이르는 말.
- 九折羊腸(구절양장) : '아홉 번 꼬불꼬불하게 서린 양의 창자'라는 뜻으로, '산길 따위가 몹시 험하게 꼬불꼬불한 것'을 이르는 말. 구곡양장(九曲羊腸).
- 救國干城(구국간성) : 나라를 지키는 군대나 인물.
- 口蜜腹劍(구밀복검) : '입으로는 달콤한 말을 하면서 뱃속에는 칼을 지녔다'는 뜻으로, '겉으로는 친절한 체하나 속으로는 해칠 생각을 지님'을 비유하여 이르는 말.
- 九死一生(구사일생) : 여러 차례 죽을 고비를 겪고 겨우 살아남.
- 口尚乳臭(구상유취) : '입에서 아직 젖내가 난다'는 뜻으로, '나이가 어리고 경험이 적은 철부지'를 이르는 말.
- 九牛一毛(구우일모) : '아홉 마리의 소 가운데 하나의 털'이라는 뜻으로, '매우 많은 가운데에 섞인 아주 적은 것'을 비유하여 이르는 말.
- 群鷄一鶴(군계일학) : '닭 무리 속에 끼어 있는 한 마리의 학'이라는 뜻으로 '평범(平凡)한 사람 가운데서 뛰어난 사람'을 일컫는 말.
- 群雄割據(군웅할거) : 많은 영웅들이 각지(各地)에 자리 잡고 서로 세력을 다툼.
- 君爲臣綱(군위신강) : '삼강(三綱)의 하나'로, '임금은 신하의 벼리가 된다'는 말. ['벼리'란, '그물의 위쪽 코를 꿰어 그물을 오므렸다 폈다 하는 굵은 줄'로, '일이나 글의 뼈대가 되는 줄거리'를 이르는 말로 쓰이기도 함]
- 君子不器(군자불기) : 그릇이란 제각기 한 가지 소용에 맞는 것이나, 덕이 있는 사람은 그렇지 않아, 온갖 방면에 통함을 이르는 말.
- 窮餘一策(궁여일책) : 궁박(窮迫)한 나머지 생각다 못하여 짜낸 꾀.
- 窮餘之策(궁여지책) : 막다른 골목에서 그 국면을 타개하려고 생각다 못해 짜낸 꾀.
- 權謀術數(권모술수) : 목적 달성을 위해서는 인정이나 도덕을 가리지 않고 권세와 중상모략 등 갖은 방법과 수단을 쓰는 술책.
- 近朱者赤(근주자적) : '주사(朱砂)를 가까이 하는 사람은 붉게 된다'는 뜻으로, '착한 사람과 사귀면 착해지고, 악한 사람과 사귀면 악해짐'을 비유하여 이르는 말.
- 權不十年(권불십년) : '아무리 높은 권세라도 오래[10년]가지 못함'을 이르는 말.
- 勸善懲惡(권선징악) : 착한 행실을 권장(勸奬)하고 악한 행실을 징계(懲戒)함.
- 克己復禮(극기복례) : '자기의 욕심을 누르고 예의 범절을 따름'을 이르는 말.
- 近墨者黑(근묵자흑) : '먹을 가까이 하는 사람은 검어진다'는 뜻으로 '나쁜 사람과 사귀면 그 버릇에 물들기 쉬움'을 비유하여 이르는 말.
- 金蘭之交(금란지교) : '둘이 합심하면 그 단단하기가 능히 쇠를 자를 수 있고, 우정의 아름다움은 난의 향기와 같다'는 뜻으로, '친구 사이의 매우 도타운 사귐'을 이르는 말. 금란지계(金蘭之契).
- 錦上添花(금상첨화) : '비단 위에 꽃을 더한다'는 뜻으로, '좋은 일 위에 또 좋은 일이 더하여짐'을 비유하여 이르는 말.
- 今昔之感(금석지감) : 지금을 옛적과 비교함에 변함이 심하여 저절로 일어나는 느낌.

다음 글을 읽고 한자성어漢字成語를 완성하세요.

해답 ☞ 앞쪽 참조

	學	相	

☞ 남을 가르치는 일과 스승에게서 배우는 일은 다 함께 자기의 학업을 증진시키는 것임을 이르는 말.

九		肝	

☞ '굽이굽이 서린 창자'라는 뜻으로, '깊은 마음속' 또는 '시름이 쌓인 마음속'을 비유하여 이르는 말.

九		一	

☞ 여러 차례 죽을 고비를 겪고 겨우 살아남.

	謀		數

☞ 목적 달성을 위해서는 인정이나 도덕을 가리지 않고 권세와 모략 등 갖은 방법과 수단을 쓰는 술책.

		之	策

☞ 막다른 골목에서 그 국면을 타개하려고 생각다 못해 짜낸 꾀

口			臭

☞ '입에서 아직 젖내가 난다'는 뜻으로, '나이가 어리고 경험이 적은 철부지'를 이르는 말.

	子	不	

☞ 그릇이란 제각기 한 가지 소용에 맞는 것이나, 덕이 있는 사람은 온갖 방면에 통함을 이르는 말.

	鷄	一	

☞ '닭 무리 속에 있는 한 마리의 학'이라는 뜻으로 '평범한 사람 가운데서 뛰어난 사람'을 일컫는 말.

	墨	者	

☞ '나쁜 사람과 사귀면 그 버릇에 물들기 쉬움'을 이르는 말.

	友	以	

☞ '세속오계의 하나로, '벗을 사귐에 믿음으로써 한다'는 계율.

	蘭	之	

☞ '합심하면 쇠를 자를 수 있고, 우정은 난의 향기와 같다'는 뜻으로, '친구간 도타운 사귐'을 이름.

	國		城

☞ 나라를 지키는 미더운 군대나 인물.

權		懲	

☞ 착한 행실을 권장하고 악한 행실을 징계함.

九		一	

☞ 많은 것 가운데에서 극히 적은 것을 말함.

口		腹	

☞ '겉으로는 친절한 체하나 속으로는 해칠 생각을 지님'을 비유하여 이르는 말.

九			腸

☞ 아홉 번 꺾이는 양의 창자처럼 '길이 매우 험함'을 비유하여 이르는 말.

錦		添	

☞ 좋고 아름다운 것 위에 더 좋은 것을 더함.

權		十	

☞ 아무리 높은 권세라도 10년을 지속하기 어렵다.

다음 한자성어漢字成語를 익혀, 문제를 풀어보도록 하세요.

문제 ☞ 뒤쪽

- 金石之交(금석지교) : 금석처럼 굳고 변함없는 사귐.
- 金城湯池(금성탕지) : '쇠로 만든 성과 그 둘레에 파 놓은 뜨거운 물로 가득 찬 못'이라는 뜻으로, '방비가 견고하여 쉽게 접근하여 쳐부수기 어려운 성'을 이르는 말.
- 錦衣玉食(금의옥식) : '비단 옷과 흰쌀밥'이라는 뜻으로, '호화스럽고 사치스러운 생활'을 이르는 말.
- 錦衣夜行(금의야행) : '비단옷을 입고 밤에 다닌다'는 뜻으로, '성공은 했지만 아무런 효과를 내지 못함'을 이르는 말.
- 金枝玉葉(금지옥엽) : 임금의 자손이나 집안 또는 귀여운 자손을 소중하게 일컫는 말.
- 錦衣還鄕(금의환향) : '비단옷을 입고 고향에 돌아온다'는 뜻으로, '출세하여 고향으로 돌아옴'을 이르는 말.
- 起死回生(기사회생) : 죽을 뻔하다가 도로 살아남.
- 奇想天外(기상천외) : 보통 사람이 쉽게 짐작할 수 없을 정도로 엉뚱하고 기발(奇拔)한 생각.
- 起承轉結(기승전결) : 한시에서, 시구를 구성하는 방법. [起는 시작하는 부분, 承은 그것을 이어받아 전개하는 부분, 轉은 시의(詩意)를 전환하는 부분, 結은 전체 시의를 끝맺는 부분]
- 落落長松(낙락장송) : 가지가 길게 축축 늘어진 키가 큰 소나무.
- 亂臣賊子(난신적자) : '나라를 어지럽히는 신하와 어버이를 해하는 자식'이라는 뜻으로, '불충한 무리'를 이르는 말.
- 難攻不落(난공불락) : 공격하기가 어려워 좀처럼 함락(陷落)되지 아니함.
- 難兄難弟(난형난제) : '누구를 형이라 하고 누구를 동생이라 할지 분간하기 어렵다'는 뜻으로, '두 사물이 비슷하여 우열(優劣)을 가리기 어려움'을 이르는 말.
- 內憂外患(내우외환) : 나라 안팎의 근심과 걱정.
- 怒甲移乙(노갑이을) : '갑에게서 당한 노여움을 을에게 옮긴다'는 뜻으로, '남에게서 당한 노여움을 애꿎은 다른 사람에게 화풀이함'을 이르는 말.
- 怒發大發(노발대발) : 몹시 노하거나 성을 냄.
- 爐邊情談(노변정담) : 화롯가에 둘러앉아 정답게 주고받는 이야기.
- 累卵之危(누란지위) : '층층이 쌓은 알의 위태로움'이라는 뜻으로, '몹시 아슬아슬한 위기'를 비유하여 이르는 말. 누란지세(累卵之勢).
- 多多益善(다다익선) : 많으면 많을수록 더욱 좋음.
- 多事多難(다사다난) : 여러 가지로 일도 많고 어려움이나 탈도 많음.
- 多情多感(다정다감) : '다정하고 다감하다'는 뜻으로, '감수성(感受性)이 많아 잘 느낌'을 이르는 말.
- 斷機之戒(단기지계) : '학문을 중도에서 그만두면 짜던 베의 날을 끊는 것처럼 아무 쓸모없음'을 경계한 말.
- 斷金之交(단금지교) : '쇠라도 자를 만큼 강한 교분'이라는 뜻으로, '매우 두터운 정'을 일컫는 말.
- 單刀直入(단도직입) : '홀몸으로 칼을 휘두르며 적진(敵陣)으로 거침없이 쳐들어간다'는 뜻으로, '여러 말을 늘어놓지 아니하고 바로 요점이나 본문제를 중심적으로 말함'을 이르는 말.
- 堂狗風月(당구풍월) : '서당에서 기르는 개가 풍월을 읊는다'는 뜻으로, '무식한 사람이라도 유식한 사람과 같이 있으면 다소 유식해짐'을 비유하여 이르는 말.
- 大驚失色(대경실색) : 몹시 놀라 얼굴빛이 변함.
- 大器晩成(대기만성) : '큰 그릇은 이루어짐이 더디다.'는 뜻으로, '크게 되는 사람은 성공이 늦다'는 말.

다음 글을 읽고 한자성어漢字成語를 완성하세요.

해답 ☞ 앞쪽 참조

	衣		行

☞ '비단옷을 입고 밤에 다닌다'는 뜻으로, '성공은 했지만 아무런 효과를 내지 못함'을 이르는 말.

難		不	

☞ 공격하기가 어려워 좀처럼 함락되지 아니함.

	甲		乙

☞ 어떤 사람에게서 당한 노여움을 다른 사람에게 화풀이하다.

起			生

☞ 중병이 들어 죽을 뻔하다가 다시 살아남.

累		之	

☞ 달걀을 쌓아 놓은 것과 같이 매우 위태로움을 이르는 말.

	金	之	

☞ '쇠라도 자를 수 있는 사귐'이라는 뜻으로, '사귀는 정이 매우 깊은 벗'을 이르는 말.

內		外	

☞ 나라 안팎의 여러 가지 근심과 걱정.

	臣		子

☞ '임금을 죽이는 신하와 어버이를 해하는 자식'이라는 뜻으로, '극악무도한 자'를 이르는 말.

落		長	

☞ 가지가 축축 늘어진 키가 큰 소나무.

	多	益	

☞ 많으면 많을수록 좋다.

	衣		鄕

☞ '비단옷을 입고 고향으로 돌아온다'는 뜻으로, '타향에서 크게 성공하여 자기 집으로 돌아감'을 말함.

難		難	

☞ '사물의 우열을 가리기 어려움'을 이르는 말.

金		玉	

☞ 임금의 자손이나 집안, 또는 귀여운 자손을 소중하게 일컫는 말.

	狗		月

☞ '무식한 사람이라도 유식한 사람과 같이 있으면 다소 유식해짐'을 이르는 말.

	機	之	

☞ '학문을 중도에서 그만두면 짜던 베의 날을 끊는 것처럼 아무 쓸모없음'을 경계한 말.

	刀		入

☞ '홀몸으로 칼을 휘두르며 적진으로 쳐들어간다.'는 뜻으로 '요점을 바로 풀이해간다'는 말.

金		湯	

☞ '방비가 견고하여 쉽게 접근하여 쳐부수기 어려운 성지'를 이르는 말.

奇		天	

☞ 보통 사람이 쉽게 짐작할 수 없을 정도로 엉뚱하고 기발한 생각.

다음 한자성어漢字成語를 익혀, 문제를 풀어보도록 하세요.

문제 ☞ 뒤쪽

- 大同小異(대동소이) : '크게는 같고, 작게는 다르다'는 뜻으로, '큰 차이 없이 거의 같음'을 이르는 말.
- 大聲痛哭(대성통곡) : 큰 소리로 몹시 슬프게 곡을 함. 방성대곡(放聲大哭). 방성통곡(放聲痛哭).
- 對牛彈琴(대우탄금) : '소를 마주 대하고 거문고를 탄다'는 뜻으로, '어리석은 사람은 아무리 깊은 이치를 말해 주어도 알아듣지 못함'을 이르는 말.
- 桃園結義(도원결의) : '의형제를 맺음'을 이르는 말. [유비, 관우, 장비가 복사나무가 많은 정원에서 의형제를 맺은 데에서 유래한 말]
- 塗炭之苦(도탄지고) : '진구렁에 빠지고 숯불에 타는 고통'이라는 뜻으로, '몹시 괴로움'을 이르는 말.
- 獨不將軍(독불장군) : '따돌림을 당하는 외로운 사람'이라는 뜻으로, '무슨 일이나 제 생각대로 혼자 처리하는 사람'을 이르는 말.
- 讀書三到(독서삼도) : 독서를 하는 데에 이르는 세 가지 방법으로, '구도(口到) · 심도(心到) · 안도(眼到)'에 있음을 이르는 말.
- 獨也靑靑(독야청청) : '홀로 푸르다'는 뜻으로, '남들이 모두 절개를 꺾는 상황 속에서도 홀로 절개를 굳세게 지키고 있음'을 비유하여 이르는 말.
- 同價紅裳(동가홍상) : '같은 값이면 다홍치마'라는 뜻으로, '기왕이면 좋은 물건을 가짐'을 이르는 말.
- 東問西答(동문서답) : '동쪽을 묻는 데 서쪽을 대답한다'는 뜻으로, '묻는 말에 대하여 전혀 엉뚱한 대답을 하는 것'을 의미하는 말.
- 同門修學(동문수학) : 한 스승 밑에서 함께 학문을 닦고 배움.
- 東奔西走(동분서주) : '동쪽으로 뛰고 서쪽으로 달린다'는 뜻으로, '사방으로 이리저리 몹시 바쁘게 돌아다님'을 이르는 말.
- 同苦同樂(동고동락) : 괴로움도 즐거움도 함께함.
- 同病相憐(동병상련) : 처지가 서로 비슷한 사람끼리 서로 동정(同情)하고 도움.
- 同床異夢(동상이몽) : '같은 침상에 누워 자면서 다른 꿈을 꾼다'는 뜻으로, '같은 처지에서 저마다 다른 생각을 함' 또는 '겉으로는 같이 행동하면서도 속으로는 각각 딴생각을 하고 있음'을 이르는 말.
- 登高自卑(등고자비) : '높은 곳에 오르려면 낮은 곳에서부터 오른다'는 뜻으로, '일을 순서대로 해야 함' 또는 '지위가 높아질수록 자신을 낮춤'을 이르는 말.
- 燈下不明(등하불명) : '등잔 밑이 어둡다'는 뜻으로, '가까이 있는 것이 오히려 알아내기 어려움'을 이르는 말.
- 燈火可親(등화가친) : '등불을 가까이할만하다'는 뜻으로, '가을밤은 서늘하여 등불을 가까이 하여 글 읽기에 좋음'을 이르는 말.
- 馬耳東風(마이동풍) : '말의 귓가를 스치는 동풍'이라는 뜻으로, '남의 말을 귀담아듣지 아니하고 지나쳐 흘려버림'을 이르는 말.
- 莫無可奈(막무가내) : 달리 어찌할 수 없음. 무가내하(無可奈何). 무가내(無可奈). 막가내하(莫可奈何).
- 莫上莫下(막상막하) : '어느 것이 위고 아래인지 분간할 수 없다'는 뜻으로, '더 낫고 더 못함의 차이가 거의 없음'을 이르는 말.
- 莫逆之友(막역지우) : '서로 거스름이 없는 벗'이라는 뜻으로, '허물이 없이 아주 친한 친구'를 이르는 말.
- 萬死無惜(만사무석) : 만 번 죽어도 아까울 것이 없음.
- 萬事休矣(만사휴의) : 이제 더 손쓸 방도가 없이 모든 것이 끝장남. 무슨 수를 쓴다 해도 도무지 가망이 없음.
- 萬事瓦解(만사와해) : 한 가지의 잘못으로 모든 일이 다 틀어짐.

다음 글을 읽고 한자성어漢字成語를 완성하세요.

해답 ☞ 앞쪽 참조

同		同	
☞ 괴로움도 즐거움도 함께함.			

桃			義
☞ '의형제를 맺음'을 이르는 말.			

同		紅	
☞ '같은 값이면 다홍치마'라는 뜻으로, '기왕이면 좋은 것을 택한다'는 의미.			

同			夢
☞ 같은 처지와 입장에서 저마다 다른 생각을 하는 것을 비유하여 이르는 말.			

塗		之	
☞ '진구렁이나 숯불에 빠진 고통'이라는 뜻으로, '몹시 고생스러움, 몹시 곤란한 경우'를 일컫는 말.			

	火	可	
☞ 가을이 되어 서늘하면 밤에 불을 가까이 하여 글 읽기에 좋다는 말.			

同		相	
☞ 처지가 서로 비슷한 사람끼리 서로 동정하고 도움.			

	不	將	
☞ '무슨 일이나 제 생각대로 혼자 처리하는 사람'을 이르는 말.			

大		小	
☞ 크게 보면 다를 게 없음 또는 비슷비슷함을 이르는 말.			

	下	不	
☞ '가까이 있는 것이 오히려 알아내기 어려움'을 이르는 말.			

莫			奈
☞ 달리 어찌할 수 없음.			

馬		東	
☞ '남의 말을 귀담아듣지 않고 흘려버림'을 이르는 말.			

	奔	西	
☞ '동쪽으로 뛰고 서쪽으로 달린다'는 뜻으로, '사방으로 이리저리 부산하게 돌아다님'을 뜻하는 말.			

	書	三	
☞ 독서를 하는 데에 이르는 세 가지 방법으로, '구도 · 심도 · 안도'에 있음을 이르는 말.			

莫		之	
☞ '서로 거스름이 없는 벗'이라는 뜻으로, '허물이 없이 아주 친한 친구'를 이르는 말.			

	牛		琴
☞ '어리석은 사람은 아무리 깊은 이치를 말해 주어도 알아듣지 못함'을 이르는 말.			

	高		卑
☞ '일을 하는 데는 반드시 차례를 밟아야 함'을 이르는 말.			

同			學
☞ 한 스승 밑에서 함께 학문을 닦고 배움.			

다음 한자성어漢字成語를 익혀, 문제를 풀어보도록 하세요.

문제 ☞ 뒤쪽

- 萬事亨通(만사형통) : 모든 일이 뜻한 바대로 잘 이루어짐.
- 晩時之歎(만시지탄) : 시기에 늦어 기회를 놓쳤음을 안타까워하는 탄식. 후시지탄(後時之歎).
- 滿室憂患(만실우환) : 집안에 앓는 사람이 많음.
- 忘年之交(망년지교) : 노인이 나이에 거리끼지 아니하고 사귀는 젊은 벗. 망년지우(忘年之友).
- 亡羊之歎(망양지탄) : '갈림길이 많아서 잃어버린 양을 찾을 길이 없음을 탄식한다'는 뜻으로, '학문의 길이 여러 갈래여서 한 갈래의 진리도 깨우치기 어려움'을 비유하여 이르는 말. 다기망양(多岐亡羊).
- 望雲之情(망운지정) : '중국 당(唐)나라 적인걸(狄仁傑)이 타향에서 산에 올라가 고향 쪽 하늘의 구름을 바라보며 어버이를 그리워했다'는 고사에서, '어버이를 그리워하는 마음'을 이르는 말.
- 麥秀之歎(맥수지탄) : '고국의 멸망을 한탄함'을 이르는 말.
- 孟母斷機(맹모단기) : 맹자(孟子)가 학업을 중단하고 돌아왔을 때 그 어머니가 짜던 베를 자름으로써 아들을 훈계한 일.
- 孟母三遷(맹모삼천) : 맹자의 어머니가 교육을 위해 묘지(墓地), 시장(市場), 서당(書堂)의 세 곳에 걸쳐 이사를 했던 일을 말하는 것으로, '부모가 자식의 장래를 염려하여 여러모로 애씀'을 뜻하는 말. 맹모삼천지교(孟母三遷之敎)
- 滅私奉公(멸사봉공) : 사욕(私慾)을 버리고 공익(公益)을 위하여 힘씀.
- 明鏡止水(명경지수) : '맑은 거울과 잔잔한 물'이라는 뜻으로, '잡념이나 가식(假飾), 헛된 욕심이 없이 맑고 깨끗한 마음'을 비유하여 이르는 말.
- 明明白白(명명백백) : 아주 명백하여 의심할 여지(餘地)가 없음.
- 明若觀火(명약관화) : 불을 보듯이 분명하고 뻔함.
- 面從腹背(면종복배) : 앞에서는 순종하는 체하고 속으로는 딴 마음을 먹음.
- 目不識丁(목불식정) : '낫 놓고 기역자도 모른다'는 뜻으로, '아주 무식함'을 이르는 말.
- 目不忍見(목불인견) : 차마 눈뜨고 볼 수 없는 참상(慘狀)이나 꼴불견.
- 武陵桃源(무릉도원) : '이상향', '별천지'를 비유하여 이르는 말. [도연명의 <桃花源記>에 나오는 말]
- 無爲徒食(무위도식) : 하는 일 없이 놀고먹음. 유식(遊食).
- 無不通知(무불통지) : 무슨 일이든지 다 통하여 모르는 것이 없음.
- 無知莫知(무지막지) : 매우 무지하고 우악스러움.
- 文房四友(문방사우) : 서재(書齋)에 꼭 있어야 할 네 벗, 즉 '종이 · 붓 · 벼루 · 먹'을 말함.
- 聞一知十(문일지십) : '한 가지를 듣고 열 가지를 미루어 안다'는 뜻으로, '지극히 총명함'을 이르는 말.
- 門前成市(문전성시) : 권세가 드날리거나 부자가 되어 집 앞이 찾아오는 손님들로 마치 시장을 이룬 것 같음을 이르는 말.
- 勿失好機(물실호기) : 좋은 기회를 놓치지 아니함.
- 美辭麗句(미사여구) : 아름다운 말로 듣기 좋게 꾸민 글귀. 미문여구(美文麗句).
- 美風良俗(미풍양속) : 아름답고 좋은 풍속.
- 博覽強記(박람강기) : 여러 가지의 책을 널리 많이 읽고 기억을 잘함.

다음 글을 읽고 한자성어漢字成語를 완성하세요.

해답 ☞ 앞쪽 참조

門		成	

☞ 집 앞이 찾아오는 손님들로 하여금 마치 시장을 이룬 것 같음을 이르는 말.

麥		之	

☞ '고국의 멸망을 한탄함'을 이르는 말.

	鏡		水

☞ 마음이 고요하고 잡념이나 가식, 허욕이 없이 아주 맑고 깨끗함을 비유하여 이르는 말.

博			記

☞ 책을 많이 읽고 기억을 잘함.

	母	三	

☞ '부모가 자식의 장래를 염려하여 여러모로 애씀'을 뜻하는 말.

	雲	之	

☞ '어버이를 그리워하는 마음'을 이르는 말.

	不	通	

☞ 무슨 일이든지 다 통하여 모르는 것이 없음.

	一		十

☞ 한 가지를 듣고 열 가지를 미루어 앎.

	爲		食

☞ 하는 일 없이 놀고먹음.

	年	之	

☞ 노인이 나이에 거리끼지 아니하고 사귀는 젊은 벗.

明			火

☞ 불을 보는 것처럼 분명(分明)함.

面		腹	

☞ 앞에서는 순종하는 체하고 속으로는 딴 마음을 먹음.

	母		機

☞ 맹자가 학업을 중단하고 돌아왔을 때 그 어머니가 짜던 베를 자름으로써 아들을 훈계한 일.

	不		丁

☞ '낫 놓고 기역자도 모른다'는 뜻으로, '아주 무식함'을 이르는 말.

勿		好	

☞ 좋은 기회를 놓치지 아니함.

亡		之	

☞ 학문의 갈래가 너무 많음을 갈래길이 너무 많아 쫓던 양을 잃은 것에 비유한 말.

文		四	

☞ 서재에 꼭 있어야 할 네 벗. 즉, '종이·붓·벼루·먹'을 말함.

目	不		

☞ 차마 눈뜨고 볼 수 없는 참상이나 꼴불견.

다음 한자성어漢字成語를 익혀, 문제를 풀어보도록 하세요.

문제 ☞ 뒤쪽

- 拍掌大笑(박장대소) : 손뼉을 치며 크게 웃음. 박소(拍笑).
- 博學多識(박학다식) : 학문이 넓고 식견이 많음.
- 拔本塞源(발본색원) : 폐단(弊端)의 근원을 아주 뽑아서 없애 버림.
- 拔山蓋世(발산개세) : '산을 무너뜨리고 세상을 뒤엎을 만한 힘과 기운'을 이르는 말.
- 傍若無人(방약무인) : '주위에 아무도 없는 듯이 한다'는 뜻으로, '언행이 방자하고 제멋대로 행동하는 것, 또는 그러한 사람'을 이르는 말.
- 背水之陣(배수지진) : '강이나 바다를 등지고 치는 진'이라는 뜻으로, '목숨을 걸고 펼치는 싸움 자세' 또는 '어떤 일을 성취하기 위하여 더 이상 물러설 수 없음'을 비유하여 이르는 말.
- 百家爭鳴(백가쟁명) : 많은 학자 · 문화인 등의 논쟁, 또는 여러 사람이 서로 자기주장을 내세우는 일.
- 百計無策(백계무책) : 있는 꾀를 다 써 보아도 달리 뾰족한 수가 없음.
- 白骨難忘(백골난망) : '백골이 되어도 잊기 어렵다'는 뜻으로, '죽어도 잊지 못할 큰 은혜를 입음'을 이르는 말.
- 百年河清(백년하청) : '백 년 동안 황허강(黃河江)의 물이 맑아지기를 기다린다'는 뜻으로, '아무리 오랜 시일이 지나도 일이 이루어지기 어려움'을 이르는 말.
- 白面書生(백면서생) : '한갓 글만 읽고 세상일에는 경험이 없는 어두운 사람'을 이르는 말.
- 百發百中(백발백중) : 총 · 활 같은 것이 겨눈 곳에 꼭꼭 맞음. 미리 생각한 일들이 꼭꼭 들어맞음.
- 百戰百勝(백전백승) : '백 번 싸워 백 번 이긴다'는 말로, '싸울 때마다 번번이 다 이김'을 말함.
- 百戰老將(백전노장) : '수없이 많은 싸움을 치른 노련한 장수'라는 뜻으로, '세상일을 많이 겪어서 여러 가지로 능란한 사람'을 비유하여 이르는 말.
- 百折不屈(백절불굴) : '백 번 꺾여도 굽히지 않는다'는 뜻으로, '어떠한 어려움에도 굽히지 않음'을 이르는 말.
- 伯仲之間(백중지간) : '형제인 장남과 차남의 차이처럼 큰 차이가 없는 형세'라는 뜻으로, '우열(優劣)의 차이가 없이 엇비슷함'을 이르는 말. 백중지세(伯仲之勢).
- 百八煩惱(백팔번뇌) : 인간이 과거 · 현재 · 미래에 걸쳐 마음속에 지닌 108가지의 번뇌.
- 百害無益(백해무익) : 해롭기만 하고 하나도 이로운 바가 없음.
- 步武堂堂(보무당당) : 걸음걸이가 활발하고 당당함.
- 富國強兵(부국강병) : 나라의 경제력을 넉넉하게 하고, 군사력(軍事力)을 튼튼하게 하는 일.
- 父傳子傳(부전자전) : 대대로 아버지가 아들에게 전함.
- 不知其數(부지기수) : 그 수를 알지 못함. 매우 많음.
- 附和雷同(부화뇌동) : '주견이 없이 경솔하게 남의 의견에 따르는 것이 뇌동(雷同)과 같다'는 뜻으로, '줏대 없이 남의 의견에 따라 움직임'을 이르는 말. ['뇌동'이란 우레가 울리면 만물이 이에 응하여 울리는 것'을 말함]
- 北窓三友(북창삼우) : '거문고와 시와 술'을 아울러 이르는 말.
- 不恥下問(불치하문) : 아랫사람이나 자기보다 못한 사람에게 묻는 것을 부끄러워하지 아니함.
- 不忍之心(불인지심) : (인정상) 차마 하지 못하는 마음.
- 非一非再(비일비재) : 같은 종류의 현상이 한두 번이나 한둘이 아님.

다음 글을 읽고 한자성어漢字成語를 완성하세요.

해답 ☞ 앞쪽 참조

	骨		忘

☞ '백골이 되어도 잊기 어렵다'는 뜻으로, '죽어도 잊지 못할 큰 은혜를 입음'을 이르는 말.

	本	塞	

☞ 폐단의 근원을 아주 뽑아서 없애 버림.

	國	強	

☞ 나라의 경제력을 넉넉하게 하고, 군사력을 튼튼하게 함.

不		下	

☞ 아랫사람이나 자기보다 못한 사람에게 묻는 것을 부끄러워하지 아니함.

百			策

☞ 있는 꾀를 다 써 보아도 달리 뾰족한 수가 없음.

	和		同

☞ 아무런 주견이 없이 남의 의견이나 행동에 덩달아 따르는 것을 비유하여 이르는 말.

	面		生

☞ '한갓 글만 읽고 세상일에는 경험이 없는 어두운 사람'을 이르는 말.

	若		人

☞ 언행이 방자하고 제멋대로 행동하는 것, 또는 그러한 사람.

百		爭	

☞ 많은 학자·문화인 등의 논쟁, 또는 여러 사람이 서로 자기주장을 내세우는 일.

百		無	

☞ 해롭기만 하고 하나도 이로운 바가 없음.

百		百	

☞ '백 번 싸워 백 번 이긴다'는 뜻으로, '싸울 때마다 번번이 다 이김'을 말함.

步		堂	

☞ 걸음걸이가 활발하고 당당함.

北		三	

☞ '거문고와 시와 술'을 아울러 이르는 말.

	一	非	

☞ 같은 종류의 현상이 한두 번이나 한둘이 아님.

百		河	

☞ '아무리 세월이 가도 일을 해결할 희망이 없음'을 말함.

百		不	

☞ '백 번 꺾여도 굽히지 않는다'는 뜻으로, '어떠한 어려움에도 굽히지 않음'을 이르는 말.

不		其	

☞ 그 수를 알지 못함. 매우 많음.

		之	間

☞ '큰 차이가 없는 형세'라는 뜻으로, '우열의 차이가 없이 엇비슷함'을 이르는 말.

다음 한자성어漢字成語를 익혀, 문제를 풀어보도록 하세요.

문제 ☞ 뒤쪽

- 貧者一燈(빈자일등) : '가난한 사람이 바치는 하나의 등'이라는 뜻으로, '물질의 많고 적음보다 정성이 소중함'을 비유하여 이르는 말.
- 四顧無親(사고무친) : 의지할 만한 사람이 아무도 없음.
- 事君以忠(사군이충) : 세속오계(世俗五戒)의 하나로, '임금을 충성으로써 섬긴다'는 말.
- 死生決斷(사생결단) : 죽고 사는 것을 돌보지 아니하고 끝장을 내려고 함.
- 捨生取義(사생취의) : '목숨을 버릴지언정 옳은 일[義]을 함'을 이르는 말.
- 師弟三世(사제삼세) : '스승과 제자와의 인연은 전세(前世) · 현세(現世) · 내세(來世)에 이르기까지 계속된다'는 말로, '그 관계가 매우 깊고 밀접함'을 이르는 말.
- 事親以孝(사친이효) : 세속오계의 하나로, '어버이를 섬기기를 효도로써 함'을 이르는 말.
- 四通八達(사통팔달) : 도로나 교통망, 통신망 따위가 이리저리 사방으로 통함. 사통오달(四通五達).
- 事必歸正(사필귀정) : 모든 일은 반드시 바른길로 돌아감.
- 山紫水明(산자수명) : '산은 자줏빛이고 물은 맑다'는 뜻으로, '산수의 경치가 좋음'을 이르는 말.
- 山海珍味(산해진미) : 산과 바다에서 나는 온갖 진귀한 생물로 차린 맛이 좋은 음식. 산진해착(山珍海錯). 산진해찬(山珍海饌). 수륙진미(水陸珍味).
- 殺生有擇(살생유택) : 세속오계의 하나로, '살생을 하는 데에 가림이 있다'는 뜻으로, '함부로 살생을 하지 아니함'을 이르는 말.
- 殺身成仁(살신성인) : '목숨을 버리고 어진 일을 이룬다'는 뜻으로, '절개를 지켜 목숨을 버림'을 이르는 말.
- 森羅萬象(삼라만상) : 우주에 있는 온갖 사물과 현상.
- 三旬九食(삼순구식) : '한 달 동안 아홉 끼니밖에 먹지 못한다'는 뜻으로, '몹시 가난함'을 이르는 말.
- 三寒四溫(삼한사온) : 겨울철에 한국을 비롯하여 아시아의 동부, 북부에서 나타나는 겨울 기온의 변화 현상. [7일을 주기로 사흘 동안 춥고 나흘 동안 따뜻함]
- 相扶相助(상부상조) : 서로서로 도움.
- 桑田碧海(상전벽해) : '뽕나무밭이 변하여 푸른 바다가 된다'는 뜻으로, '세상일의 변천이 심함'을 비유하여 이르는 말. 상전창해(桑田滄海). 벽해상전(碧海桑田).
- 塞翁之馬(새옹지마) : '변방에 사는 노인의 말'이라는 뜻으로, '인생의 길흉화복은 변화가 많아서 예측하기가 어렵다'는 말.
- 生不如死(생불여사) : '몹시 어려운 형편에 빠져 있음'을 이르는 말.
- 生而知之(생이지지) : '학문을 닦지 않아도 태어나면서부터 안다'는 뜻으로, '성인(聖人)'을 이르는 말.
- 先見之明(선견지명) : 앞일을 미리 내다보고 아는 지혜.
- 善供無德(선공무덕) : '부처님께 공양(供養)을 잘 드려도 아무 공덕(功德)이 없다'는 뜻으로, '남을 위하여 힘써 일하였으나 소득이 없음'을 이르는 말.
- 先公後私(선공후사) : 공적인 일을 먼저 하고 사사로운 일을 뒤로 돌림.
- 雪上加霜(설상가상) : '눈 위에 서리가 덮인다'는 뜻으로, '난처하거나 불행한 일이 잇따라 일어남'을 이르는 말.
- 說往說來(설왕설래) : 서로 변론(辯論)을 주고받으며 옥신각신함.

다음 글을 읽고 한자성어漢字成語를 완성하세요.

해답 ☞ 앞쪽 참조

三		四	

☞ 3일 가량 추운 날씨가 계속되다가, 다음 4일 가량은 따뜻한 날씨가 이어지는 주기적인 기후 현상.

山		水	

☞ 산은 자줏빛을 비추고 물은 하염없이 맑다. 산수의 경치가 좋음을 일컫는 말.

	翁	之	

☞ '인생의 길흉화복은 변화가 많아서 예측하기가 어렵다'는 말.

先		後	

☞ 공적인 일을 먼저 하고 사사로운 일을 뒤로 돌림.

	生	有	

☞ '살생을 하는 데에 가림이 있다'는 뜻으로, '함부로 살생을 하지 아니함'을 이르는 말.

山		珍	

☞ 산과 바다에서 나는 온갖 진귀한 생물로 차린 맛이 좋은 음식.

	生	取	

☞ 목숨을 버릴지언정 옳은 일을 함.

善		無	

☞ '남을 위하여 힘써 일하였으나 소득이 없음'을 이르는 말.

四		無	

☞ 의지할 만한 사람이 아무도 없음.

	羅	萬	

☞ 우주에 있는 온갖 사물과 현상.

説		説	

☞ 서로 변론(辯論)을 주고받으며 옥신각신함.

	田		海

☞ '세상일의 변천이 심함'을 비유하여 이르는 말.

	上	加	

☞ '눈 위에 서리가 덮인다'는 뜻으로 '불행이 엎친 데 덮친 격으로 거듭 생김'을 말함.

三		九	

☞ '한 달 동안 아홉 끼니밖에 못 먹는다'는 뜻으로, '집안이 가난하여 먹을 것이 적음'을 일컫는 말.

	者	一	

☞ '물질의 많고 적음보다 정성이 소중함'을 비유하여 이르는 말.

	身	成	

☞ 목숨을 버리고 어진 일을 이룸. 절개(節槪)를 지켜 목숨을 버림.

	必		正

☞ 모든 잘잘못은 반드시 바른 길로 돌아옴.

四		八	

☞ 이리저리 사방으로 통함.

다음 한자성어漢字成語를 익혀, 문제를 풀어보도록 하세요.

문제 ☞ 뒤쪽

- 騷人墨客(소인묵객) : 시문(詩文)과 서화(書畫)를 일삼는 사람.
- 小貪大失(소탐대실) : 작은 것을 탐하다가 큰 것을 잃음.
- 束手無策(속수무책) : 어찌할 도리가 없어 꼼짝 못 하고 있는 형편.
- 送舊迎新(송구영신) : 묵은해를 보내고 새해를 맞음.
- 首丘初心(수구초심) : '여우가 죽을 때에 머리를 자기가 살던 굴 쪽으로 둔다'는 뜻으로, '고향을 그리워하는 마음'을 이르는 말.
- 隨機應變(수기응변) : 그때그때의 기회에 따라 일을 적절히 처리함. 수기(隨機). 임기응변(臨機應變).
- 手不釋卷(수불석권) : '손에서 책을 놓지 않는다.'는 뜻으로, 즉, '부지런히 학문에 힘씀'을 이르는 말.
- 隨時處變(수시처변) : 그때그때 변하는 것에 따라 일을 처리함.
- 水魚之交(수어지교) : '물고기와 물의 관계'라는 뜻으로, '아주 친밀하여 떨어질 수 없는 사이'를 비유하여 이르는 말.
- 守株待兎(수주대토) : '그루터기를 지키며 토끼를 기다린다'는 뜻으로, '한 가지 일에만 얽매여 발전을 모르는 어리석은 사람'을 비유하여 이르는 말.
- 壽則多辱(수즉다욕) : '오래 살면 그만큼 욕되는 일이 많음'을 이르는 말.
- 宿虎衝鼻(숙호충비) : '잠자는 호랑이의 코를 찌른다'는 뜻으로, '공연히 건드려서 화를 입거나 일을 불리하게 만듦'을 비유하여 이르는 말.
- 脣亡齒寒(순망치한) : '입술이 없으면 이가 시리다'는 뜻으로, '이해관계가 밀접한 사이에 한쪽이 망하면 다른 한쪽도 그 영향을 받아 온전하기 어려움'을 이르는 말.
- 視死如歸(시사여귀) : '죽음을 고향에 돌아가는 것처럼 여긴다'는 뜻으로, '죽음을 두려워하지 않음'을 이르는 말.
- 是是非非(시시비비) : 옳고 그름을 가림.
- 始終如一(시종여일) : 처음부터 끝까지 변함없이 한결같음. 시종일관(始終一貫)
- 識字憂患(식자우환) : '글자를 아는 것이 도리어 근심거리가 된다'는 뜻으로, '학식이 있는 것이 도리어 근심을 사게 됨'을 이르는 말.
- 神出鬼沒(신출귀몰) : '귀신처럼 홀연히 나타났다가 홀연히 사라진다'는 뜻으로, '자유자재로 출몰하여 그 변화를 헤아릴 수 없는 일이나 사람'을 이르는 말.
- 信賞必罰(신상필벌) : 상벌(賞罰)을 규정대로 공정(公正)하고 엄중(嚴重)하게 하는 일.
- 身言書判(신언서판) : '사람됨을 판단하는 네 가지 기준'을 말한 것으로, 곧 '신수(身手)와 말씨와 문필(文筆)과 판단력(判斷力)'을 일컬음.
- 身土不二(신토불이) : '몸과 땅은 둘이 아니고 하나'라는 뜻으로, '자기가 사는 땅에서 생산한 농산물이라야 체질에 잘 맞음'을 이르는 말.
- 實事求是(실사구시) : 있는 그대로의 사실, 즉 실제에 입각해서 그 일의 진상을 찾고 구하는 것을 말함.
- 心腹之人(심복지인) : 마음 놓고 부리거나 일을 맡길 수 있는 사람. 심복(心腹).
- 心腹之患(심복지환) : ① 쉽게 고치기 어려운 병. ② 없애기 어려운 근심.
- 深思熟考(심사숙고) : 깊이 잘 생각함.
- 深山幽谷(심산유곡) : 깊은 산 속의 으슥한 골짜기.
- 十年減壽(십년감수) : '수명이 십 년이나 줄었다'는 뜻으로, '심한 공포 · 위험 등을 겪음'을 이르는 말.
- 十目所視(십목소시) : '여러 사람이 다 보고 있다'는 뜻으로, '세상 사람을 속일 수 없음'을 비유하여 이르는 말.

다음 글을 읽고 한자성어漢字成語를 완성하세요.

해답 ☞ 앞쪽 참조

	虎	衝		☞ '공연히 건드려서 화를 입거나 일을 불리하게 만듦'을 비유하여 이르는 말.
	則	多		☞ '오래 살면 그만큼 욕되는 일이 많음'을 이르는 말.
	事		是	☞ 있는 그대로의 사실 즉, 실제에 입각해서 그 일의 진상(眞相)을 찾고 구하는 것을 말함.
	字		患	☞ '아는 것이 탈'이라는 말, 또는 '학식(學識)이 있는 것이 도리어 근심을 사게 됨'을 이르는 말.
	出		沒	☞ '자유자재로 출몰하여 그 변화를 헤아릴 수 없는 일이나 사람'을 이르는 말.
	不	釋		☞ '손에서 책을 놓지 않는다.'는 뜻으로, 즉, '부지런히 학문에 힘씀'을 이르는 말.
	亡		寒	☞ '서로 돕던 사람이 망하면 다른 한쪽 사람도 함께 위험하다'는 뜻으로 쓰이는 말.
心		之		☞ 마음 놓고 부리거나 일을 맡길 수 있는 사람.
	死	如		☞ '죽음을 고향에 돌아가는 것처럼 여긴다.'는 뜻으로, '죽음을 두려워하지 아니함'을 비유하여 이르는 말.
	言		判	☞ '몸과 말씨와 문필(文筆)과 판단력(判斷力)'을 일컬음.
	終		一	☞ 처음부터 끝까지 변함없이 한결같음.
騷			客	☞ 시문(詩文)과 서화(書畫)를 일삼는 사람.
十	年			☞ '수명이 십 년이나 줄었다'는 뜻으로, '심한 공포·위험 등을 겪음'을 비유하여 이르는 말.
信		必		☞ 상벌을 규정대로 공정(公正)하고 엄중(嚴重)하게 하는 일.
	時		變	☞ 그때그때 변하는 것에 따라 일을 처리함.
守		待		☞ '한 가지 일에만 얽매여 발전을 모르는 어리석은 사람'을 비유하여 이르는 말.
	是	非		☞ 옳고 그름을 가림.
	思	熟		☞ 깊이 잘 생각함.

다음 한자성어漢字成語를 익혀, 문제를 풀어보도록 하세요.

문제 ☞ 뒤쪽

十伐之木(십벌지목) : '열 번 찍어 베는 나무'라는 뜻으로, '아무리 심지가 굳은 사람이라도 여러 번 말을 하면 결국 마음을 돌려 따르게 됨'을 이르는 말.

十常八九(십상팔구) : '열 가운데 여덟이나 아홉이 그러하다'는 뜻으로, '거의 예외 없이 그러할 것이라는 추측'을 나타내는 말. 십중팔구(十中八九).

十分無疑(십분무의) : 근거(根據)가 충분하여 조금도 의심할 바가 없음.

十指不動(십지부동) : '열 손가락을 꼼짝하지 아니한다'는 뜻으로, '게을러서 아무 일도 하지 아니함'을 이르는 말.

我田引水(아전인수) : '제 논에 물대기'라는 뜻으로, '자기에게 이롭게 되도록 생각하거나 행동함'을 이르는 말.

安居危思(안거위사) : 편안할 때에 어려움이 닥칠 것을 미리 대비(對備)하여야 함.

安分知足(안분지족) : 편안한 마음으로 제 분수를 지키며 만족할 줄을 앎.

安貧樂道(안빈낙도) : 가난한 생활을 하면서도 편안한 마음으로 도를 즐겨 지킴.

安心立命(안심입명) : 천명(天命)을 깨닫고 생사·이해를 초월하여 마음의 평안을 얻음.

愛人如己(애인여기) : 남을 자기 몸처럼 사랑함.

愛之重之(애지중지) : 매우 사랑하고 소중히 여김.

弱肉強食(약육강식) : 약한 자는 강한 자에게 먹힘.

羊頭狗肉(양두구육) : '양의 머리를 내걸고 개고기를 판다'는 뜻으로, '겉모양은 그럴듯하나 속은 변변하지 아니함'을 이르는 말.

梁上君子(양상군자) : '들보 위에 있는 군자(君子)'라는 뜻으로, '도둑'을 미화(美化)하여 이르는 말.

良藥苦口(양약고구) : '좋은 약은 입에 쓰다'는 뜻으로, '충고하는 말은 귀에 거슬리나 자신에게 이로움'을 이르는 말.

兩是雙非(양시쌍비) : '양편(兩便)의 주장(主張)이 다 이유가 있어 시비(是非)를 가리기 어려움'을 이르는 말.

陽春佳節(양춘가절) : 따뜻하고 좋은 봄철.

魚頭肉尾(어두육미) : '물고기는 머리 쪽이 맛이 있고 짐승 고기는 꼬리 쪽이 맛이 있다'는 말. 어두봉미(魚頭鳳尾).

漁父之利(어부지리) : '둘이 다투는 사이에 제삼자가 애쓰지 않고 가로챈 이득'을 이르는 말.

於異阿異(어이아이) : '어' 다르고 '아' 다르다.

抑強扶弱(억강부약) : 강한 자를 누르고, 약한 자를 도와줌.

抑何心情(억하심정) : '도대체 무슨 심정이냐'라는 뜻으로, '무슨 생각으로 그러는지 알 수 없거나 마음속 깊이 맺힌 마음'을 이르는 말. 억하심사(抑何心思). 억하심장(抑何心腸).

焉敢生心(언감생심) : '어찌 감히 그런 마음을 품을 수 있으랴'는 뜻으로, '전혀 그런 마음이 없음'을 이르는 말. 안감생심(安敢生心).

嚴冬雪寒(엄동설한) : 눈 내리는 깊은 겨울의 심한 추위. 융동설한(隆冬雪寒).

言語道斷(언어도단) : '말할 길이 끊어졌다'는 뜻으로, '어이가 없어서 말을 하려고 해도 말할 수 없음'을 이르는 말. 말이 안 됨. 언어동단(言語同斷).

言中有骨(언중유골) : '말속에 뼈가 있다'는 뜻으로, '예사로운 말 속에 단단한 속뜻이 들어 있음'을 이르는 말.

言行一致(언행일치) : 말과 행동이 하나로 들어맞음. 또는 말한 대로 실행함.

다음 글을 읽고 한자성어漢字成語를 완성하세요.

해답 ☞ 앞쪽 참조

	強		弱

☞ 강한 자를 누르고, 약한 자를 도와줌.

十		之	

☞ '아무리 심지가 굳은 사람이라도 여러 번 말을 하면 결국 마음을 돌려 따르게 됨'을 이르는 말.

	人	如	

☞ 남을 자기 몸처럼 사랑함.

安			道

☞ 가난한 생활을 하면서도 편안한 마음으로 도를 즐겨 지킴.

	父	之	

☞ '둘이 다투는 사이에 제삼자가 애쓰지 않고 가로챈 이득'을 이르는 말.

安			思

☞ 편안할 때에 어려움이 닥칠 것을 미리 대비하여야 함.

十		不	

☞ '열 손가락을 꼼짝하지 아니한다'는 뜻으로, '게을러서 아무 일도 하지 아니함'을 이르는 말.

	春	佳	

☞ 따뜻하고 좋은 봄철.

我			水

☞ '제 논에 물대기'라는 뜻으로, '자기에게 이롭게 되도록 생각하거나 행동함'을 비유하여 이르는 말.

	頭		尾

☞ '물고기는 머리 쪽이 맛이 있고 짐승 고기는 꼬리 쪽이 맛이 있다'는 말.

	藥		口

☞ '좋은 약은 입에 쓰다'는 뜻으로, '충고하는 말은 귀에 거슬리나 자신에게 이로움'을 이르는 말.

抑		心	

☞ '무슨 생각으로 그러는지 알 수 없거나 마음속 깊이 맺힌 마음'을 이르는 말.

	上		子

☞ '들보 위에 있는 군자'라는 뜻으로, '도둑'을 미화(美化)하여 이르는 말.

焉			心

☞ '어찌 감히 그런 마음을 품을 수 있으랴'는 뜻으로, '전혀 그런 마음이 없음'을 이르는 말.

	冬		寒

☞ 눈 내리는 깊은 겨울의 심한 추위.

	中	有	

☞ 예사로운 말 속에 단단한 뼈 같은 속뜻이 있다는 말.

羊		狗	

☞ '양의 머리를 내걸고 개고기를 판다'는 뜻으로, '겉모양은 그럴듯하나 속은 변변하지 아니함'을 이르는 말.

言		道	

☞ '어이가 없어서 말을 하려고 해도 말할 수 없음'을 이르는 말.

다음 한자성어漢字成語를 익혀, 문제를 풀어보도록 하세요.

문제 ☞ 뒤쪽

如履薄氷(여리박빙) : '엷은 얼음을 밟는 듯 매우 위험한 것'을 뜻함.

餘無可論(여무가론) : 대강(大綱)이 이미 결정되어 나머지는 의논할 필요가 없음.

與民同樂(여민동락) : 임금과 백성이 함께 즐김. 여민해락(與民偕樂).

如出一口(여출일구) : '한 입에서 나오는 것처럼 여러 사람의 말이 같음'을 이르는 말. 이구동성(異口同聲).

與他自別(여타자별) : ① 다른 것과 달라 특별함. ② 남보다 정분이 유달리 두터움.

易地思之(역지사지) : 입장을 바꾸어서 생각해 봄.

緣木求魚(연목구어) : '나무에 올라가서 물고기를 구한다'는 뜻으로, '불가능한 일을 굳이 하려 함'을 비유하여 이르는 말.

炎涼世態(염량세태) : '권세가 있을 때는 아첨하여 따르고, 몰락하면 푸대접하는 세상인심'을 이르는 말.

五里霧中(오리무중) : '오 리나 되는 짙은 안개 속에 있다'는 뜻으로, '무슨 일에 대하여 방향이나 갈피를 잡을 수 없음'을 이르는 말.

烏飛梨落(오비이락) : '까마귀 날자 배 떨어진다'는 뜻으로, '공교롭게도 어떤 일이 같은 때에 일어나 남의 의심을 받게 됨'을 이르는 말.

吾鼻三尺(오비삼척) : '내 코가 석 자'라는 뜻으로, '자기 사정이 급하여 남을 돌볼 겨를이 없음'을 이르는 말.

烏飛一色(오비일색) : '날고 있는 까마귀가 모두 같은 빛깔'이라는 뜻으로, '모두 같은 부류이거나 서로 똑같음'을 이르는 말.

五車之書(오거지서) : '다섯 수레에 실을 만한 책'이라는 뜻으로, '많은 장서(藏書)'를 이르는 말. 오거(五車). 오거서(五車書).

烏合之卒(오합지졸) : '까마귀 떼처럼 질서 없이 모인 병졸'이라는 뜻으로, '임시로 모여들어서 규율이 없고 무질서한 병졸 또는 군중'을 이르는 말.

溫故知新(온고지신) : 옛것을 익히고 그것을 미루어 새로운 것을 앎.

曰可曰否(왈가왈부) : 어떤 일에 대하여 옳거니 옳지 아니하거니 하고 말함.

曰是曰非(왈시왈비) : 어떠한 일에 대하여 옳으니 그르니 하고 말함. 시야비야(是也非也).

外剛內柔(외강내유) : 겉으로는 강하게 보이나 속은 부드러움. 내유외강(內柔外剛).

外柔內剛(외유내강) : 겉으로는 부드럽고 순하게 보이나 마음속은 단단하고 굳셈. 내강외유(內剛外柔).

樂山樂水(요산요수) : '산을 좋아하고, 물을 좋아한다.'는 뜻으로, '산수(山水)의 경치를 좋아함'을 이르는 말.

欲巧反拙(욕교반졸) : '잘 만들려고 너무 기교를 부리다가 도리어 졸렬한 결과를 보게 되었다'는 뜻으로, '너무 잘하려 하면 도리어 잘되지 아니함'을 이르는 말.

欲速不達(욕속부달) : 일을 급히 하려고 서두르면 도리어 이루지 못함.

欲言未吐(욕언미토) : '하고 싶은 말을 아직 다하지 못했다'는 뜻으로, '감정의 깊이가 있음'을 이르는 말.

龍頭蛇尾(용두사미) : '용의 머리에 뱀의 꼬리'라는 뜻으로, '야단스럽게 시작하여 흐지부지 끝남'을 비유하여 이르는 말.

龍味鳳湯(용미봉탕) : '용과 봉황으로 만든 음식'이라는 뜻으로, '맛이 매우 좋은 음식'을 비유하여 이르는 말.

愚公移山(우공이산) : '우공이 산을 옮긴다'는 뜻으로, '무슨 일이든 끊임없이 노력하면 반드시 이루어짐'을 이르는 말.

다음 글을 읽고 한자성어漢字成語를 완성하세요.

해답 ☞ 앞쪽 참조

欲			吐

☞ '하고 싶은 말을 아직 다하지 못했다'는 뜻으로, '감정의 깊이가 있음'을 이르는 말.

烏		一	

☞ '날고 있는 까마귀가 모두 같은 빛깔'이라는 뜻으로, '모두 같은 부류이거나 서로 똑같음'을 이르는 말.

	履	薄	

☞ '엷은 얼음을 밟는 듯 매우 위험한 것'을 뜻함.

	合	之	

☞ '임시로 모여들어서 규율이 없고 무질서한 병졸 또는 군중'을 이르는 말.

	木	求	

☞ '불가능한 일을 굳이 하려 함'을 비유하여 이르는 말.

吾		三	

☞ '내 코가 석 자'라는 뜻으로, '자기 사정이 급하여 남을 돌볼 겨를이 없음'을 이르는 말.

欲		不	

☞ 일을 급히 하려고 서두르면 도리어 이루지 못함.

外		內	

☞ 겉으로는 부드럽고 순하게 보이나 마음속은 단단하고 굳셈.

	巧		拙

☞ '너무 잘하려 하면 도리어 잘되지 아니함'을 이르는 말.

曰		曰	

☞ 어떠한 일에 대하여 옳으니 그르니 하고 말함.

愚			山

☞ '무슨 일이든 끊임없이 노력하면 반드시 이루어짐'을 이르는 말.

炎	涼		

☞ '권세가 있을 때는 아첨하여 따르고, 몰락하면 푸대접하는 세상인심'을 이르는 말.

	無	可	

☞ 대강이 이미 결정되어 나머지는 의논할 필요가 없음.

溫			新

☞ 옛것을 익히고 그것을 미루어 새로운 것을 앎.

龍		蛇	

☞ '야단스럽게 시작하여 흐지부지 끝남'을 비유하여 이르는 말.

五		之	

☞ '다섯 수레에 실을 만한 책'이라는 뜻으로, '많은 장서(藏書)'를 이르는 말.

龍		鳳	

☞ '용과 봉황으로 만든 음식'이라는 뜻으로, '맛이 매우 좋은 음식'을 비유하여 이르는 말.

五		霧	

☞ '무슨 일에 대하여 방향이나 갈피를 잡을 수 없음'을 이르는 말.

다음 한자성어漢字成語를 익혀, 문제를 풀어보도록 하세요.

문제 ☞ 뒤쪽

- 右往左往(우왕좌왕) : 이리저리 왔다 갔다 하며 일이나 나아가는 방향을 종잡지 못함.
- 牛耳讀經(우이독경) : '쇠귀에 경 읽기'라는 뜻으로, '아무리 가르치고 일러 주어도 알아듣지 못함'을 이르는 말. 우이송경(牛耳誦經). 대우탄금(對牛彈琴).
- 優柔不斷(우유부단) : 어물어물 망설이기만 하고 결단성(決斷性)이 없음.
- 雲泥之差(운니지차) : '구름과 진흙의 차이'라는 뜻으로, '서로 간의 차이가 매우 심함'을 이르는 말. 천지지차(天地之差). 천양지차(天壤之差). 소양지차(霄壤之差).
- 危機一髮(위기일발) : 위태로움이 몹시 절박한 순간.
- 有口無言(유구무언) : '입은 있으나 말이 없다'는 뜻으로, '변명이나 항변할 말이 없음'을 이르는 말.
- 陰德陽報(음덕양보) : '남이 모르게 덕행을 쌓은 사람은 뒤에 그 보답을 저절로 받게 됨'을 이르는 말.
- 有名無實(유명무실) : 이름만 그럴듯하고 실속(實-)은 없음.
- 有備無患(유비무환) : 미리 준비해 두면 걱정할 것이 없음.
- 類類相從(유유상종) : 같은 무리끼리 서로 사귐.
- 悠悠自適(유유자적) : 속세를 떠나 아무 속박(束縛) 없이 조용하고 편안하게 삶.
- 遺臭萬年(유취만년) : 더러운 이름을 후세에 오래도록 남김.
- 隱忍自重(은인자중) : 마음속에 감추어 참고 견디면서 몸가짐을 신중하게 행동함.
- 異口同聲(이구동성) : '입은 다르나 목소리는 같다'는 뜻으로, '여러 사람의 말이 한결같음'을 이르는 말. 이구동음(異口同音).
- 以卵擊石(이란격석) : '달걀로 돌을 친다'는 뜻으로, '아주 약한 것으로 강한 것에 대항하려는 어리석음'을 비유하여 이르는 말. 이란투석(以卵投石).
- 以心傳心(이심전심) : 마음과 마음으로 서로 뜻이 통함. 말을 하지 않더라도 서로 마음이 통하여 앎.
- 以熱治熱(이열치열) : '열은 열로써 다스린다'는 뜻으로, '힘은 힘으로써 물리침'을 이르는 말.
- 利用厚生(이용후생) : 기구를 편리하게 쓰고 먹을 것과 입을 것을 넉넉하게 하여 국민의 생활을 나아지게 함.
- 離合集散(이합집산) : 헤어졌다가 만나고 모였다가 흩어짐. 뭉치고 흩어짐.
- 因果應報(인과응보) : '선과 악에 따라 반드시 업보(業報)가 있음'을 이르는 말.
- 引過自責(인과자책) : 자기의 잘못을 깨닫고 스스로 자신을 꾸짖음.
- 人面獸心(인면수심) : '사람의 얼굴을 하고 있으나 마음은 짐승과 같다'는 뜻으로, '마음이나 행동이 몹시 흉악함'을 이르는 말.
- 人命在天(인명재천) : '목숨의 길고 짧음은 하늘에 매여 있다'는 말.
- 人事不省(인사불성) : ① 제 몸에 벌어지는 일을 모를 만큼 정신을 잃은 상태. ② 사람으로서 지켜야 할 예절을 차릴 줄 모름. 불성인사(不省人事).
- 人死留名(인사유명) : '사람은 죽어서 이름을 남긴다'는 뜻으로, '사람의 삶이 헛되지 아니하면 그 이름이 길이 남음'을 이르는 말.
- 仁者無敵(인자무적) : '어진 사람은 모든 사람을 사랑하므로 적대하는 사람이 없음'을 이르는 말.
- 仁者樂山(인자요산) : 어진 사람은 그 마음이 산과 비슷하므로 산을 좋아함.

다음 글을 읽고 한자성어漢字成語를 완성하세요.

해답 ☞ 앞쪽 참조

	臭	萬	

☞ 더러운 이름을 후세에 오래도록 남김.

	者	無	

☞ '어진 사람은 모든 사람을 사랑하므로 천하에 적대하는 사람이 없음'을 이르는 말.

	耳	讀	

☞ '쇠귀에 경 읽기'라는 뜻으로, '아무리 가르치고 일러 주어도 알아듣지 못함'을 이르는 말.

以			石

☞ '아주 약한 것으로 강한 것에 대항하려는 어리석음'을 비유하여 이르는 말.

	柔	不	

☞ 어물어물 망설이기만 하고 결단성(決斷性)이 없음.

隱		自	

☞ 마음속에 감추어 참고 견디면서 몸가짐을 신중하게 행동함.

人			名

☞ '사람의 삶이 헛되지 아니하면 그 이름이 길이 남음'을 이르는 말.

	口	同	

☞ '입은 다르나 목소리는 같다'는 뜻으로, '여러 사람의 말이 한결같음'을 이르는 말.

	熱		熱

☞ '열은 열로써 다스린다'는 뜻으로, '힘은 힘으로써 물리침'을 이르는 말.

	心		心

☞ 말을 하지 않더라도 서로 마음이 통하여 앎.

因		應	

☞ '선과 악에 따라 반드시 업보가 있음'을 이르는 말.

	泥	之	

☞ '구름과 진흙의 차이'라는 뜻으로, '서로 간의 차이가 매우 심함'을 이르는 말.

引		自	

☞ 자기 잘못을 깨닫고 스스로 자신을 꾸짖음.

人			心

☞ '사람의 얼굴을 하고 있으나 마음은 짐승과 같다'는 뜻으로, '마음이나 행동이 몹시 흉악함'을 이르는 말.

	者		山

☞ 어진 사람은 그 마음이 산과 비슷하므로 산을 좋아함.

利		厚	

☞ 기구를 편리하게 쓰고 먹을 것과 입을 것을 넉넉하게 하여 국민의 생활을 나아지게 함.

有		無	

☞ 미리 준비해 두면 걱정할 것이 없음.

	合	集	

☞ 헤어졌다가 만나고 모였다가 흩어짐.

다음 한자성어漢字成語를 익혀, 문제를 풀어보도록 하세요.

문제 ☞ 뒤쪽

一刻千金(일각천금) : '극히 짧은 시간도 천금의 값어치가 나갈 만큼 매우 귀중함'을 이르는 말.

一擧兩得(일거양득) : 한 가지 일로 두 가지 이익을 얻음. 일석이조(一石二鳥).

日久月深(일구월심) : 날이 오래고 달이 깊어간다는 뜻으로, 세월이 갈수록 더하여짐을 이르는 말.

一諾千金(일낙천금) : '한 번 승낙한 일은 천금같이 귀중하다'는 뜻으로, '확실한 승낙'을 뜻하는 말.

日暖風和(일난풍화) : 날씨가 따뜻하고 바람결이 부드러움.

一刀兩斷(일도양단) : 한 칼에 둘로 나누듯이 '일이나 행동을 선뜻 결정함'을 이르는 말.

一蓮托生(일련탁생) : 진퇴나 행동을 같이하는 일.

一脈相通(일맥상통) : 사고방식, 상태, 성질 따위가 서로 통하거나 비슷해짐.

一罰百戒(일벌백계) : '한 사람을 벌주어 백 사람을 경계한다'는 뜻으로, '경각심(警覺心)을 불러일으키기 위하여 본보기로 한 사람에게 엄한 처벌을 하는 일'을 이르는 말.

一魚濁水(일어탁수) : '한 마리의 물고기가 물을 흐린다'는 뜻으로, '한 사람의 잘못으로 여러 사람이 피해를 입게 됨'을 이르는 말.

一葉知秋(일엽지추) : '나뭇잎 하나가 떨어지는 것을 보고 가을이 온 것을 안다'는 뜻으로, '조그마한 일을 가지고 장차 올 일을 미리 짐작함'을 이르는 말.

一衣帶水(일의대수) : 한 줄기의 띠와 같은 작은 냇물이나 바닷물 또는 그것을 사이에 둔 가까운 이웃 관계.

一牛鳴地(일우명지) : 소의 울음소리가 들릴 정도로 가까운 거리의 땅. 일우후지(一牛吼地).

一以貫之(일이관지) : 하나의 방법이나 태도로써 처음부터 끝까지 한결같음.

一日三秋(일일삼추) : '하루가 삼 년 같다'는 뜻으로, '몹시 애태우며 기다림'을 이르는 말. 일일여삼추(一日如三秋).

一日之長(일일지장) : '하루 먼저 태어나서 나이가 조금 위가 된다'는 뜻으로, '조금 나음'을 이르는 말.

一長一短(일장일단) : 장점(長點)도 있고 단점(短點)도 있음, 또는 하나의 장점과 하나의 단점.

一場春夢(일장춘몽) : '한바탕의 봄꿈'이란 뜻으로, '헛된 영화(榮華)나 덧없는 일'을 비유하여 이르는 말.

一朝一夕(일조일석) : '하루 아침과 하루 저녁'이라는 뜻으로, '아주 짧은 시일'을 이르는 말.

一進一退(일진일퇴) : 한 번 나아갔다 한 번 물러섰다 하거나 좋아졌다 나빠졌다 함.

一觸卽發(일촉즉발) : 조금 건드리기만 하여도 곧 폭발할 것 같은 몹시 위험한 상태.

日就月將(일취월장) : 나날이 다달이 자라거나 발전함. 일장월취(日將月就). 일취(日就).

一敗塗地(일패도지) : '싸움에 한 번 패하여 간과 뇌가 땅바닥에 으깨어진다'는 뜻으로, '여지없이 패하여 다시 일어날 수 없는 지경에 이름'을 이르는 말.

一片丹心(일편단심) : '한 조각 붉은 마음'이라는 뜻으로, 곧 '참된 정성'을 이르는 말.

一筆揮之(일필휘지) : 글씨를 단숨에 힘차고 시원하게 죽 써 내림.

一喜一悲(일희일비) : 한편으로는 기뻐하고 한편으로는 슬퍼함 또는 기쁨과 슬픔이 번갈아 일어남.

臨機應變(임기응변) : 그때그때 처한 사태에 맞추어 즉각 그 자리에서 결정하거나 처리함.

다음 글을 읽고 한자성어漢字成語를 완성하세요.

해답 ☞ 앞쪽 참조

一		百	

☞ '경각심(警覺心)을 불러일으키기 위하여 본보기로 한 사람에게 엄한 처벌을 하는 일'을 이르는 말.

一		一	

☞ 장점도 있고 단점도 있음 또는 하나의 장점과 하나의 단점.

一			地

☞ 소의 울음소리가 들릴 정도로 가까운 거리의 땅.

一		卽	

☞ 조금 건드리기만 하여도 곧 폭발할 것 같은 몹시 위험한 상태.

一		相	

☞ 사고방식, 상태, 성질 따위가 서로 통하거나 비슷해짐.

	機		變

☞ 그때그때 처한 사태에 맞추어 즉각 그 자리에서 결정하거나 처리함.

一			之

☞ 하나의 방법이나 태도로써 처음부터 끝까지 한결같음.

一			得

☞ 한 가지 일로 두 가지 이익을 얻음.

日		月	

☞ 나날이 다달이 자라거나 발전함.

一			水

☞ '한 사람의 잘못으로 여러 사람이 피해를 입게 됨'을 이르는 말.

一			水

☞ 한 줄기의 띠와 같은 작은 냇물이나 바닷물 또는 그것을 사이에 둔 가까운 이웃 관계.

一		春	

☞ '한바탕의 봄꿈'이란 뜻으로, '헛된 영화나 덧없는 일'을 비유하여 이르는 말.

一			之

☞ 글씨를 단숨에 힘차고 시원하게 죽 써 내림.

一			地

☞ '여지없이 패하여 다시 일어날 수 없는 지경에 이름'을 이르는 말.

一			心

☞ '한 조각 붉은 마음'이라는 뜻으로, 곧 '참된 정성'을 이르는 말.

一			秋

☞ '조그마한 일을 가지고 장차 올 일을 미리 짐작함'을 이르는 말.

一		一	

☞ 한편으로는 기뻐하고 한편으로는 슬퍼함 또는 기쁨과 슬픔이 번갈아 일어남.

一			斷

☞ 한 칼에 둘로 나누듯이 '일이나 행동을 선뜻 결정함'을 이르는 말.

다음 한자성어漢字成語를 익혀, 문제를 풀어보도록 하세요.

문제 ☞ 뒤쪽

- 臨戰無退(임전무퇴) : 세속오계의 하나로, '전쟁에 나아가서 물러서지 아니하여야 함'을 이르는 말.
- 臨陣易將(임진역장) : '전쟁터에서 장수를 바꾼다'는 뜻으로, '실제로 일할 때가 되어 익숙한 사람을 버리고 서투른 사람을 씀'을 비유하여 이르는 말.
- 立身揚名(입신양명) : 성공하여 세상에 이름을 떨침.
- 入鄕循俗(입향순속) : 다른 지방에 가서는 그 지방의 풍속을 따름을 이르는 말.
- 自强不息(자강불식) : 스스로 힘써 쉬지 아니함.
- 自激之心(자격지심) : 자기가 한 일에 대하여 스스로 미흡하게 여기는 마음.
- 自給自足(자급자족) : 필요한 물자를 스스로 생산하여 충당함.
- 自我實現(자아실현) : 도덕의 궁극적인 목적을 자아의 본질을 완전히 실현시키는 데 두는 것.
- 自業自得(자업자득) : 자기가 저지른 일의 과보(果報)를 자기 자신이 받음.
- 自由自在(자유자재) : 자기의 뜻대로 모든 것이 자유롭고 거침이 없음.
- 自中之亂(자중지란) : 같은 패 안에서 일어나는 싸움.
- 自暴自棄(자포자기) : 자기 자신을 스스로 버려서 돌아보지 않음.
- 自畫自讚(자화자찬) : 제 일을 스스로 자랑함.
- 張三李四(장삼이사) : '장씨(張氏)의 셋째 아들과 이씨(李氏)의 넷째 아들'이라는 뜻으로, '이름이나 신분이 특별하지 아니한 평범한 사람들'을 이르는 말.
- 積土成山(적토성산) : 작거나 적은 것도 쌓이면 크게 되거나 많아짐. 적소성대(積小成大).
- 電光石火(전광석화) : '번갯불이나 부싯돌의 번쩍이는 빛'이라는 뜻으로, '매우 짧은 시간이나 매우 재빠른 움직임' 따위를 비유하여 이르는 말.
- 前無後無(전무후무) : 이전에도 없었고 앞으로도 없음. 공전절후(空前絶後). 광전절후(曠前絶後).
- 轉禍爲福(전화위복) : 재앙(災殃)과 화난(禍難)이 바뀌어 오히려 복이 됨.
- 切齒腐心(절치부심) : '몹시 분하여 이를 갈며 속을 썩임'을 비유하여 이르는 말.
- 絶長補短(절장보단) : '긴 것을 잘라서 짧은 것에 보탠다'는 뜻으로, '알맞게 맞춤 또는 장점이나 넉넉한 것으로 단점이나 부족한 점을 보충함'을 이르는 말.
- 朝三暮四(조삼모사) : 중국 송나라 저공(狙公)의 고사에서, '간사한 꾀로 남을 속여 희롱함'을 이르는 말.
- 鳥足之血(조족지혈) : '새발의 피'라는 뜻으로, '아주 보잘것없음'을 비유하여 이르는 말.
- 足脫不及(족탈불급) : '맨발로 뛰어도 따라가지 못한다'는 뜻으로, '능력 · 역량 · 재질 따위의 차이가 뚜렷하여 도저히 다른 사람이 따라가지 못할 정도임'을 비유하여 이르는 말.
- 存亡之秋(존망지추) : 존속(存續)과 멸망(滅亡) 또는 삶과 죽음이 결정되는 아주 절박한 경우나 시기.
- 種豆得豆(종두득두) : '콩을 심으면 콩이 난다'는 뜻으로, '원인에 따라 결과가 생김'을 이르는 말.
- 縱橫無盡(종횡무진) : 자유자재로 행동하여 거침이 없는 상태. 종횡무애(縱橫無礙).
- 坐井觀天(좌정관천) : '우물 속에 앉아서 하늘을 본다'는 뜻으로, '견문(見聞)이 매우 좁음'을 이르는 말.
- 左之右之(좌지우지) : 이리저리 제 마음대로 휘두르거나 다룸.

다음 글을 읽고 한자성어漢字成語를 완성하세요.

해답 ☞ 앞쪽 참조

足		不	

☞ 능력・역량・재질 따위의 차이가 뚜렷하여 도저히 다른 사람이 따라 가지 못할 정도임.

自		不	

☞ 스스로 힘써 쉬지 아니함.

		之	秋

☞ 존속과 멸망 또는 삶과 죽음이 결정되는 아주 절박한 경우나 시기.

	陣		將

☞ '실제로 일할 때가 되어 익숙한 사람을 버리고 서투른 사람을 씀'을 비유하여 이르는 말.

	禍	爲	

☞ 재앙과 화난이 바뀌어 오히려 복이 됨.

	之		之

☞ 이리저리 제 마음대로 휘두르거나 다룸.

	足	之	

☞ '새발의 피'라는 뜻으로, '아주 보잘것없음'을 비유하는 말.

	三		四

☞ '간사한 꾀로 남을 속여 희롱함'을 이르는 말.

	三		四

☞ '이름이나 신분이 특별하지 아니한 평범한 사람들'을 이르는 말.

電			火

☞ '매우 짧은 시간이나 매우 재빠른 움직임' 따위를 비유하여 이르는 말.

自		自	

☞ 자기 자신을 스스로 버려서 돌아보지 않음.

自		自	

☞ 제 일을 스스로 자랑함.

	豆		豆

☞ '콩을 심으면 콩이 난다'는 뜻으로, '원인에 따라 결과가 생김'을 이르는 말.

	長		短

☞ '알맞게 맞춤 또는 장점이나 넉넉한 것으로 단점이나 부족한 점을 보충함'을 이르는 말.

	土		山

☞ 작거나 적은 것도 쌓이면 크게 되거나 많아짐.

縱		無	

☞ 자유자재로 행동하여 거침이 없는 상태.

切		腐	

☞ '몹시 분하여 이를 갈며 속을 썩임'을 비유하여 이르는 말.

	井		天

☞ '우물 속에 앉아서 하늘을 본다'는 뜻으로, '견문이 매우 좁음'을 이르는 말.

다음 한자성어漢字成語를 익혀, 문제를 풀어보도록 하세요.

문제 ☞ 뒤쪽

- 晝耕夜讀(주경야독) : '낮에는 밭을 갈고 밤에는 글을 읽는다'는 뜻으로, '어려운 여건 속에서도 꿋꿋이 공부함'을 이르는 말.
- 左衝右突(좌충우돌) : 이리저리 마구 치고 받음.
- 走馬看山(주마간산) : '말을 타고 달리며 산천을 구경한다'는 뜻으로, '자세히 살피지 아니하고 대충대충 보고 지나감'을 이르는 말.
- 酒池肉林(주지육림) : '술로 연못을 이루고 고기로 숲을 이룬다'는 뜻으로, '호사스러운 술잔치'를 이르는 말.
- 竹馬故友(죽마고우) : 죽마를 타고 놀던 벗, 곧 어릴 때 같이 놀던 친한 친구.
- 衆寡不敵(중과부적) : 적은 수효로는 많은 수효를 대적하지 못함.
- 衆口難防(중구난방) : '뭇 사람의 말을 이루 다 막기는 어렵다'는 뜻으로, '의견이 모아지지 않고 저마다의 소견을 펼치기만 하는 상황'을 이르는 말.
- 知己之友(지기지우) : 자기의 속마음과 자기의 가치를 잘 알아주는 참다운 친구.
- 指鹿爲馬(지록위마) : '윗사람을 농락하여 권세를 마음대로 함'을 가리켜 이르는 말.
- 支離滅裂(지리멸렬) : 갈가리 흩어지고 찢기어 갈피를 잡을 수 없음. 지리분산(支離分散).
- 知命之年(지명지년) : '공자가 나이 쉰 살에 천명(天命)을 알았다'는 데에서, '쉰 살의 나이'를 달리 이르는 말.
- 至誠感天(지성감천) : '정성이 지극하면 하늘도 감동한다'는 뜻으로, '무슨 일에든 정성을 다하면 어려운 일도 순조롭게 풀리어 좋은 결과를 맺음'을 이르는 말.
- 知彼知己(지피지기) : 적(敵)의 속사정과 나의 형편을 자세히 앎.
- 指呼之間(지호지간) : 손짓하여 부를 만큼 가까운 거리.
- 盡忠報國(진충보국) : 충성을 다하여서 나라의 은혜를 갚음. 갈충보국(竭忠報國).
- 進退維谷(진퇴유곡) : 이러지도 저러지도 못하고 꼼짝할 수 없는 궁지. 진퇴양난(進退兩難).
- 此日彼日(차일피일) : 이 날 저 날 하고 자꾸 기한(期限)을 미루는 모양.
- 天高馬肥(천고마비) : '하늘이 높고 말이 살찐다'는 뜻으로, '가을철'을 이르는 말.
- 千慮一得(천려일득) : 아무리 어리석은 사람일지라도 많은 생각을 하다보면 한 가지쯤은 좋은 생각을 얻는다는 말.
- 千慮一失(천려일실) : 여러 번 생각하여 신중하고 조심스럽게 한 일에도 때로는 한 가지 실수가 있음.
- 千辛萬苦(천신만고) : 갖은 애를 쓰며 고생을 함.
- 天壤之差(천양지차) : 하늘과 땅같이 엄청난 차이.
- 天壤之判(천양지판) : '하늘과 땅처럼 큰 차이'라는 뜻으로, '사물이 서로 엄청나게 다름'을 이르는 말.
- 天長地久(천장지구) : 하늘 · 땅처럼 오래고 변함이 없음. [흔히 장수를 빌 때 하는 말]
- 天藏地秘(천장지비) : '하늘과 땅속에 감추어져 있다'는 뜻으로, '파묻혀서 세상에 알려지지 아니함'을 이르는 말.
- 千載一遇(천재일우) : '천 년 동안 단 한 번 만난다'는 뜻으로, '좀처럼 만나기 어려운 좋은 기회'를 이르는 말.
- 千篇一律(천편일률) : '여러 시문(詩文)의 글귀가 모두 비슷비슷하다'는 뜻으로, '개별적 특성이 없이 모두 엇비슷한 현상'을 비유하여 이르는 말.

다음 글을 읽고 한자성어漢字成語를 완성하세요.

해답 ☞ 앞쪽 참조

		之	間

☞ 손짓하여 부를 만큼 가까운 거리.

	口	難	

☞ '의견이 모아지지 않고 저마다의 소견을 펼치기만 하는 상황'을 이르는 말.

	離		裂

☞ 갈가리 흩어지고 찢기어 갈피를 잡을 수 없음.

晝		夜	

☞ '어려운 여건 속에서도 꿋꿋이 공부함'을 이르는 말.

	忠		國

☞ 충성을 다하여서 나라의 은혜를 갚음.

	鹿	爲	

☞ '윗사람을 농락하여 권세를 마음대로 힘'을 가리켜 이르는 말.

天		之	

☞ '하늘과 땅같이 엄청난 차이'라는 뜻으로, '사물이 서로 엄청나게 다름'을 이르는 말.

	盛		天

☞ '무슨 일에든 정성을 다하면 어려운 일도 순조롭게 풀리어 좋은 결과를 맺음'을 이르는 말.

酒		肉	

☞ '술로 연못을 이루고 고기로 숲을 이룬다'는 뜻으로, '호사스러운 술잔치'를 이르는 말.

天			肥

☞ '하늘이 높고 말이 살찐다'는 뜻으로, '가을철'을 이르는 말.

千		一	

☞ '개별적 특성이 없이 모두 엇비슷한 현상'을 비유하여 이르는 말.

天		地	

☞ '하늘과 땅속에 감추어져 있다'는 뜻으로, '파묻혀서 세상에 알려지지 아니함'을 이르는 말.

	馬		山

☞ '자세히 살피지 아니하고 대충대충 보고 지나감'을 이르는 말.

千		一	

☞ 아무리 어리석은 사람일지라도 많은 생각을 하다보면 한 가지쯤은 좋은 생각을 얻는다'는 말.

天		地	

☞ '하늘·땅처럼 오래고 변함이 없다'는 뜻으로, 흔히 장수를 빌 때 하는 말.

	退	維	

☞ 이러지도 저러지도 못하고 꼼짝할 수 없는 궁지.

千		一	

☞ '천 년 동안 단 한 번 만난다'는 뜻으로, '좀처럼 만나기 어려운 좋은 기회'를 이르는 말.

		之	年

☞ '공자가 나이 쉰 살에 천명을 알았다'는 데에서, '쉰 살의 나이'를 달리 이르는 말.

다음 한자성어漢字成語를 익혀, 문제를 풀어보도록 하세요.

문제 ☞ 뒤쪽

天下絶色(천하절색) : 세상에 드문 아주 뛰어난 미인. 천하일색(天下一色).

晴耕雨讀(청경우독) : '날이 개면 논밭을 갈고 비가 오면 글을 읽는다.'는 뜻으로, '부지런히 일하며 여가(餘暇)를 헛되이 보내지 않고 공부함'을 이르는 말.

清貧樂道(청빈낙도) : 청렴결백하고 가난하게 사는 것을 옳은 것으로 여기고 즐김.

青雲之志(청운지지) : 높은 지위에 오르고자 하는 욕망.

草綠同色(초록동색) : '풀빛과 녹색은 같다'는 뜻으로, '같은 처지의 사람과 어울리는 것'을 이르는 말.

寸鐵殺人(촌철살인) : '조그만 쇠붙이로 사람을 죽인다'는 뜻으로, '짧은 경구(警句)나 간단한 말로 사람의 마음을 찔러 듣는 사람을 감동시킴'을 이르는 말.

推己及人(추기급인) : 자기의 마음에 미루어 보아 남에게도 그렇게 행동함.

忠言逆耳(충언역이) : 충직한 말은 귀에 거슬림.

秋風落葉(추풍낙엽) : '가을바람에 흩어져 떨어지는 나뭇잎'이라는 말로, '어떤 형세나 세력이 갑자기 기울어지거나 단번에 헤어져 흩어짐'을 이르는 말.

出將入相(출장입상) : '나가서는 장수가 되고 들어와서는 재상이 된다'는 뜻으로, '문무(文武)를 다 갖추어 장군과 재상의 벼슬을 모두 지냄'을 이르는 말.

醉生夢死(취생몽사) : '술에 취하여 자는 동안에 꾸는 꿈속에 살고 죽는다'는 뜻으로, '한평생을 아무 하는 일 없이 흐리멍덩하게 살아감'을 비유하여 이르는 말.

置之度外(치지도외) : 내버려두고 상대하지 않음.

快刀亂麻(쾌도난마) : '어지럽게 뒤얽힌 사물이나 말썽거리를 단번에 시원스럽게 처리함'을 비유하여 이르는 말.

他山之石(타산지석) : '다른 산의 나쁜 돌이라도 자신의 옥돌을 가는 데에 쓸 수 있다'는 뜻으로, '하찮은 남의 말이나 행동도 자신의 지식과 인격을 수양하는 데에 도움이 될 수 있음'을 비유하여 이르는 말.

卓上空論(탁상공론) : 현실성이 없는 허황(虛荒)한 이론이나 논의.

貪官汚吏(탐관오리) : 탐욕(貪慾)이 많고 마음이 깨끗하지 못한 관리(官吏).

泰山北斗(태산북두) : '태산과 북두칠성'이라는 뜻으로, '세상 사람들로부터 존경받는 사람'을 이르는 말.

太平烟月(태평연월) : 근심이나 걱정이 없는 편안한 세월.

破邪顯正(파사현정) : 사견(邪見) · 사도(邪道)를 깨어버리고 정법(正法)을 드러내는 일.

破顔大笑(파안대소) : 매우 즐거운 표정으로 크게 웃음.

破竹之勢(파죽지세) : '대를 쪼개는 기세'라는 뜻으로, '적을 거침없이 물리치고 나아가는 기세'를 이르는 말.

八方美人(팔방미인) : ① 어느 모로 보나 아름다운 사람. ② 여러 방면에 능통한 사람. ③ 온갖 일에 조금씩 손대는 사람을 놀림조로 이르는 말. ④ 주관이 없이 남에게 잘 보이도록 처세하는 사람을 낮잡아 이르는 말.

抱腹絶倒(포복절도) : 배를 안고 몸을 가누지 못할 정도로 몹시 웃음.

飽食暖衣(포식난의) : '배부르게 먹고 따뜻하게 입는다'는 뜻으로, '의식(衣食)이 넉넉함'을 이르는 말.

表裏不同(표리부동) : 마음이 음흉하고 불량하여 겉과 속이 다름.

風樹之歎(풍수지탄) : '효도를 다하지 못한 채 어버이를 여읜 자식의 슬픔'을 이르는 말.

다음 글을 읽고 한자성어漢字成語를 완성하세요.

해답 ☞ 앞쪽 참조

	上	空	

☞ 현실성이 없는 허황한 이론이나 논의.

出		入	

☞ '문무를 다 갖추어 장군과 재상의 벼슬을 모두 지냄'을 이르는 말.

	竹	之	

☞ '대를 쪼개는 기세'라는 뜻으로, '적을 거침없이 물리치고 나아가는 기세'를 이르는 말.

	山	之	

☞ 하찮은 남의 말이나 행동도 자신의 지식과 인격을 수양하는 데에 도움이 될 수 있음.

天			色

☞ 세상에 드문 아주 뛰어난 미인.

	言		耳

☞ 충직한 말은 귀에 거슬림.

	顔	大	

☞ 매우 즐거운 표정으로 크게 웃음.

	裏	不	

☞ 마음이 음흉하고 불량하여 겉과 속이 다름.

	平		月

☞ 근심이나 걱정이 없는 편안한 세월.

	貧		道

☞ 청렴결백하고 가난하게 사는 것을 옳은 것으로 여기고 즐김.

八			人

☞ 어느 모로 보나 아름다운 사람 또는 여러 방면에 능통한 사람.

	山	北	

☞ '태산과 북두칠성'이라는 뜻으로, '세상 사람들로부터 존경받는 사람'을 이르는 말.

	生		死

☞ '한평생을 아무 하는 일 없이 흐리멍덩하게 살아감'을 비유하여 이르는 말.

	耕		讀

☞ '부지런히 일하며 여가를 헛되이 보내지 않고 공부함'을 이르는 말.

	食		衣

☞ '배부르게 먹고 따뜻하게 입는다'는 뜻으로, '의식(衣食)이 넉넉함'을 이르는 말.

	官		吏

☞ 탐욕이 많고 마음이 깨끗하지 못한 관리.

寸			人

☞ '짧은 경구나 간단한 말로 사람의 마음을 찔러 듣는 사람을 감동시킴'을 이르는 말.

	刀		麻

☞ '어지럽게 뒤얽힌 사물이나 말썽거리를 단번에 시원스럽게 처리함'을 비유하여 이르는 말.

다음 한자성어漢字成語를 익혀, 문제를 풀어보도록 하세요.

문제 ☞ 뒤쪽

- 風前燈火(풍전등화) : '바람 앞의 등불'이라는 뜻으로, '사물이 매우 위태로운 처지에 놓여 있음' 또는 '사물이 덧없음'을 비유하여 이르는 말.
- 匹馬單騎(필마단기) : 혼자 한 필의 말을 탐 또는 그렇게 하는 사람.
- 匹夫匹婦(필부필부) : 평범한 남자와 평범한 여자.
- 必有曲折(필유곡절) : 반드시 무슨 까닭이 있음. 필유사단(必有事端).
- 何待明年(하대명년) : '어떻게 명년을 기다리냐'는 뜻으로, '기다리기가 몹시 지루함'을 이르는 말.
- 下石上臺(하석상대) : '아랫돌 빼서 윗돌 괴고, 윗돌 빼서 아랫돌 괸다'는 뜻으로, '임시변통으로 이리저리 둘러맞춤'을 이르는 말.
- 下愚不移(하우불이) : 아주 어리석고 못난 사람의 기질은 변하지 아니함.
- 下學上達(하학상달) : '아래를 배워 위에 도달한다'는 뜻으로, '낮고 쉬운 지식을 배워 어려운 이치를 깨달음'을 이르는 말.
- 何厚何薄(하후하박) : '누구에게는 후하고 누구에게는 박하다'는 뜻으로, '차별하여 대우함'을 이르는 말.
- 下厚上薄(하후상박) : 아랫사람에게 후하고 윗사람에게는 박함.
- 鶴首苦待(학수고대) : '학처럼 목을 빼고 기다린다.'는 뜻으로, '몹시 기다림'을 뜻하는 말.
- 閑雲野鶴(한운야학) : '한가로이 떠도는 구름과 들에 노니는 학'이라는 뜻으로, '아무 구속이 없이 한가로운 생활로 유유자적하는 경지'를 이르는 말.
- 閑話休題(한화휴제) : '쓸데없는 이야기는 그만한다'는 뜻으로, 어떤 내용을 써 나갈 때 한동안 다른 내용을 쓰다가 다시 본론으로 돌아갈 때 쓰는 말.
- 割半之痛(할반지통) : '몸의 반쪽을 베어내는 고통'이라는 뜻으로, '형제자매가 죽은 슬픔'을 이르는 말.
- 割肉充腹(할육충복) : '자기 살을 베어 배를 채운다'는 뜻으로, '친족의 재물을 빼앗음'을 비유하여 이르는 말.
- 割恩斷情(할은단정) : 애틋한 사랑을 끊음.
- 含憤蓄怨(함분축원) : 분한 마음을 품고 원한을 쌓음.
- 咸興差使(함흥차사) : '조선시대 태조가 왕위를 물려주고 함흥에 있을 때, 태종이 차사를 보내도 전혀 소식이 없었다'는 고사에서 생긴 말로, '심부름을 가서 돌아오지 아니하거나 늦게 온 사람'을 비유하여 이르는 말.
- 項背相望(항배상망) : '뒤를 이을 사람이 많음'을 비유하는 말, 또는 '왕래가 잦음'을 비유하여 이르는 말.
- 恒茶飯事(항다반사) : '차를 마시고 밥을 먹는 일'이라는 뜻으로, '보통 있는 예사로운 일'을 이르는 말. 예삿일. 흔한 일. 다반사(茶飯事).
- 向陽花木(향양화목) : '볕을 잘 받은 꽃나무'라는 뜻으로, '크게 잘될 사람'을 이르는 말.
- 虛氣平心(허기평심) : 기(氣)를 가라앉히고 마음을 편안하게 가짐.
- 虛禮虛飾(허례허식) : 형편에 맞지 않게 겉만 번드르르하게 꾸밈 또는 그런 예절이나 법식.
- 虛名虛實(허명허실) : 헛된 이름만 있고 실상이 없음.
- 虛無孟浪(허무맹랑) : 터무니없이 거짓되고 실속이 없음.
- 虛虛實實(허허실실) : '허실의 계책을 써서 싸운다.'는 뜻으로, '적의 허를 찌르고 실을 꾀하는 계책'을 이르는 말.
- 虛張聲勢(허장성세) : 실속은 없으면서 큰소리치거나 허세를 부림.

다음 글을 읽고 한자성어漢字成語를 완성하세요.

해답 ☞ 앞쪽 참조

恒			事

☞ '차를 마시고 밥을 먹는 일'이라는 뜻으로, '보통 있는 예사로운 일'을 이르는 말.

	前		火

☞ '사물이 매우 위태로운 처지에 놓여 있음' 또는 '사물이 덧없음'을 비유하여 이르는 말.

閑			鶴

☞ '아무 구속이 없이 한가로운 생활로 유유자적하는 경지'를 이르는 말.

咸		差	

☞ '심부름을 가서 돌아오지 아니하거나 늦게 온 사람'을 비유하여 이르는 말.

	馬		騎

☞ 혼자 한 필의 말을 탐 또는 그렇게 하는 사람.

割		充	

☞ '자기 살을 베어 배를 채운다'는 뜻으로, '친족의 재물을 빼앗음'을 비유하여 이르는 말.

虛		實	

☞ '허실의 계책을 써서 싸운다.'는 뜻으로, '적의 허를 찌르고 실을 피하는 계책'을 이르는 말.

必	有		

☞ 반드시 무슨 까닭이 있음.

向			木

☞ '볕을 잘 받은 꽃나무'라는 뜻으로, '크게 잘될 사람'을 이르는 말.

下		上	

☞ '임시변통으로 이리저리 둘러맞춤'을 이르는 말.

下		上	

☞ '낮고 쉬운 지식을 배워 어려운 이치를 깨달음'을 이르는 말.

何		何	

☞ '누구에게는 후하고 누구에게는 박하다'는 뜻으로, '차별하여 대우함'을 이르는 말.

	氣		心

☞ 기를 가라앉히고 마음을 편안하게 가짐.

	首		待

☞ '학처럼 목을 빼고 기다린다.'는 뜻으로, '몹시 기다림'을 뜻하는 말.

項		相	

☞ '뒤를 이을 사람이 많음' 또는 '왕래가 잦음'을 비유하여 이르는 말.

虛			勢

☞ 실속은 없으면서 큰소리치거나 허세를 부림.

	話	休	

☞ 어떤 내용을 써 나갈 때 한동안 다른 내용을 쓰다가 다시 본론으로 돌아갈 때 쓰는 말.

割		之	

☞ '몸의 반쪽을 베어내는 고통'이라는 뜻으로, '형제자매가 죽은 슬픔'을 이르는 말.

다음 한자성어漢字成語를 익혀, 문제를 풀어보도록 하세요.

문제 ☞ 뒤쪽

- 軒軒丈夫(헌헌장부) : 외모가 준수하고 풍채가 당당한 남자.
- 賢母良妻(현모양처) : 어진 어머니이면서 착한 아내.
- 賢問愚答(현문우답) : 현명(賢明)한 물음에 대한 어리석은 대답.
- 懸河口辯(현하구변) : 물 흐르듯 거침없이 잘하는 말. 현하웅변(懸河雄辯). 현하지변(懸河之辯).
- 螢雪之功(형설지공) : '반딧불·눈과 함께 하는 노력'이라는 뜻으로, '가난 속에서 갖은 고생을 하면서 부지런하고 꾸준하게 학문을 닦음'을 이르는 말.
- 形影相同(형영상동) : '형체의 움직임에 따라 그림자도 그대로 나타난다'는 뜻으로, '마음먹은 바가 그대로 행동으로 나타남'을 이르는 말.
- 形影相弔(형영상조) : '자기의 몸과 그림자가 서로 불쌍히 여긴다'는 뜻으로, '의지할 곳이 없어 몹시 외로워함'을 이르는 말.
- 虎死留皮(호사유피) : '호랑이는 죽어서 가죽을 남긴다'는 뜻으로, '사람은 죽어서 명예를 남겨야 함'을 이르는 말.
- 浩然之氣(호연지기) : ① 하늘과 땅 사이에 가득 찬 넓고 큰 원기 ② 거침없이 넓고 큰 기개 ③ 도의(道義)에 근거를 두고 굽히지 않고 흔들리지 않는 바르고 큰마음.
- 花容月態(화용월태) : '꽃다운 얼굴과 달 같은 자태'라는 뜻으로, '아름다운 여인'을 이르는 말.
- 昏定晨省(혼정신성) : '밤에는 부모의 잠자리를 보아 드리고 아침에는 부모의 안부를 묻는다'는 뜻으로, '부모를 잘 섬기고 효성을 다함'을 이르는 말.
- 紅爐點雪(홍로점설) : '빨갛게 달아오른 화로 위에 한 송이의 눈'이라는 뜻으로, '도를 깨달아 의혹이 일시에 없어짐' 또는 '크나큰 일에 작은 힘이 조금도 보람이 없음'을 비유하여 이르는 말. 홍로상일점설(紅爐上一點雪).
- 畫蛇添足(화사첨족) : '뱀을 다 그리고 나서 실물에 있지도 아니한 발을 덧붙여 그려 넣는다'는 뜻으로, '쓸데없는 군짓을 하여 도리어 잘못되게 함'을 이르는 말. 사족(蛇足).
- 花朝月夕(화조월석) : ①'꽃피는 아침과 달 밝은 밤'이라는 뜻으로, '경치가 좋은 시절'을 이르는 말. ②'음력 2월 보름[花朝]과 8월 보름[月夕]'을 이르는 말.
- 畫虎不成(화호불성) : '범을 그리려다가 강아지를 그린다'는 뜻으로, '소양이 없는 사람이 호걸인 체하다가 도리어 망신을 당함'을 이르는 말. 화호유구(畫虎類狗).
- 會者定離(회자정리) : '만난 사람은 반드시 헤어진다'는 뜻으로 '모든 것이 무상(無常)함'을 이르는 말.
- 厚顔無恥(후안무치) : 뻔뻔스러워 부끄러움이 없음.
- 興亡盛衰(흥망성쇠) : 흥하고 망함과 성하고 쇠함.
- 興盡悲來(흥진비래) : '즐거운 일이 다하면 슬픈 일이 닥쳐온다'는 뜻으로, '세상일은 순환되는 것임'을 이르는 말.
- 喜怒哀樂(희로애락) : '기쁨과 노여움과 슬픔과 즐거움'을 아울러 이르는 말.
- 喜喜樂樂(희희낙락) : 매우 기뻐하고 즐거워함.

다음 글을 읽고 한자성어漢字成語를 완성하세요.

해답 ☞ 앞쪽 참조

	者	定	

☞ '만난 사람은 반드시 헤어진다'는 뜻으로 '모든 것이 무상(無常)함'을 이르는 말.

	母		妻

☞ 어진 어머니이면서 착한 아내.

	蛇		足

☞ '쓸데없는 군짓을 하여 도리어 잘못되게 함'을 이르는 말.

	怒		樂

☞ '기쁨과 노여움과 슬픔과 즐거움'을 아울러 이르는 말.

	爐		雪

☞ '도를 깨달아 의혹이 일시에 없어짐' 또는 '크나큰 일에 작은 힘이 조금도 보람이 없음'을 이르는 말.

花		月	

☞ '경치가 좋은 시절' 또는 '음력 2월 보름과 8월 보름'.

畫		不	

☞ '소양이 없는 사람이 호걸인 체하다가 도리어 망신을 당함'을 이르는 말.

	顔	無	

☞ 뻔뻔스러워 부끄러움이 없음.

	盡		來

☞ '즐거운 일이 다하면 슬픈 일이 닥쳐온다'는 뜻으로, '세상일은 순환되는 것임'을 이르는 말.

	雪	之	

☞ '가난 속에서 갖은 고생을 하면서 부지런하고 꾸준하게 학문을 닦음'을 이르는 말.

	死		皮

☞ '호랑이는 죽어서 가죽을 남긴다'는 뜻으로, '사람은 죽어서 명예를 남겨야 함'을 이르는 말.

		相	同

☞ '마음먹은 바가 그대로 행동으로 나타남'을 이르는 말.

懸		口	

☞ 물 흐르듯 거침없이 잘하는 말.

昏			省

☞ '부모를 잘 섬기고 효성을 다함'을 이르는 말.

	問		答

☞ 현명한 물음에 대한 어리석은 대답.

花		月	

☞ '꽃다운 얼굴과 달 같은 자태'라는 뜻으로, '아름다운 여인'을 이르는 말.

	亡		衰

☞ 흥하고 망함과 성하고 쇠함.

		之	氣

☞ ① 하늘과 땅 사이에 가득 찬 넓고 큰 원기 ② 거침없이 넓고 큰 기개.

한자능력검정시험 3급(3급II 포함)

평가문제

평가문제

평가문제란 본문학습(23쪽 ~ 226쪽)을 응용하여 엮은 출제예상문제입니다.

학습방법

✔ 평가문제는 본문학습[1 ~ 10], [11 ~ 20], [21 ~ 30] … 을 묶어서 엮은 것이므로, 제시된 범위를 충분히 익힌 후에 문제를 풀어보면 학습에 도움이 될 것입니다.

✔ 3급(1,817)에 대한 종합적인 평가는 본 교재에 제시된 평가문제만으로는 부족한 감이 없지 않으므로, 별도로 기출 · 예상문제집을 풀이해 보는 것이 확실한 자기 평가가 될 것입니다.

정답확인

정답은 문제해답(별책부록 71쪽 ~ 76쪽)에 수록하였습니다.

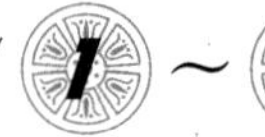

1 다음 漢字語의 讀音을 쓰시오.

1 橫領 [ ]　2 收穫 [ ]
3 聰慧 [ ]　4 巷謠 [ ]
5 胸背 [ ]　6 緩慢 [ ]
7 脫皮 [ ]　8 龜裂 [ ]
9 旱毒 [ ]　10 漂浪 [ ]
11 齊唱 [ ]　12 殆半 [ ]
13 肝肺 [ ]　14 厥冷 [ ]
15 邪念 [ ]　16 巧辯 [ ]
17 懇談 [ ]　18 涉歷 [ ]
19 官婢 [ ]　20 秉竝 [ ]
21 塞國 [ ]　22 邦畿 [ ]
23 磨滅 [ ]　24 耐熱 [ ]
25 赴任 [ ]　26 荒涼 [ ]
27 穀倉 [ ]　28 讓渡 [ ]
29 疏忽 [ ]　30 求乞 [ ]
31 冠帶 [ ]　32 投降 [ ]
33 値遇 [ ]　34 兩傍 [ ]
35 般若 [ ]　36 嶺雲 [ ]
37 辨償 [ ]　38 卽決 [ ]
39 需要 [ ]　40 貞純 [ ]
41 快晴 [ ]　42 桂樹 [ ]
43 鍊鋼 [ ]　44 懸賞 [ ]
45 比較 [ ]

2 다음 漢字의 訓과 音을 쓰시오.

46 剛 [ ]　47 傲 [ ]
48 穴 [ ]　49 琴 [ ]
50 餓 [ ]　51 浦 [ ]
52 溪 [ ]　53 御 [ ]
54 營 [ ]　55 埋 [ ]
56 惱 [ ]　57 婚 [ ]
58 奴 [ ]　59 翁 [ ]
60 娘 [ ]　61 耕 [ ]
62 僅 [ ]　63 幹 [ ]
64 操 [ ]　65 淫 [ ]
66 淑 [ ]　67 織 [ ]
68 廢 [ ]　69 諸 [ ]
70 唐 [ ]　71 微 [ ]
72 拙 [ ]　73 粉 [ ]
74 漫 [ ]　75 謁 [ ]

3 다음 訓과 音에 알맞은 漢字를 쓰시오.

76 수컷 웅 [ ]　77 고를 균 [ ]
78 굳셀 건 [ ]　79 싸움 투 [ ]
80 세포 포 [ ]　81 힘줄 근 [ ]
82 씨 핵 [ ]　83 풍년 풍 [ ]
84 자세할정 [ ]　85 갑옷 갑 [ ]
86 붉을 홍 [ ]　87 책 권 [ ]
88 비평할비 [ ]　89 꾸밀 장 [ ]
90 쏠 사 [ ]　91 도망할도 [ ]
92 우편 우 [ ]　93 갈 연 [ ]
94 밑 저 [ ]　95 쇠 철 [ ]
96 붉을 주 [ ]　97 매울 렬 [ ]
98 보배 진 [ ]　99 방해할방 [ ]
100 뜻 취 [ ]

4 다음 문장에서 밑줄 친 낱말은 漢字로, 한자어는 讀音으로 쓰시오.

가 그의 명성[101]은 점점 높아져 '天下의 모범[102]은 李應'이라고 칭송[103]을 받았다. 특히 젊은 관료들은 그를 존경[104]하여 그와 알고 지내거나 推薦[105]을 받는 것을 커다란 명예[106]로 삼아 '등용문'[107]이라고 불렀다.

나 새벽에 일어나서는 아침에 해야 할 일을 생각하고 식후[108]에는 낮에 해야 할 일을 생각하며 취침[109]시에는 내일[110] 해야 할 일을 생각한다. 일이 없으면 그만이려니와 일이 있으면 반드시 합당[111]하고 宜當한 도리에서 처리[112]할 것을 생각한다. 그런 후에 글을 읽어야 하니, 글을 읽음에는 시비[113]를 구분[114]하여 이를 行事에 베풀지니라.

萬若 일을 살피지 않고 올연(兀然)히 글만 읽는다면 이는 소용없는 학문을 하는 것이니라.

다 文字와 숫자는 둘 다 어떤 대상[115]을 표현하는 기호[116]이지만 그 성격은 다르다. 문자에 익숙한 사람은 숫자에 서툴기 쉽고 또 숫자에 익숙한 사람은 문자에 서툴기 쉽다. 일찍이 세종대왕[117]은 문자의 중요성을 깨닫고 한글이라는 우수[118]한 문자를 창제[119]하였다. 그러나 세종대왕은 문자뿐만 아니라 숫자의 중요성도 깊이 洞察[120]하여 다음과 같은 말을 남겼다.

101 [ ] 102 [ ] 103 [ ]
104 [ ] 105 [ ] 106 [ ]
107 [ ] 108 [ ] 109 [ ]
110 [ ] 111 [ ] 112 [ ]
113 [ ] 114 [ ] 115 [ ]
116 [ ] 117 [ ] 118 [ ]
119 [ ] 120 [ ]

5 다음 漢字語 중에서 첫 글자가 길게 발음되는 것을 하나씩 골라 그 번호를 쓰시오.

121 …[ ] ① 脫衣 ② 浦口 ③ 交際 ④ 藏書
122 …[ ] ① 說明 ② 虛空 ③ 半島 ④ 微微
123 …[ ] ① 受信 ② 決裁 ③ 養鷄 ④ 枝葉

6 다음 漢字와 反對, 또는 相對되는 漢字를 쓰시오.

124 可 ↔ [ ] 125 [ ] ↔ 怒
126 旦 ↔ [ ] 127 [ ] ↔ 複
128 賣 ↔ [ ] 129 [ ] ↔ 易
130 添 ↔ [ ]

7 다음 單語의 反對語를 漢字로 쓰시오.

131 對話 ↔ [ ] 132 自動 ↔ [ ]
133 權利 ↔ [ ] 134 立體 ↔ [ ]
135 光明 ↔ [ ] 136 先天 ↔ [ ]

8 다음 漢字를 略字로 쓰시오.

137 發 – [ ] 138 團 – [ ]
139 壯 – [ ] 140 價 – [ ]

9 다음 漢字의 部首를 쓰시오.

141 央 – [ ] 142 巷 – [ ]
143 輿 – [ ] 144 鴻 – [ ]
145 狗 – [ ]

10 다음 四字成語를 완성할 수 있도록 [ ] 안에 알맞은 漢字를 써넣으시오.

146 外柔[ ]剛 147 [ ]父之利
148 一觸卽[ ] 149 羊[ ]狗肉
150 龜毛兎[ ]

11 ~ 20

1 다음 漢字語의 讀音을 쓰시오.

1 影響 [ ] 2 激揚 [ ]
3 千兩 [ ] 4 鶴翼 [ ]
5 內人 [ ] 6 露天 [ ]
7 鴻雁 [ ] 8 胡蝶 [ ]
9 喜悅 [ ] 10 惡臭 [ ]
11 緊縮 [ ] 12 尖銳 [ ]
13 掛曆 [ ] 14 鎭魂 [ ]
15 奇怪 [ ] 16 開拓 [ ]
17 縣監 [ ] 18 劣等 [ ]
19 忌避 [ ] 20 浪說 [ ]
21 羽蓋 [ ] 22 擴張 [ ]
23 祕策 [ ] 24 貫祿 [ ]
25 勸誘 [ ] 26 傾倒 [ ]
27 湯藥 [ ] 28 株連 [ ]
29 聯邦 [ ] 30 抄掠 [ ]
31 竝設 [ ] 32 隆崇 [ ]
33 省悟 [ ] 34 拓本 [ ]
35 閑裕 [ ] 36 柱礎 [ ]
37 廉探 [ ] 38 戲弄 [ ]
39 落雷 [ ] 40 懸隔 [ ]
41 菜蔬 [ ] 42 復習 [ ]
43 快愈 [ ] 44 懷抱 [ ]
45 烏骨鷄 [ ]

2 다음 漢字의 訓과 音을 쓰시오.

46 誰 [ ] 47 戀 [ ]
48 該 [ ] 49 漠 [ ]
50 漫 [ ] 51 墨 [ ]
52 予 [ ] 53 針 [ ]
54 蘭 [ ] 55 企 [ ]
56 弘 [ ] 57 飾 [ ]
58 梨 [ ] 59 經 [ ]
60 卑 [ ] 61 淨 [ ]
62 汝 [ ] 63 瓦 [ ]
64 顔 [ ] 65 蛇 [ ]
66 余 [ ] 67 慕 [ ]
68 媒 [ ] 69 幽 [ ]
70 欄 [ ] 71 斤 [ ]
72 我 [ ] 73 追 [ ]
74 洪 [ ] 75 械 [ ]

3 다음 訓과 音에 알맞은 漢字를 쓰시오.

76 도장 인 [ ] 77 대롱 관 [ ]
78 시골 향 [ ] 79 굽힐 굴 [ ]
80 가늘 세 [ ] 81 숨을 은 [ ]
82 쇠북 종 [ ] 83 위태할 위 [ ]
84 펼 연 [ ] 85 평할 평 [ ]
86 웃음 소 [ ] 87 조수 조 [ ]
88 비롯할 창 [ ] 89 흩을 산 [ ]
90 고을 군 [ ] 91 문서 권 [ ]
92 볼 간 [ ] 93 가죽 혁 [ ]
94 닦을 수 [ ] 95 어질 인 [ ]
96 기릴 찬 [ ] 97 홑 단 [ ]
98 진칠 진 [ ] 99 구리 동 [ ]
100 마실 흡 [ ]

11 ~ 20

4 다음 문장에서 밑줄 친 낱말은 漢字로, 한자어는 讀音으로 쓰시오.

꿀벌이나 개미와 같은 社會的 동물에서 이러한 행동의 예[101]를 찾을 수 있다. 꿀벌 사회에서는 여왕벌과 수벌이 생식 기능[102]을 담당[103]하고, 암컷이지만 생식 능력이 없는 일벌은 동족[104]을 먹여 살리기 위해서 平生토록 일만 한다. 여왕벌이 낳은 알 중에서 수정[105]이 되지 않은 알에서는 수벌이 태어나고, 수정이 된 알에서는 암컷이 태어난다. 태어난 암컷은 여왕벌이 분비(分泌)하는 페로몬에 의해 난소(卵巢) 발달[106]이 抑制[107]되어 생식 능력이 없는 일벌이 된다. 만약에 일벌이 생식이 가능하여 자손[108]을 본다고 하는 경우[109] 자손에게는 자신의 유전자[110]가 반만 전달[111]되는 데 비해, 한 여왕벌에게서 태어난 일벌 자매[112]는 유전자의 4분의 3이 같다.

101 [ ] 102 [ ] 103 [ ]
104 [ ] 105 [ ] 106 [ ]
107 [ ] 108 [ ] 109 [ ]
110 [ ] 111 [ ] 112 [ ]

5 다음 낱말을 漢字로 쓰시오.

113 원주(원둘레) ································ [ ]
114 채집(무엇을 캐거나 찾아서 모음) ··· [ ]
115 독점(독차지) ································ [ ]
116 연장(기준보다 시간 따위를 늘임) ··· [ ]
117 연고(까닭, 이유) ························ [ ]
118 미만(정한 수나 정도에 차지 못함) ··· [ ]
119 유실(잃어버림, 떨어뜨림) ············ [ ]
120 투자(이익을 얻을 목적으로 사업 등에 자금을 댐) ······································· [ ]

6 다음 漢字語 중에서 첫 글자가 길게 발음되는 것을 하나씩 골라 그 번호를 쓰시오.

121 ···[ ] ① 瓦解 ② 執念 ③ 淨化 ④ 快差
122 ···[ ] ① 祕密 ② 任用 ③ 陰陽 ④ 餘白
123 ···[ ] ① 單手 ② 緊密 ③ 張本 ④ 影響

7 다음 漢字와 反對, 또는 相對되는 漢字를 쓰시오.

124 需 ↔ [ ] 125 [ ] ↔ 卑
126 禍 ↔ [ ] 127 [ ] ↔ 寡

8 다음 漢字의 類義語를 쓰시오.

128 [ ] – 悟 129 [ ] – 却
130 俊 – [ ] 131 捕 – [ ]

9 다음 漢字의 部首를 쓰시오.

132 孰 – [ ] 133 丙 – [ ]
134 瓦 – [ ] 135 烏 – [ ]

10 다음 單語의 反對語를 漢字로 쓰시오.

136 君子 ↔ [ ] 137 輕視 ↔ [ ]
138 無能 ↔ [ ] 139 不運 ↔ [ ]
140 高調 ↔ [ ] 141 自立 ↔ [ ]

11 다음 漢字를 略字로 쓰시오.

142 區 – [ ] 143 號 – [ ]
144 傳 – [ ] 145 鐵 – [ ]

12 다음 四字成語를 완성할 수 있도록 [ ] 안에 알맞은 漢字를 써넣으시오.

146 立 [ ] 揚名 147 [ ] 字憂患
148 口尙 [ ] 臭 149 [ ] 顔無恥
150 頂 [ ] 一針

21 ~ 30

1 다음 漢字語의 讀音을 쓰시오.

1 淚液 [ ]　2 紫蘇 [ ]
3 緩衝 [ ]　4 鈍濁 [ ]
5 咸池 [ ]　6 輪郭 [ ]
7 漁翁 [ ]　8 稀微 [ ]
9 樓閣 [ ]　10 雙肩 [ ]
11 硬貨 [ ]　12 橋梁 [ ]
13 抑留 [ ]　14 殉葬 [ ]
15 壓迫 [ ]　16 指摘 [ ]
17 唐突 [ ]　18 參酌 [ ]
19 抵觸 [ ]　20 零縮 [ ]
21 概論 [ ]　22 換拂 [ ]
23 失脚 [ ]　24 庸劣 [ ]
25 汚染 [ ]　26 騷亂 [ ]
27 添附 [ ]　28 掃除 [ ]
29 隱蔽 [ ]　30 漂船 [ ]
31 乾坤 [ ]　32 斷電 [ ]
33 挑戰 [ ]　34 難易 [ ]
35 防疫 [ ]　36 樂團 [ ]
37 旋律 [ ]　38 信賴 [ ]
39 顧慮 [ ]　40 驚歎 [ ]
41 敦篤 [ ]　42 刷新 [ ]
43 連繫 [ ]　44 遲速 [ ]
45 展望臺 [ ]

2 다음 漢字의 訓과 音을 쓰시오.

46 墮 [ ]　47 拙 [ ]
48 憤 [ ]　49 郊 [ ]
50 汗 [ ]　51 但 [ ]
52 愚 [ ]　53 桑 [ ]
54 値 [ ]　55 粧 [ ]
56 丸 [ ]　57 驅 [ ]
58 豚 [ ]　59 濟 [ ]
60 蝶 [ ]　61 瞬 [ ]
62 盤 [ ]　63 眉 [ ]
64 奪 [ ]　65 牽 [ ]
66 協 [ ]　67 享 [ ]
68 尺 [ ]　69 悔 [ ]
70 辱 [ ]　71 楓 [ ]
72 肖 [ ]　73 抗 [ ]
74 墻 [ ]　75 疏 [ ]

3 다음 訓과 音에 알맞은 漢字를 쓰시오.

76 증거 증 [ ]　77 거울 경 [ ]
78 고칠 개 [ ]　79 고울 려 [ ]
80 새길 각 [ ]　81 날 비 [ ]
82 밀 추 [ ]　83 띠 대 [ ]
84 칠 토 [ ]　85 채울 충 [ ]
86 맡길 위 [ ]　87 벽 벽 [ ]
88 실 사 [ ]　89 처음 초 [ ]
90 깨우칠경 [ ]　91 호반 무 [ ]
92 납 연 [ ]　93 사례할사 [ ]
94 흥할 흥 [ ]　95 감독할독 [ ]
96 베풀 선 [ ]　97 피리 적 [ ]
98 닭 계 [ ]　99 뜻 지 [ ]
100 들일 납 [ ]

21 ~ 30

4 다음 문장에서 밑줄 친 낱말은 漢字로, 한자어는 讀音으로 쓰시오.

一般的으로 진정한 의미의 다원사회[101]는 非但 기능[102]이나 영역[103]이 분화[104]된 것만을 의미하지는 않는다. 더 나아가 상이[105]한 기능이나 영역으로 하여금 자기 완결적[106]인 이념[107]을 각기 구축[108]하게 된다. 이른바 영역 주권[109]을 확립[110]하게 하는 것이다. 그런데 그런 現象은 기능 분화의 차원에서 머물지 않는다. 그것은 더 나아가, 혹은 전혀 다른 차원의 基盤에서 가치나 규범의 상대화를 초래[111]하고 특정 文化現象의 優越性[112]을 부정하는 것을 그 특징으로 하는 것이다.

101 [ ] 102 [ ] 103 [ ]
104 [ ] 105 [ ] 106 [ ]
107 [ ] 108 [ ] 109 [ ]
110 [ ] 111 [ ] 112 [ ]

5 다음 낱말을 漢字로 쓰시오.

113 단지(건물 등의 일정 지역) .... [ ]
114 경로(지나는 길) .... [ ]
115 사비(개인이 가지고 있거나 부담하는 비용) .... [ ]
116 여가(겨를, 틈) .... [ ]
117 결여(마땅히 있어야 할 것이 모자라거나 빠짐) .... [ ]
118 책장(책의 낱낱의 장) .... [ ]
119 도산(뿔뿔이 달아나서 흩어짐) ..... [ ]
120 비보(급한 통지) .... [ ]

6 다음 漢字語 중에서 첫 글자가 길게 발음되는 것을 하나씩 골라 그 번호를 쓰시오.

121 ···[ ] ① 換錢 ② 漁夫 ③ 暴露 ④ 添削
122 ···[ ] ① 協同 ② 液體 ③ 奮發 ④ 危急
123 ···[ ] ① 避難 ② 殉職 ③ 美容 ④ 橋梁

7 다음 漢字와 反對, 또는 相對되는 漢字를 쓰시오.

124 [ ] ↔ 配 125 [ ] ↔ 尾
126 [ ] ↔ 賤 127 [ ] ↔ 防

8 다음 漢字의 類義語를 쓰시오.

128 郡 - [ ] 129 過 - [ ]
130 恭 - [ ] 131 屈 - [ ]

9 다음 漢字의 部首를 쓰시오.

132 唐 - [ ] 133 胡 - [ ]
134 豚 - [ ] 135 獻 - [ ]

10 다음 單語의 反對語를 漢字로 쓰시오.

136 樂觀 ↔ [ ] 137 密集 ↔ [ ]
138 極貧 ↔ [ ] 139 暖流 ↔ [ ]
140 敗北 ↔ [ ] 141 正統 ↔ [ ]

11 다음 漢字를 略字로 쓰시오.

142 歸 - [ ] 143 團 - [ ]
144 對 - [ ] 145 假 - [ ]

12 다음 四字成語를 완성할 수 있도록 [ ] 안에 알맞은 漢字를 써넣으시오.

146 咸興 [ ] 使 147 拔山蓋 [ ]
148 [ ] 夢似夢 149 塞翁之 [ ]
150 抑 [ ] 扶弱

31 ~ 40

1 다음 漢字語의 讀音을 쓰시오.

1 畏敬 [ ] 2 空欄 [ ]
3 播越 [ ] 4 埋伏 [ ]
5 了解 [ ] 6 君臨 [ ]
7 跳梁 [ ] 8 飢渴 [ ]
9 暗淡 [ ] 10 諸般 [ ]
11 賦役 [ ] 12 胸像 [ ]
13 且置 [ ] 14 免除 [ ]
15 邊塞 [ ] 16 悠然 [ ]
17 雅樂 [ ] 18 聯盟 [ ]
19 免疫 [ ] 20 端雅 [ ]
21 含蓄 [ ] 22 侵恣 [ ]
23 苗脈 [ ] 24 罷職 [ ]
25 劣惡 [ ] 26 驚懼 [ ]
27 壞裂 [ ] 28 越牆 [ ]
29 等輩 [ ] 30 奔告 [ ]
31 墳墓 [ ] 32 標識 [ ]
33 滅菌 [ ] 34 又況 [ ]
35 憎惡 [ ] 36 普遍 [ ]
37 浮刻 [ ] 38 畢竟 [ ]
39 驅逐 [ ] 40 遙遠 [ ]
41 崩御 [ ] 42 契約 [ ]
43 軌範 [ ] 44 姿貌 [ ]
45 涯際 [ ]

2 다음 漢字의 訓과 音을 쓰시오.

46 幾 [ ] 47 燥 [ ]
48 岸 [ ] 49 惑 [ ]
50 茂 [ ] 51 枯 [ ]
52 康 [ ] 53 籍 [ ]
54 誕 [ ] 55 酉 [ ]
56 池 [ ] 57 忙 [ ]
58 須 [ ] 59 沈 [ ]
60 睦 [ ] 61 懸 [ ]
62 浴 [ ] 63 孟 [ ]
64 托 [ ] 65 叔 [ ]
66 徒 [ ] 67 壇 [ ]
68 騎 [ ] 69 梅 [ ]
70 淑 [ ] 71 店 [ ]
72 探 [ ] 73 泊 [ ]
74 逢 [ ] 75 偶 [ ]

3 다음 訓과 音에 알맞은 漢字를 쓰시오.

76 꾸짖을책 [ ] 77 준할 준 [ ]
78 풀 해 [ ] 79 위엄 위 [ ]
80 이를 치 [ ] 81 다스릴치 [ ]
82 집 궁 [ ] 83 그르칠오 [ ]
84 법식 례 [ ] 85 줄일 축 [ ]
86 영화 영 [ ] 87 장막 장 [ ]
88 은혜 은 [ ] 89 높을 탁 [ ]
90 갖출 비 [ ] 91 집 호 [ ]
92 버금 부 [ ] 93 범할 범 [ ]
94 베풀 설 [ ] 95 문서 권 [ ]
96 소리 성 [ ] 97 코끼리상 [ ]
98 어질 현 [ ] 99 임금 제 [ ]
100 지킬 위 [ ]

31 ~ 40

4 다음 문장에서 밑줄 친 낱말은 漢字로, 한자어는 讀音으로 쓰시오.

역사[101]란 성패[102]가 이미 결정[103]된 後에 쓰이기 때문에, 그 성패에 따라 아름답게 꾸미기도 하고 나쁘게 깎아 내리기도 하여 마치 당연한 것처럼 만든다. 또한 善한 쪽에 대해서는 그 잘못을 많이 숨기고, 惡한 쪽에서는 그 좋은 부분을 반드시 없애 버린다. 따라서 어리석음과 슬기로움에 대한 판별[104]이나 善惡에 따르는 응보[105]가 마치 徵驗[106]할 수 있는 것처럼 보이기도 한다. 그러나 당시에 훌륭한 계책이 있는데도 이루어지지 못했고, 拙劣[107]한 計劃[108]이었는데도 偶然히 禍를 피했으며, 善한 가운데 惡이 있었고, 惡한 가운데 善이 있었다는 것을 모른다. 천 년이 지난 뒤에 어떻게 참으로 옳고 그름[109]을 알 수 있겠는가.

101 [ ] 102 [ ] 103 [ ]
104 [ ] 105 [ ] 106 [ ]
107 [ ] 108 [ ] 109 [ ]

5 다음 낱말을 漢字로 쓰시오.

110 원칙(기본적인 규칙이나 법칙) …… [ ]
111 상담(어떤 일을 서로 의논함) …… [ ]
112 간혹(이따금, 어쩌다가) …… [ ]
113 무용(무예와 용맹) …… [ ]
114 입헌(헌법을 제정함) …… [ ]
115 공전(한 천체가 다른 천체의 둘레를 주기적으로 도는 일) …… [ ]

6 다음 漢字語와 讀音은 같으나 뜻이 다른 漢字語를 쓰세요.

116 喪家 – [ ] 117 非行 – [ ]
118 辛苦 – [ ] 119 碑銘 – [ ]
120 流星 – [ ]

7 다음 漢字語 중에서 첫 글자가 길게 발음되는 것을 하나씩 골라 그 번호를 쓰시오.

121 …[ ] ① 修行 ② 祭器 ③ 賢明 ④ 祝典
122 …[ ] ① 浮標 ② 存廢 ③ 越權 ④ 普及
123 …[ ] ① 隨行 ② 便所 ③ 弄談 ④ 申告

8 다음 漢字와 反對, 또는 相對되는 漢字를 쓰시오.

124 [ ] ↔ 異 125 [ ] ↔ 近
126 [ ] ↔ 衰 127 [ ] ↔ 着

9 다음 漢字의 類義語를 쓰시오.

128 隆 – [ ] 129 貿 – [ ]
130 怨 – [ ] 131 綜 – [ ]

10 다음 漢字의 部首를 쓰시오.

132 卯 – [ ] 133 署 – [ ]
134 須 – [ ] 135 及 – [ ]

11 다음 單語의 反對語를 漢字로 쓰시오.

136 內容 ↔ [ ] 137 巨富 ↔ [ ]
138 悲哀 ↔ [ ] 139 否認 ↔ [ ]
140 客觀 ↔ [ ] 141 敗北 ↔ [ ]

12 다음 漢字를 略字로 쓰시오.

142 氣 – [ ] 143 肅 – [ ]
144 與 – [ ] 145 邊 – [ ]

13 다음 四字成語를 완성할 수 있도록 [ ] 안에 알맞은 漢字를 써넣으시오.

146 後生[ ]畏 147 吳越[ ]舟
148 悠悠自[ ] 149 弄瓦之[ ]
150 孟母[ ]機

41 ~ 50

1 다음 漢字語의 讀音을 쓰시오.

1 龜鑑 [ ] 2 慙愧 [ ]
3 燒却 [ ] 4 昭明 [ ]
5 斥邪 [ ] 6 踏襲 [ ]
7 移替 [ ] 8 麥酒 [ ]
9 暴騰 [ ] 10 謁見 [ ]
11 奔忙 [ ] 12 受諾 [ ]
13 衝突 [ ] 14 星辰 [ ]
15 叫賣 [ ] 16 敍爵 [ ]
17 銳敏 [ ] 18 陳列 [ ]
19 叛亂 [ ] 20 蜂蜜 [ ]
21 栗房 [ ] 22 暴棄 [ ]
23 徵聘 [ ] 24 疾速 [ ]
25 楊柳 [ ] 26 虎符 [ ]
27 枕屛 [ ] 28 封印 [ ]
29 陳腐 [ ] 30 換錢 [ ]
31 役割 [ ] 32 汚染 [ ]
33 吏讀 [ ] 34 餘滴 [ ]
35 割耕 [ ] 36 數脈 [ ]
37 晩稻 [ ] 38 隣接 [ ]
39 公卿 [ ] 40 征伐 [ ]
41 派遣 [ ] 42 已往 [ ]
43 鼓吹 [ ] 44 尖峰 [ ]
45 履歷 [ ]

2 다음 漢字의 訓과 音을 쓰시오.

46 巖 [ ] 47 芽 [ ]
48 哲 [ ] 49 付 [ ]
50 倣 [ ] 51 蔬 [ ]
52 桃 [ ] 53 激 [ ]
54 輸 [ ] 55 追 [ ]
56 莊 [ ] 57 鎖 [ ]
58 庚 [ ] 59 矯 [ ]
60 侯 [ ] 61 螢 [ ]
62 廢 [ ] 63 誘 [ ]
64 猛 [ ] 65 惠 [ ]
66 黨 [ ] 67 搜 [ ]
68 廟 [ ] 69 召 [ ]
70 妃 [ ] 71 舟 [ ]
72 踐 [ ] 73 亞 [ ]
74 臟 [ ] 75 閱 [ ]

3 다음 訓과 音에 알맞은 漢字를 쓰시오.

76 근거 거 [ ] 77 응할 응 [ ]
78 뼈 골 [ ] 79 높을 숭 [ ]
80 더울 열 [ ] 81 베풀 장 [ ]
82 기후 후 [ ] 83 샘 천 [ ]
84 책 편 [ ] 85 춤출 무 [ ]
86 엄할 엄 [ ] 87 부를 초 [ ]
88 가루 분 [ ] 89 고요할 정 [ ]
90 등 배 [ ] 91 남길 유 [ ]
92 기록할 지 [ ] 93 이마 액 [ ]
94 가지 조 [ ] 95 살 거 [ ]
96 거동 의 [ ] 97 맞을 영 [ ]
98 눈 안 [ ] 99 울 명 [ ]
100 혀 설 [ ]

41 ~ 50

4 다음 문장에서 밑줄 친 낱말은 漢字로, 한자어는 讀音으로 쓰시오.

百姓들의 작은 意見은 이해관계[101]로 決定되거니와, 큰 意見은 그 國民性과 신앙[102]과 哲學[103]으로 決定된다. 여기서 文化와 敎育의 重要性이 생긴다. 國民性을 保存하는 것이나 수정하고 向上하는 것이 文化와 敎育의 힘이요, 산업[104]의 方向도 문화와 교육으로 決定됨이 큰 까닭이다. 교육이란 결코 생활의 技術을 가르치는 것만을 意味하는 것이 아니다. 교육의 基礎[105]가 되는 것은 宇宙[106]와 人生과 政治에 대한 哲學이다. 어떠한 哲學의 基礎 위에, 어떠한 생활의 기술을 가르치는 것이 곧 國民敎育이다. 그러므로 좋은 민주주의[107] 政治는 좋은 교육에서 시작될 것이다. 건전[108]한 哲學의 基礎 위에 서지 아니한 知識과 技術의 敎育은 그 個人과 그를 包含[109]한 國家에 害가 된다. 人類 全體를 보아 그러하다.

101 [ ] 102 [ ] 103 [ ]
104 [ ] 105 [ ] 106 [ ]
107 [ ] 108 [ ] 109 [ ]

5 다음 낱말을 漢字로 쓰시오.

110 난항(일이 순조롭게 진척되지 않음) ‥ [ ]
111 외숙(어머니의 남자 형제) ………… [ ]
112 정부(으뜸과 버금) …………………… [ ]
113 간조(썰물로 해면의 높이 가장 낮아진 상태) ………………………………………………… [ ]
114 구제(어려운 사람을 도와줌) ……… [ ]
115 탄원(사정을 말하고 도와주기를 간절히 바람) ………………………………………………… [ ]

6 다음 漢字語와 讀音은 같으나 뜻이 다른 漢字語를 쓰세요.

116 報告 – [ ] 117 標識 – [ ]
118 固守 – [ ] 119 通話 – [ ]
120 踏査 – [ ]

7 다음 漢字語 중에서 첫 글자가 길게 발음되는 것을 하나씩 골라 그 번호를 쓰시오.

121 …[ ] ① 沿岸 ② 鑑定 ③ 枕席 ④ 仲介
122 …[ ] ① 喜悅 ② 盛衰 ③ 滯留 ④ 徵稅
123 …[ ] ① 感情 ② 謀議 ③ 絶望 ④ 中繼

8 다음 漢字와 反對, 또는 相對되는 漢字를 쓰시오.

124 [ ] ↔ 廢 125 [ ] ↔ 複
126 [ ] ↔ 醜 127 [ ] ↔ 薄

9 다음 漢字의 類義語를 쓰시오.

128 茂 – [ ] 129 [ ] – 了
130 釋 – [ ] 131 [ ] – 度

10 다음 漢字의 部首를 쓰시오.

132 衝 – [ ] 133 叛 – [ ]
134 劇 – [ ] 135 亞 – [ ]

11 다음 單語의 反對語를 漢字로 쓰시오.

136 及第 ↔ [ ] 137 對話 ↔ [ ]
138 僅少 ↔ [ ] 139 故意 ↔ [ ]
140 非番 ↔ [ ] 141 個別 ↔ [ ]

12 다음 漢字를 略字로 쓰시오.

142 擇 – [ ] 143 盡 – [ ]
144 體 – [ ] 145 寫 – [ ]

13 다음 四字成語를 완성할 수 있도록 [ ] 안에 알맞은 漢字를 써넣으시오.

146 武陵桃 [ ] 147 狐 [ ] 虎威
148 矯角 [ ] 牛 149 綱擧 [ ] 張
150 捨生 [ ] 義

51 ~ 60

1 다음 漢字語의 讀音을 쓰시오.

1 暴炎 [ ]	2 那邊 [ ]
3 憐憫 [ ]	4 連綿 [ ]
5 軟絹 [ ]	6 盲探 [ ]
7 效率 [ ]	8 選拔 [ ]
9 慘狀 [ ]	10 碑銘 [ ]
11 假借 [ ]	12 痲藥 [ ]
13 債券 [ ]	14 巖廊 [ ]
15 陷落 [ ]	16 浸透 [ ]
17 掠奪 [ ]	18 播遷 [ ]
19 煩惱 [ ]	20 削奪 [ ]
21 尖銳 [ ]	22 距離 [ ]
23 抽獎 [ ]	24 滅菌 [ ]
25 燃燒 [ ]	26 缺陷 [ ]
27 肥壤 [ ]	28 輕率 [ ]
29 諒解 [ ]	30 鑄貨 [ ]
31 曉鷄 [ ]	32 附屬 [ ]
33 漏籍 [ ]	34 肺炎 [ ]
35 焉烏 [ ]	36 丹粧 [ ]
37 降伏 [ ]	38 傾斜 [ ]
39 盛況 [ ]	40 盟誓 [ ]
41 製鹽 [ ]	42 慙愧 [ ]
43 偏差 [ ]	44 欺弄 [ ]
45 羅針盤 [ ]	

2 다음 漢字의 訓과 音을 쓰시오.

46 壬 [ ]	47 浮 [ ]
48 鳴 [ ]	49 禪 [ ]
50 幣 [ ]	51 織 [ ]
52 祈 [ ]	53 栽 [ ]
54 祥 [ ]	55 片 [ ]
56 繁 [ ]	57 添 [ ]
58 柔 [ ]	59 某 [ ]
60 猛 [ ]	61 晨 [ ]
62 鹿 [ ]	63 輝 [ ]
64 禽 [ ]	65 尾 [ ]
66 郞 [ ]	67 頻 [ ]
68 距 [ ]	69 徹 [ ]
70 疫 [ ]	71 宣 [ ]
72 募 [ ]	73 恥 [ ]
74 丑 [ ]	75 醉 [ ]

3 다음 訓과 音에 알맞은 漢字를 쓰시오.

76 다리 교 [ ]	77 침노할 침 [ ]
78 콩 두 [ ]	79 순수할 순 [ ]
80 응할 응 [ ]	81 길쌈 적 [ ]
82 부처 불 [ ]	83 별 성 [ ]
84 영화 영 [ ]	85 거느릴 통 [ ]
86 붓 필 [ ]	87 외로울 고 [ ]
88 비칠 영 [ ]	89 볼 람 [ ]
90 일할 로 [ ]	91 경사 경 [ ]
92 힘쓸 면 [ ]	93 지탱할 지 [ ]
94 준할 준 [ ]	95 비롯할 창 [ ]
96 떠날 리 [ ]	97 창자 장 [ ]
98 재 회 [ ]	99 탈 연 [ ]
100 거둘 수 [ ]	

51 ~ 60

4 다음 문장에서 밑줄 친 낱말은 漢字로, 한자어는 讀音으로 쓰시오.

가 모든 慾望은 진화[101]의 손길로 다듬어졌다. 개체[102]들의 生存과 종족[103]의 維持에 도움이 되기 때문에 살아남은 것이다. 따라서 物慾을 억누르는 일은 힘만 들고 효과[104]는 없다. 物慾의 본질[105]을 바로 보고 그것과 妥協[106]하는 것이 순리[107]다.

나 오늘날 많은 과학 哲學者[108]들이나 과학 사가[109]들은 자연과학자들도 가설[110]을 설정[111]할 때 예술가적 想像力[112]을 동원[113]하며, 종교 지도자[114]들처럼 어느 특정[115]한 신조[116]를 固執[117]하기도 한다고 주장한다. 또한 과학적 지식도 과학자들의 공동체[118] 안에서 합의[119]되어야만 그 객관성을 확보[120]할 수 있다고 한다.

101 [ ] 102 [ ] 103 [ ]
104 [ ] 105 [ ] 106 [ ]
107 [ ] 108 [ ] 109 [ ]
110 [ ] 111 [ ] 112 [ ]
113 [ ] 114 [ ] 115 [ ]
116 [ ] 117 [ ] 118 [ ]
119 [ ] 120 [ ]

5 다음 漢字語 중에서 첫 글자가 길게 발음되는 것을 하나씩 골라 그 번호를 쓰시오.

121 …[ ] ① 讓渡 ② 沒入 ③ 募集 ④ 脫出
122 …[ ] ① 勤勉 ② 假面 ③ 圓周 ④ 寄託
123 …[ ] ① 腦死 ② 持續 ③ 愼重 ④ 新築

6 다음 漢字와 反對, 또는 相對되는 漢字를 쓰시오.

124 雅 ↔ [ ] 125 [ ] ↔ 沒
126 伸 ↔ [ ] 127 [ ] ↔ 裏

7 다음 漢字의 類義語를 쓰시오.

128 恒 - [ ] 129 [ ] - 皮
130 淨 - [ ] 131 [ ] - 貨

8 다음 漢字의 部首를 쓰시오.

132 丑 - [ ] 133 井 - [ ]
134 尖 - [ ] 135 禽 - [ ]

9 다음 單語의 反對語를 漢字로 쓰시오.

136 明示 ↔ [ ] 137 人爲 ↔ [ ]
138 可決 ↔ [ ] 139 自律 ↔ [ ]
140 連勝 ↔ [ ] 141 敵對 ↔ [ ]

10 다음 漢字를 略字로 쓰시오.

142 點 - [ ] 143 舊 - [ ]
144 廳 - [ ] 145 變 - [ ]

11 다음 四字成語의 讀音과 뜻을 쓰시오.

146 同病相憐 ▷ (讀音 :)
… [ ]
147 錦衣還鄕 ▷ (讀音 :)
… [ ]
148 厚顔無恥 ▷ (讀音 :)
… [ ]
149 桑田碧海 ▷ (讀音 :)
… [ ]
150 天高馬肥 ▷ (讀音 :)
… [ ]

61 ~ 70

1 다음 漢字語의 讀音을 쓰시오.

1 洗練 [ ] 2 魂靈 [ ]
3 森林 [ ] 4 均衡 [ ]
5 竊盜 [ ] 6 徵兆 [ ]
7 違背 [ ] 8 捕獲 [ ]
9 肩輿 [ ] 10 脈絡 [ ]
11 冥福 [ ] 12 幼稚 [ ]
13 佳緣 [ ] 14 陵辱 [ ]
15 憤慨 [ ] 16 係累 [ ]
17 老衰 [ ] 18 庶政 [ ]
19 於焉 [ ] 20 編隊 [ ]
21 哀惜 [ ] 22 錯視 [ ]
23 奈何 [ ] 24 凍裂 [ ]
25 詐稱 [ ] 26 陳腐 [ ]
27 淺薄 [ ] 28 遺緖 [ ]
29 栽培 [ ] 30 船載 [ ]
31 納涼 [ ] 32 雲霧 [ ]
33 愚劣 [ ] 34 塗裝 [ ]
35 忍辱 [ ] 36 茫漠 [ ]
37 架設 [ ] 38 洗濯 [ ]
39 劇甚 [ ] 40 啓蒙 [ ]
41 憫迫 [ ] 42 緯度 [ ]
43 肯定 [ ] 44 翁姑 [ ]
45 象牙塔 [ ]

2 다음 漢字의 訓과 音을 쓰시오.

46 巡 [ ] 47 罔 [ ]
48 慧 [ ] 49 鍊 [ ]
50 碧 [ ] 51 影 [ ]
52 震 [ ] 53 紛 [ ]
54 漸 [ ] 55 曉 [ ]
56 耐 [ ] 57 飛 [ ]
58 互 [ ] 59 憶 [ ]
60 昏 [ ] 61 慘 [ ]
62 擁 [ ] 63 磨 [ ]
64 芽 [ ] 65 畜 [ ]
66 訴 [ ] 67 陳 [ ]
68 冠 [ ] 69 抱 [ ]
70 阿 [ ] 71 叫 [ ]
72 襲 [ ] 73 驛 [ ]
74 隨 [ ] 75 欺 [ ]

3 다음 訓과 音에 알맞은 漢字를 쓰시오.

76 힘쓸 무 [ ] 77 글귀 구 [ ]
78 보배 보 [ ] 79 마을 부 [ ]
80 두 량 [ ] 81 살필 찰 [ ]
82 벌릴 라 [ ] 83 지경 경 [ ]
84 닦을 수 [ ] 85 흩을 산 [ ]
86 굳을 확 [ ] 87 높을 존 [ ]
88 칠 목 [ ] 89 거스를역 [ ]
90 짤 조 [ ] 91 달릴 주 [ ]
92 끊을 절 [ ] 93 모양 양 [ ]
94 배 항 [ ] 95 층 층 [ ]
96 늘일 연 [ ] 97 묘할 묘 [ ]
98 남을 잔 [ ] 99 기록할록 [ ]
100 눈 안 [ ]

61 ~ 70

4 다음 문장에서 밑줄 친 낱말은 漢字로, 한자어는 讀音으로 쓰시오.

가 예의란 內部에 대한 外部의 반작용[101]에 의하여 卽刻[102] 느껴지는 외관상[103]의 행복이다. 그것은 부동[104]의 법칙[105]이면서도 언제나 잊혀지고 있다. 그러므로 예의 바른 사람들은 보답[106] 받는 줄도 모르게 즉시 보답을 받는다. 젊은이들이 할 수 있는 효과적[107]인 최상[108]의 아첨은 나이 먹은 사람들 앞에서 행복[109]의 빛인 아름다움을 결코 잃지 않는 일이다. 이것은 말하자면 그들이 행하는 친절[110]이라는 것이다.

나 우리가 흔히 어서 독립[111]을 완성[112]하고 한성[113]에 들어가 보기를 말하오. 이것이 대단히 기쁜 일이지마는 대한[114]의 독립을 아니 보리라는 결심[115]이 있어야 독립을 볼 수 있을 것이오.

다 급변[116]하는 기업 주변 환경[117] 속에서 조직의 發展과 成長을 위해 노사단결[118]을 통해 自發的으로 대응[119]코자 하는 조직 분위기가 成熟[120]될 때 위기상황을 도약의 발판으로 삼을 수 있는 것이다.

101 [ ] 102 [ ] 103 [ ]
104 [ ] 105 [ ] 106 [ ]
107 [ ] 108 [ ] 109 [ ]
110 [ ] 111 [ ] 112 [ ]
113 [ ] 114 [ ] 115 [ ]
116 [ ] 117 [ ] 118 [ ]
119 [ ] 120 [ ]

5 다음 漢字語 중에서 첫 글자가 길게 발음되는 것을 하나씩 골라 그 번호를 쓰시오.

121 …[ ] ① 詐欺 ② 納入 ③ 眼目 ④ 天性
122 …[ ] ① 閏月 ② 深海 ③ 夫婦 ④ 森林
123 …[ ] ① 座席 ② 賣買 ③ 落書 ④ 連續

6 다음 漢字의 反對, 또는 相對되는 漢字를 쓰시오.

124 哀 ↔ [ ] 125 [ ] ↔ 常
126 祖 ↔ [ ] 127 [ ] ↔ 守

7 다음 漢字의 類義語를 쓰시오.

128 感 - [ ] 129 [ ] - 設
130 移 - [ ] 131 [ ] - 怒

8 다음 漢字의 部首를 쓰시오.

132 褒 - [ ] 133 甚 - [ ]
134 哀 - [ ] 135 互 - [ ]

9 다음 單語의 反對語를 漢字로 쓰시오.

136 登場 ↔ [ ] 137 物質 ↔ [ ]
138 他動 ↔ [ ] 139 非凡 ↔ [ ]
140 主體 ↔ [ ] 141 絶對 ↔ [ ]

10 다음 漢字를 略字로 쓰시오.

142 廣 - [ ] 143 燈 - [ ]
144 轉 - [ ] 145 辭 - [ ]

11 다음 四字成語의 讀音과 뜻을 쓰시오.

146 五里霧中 ▷ (讀音 :)
… [ ]
147 抱腹絶倒 ▷ (讀音 :)
… [ ]
148 伯牙絶絃 ▷ (讀音 :)
… [ ]
149 坐井觀天 ▷ (讀音 :)
… [ ]
150 累卵之勢 ▷ (讀音 :)
… [ ]

71 ~ 80

1 다음 漢字語의 讀音을 쓰시오.

1 旬報 [ ]
2 東夷 [ ]
3 響應 [ ]
4 被訴 [ ]
5 威脅 [ ]
6 乘合 [ ]
7 尺簡 [ ]
8 因循 [ ]
9 稀薄 [ ]
10 獄訟 [ ]
11 拜啓 [ ]
12 避雷 [ ]
13 携帶 [ ]
14 降臨 [ ]
15 災厄 [ ]
16 猶豫 [ ]
17 屢次 [ ]
18 包攝 [ ]
19 倫理 [ ]
20 柔軟 [ ]
21 降等 [ ]
22 此際 [ ]
23 奚琴 [ ]
24 唯諾 [ ]
25 賦役 [ ]
26 莫論 [ ]
27 供需 [ ]
28 隣接 [ ]
29 泣請 [ ]
30 肺臟 [ ]
31 關聯 [ ]
32 臨終 [ ]
33 妥當 [ ]
34 容恕 [ ]
35 紫煙 [ ]
36 鬼哭 [ ]
37 拘留 [ ]
38 崇尙 [ ]
39 超克 [ ]
40 漆黑 [ ]
41 淫貪 [ ]
42 曾孫 [ ]
43 閏朔 [ ]
44 頻繁 [ ]
45 於此彼 [ ]

2 다음 漢字의 訓과 音을 쓰시오.

46 渴 [ ]
47 眠 [ ]
48 玆 [ ]
49 佛 [ ]
50 慣 [ ]
51 熟 [ ]
52 乃 [ ]
53 脣 [ ]
54 謂 [ ]
55 越 [ ]
56 跡 [ ]
57 昔 [ ]
58 斯 [ ]
59 也 [ ]
60 飢 [ ]
61 遷 [ ]
62 皇 [ ]
63 喪 [ ]
64 矣 [ ]
65 寬 [ ]
66 仰 [ ]
67 附 [ ]
68 詳 [ ]
69 耶 [ ]
70 亂 [ ]
71 哉 [ ]
72 妃 [ ]
73 押 [ ]
74 糖 [ ]
75 忘 [ ]

3 다음 訓과 音에 알맞은 漢字를 쓰시오.

76 볼 감 [ ]
77 모습 태 [ ]
78 성인 성 [ ]
79 의지할 의 [ ]
80 빛날 화 [ ]
81 더할 익 [ ]
82 모양 자 [ ]
83 본디 소 [ ]
84 빌 축 [ ]
85 노래 요 [ ]
86 모을 축 [ ]
87 일컬을 칭 [ ]
88 남을 여 [ ]
89 판단할 판 [ ]
90 끌 제 [ ]
91 탄식할 탄 [ ]
92 고리 환 [ ]
93 금할 금 [ ]
94 닫을 폐 [ ]
95 생각할 려 [ ]
96 굳을 견 [ ]
97 벗을 탈 [ ]
98 섬 도 [ ]
99 곳집 고 [ ]
100 널 판 [ ]

71 ~ 80

4 다음 문장에서 밑줄 친 낱말은 漢字로, 한자어는 讀音으로 쓰시오.

역사[101]는 現在에서 떨어진 過去의 事實을 연구[102]하는 것이지만 현재 事實을 전혀 忘却[103]한 죽은 학문으로 관념[104]되어서는 안 된다. 이런 의미에서 역사는 될수록 현재 現實에 立脚[105]하여 현재와 關聯[106]해서 과거를 고찰[107]해야 할 것이다. 다시 말하면 역사는 현재를 더욱 명확[108]히 이해[109]하기 위하여 또 자아반성[110] 자아비판[111]을 위하여 과거에 관한 생동[112]한 지식을 얻고자 함에 그 目的이 있다.

101 [ ] 102 [ ] 103 [ ]
104 [ ] 105 [ ] 106 [ ]
107 [ ] 108 [ ] 109 [ ]
110 [ ] 111 [ ] 112 [ ]

5 다음 낱말을 漢字로 쓰시오.

113 질의(의심나는 점을 물어서 밝힘) … [ ]
114 의구(옛 모양과 다름이 없음) …… [ ]
115 기여(남에게 이바지함) …… [ ]
116 고사(굳이 사양함) …… [ ]
117 호국(나라를 지킴) …… [ ]
118 구조(전체를 이루고 있는 체계) … [ ]
119 사제(남에게 '자기 아우'를 이르는 말) … [ ]
120 당숙(아버지의 사촌 형제) …… [ ]

6 다음 漢字語 중에서 첫 글자가 길게 발음되는 것을 하나씩 골라 그 번호를 쓰시오.

121 …[ ] ① 監督 ② 稱讚 ③ 完成 ④ 暗黑
122 …[ ] ① 繁昌 ② 豫見 ③ 高級 ④ 味覺
123 …[ ] ① 音聲 ② 祝福 ③ 勇猛 ④ 貫徹

7 다음 漢字와 反對, 또는 相對되는 漢字를 쓰시오.

124 收 ↔ [ ] 125 [ ] ↔ 孫
126 曲 ↔ [ ] 127 [ ] ↔ 退

8 다음 漢字語와 讀音은 같으나 뜻이 다른 漢字語를 쓰시오.

128 久遠 - [ ] 129 [ ] - 引上
130 交感 - [ ] 131 [ ] - 端整

9 다음 漢字의 部首를 쓰시오.

132 啓 - [ ] 133 脅 - [ ]
134 耶 - [ ] 135 久 - [ ]

10 다음 單語의 反對語를 漢字로 쓰시오.

136 旣決 ↔ [ ] 137 自律 ↔ [ ]
138 差別 ↔ [ ] 139 保守 ↔ [ ]
140 重視 ↔ [ ] 141 複雜 ↔ [ ]

11 다음 漢字를 略字로 쓰시오.

142 賣 - [ ] 143 獨 - [ ]
144 圍 - [ ] 145 價 - [ ]

12 다음 四字成語를 완성할 수 있도록 [ ] 안에 알맞은 漢字를 써넣으시오.

146 [ ] 而不淫 147 [ ] 東肉西
148 滅 [ ] 奉公 149 衆寡不 [ ]
150 錦衣 [ ] 行

81 ~ 90

1 다음 漢字語의 讀音을 쓰시오.

1 溫冷 [ ] 2 杯盤 [ ]
3 觸媒 [ ] 4 浸透 [ ]
5 糾彈 [ ] 6 刺激 [ ]
7 訴追 [ ] 8 封侯 [ ]
9 拘留 [ ] 10 怪獸 [ ]
11 逐出 [ ] 12 懲罰 [ ]
13 洞燭 [ ] 14 將帥 [ ]
15 鎭壓 [ ] 16 著述 [ ]
17 泥醉 [ ] 18 捕捉 [ ]
19 衝擊 [ ] 20 收拾 [ ]
21 沈潛 [ ] 22 匹敵 [ ]
23 拾遺 [ ] 24 陶印 [ ]
25 督促 [ ] 26 稚拙 [ ]
27 洞察 [ ] 28 奴婢 [ ]
29 漸增 [ ] 30 階礎 [ ]
31 叔姪 [ ] 32 嫌疑 [ ]
33 睡眠 [ ] 34 片雲 [ ]
35 彼岸 [ ] 36 俊傑 [ ]
37 基幹 [ ] 38 囚繫 [ ]
39 餓殺 [ ] 40 倉粟 [ ]
41 屯畓 [ ] 42 卜占 [ ]
43 執着 [ ] 44 默契 [ ]
45 不得已 [ ]

2 다음 漢字의 訓과 音을 쓰시오.

46 頃 [ ] 47 營 [ ]
48 寡 [ ] 49 殃 [ ]
50 蒸 [ ] 51 亭 [ ]
52 催 [ ] 53 宇 [ ]
54 祀 [ ] 55 暮 [ ]
56 暫 [ ] 57 租 [ ]
58 昏 [ ] 59 絃 [ ]
60 葬 [ ] 61 賀 [ ]
62 遵 [ ] 63 館 [ ]
64 拳 [ ] 65 御 [ ]
66 稿 [ ] 67 喪 [ ]
68 渴 [ ] 69 舞 [ ]
70 尾 [ ] 71 廷 [ ]
72 含 [ ] 73 蛇 [ ]
74 庸 [ ] 75 贈 [ ]

3 다음 訓과 音에 알맞은 漢字를 쓰시오.

76 무리 군 [ ] 77 피곤할피 [ ]
78 곤할 곤 [ ] 79 재주 예 [ ]
80 권세 권 [ ] 81 넓을 박 [ ]
82 피 혈 [ ] 83 진 액 [ ]
84 잡을 조 [ ] 85 빼어날수 [ ]
86 막을 장 [ ] 87 내릴 강 [ ]
88 낮을 저 [ ] 89 경계할계 [ ]
90 잎 엽 [ ] 91 세금 세 [ ]
92 벗을 탈 [ ] 93 버들 류 [ ]
94 이를 조 [ ] 95 쉴 식 [ ]
96 재 성 [ ] 97 바위 암 [ ]
98 경사 경 [ ] 99 거느릴령 [ ]
100 돈 전 [ ]

81 ~ 90

4 다음 문장에서 밑줄 친 낱말은 漢字로, 한자어는 讀音으로 쓰시오.

- 군사[101]를 지휘[102] 統率[103]하는 장군[104]을 '將帥'[105]라고 한다.
- 화장품을 바르고 곱게 꾸미는 것은 '化粧'[106]이라고 하고, 시체를 불에 살라 葬事[107]지내는 것은 '火葬'[108]이라고 한다.
- 종형제의 아들을 '從姪'[109]이라고 한다.

101 [ ] 102 [ ] 103 [ ]
104 [ ] 105 [ ] 106 [ ]
107 [ ] 108 [ ] 109 [ ]

5 다음 낱말을 漢字로 쓰시오.

110 비명(재해사고 따위로 죽는 일) …· [ ]
111 곡절(휘어서 꺾임) …………………… [ ]
112 설화(신화 등의 이야기) ……………… [ ]
113 국시(국정의 근본 방침) ……………… [ ]
114 도용(남의 것을 허가 없이 씀) …… [ ]
115 재정(국가의 발전을 위하여 필요한 재산) …………………………………… [ ]
116 주파(정해진 거리를 끝까지 달림) … [ ]
117 해금(금지하였던 것을 풀어 줌) …· [ ]
118 비보(슬픈 소식) ……………………… [ ]
119 유세(자기의 주장 따위를 선전함) … [ ]
120 장관(굉장하여 볼 만한 경관) ……· [ ]

6 다음 漢字語 중에서 첫 글자가 길게 발음되는 것을 하나씩 골라 그 번호를 쓰시오.

121 …[ ] ① 已往 ② 場內 ③ 受容 ④ 盜用
122 …[ ] ① 拘留 ② 破裂 ③ 從屬 ④ 雪辱
123 …[ ] ① 收拾 ② 和睦 ③ 葬禮 ④ 債務

7 다음 漢字와 反對, 또는 相對되는 漢字를 쓰시오.

124 [ ] ↔ 淺 125 [ ] ↔ 續
126 順 ↔ [ ] 127 哀 ↔ [ ]

8 다음 漢字의 類義語를 쓰시오.

128 [ ] - 還 129 [ ] - 濁
130 層 - [ ] 131 [ ] - 康

9 다음 漢字의 部首를 쓰시오.

132 頃 - [ ] 133 片 - [ ]
134 暮 - [ ] 135 默 - [ ]

10 다음 單語의 反對語를 漢字로 쓰시오.

136 紛爭 ↔ [ ] 137 革新 ↔ [ ]
138 增加 ↔ [ ] 139 異端 ↔ [ ]
140 消費 ↔ [ ] 141 共用 ↔ [ ]

11 다음 漢字를 略字로 쓰시오.

142 黨 - [ ] 143 數 - [ ]
144 亂 - [ ] 145 獨 - [ ]

12 다음 四字成語의 讀音과 뜻을 쓰시오.

146 目不識丁 ▷ (讀音 :)
… [ ]
147 勸善懲惡 ▷ (讀音 :)
… [ ]
148 追友江南 ▷ (讀音 :)
… [ ]
149 歲寒三友 ▷ (讀音 :)
… [ ]
150 轉禍爲福 ▷ (讀音 :)
… [ ]

91 ~ 102

1 다음 漢字語의 讀音을 쓰시오.

1 承諾 [ ]
2 運賃 [ ]
3 燭淚 [ ]
4 戚姪 [ ]
5 洞徹 [ ]
6 暢敍 [ ]
7 振幅 [ ]
8 岳父 [ ]
9 慰靈 [ ]
10 妻妾 [ ]
11 混濁 [ ]
12 販促 [ ]
13 朔望 [ ]
14 腰痛 [ ]
15 稀釋 [ ]
16 述懷 [ ]
17 激勵 [ ]
18 薦擧 [ ]
19 秒針 [ ]
20 胡笛 [ ]
21 破裂 [ ]
22 尋訪 [ ]
23 跳躍 [ ]
24 毫髮 [ ]
25 條項 [ ]
26 銀塊 [ ]
27 醜拙 [ ]
28 恒習 [ ]
29 毒矢 [ ]
30 肥壤 [ ]
31 賀客 [ ]
32 曆術 [ ]
33 廉探 [ ]
34 受諾 [ ]
35 毁折 [ ]
36 幕府 [ ]
37 低廉 [ ]
38 逸脫 [ ]
39 家宅 [ ]
40 懷疑 [ ]
41 弊習 [ ]
42 提訴 [ ]
43 菜蔬 [ ]
44 遊泳 [ ]
45 乘船 [ ]

2 다음 漢字의 訓과 音을 쓰시오.

46 碧 [ ]
47 裳 [ ]
48 徐 [ ]
49 泰 [ ]
50 茶 [ ]
51 浦 [ ]
52 兎 [ ]
53 搖 [ ]
54 彩 [ ]
55 超 [ ]
56 冒 [ ]
57 墳 [ ]
58 俱 [ ]
59 尾 [ ]
60 遞 [ ]
61 戊 [ ]
62 吐 [ ]
63 爐 [ ]
64 傑 [ ]
65 亨 [ ]
66 軒 [ ]
67 著 [ ]
68 塔 [ ]
69 蒼 [ ]
70 滅 [ ]
71 隆 [ ]
72 欲 [ ]
73 癸 [ ]
74 燥 [ ]
75 鈍 [ ]

3 다음 訓과 音에 알맞은 漢字를 쓰시오.

76 장막 장 [ ]
79 스승 사 [ ]
78 나눌 배 [ ]
79 이어맬계 [ ]
80 절 사 [ ]
81 가벼울경 [ ]
82 허락할허 [ ]
83 쇠북 종 [ ]
84 엄숙할숙 [ ]
85 술 주 [ ]
86 남을 잔 [ ]
87 있을 존 [ ]
88 빠를 속 [ ]
89 비롯할창 [ ]
90 클 위 [ ]
91 소리 성 [ ]
92 근원 원 [ ]
93 남을 여 [ ]
94 책 책 [ ]
95 가질 취 [ ]
96 고을 주 [ ]
97 뭍 륙 [ ]
98 구리 동 [ ]
99 이을 접 [ ]
100 덜 손 [ ]

91 ~ 102

4 다음 문장에서 밑줄 친 낱말은 漢字로, 한자어는 讀音으로 쓰시오.

역사의식이 강한 사회과학[101]이나 문학도[102]의 作品은 현재성[103]을 역사적으로 의식[104]하여 미래를 지향[105]한다. 이에 대하여 역사가들은 오히려 과거[106]에 執着[107]하여 현재를 불가피[108]하게 이해[109]하는 데서 幕[110]을 내리려 한다. 이러한 比較[111]가 可能하다면 역사가의 역사의식은 현재보다는 과거에 머무름을 볼 수 있다. 그렇다고 하여도 역사가들이 제시[112]한 역사 설명은 문학이나 사회 政策論者[113]들의 역사의식 수준[114]을 높여 역사를 보는 눈, 미래에 대한 기대[115]를 묘사(描寫)하는 데 도움을 준다.

101 [ ] 102 [ ] 103 [ ]
104 [ ] 105 [ ] 106 [ ]
107 [ ] 108 [ ] 109 [ ]
110 [ ] 111 [ ] 112 [ ]
113 [ ] 114 [ ] 115 [ ]

5 다음 낱말을 漢字로 쓰시오.

116 개혁(새롭게 고쳐 나감) ············· [ ]
117 부상(정식 상 외에 덧붙여 주는 상) ··· [ ]
118 감수(수입이나 수확이 줆) ·········· [ ]
119 인도(가르쳐 일깨움) ·················· [ ]
120 기사회생(죽음의 위기에서 간신히 되살아남) ·· [ ]

6 다음 漢字語 중에서 첫 글자가 길게 발음되는 것을 하나씩 골라 그 번호를 쓰시오.

121 ···[ ] ① 茶菓 ② 兵馬 ③ 慈愛 ④ 洞房
122 ···[ ] ① 弊端 ② 植樹 ③ 釋放 ④ 追慕
123 ···[ ] ① 華燭 ② 貪慾 ③ 買入 ④ 均等

7 다음 漢字와 反對, 또는 相對되는 漢字를 쓰시오.

124 起 ↔ [ ] 125 昇 ↔ [ ]
126 [ ] ↔ 疏 127 [ ] ↔ 劣

8 다음 漢字의 類義語를 쓰시오.

128 尋 – [ ] 129 [ ] – 卒
130 附 – [ ] 131 [ ] – 守

9 다음 漢字의 部首를 쓰시오.

132 曆 – [ ] 133 毫 – [ ]
134 泰 – [ ] 135 乘 – [ ]

10 다음 單語의 反對語를 漢字로 쓰시오.

136 正統 ↔ [ ] 137 固定 ↔ [ ]
138 高尙 ↔ [ ] 139 敵對 ↔ [ ]
140 否認 ↔ [ ] 141 感情 ↔ [ ]

11 다음 漢字를 略字로 쓰시오.

142 當 – [ ] 143 處 – [ ]
144 廣 – [ ] 145 壓 – [ ]

12 다음 四字成語를 완성할 수 있도록 [ ] 안에 알맞은 漢字를 써넣으시오.

146 鶴首 [ ] 待 147 龜 [ ] 兎角
148 結 [ ] 報恩 149 貪 [ ] 汚吏
150 乘 [ ] 長驅

한자능력검정시험 3급(3급II 포함)

기출·예상문제

기출·예상문제

기출 · 예상문제란 그동안 출제되었던 문제와 앞으로 출제 가능한 문제들을 한데 모아 엮은 것으로, 출제 경향과 문제의 난이도를 측정해 보는 데에 도움이 되도록 엮은 것입니다.

정답확인

정답은 문제해답(별책부록 77쪽 ~ 79쪽)에 수록하였습니다.

01회 한자능력검정시험 3급Ⅱ 기출·예상문제

• 채점방식 · 1문제 : 1점
• 합격점수 · 105점 이상

1 다음 漢字語의 讀音을 쓰시오.

1 周旋 [ ]	2 卽決 [ ]
3 緊密 [ ]	4 抵抗 [ ]
5 慣習 [ ]	6 加盟 [ ]
7 需要 [ ]	8 納稅 [ ]
9 司祭 [ ]	10 輸送 [ ]
11 演技 [ ]	12 廢刊 [ ]
13 裁判 [ ]	14 迎接 [ ]
15 憂慮 [ ]	16 共謀 [ ]
17 胸中 [ ]	18 斷層 [ ]
19 含蓄 [ ]	20 信賴 [ ]
21 借額 [ ]	22 監察 [ ]
23 眼疾 [ ]	24 飛躍 [ ]
25 贊成 [ ]	26 召集 [ ]
27 契約 [ ]	28 感染 [ ]
29 倉庫 [ ]	30 固執 [ ]
31 糖類 [ ]	32 江湖 [ ]
33 僞裝 [ ]	34 奇智 [ ]
35 突破 [ ]	36 支持 [ ]
37 凡常 [ ]	38 健脚 [ ]
39 沒落 [ ]	40 可恐 [ ]
41 畜産 [ ]	42 精彩 [ ]
43 被告 [ ]	44 消滅 [ ]
45 衝擊 [ ]	

2 다음 漢字의 訓과 音을 쓰시오.

46 券 [ ]	47 愼 [ ]
48 略 [ ]	49 柔 [ ]
50 欄 [ ]	51 附 [ ]
52 幕 [ ]	53 兔 [ ]
54 茫 [ ]	55 勉 [ ]
56 蔬 [ ]	57 護 [ ]
58 緯 [ ]	59 溪 [ ]
60 訣 [ ]	61 碧 [ ]
62 程 [ ]	63 均 [ ]
64 街 [ ]	65 齊 [ ]
66 幣 [ ]	67 弓 [ ]
68 訂 [ ]	69 筆 [ ]
70 掃 [ ]	71 儒 [ ]
72 忽 [ ]	73 架 [ ]

3 다음 밑줄 친 漢字語를 漢字로 쓰시오.

74 그동안의 경험을 살려 일을 처리하였다.
.... [ ]

75 모두들 일본의 압제에 저항하였다.
.... [ ]

76 지금도 아름다운 전설이 전해지고 있다.
.... [ ]

77 그를 비난하는 목소리가 날로 높아갔다.
.... [ ]

78 평생을 신약 제조에 몸바쳤다.
.... [ ]

79 왕자의 중병을 고쳐 어의로 승진되었다.
.... [ ]

80 무궁화의 품종은 여러 가지가 있습니다.
.... [ ]

81 오래달리기 경주에서 1등을 하였습니다.
.... [ ]

82 "이것이 꿈인가 생시인가?"
.... [ ]

4 다음 訓과 音을 가진 漢字를 쓰시오.

83 책 편 [ ]	84 휘두를 휘 [ ]
85 가난할 빈 [ ]	86 갖출 비 [ ]

87 넓을 박[ ] 88 쌀 포[ ]
89 연고 고[ ] 90 칠 토[ ]
91 화할 협[ ] 92 우편 우[ ]
93 쉴 식[ ] 94 깨끗할 결[ ]
95 멜 담[ ] 96 헤아릴 측[ ]
97 깊을 심[ ] 98 남을 잔[ ]
99 고울 려[ ] 100 거스를 역[ ]
101 놀 유[ ] 102 등 배[ ]

5 다음 漢字語 중 첫소리가 長音인 것을 보기에서 5개 가려 그 기호(㉮~㉷)를 103~107번 답란에 쓰시오.

보기 ㈎ 討議 ㈏ 徹底 ㈐ 淡水 ㈑ 培養 ㈒ 諸般
㈓ 盛衰 ㈔ 橫材 ㈕ 照光 ㈖ 返還 ㈗ 症狀

103 [ ] 104 [ ] 105 [ ]
106 [ ] 107 [ ]

6 다음 漢字와 뜻이 反對 또는 相對되는 漢字를 쓰시오.

108 受↔[ ] 109 [ ]↔誤
110 陰↔[ ] 111 [ ]↔客
112 眞↔[ ] 113 [ ]↔靜
114 禍↔[ ] 115 [ ]↔近
116 興↔[ ] 117 [ ]↔裏

7 다음 빈곳에 알맞은 漢字를 써넣어 漢字語를 완성하시오.

118 [ ]盡甘來 119 百折[ ]屈
120 雪[ ]加霜 121 [ ]耳東風
122 明若觀[ ] 123 同[ ]紅裳
124 群鷄[ ]鶴 125 晝耕[ ]讀
126 日就[ ]將 127 [ ]陳代謝

8 다음 漢字의 部首를 쓰시오.

128 賢[ ] 129 希[ ]
130 省[ ] 131 射[ ]
132 聞[ ]

9 다음 漢字와 訓이 같은 글자를 보기에서 가려 그 기호(㉮~㉷)를 쓰시오.

보기 ㈎ 設 ㈏ 峰 ㈐ 巷 ㈑ 實 ㈒ 確
㈓ 低 ㈔ 遇 ㈕ 行 ㈖ 具 ㈗ 高

133 施[ ] 134 [ ]固
135 街[ ] 136 [ ]卓
137 逢[ ]

10 다음 漢字語와 音은 같고 뜻이 다른 漢字語를 한 가지씩 쓰시오.(長短音 관계없이)

138 淨水[ ] 139 容器[ ]
140 全員[ ] 141 訪韓[ ]
142 政黨[ ]

11 다음 漢字語의 뜻을 쓰시오.

143 液化 : [ ]
144 漸增 : [ ]
145 滿開 : [ ]
146 守節 : [ ]
147 歸鄕 : [ ]

12 다음 漢字의 略字를 쓰시오.

148 鐵[ ] 149 變[ ]
150 邊[ ]

한자능력검정시험 3급Ⅱ 기출·예상문제

- 채점방식 · 1문제 : 1점
- 합격점수 · 105점 이상

1 다음 漢字語의 讀音을 쓰시오.

1 被擊 [ ] 2 庸拙 [ ]
3 審判 [ ] 4 彼岸 [ ]
5 辭職 [ ] 6 摸索 [ ]
7 階級 [ ] 8 書簡 [ ]
9 討議 [ ] 10 禽獸 [ ]
11 脫稅 [ ] 12 怠慢 [ ]
13 秋穀 [ ] 14 紫煙 [ ]
15 潤澤 [ ] 16 遊離 [ ]
17 接觸 [ ] 18 典雅 [ ]
19 降臨 [ ] 20 追更 [ ]
21 種苗 [ ] 22 畢納 [ ]
23 本籍 [ ] 24 掠奪 [ ]
25 象徵 [ ] 26 添削 [ ]
27 分割 [ ] 28 尖端 [ ]
29 連絡 [ ] 30 許諾 [ ]
31 安逸 [ ] 32 騷亂 [ ]
33 殘額 [ ] 34 魂靈 [ ]
35 履歷 [ ] 36 蒸氣 [ ]
37 監督 [ ] 38 劣惡 [ ]
39 光彩 [ ] 40 派遣 [ ]
41 困難 [ ] 42 滅裂 [ ]
43 墮落 [ ] 44 提携 [ ]
45 威脅 [ ]

2 다음 漢字의 訓과 音을 쓰시오.

46 掌 [ ] 47 禁 [ ]
48 銅 [ ] 49 權 [ ]
50 宮 [ ] 51 留 [ ]
52 康 [ ] 53 慶 [ ]
54 座 [ ] 55 揮 [ ]
56 列 [ ] 57 訪 [ ]
58 麗 [ ] 59 仕 [ ]
60 尾 [ ] 61 副 [ ]
62 央 [ ] 63 値 [ ]
64 律 [ ] 65 賞 [ ]
66 罰 [ ] 67 洗 [ ]
68 達 [ ] 69 怒 [ ]
70 味 [ ] 71 錄 [ ]
72 踏 [ ] 73 航 [ ]

3 다음 밑줄 친 漢字語를 漢字로 쓰시오.

74 어른들로부터 <u>충고</u>를 받았다. .... [ ]

75 각자의 책임과 <u>의무</u>를 강조하였다. .... [ ]

76 선생님께서 <u>청소</u> 상태를 검사하셨다. .... [ ]

77 아군은 수백 척의 <u>적선</u>을 부수어 버렸다. .... [ ]

78 슬픈 <u>소식</u>을 전해 듣고 눈물을 흘렸다. .... [ ]

79 승상 댁에 <u>수양</u>딸로 가기로 하였다. .... [ ]

80 "모든 일이 <u>허사</u>가 되었구나!" .... [ ]

81 전화를 받는 기구를 <u>수화기</u>라고 한다. .... [ ]

82 아우는 미술에 뛰어난 <u>소질</u>이 있다. .... [ ]

4 다음 訓과 音을 가진 漢字를 쓰시오.

83 꾸밀 장 [ ] 84 바랄 희 [ ]
85 부를 초 [ ] 86 어제 작 [ ]

87 물결 파 [ ] 88 어질 현 [ ]
89 침노할 침 [ ] 90 피 혈 [ ]
91 흩을 산 [ ] 92 겨룰 항 [ ]
93 웃음 소 [ ] 94 끌 인 [ ]
95 쌓을 축 [ ] 96 재물 화 [ ]
97 따뜻할 난 [ ] 98 말씀 변 [ ]
99 비석 비 [ ] 100 재주 예 [ ]
101 섞을 혼 [ ] 102 마실 흡 [ ]

5 다음 漢字語 중 첫소리가 長音인 것을 보기에서 5개 가려 그 기호(㈎~㈓)를 103~107번 답란에 쓰시오.

보기 ㈎ 我軍 ㈏ 降服 ㈐ 先烈 ㈑ 同胞 ㈒ 港口
㈓ 使臣 ㈔ 著者 ㈕ 條件 ㈖ 軍隊 ㈗ 配慮

103 [ ] 104 [ ] 105 [ ]
106 [ ] 107 [ ]

6 다음 漢字와 뜻이 反對 또는 相對되는 漢字를 쓰시오.

108 往 ↔ [ ] 109 [ ] ↔ 免
110 晝 ↔ [ ] 111 [ ] ↔ 閉
112 輕 ↔ [ ] 113 [ ] ↔ 衰
114 進 ↔ [ ] 115 [ ] ↔ 複
116 貧 ↔ [ ] 117 [ ] ↔ 憎

7 다음 빈곳에 알맞은 漢字를 써넣어 漢字語를 완성하시오.

118 門前 [ ] 市 119 千差萬 [ ]
120 燈下不 [ ] 121 緣木 [ ] 魚
122 弱 [ ] 強食 123 甘言利 [ ]
124 過大 [ ] 價 125 [ ] 手無策
126 言行一 [ ] 127 雪 [ ] 加霜

8 다음 漢字의 部首를 쓰시오.

128 起 [ ] 129 貢 [ ]
130 裏 [ ] 131 頭 [ ]
132 空 [ ]

9 다음 漢字와 訓이 같은 글자를 보기에서 가려 그 기호(㈎~㈓)를 쓰시오.

보기 ㈎ 婦 ㈏ 早 ㈐ 秀 ㈑ 件 ㈒ 憂
㈓ 利 ㈔ 朴 ㈕ 助 ㈖ 損 ㈗ 傷

133 物 [ ] 134 [ ] 朝
135 減 [ ] 136 [ ] 愁
137 扶 [ ]

10 다음 漢字語와 音은 같고 뜻이 다른 漢字語를 한 가지씩 쓰시오.(長短音 관계없이)

138 動向 [ ] 139 宗臣 [ ]
140 史記 [ ] 141 印度 [ ]
142 全般 [ ]

11 다음 漢字語의 뜻을 쓰시오.

143 拾得 : [ ]
144 假飾 : [ ]
145 解氷 : [ ]
146 乘車 : [ ]
147 是認 : [ ]

12 다음 漢字의 略字를 쓰시오.

148 佛 [ ] 149 舊 [ ]
150 當 [ ]

한자능력검정시험 3급 기출 · 예상문제

- 채점방식 · 1문제 : 1점
- 합격점수 · 105점 이상

1 다음 漢字語의 讀音을 쓰시오.

1 蓄積 [ ] 2 延綿 [ ]
3 代償 [ ] 4 敦篤 [ ]
5 思慮 [ ] 6 餘暇 [ ]
7 雲霧 [ ] 8 被告 [ ]
9 絹絲 [ ] 10 貢物 [ ]
11 參禪 [ ] 12 涉獵 [ ]
13 幼稚 [ ] 14 廉潔 [ ]
15 需要 [ ] 16 猛禽 [ ]
17 燒却 [ ] 18 照覽 [ ]
19 枯葉 [ ] 20 拙稿 [ ]
21 廣漠 [ ] 22 實踐 [ ]
23 隱密 [ ] 24 企畫 [ ]
25 懇請 [ ] 26 飢渴 [ ]
27 庸劣 [ ] 28 雜念 [ ]
29 督促 [ ] 30 憂愁 [ ]
31 恭遜 [ ] 32 承諾 [ ]
33 紫煙 [ ] 34 情報 [ ]
35 輿論 [ ] 36 交響 [ ]
37 悠久 [ ] 38 螢雪 [ ]
39 殘存 [ ] 40 透徹 [ ]
41 稅額 [ ] 42 誘導 [ ]
43 尖端 [ ] 44 旱災 [ ]
45 僞幣 [ ]

2 다음 漢字의 訓과 音을 쓰시오.

46 盟 [ ] 47 緯 [ ]
48 架 [ ] 49 晚 [ ]
50 忌 [ ] 51 澤 [ ]
52 欄 [ ] 53 脚 [ ]
54 臨 [ ] 55 彼 [ ]
56 邊 [ ] 57 擊 [ ]
58 默 [ ] 59 跳 [ ]
60 覺 [ ] 61 策 [ ]
62 拒 [ ] 63 常 [ ]
64 窮 [ ] 65 昭 [ ]
66 奏 [ ] 67 海 [ ]
68 盲 [ ] 69 茫 [ ]
70 濫 [ ] 71 蔬 [ ]
72 腹 [ ]

3 다음 訓과 音을 가진 漢字를 쓰시오.

73 벽 벽 [ ] 74 응할 응 [ ]
75 납 연 [ ] 76 원망할 원 [ ]
77 줄일 축 [ ] 78 엄할 엄 [ ]
79 흩을 산 [ ] 80 고요할 정 [ ]
81 베풀 시 [ ] 82 가난할 빈 [ ]
83 갖출 비 [ ] 84 막을 방 [ ]
85 성인 성 [ ] 86 깊을 심 [ ]
87 성할 성 [ ] 88 길 정 [ ]
89 쌓을 저 [ ] 90 경영할 영 [ ]
91 얻을 득 [ ] 92 코끼리 상 [ ]
93 무리 중 [ ] 94 이을 계 [ ]
95 가질 취 [ ] 96 들일 납 [ ]
97 맛 미 [ ] 98 방해할 방 [ ]
99 모일 사 [ ] 100 굳을 견 [ ]
101 터 기 [ ] 102 내릴 강 [ ]

4 다음 漢字語의 反義語 또는 相對語를 漢字로 쓰시오.

103 內容 ↔ [ ] 104 偶然 ↔ [ ]
105 收入 ↔ [ ] 106 故意 ↔ [ ]
107 濫用 ↔ [ ] 108 原因 ↔ [ ]
109 可決 ↔ [ ] 110 紛爭 ↔ [ ]

5 다음 각 글자와 反對 또는 相對되는 漢字를 적어 單語를 完成하시오.

111 難 ↔ [ ]　112 [ ] ↔ 怠
113 加 ↔ [ ]　114 [ ] ↔ 重
115 緩 ↔ [ ]

6 다음의 각 漢字와 뜻이 비슷한 글자를 漢字로 적어 單語를 完成하시오.

116 階 - [ ]　117 [ ] - 偶
118 經 - [ ]　119 [ ] - 織
120 倉 - [ ]

7 다음 빈칸에 漢字를 써넣어 成語를 완성하시오.

121 會者 [ ] 離　122 烏飛梨 [ ]
123 同 [ ] 相憐　124 溫故 [ ] 新
125 [ ] 賞必罰

8 다음 漢字語의 同音異義語를 하나씩만 漢字로 쓰시오.

126 所在 - [ ]　127 保釋 - [ ]
128 顧問 - [ ]　129 造花 - [ ]
130 自淨 - [ ]

9 다음 漢字의 部首를 쓰시오.

131 悟 - [ ]　132 罔 - [ ]
133 航 - [ ]

10 다음 一字多音字의 用例가 되는 單語를 각각 하나씩만 漢字로 쓰시오.

보기
殺 죽일 살 : (1) [殺生]
　감할 쇄 : (2) [相殺]

識 알 식 : 134 [ ]
　기록할 지 : 135 [ ]

11 다음 글에서 밑줄 친 單語 중 한글로 쓰인 것은 漢字로 고치고, 漢字로 쓰인 것은 한글로 고쳐 쓰시오.

동양 문화는 한자문화라 해도 과언[136]이 아니다. 동양학에 關係되는 옛 한적(漢籍)은 고사하고 국한혼용문의 서적[137] 해독력도 저하[138]될 것은 明若觀火[139]하다. 한글 전용론자들은 고전[140] 국역만 하면 문제가 해결될 것으로 믿는 모양이다.

어느 국력으로 이 방대한 사업[141]을 해낼 것이며, 國譯이 되었다 한들 그 숱한 한자어의 뜻을 정확히 알아야 해독[142]할 것이 아닌가? - 中略 - 아니면 서구계 述語[143]가 판을 칠 것이다.

또한 表音문자는 배우기 쉽고 쓰기 쉬운 이점이 있고, 表意문자인 한자는 시각적[144]으로 바로 뜻을 알아차릴 수 있는 이점과 무궁한 造語力이나 축약력[145]이 있다. 이 장단점을 깊이 살펴 활용해야 한다는 것이다. 한글 전용이 애국이라는 관념론[146]을 지양하는 것이 좋겠다. 한글 愛用의 정신은 좋으나, 동양문화권에서의 고립[147]은 오히려 비애국적인 결과를 가져올 것임을 銘心[148]해야 할 것이다.

136 [ ]　137 [ ]
138 [ ]　139 [ ]
140 [ ]　141 [ ]
142 [ ]　143 [ ]
144 [ ]　145 [ ]
146 [ ]　147 [ ]
148 [ ]

12 윗글에서 漢字로 쓰인 단어 중 첫소리가 長音인 것을 2개 골라 쓰시오.

149 [ ]　150 [ ]

한자능력검정시험 3급 기출 · 예상문제

- 채점방식 · 1문제 : 1점
- 합격점수 · 105점 이상

1 다음 漢字語의 讀音을 쓰시오.

1 添削 [ ]
2 覇者 [ ]
3 懷疑 [ ]
4 渴症 [ ]
5 慶賀 [ ]
6 半徑 [ ]
7 臥床 [ ]
8 墮落 [ ]
9 此際 [ ]
10 編輯 [ ]
11 抽象 [ ]
12 減免 [ ]
13 妄想 [ ]
14 貸借 [ ]
15 枯淡 [ ]
16 韻致 [ ]
17 派遣 [ ]
18 携帶 [ ]
19 逃避 [ ]
20 缺陷 [ ]
21 困窮 [ ]
22 柔軟 [ ]
23 貢獻 [ ]
24 棄權 [ ]
25 騷亂 [ ]
26 謀策 [ ]
27 畢納 [ ]
28 拙劣 [ ]
29 脚色 [ ]
30 懲戒 [ ]
31 刷掃 [ ]
32 帳簿 [ ]
33 怠慢 [ ]
34 暗誦 [ ]
35 啓蒙 [ ]
36 乾燥 [ ]
37 終了 [ ]
38 茶道 [ ]
39 煩惱 [ ]
40 紀綱 [ ]
41 森羅 [ ]
42 洗濯 [ ]
43 鴻雁 [ ]
44 魂靈 [ ]
45 汚辱 [ ]

2 다음 漢字의 訓과 音을 쓰시오.

46 恥 [ ]
47 督 [ ]
48 酌 [ ]
49 欄 [ ]
50 履 [ ]
51 遷 [ ]
52 裝 [ ]
53 伸 [ ]
54 漏 [ ]
55 碧 [ ]
56 封 [ ]
57 循 [ ]
58 突 [ ]
59 糖 [ ]
60 僞 [ ]
61 懇 [ ]
62 匹 [ ]
63 拳 [ ]
64 悲 [ ]
65 鬪 [ ]
66 頻 [ ]
67 潔 [ ]
68 節 [ ]
69 染 [ ]
70 湯 [ ]
71 恒 [ ]
72 淨 [ ]

3 다음 訓과 音을 가진 漢字를 쓰시오.

73 방패 간 [ ]
74 정사 정 [ ]
75 개 견 [ ]
76 묘할 묘 [ ]
77 찰 만 [ ]
78 재 회 [ ]
79 칠 공 [ ]
80 다를 차 [ ]
81 벗을 탈 [ ]
82 칠 목 [ ]
83 부를 초 [ ]
84 이를 조 [ ]
85 법 범 [ ]
86 정성 성 [ ]
87 밑 저 [ ]
88 창자 장 [ ]
89 옮길 이 [ ]
90 새길 각 [ ]
91 그늘 음 [ ]
92 임금 제 [ ]
93 걸을 보 [ ]
94 모양 자 [ ]
95 범할 범 [ ]
96 살 거 [ ]
97 다칠 상 [ ]
98 본뜰 모 [ ]
99 힘쓸 면 [ ]
100 두터울 후 [ ]
101 이을 속 [ ]
102 깨뜨릴 파 [ ]

4 다음 漢字語의 反義語 또는 相對語를 漢字로 쓰시오.

103 上昇 ↔ [ ]
104 旣決 ↔ [ ]
105 擴大 ↔ [ ]
106 秘密 ↔ [ ]
107 異端 ↔ [ ]
108 貧賤 ↔ [ ]
109 感性 ↔ [ ]
110 相對的 ↔ [ ]

5 다음 각 글자와 反對 또는 相對되는 漢字를 적어 單語를 完成하시오.

111 送↔[ ] 112 [ ]↔裏
113 京↔[ ] 114 [ ]↔濁
115 賞↔[ ]

6 다음의 각 漢字와 뜻이 비슷한 글자를 漢字로 적어 單語를 完成하시오.

116 音-[ ] 117 [ ]-大
118 憎-[ ] 119 [ ]-目
120 恩-[ ]

7 다음 빈칸에 漢字를 써넣어 成語를 완성하시오.

121 同[ ]紅裳 122 朝[ ]暮改
123 錦[ ]夜行 124 他山之[ ]
125 事必歸[ ]

8 다음 漢字語의 同音異義語를 하나씩만 漢字로 쓰시오.

126 史料-[ ] 127 主部-[ ]
128 羽衣-[ ] 129 官吏-[ ]
130 零細-[ ]

9 다음 각 漢字의 部首를 쓰시오.

131 成-[ ] 132 安-[ ]
133 恭-[ ]

10 다음 一字多音字의 用例가 되는 單語를 각각 하나씩만 漢字로 쓰시오.

보기
殺 죽일 살 : (1) [殺生]
감할 쇄 : (2) [相殺]

省 살필 성 : 134 [ ]
덜 생 : 135 [ ]

11 다음 글에서 밑줄 친 單語 중 한글로 쓰인 것은 漢字로 고치고, 漢字로 쓰인 것은 한글로 고쳐 쓰시오.

科學 기술[136]문명 爲主의 20세기가 막을 내리고 새로운 가치관의 정립이 시급[137]한 새 時代를 맞아 우리는 무거운 사명감[138]에 빠진다. 지난 한 세기[139]를 어떻게 評價하고, 다가오는 시대를 어떠한 精神과 방향으로 자리잡게 할 것인가 하는 과제[140]가 바로 우리에게 주어져 있기 때문이다. 대학의 존재 價値를 살리는 일도, 조국과 민족의 장래[141]를 設計하는 일도, 나아가 인류 문화의 앞날을 透視[142]하고 바람직한 방향을 모색하는 일도 모두 우리의 숙제가 아닐 수 없는 것이다. 그 과제들을 解決하는 과정에 사회과학이나 자연과학은 물론 술한 응용과학[143]의 연구 성과들도 활용되어야 하겠지만, 우리는 한 세기 전과 다름없이 세속적인 名譽[144]나 보수를 생각하지도 않고, 국가와 사회단체의 지원[145]을 고려[146]하지도 않을 것이며, 오직 이것이 우리에게 부여된 天職이란 召命意識[147]만으로 최선[148]을 다할 뿐이다.

136 [ ] 137 [ ]
138 [ ] 139 [ ]
140 [ ] 141 [ ]
142 [ ] 143 [ ]
144 [ ] 145 [ ]
146 [ ] 147 [ ]
148 [ ]

12 윗글에서 한자로 쓰인 단어 중 첫소리가 長音인 것을 2개 골라 쓰시오.

149 [ ] 150 [ ]

한자능력검정시험 3급 기출·예상문제

- 채점방식 · 1문제 : 1점
- 합격점수 · 105점 이상

1 다음 漢字語의 讀音을 쓰시오.

1 啓蒙 [　　] 2 端緖 [　　]
3 生栗 [　　] 4 蒸氣 [　　]
5 擊破 [　　] 6 崩壞 [　　]
7 詐欺 [　　] 8 勇敢 [　　]
9 終末 [　　] 10 遲刻 [　　]
11 慙愧 [　　] 12 照覽 [　　]
13 傾斜 [　　] 14 懇請 [　　]
15 看過 [　　] 16 鑑賞 [　　]
17 妥當 [　　] 18 劣惡 [　　]
19 遊離 [　　] 20 驅逐 [　　]
21 睡眠 [　　] 22 稀貴 [　　]
23 飢餓 [　　] 24 保險 [　　]
25 依存 [　　] 26 拙稿 [　　]
27 鬼哭 [　　] 28 派遣 [　　]
29 添削 [　　] 30 倫理 [　　]
31 消滅 [　　] 32 禽獸 [　　]
33 卑賤 [　　] 34 憎惡 [　　]
35 週刊 [　　] 36 招聘 [　　]
37 祈願 [　　] 38 餘暇 [　　]
39 追更 [　　] 40 興隆 [　　]
41 和睦 [　　] 42 促進 [　　]
43 忍耐 [　　] 44 頻繁 [　　]
45 信賴 [　　]

2 다음 漢字의 訓과 音을 쓰시오.

46 專 [　　] 47 哲 [　　]
48 符 [　　] 49 編 [　　]
50 篤 [　　] 51 擴 [　　]
52 贈 [　　] 53 配 [　　]
54 愼 [　　] 55 忽 [　　]
56 普 [　　] 57 訂 [　　]
58 裁 [　　] 59 掃 [　　]
60 掛 [　　] 61 菜 [　　]
62 垂 [　　] 63 嘗 [　　]
64 翁 [　　] 65 漏 [　　]
66 項 [　　] 67 宣 [　　]
68 燕 [　　] 69 幣 [　　]
70 剛 [　　] 71 稚 [　　]
72 努 [　　]

3 다음 訓과 音을 가진 漢字를 쓰시오.

73 공경 경 [　　] 74 다칠 상 [　　]
75 얽을 구 [　　] 76 아플 통 [　　]
77 무리 당 [　　] 78 충성 충 [　　]
79 고울 려 [　　] 80 버금 차 [　　]
81 버들 류 [　　] 82 벌일 렬 [　　]
83 넓을 박 [　　] 84 대쪽 간 [　　]
85 말씀 변 [　　] 86 남길 유 [　　]
87 갖출 비 [　　] 88 고요할 정 [　　]
89 비석 비 [　　] 90 휘두를 휘 [　　]
91 흩을 산 [　　] 92 일컬을 칭 [　　]
93 우편 우 [　　] 94 판단할 판 [　　]
95 남을 잔 [　　] 96 따뜻할 난 [　　]
97 쌓을 축 [　　] 98 경계할 계 [　　]
99 책 편 [　　] 100 제사 제 [　　]
101 항구 항 [　　] 102 검소할 검 [　　]

4 다음 漢字語의 反義語 또는 相對語를 漢字로 쓰시오.

103 閉鎖 ↔ [　　] 104 義務 ↔ [　　]
105 抽象 ↔ [　　] 106 複雜 ↔ [　　]
107 遠交 ↔ [　　] 108 所得 ↔ [　　]
109 勝利 ↔ [　　] 110 精神 ↔ [　　]

5 다음 각 글자와 反對 또는 相對되는 漢字를 적어 單語를 完成하시오.

111 虛↔[ ] 112 [ ]↔非
113 明↔[ ] 114 [ ]↔逆
115 曲↔[ ]

6 다음의 각 漢字와 뜻이 비슷한 글자를 漢字로 적어 單語를 完成하시오.

116 希-[ ] 117 [ ]-止
118 認-[ ] 119 [ ]-康
120 給-[ ]

7 다음 빈칸에 漢字를 써넣어 成語를 완성하시오.

121 [ ]折不屈 122 明鏡[ ]水
123 錦衣還[ ] 124 一石二[ ]
125 [ ]頭狗肉

8 다음 漢字語의 同音異義語를 하나씩만 漢字로 쓰시오.

126 長病-[ ] 127 燃燒-[ ]
128 防衛-[ ] 129 死刑-[ ]
130 公衆-[ ]

9 다음 각 漢字의 部首를 쓰시오.

131 幕-[ ] 132 雄-[ ]
133 壁-[ ]

10 다음 一字多音字의 用例가 되는 單語를 각각 하나씩만 漢字로 쓰시오.

보기
殺 죽일 살 : (1) [殺生]
감할 쇄 : (2) [相殺]

復 회복할 복 : 134 [ ]
다시 부 : 135 [ ]

11 다음 글에서 밑줄 친 單語 중 한글로 쓰인 것은 漢字로 고치고, 漢字로 쓰인 것은 한글로 고쳐 쓰시오.

가 字典에서 漢字를 찾는 데 길잡이 구실을 하는 部首는 漢字를 성격별[136]로 分類한 것이다. 假令[137] 木 部首의 '材(재목 재), 植(심을 식)'이나 火 部首의 '燈(등불 등), 燭(촛불 촉)' 등은 모두 "나무"나 "불"과 관계[138]가 되듯이 부수의 學習은 곧 漢字의 이해[139]와 직결[140]이 된다.

나 漢字 學習의 핵심[141]的 요건[142]은 部首와 表音的 체계[143]의 이해를 그 전제[144]로 한다. 그리고 部首와 基本音을 통한 漢字 학습은 흥미[145]를 誘發[146]시키는 한편 창의력[147] 개발[148]에 큰 도움을 주는 것이다.

136 [ ] 137 [ ]
138 [ ] 139 [ ]
140 [ ] 141 [ ]
142 [ ] 143 [ ]
144 [ ] 145 [ ]
146 [ ] 147 [ ]
148 [ ]

12 윗글에서 한자로 쓰인 단어 중 첫소리가 長音인 것을 2개 골라 쓰시오.

149 [ ] 150 [ ]

《부수일람표》

【1획】

부수	뜻	음
一	하나	일
丨	뚫다	곤
丶	구절 찍다	주
丿	삐치다	별
乙	새	을
亅	갈고리	궐

【2획】

부수	뜻	음
二	둘	이
亠	윗부분	두
人·亻	사람	인
儿	어진사람	인
入	들어가다	입
八	여덟	팔
冂	멀다·들밖	경
冖	덮다	멱
冫	얼음	빙
几	책상	궤
凵	입벌리다	감
刀·刂	칼	도
力	힘	력
勹	감싸다	포
匕	숟가락·비수	비
匚	모진그릇	방
匸	감추다	혜
十	열	십
卜	점	복
卩·㔾	병부	절
厂	기슭	엄
厶	사사	사
又	또	우

【3획】

부수	뜻	음
口	입	구
囗	에워싸다	위
土	흙	토
士	선비	사
夂	뒤에 오다	치
夊	편안히 걷다	쇠
夕	저녁	석
大	크다	대
女	계집	녀
子	아들	자
宀	집	면
寸	마디	촌
小	작다	소
尢·兀	절뚝발이	왕
尸	주검	시
屮	움이나다	철
山	메	산
川·巛	내	천
工	장인	공
己	몸	기
巾	수건	건
干	방패	간
幺	작다	요
广	돌집	엄
廴	길게 걷다	인
廾	손 맞잡다	공
弋	주살	익
弓	활	궁
彐·彑	돼지머리	계
彡	터럭	삼
彳	자축거리다	척

【4획】

부수	뜻	음
心·忄·㣺	마음	심
戈	창	과
戶	집·지게문	호
手·扌	손·재방변	수
支	지탱하다	지
攴·攵	치다	복
文	글월	문
斗	말	두
斤	도끼	근
方	모	방
无·旡	없다	무
日	날·해	일
曰	가로되	왈
月	달	월
木	나무	목
欠	하품	흠
止	그치다	지
歹·歺	뼈 앙상하다	알
殳	창·치다	수
毋	없다	무
比	견주다	비
毛	털	모
氏	각시·성씨	씨
气	기운	기
水·氵·氺	물	수
火·灬	불	화
爪·爫	손톱	조
父	아버지	부
爻	사귀다	효
爿	조각널	장
片	조각	편
牙	어금니	아
牛·牜	소	우
犬·犭	개	견

【5획】

부수	뜻	음
玉·王	구슬	옥
玄	검다	현
瓜	오이	과
瓦	기와·질그릇	와
甘	(맛이)달다	감
生	낳다·살다	생
用	사용하다	용
田	밭	전
疋	발	소
疒	질병	녁
癶	걷다·가다	발
白	희다·아뢰다	백
皮	가죽·껍질	피
皿	그릇	명
目	눈	목
矛	창	모
矢	화살	시
石	돌·섬	석
示·礻	보이다	시
禸	짐승 발자국	유
禾	벼·곡식	화
穴	구멍	혈
立	서다·세우다	립

【6획】

부수	뜻	음
竹	대나무	죽
米	쌀	미
糸	실	사
缶	장군	부
网·罒	그물	망
羊	양	양
羽	깃	우
老·耂	늙다	로
而	말을 잇다	이
耒	쟁기	뢰
耳	귀	이
聿	붓	율
肉·月	고기	육
臣	신하	신
自	스스로	자
至	이르다	지
臼	절구	구
舌	혀	설
舛	어그러지다	천
舟	배	주
艮	그치다	간
色	빛	색
艸·艹	풀	초
虍	범의 문채	호
虫	벌레	충
血	피	혈
行	다니다	행
衣·衤	옷	의
襾·西	덮다	아

【7획】

부수	뜻	음
見	보다	견
角	뿔	각
言	말씀	언
谷	골짜기	곡
豆	콩	두
豕	돼지	시
豸	발없는벌레	치
貝	조개	패
赤	붉다	적
走	달리다	주
足	발	족
身	몸	신
車	수레	거
辛	맵다	신
辰	별	진
辵·辶	쉬엄쉬엄가다	착
邑·阝	고을	읍
酉	닭	유
釆	분별하다	변
里	마을	리

【8획】

부수	뜻	음
金	쇠	금
長·镸	길다	장
門	문	문
阜·阝	언덕	부
隶	미치다	이
隹	새	추
雨	비	우
靑	푸르다	청
非	아니다	비

【9획】

부수	뜻	음
面	얼굴	면
革	가죽	혁
韋	다룬가죽	위
韭	부추	구
音	소리	음
頁	머리	혈
風	바람	풍
飛	날다	비
食	먹다·밥	식
首	머리	수
香	향기	향

【10획】

부수	뜻	음
馬	말	마
骨	뼈	골
高	높다	고
髟	머리늘어지다	표
鬥	싸우다	투
鬯	술이름	창
鬲	막다	격
鬼	귀신	귀

【11획】

부수	뜻	음
魚	물고기	어
鳥	새	조
鹵	소금밭	로
鹿	사슴	록
麥	보리	맥
麻	삼	마

【12획】

부수	뜻	음
黃	누른빛	황
黍	기장	서
黑	검다	흑
黹	바느질하다	치

【13획】

부수	뜻	음
黽	맹꽁이	맹
鼎	솥	정
鼓	북	고
鼠	쥐	서

【14획】

부수	뜻	음
鼻	코	비
齊	가지런하다	제

【15획】

부수	뜻	음
齒	이·나이	치

【16획】

부수	뜻	음
龍	용	룡
龜	거북	귀

【17획】

부수	뜻	음
龠	피리	약

한자(漢字) 부수(部首)

▸ 부수는 한자를 구성하는 기본 글자로, 모두 214자입니다.

一 丨 丶 丿 乙 亅 二 亠 人 儿 入
八 冂 冖 冫 几 凵 刀 力 勹 匕 匚
匸 十 卜 卩 厂 厶 又 口 囗 土 士
夂 夊 夕 大 女 子 宀 寸 小 尢 尸
屮 山 巛 工 己 巾 干 幺 广 廴 廾
弋 弓 彐 彡 彳 心 戈 戶 手 支 攴
文 斗 斤 方 无 日 曰 月 木 欠 止
歹 殳 毋 比 毛 氏 气 水 火 爪 父
爻 爿 片 牙 牛 犬 玄 玉 瓜 瓦 甘
生 用 田 疋 疒 癶 白 皮 皿 目 矛
矢 石 示 禸 禾 穴 立 竹 米 糸 缶
网 羊 羽 老 而 耒 耳 聿 肉 臣 自
至 臼 舌 舛 舟 艮 色 艸 虍 虫 血
行 衣 襾 見 角 言 谷 豆 豕 豸 貝
赤 走 足 身 車 辛 辰 辵 邑 酉 釆
里 金 長 門 阜 隶 隹 雨 靑 非 面
革 韋 韭 音 頁 風 飛 食 首 香 馬
骨 高 髟 鬥 鬯 鬲 鬼 魚 鳥 鹵 鹿
麥 麻 黃 黍 黑 黹 黽 鼎 鼓 鼠 鼻
齊 齒 龍 龜 龠

(사)한국어문회 주관 | 공인급수 지침서

한자능력 검정시험

3급
3급Ⅱ

부록 · 쓰기연습 포함

- 본문학습 해답
- 평가문제 / 기출 · 예상문제 해답
- 3급 배정한자(1,817자 – 가나다순)
- 쓰기연습

한자능력검정시험 3급(3급Ⅱ 포함)

본문학습 해답

학습도움

본문학습 해답

- ✔ 본문학습(23쪽 ~ 226쪽)에서 제시된 3급 한자 활용의 훈음訓音・독음讀音과 짝수쪽의 문제 해답을 수록한 것입니다.
- ✔ 짝수쪽의 문제 해답 중에서 漢字의 訓과 音을 자세히 알아보고자 할 때에는 교재 뒤에 수록한 배정한자(별책부록 81쪽 ~ 103쪽)를 참조하시기 바랍니다.

본문학습 

본문학습 한자어의 훈음과 독음을 확인하세요.

微妙 : (작을 미)(묘할 묘) ▷ (미묘)
微粉機 (작을 미)(가루 분)(틀 기) ▷ (미분기)
微細胞 (작을 미)(가늘 세)(세포 포) ▷ (미세포)
曰字 : (가로 왈)(글자 자) ▷ (왈자)
曰可曰否 (왈가왈부) ……
(가로 왈)(옳을 가)(가로 왈)(아닐 부)
橫領 : (가로 횡)(거느릴 령) ▷ (횡령)
輿論 : (수레 여)(논할 론) ▷ (여론)
輿地圖 (수레 여)(땅 지)(그림 도) ▷ (여지도)
旱害 : (가물 한)(해칠 해) ▷ (한해)
炎旱 : (불꽃 염)(가물 한) ▷ (염한)
胸背 : (가슴 흉)(등 배) ▷ (흉배)
胸膜 : (가슴 흉)(막 막) ▷ (흉막)
胸像 : (가슴 흉)(모양 상) ▷ (흉상)
中央 : (가운데 중)(가운데 앙) ▷ (중앙)
震央 : (우레 진)(가운데 앙) ▷ (진앙)
脫皮 : (벗을 탈)(가죽 피) ▷ (탈피)
皮骨相接 (피골상접) ……
(가죽 피)(뼈 골)(서로 상)(이을 접)

※ 문제해답(24쪽) …… 1

微熱(미열) 微物(미물) 微弱(미약) 輕微(경미)
微笑(미소) 橫列(횡렬) 橫財(횡재) 輿望(여망)
胸背(흉배) 橫斷(횡단) 旱熱(한열) 表皮(표피)
微分(미분) 微風(미풍) 皮相(피상) 橫隊(횡대)
胸筋(흉근) 隱微(은미) 旱毒(한독) 胸骨(흉골)
救旱(구한) 胸腹(흉복) 年央(연앙) 胸部(흉부)

※ 문제해답(24쪽) …… 2

(1)횡포 (2)극심 (3)正義派 (4)사악
(5)抗爭 (6)指目 (7)기강 (8)궁궐
(9)高潔 (10)유지 (11)名聲 (12)模範
(13)稱頌 (14)尊敬 (15)추천 (16)名譽
(17)登龍門 (18)上流 (19)近處 (20)急流
(21)關門 (22)돌파 (23)비약 (24)機會

※ 문제해답(24쪽) …… 3

霜降(상강) 降雨(강우) 降伏(항복) 投降(투항)
見學(견학) 見聞(견문) 豫見(예견) 謁見(알현)
更生(갱생) 更新(경신), 또는 (갱신) 變更(변경)
更年期(갱년기)

본문학습 

본문학습 한자어의 훈음과 독음을 확인하세요.

諸般 : (모두 제)(가지 반) ▷ (제반)
全般 : (온전 전)(가지 반) ▷ (전반)
金枝玉葉 (금지옥엽) ……
(쇠 금)(가지 지)(구슬 옥)(잎 엽)
枝葉 : (가지 지)(잎 엽) ▷ (지엽)
連枝 : (이을 련)(가지 지) ▷ (연지)
齊唱 : (가지런할 제)(부를 창) ▷ (제창)
均齊 : (고를 균)(가지런할 제) ▷ (균제)
肝臟 : (간 간)(오장 장) ▷ (간장)
肝肺 : (간 간)(허파 폐) ▷ (간폐)
姦邪 : (간음할 간)(간사할 사) ▷ (간사)
姦雄 : (간음할 간)(수컷 웅) ▷ (간웅)
邪念 : (간사할 사)(생각 념) ▷ (사념)
邪思妄念 (사사망념) ……
(간사할 사)(생각 사)(망령될 망)(생각 념)
懇請 : (간절할 간)(청할 청) ▷ (간청)
懇曲 : (간절할 간)(굽을 곡) ▷ (간곡)
懇談會 (간절할간)(말씀 담)(모일 회) ▷ (간담회)
耕讀 : (밭갈 경)(읽을 독) ▷ (경독)
農耕 : (농사 농)(밭갈 경) ▷ (농경)

※ 문제해답(26쪽) …… 1

肝腦(간뇌) 耕穫(경확) 懇望(간망) 肝油(간유)
姦淫(간음) 齊家(제가) 耕種(경종) 懇切(간절)

肝血(간혈) 整齊(정제) 懇誠(간성) 牛耕(우경)
姦凶(간흉) 邪慾(사욕) 幹枝(간지) 般若(반야)
齊物(제물) 懇篤(간독) 耕織(경직) 姦通(간통)
筆耕(필경) 懇求(간구) 邪惡(사악) 懇親(간친)

※ 문제해답(26쪽) ······ 2

(1)正義 (2)질서 (3)三位一體 (4)草創期
(5)許與 (6)混亂 (7)盛行 (8)實속
(9)호언장담 (10)高位 (11)認定
(12)술책 (13)經濟 (14)간교 (15)무대
(16)균형 (17)營爲 (18)虛勢 (19)買收
(20)手段 (21)登用 (22)評價 (23)看板
(24)背景

※ 문제해답(26쪽) ······ 3

健(康) 果(實) (滅)亡 (離)別 倉(庫)

본문학습 3

본문학습 한자어의 훈음과 독음을 확인하세요.

研磨 : (갈 연)(갈 마) ▷ (연마)
磨滅 : (갈 마)(멸할 멸) ▷ (마멸)
赴任 : (갈 부)(맡길 임) ▷ (부임)
赴援 : (갈 부)(도울 원) ▷ (부원)
龜兎之說 (귀토지설) ······
(거북 귀)(토끼 토)(갈 지)(말씀 설)
窮餘之策 (궁여지책) ······
(다할 궁)(남을 여)(갈 지)(꾀 책)
乞神 : (빌 걸)(귀신 신) ▷ (걸신)
求乞 : (구할 구)(빌 걸) ▷ (구걸)
冠婚喪祭(관혼상제) ······
(갓 관)(혼인할 혼)(잃을 상)(제사 제)
貯藏 : (쌓을 저)(감출 장) ▷ (저장)
冷藏庫 (찰 랭)(감출 장)(곳집 고) ▷ (냉장고)
無盡藏 (없을 무)(다할 진)(감출 장) ▷ (무진장)
疏忽 : (소통할 소)(갑자기 홀) ▷ (소홀)
忽視 : (갑자기 홀)(볼 시) ▷ (홀시)
價値 : (값 가)(값 치) ▷ (가치)
値遇 : (값 치)(만날 우) ▷ (치우)
冠帶 : (갓 관)(띠 대) ▷ (관대)
月桂冠 (달 월)(계수나무 계)(갓 관) ▷ (월계관)

※ 문제해답(28쪽) ······ 1

磨光(마광) 埋藏(매장) 金冠(금관) 輕忽(경홀)
所藏(소장) 包藏(포장) 忽然(홀연) 赴救(부구)
鍊磨(연마) 藏拙(장졸) 弱冠(약관) 藏書(장서)
十伐之木(십벌지목) 乞人憐天(걸인연천)
一筆揮之(일필휘지) 易地思之(역지사지)
風樹之歎(풍수지탄) 漁父之利(어부지리)

※ 문제해답(28쪽) ······ 2

(1)聖人 (2)境地 (3)準則 (4)始發
(5)結局 (6)簡略 (7)容易 (8)安定
(9)失敗 (10)요동 (11)平安 (12)만약
(13)思慮 (14)設使 (15)事實 (16)自體
(17)흉중 (18)허망 (19)精神 (20)조관
(21)집행 (22)專一 (23)역시

※ 문제해답(28쪽) ······ 3

甘↔苦(감고) 難↔易(난이) 晴↔雨(청우)
溫↔冷(온랭) 與↔野(여야) 動↔靜(동정)
單↔複(단복) 優↔劣(우열) 及↔落(급락)
昇↔降(승강)

본문학습 4

본문학습 한자어의 훈음과 독음을 확인하세요.

鋼鐵 : (강철 강)(쇠 철) ▷ (강철)
鋼板 : (강철 강)(널 판) ▷ (강판)
明若觀火 (명약관화) ······
(밝을 명)(같을 약)(볼 관)(불 화)

般若 : (가지 반)(반야 야) ▷ (반야)
補償 : (기울 보)(갚을 상) ▷ (보상)
辨償 : (분별할 변)(갚을 상) ▷ (변상)
狗盜 : (개 구)(도둑 도) ▷ (구도)
戊戌 : (천간 무)(개 술) ▷ (무술)
泥田鬪狗 (이전투구) ……………………………
(진흙 니)(밭 전)(싸움 투)(개 구)
戌正 : (개 술)(바를 정) ▷ (술정)
浦邊 : (개 포)(가 변) ▷ (포변)
浦村 : (개 포)(마을 촌) ▷ (포촌)
快晴 : (쾌할 쾌)(갤 청) ▷ (쾌청)
晴暉 : (갤 청)(빛 휘) ▷ (청휘)
御用 : (거느릴 어)(쓸 용) ▷ (어용)
御製 : (거느릴 어)(지을 제) ▷ (어제)
御營廳(거느릴 어)(경영할 영)(관청 청) ▷ (어영청)

※ 문제해답(30쪽) …………………………… 1

鐵鋼(철강) 報償(보상) 陰晴(음청) 代償(대상)
浦稅(포세) 戌年(술년) 萬若(만약) 鍊鋼(연강)
御命(어명) 秋晴(추청) 御殿(어전) 御醫(어의)
償還(상환) 浦項(포항) 賠償(배상) 浦口(포구)
晴明(청명) 若干(약간) 御筆(어필)
懸賞金(현상금) 永登浦(영등포)
龍飛御天歌(용비어천가) 減價償却(감가상각)
羊頭狗肉(양두구육) 狗馬之心(구마지심)
堂狗風月(당구풍월) 御用記者(어용기자)
青天白日(청천백일)

※ 문제해답(30쪽) …………………………… 2

(1)계구 (2)근신 (3)一切 (4)사념
(5)근독 (6)영귀 (7)食後 (8)就寢
(9)來日 (10)合當 (11)道理 (12)處理
(13)是非 (14)區分 (15)行事 (16)所用
(17)財利 (18)榮利 (19)除去 (20)일호
(21)편의 (22)省察 (23)誠實 (24)交戰

본문학습 5

본문학습 한자어의 훈음과 독음을 확인하세요.

收穫 : (거둘 수)(거둘 확) ▷ (수확)
一樹百穫 (일수백확) ……………………………
(한 일)(나무 수)(일백 백)(거둘 확)
巷說 : (거리 항)(말씀 설) ▷ (항설)
巷謠 : (거리 항)(노래 요) ▷ (항요)
慢性 : (거만할 만)(성품 성) ▷ (만성)
緩慢 : (느릴 완)(거만할 만) ▷ (완만)
傲氣 : (거만할 오)(기운 기) ▷ (오기)
傲慢 : (거만할 오)(거만할 만) ▷ (오만)
風琴 : (바람 풍)(거문고 금) ▷ (풍금)
傲霜孤節 (오상고절) ……………………………
(거만할 오)(서리 상)(외로울 고)(마디 절)
對牛彈琴 (대우탄금) ……………………………
(대할 대)(소 우)(탄알 탄)(거문고 금)
龜鑑 : (거북 귀)(거울 감) ▷ (귀감)
龜裂 : (터질 균)(찢어질 렬) ▷ (균열)
浮浪 : (뜰 부)(물결 랑) ▷ (부랑)
激浪 : (격할 격)(물결 랑) ▷ (격랑)
浪費 : (물결 랑)(쓸 비) ▷ (낭비)
殆半 : (거의 태)(반 반) ▷ (태반)
危殆 : (위태할 위)(거의 태) ▷ (위태)

※ 문제해답(32쪽) …………………………… 1

巷談(항담) 琴曲(금곡) 浪說(낭설) 困殆(곤태)
巷間(항간) 流浪(유랑) 奚琴(해금) 龜甲(귀갑)
提琴(제금) 漂浪(표랑) 穫稻(확도) 浪跡(낭적)
殆無(태무) 浪漫(낭만) 龜背(귀배) 自慢(자만)
放浪(방랑) 龜手(균수)
虛無孟浪(허무맹랑) 龜毛兔角(귀모토각)
街談巷說(가담항설)

※ 문제해답(32쪽) …………………………… 2

(1)항상 (2)不義 (3)횡역 (4)反省

(5)省察 (6)感化 (7)期約 (8)教化
(9)誠意 (10)疾病 (11)억지 (12)精神
(13)十分 (14)맹렬 (15)만약 (16)效果
(17)이심 (18)욕될 욕

※ 문제해답(32쪽) …… 3

敗北(패배) 北極(북극) 北征(북정) 北緯(북위)
十合(십홉) 契合(계합) 聯合(연합) 合乘(합승)
狀況(상황) 慘狀(참상) 賞狀(상장) 訴狀(소장)

본문학습 

본문학습 한자어의 훈음과 독음을 확인하세요.

僞裝 : (거짓 위)(꾸밀 장) ▷ (위장)
眞僞 : (참 진)(거짓 위) ▷ (진위)
僞證 : (거짓 위)(증거 증) ▷ (위증)
鴻圖 : (기러기 홍)(그림 도) ▷ (홍도)
鴻毛 : (기러기 홍)(털 모) ▷ (홍모)
巧辯 : (공교할 교)(말씀 변) ▷ (교변)
巧言令色 (교언영색) ……
(공교할 교)(말씀 언)(하여금 령)(빛 색)
涉歷 : (건널 섭)(지날 력) ▷ (섭력)
交涉 : (사귈 교)(건널 섭) ▷ (교섭)
渡涉 : (건널 도)(건널 섭) ▷ (도섭)
精巧 : (자세할 정)(공교할 교) ▷ (정교)
玄孫 : (검을 현)(손자 손) ▷ (현손)
玄米 : (검을 현)(쌀 미) ▷ (현미)
兼竝 : (겸할 겸)(나란히 병) ▷ (겸병)
兼床 : (겸할 겸)(상 상) ▷ (겸상)
兼職 : (겸할 겸)(직분 직) ▷ (겸직)
畿湖 : (경기 기)(호수 호) ▷ (기호)
畿內 : (경기 기)(안 내) ▷ (기내)
怠慢 : (게으를 태)(거만할 만) ▷ (태만)
怠業 : (게으를 태)(업 업) ▷ (태업)

※ 문제해답(34쪽) …… 1

涉獵(섭렵) 僞造(위조) 孤鴻(고홍) 兼用(겸용)
干涉(간섭) 僞書(위서) 巧舌(교설) 玄談(현담)
玄鶴(현학) 巧拙(교졸) 兼攝(겸섭) 兼愛(겸애)
僞善(위선) 巧敏(교민) 僞作(위작) 涉外(섭외)
鴻博(홍박) 虛僞(허위) 技巧(기교) 玄妙(현묘)
玄德(현덕) 巧說(교설) 兼任(겸임) 玄武(현무)
兼業(겸업) 京畿(경기) 玄遠(현원) 兼備(겸비)
邦畿(방기) 兼營(겸영)

※ 문제해답(34쪽) …… 2

(1)對象 (2)表現 (3)記號 (4)性格
(5)世宗大王 (6)重要性 (7)優秀 (8)創製
(9)통찰 (10)算學 (11)術數 (12)긴요
(13)歷代 (14)폐할 폐, 버릴 폐 (15)等
(16)先賢 (17)專心 (18)事實 (19)農地
(20)等級別 (21)測量 (22)활약 (23)方案
(24)講究

※ 문제해답(34쪽) …… 3

高↔低(고저) 貸↔借(대차) 賣↔買(매매)
安↔危(안위) 早↔晩(조만) 表↔裏(표리)
喜↔怒(희로) 乾↔濕(건습) 授↔受(수수)
添↔削(첨삭)

본문학습 

본문학습 한자어의 훈음과 독음을 확인하세요.

忍耐 : (참을 인)(견딜 내) ▷ (인내)
耐熱 : (견딜 내)(더울 열) ▷ (내열)
比較 : (견줄 비)(견줄 교) ▷ (비교)
較量 : (견줄 교)(헤아릴 량) ▷ (교량)
謙讓 : (겸손할 겸)(사양할 양) ▷ (겸양)
謙虛 : (겸손할 겸)(빌 허) ▷ (겸허)
不渡 : (아닐 불)(건널 도) ▷ (부도)
荒廢 : (거칠 황)(폐할 폐) ▷ (황폐)
荒原 : (거칠 황)(언덕 원) ▷ (황원)

荒唐 : (거칠 황)(당나라 당) ▷ (황당)
渡河 : (건널 도)(물 하) ▷ (도하)
讓渡 : (사양할 양)(건널 도) ▷ (양도)
傍觀 : (곁 방)(볼 관) ▷ (방관)
傍若無人 (방약무인) ……
(곁 방)(같을 약)(없을 무)(사람 인)
兩側 : (두 량)(곁 측) ▷ (양측)
側近 : (곁 측)(가까울 근) ▷ (측근)
畵譜 : (그림 화)(족보 보) ▷ (화보)

※ 문제해답(36쪽) …… 1

耐久(내구) 較著(교저) 引渡(인도) 荒城(황성)
謙辭(겸사) 渡來(도래) 傍點(방점) 謙愼(겸신)
耐震(내진) 賣渡(매도) 渡船(도선) 兩傍(양방)
族譜(족보) 側傍(측방) 傍系(방계) 傍聽(방청)
偏邦(편방) 片側(편측) 較準(교준) 謙稱(겸칭)
耐寒(내한) 系譜(계보) 側席(측석) 荒涼(황량)
譜錄(보록) 過渡(과도) 側面(측면) 讓渡(양도)
近傍(근방) 音譜(음보)

※ 문제해답(36쪽) …… 2

(1)정교 (2)組合 (3)表現 (4)自體
(5)特性 (6)限界 (7)同時 (8)相異
(9)適切 (10)효율적 (11)假令 (12)感情
(13)正確 (14)約束 (15)商品 (16)注文
(17)法律 (18)조항 (19)계약서 (20)作成
(21)不可能 (22)상보적 (23)關係 (24)理解

※ 문제해답(36쪽) …… 3

輿(수레 여) 齊(가지런할 제) 鴻(기러기 홍)
値(값 치) 穫(거둘 확) 胸(가슴 흉)
懇(간절할 간) 赴(갈 부) 狗(개 구)
畿(경기 기)

※ 문제해답(36쪽) …… 4

菜 = 蔬(채소) 茂 = 盛(무성) 扶 = 助(부조)
和 = 睦(화목) 淨 = 潔(정결)

본문학습 

본문학습 한자어의 훈음과 독음을 확인하세요.

桂樹 : (계수나무 계)(나무 수) ▷ (계수)
桂苑筆耕(계원필경) ……
(계수나무 계)(동산 원)(붓 필)(밭갈 경)
煩惱 : (번거로울 번)(번뇌할 뇌) ▷ (번뇌)
苦惱 : (쓸 고)(번뇌할 뇌) ▷ (고뇌)
娘子 : (계집 낭)(아들 자) ▷ (낭자)
娘細胞 (계집 낭)(가늘 세)(세포 포) ▷ (낭세포)
嶺調 : (고개 령)(고를 조) ▷ (영조)
嶺雲 : (고개 령)(구름 운) ▷ (영운)
靜寂 : (고요할 정)(고요할 적) ▷ (정적)
貞操 : (곧을 정)(잡을 조) ▷ (정조)
吾等 : (나 오)(무리 등) ▷ (오등)
吾鼻三尺(오비삼척) ……
(나 오)(코 비)(석 삼)(자 척)
空寂 : (빌 공)(고요할 적) ▷ (공적)
寂滅 : (고요할 적)(멸할 멸) ▷ (적멸)
卽決 : (곧 즉)(결단할 결) ▷ (즉결)
一觸卽發(일촉즉발) ……
(한 일)(닿을 촉)(곧 즉)(필 발)
不貞 : (아닐 불)(곧을 정) ▷ (부정)
貞淑 : (곧을 정)(맑을 숙) ▷ (정숙)

※ 문제해답(38쪽) …… 1

桂冠(계관) 桂皮(계피) 折桂(절계) 銀桂(은계)
惱亂(뇌란) 寂念(적념) 嶺南(영남) 忠貞(충정)
貞純(정순) 貞實(정실) 卽席(즉석) 貞烈(정렬)
卽刻(즉각) 嶺東(영동) 卽位(즉위) 貞潔(정결)
卽興(즉흥) 閑寂(한적) 李成桂(이성계)
元亨利貞(원형리정) 貞觀政要(정관정요)
桂玉之愁(계옥지수)

☞ 桂玉之愁 : '계옥으로 살아가는 근심'이라는 뜻으로, '타국에서 사는 괴로움'을 이르는 말.

※ 桂玉(계옥) : 땔나무는 계수나무와 같고, 쌀은 옥과 같다는 뜻으로, '땔나무와 쌀이 매우 귀함'을 이르는 말.

※ 문제해답(38쪽) 2

(1)多樣性 (2)容認 (3)多元主義 (4)價値觀
(5)기초 (6)集團 (7)主張
(8)無條件的 (9)正當性 (10)競合 (11)調節
(12)解決 (13)추구 (14)混亂 (15)보편적
(16)認定 (17)體系 (18)根據 (19)判斷
(20)定立 (21)乃至 (22)基準 (23)選擇
(24)負擔

※ 문제해답(38쪽) 3

分辨(분변) 兩分(양분) 分割(분할) 分錢(푼전)
易經(역경) 容易(용이) 貿易(무역) 簡易(간이)
元氏(원씨) 氏譜(씨보) 氏族(씨족)
月氏國(월지국)

※ 문제해답(38쪽) 4

甘↔苦(감고) 盛↔衰(성쇠) 旦↔夕(단석)
贊↔反(찬반) 禍↔福(화복)

본문학습 9

본문학습 한자어의 훈음과 독음을 확인하세요.

溪谷 : (시내 계)(골 곡) ▷ (계곡)
進退維谷 (진퇴유곡) ....
(나아갈 진)(물러날 퇴)(벼리 유)(골 곡)
頭腦 : (머리 두)(골 뇌) ▷ (두뇌)
腦死 : (골 뇌)(죽을 사) ▷ (뇌사)
穀倉 : (곡식 곡)(곳집 창) ▷ (곡창)
營倉 : (경영할 영)(곳집 창) ▷ (영창)
僅少 : (겨우 근)(적을 소) ▷ (근소)
僅僅扶持 (근근부지) ....
(겨우 근)(겨우 근)(도울 부)(가질 지)
恭待 : (공손할 공)(기다릴 대) ▷ (공대)
恭賀新年(공하신년) ....
(공손할 공)(하례할 하)(새 신)(해 년)
奴婢 : (종 노)(계집종 비) ▷ (노비)
官婢 : (벼슬 관)(계집종 비) ▷ (관비)
貿易風 (무역할무)(바꿀 역)(바람 풍) ▷ (무역풍)
貿易收支 (무역수지) ....
(무역할 무)(바꿀 역)(거둘 수)(지탱할 지)
苟且 : (구차할 구)(또 차) ▷ (구차)
苟命徒生 (구명도생) ....
(구차할 구)(목숨 명)(무리 도)(날 생)

※ 문제해답(40쪽) 1

幽谷(유곡) 腦裏(뇌리) 首腦(수뇌) 谷泉(곡천)
司倉(사창) 谷風(곡풍) 社倉(사창) 溫恭(온공)
恭順(공순) 倉庫(창고) 婢妾(비첩) 恭謙(공겸)
侍婢(시비) 苟從(구종) 苟存(구존) 貿販(무판)
苟生(구생) 貿穀(무곡) 空谷(공곡) 倉府(창부)
苟安(구안) 官倉(관창) 恭敬(공경) 倉卒(창졸)
腦卒中(뇌졸중) 陵谷之變(능곡지변)
恭賀新年(공하신년) 僅僅得生(근근득생)

※ 문제해답(40쪽) 2

(1)個人 (2)共同體 (3)課題 (4)決定
(5)수행 (6)가치기준 (7)多樣 (8)對立
(9)適用 (10)判斷 (11)重要 (12)民主
(13)合理的 (14)客觀的 (15)節次 (16)正當性
(17)強調 (18)맥락 (19)意味 (20)內容的
(21)調整 (22)形成 (23)過程 (24)要請

※ 문제해답(40쪽) 3

(1)舊(예 구)-(旧) (2)擔(멜 담)-(担)
(3)廣(넓을 광)-(広) (4)禮(예도 례)-(礼)
(5)實(열매 실)-(実) (6)價(값 가)-(価)
(7)斷(끊을 단)-(断) (8)發(필 발)-(発)
(9)兒(아이 아)-(児) (10)壯(장할 장)-(壮)
(11)點(점 점)-(点) (12)擧(들 거)-(挙)
(13)團(둥글 단)-(団) (14)辭(말씀 사)-(辞)
(15)賣(팔 매)-(売)

본문학습 

본문학습 한자어의 훈음과 독음을 확인하세요.

需要 : (쓰일 수)(요긴할 요) ▷ (수요)
婚需 : (혼인할 혼)(쓰일 수) ▷ (혼수)
菊版 : (국화 국)(판목 판) ▷ (국판)
寒菊 : (찰 한)(국화 국) ▷ (한국)
剛健 : (굳셀 강)(굳셀 건) ▷ (강건)
外柔內剛 (외유내강) ……
(바깥 외)(부드러울 유)(안 내)(굳셀 강)
洞穴 : (골 동)(구멍 혈) ▷ (동혈)
穴居 : (구멍 혈)(살 거) ▷ (혈거)
聰明 : (귀밝을 총)(밝을 명) ▷ (총명)
聰慧 : (귀밝을 총)(슬기로울 혜) ▷ (총혜)
神出鬼沒 (신출귀몰) ……
(귀신 신)(날 출)(귀신 귀)(빠질 몰)
餓鬼 : (주릴 아)(귀신 귀) ▷ (아귀)
厥初 : (그 궐)(처음 초) ▷ (궐초)
厥冷 : (그 궐)(찰 랭) ▷ (궐랭)
厥角 : (그 궐)(뿔 각) ▷ (궐각)
其間 : (그 기)(사이 간) ▷ (기간)
其餘 : (그 기)(남을 여) ▷ (기여)

※ 문제해답(42쪽) …… 1

其他(기타) 鬼哭(귀곡) 需給(수급) 內需(내수)
供需(공수) 菊花(국화) 芳菊(방국) 剛腸(강장)
黃菊(황국) 鬼火(귀화) 霜菊(상국) 剛氣(강기)
剛斷(강단) 需用(수용) 鬼神(귀신) 剛直(강직)
惡鬼(악귀) 穴見(혈견) 聰達(총달) 厥尾(궐미)
鬼才(귀재) 聰氣(총기) 聰敏(총민) 鬼工(귀공)

※ 문제해답(42쪽) …… 2

(1)任務 (2)必要 (3)疑心 (4)卽時
(5)民生 (6)至極 (7)學問 (8)繼承
(9)萬世 (10)태평 (11)目標 (12)고식적
(13)용서 (14)훼예 (15)영욕 (16)利害
(17)화복 (18)분발

※ 문제해답(42쪽) …… 3

佳景(가경) 往復(왕복) 住所(주소) 渴症(갈증)
謁見(알현) 功勞(공로) 切斷(절단) 征伐(정벌)
代價(대가) 電燈(전등) 證據(증거) 未熟(미숙)
末葉(말엽) 辯論(변론) 辨別(변별) 俊秀(준수)
季節(계절) 榮華(영화)

본문학습 

본문학습 한자어의 훈음과 독음을 확인하세요.

慕戀 : (그릴 모)(그리워할 련) ▷ (모련)
哀慕 : (슬플 애)(그릴 모) ▷ (애모)
追慕 : (쫓을 추)(그릴 모) ▷ (추모)
影印 : (그림자 영)(도장 인) ▷ (영인)
影響 : (그림자 영)(울릴 향) ▷ (영향)
幽靈會社 (유령회사) ……
(그윽할 유)(신령 령)(모일 회)(모일 사)
斤兩 : (근 근)(두 량) ▷ (근량)
千斤 : (일천 천)(근 근) ▷ (천근)
幽明 : (그윽할 유)(밝을 명) ▷ (유명)
憂愁 : (근심 우)(근심 수) ▷ (우수)
鄕愁 : (시골 향)(근심 수) ▷ (향수)
愁眉 : (근심 수)(눈썹 미) ▷ (수미)
陰謀 : (그늘 음)(꾀할 모) ▷ (음모)
機械 : (틀 기)(기계 계) ▷ (기계)
孰若 : (누구 숙)(같을 약) ▷ (숙약)
孰能禦之 (숙능어지) ……
(누구 숙)(능할 능)(막을 어)(갈 지)

※ 문제해답(44쪽) …… 1

共謀(공모) 哀愁(애수) 眞影(진영) 投影(투영)
幽宅(유택) 影像(영상) 幽境(유경) 謀叛(모반)
幽閉(유폐) 幽興(유흥) 斤數(근수) 斤稱(근칭)

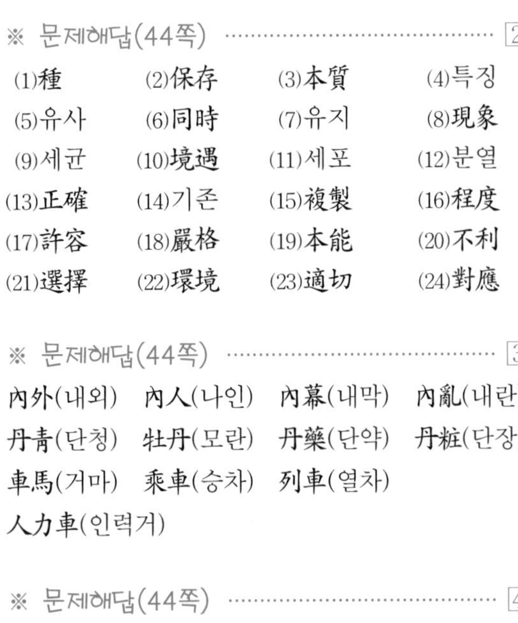

※ 문제해답(44쪽) 2

(1)種 (2)保存 (3)本質 (4)특징
(5)유사 (6)同時 (7)유지 (8)現象
(9)세균 (10)境遇 (11)세포 (12)분열
(13)正確 (14)기존 (15)複製 (16)程度
(17)許容 (18)嚴格 (19)本能 (20)不利
(21)選擇 (22)環境 (23)適切 (24)對應

※ 문제해답(44쪽) 3

內外(내외) 內人(나인) 內幕(내막) 內亂(내란)
丹靑(단청) 牡丹(모란) 丹藥(단약) 丹粧(단장)
車馬(거마) 乘車(승차) 列車(열차)
人力車(인력거)

※ 문제해답(44쪽) 4

可決(가결)↔否決(부결) 客體(객체)↔主體(주체)
樂觀(낙관)↔悲觀(비관) 不運(불운)↔幸運(행운)

본문학습 12

본문학습 한자어의 훈음과 독음을 확인하세요.

鴻雁 : (기러기 홍)(기러기 안) ▷ (홍안)
雁行 : (기러기 안)(항렬 항) ▷ (안항)
掛圖 : (걸 괘)(그림 도) ▷ (괘도)
掛鐘 : (걸 괘)(쇠북 종) ▷ (괘종)
喜悅 : (기쁠 희)(기쁠 열) ▷ (희열)
悅樂 : (기쁠 열)(즐길 락) ▷ (열락)
靑瓦 : (푸를 청)(기와 와) ▷ (청와)
瓦當 : (기와 와)(마땅 당) ▷ (와당)
補講 : (기울 보)(욀 강) ▷ (보강)
瓦解 : (기와 와)(풀 해) ▷ (와해)
補聽器 (기울 보)(들을 청)(그릇 기) ▷ (보청기)
怪疾 : (괴이할 괴)(병 질) ▷ (괴질)
怪談 : (괴이할 괴)(말씀 담) ▷ (괴담)
龍頭蛇尾 (용두사미) ....
(용 룡)(머리 두)(긴뱀 사)(꼬리 미)
蛇足 : (긴뱀 사)(발 족) ▷ (사족)
緊縮 : (긴할 긴)(줄일 축) ▷ (긴축)
緊迫感 (긴할 긴)(닥칠 박)(느낄 감) ▷ (긴박감)

※ 문제해답(46쪽) 1

瓦工(와공) 緊張(긴장) 銅瓦(동와) 蛇龍(사룡)
鬼瓦(귀와) 要緊(요긴) 瓦鷄(와계) 雁陣(안진)
雁柱(안주) 旅雁(여안) 和悅(화열) 緊密(긴밀)
落雁(낙안) 掛念(괘념) 掛鏡(괘경) 掛曆(괘력)
歸雁(귀안) 雁報(안보) 掛意(괘의) 悅親(열친)
悅愛(열애) 補缺(보결) 緊簡(긴간) 飛雁(비안)
補償(보상) 補佐(보좌) 補助(보조) 補職(보직)
補修(보수) 悅慕(열모) 補充(보충) 怪石(괴석)
怪變(괴변) 怪異(괴이) 候補(후보) 補完(보완)
奇怪(기괴) 緊急(긴급) 蛇退(사퇴) 緊要(긴요)
補闕(보궐) 怪常(괴상)

※ 문제해답(46쪽) 2

(1)行動 (2)基本 (3)過失 (4)言語
(5)忠誠 (6)긍정 (7)허락 (8)嚴肅
(9)희롱 (10)理致 (11)有益 (12)허황
(13)空理空談 (14)政治 (15)論難 (16)長短點
(17)妨害 (18)警戒

※ 문제해답(46쪽) 3

勉 = 勵(면려) 俊 = 秀(준수) 屈 = 曲(굴곡)
恒 = 常(항상) 覺 = 悟(각오)

본문학습 13

본문학습 한자어의 훈음과 독음을 확인하세요.

半徑 : (반 반)(지름길 경) ▷ (반경)
斜徑 : (비낄 사)(지름길 경) ▷ (사경)
別途 : (나눌 별)(길 도) ▷ (별도)
窮途 : (다할 궁)(길 도) ▷ (궁도)
羽翼 : (깃 우)(날개 익) ▷ (우익)
羽化登仙 (우화등선) ....
(깃 우)(될 화)(오를 등)(신선 선)

烏合之卒 (오합지졸) ··································
(까마귀 오)(합할 합)(갈 지)(마칠 졸)
烏飛梨落 (오비이락) ··································
(까마귀 오)(날 비)(배나무 리)(떨어질 락)
添削 : (더할 첨)(깎을 삭) ▷ (첨삭)
削除 : (깎을 삭)(덜 제) ▷ (삭제)
削奪官職 (삭탈관직) ··································
(깎을 삭)(빼앗을 탈)(벼슬 관)(직분 직)
淸淨 : (맑을 청)(깨끗할 정) ▷ (청정)
淨化 : (깨끗할 정)(될 화) ▷ (정화)
縣監 : (고을 현)(볼 감) ▷ (현감)
郡縣 : (고을 군)(고을 현) ▷ (군현)
忌中 : (꺼릴 기)(가운데 중) ▷ (기중)
忌避 : (꺼릴 기)(피할 피) ▷ (기피)

※ 문제해답(48쪽) ································ 1

直徑(직경) 州縣(주현) 半途(반도) 羽蓋(우개)
禁忌(금기) 途中(도중) 羽毛(우모) 削減(삭감)
減價(감가) 烏金(오금) 烏銅(오동) 忌日(기일)
削磨(삭마) 不淨(부정) 削髮(삭발) 削奪(삭탈)
洗淨(세정) 削職(삭직) 淨書(정서) 縣令(현령)
淨潔(정결) 淨慧(정혜) 監査(감사) 淨土(정토)
淨水器(정수기) 烏龍茶(오룡차) 烏骨鷄(오골계)
淨水施設(정수시설)

※ 문제해답(48쪽) ································ 2

(1)名稱 (2)或者 (3)國漢混用 (4)資料
(5)由來 (6)主張 (7)差異 (8)日製
(9)보급 (10)상호 (11)비교 (12)우월성
(13)용도 (14)制限 (15)沐浴湯 (16)明記
(17)標識 (18)기업체 (19)國旗 (20)呼稱
(21)불구 (22)形象 (23)制定 (24)使用

※ 문제해답(48쪽) ································ 3

:討論(토론) :討議(토의) 討伐(토벌) 討破(토파)
:掃除(소제) :掃地(소지) 掃射(소사) 掃灑(소쇄)

본문학습 14

◎ **본문학습 한자어의 훈음과 독음을 확인하세요.**

尾行 : (꼬리 미)(다닐 행) ▷ (미행)
末尾 : (끝 말)(꼬리 미) ▷ (말미)
魚頭肉尾 (어두육미) ··································
(고기 어)(머리 두)(고기 육)(꼬리 미)
頂點 : (정수리 정)(점 점) ▷ (정점)
頂門一鍼 (정문일침) ··································
(정수리 정)(문 문)(한 일)(바늘 침)
※ 鍼(바늘 침)자는 '針'자와 쓰임이 같은 이체자(異體字)이다.
芳墨 : (꽃다울 방)(먹 묵) ▷ (방묵)
芳名錄(꽃다울 방)(이름 명)(기록할 록) ▷ (방명록)
秘策 : (숨길 비)(꾀 책) ▷ (비책)
策略 : (꾀 책)(간략할 략) ▷ (책략)
企劃 : (꾀할 기)(그을 획) ▷ (기획)
企圖 : (꾀할 기)(그림 도) ▷ (기도)
識字憂患 (식자우환) ··································
(알 식)(글자 자)(근심 우)(근심 환)
憂慮 : (근심 우)(생각할 려) ▷ (우려)
誘致 : (꾈 유)(이를 치) ▷ (유치)
勸誘 : (권할 권)(꾈 유) ▷ (권유)
誘導彈 (꾈 유)(인도할 도)(탄알 탄) ▷ (유도탄)
假飾 : (거짓 가)(꾸밀 식) ▷ (가식)
修飾 : (닦을 수)(꾸밀 식) ▷ (수식)

※ 문제해답(50쪽) ································ 1

首尾(수미) 峯頂(봉정) 施策(시책) 交尾(교미)
服飾(복식) 後尾(후미) 芳草(방초) 上策(상책)
憂患(우환) 策動(책동) 妙策(묘책) 絶頂(절정)
政策(정책) 憂愁(우수) 誘引(유인) 對策(대책)
計策(계책) 失策(실책) 裝飾(장식)
束手無策(속수무책) 龍頭蛇尾(용두사미)
虛禮虛飾(허례허식) 誘惑(유혹)

頂上會談(정상회담)　內憂外患(내우외환)
企業集中(기업집중)

※ 문제해답(50쪽) ············ 2

(1)根本的　(2)財物　(3)末端的　(4)外面
(5)숭상　(6)政治　(7)百姓　(8)行動
(9)威嚴　(10)學問　(11)識見　(12)유연
(13)精神　(14)狀態　(15)堅固　(16)獨占
(17)修養　(18)方法　(19)德性　(20)知識
(21)道德的　(22)本性　(23)經驗　(24)지혜

※ 문제해답(50쪽) ············ 3

多 ↔ 寡(다과)　收 ↔ 支(수지)　尊 ↔ 卑(존비)
好 ↔ 惡(호오)　經 ↔ 緯(경위)

본문학습 15

본문학습 한자어의 훈음과 독음을 확인하세요.

湯藥 : (끓을 탕)(약 약) ▷ (탕약)
熱湯 : (더울 열)(끓을 탕) ▷ (열탕)
仲介 : (버금 중)(낄 개) ▷ (중개)
媒介 : (중매 매)(낄 개) ▷ (매개)
我執 : (나 아)(잡을 집) ▷ (아집)
自我實現 (자아실현) ············
(스스로 자)(나 아)(열매 실)(나타날 현)
欄干 : (난간 란)(방패 간) ▷ (난간)
空欄 : (빌 공)(난간 란) ▷ (공란)
寬貸 : (너그러울 관)(빌릴 대) ▷ (관대)
寬容 : (너그러울 관)(얼굴 용) ▷ (관용)
覺悟 : (깨달을 각)(깨달을 오) ▷ (각오)
悔悟 : (뉘우칠 회)(깨달을 오) ▷ (회오)
盟邦 : (맹세 맹)(나라 방) ▷ (맹방)
聯邦 : (연이을 련)(나라 방) ▷ (연방)
竝設 : (나란히 병)(베풀 설) ▷ (병설)
竝唱 : (나란히 병)(부를 창) ▷ (병창)

※ 문제해답(52쪽) ············ 1

冷湯(냉탕)　無我(무아)　節介(절개)　省悟(성오)
雜湯(잡탕)　竝列(병렬)　竝行(병행)　寬裕(관유)
寬恕(관서)　朱欄(주란)　邦憲(방헌)　萬邦(만방)
悟性(오성)　合邦(합방)　竝書(병서)　物我(물아)
悟道(오도)　閑裕(한유)

※ 문제해답(52쪽) ············ 2

(1)過去　(2)個體　(3)추구　(4)進化
(5)原動力　(6)포기　(7)協力　(8)損害
(9)血族　(10)保存　(11)機能　(12)擔當
(13)同族　(14)受精　(15)發達　(16)억제
(17)遺傳子　(18)傳達　(19)姊妹　(20)血緣的
(21)直接　(22)種族　(23)組織　(24)효율적

※ 문제해답(52쪽) ············ 3

清廉(청렴)　廉恥(염치)　廉價(염가)　廉探(염탐)
地雷(지뢰)　雷聲(뇌성)　雷震(뇌진)　落雷(낙뢰)

본문학습 16

본문학습 한자어의 훈음과 독음을 확인하세요.

菜蔬 : (나물 채)(푸성귀 소) ▷ (채소)
菜毒 : (나물 채)(독 독) ▷ (채독)
飜覆 : (번역할 번)(뒤집힐 복) ▷ (번복)
飜譯 : (번역할 번)(번역할 역) ▷ (번역)
厚顔無恥 (후안무치) ············
(두터울 후)(얼굴 안)(없을 무)(부끄러울 치)
破顔大笑 (파안대소) ············
(깨뜨릴 파)(얼굴 안)(큰 대)(웃음 소)
快愈 : (쾌할 쾌)(나을 유) ▷ (쾌유)
菜根 : (나물 채)(뿌리 근) ▷ (채근)
立身揚名 (입신양명) ············
(설 립)(몸 신)(날릴 양)(이름 명)
余等 : (나 여)(무리 등) ▷ (여등)

蘭若 : (난초 란)(반야 야) ▷ (난야)

金蘭之交 (금란지교) ……

(쇠 금)(난초 란)(갈 지)(사귈 교)

鶴翼陣 (학 학)(날개 익)(진칠 진) ▷ (학익진)

輔翼 : (도울 보)(날개 익) ▷ (보익)

激揚 : (격할 격)(날릴 양) ▷ (격양)

讚揚 : (기릴 찬)(날릴 양) ▷ (찬양)

止揚 : (그칠 지)(날릴 양) ▷ (지양)

※ 문제해답(54쪽) …… 1

翼室(익실) 燕翼(연익) 紅顔(홍안) 餘月(여월)
蘭燈(난등) 飜意(번의) 野菜(야채) 餘暇(여가)
贊翼(찬익) 蘭客(난객) 童顔(동안) 余輩(여배)
扶翼(부익) 抑揚(억양) 龍顔(용안) 右翼(우익)
餘裕(여유) 鮮菜(선채) 蘭室(난실) 餘念(여념)
顔色(안색) 宣揚(선양) 蘭草(난초) 顔面(안면)

※ 문제해답(54쪽) …… 2

◦ 射手(사수) ▷ 총포를 잘 쏘는 사람
◦ 死守(사수) ▷ 목숨을 걸고 지킴
◦ 定員(정원) ▷ 정해진 인원
◦ 庭園(정원) ▷ 뜰
◦ 條理(조리) ▷ 앞뒤가 들어맞음
◦ 調理(조리) ▷ 음식을 만듦
◦ 詩想(시상) ▷ 시인(詩人)의 구상(構想)
◦ 施賞(시상) ▷ 상금을 줌
◦ 招待(초대) ▷ 남을 불러 대접함
◦ 初代(초대) ▷ 첫 번째 사람
◦ 動靜(동정) ▷ 상황이 전개되는 상태
◦ 同情(동정) ▷ 남의 불행을 위로함

※ 문제해답(54쪽) …… 3

◦ 四(通)五達 ◦ 百(折)不屈
◦ (權)不十年 ◦ (白)面書生
◦ (忘)年之交 ◦ 明若(觀)火
◦ 同價紅(裳) ◦ 目不識(丁)
◦ 過猶不(及) ◦ 輕擧(妄)動

본문학습 

본문학습 한자어의 훈음과 독음을 확인하세요.

銳利 : (날카로울 예)(이할 리) ▷ (예리)

銳敏 : (날카로울 예)(민첩할 민) ▷ (예민)

丙子胡亂 (병자호란) ……

(남녘 병)(아들 자)(되 호)(어지러울 란)

丙夜 : (남녘 병)(밤 야) ▷ (병야)

卑賤 : (낮을 비)(천할 천) ▷ (비천)

卑屈 : (낮을 비)(굽힐 굴) ▷ (비굴)

男尊女卑 (남존여비) ……

(사내 남)(높을 존)(계집 녀)(낮을 비)

胡蝶 : (되 호)(나비 접) ▷ (호접)

惡臭 : (악할 악)(냄새 취) ▷ (악취)

口尙乳臭 (구상유취) ……

(입 구)(오히려 상)(젖 유)(냄새 취)

汝等 : (너 여)(무리 등) ▷ (여등)

洪吉童傳 (홍길동전) ……

(넓을 홍)(길할 길)(아이 동)(전할 전)

洪績世 (넓을 홍)(길쌈 적)(인간 세) ▷ (홍적세)

餘裕 : (남을 여)(넉넉할 유) ▷ (여유)

裕福 : (넉넉할 유)(복 복) ▷ (유복)

※ 문제해답(56쪽) …… 1

銳鈍(예둔) 香臭(향취) 裕寬(유관) 卑劣(비열)
精銳(정예) 屈伏(굴복) 洪水(홍수) 卑近(비근)
尖銳(첨예) 洪化(홍화) 惡臭(악취) 除臭(제취)

※ 문제해답(56쪽) …… 2

(1)유세가 (2)說得 (3)中傷謀略 (4)孝誠
(5)백이 (6)청렴 (7)信義 (8)滿足
(9)활약 (10)約束 (11)弱 (12)態度

※ 문제해답(56쪽) …… 3

央(가운데 앙)-(大) 輿(수레 여)-(車)
齊(가지런할 제)-(齊) 皮(가죽 피)-(皮)
般(가지 반)-(舟) 耕(밭갈 경)-(耒)

磨(갈 마)-(石) 飜(번역할 번)-(飛)
狗(개 구)-(犬)

본문학습 18

본문학습 한자어의 훈음과 독음을 확인하세요.

廣漠 : (넓을 광)(넓을 막) ▷ (광막)
索漠 : (노 삭)(넓을 막) ▷ (삭막)
鎭魂 : (진압할 진)(넋 혼) ▷ (진혼)
鬪魂 : (싸움 투)(넋 혼) ▷ (투혼)
魂靈 : (넋 혼)(신령 령) ▷ (혼령)
浪漫 : (물결 랑)(흩어질 만) ▷ (낭만)
漫畫 : (흩어질 만)(그림 화) ▷ (만화)
漫評 : (흩어질 만)(평할 평) ▷ (만평)
予奪 : (나 여)(빼앗을 탈) ▷ (여탈)
隔離 : (사이뜰 격)(떠날 리) ▷ (격리)
浩歎 : (넓을 호)(탄식할 탄) ▷ (호탄)
浩然之氣 (호연지기) ……………………
(넓을 호)(그럴 연)(갈 지)(기운 기)
弘報 :(클 홍)(갚을 보) ▷ (홍보)
弘益人間 (홍익인간) ……………………
(클 홍)(더할 익)(사람 인)(사이 간)
懸隔 : (달 현)(사이뜰 격) ▷ (현격)
開拓 : (열 개)(넓힐 척) ▷ (개척)
干拓 : (방패 간)(넓힐 척) ▷ (간척)
拓本 : (박을 탁)(근본 본) ▷ (탁본)

※ 문제해답(58쪽) …………………… 1

商魂(상혼) 漫醉(만취) 靈魂(영혼) 弘濟(홍제)
荒漠(황막) 弘宣(홍선) 浩歌(호가) 漠然(막연)
寬弘(관홍) 沙漠(사막) 漫步(만보) 隔差(격차)
漫談(만담) 散漫(산만) 漫然(만연) 傷魂(상혼)
放漫(방만) 遠隔(원격)

※ 문제해답(58쪽) …………………… 2

(1)閑暇 (2)先代 (3)至極 (4)실천
(5)重要 (6)萬民 (7)화목 (8)怨望
(9)총명 (10)詩經 (11)대아 (12)先祖

※ 문제해답(58쪽) …………………… 3

劣等(열등) 拙劣(졸렬) 優劣(우열) 劣勢(열세)
浪漫(낭만) 放浪(방랑) 激浪(격랑) 浪說(낭설)
暴露(폭로) 霜露(상로) 露出(노출) 露宿(노숙)

본문학습 19

본문학습 한자어의 훈음과 독음을 확인하세요.

倒産 : (넘어질 도)(낳을 산) ▷ (도산)
打倒 : (칠 타)(넘어질 도) ▷ (타도)
倒置 : (넘어질 도)(둘 치) ▷ (도치)
擴張 : (넓힐 확)(베풀 장) ▷ (확장)
擴散 : (넓힐 확)(흩을 산) ▷ (확산)
該當 : (갖출 해)(마땅 당) ▷ (해당)
該博 : (갖출 해)(넓을 박) ▷ (해박)
株價 : (그루 주)(값 가) ▷ (주가)
株券 : (그루 주)(문서 권) ▷ (주권)
戀歌 : (그리워할 련)(노래 가) ▷ (연가)
戀慕 : (그리워할 련)(그릴 모) ▷ (연모)
蜂蜜 : (벌 봉)(꿀 밀) ▷ (봉밀)
蜜月旅行 (밀월여행) ……………………
(꿀 밀)(달 월)(나그네 려)(다닐 행)
夢想 : (꿈 몽)(생각 상) ▷ (몽상)
非夢似夢 (비몽사몽) ……………………
(아닐 비)(꿈 몽)(같을 사)(꿈 몽)
貫徹 : (꿸 관)(통할 철) ▷ (관철)
貫祿 : (꿸 관)(녹 록) ▷ (관록)
貫革 : (꿸 관)(가죽 혁) ▷ (관혁)

※ 문제해답(60쪽) …………………… 1

到達(도달) 絶倒(절도) 株式(주식) 卒倒(졸도)
壓倒(압도) 傾倒(경도) 擴充(확충) 戀愛(연애)
戀情(연정) 株連(주련) 戀敵(연적) 擴大(확대)

吉夢(길몽) 貫珠(관주) 通貫(통관) 本貫(본관)
貫通(관통) 惡夢(악몽) 悲戀(비련) 愛戀(애련)
失戀(실연) 始終一貫(시종일관)
一場春夢(일장춘몽)

※ 문제해답(60쪽) ………………………………… 2

(1)수필 (2)生活 (3)態度 (4)人生觀
(5)反映 (6)小說 (7)虛構 (8)主人公
(9)實際 (10)詩 (11)思想 (12)感情
(13)直接 (14)趣味 (15)人品 (16)난초
(17)香氣 (18)隱隱 (19)敎訓 (20)솔직
(21)美辭麗句 (22)眞實 (23)과장 (24)意識

※ 문제해답(60쪽) ………………………………… 3

附 = 屬(부속) 兵 = 士(병사) 退 = 却(퇴각)
憤 = 怒(분노) 捕 = 獲(포획)

본문학습 

본문학습 한자어의 훈음과 독음을 확인하세요.

濫發 : (넘칠 람)(필 발) ▷ (남발)
濫用 : (넘칠 람)(쓸 용) ▷ (남용)
抄掠 : (뽑을 초)(노략질 략) ▷ (초략)
掠奪 : (노략질 략)(빼앗을 탈) ▷ (약탈)
國祿 : (나라 국)(녹 록) ▷ (국록)
福祿 : (복 복)(녹 록) ▷ (복록)
天水畓 (하늘 천)(물 수)(논 답) ▷ (천수답)
乾畓 : (하늘 건)(논 답) ▷ (건답)
誰某 : (누구 수)(아무 모) ▷ (수모)
戱弄 : (놀이 희)(희롱할 롱) ▷ (희롱)
演戱 : (펼 연)(놀이 희) ▷ (연희)
隆崇 : (높을 륭)(높을 숭) ▷ (융숭)
隆盛 : (높을 륭)(성할 성) ▷ (융성)
誰何 : (누구 수)(어찌 하) ▷ (수하)
柱單 : (기둥 주)(홑 단) ▷ (주단)
柱聯 : (기둥 주)(연이을 련) ▷ (주련)
柱礎 : (기둥 주)(주춧돌 초) ▷ (주초)

※ 문제해답(62쪽) ………………………………… 1

戱曲(희곡) 畓農(답농) 官祿(관록) 榮祿(영록)
田畓(전답) 祿邑(녹읍) 隆起(융기) 琴柱(금주)
隆興(융흥) 遊戱(유희) 柱根(주근) 隆昌(융창)
電柱(전주) 崇拜(숭배) 戱劇(희극) 聯合(연합)
基礎(기초) 銅柱(동주)

※ 문제해답(62쪽) ………………………………… 2

(1)安定 (2)장례 (3)充分
(4)王道政治 (5)根本 (6)態度 (7)度
(8)치욕 (9)면할 면 (10)비굴 (11)程度
(12)相對便 (13)禮節 (14)우주 (15)理致
(16)잠재 (17)知識 (18)直接 (19)중용
(20)實際 (21)중도 (22)君子 (23)修養
(24)실천

※ 문제해답(62쪽) ………………………………… 3

◦ 細胞 (가늘 세) (세포 포) ▷ (세포)
◦ 抱負 (안을 포) (질 부) ▷ (포부)
◦ 復習 (회복할 복) (익힐 습) ▷ (복습)
◦ 複線 (겹칠 복) (줄 선) ▷ (복선)
◦ 懷抱 (품을 회) (안을 포) ▷ (회포)
◦ 同胞 (한가지 동) (세포 포) ▷ (동포)
◦ 重複 (거듭 중) (겹칠 복) ▷ (중복)
◦ 報復 (갚을 보) (회복할 복) ▷ (보복)

본문학습 

본문학습 한자어의 훈음과 독음을 확인하세요.

抑留 : (누를 억)(머무를 류) ▷ (억류)
抑揚 : (누를 억)(날릴 양) ▷ (억양)
抑強扶弱(억강부약) ……………………………
(누를 억)(강할 강)(도울 부)(약할 약)
配享 : (나눌 배)(누릴 향) ▷ (배향)
享年 : (누릴 향)(해 년) ▷ (향년)

牽制 : (이끌 견)(절제할 제) ▷ (견제)
牽引 : (이끌 견)(끌 인) ▷ (견인)
臥病 : (누울 와)(병 병) ▷ (와병)
臥料 : (누울 와)(헤아릴 료) ▷ (와료)
瞬息間 (눈깜짝일 순)(쉴 식)(사이 간) ▷ (순식간)
瞬間 : (눈깜짝일 순)(사이 간) ▷ (순간)
淚液 : (눈물 루)(진 액) ▷ (누액)
血淚 : (피 혈)(눈물 루) ▷ (혈루)
擧案齊眉 (거안제미) ……………………………
(들 거)(책상 안)(가지런할 제)(눈썹 미)
秀眉 : (빼어날 수)(눈썹 미) ▷ (수미)
悔改 : (뉘우칠 회)(고칠 개) ▷ (회개)
悔過自責 (회과자책) ……………………………
(뉘우칠 회)(지날 과)(스스로 자)(꾸짖을 책)

※ 문제해답(64쪽) …………………………… 1

抑壓(억압) 抑制(억제) 享有(향유) 悔恨(회한)
眉間(미간) 臥邊(와변) 後悔(후회) 臥席(와석)
漏電(누전) 臥床(와상) 別淚(별루) 白眉(백미)
抑何心情(억하심정) 享樂主義(향락주의)
牽強附會(견강부회)

※ 문제해답(64쪽) …………………………… 2

(1)眞正 (2)意味 (3)多元社會 (4)비단
(5)機能 (6)領域 (7)分化 (8)相異
(9)完結的 (10)理念 (11)構築 (12)主權
(13)確立 (14)次元 (15)기반 (16)가치
(17)規範 (18)相對化 (19)招來 (20)特定
(21)우월성 (22)否定 (23)過程 (24)宗敎
(25)單一 (26)傳統 (27)絶對性 (28)世俗的
(29)對稱 (30)개념

※ 문제해답(64쪽) …………………………… 3

拾得(습득) 拾集(습집) 參拾(삼십) 拾遺(습유)
省略(생략) 反省(반성) 省察(성찰) 省墓(성묘)
句讀(구두) 讀書(독서) 多讀(다독) 精讀(정독)

본문학습 22

본문학습 한자어의 훈음과 독음을 확인하세요.

緩急 : (느릴 완)(급할 급) ▷ (완급)
緩衝 : (느릴 완)(찌를 충) ▷ (완충)
塞翁之馬 (새옹지마) ……………………………
(변방 새)(늙은이 옹)(갈 지)(말 마)
漁翁 : (고기잡을 어)(늙은이 옹) ▷ (어옹)
緩晩 : (느릴 완)(늦을 만) ▷ (완만)
晩食當肉 (만식당육) ……………………………
(늦을 만)(밥 식)(마땅 당)(고기 육)
遲刻 : (더딜 지)(새길 각) ▷ (지각)
遲遲不進 (지지부진) ……………………………
(더딜 지)(더딜 지)(아닐 불)(나아갈 진)
皆濟 : (다 개)(건널 제) ▷ (개제)
皆骨山 (다 개)(뼈 골)(메 산) ▷ (개골산)
咸池 : (다 함)(못 지) ▷ (함지)
咸興差使 (함흥차사) ……………………………
(다 함)(일 흥)(다를 차)(하여금 사)
樓臺 : (다락 루)(대 대) ▷ (누대)
船樓 : (배 선)(다락 루) ▷ (선루)
殊勳 : (다를 수)(공 훈) ▷ (수훈)
特殊 : (특별할 특)(다를 수) ▷ (특수)

※ 문제해답(66쪽) …………………………… 1

晩種(만종) 樓閣(누각) 緩和(완화) 翁主(옹주)
望樓(망루) 醉翁(취옹) 晩學(만학) 殊才(수재)
遲滯(지체) 遲速(지속) 晩期(만기) 皆勤(개근)

※ 문제해답(66쪽) …………………………… 2

(1)思想 (2)德目 (3)修身 (4)齊家
(5)治國 (6)平天下 (7)論語 (8)理想
(9)儒敎 (10)敎養 (11)高貴 (12)人格
(13)忠誠心 (14)예·악 (15)의식 (16)균형
(17)중용 (18)原理 (19)중도 (20)타협정신
(21)기반 (22)定着 (23)繼承 (24)儒家學派

※ 문제해답(66쪽) ………………………………… 3

恭 = 敬(공경) 群 = 衆(군중) 過 = 去(과거)
捕 = 獲(포획) 屈 = 曲(굴곡)

본문학습 23

본문학습 한자어의 훈음과 독음을 확인하세요.

健脚 : (굳셀 건)(다리 각) ▷ (건각)
失脚 : (잃을 실)(다리 각) ▷ (실각)
但書 : (다만 단)(글 서) ▷ (단서)
但只 : (다만 단)(다만 지) ▷ (단지)
扶桑 : (도울 부)(뽕나무 상) ▷ (부상)
相扶相助 (상부상조) ……………………………………
(서로 상)(도울 부)(서로 상)(도울 조)
脚線美 (다리 각)(줄 선)(아름다울 미) ▷ (각선미)
迫害 : (닥칠 박)(해칠 해) ▷ (박해)
印刷 : (도장 인)(인쇄할 쇄) ▷ (인쇄)
刷還 : (인쇄할 쇄)(돌아올 환) ▷ (쇄환)
硬貨 : (굳을 경)(재물 화) ▷ (경화)
強硬派 (강할 강)(굳을 경)(갈래 파) ▷ (강경파)
粧冊 : (단장할 장)(책 책) ▷ (장책)
美粧 : (아름다울 미)(단장할 장) ▷ (미장)
丹楓 : (붉을 단)(단풍 풍) ▷ (단풍)
霜楓 : (서리 상)(단풍 풍) ▷ (상풍)
驅迫 : (몰 구)(핍박할 박) ▷ (구박)

※ 문제해답(68쪽) ………………………………… 1

脚色(각색) 刷新(쇄신) 脚踏(각답) 脚韻(각운)
脚注(각주) 日脚(일각) 硬質(경질) 臨迫(임박)
扶養(부양) 扶持(부지) 扶護(부호) 脅迫(협박)
迫頭(박두) 急迫(급박) 迫切(박절) 強迫(강박)
壓迫(압박) 切迫(절박) 硬骨(경골) 化粧(화장)
楓林(풍림) 楓葉(풍엽) 抑強扶弱(억강부약)
緊迫感(긴박감) 扶助金(부조금) 脚氣病(각기병)
迫擊砲(박격포)

※ 문제해답(68쪽) ………………………………… 2

1 (①孤)掌難鳴 2 大(④器)晩成
3 同病相(③憐) 4 龍頭蛇(②尾)

※ 문제해답(68쪽) ………………………………… 3

(1)태극기(太極旗) (2)무궁화(無窮花)
(3)애국가(愛國歌) (4)천자문(千字文)
(5)의예과(醫豫科) (6)을지로(乙支路)
(7)맥주(麥酒) (8)출판(出版)
(9)대한민국(大韓民國)

※ 문제해답(68쪽) ………………………………… 4

(1)주고받음 ………………………………… ⑥授受(수수)
(2)사고 팖 ………………………………… ③賣買(매매)
(3)남보다 뛰어나게 고결함 ……… ⑨孤高(고고)
(4)스승으로 섬김 ……………………… ④師事(사사)
(5)마음속으로~생각함 ……………… ⑧想像(상상)

본문학습 24

본문학습 한자어의 훈음과 독음을 확인하세요.

類似 : (무리 류)(같을 사) ▷ (유사)
近似 : (가까울 근)(같을 사) ▷ (근사)
似而非 (같을 사)(말이을 이)(아닐 비) ▷ (사이비)
不肖 : (아닐 불)(닮을 초) ▷ (불초)
肖像 : (닮을 초)(모양 상) ▷ (초상)
墻屋 : (담 장)(집 옥) ▷ (장옥)
唐突 : (당나라 당)(갑자기 돌) ▷ (당돌)
抵抗 : (막을 저)(겨룰 항) ▷ (저항)
唐衣 : (당나라 당)(옷 의) ▷ (당의)
觸覺 : (닿을 촉)(깨달을 각) ▷ (촉각)
觸目傷心 (촉목상심) ……………………………………
(닿을 촉)(눈 목)(다칠 상)(마음 심)
築臺 : (쌓을 축)(대 대) ▷ (축대)
臺詞 : (대 대)(말 사) ▷ (대사)
展望臺 (펼 전)(바랄 망)(대 대) ▷ (전망대)
大槪 : (큰 대)(대개 개) ▷ (대개)

抵觸 : (막을 저)(닿을 촉) ▷ (저촉)

※ 문제해답(70쪽) ······ 1

概念(개념) 隔墻(격장) 面墻(면장) 荒唐(황당)
渡唐(도당) 觸媒(촉매) 觸毛(촉모) 概略(개략)
觸感(촉감) 觸發(촉발) 觸禁(촉금) 接觸(접촉)
舞臺(무대) 燭臺(촉대) 概論(개론) 燈臺(등대)
寢臺(침대) 大抵(대저) 節概(절개) 氣概(기개)
抵當權(저당권) 賢不肖(현불초)
感慨無量(감개무량)

※ 문제해답(70쪽) ······ 2

(1)名辭 (2)制定 (3)民衆 (4)統一
(5)功效 (6)意思 (7)相通 (8)신중
(9)분석 (10)說明 (11)混亂 (12)의혹
(13)論爭 (14)대간 (15)부인 (16)도량형
(17)기괴 (18)服從 (19)治績 (20)永續
(21)궁극 (22)준수 (23)사악 (24)法律

※ 名辭 : 하나의 개념을 언어로 나타내며 명제를 구성하는 데 요소가 되는 말. [단어의 수효와 문법적인 품사에 구애되지 않음.]

※ 문제해답(70쪽) ······ 3

始 ↔ 終(시종) 早 ↔ 晩(조만) 緩 ↔ 急(완급)
浮 ↔ 沈(부침) 旦 ↔ 夕(단석) 甘 ↔ 苦(감고)
起 ↔ 伏(기복) 單 ↔ 複(단복) 貸 ↔ 借(대차)
離 ↔ 合(이합)

본문학습 25

본문학습 한자어의 훈음과 독음을 확인하세요.

汚辱 : (더러울 오)(욕될 욕) ▷ (오욕)
汚吏 : (더러울 오)(관리 리) ▷ (오리)
汚點 : (더러울 오)(점 점) ▷ (오점)
尤極 : (더욱 우)(극진할 극) ▷ (우극)
炎暑 : (불꽃 염)(더울 서) ▷ (염서)
避暑 : (피할 피)(더울 서) ▷ (피서)
賣暑 : (팔 매)(더울 서) ▷ (매서)
添附 : (더할 첨)(붙을 부) ▷ (첨부)
添加 : (더할 첨)(더할 가) ▷ (첨가)
蓋然性 (덮을 개)(그럴 연)(성품 성) ▷ (개연성)
拔山蓋世 (발산개세) ······
(뺄 발)(메 산)(덮을 개)(인간 세)
隱蔽 : (숨을 은)(덮을 폐) ▷ (은폐)
掩蔽 : (가릴 엄)(덮을 폐) ▷ (엄폐)
只今 : (다만 지)(이제 금) ▷ (지금)
輔佐 : (도울 보)(도울 좌) ▷ (보좌)
贊佐 : (도울 찬)(도울 좌) ▷ (찬좌)

※ 문제해답(72쪽) ······ 1

添齒(첨치) 暑濕(서습) 只此(지차) 汚名(오명)
汚物(오물) 殘暑(잔서) 陰蔽(음폐) 但只(단지)
添削(첨삭) 添杯(첨배) 暴暑(폭서) 增添(증첨)
賢佐(현좌) 尤甚(우심) 覆蓋(복개)

※ 문제해답(72쪽) ······ 2

(1)權利 (2)服從 (3)實際 (4)原理
(5)確立 (6)暴力 (7)物理的 (8)結果
(9)不得已 (10)意志 (11)신중 (12)義務的
(13)存在 (14)假定 (15)原因 (16)處罰
(17)合法的 (18)멸망 (19)強制 (20)權力者
(21)敎訓 (22)不必要 (23)保障 (24)계약론

※ 문제해답(72쪽) ······ 3

◦ 經驗 (경험) ▷ (지날 경) (시험할 험)
◦ 直徑 (직경) ▷ (곧을 직) (지름길 경)
◦ 要緊 (요긴) ▷ (요긴할 요) (긴할 긴)
◦ 堅固 (견고) ▷ (굳을 견) (굳을 고)

본문학습 26

본문학습 한자어의 훈음과 독음을 확인하세요.

贊成 : (도울 찬)(이룰 성) ▷ (찬성)
協贊 : (화할 협)(도울 찬) ▷ (협찬)

篤實 : (도타울 독)(열매 실) ▷ (독실)
危篤 : (위태할 위)(도타울 독) ▷ (위독)
亥坐 : (돼지 해)(앉을 좌) ▷ (해좌)
亥時 : (돼지 해)(때 시) ▷ (해시)
挑戰 : (돋울 도)(싸움 전) ▷ (도전)
挑發 : (돋울 도)(필 발) ▷ (도발)
顧問 : (돌아볼 고)(물을 문) ▷ (고문)
旋律 : (돌 선)(법칙 률) ▷ (선율)
旋盤 : (돌 선)(소반 반) ▷ (선반)
防疫 : (막을 방)(전염병 역) ▷ (방역)
疫鬼 : (전염병 역)(귀신 귀) ▷ (역귀)
顧客 : (돌아볼 고)(손 객) ▷ (고객)
顧復 : (돌아볼 고)(돌아올 복) ▷ (고복)
奪還 : (빼앗을 탈)(돌아올 환) ▷ (탈환)
還滅 : (돌아올 환)(멸할 멸) ▷ (환멸)

※ 문제해답(74쪽) 1

孤客(고객) 敦篤(돈독) 還納(환납) 篤信(독신)
讚辭(찬사) 還送(환송) 仁篤(인독) 贊助(찬조)
周旋(주선) 疫神(역신) 獸疫(수역) 錢還(전환)
疫病(역병) 顧命(고명) 災疫(재역) 旋回(선회)
生還(생환) 歸還(귀환) 贊反(찬반) 篤敬(독경)
贊佐(찬좌) 贊同(찬동) 返還(반환) 回顧(회고)
挑出(도출) 顧慮(고려) 旋風(선풍) 還甲(환갑)
還俗(환속) 還穀(환곡)

※ 문제해답(74쪽) 2

(1)弟子 (2)農夫 (3)對答 (4)채소
(5)請 (6)경작인 (7)所重 (8)尊敬
(9)正義 (10)誠意 (11)禮儀 (12)主張
(13)無罪 (14)確固 (15)유지 (16)義士
(17)刑法 (18)일관 (19)道義的 (20)인솔
(21)指向 (22)意志 (23)爲政者 (24)法則

※ 문제해답(74쪽) 3

◦加減 (가감) ▷ (더할 가) (덜 감)
◦滅亡 (멸망) ▷ (멸할 멸) (망할 망)
◦驚歎 (경탄) ▷ (놀랄 경) (탄식할 탄)
◦警戒 (경계) ▷ (깨우칠 경) (경계할 계)

본문학습 27

본문학습 한자어의 훈음과 독음을 확인하세요.

返納 : (돌아올 반)(들일 납) ▷ (반납)
返還 : (돌아올 반)(돌아올 환) ▷ (반환)
蘇生 : (되살아날 소)(날 생) ▷ (소생)
鷄豚 : (닭 계)(돼지 돈) ▷ (계돈)
養豚 : (기를 양)(돼지 돈) ▷ (양돈)
敦化門(도타울 돈)(될 화)(문 문) ▷ (돈화문)
繫留 : (맬 계)(머무를 류) ▷ (계류)
連繫 : (이을 련)(맬 계) ▷ (연계)
沈滯 : (잠길 침)(막힐 체) ▷ (침체)
胡角 : (되 호)(뿔 각) ▷ (호각)
胡蝶之夢 (호접지몽) ....
(되 호)(나비 접)(갈 지)(꿈 몽)
敦篤 : (도타울 돈)(도타울 독) ▷ (돈독)
紫蘇 : (자줏빛 자)(되살아날 소) ▷ (자소)
延滯 : (늘일 연)(막힐 체) ▷ (연체)
恐妻家(두려울 공)(아내 처)(집 가) ▷ (공처가)
恐龍 : (두려울 공)(용 룡) ▷ (공룡)

※ 문제해답(76쪽) 1

蘇復(소복) 返送(반송) 恐縮(공축) 豚肉(돈육)
流蘇(유소) 胡笛(호적) 返戾(반려) 返品(반품)
繫鎖(계쇄) 繫囚(계수)

※ 문제해답(76쪽) 2

(1)人口 (2)記錄 (3)절개 (4)氣質
(5)人材 (6)世事 (7)登用 (8)호민
(9)亂離 (10)多幸 (11)부세 (12)限界
(13)利益 (14)商業 (15)流通 (16)혜택
(17)범절 (18)官廳 (19)간사 (20)貯蓄
(21)事故 (22)守令 (23)怨望 (24)태평

※ 문제해답(76쪽) 3

對話(대화)↔獨白(독백) 進化(진화)↔退化(퇴화)
正統(정통)↔異端(이단) 密集(밀집)↔散在(산재)

본문학습 

본문학습 한자어의 훈음과 독음을 확인하세요.

堤防 : (둑 제)(막을 방) ▷ (제방)
防波堤 (막을 방)(물결 파)(둑 제) ▷ (방파제)
愚鈍 : (어리석을 우)(둔할 둔) ▷ (우둔)
鈍才 : (둔할 둔)(재주 재) ▷ (둔재)
雙胎 : (두 쌍)(아이밸 태) ▷ (쌍태)
雙肩 : (두 쌍)(어깨 견) ▷ (쌍견)
雙眼鏡 (두 쌍)(눈 안)(거울 경) ▷ (쌍안경)
輪郭 : (바퀴 륜)(둘레 곽) ▷ (윤곽)
貢獻 : (바칠 공)(드릴 헌) ▷ (공헌)
飛丸 : (날 비)(둥글 환) ▷ (비환)
丸藥 : (둥글 환)(약 약) ▷ (환약)
城郭 : (재 성)(둘레 곽) ▷ (성곽)
獻納 : (드릴 헌)(들일 납) ▷ (헌납)
疏遠 : (소통할 소)(멀 원) ▷ (소원)
疏通 : (소통할 소)(통할 통) ▷ (소통)
稀貴 : (드물 희)(귀할 귀) ▷ (희귀)
稀怪 : (드물 희)(괴이할 괴) ▷ (희괴)
稀少價值 (희소가치) ....
(드물 희)(적을 소)(값 가)(값 치)

※ 문제해답(78쪽) 1

文獻(문헌) 銃丸(총환) 砲丸(포환) 獻詩(헌시)
彈丸(탄환) 獻金(헌금) 疏達(소달) 獻燈(헌등)
奉獻(봉헌) 疏脫(소탈) 獻身(헌신) 疏慢(소만)
稀少(희소) 提唱(제창) 稀微(희미) 鈍感(둔감)
疏忽(소홀) 雙童(쌍동) 老鈍(노둔) 古稀(고희)
鈍濁(둔탁) 稀釋(희석) 鈍器(둔기) 提請(제청)
無雙(무쌍) 雙關(쌍관) 雙親(쌍친) 遲鈍(지둔)
提燈(제등) 城郭(성곽)

※ 문제해답(78쪽) 2

(1)熱誠 (2)幸福 (3)방관자 (4)悲觀
(5)單純 (6)不快 (7)기갈 (8)意志
(9)限定 (10)境遇 (11)優位 (12)實行
(13)範圍 (14)決斷 (15)社交 (16)規則
(17)外樣 (18)態度 (19)都市人 (20)慾望
(21)수반 (22)孤立 (23)希望 (24)當然

※ 문제해답(78쪽) 3

獻法 → 憲法(헌법) 國歌 → 國家(국가)
紀本法 → 基本法(기본법) 經榮者 → 經營者(경영자)
從業圓 → 從業員(종업원) 形聲 → 形成(형성)
選進 → 先進(선진) 萬足 → 滿足(만족)
持向 → 指向(지향)

본문학습 

본문학습 한자어의 훈음과 독음을 확인하세요.

近郊 : (가까울 근)(들 교) ▷ (근교)
芳郊 : (꽃다울 방)(들 교) ▷ (방교)
橋梁 : (다리 교)(들보 량) ▷ (교량)
梁上君子 (양상군자) ....
(들보 량)(윗 상)(임금 군)(아들 자)
乾坤 : (하늘 건)(땅 곤) ▷ (건곤)
坤道 : (땅 곤)(길 도) ▷ (곤도)
殉葬 : (따라죽을 순)(장사지낼 장) ▷ (순장)
殉職 : (따라죽을 순)(직분 직) ▷ (순직)
添酌 : (더할 첨)(술부을 작) ▷ (첨작)
參酌 : (참여할 참)(술부을 작) ▷ (참작)
指摘 : (가리킬 지)(딸 적) ▷ (지적)
摘發 : (딸 적)(필 발) ▷ (적발)
汗血 : (땀 한)(피 혈) ▷ (한혈)
汗蒸幕 (땀 한)(찔 증)(장막 막) ▷ (한증막)
不汗黨 (아닐 불)(땀 한)(무리 당) ▷ (불한당)

※ 문제해답(80쪽) 1

酌定(작정) 採摘(채적) 對酌(대작) 冷汗(냉한)

獨酌(독작) 摘芽(적아) 酌飮(작음) 殉難(순난)
郊外(교외) 酌婦(작부) 汗漫(한만) 殉節(순절)
殉國(순국) 浮梁(부량) 發汗(발한) 殉敎(순교)
摘茶(적다) 浮橋(부교)

※ 문제해답(80쪽) ······························ 2

(1)中華 (2)音素 (3)創製 (4)底流
(5)연면 (6)前提 (7)理解 (8)우연
(9)認識 (10)獨自性 (11)獨特 (12)언급
(13)檢討 (14)폐지 (15)二重 (16)體制
(17)우민 (18)용비어천가 (19)歌辭 (20)雄辯
(21)眞正 (22)豫告 (23)階層 (24)主從

본문학습

본문학습 한자어의 훈음과 독음을 확인하세요.

漂浪 : (떠다닐 표)(물결 랑) ▷ (표랑)
漂流 : (떠다닐 표)(흐를 류) ▷ (표류)
騷亂 : (떠들 소)(어지러울 란) ▷ (소란)
騷動 : (떠들 소)(움직일 동) ▷ (소동)
零縮 : (떨어질 령)(줄일 축) ▷ (영축)
零落 : (떨어질 령)(떨어질 락) ▷ (영락)
墮落 : (떨어질 타)(떨어질 락) ▷ (타락)
墮淚 : (떨어질 타)(눈물 루) ▷ (타루)
奮鬪 : (떨칠 분)(싸움 투) ▷ (분투)
發憤忘食 (발분망식) ······························
(필 발)(분할 분)(잊을 망)(밥 식)
換拂 : (바꿀 환)(떨칠 불) ▷ (환불)
支拂 : (지탱할 지)(떨칠 불) ▷ (지불)
振幅 : (떨칠 진)(폭 폭) ▷ (진폭)
振興 : (떨칠 진)(일 흥) ▷ (진흥)
庸劣 : (떳떳할 용)(못할 렬) ▷ (용렬)
庸拙 : (떳떳할 용)(졸할 졸) ▷ (용졸)

※ 문제해답(82쪽) ······························ 1

奮激(분격) 振作(진작) 奮發(분발) 漂白(표백)
騷音(소음) 奮擊(분격) 拂入(불입) 漂迫(표박)
振動(진동) 奮戰(분전) 奮進(분진) 中庸(중용)
登庸(등용) 振張(진장) 漂着(표착) 庸將(용장)
興奮(흥분) 漂沒(표몰) 騷雅(소아) 騷除(소제)
零餘(영여) 漂船(표선) 掃除(소제) 凡庸(범용)

※ 문제해답(82쪽) ······························ 2

(1)對答 (2)名分 (3)泰平 (4)긴급
(5)천박 (6)決定的 (7)斷定 (8)理致
(9)呼應 (10)成功 (11)법질서 (12)文化
(13)궤도 (14)處罰 (15)嚴正 (16)法律
(17)실천 (18)구차

※ 문제해답(82쪽) ······························ 3

(1) 感電(감전) 放電(방전) 電柱(전주) 電流(전류)
(2) 眞僞(진위) 虛僞(허위) 僞證(위증) 僞裝(위장)
(3) 貿易(무역) 簡易(간이) 易姓(역성) 易經(역경)
(4) 快樂(쾌락) 苦樂(고락) 樂譜(악보) 樂團(악단)

본문학습

본문학습 한자어의 훈음과 독음을 확인하세요.

亦是 : (또 역)(이 시) ▷ (역시)
亦參其中 (역참기중) ······························
(또 역)(참여할 참)(그 기)(가운데 중)
又重之(또 우)(무거울 중)(갈 지) ▷ (우중지)
破卯 : (깨뜨릴 파)(토끼 묘) ▷ (파묘)
且置 : (또 차)(둘 치) ▷ (차치)
且問且答 (차문차답) ······························
(또 차)(물을 문)(또 차)(대답 답)
且信且疑 (차신차의) ······························
(또 차)(믿을 신)(또 차)(의심할 의)
超越 : (뛰어넘을 초)(넘을 월) ▷ (초월)
超音波(뛰어넘을 초)(소리 음)(물결 파) ▷ (초음파)
跳梁 : (뛸 도)(들보 량) ▷ (도량)
跳開橋(뛸 도)(열 개)(다리 교) ▷ (도개교)

浮刻 : (뜰 부)(새길 각) ▷ (부각)
浮漂 : (뜰 부)(떠다닐 표) ▷ (부표)
浮彫 : (뜰 부)(새길 조) ▷ (부조)
宜當 : (마땅 의)(마땅 당) ▷ (의당)
便宜 : (편할 편)(마땅 의) ▷ (편의)

※ 문제해답(84쪽) ······ 1

超逸(초일) 超過(초과) 浮沈(부침) 浮圖(부도)
浮雜(부잡) 浮橋(부교) 跳躍(도약) 超脫(초탈)
浮力(부력) 又況(우황) 苟且(구차) 時宜(시의)

※ 문제해답(84쪽) ······ 2

(1)맹자 (2)가지런할 제 (3)재상
(4)質問 (5)不動心 (6)自身 (7)長點
(8)호연지기 (9)平素 (10)義理 (11)蓄積
(12)疲困 (13)天下 (14)有益 (15)助長
(16)비단 (17)害 (18)無理

※ 문제해답(84쪽) ······ 3

1 推測(추측) 推理(추리) 推敲(퇴고) 推薦(추천)
2 知識(지식) 博識(박식) 標識(표지) 識別(식별)
3 惡毒(악독) 惡緣(악연) 憎惡(증오) 惡寒(오한)

※ 문제해답(84쪽) ······ 4

客觀(객관)↔主觀(주관) 光明(광명)↔暗黑(암흑)
內容(내용)↔形式(형식) 否認(부인)↔是認(시인)

본문학습 32

본문학습 한자어의 훈음과 독음을 확인하세요.

枯渴 : (마를 고)(목마를 갈) ▷ (고갈)
榮枯盛衰 (영고성쇠) ······
(영화 영)(마를 고)(성할 성)(쇠할 쇠)
憂懼 : (근심 우)(두려워할 구) ▷ (우구)
疑懼 : (의심할 의)(두려워할 구) ▷ (의구)
畏敬 : (두려워할 외)(공경 경) ▷ (외경)
後生可畏 (후생가외) ······
(뒤 후)(날 생)(옳을 가)(두려울 외)
普遍 : (넓을 보)(두루 편) ▷ (보편)
遍在 : (두루 편)(있을 재) ▷ (편재)
懸案 : (달 현)(책상 안) ▷ (현안)
懸賞金 (달 현)(상줄 상)(쇠 금) ▷ (현상금)
奔走 : (달릴 분)(달릴 주) ▷ (분주)
奔騰 : (달릴 분)(오를 등) ▷ (분등)
奔放 : (달릴 분)(놓을 방) ▷ (분방)
酉時 : (닭 유)(때 시) ▷ (유시)
越權 : (넘을 월)(권세 권) ▷ (월권)
播越 : (뿌릴 파)(넘을 월) ▷ (파월)

※ 문제해답(86쪽) ······ 1

懸隔(현격) 奔告(분고) 枯淡(고담) 懸板(현판)
奔競(분경) 奔忙(분망) 枯死(고사) 枯葉(고엽)
震懼(진구) 越冬(월동) 枯腸(고장) 枯松(고송)
驚懼(경구) 畏愼(외신) 遍布(편포) 敬懼(경구)
畏縮(외축) 畏懼(외구) 越尺(월척) 越等(월등)
卓越(탁월) 遍歷(편력) 超越(초월) 越墻(월장)

※ 문제해답(86쪽) ······ 2

◦(사은) ▷ 스승의 은혜 ······ (師恩)
◦(사은) ▷ 은혜에 감사함 ······ (謝恩)
◦(재고) ▷ 창고에 있음 ······ (在庫)
◦(재고) ▷ 다시 한 번 생각함 ······ (再考)
◦(지원) ▷ 뜻하여 바람 ······ (志願)
◦(지원) ▷ 편들어서 도움 ······ (支援)
◦(비명) ▷ 비면에 새긴 글 ······ (碑銘)
◦(비명) ▷ 다급할 때 지르는 소리 ······ (悲鳴)
◦(비행) ▷ 도리에 어긋나는 행위 ······ (非行)
◦(비행) ▷ 하늘을 날아다님 ······ (飛行)
◦(상가) ▷ 상점이 늘어선 거리 ······ (商街)
◦(상가) ▷ 초상집 ······ (喪家)

※ 문제해답(86쪽) ······ 3

捕 = 獲(포획) 隆 = 盛(융성) 怨 = 恨(원한)

敦 = 篤(돈독)　中 = 央(중앙)　過 = 去(과거)
釋 = 放(석방)　返 = 還(반환)　貿 = 易(무역)
健 = 康(건강)

본문학습 

본문학습 한자어의 훈음과 독음을 확인하세요.

放恣 : (놓을 방)(방자할 자) ▷ (방자)
恣行 : (방자할 자)(다닐 행) ▷ (자행)
修了 : (닦을 수)(마칠 료) ▷ (수료)
了解 : (마칠 료)(풀 해) ▷ (요해)
罷場 : (마칠 파)(마당 장) ▷ (파장)
罷免 : (마칠 파)(면할 면) ▷ (파면)
未畢 : (아닐 미)(마칠 필) ▷ (미필)
窮塞 : (다할 궁)(막힐 색) ▷ (궁색)
畢竟 : (마칠 필)(마침내 경) ▷ (필경)
畢納 : (마칠 필)(들일 납) ▷ (필납)
究竟 : (연구할 구)(마침내 경) ▷ (구경)
邊塞 : (가 변)(변방 새) ▷ (변새)
逢變 : (만날 봉)(변할 변) ▷ (봉변)
逢着 : (만날 봉)(붙을 착) ▷ (봉착)
孟春 : (맏 맹)(봄 춘) ▷ (맹춘)
孟母斷機 (맹모단기) ……
(맏 맹)(어미 모)(끊을 단)(틀 기)

※ 문제해답(88쪽) …… 1

恣暴(자포)　了結(요결)　充塞(충색)　侵恣(침자)
滿了(만료)　完了(완료)　罷業(파업)　逢辱(봉욕)
終了(종료)　罷職(파직)　相逢(상봉)　廢罷(폐파)
終畢(종필)　逢敗(봉패)　畢竟(필경)　畢業(필업)
關塞(관새)　塞責(색책)

※ 문제해답(88쪽) …… 2

(1)生業　(2)刑罰　(3)地位　(4)制定
(5)처자식　(6)부양　(7)豊年　(8)凶年
(9)면할 면　(10)引導　(11)宅地　(12)가축
(13)경작　(14)농번기　(15)教育　(16)공경
(17)反復　(18)半白

※反復(반복)과 反覆(반복)
- 反復 : 되풀이함. 예 같은 동작을 反復하다.
- 反覆 : ①줏대가 없어 말이나 행동을 이랬다저랬다 하여 자꾸 고침. 예 변덕과 反覆으로 신뢰를 잃다. ②생각을 엎치락뒤치락함.

※ 문제해답(88쪽) …… 3

溫故知(新)　(堂)狗風月　(身)言書判
易地(思)之　不(問)曲直　弄瓦之(慶)

본문학습 

본문학습 한자어의 훈음과 독음을 확인하세요.

伯叔 : (맏 백)(아재비 숙) ▷ (백숙)
伯父 : (맏 백)(아비 부) ▷ (백부)
勿驚 : (말 물)(놀랄 경) ▷ (물경)
勿論 : (말 물)(논할 론) ▷ (물론)
詞華 : (말 사)(빛날 화) ▷ (사화)
詞壇 : (말 사)(단 단) ▷ (사단)
騎兵隊 (말탈 기)(병사 병)(무리 대) ▷ (기병대)
而立 : (말이을 이)(설 립) ▷ (이립)
騎虎之勢 (기호지세) ……
(말탈 기)(범 호)(갈 지)(형세 세)
冷淡 : (찰 랭)(맑을 담) ▷ (냉담)
暗澹 : (어두울 암)(맑을 담) ▷ (암담)
賢淑 : (어질 현)(맑을 숙) ▷ (현숙)
淑清 : (맑을 숙)(맑을 청) ▷ (숙청)
雅量 : (맑을 아)(헤아릴 량) ▷ (아량)
雅樂 : (맑을 아)(노래 악) ▷ (아악)
雅號 : (맑을 아)(이름 호) ▷ (아호)

※ 문제해답(90쪽) …… 1

雅淡(아담)　動詞(동사)　淡水(담수)　淡墨(담묵)
淡彩(담채)　枯淡(고담)　高雅(고아)　副詞(부사)
淑女(숙녀)　雅趣(아취)　雅致(아치)　貞淑(정숙)
端雅(단아)　助詞(조사)　伯爵(백작)　方伯(방백)

歌詞(가사) 風伯(풍백) 淡白(담백) 典雅(전아)
河伯(하백) 感歎詞(감탄사) 代名詞(대명사)
形容詞(형용사) 自動詞(자동사) 他動詞(타동사)
助動詞(조동사)

※ 문제해답(90쪽) 2

(1)역사 (2)鬪爭 (3)空間 (4)확대
(5)記錄 (6)世界史 (7)朝鮮史
(8)無産階級 (9)地主 (10)資本家 (11)技術
(12)職業 (13)접촉 (14)번극 (15)분투
(16)맹렬 (17)휴식 (18)전도

본문학습 

본문학습 한자어의 훈음과 독음을 확인하세요.

嘗味 : (맛볼 상)(맛 미) ▷ (상미)
嘗試 : (맛볼 상)(시험 시) ▷ (상시)
茶托 : (차 차)(맡길 탁) ▷ (차탁)
托葉 : (맡길 탁)(잎 엽) ▷ (탁엽)
托生 : (맡길 탁)(날 생) ▷ (탁생)
司法 : (맡을 사)(법 법) ▷ (사법)
司徒 : (맡을 사)(무리 도) ▷ (사도)
賦與 : (부세 부)(더불 여) ▷ (부여)
盟約 : (맹세 맹)(맺을 약) ▷ (맹약)
辛苦 : (매울 신)(쓸 고) ▷ (신고)
辛烈 : (매울 신)(매울 렬) ▷ (신열)
靑梅 : (푸를 청)(매화 매) ▷ (청매)
梅實 : (매화 매)(열매 실) ▷ (매실)
荷物 : (멜 하)(물건 물) ▷ (하물)
過負荷 (지날 과)(질 부)(멜 하) ▷ (과부하)
加盟店 (더할 가)(맹세 맹)(가게 점) ▷ (가맹점)
賦役 : (부세 부)(일 역) ▷ (부역)

※ 문제해답(92쪽) 1

司祭(사제) 賦稅(부세) 盟誓(맹세) 貢賦(공부)
荷役(하역) 嘗新(상신) 梅信(매신) 寒梅(한매)
聯盟(연맹) 監司(감사) 同盟(동맹) 會盟(회맹)
※ 盟誓 : 맹서 ⇒ 맹세

※ 문제해답(92쪽) 2

(1)權利(권리) (2)念慮(염려) (3)食堂(식당)
(4)課外(과외) (5)區廳(구청) (6)努力(노력)
(7)冷水(냉수) (8)理由(이유) (9)自習(자습)
(10)學校(학교) (11)新聞(신문) (12)平和(평화)
(13)政治(정치) (14)職業(직업) (15)自然(자연)
(16)燃料(연료) (17)願書(원서) (18)勇斷(용단)
(19)國語(국어) (20)現住所(현주소)

※ 문제해답(92쪽) 3

(1) 눌러 이김 .... ⑤壓勝(압승)
(2) 노인을 공경함 .... ②敬老(경로)
(3) 금수江山 .... ①錦繡(금수)
(4) 섭섭함 .... ⑦遺憾(유감)
(5) 벌꿀 .... ⑥蜂蜜(봉밀)
(6) 되살아남 .... ⑪蘇生(소생)
(7) 행정措置 .... ⑩行政(행정)
(8) 죽은 뒤의 행복 .... ④冥福(명복)
(9) 이력서 .... ⑲履歷書(이력서)
(10) 전람회 .... ⑱展覽會(전람회)

※ 문제해답(92쪽) 4

恩惠(은혜)↔怨恨(원한) 故意(고의)↔過失(과실)
旣決(기결)↔未決(미결) 無能(무능)↔有能(유능)

본문학습 

본문학습 한자어의 훈음과 독음을 확인하세요.

契約 : (맺을 계)(맺을 약) ▷ (계약)
親睦契 (친할 친)(화목할 목)(맺을 계) ▷ (친목계)
含量 : (머금을 함)(헤아릴 량) ▷ (함량)
含蓄 : (머금을 함)(모을 축) ▷ (함축)
狂亂 : (미칠 광)(어지러울 란) ▷ (광란)

熱狂 : (더울 열)(미칠 광) ▷ (열광)
宿泊 : (잘 숙)(머무를 박) ▷ (숙박)
漂泊 : (떠다닐 표)(머무를 박) ▷ (표박)
淡墨 : (맑을 담)(먹 묵) ▷ (담묵)
墨畵 : (먹 묵)(그림 화) ▷ (묵화)
遙遠 : (멀 요)(멀 원) ▷ (요원)
遙度 : (멀 요)(헤아릴 탁) ▷ (요탁)
悠久 : (멀 유)(오랠 구) ▷ (유구)
悠悠自適 (유유자적) ……………………………
(멀 유)(멀 유)(스스로 자)(맞을 적)
免疫 : (면할 면)(전염병 역) ▷ (면역)
免責 : (면할 면)(꾸짖을 책) ▷ (면책)

※ 문제해답(94쪽) …………………… 1

墨客(묵객) 契員(계원) 免脫(면탈) 墨梅(묵매)
悠長(유장) 朱墨(주묵) 悠然(유연) 包含(포함)
默契(묵계) 減免(감면) 免罪(면죄) 罷免(파면)
貪墨(탐묵) 契印(계인) 免除(면제) 筆墨(필묵)
免稅(면세) 墨香(묵향) 白墨(백묵) 含有(함유)
契合(계합) 免許(면허) 含憤(함분) 淡泊(담박)

※ 문제해답(94쪽) …………………… 2

(1)國家 (2)建設 (3)最大 (4)素質
(5)到達 (6)상승 (7)強制 (8)부과
(9)허락 (10)苦痛 (11)명예 (12)分擔

※ 문제해답(94쪽) …………………… 3

(1)유불 (2)文化 (3)기반 (4)윤리
(5)固有 (6)形成 (7)恩怨 (8)합방
(9)대지역 (10)부상 (11)次元 (12)자비
(13)基督 (14)博愛 (15)體制 (16)선린적
(17)共榮 (18)努力

본문학습 

본문학습 한자어의 훈음과 독음을 확인하세요.

苗木 : (모 묘)(나무 목) ▷ (묘목)
苗脈 : (모 묘)(줄기 맥) ▷ (묘맥)
諸位 : (모두 제)(자리 위) ▷ (제위)
諸具 : (모두 제)(갖출 구) ▷ (제구)
砂金 : (모래 사)(쇠 금) ▷ (사금)
沙漠 : (모래 사)(넓을 막) ▷ (사막)
必須 : (반드시 필)(모름지기 수) ▷ (필수)
須知 : (모름지기 수)(알 지) ▷ (수지)
容貌 : (얼굴 용)(얼굴 모) ▷ (용모)
侍飮 : (모실 시)(마실 음) ▷ (시음)
內侍 : (안 내)(모실 시) ▷ (내시)
姿貌 : (모양 자)(얼굴 모) ▷ (자모)
氣像 : (기운 기)(모양 상) ▷ (기상)
偶像 : (짝 우)(모양 상) ▷ (우상)
軌範 : (바퀴자국 궤)(법 범) ▷ (궤범)
儀軌 : (거동 의)(바퀴자국 궤) ▷ (의궤)

※ 문제해답(96쪽) …………………… 1

諸君(제군) 沙器(사기) 肖像(초상) 諸賢(제현)
須要(수요) 丹砂(단사) 胸像(흉상) 侍妾(시첩)
苗板(묘판) 體貌(체모) 銅像(동상) 種苗(종묘)

※ 문제해답(96쪽) …………………… 2

(1)征服 (2)鬪爭 (3)歷史 (4)소멸
(5)공헌 (6)敗亡者 (7)여러 루 (8)原則
(9)共通 (10)豫期 (11)違反 (12)先天的
(13)後天的 (14)묘족 (15)作用 (16)精神
(17)確立 (18)護衛 (19)環境 (20)順應
(21)유지 (22)유태 (23)돌궐 (24)극복

※ 문제해답(96쪽) …………………… 3

悲哀(비애)↔歡喜(환희) 立體(입체)↔平面(평면)
巨富(거부)↔極貧(극빈) 敗北(패배)↔勝利(승리)

본문학습 

본문학습 한자어의 훈음과 독음을 확인하세요.

渴望 : (목마를 갈)(바랄 망) ▷ (갈망)

解渴 : (풀 해)(목마를 갈) ▷ (해갈)
喜壽 : (기쁠 희)(목숨 수) ▷ (희수)
壽福康寧 (수복강녕) ....
(목숨 수)(복 복)(편안 강)(편할 녕)
驅逐 : (몰 구)(쫓을 축) ▷ (구축)
驅除 : (몰 구)(덜 제) ▷ (구제)
聖誕 : (성인 성)(낳을 탄) ▷ (성탄)
放誕 : (놓을 방)(낳을 탄) ▷ (방탄)
電池 : (번개 전)(못 지) ▷ (전지)
貯水池 (쌓을 저)(물 수)(못 지) ▷ (저수지)
恩澤 : (은혜 은)(못 택) ▷ (은택)
潤澤 : (불을 윤)(못 택) ▷ (윤택)
劣惡 : (못할 렬)(악할 악) ▷ (열악)
優劣 : (넉넉할 우)(못할 렬) ▷ (우열)
壞裂 : (무너질 괴)(찢어질 렬) ▷ (괴열)
破壞 : (깨뜨릴 파)(무너질 괴) ▷ (파괴)

※ 문제해답(98쪽) 1

驅步(구보) 渴求(갈구) 疾驅(질구) 枯渴(고갈)
德澤(덕택) 渴筆(갈필) 卑劣(비열) 壽宴(수연)
拙劣(졸렬) 崩壞(붕괴) 壞滅(괴멸) 鶴壽(학수)
飢渴(기갈) 咸池(함지) 渴急(갈급) 渴症(갈증)
劣等(열등) 誕辰(탄신) 長壽(장수) 劣勢(열세)
米壽(미수) 愚劣(우열) 白壽(백수) 壞損(괴손)

※ 문제해답(98쪽) 2

(1)十中八九 (2)幸運 (3)史書
(4)古今 (5)成敗 (6)우연 (7)심지어
(8)善惡 (9)불초 (10)상고 (11)書籍
(12)證據 (13)收集 (14)參考 (15)징험
(16)斷定 (17)合致 (18)內容

※ 문제해답(98쪽) 3

(1)④ (2)② (3)① (4)③ (5)④

본문학습

본문학습 한자어의 훈음과 독음을 확인하세요.

崩御 : (무너질 붕)(거느릴 어) ▷ (붕어)
崩壞 : (무너질 붕)(무너질 괴) ▷ (붕괴)
墳墓 : (무덤 분)(무덤 묘) ▷ (분묘)
凡例 : (무릇 범)(법식 례) ▷ (범례)
凡常 : (무릇 범)(떳떳할 상) ▷ (범상)
輩出 : (무리 배)(날 출) ▷ (배출)
等輩 : (무리 등)(무리 배) ▷ (등배)
生涯 : (날 생)(물가 애) ▷ (생애)
茂盛 : (무성할 무)(성할 성) ▷ (무성)
榮茂 : (영화 영)(무성할 무) ▷ (영무)
古墳 : (예 고)(무덤 분) ▷ (고분)
帳簿 : (장막 장)(문서 부) ▷ (장부)
家計簿 (집 가)(셀 계)(문서 부) ▷ (가계부)
埋葬 : (묻을 매)(장사지낼 장) ▷ (매장)
埋沒 : (묻을 매)(빠질 몰) ▷ (매몰)
涯際 : (물가 애)(즈음 제) ▷ (애제)

※ 문제해답(100쪽) 1

輩流(배류) 茂林(무림) 超凡(초범) 後輩(후배)
非凡(비범) 名簿(명부) 崩落(붕락) 暗賣(암매)
年輩(연배) 簿籍(부적) 平凡(평범) 先輩(선배)
大凡(대범) 涯岸(애안) 埋伏(매복) 孤憤(고분)
簿記(부기) 埋藏(매장)

※ 문제해답(100쪽) 2

(1)決定 (2)當然 (3)部分 (4)判別
(5)應報 (6)징험 (7)계책 (8)졸렬
(9)計劃 (10)禍 (11)是非 (12)目擊
(13)지혜 (14)與否 (15)眞實 (16)形勢
(17)重要 (18)역할

※ 문제해답(100쪽) 3

朱欄(주란) 欄干(난간) 欄外(난외) 空欄(공란)

落雷(낙뢰) 避雷(피뢰) 雷聲(뇌성) 雷驚(뇌경)
臨席(임석) 臨書(임서) 君臨(군림) 臨迫(임박)
列擧(열거) 整列(정렬) 序列(서열) 羅列(나열)

본문학습 

본문학습 한자어의 훈음과 독음을 확인하세요.

滅菌 : (멸할 멸)(버섯 균) ▷ (멸균)
滅種 : (멸할 멸)(씨 종) ▷ (멸종)
譽聲 : (기릴 예)(소리 성) ▷ (예성)
榮譽 : (영화 영)(기릴 예) ▷ (영예)
燥熱 : (마를 조)(더울 열) ▷ (조열)
燥渴 : (마를 조)(목마를 갈) ▷ (조갈)
憎念 : (미울 증)(생각 념) ▷ (증념)
副署 : (버금 부)(마을 서) ▷ (부서)
幾微 : (몇 기)(작을 미) ▷ (기미)
幾何級數 (기하급수) ……………………………
(몇 기)(어찌 하)(등급 급)(셈 수)
憎惡 : (미울 증)(미워할 오) ▷ (증오)
署理 : (마을 서)(다스릴 리) ▷ (서리)
普及 : (넓을 보)(미칠 급) ▷ (보급)
可及的 (옳을 가)(미칠 급)(과녁 적) ▷ (가급적)
迷兒 : (미혹할 미)(아이 아) ▷ (미아)
迷惑 : (미혹할 미)(미혹할 혹) ▷ (미혹)

※ 문제해답(102쪽) ……………………………… 1

磨滅(마멸) 滅裂(멸렬) 譽望(예망) 名譽(명예)
消滅(소멸) 燥濕(조습) 迷妄(미망) 全滅(전멸)
署名(서명) 迷信(미신) 迷路(미로) 可憎(가증)
署長(서장) 憎怨(증원) 庶幾(서기) 憎嫌(증혐)
波及(파급) 及落(급락) 愛憎(애증) 迷豚(미돈)
論及(논급) 言及(언급) 昏迷(혼미) 迷宮(미궁)
幾何學(기하학) 及其也(급기야) 稅務署(세무서)
警察署(경찰서)

※ 문제해답(102쪽) ……………………………… 2

(1)정책 (2)愛國 (3)感傷的 (4)정서
(5)誤導 (6)論理 (7)一理 (8)依存
(9)專用 (10)開發 (11)남용 (12)同價
(13)홍상 (14)努力 (15)긴요 (16)思考
(17)禁物 (18)近來 (19)創始 (20)동이족
(21)주역 (22)擧論 (23)心證 (24)實狀

※ 문제해답(102쪽) ……………………………… 3

(1)堂狗風月(당구풍월) (2)不問曲直(불문곡직)
(3)弄瓦之慶(농와지경) (4)一筆揮之(일필휘지)
(5)易地思之(역지사지) (6)錦衣夜行(금의야행)
(7)信賞必罰(신상필벌) (8)多多益善(다다익선)
(9)累卵之危(누란지위) (10)明鏡止水(명경지수)
(11)雪上加霜(설상가상) (12)識字憂患(식자우환)

본문학습 

본문학습 한자어의 훈음과 독음을 확인하세요.

亞洲 : (버금 아)(물가 주) ▷ (아주)
五大洲 (다섯 오)(큰 대)(물가 주) ▷ (오대주)
鑑賞 : (거울 감)(상줄 상) ▷ (감상)
惠鑑 : (은혜 혜)(거울 감) ▷ (혜감)
汚染 : (더러울 오)(물들 염) ▷ (오염)
感染 : (느낄 감)(물들 염) ▷ (감염)
沿革 : (물따라갈 연)(가죽 혁) ▷ (연혁)
沿岸 : (물따라갈 연)(언덕 안) ▷ (연안)
棄却 : (버릴 기)(물리칠 각) ▷ (기각)
燒却 : (사를 소)(물리칠 각) ▷ (소각)
減價償却 (감가상각) ……………………………
(덜 감)(값 가)(갚을 상)(물리칠 각)
排斥 : (밀칠 배)(물리칠 척) ▷ (배척)
斥候 : (물리칠 척)(기후 후) ▷ (척후)
滴露 : (물방울 적)(이슬 로) ▷ (적로)
餘滴 : (남을 여)(물방울 적) ▷ (여적)
搜査 : (찾을 수)(조사할 사) ▷ (수사)
搜索 : (찾을 수)(찾을 색) ▷ (수색)

※ 문제해답(104쪽) 1

洲島(주도) 傳染(전염) 斥和(척화) 染料(염료)
鑑別(감별) 染色(염색) 鑑定(감정) 沿海(연해)
賣却(매각) 龜鑑(귀감) 鑑識(감식) 退却(퇴각)

※ 문제해답(104쪽) 2

(1)末葉 (2)學識 (3)豊富 (4)性格
(5)溫和 (6)청렴 (7)潔白 (8)尊敬
(9)政治 (10)安樂 (11)凶年 (12)苦痛
(13)房 (14)天障 (15)機會 (16)孫子
(17)訓戒 (18)勤勉 (19)本性 (20)習性
(21)眞心 (22)謝罪 (23)짝 필 (24)양상군자

※ 문제해답(104쪽) 3

行列(항렬) 實行(실행) 雁行(안항) 擧行(거행)
數億(수억) 數脈(삭맥) 變數(변수) 數尿症(삭뇨증)
暴棄(포기) 暴雪(폭설) 暴落(폭락) 暴惡(포악)

본문학습 42

본문학습 한자어의 훈음과 독음을 확인하세요.

誘惑 : (꾈 유)(미혹할 혹) ▷ (유혹)
換率 : (바꿀 환)(비율 률) ▷ (환율)
敏感 : (민첩할 민)(느낄 감) ▷ (민감)
機敏 : (틀 기)(민첩할 민) ▷ (기민)
螢光 : (반딧불 형)(빛 광) ▷ (형광)
螢雪之功 (형설지공) ....
(반딧불 형)(눈 설)(갈 지)(공 공)
代替 : (대신할 대)(바꿀 체) ▷ (대체)
移替 : (옮길 이)(바꿀 체) ▷ (이체)
轉換 : (구를 전)(바꿀 환) ▷ (전환)
疑惑 : (의심할 의)(미혹할 혹) ▷ (의혹)
矯正 : (바로잡을 교)(바를 정) ▷ (교정)
矯角殺牛 (교각살우) ....
(바로잡을 교)(뿔 각)(죽일 살)(소 우)
騰落 : (오를 등)(떨어질 락) ▷ (등락)
暴騰 : (사나울 폭)(오를 등) ▷ (폭등)
奔忙 : (달릴 분)(바쁠 망) ▷ (분망)
公私多忙 (공사다망) ....
(공평할 공)(사사 사)(많을 다)(바쁠 망)

※ 문제해답(106쪽) 1

不惑(불혹) 矯衛(교위) 銳敏(예민) 急騰(급등)
矯勵(교려) 聰敏(총민) 興替(흥체) 反騰(반등)
換氣(환기) 變換(변환) 交換(교환) 換拂(환불)
換錢(환전) 換算(환산) 迷惑(미혹) 換穀(환곡)
互換(호환) 交替(교체)

※ 문제해답(106쪽) 2

(1)賢明 (2)能力 (3)選出 (4)官職
(5)手段 (6)신뢰 (7)친목 (8)자식
(9)생애 (10)壯丁 (11)充分 (12)成長
(13)孤兒 (14)과부 (15)不具者 (16)苦生
(17)職分 (18)合當 (19)재화 (20)낭비
(21)獨占 (22)私利 (23)모략 (24)절도

※ 문제해답(106쪽) 3

(1) 감독(보살피어 團束함) .... (監督)
(2) 총기(권총 등의 병기) .... (銃器)
(3) 제조(물건을 만듦) .... (製造)
(4) 조기(아침에 일찍 일어남) .... (早起)
(5) 수신(악을 ~ 닦음) .... (修身)
(6) 준비(미리 마련하여 갖춤) .... (準備)
(7) 희망(어떤 ~ 이루고자 바람) .... (希望)
(8) 담임(어떤 ~ 사람) .... (擔任)
(9) 기록(남길 ~ 적는 일) .... (記錄)
(10) 청소(깨끗하게 소제함) .... (淸掃)

본문학습 43

본문학습 한자어의 훈음과 독음을 확인하세요.

突破 : (갑자기 돌)(깨뜨릴 파) ▷ (돌파)
衝突 : (찌를 충)(갑자기 돌) ▷ (충돌)

突發事態 (돌발사태) ………………………………………
(갑자기 돌)(필 발)(일 사)(모습 태)
絶叫 : (끊을 절)(부르짖을 규) ▷ (절규)
叫賣 : (부르짖을 규)(팔 매) ▷ (규매)
仲媒 : (버금 중)(중매 매) ▷ (중매)
仲裁 : (버금 중)(옷마를 재) ▷ (중재)
召喚 : (부를 소)(부를 환) ▷ (소환)
封鎖 : (봉할 봉)(쇠사슬 쇄) ▷ (봉쇄)
追徵 : (쫓을 추)(부를 징) ▷ (추징)
特徵 : (특별할 특)(부를 징) ▷ (특징)
封印 : (봉할 봉)(도장 인) ▷ (봉인)
符合 : (부호 부)(합할 합) ▷ (부합)
符應 : (부호 부)(응할 응) ▷ (부응)
鼓手 : (북 고)(손 수) ▷ (고수)
鼓舞 : (북 고)(춤출 무) ▷ (고무)
召集 : (부를 소)(모을 집) ▷ (소집)

※ 문제해답(108쪽) ……………………………… 1

突擊(돌격) 徵候(징후) 突然(돌연) 突起(돌기)
突進(돌진) 徵收(징수) 突出(돌출) 伯仲(백중)
唐突(당돌) 聘丈(빙장) 封墓(봉묘) 叫號(규호)
徵兵(징병) 徵兆(징조) 封侯(봉후) 徵集(징집)
突變(돌변) 封建(봉건) 仲介(중개) 符號(부호)
封墳(봉분) 同封(동봉) 突風(돌풍) 封書(봉서)
密封(밀봉) 徵發(징발) 鼓腹(고복) 召還(소환)
護符(호부) 鼓吹(고취)

※ 문제해답(108쪽) ……………………………… 2

(1)歷代 (2)王朝 (3)儉素 (4)남용
(5)斷念 (6)風俗 (7)利用 (8)生產
(9)財物 (10)藝術 (11)교묘 (12)技藝
(13)凶年 (14)利 (15)엷을 박 (16)實情
(17)富強 (18)점점

본문학습 44

본문학습 한자어의 훈음과 독음을 확인하세요.

實踐 : (열매 실)(밟을 천) ▷ (실천)
踐踏 : (밟을 천)(밟을 답) ▷ (천답)
黃栗 : (누를 황)(밤 률) ▷ (황률)
栗房 : (밤 률)(방 방) ▷ (율방)
蔬飯 : (푸성귀 소)(밥 반) ▷ (소반)
麥飯 : (보리 맥)(밥 반) ▷ (맥반)
胃臟 : (밥통 위)(오장 장) ▷ (위장)
胃液 : (밥통 위)(진 액) ▷ (위액)
檢閱 : (검사할 검)(볼 열) ▷ (검열)
閱覽 : (볼 열)(볼 람) ▷ (열람)
腹痛 : (배 복)(아플 통) ▷ (복통)
面從腹背 (면종복배) ………………………………………
(낯 면)(좇을 종)(배 복)(등 배)
梨雪 : (배나무 리)(눈 설) ▷ (이설)
梨花 : (배나무 리)(꽃 화) ▷ (이화)
謀叛 : (꾀할 모)(배반할 반) ▷ (모반)
叛亂 : (배반할 반)(어지러울 란) ▷ (반란)

※ 문제해답(110쪽) ……………………………… 1

腹筋(복근) 腹背(복배) 踐履(천리) 腹部(복부)
飯店(반점) 胸腹(흉복) 叛軍(반군) 叛逆(반역)
查閱(사열) 叛旗(반기) 割腹(할복) 背叛(배반)
叛起(반기) 朝飯(조반) 校閱(교열) 胃炎(위염)
生栗(생률) 飯酒(반주)

※ 문제해답(110쪽) ……………………………… 2

(1)世紀 (2)교체기 (3)與件 (4)時急
(5)提起 (6)標準化 (7)統一 (8)폐지
(9)言文一致 (10)理想 (11)實現 (12)確立
(13)要請 (14)完成 (15)末葉 (16)以來
(17)努力 (18)明白 (19)傳達 (20)科學的
(21)욕구 (22)充分 (23)滿足 (24)기억

※ 문제해답(110쪽) ……………………………… 3

(1)御史 (2)秋節 (3)生時 (4)念慮

(5)說話 (6)節概 (7)光彩 (8)威儀
(9)稱讚 (10)下直 (11)榮貴 (12)一喜一悲

본문학습 45

본문학습 한자어의 훈음과 독음을 확인하세요.

舟遊 : (배 주)(놀 유) ▷ (주유)
一葉片舟 (일엽편주) ……
(한 일)(잎 엽)(조각 편)(배 주)
巳時 : (뱀 사)(때 시) ▷ (사시)
亞流 : (버금 아)(흐를 류) ▷ (아류)
亞細亞 (버금 아)(가늘 세)(버금 아) ▷ (아세아)
亞聖 : (버금 아)(성인 성) ▷ (아성)
招聘 : (부를 초)(부를 빙) ▷ (초빙)
徵聘 : (부를 징)(부를 빙) ▷ (징빙)
楊柳 : (버들 양)(버들 류) ▷ (양류)
楊貴妃 (버들 양)(귀할 귀)(왕비 비) ▷ (양귀비)
棄權 : (버릴 기)(권세 권) ▷ (기권)
破棄 : (깨뜨릴 파)(버릴 기) ▷ (파기)
喜捨 : (기쁠 희)(버릴 사) ▷ (희사)
捨生取義 (사생취의) ……
(버릴 사)(날 생)(가질 취)(옳을 의)
廢刊 : (폐할 폐)(새길 간) ▷ (폐간)
存廢 : (있을 존)(폐할 폐) ▷ (존폐)

※ 문제해답(112쪽) …… 1

亞洲(아주) 投棄(투기) 暴棄(포기) 聘問(빙문)
興廢(흥폐) 廢殘(폐잔) 垂楊(수양) 己巳(기사)
取捨(취사) 聘禮(빙례) 廢畓(폐답) 廢倫(폐륜)
棄却(기각) 廢棄(폐기) 孤舟(고주) 廢鑛(폐광)
亞鉛(아연) 存廢(존폐)

※ 문제해답(112쪽) …… 2

(1)詩人 (2)效果 (3)極大化 (4)日常
(5)獨特 (6)表現法 (7)多樣 (8)구사
(9)心象 (10)상징 (11)思想 (12)연상
(13)영상 (14)體驗 (15)作用 (16)實際
(17)印象 (18)結合 (19)추상적 (20)情調
(21)具象 (22)觀念 (23)보조 (24)等式

※ 문제해답(112쪽) …… 3

(1)거짓 가 (2)새길 각 (3)칠 박 (4)근거 거
(5)얽을 구 (6)마실 흡 (7)멜 담 (8)무리 대
(9)콩 두 (10)숨을 은 (11)기록할 록 (12)기쁠 환

본문학습 46

본문학습 한자어의 훈음과 독음을 확인하세요.

誤譯 : (그릇칠 오)(번역할 역) ▷ (오역)
通譯 : (통할 통)(번역할 역) ▷ (통역)
抄譯 : (뽑을 초)(번역할 역) ▷ (초역)
土蜂 : (흙 토)(벌 봉) ▷ (토봉)
蜂屯 : (벌 봉)(진칠 둔) ▷ (봉둔)
戊寅 : (천간 무)(범 인) ▷ (무인)
虎穴 : (범 호)(구멍 혈) ▷ (호혈)
虎威 : (범 호)(위엄 위) ▷ (호위)
虎尾難放 (호미난방) ……
(범 호)(꼬리 미)(어려울 난)(놓을 방)
朋友 : (벗 붕)(벗 우) ▷ (붕우)
朋黨 : (벗 붕)(무리 당) ▷ (붕당)
朋友責善 (붕우책선) ……
(벗 붕)(벗 우)(꾸짖을 책)(착할 선)
枕屛 : (베개 침)(병풍 병) ▷ (침병)
枕席 : (베개 침)(자리 석) ▷ (침석)
飽食 : (배부를 포)(밥 식) ▷ (포식)
飽滿 : (배부를 포)(찰 만) ▷ (포만)
陳述 : (베풀 진)(펼 술) ▷ (진술)
陳腐 : (베풀 진)(썩을 부) ▷ (진부)

※ 문제해답(114쪽) …… 1

譯官(역관) 虎骨(호골) 譯解(역해) 猛虎(맹호)
意譯(의역) 拙譯(졸역) 蜂蜜(봉밀) 飽暖(포난)

同寅(동인) 飽看(포간) 陳列(진열) 陳設(진설)
枕邊(침변) 飜譯(번역) 枕頭(침두) 重譯(중역)
陳穀(진곡) 寅時(인시) 陳情書(진정서)
虎列刺(호열자) 飽和狀態(포화상태)
虎死留皮(호사유피)

※ 문제해답(114쪽) ······························ 2

◦(보고)▷귀중한 것을 보관하는 곳 ·······(寶庫)
◦(보고)▷결과나 내용을 알림 ················(報告)
◦(수신)▷통신을 받음 ····························(受信)
◦(수신)▷마음과 행실을 닦음 ················(修身)
◦(표지)▷표시나 특징 ····························(標識)
◦(표지)▷책의 겉장 ································(表紙)
◦(보도)▷사람이 다니는 길 ····················(步道)
◦(보도)▷새 소식을 널리 알림 ················(報道)
◦(통화)▷화폐 ··(通貨)
◦(통화)▷말을 주고받음 ··························(通話)
◦(유학)▷유교의 학문 ····························(儒學)
◦(유학)▷외국에서 공부함 ······················(留學)

※ 문제해답(114쪽) ······························ 3

1 龍頭(②蛇)尾 2 四(②面)楚歌
3 附和雷(③同) 4 朝三(③暮)四
5 一(①觸)卽發 6 同病相(①憐)
7 吳越同(④舟) 8 大器(④晩)成

본문학습 

본문학습 한자어의 훈음과 독음을 확인하세요.

割據 : (벨 할)(근거 거)▷(할거)
役割 : (일 역)(벨 할)▷(역할)
晩稻 : (늦을 만)(벼 도)▷(만도)
稻熱病 (벼 도)(더울 열)(병 병)▷(도열병)
吏讀 : (관리 리)(글귀 두)▷(이두)
貪官汚吏 (탐관오리) ··································
(탐할 담)(벼슬 관)(더러울 오)(관리 리)
侯爵 : (제후 후)(벼슬 작)▷(후작)
庚炎 : (별 경)(불꽃 염)▷(경염)
禾苗 : (벼 화)(모 묘)▷(화묘)
禾穀 : (벼 화)(곡식 곡)▷(화곡)
凝滯 : (엉길 응)(막힐 체)▷(응체)
凝縮 : (엉길 응)(줄일 축)▷(응축)
綱領 : (벼리 강)(거느릴 령)▷(강령)
紀綱 : (벼리 기)(벼리 강)▷(기강)
綱擧目張 (강거목장) ··································
(벼리 강)(들 거)(눈 목)(베풀 장)
爵位 : (벼슬 작)(자리 위)▷(작위)
庚伏 : (별 경)(엎드릴 복)▷(경복)

※ 문제해답(116쪽) ······························ 1

早稻(조도) 官吏(관리) 分割(분할) 割愛(할애)
吏吐(이토) 爵邑(작읍) 綱常(강상) 裁割(재할)
割引(할인) 綱目(강목) 均割(균할) 爵號(작호)

※ 문제해답(116쪽) ······························ 2

(1)意見 (2)利害 (3)決定 (4)신앙
(5)철학 (6)重要性 (7)保存 (8)修正
(9)向上 (10)產業 (11)技術 (12)기초
(13)우주 (14)政治 (15)民主 (16)健全
(17)知識 (18)個人 (19)포함 (20)富強
(21)침략 (22)幸福 (23)武力 (24)經濟力

※ 문제해답(116쪽) ······························ 3

退化(퇴화)↔進化(진화) 個別(개별)↔全體(전체)
否認(부인)↔是認(시인) 登場(등장)↔退場(퇴장)

본문학습 

본문학습 한자어의 훈음과 독음을 확인하세요.

維持 : (벼리 유)(가질 지)▷(유지)
四維 : (넉 사)(벼리 유)▷(사유)
卿輔 : (벼슬 경)(도울 보)▷(경보)
公卿 : (공평할 공)(벼슬 경)▷(공경)
生辰 : (날 생)(때 신)▷(생신)

誕辰 : (날 탄)(때 신) ▷ (탄신)
莊嚴 : (씩씩할 장)(엄할 엄) ▷ (장엄)
運輸 : (옮길 운)(보낼 수) ▷ (운수)
疾病 : (병 질)(병 병) ▷ (질병)
疾驅 : (병 질)(몰 구) ▷ (질구)
屛風 : (병풍 병)(바람 풍) ▷ (병풍)
屛居 : (병풍 병)(살 거) ▷ (병거)
派遣 : (갈래 파)(보낼 견) ▷ (파견)
遣歸 : (보낼 견)(돌아갈 귀) ▷ (견귀)
輸送 : (보낼 수)(보낼 송) ▷ (수송)
別莊 : (나눌 별)(씩씩할 장) ▷ (별장)

※ 문제해답(118쪽) 1

疾風(질풍) 北辰(북신) 綱維(강유) 辰星(진성)
莊敬(장경) 畫屛(화병) 疾速(질속) 莊重(장중)
山莊(산장) 疾視(질시) 星辰(성신) 疾患(질환)
屛息(병식) 眼疾(안질) 疾苦(질고) 枕屛(침병)
輸出(수출) 消遣(소견)

※ 문제해답(118쪽) 2

(1)不幸 (2)理由 (3)자비 (4)物質力
(5)平安 (6)배양 (7)모방 (8)起源
(9)眞正 (10)平和 (11)홍익인간 (12)國祖
(13)檀君 (14)使命 (15)地理的 (16)條件
(17)주연배우 (18)무대 (19)確保
(20)完備 (21)強調 (22)建設
(23)일언이폐지 (24)待接

※ 문제해답(118쪽) 3

始↔終(시종) 晴↔雨(청우) 盛↔衰(성쇠)
難↔易(난이) 表↔裏(표리) 與↔野(여야)
美↔醜(미추) 賣↔買(매매) 單↔複(단복)
厚↔薄(후박)

본문학습 49

본문학습 한자어의 훈음과 독음을 확인하세요.

麥粉 : (보리 맥)(가루 분) ▷ (맥분)
麥芽 : (보리 맥)(싹 아) ▷ (맥아)
麥秀之嘆 (맥수지탄) ……
(보리 맥)(빼어날 수)(갈 지)(탄식할 탄)
桃李 : (복숭아 도)(오얏 리) ▷ (도리)
武陵桃源 (무릉도원) ……
(호반 무)(언덕 릉)(복숭아 도)(근원 원)
模倣 : (본뜰 모)(본뜰 방) ▷ (모방)
鼓吹 : (북 고)(불 취) ▷ (고취)
吹浪 : (불 취)(물결 랑) ▷ (취랑)
峰頂 : (봉우리 봉)(정수리 정) ▷ (봉정)
尖峰 : (뾰족할 첨)(봉우리 봉) ▷ (첨봉)
謁見 : (뵐 알)(뵈올 현) ▷ (알현)
拜謁 : (절 배)(뵐 알) ▷ (배알)
謁聖及第 (알성급제) ……
(뵐 알)(성인 성)(미칠 급)(차례 제)
愧色 : (부끄러울 괴)(빛 색) ▷ (괴색)
慙愧 : (부끄러울 참)(부끄러울 괴) ▷ (참괴)
貸付 : (빌릴 대)(줄 부) ▷ (대부)
付託 : (줄 부)(부탁할 탁) ▷ (부탁)
倣效 : (본뜰 방)(본받을 효) ▷ (방효)

※ 문제해답(120쪽) 1

麥飯(맥반) 倣似(방사) 麥浪(맥랑) 吹雪(취설)
麥酒(맥주) 迎謁(영알) 謁刺(알자) 付送(부송)
謁廟(알묘) 賃貸(임대) 受諾(수락) 交付(교부)

※ 문제해답(120쪽) 2

(1)향찰 (2)이두 (3)구결 (4)蓄積
(5)訓民正音 (6)용비어천가 (7)海東 (8)동부
(9)混用 (10)유구 (11)開化期 (12)타당
(13)主流 (14)心理學 (15)標準 (16)保險
(17)保證 (18)電話 (19)映畫 (20)냉장고
(21)理解 (22)亞太 (23)기초 (24)口號

※ 문제해답(120쪽) 3

(1) ④ 白壽(99세) (2) ③ 豪言壯談

본문학습 

본문학습 한자어의 훈음과 독음을 확인하세요.

巖盤 : (바위 암)(소반 반) ▷ (암반)
巖壁 : (바위 암)(벽 벽) ▷ (암벽)
租貢 : (조세 조)(바칠 공) ▷ (조공)
貢納 : (바칠 공)(들일 납) ▷ (공납)
排擊 : (밀칠 배)(칠 격) ▷ (배격)
排除 : (밀칠 배)(덜 제) ▷ (배제)
履行 : (밟을 리)(다닐 행) ▷ (이행)
昭明 : (밝을 소)(밝을 명) ▷ (소명)
履歷書 (밟을 리)(지날 력)(글 서) ▷ (이력서)
昭詳 : (밝을 소)(자세할 상) ▷ (소상)
聰哲 : (귀밝을 총)(밝을 철) ▷ (총철)
明哲 : (밝을 명)(밝을 철) ▷ (명철)
增訂 : (더할 증)(바로잡을 정) ▷ (증정)
改訂 : (고칠 개)(바로잡을 정) ▷ (개정)
訂正 : (바로잡을 정)(바를 정) ▷ (정정)
踏襲 : (밟을 답)(엄습할 습) ▷ (답습)
踏査 : (밟을 답)(조사할 사) ▷ (답사)

※ 문제해답(122쪽) 1

巖石(암석) 履氷(이빙) 歲貢(세공) 昭應(소응)
排律(배율) 排煙(배연) 踐踏(천답) 賓貢(빈공)
踏橋(답교) 排斥(배척) 排出(배출) 貢獻(공헌)
排置(배치) 排列(배열) 履踐(이천) 踏步(답보)
排球(배구) 哲理(철리)

※ 문제해답(122쪽) 2

(1)討論 (2)意見 (3)對立 (4)問題
(5)參加 (6)各其 (7)主張 (8)方式
(9)形式 (10)發見 (11)活用 (12)格言
(13)世上 (14)必要 (15)敎訓 (16)先人
(17)處世觀 (18)糧食 (19)內容 (20)俗談
(21)經驗 (22)지혜 (23)才致 (24)表現

※ 문제해답(122쪽) 3

已往 (이왕) ▷ (이미 이) (갈 왕)
己巳 (기사) ▷ (몸 기) (뱀 사)
征伐 (정벌) ▷ (칠 정) (칠 벌)
代身 (대신) ▷ (대신할 대) (몸 신)
辨明 (변명) ▷ (분별할 변) (밝을 명)
討論 (토론) ▷ (칠 토) (논할 론)
倫理 (윤리) ▷ (인륜 륜) (다스릴 리)
隣接 (인접) ▷ (이웃 린) (이을 접)
哀憐 (애련) ▷ (슬플 애) (불쌍히여길 련)
辯護 (변호) ▷ (말씀 변) (도울 호)

※ 문제해답(122쪽) 4

(1)④ (2)① (3)④ (4)① (5)③ (6)②

본문학습 

본문학습 한자어의 훈음과 독음을 확인하세요.

培養 : (북돋울 배)(기를 양) ▷ (배양)
栽培 : (심을 재)(북돋울 배) ▷ (재배)
壬辰錄 (북방 임)(별 진)(기록할 록) ▷ (임진록)
辨明 : (분별할 변)(밝을 명) ▷ (변명)
辨濟 : (분별할 변)(건널 제) ▷ (변제)
暴炎 : (사나울 폭)(불꽃 염) ▷ (폭염)
炎症 : (불꽃 염)(증세 증) ▷ (염증)
哀憐 : (슬플 애)(불쌍히여길 련) ▷ (애련)
同病相憐 (동병상련) ....
(한가지 동)(병 병)(서로 상)(불쌍히여길 련)
嗚咽 : (슬플 오)(목멜 열) ▷ (오열)
嗚呼 : (슬플 오)(부를 호) ▷ (오호)
丹粧 : (붉을 단)(단장할 장) ▷ (단장)
一片丹心 (일편단심) ....
(한 일)(조각 편)(붉을 단)(마음 심)
寄附 : (부칠 기)(붙을 부) ▷ (기부)
附設 : (붙을 부)(베풀 설) ▷ (부설)

※ 문제해답(124쪽) 1

培植(배식) 可憐(가련) 丹楓(단풍) 附屬(부속)

附着(부착) 辯論(변론) 辨別(변별) 附近(부근)
阿附(아부) 炎涼(염량) 炎暑(염서) 朱丹(주단)
附錄(부록) 肺炎(폐렴) 回附(회부) 憐憫(연민)
辨證(변증) 辨償(변상)

※ 문제해답(124쪽) ······ 2

(1)支配 (2)意味 (3)主張 (4)背景
(5)藝術 (6)宗敎 (7)主觀的 (8)가치
(9)판단 (10)構造 (11)客觀的 (12)史家
(13)設定 (14)想像力 (15)動員 (16)指導者
(17)特定 (18)信條 (19)고집 (20)共同體
(21)合議 (22)確保 (23)우월성 (24)深刻
(25)도전 (26)眞理 (27)直觀 (28)영감
(29)嚴密 (30)提起

※ 문제해답(124쪽) ······ 3

宣布(선포) 公布(공포) 布敎(포교) 布施(보시)
推測(추측) 推敲(퇴고) 推進(추진) 推薦(추천)
茶盤(다반) 茶菓(다과) 茶禮(차례, 다례)
茶飯事(다반사)

본문학습 

본문학습 한자어의 훈음과 독음을 확인하세요.

傾斜 : (기울 경)(비낄 사) ▷ (경사)
斜邊 : (비낄 사)(가 변) ▷ (사변)
絹布 : (비단 견)(베 포) ▷ (견포)
軟絹 : (연할 연)(비단 견) ▷ (연견)
錦地 : (비단 금)(땅 지) ▷ (금지)
錦衣還鄕 (금의환향) ······
(비단 금)(옷 의)(돌아올 환)(시골 향)
貨幣 : (재물 화)(화폐 폐) ▷ (화폐)
納幣 : (들일 납)(화폐 폐) ▷ (납폐)
率直 : (거느릴 솔)(곧을 직) ▷ (솔직)
輕率 : (가벼울 경)(거느릴 솔) ▷ (경솔)
支持率 (지탱할 지)(가질 지)(비율 률) ▷ (지지율)
率先垂範 (솔선수범) ······
(거느릴 솔)(먼저 선)(드리울 수)(법 범)
觀照 : (볼 관)(비칠 조) ▷ (관조)
照準 : (비칠 조)(준할 준) ▷ (조준)
慘劇 : (참혹할 참)(심할 극) ▷ (참극)
慘狀 : (참혹할 참)(형상 상) ▷ (참상)

※ 문제해답(126쪽) ······ 1

斜徑(사경) 錦帳(금장) 斜線(사선) 幣貢(폐공)
斜視(사시) 素絹(소견) 率伴(솔반) 照度(조도)
慘事(참사) 幣物(폐물) 照覽(조람) 比率(비율)
紙幣(지폐) 利率(이율) 率易(솔이) 照鑑(조감)
斜照(사조) 橫斜(횡사) 落照(낙조) 悲慘(비참)
幣帛(폐백) 參照(참조) 對照(대조) 照會(조회)

※ 문제해답(126쪽) ······ 2

(1)初代 (2)博士 (3)창간 (4)所産
(5)傳統 (6)尊重 (7)成果 (8)實情
(9)大衆 (10)無視 (11)民族 (12)向上
(13)인접 (14)交流 (15)촉진 (16)四圍
(17)步調 (18)以上 (19)與件 (20)拒否
(21)정체 (22)몰교섭 (23)狀態 (24)孤兒

※ 문제해답(126쪽) ······ 3

倉 = 庫(창고) 扶 = 助(부조) 淨 = 潔(정결)
貢 = 獻(공헌) 滅 = 亡(멸망) 思 = 慮(사려)
恒 = 常(항상) 和 = 睦(화목) 返 = 還(반환)
屈 = 曲(굴곡)

본문학습 

본문학습 한자어의 훈음과 독음을 확인하세요.

祈願 : (빌 기)(원할 원) ▷ (기원)
祈雨祭 (빌 기)(비 우)(제사 제) ▷ (기우제)
貸出 : (빌릴 대)(날 출) ▷ (대출)
貸與 : (빌릴 대)(더불 여) ▷ (대여)
借額 : (빌릴 차)(이마 액) ▷ (차액)

假借 : (거짓 가)(빌릴 차) ▷ (가차)
債券 : (빚 채)(문서 권) ▷ (채권)
鑄貨 : (쇠불릴 주)(재물 화) ▷ (주화)
鑄造 : (쇠불릴 주)(지을 조) ▷ (주조)
光輝 : (빛 광)(빛날 휘) ▷ (광휘)
輝銀鑛 (빛날 휘)(은 은)(쇳돌 광) ▷ (휘은광)
沈沒 : (잠길 침)(빠질 몰) ▷ (침몰)
沒收 : (빠질 몰)(거둘 수) ▷ (몰수)
缺陷 : (이지러질 결)(빠질 함) ▷ (결함)
陷落 : (빠질 함)(떨어질 락) ▷ (함락)
負債 : (질 부)(빚 채) ▷ (부채)

※ 문제해답(128쪽) ································ 1

祈求(기구) 借用(차용) 謀陷(모함) 輝燭(휘촉)
租借(조차) 沒落(몰락) 貸借(대차) 債務(채무)
私債(사채) 沒却(몰각) 賃貸(임대) 沒頭(몰두)
出沒(출몰) 沒殺(몰살) 埋沒(매몰) 公債(공채)
貸切(대절) 陷沒(함몰) 輝巖(휘암) 卜債(복채)
借邊(차변) 貸與(대여) 輝石(휘석) 祈祝(기축)

※ 문제해답(128쪽) ································ 2

(1)배기 (2)영향 (3)토양 (4)環境
(5)基準 (6)피해 (7)損傷 (8)탈모증
(9)原因 (10)裝置 (11)有毒 (12)정화
(13)냉매 (14)대체 (15)燃料 (16)오염
(17)課題 (18)報告 (19)檢出 (20)不適合
(21)中斷 (22)철저 (23)억제 (24)폐수

본문학습 54

본문학습 한자어의 훈음과 독음을 확인하세요.

侵奪 : (침노할 침)(빼앗을 탈) ▷ (침탈)
奪取 : (빼앗을 탈)(가질 취) ▷ (탈취)
慙德 : (부끄러울 참)(큰 덕) ▷ (참덕)
慙悔 : (부끄러울 참)(뉘우칠 회) ▷ (참회)
殺菌 : (죽일 살)(버섯 균) ▷ (살균)
抗菌性 (겨룰 항)(버섯 균)(성품 성) ▷ (항균성)
除煩 : (덜 제)(번거로울 번) ▷ (제번)
煩雜 : (번거로울 번)(섞일 잡) ▷ (번잡)
應募 : (응할 응)(뽑을 모) ▷ (응모)
繁華 : (번성할 번)(빛날 화) ▷ (번화)
繁榮 : (번성할 번)(영화 영) ▷ (번영)
恥辱 : (부끄러울 치)(욕될 욕) ▷ (치욕)
破廉恥(깨뜨릴파)(청렴할렴)(부끄러울치) ▷ (파렴치)
厚顔無恥 (후안무치) ································
(두터울 후)(얼굴 안)(없을 무)(부끄러울 치)
懷柔 : (품을 회)(부드러울 유) ▷ (회유)
優柔不斷 (우유부단) ································
(넉넉할 우)(부드러울 유)(아닐 불)(끊을 단)
募集 : (뽑을 모)(모을 집) ▷ (모집)
公募 : (공평할 공)(뽑을 모) ▷ (공모)

※ 문제해답(130쪽) ································ 1

奪色(탈색) 奪還(탈환) 強奪(강탈) 削奪(삭탈)
慙伏(참복) 滅菌(멸균) 病菌(병균) 細菌(세균)
頻繁(빈번) 溫柔(온유) 繁盛(번성) 國恥(국치)
廉恥(염치) 柔順(유순) 柔弱(유약) 柔軟(유연)
繁昌(번창) 爭奪(쟁탈)

※ 문제해답(130쪽) ································ 2

(경비) ▷ 경계하고 지킴 ························ (警備)
(경비) ▷ 일을 하는 데 드는 비용 ·········· (經費)
(장편) ▷ 내용이 긴 작품 ························ (長篇)
(장편) ▷ 짧은 문학 작품 ························ (掌篇)
(지급) ▷ 매우 급함 ································ (至急)
(지급) ▷ 돈을 내어줌 ····························· (支給)
(동지) ▷ 이십사절기(二十四節氣) ·········· (冬至)
(동지) ▷ 뜻을 같이함 ····························· (同志)
(녹음) ▷ 나무의 그늘 ····························· (綠陰)
(녹음) ▷ 소리를 재생함 ························· (錄音)
(지도) ▷ 가르치어 이끎 ························· (指導)
(지도) ▷ 지구를 나타낸 그림 ················· (地圖)

※ 문제해답(130쪽) ………………………… 3

(1)街路樹 (2)省墓 (3)簡潔 (4)寫眞
(5)悲觀 (6)陰曆 (7)大韓民國 (8)同胞

본문학습

본문학습 한자어의 훈음과 독음을 확인하세요.

抄錄 : (뽑을 초)(기록할 록) ▷ (초록)
抄略 : (뽑을 초)(간략할 략) ▷ (초략)
抽象 : (뽑을 추)(코끼리 상) ▷ (추상)
抽獎 : (뽑을 추)(장려할 장) ▷ (추장)
桑婦 : (뽕나무 상)(며느리 부) ▷ (상부)
桑田碧海 (상전벽해) ………………………………
(뽕나무 상)(밭 전)(푸를 벽)(바다 해)
尖端 : (뾰족할 첨)(끝 단) ▷ (첨단)
尖銳 : (뾰족할 첨)(날카로울 예) ▷ (첨예)
傳播 : (전할 전)(뿌릴 파) ▷ (전파)
播種 : (뿌릴 파)(씨 종) ▷ (파종)
猛虎 : (사나울 맹)(범 호) ▷ (맹호)
猛活躍 (사나울 맹)(살 활)(뛸 약) ▷ (맹활약)
新郞 : (새 신)(사내 랑) ▷ (신랑)
花郞 : (꽃 화)(사내 랑) ▷ (화랑)
宗廟 : (마루 종)(사당 묘) ▷ (종묘)
廟策 : (사당 묘)(꾀 책) ▷ (묘책)

※ 문제해답(132쪽) ………………………… 1

抄本(초본) 猛擊(맹격) 播越(파월) 抄集(초집)
尖尾(첨미) 尖塔(첨탑) 猛襲(맹습) 猛烈(맹렬)
扶桑(부상) 桑葉(상엽) 猛將(맹장) 勇猛(용맹)
家廟(가묘) 猛犬(맹견) 廟堂(묘당) 猛禽(맹금)
廟院(묘원) 花郞(화랑) 猛獸(맹수) 猛奮(맹분)
尖兵(첨병) 抽出(추출) 抽拔(추발) 猛省(맹성)
令郞(영랑) 播遷(파천) 侍郞(시랑) 農桑(농상)
猛威(맹위) 播多(파다)

※ 문제해답(132쪽) ………………………… 2

(1)만약 (2)過程 (3)人類 (4)보급
(5)妨害者 (6)權利 (7)義務 (8)市場
(9)기억 (10)論文 (11)展開 (12)例
(13)建設 (14)立法 (15)太古 (16)法律
(17)從來 (18)信奉 (19)舊法 (20)파괴
(21)犯罪 (22)境遇 (23)질서 (24)悲壯

※ 문제해답(132쪽) ………………………… 3

(1)夫唱婦隨수 (2)有無相상通 (3)近墨묵者黑
(4)朋붕友有信 (5)事必歸귀正 (6)始終一貫관
(7)言語道斷단 (8)以實실直告 (9)四顧고無親

본문학습

본문학습 한자어의 훈음과 독음을 확인하세요.

畫廊 : (그림 화)(사랑채 랑) ▷ (화랑)
廊廟 : (사랑채 랑)(사당 묘) ▷ (낭묘)
慈悲 : (사랑 자)(슬플 비) ▷ (자비)
慈堂 : (사랑 자)(집 당) ▷ (자당)
燃燒 : (탈 연)(사를 소) ▷ (연소)
燒滅 : (사를 소)(멸할 멸) ▷ (소멸)
透徹 : (사무칠 투)(통할 철) ▷ (투철)
透映 : (사무칠 투)(비칠 영) ▷ (투영)
鹿角 : (사슴 록)(뿔 각) ▷ (녹각)
鹿尾 : (사슴 록)(꼬리 미) ▷ (녹미)
辭讓 : (말씀 사)(사양할 양) ▷ (사양)
讓步 : (사양할 양)(걸음 보) ▷ (양보)
偏差 : (치우칠 편)(다를 차) ▷ (편차)
偏愛 : (치우칠 편)(사랑 애) ▷ (편애)
肥壤 : (살찔 비)(흙덩이 양) ▷ (비양)
天高馬肥 (천고마비) ………………………………
(하늘 천)(높을 고)(말 마)(살찔 비)
肥料 : (살찔 비)(헤아릴 료) ▷ (비료)

※ 문제해답(134쪽) ………………………… 1

肥大(비대) 慈愛(자애) 回廊(회랑) 慈姑(자고)
浸透(침투) 慈善(자선) 慈惠(자혜) 慈親(자친)
透過(투과) 仁慈(인자) 燒却(소각) 燒酒(소주)

燒失(소실) 肥滿(비만) 讓與(양여) 燒香(소향)
全燒(전소) 透明(투명) 巖廊(암랑) 禪讓(선양)
透寫(투사) 慈顔(자안) 讓位(양위) 肥強(비강)

※ 문제해답(134쪽) ······························· 2

1.가경 2.음모 3.광막 4.답보
5.각의 6.공급 7.노출 8.면밀
9.간선 10.간청 11.신령 12.구금
13.윤리 14.연락 15.관례 16.돌파
17.구원 18.비련 19.도전 20.격랑
21.축대 22.겸비 23.고취 24.청량
25.개근 26.당분 27.검무 28.경독
29.멸종 30.승낙 31.갈망 32.장려
33.긴급 34.단서 35.경하 36.기도
37.융성 38.표리 39.국판 40.거리
41.황률 42.강철 43.면허 44.관대
45.동맹 46.강상 47.교변 48.만년
49.계약 50.막론

※ 문제해답(134쪽) ······························· 3

※ 첫 음절이 긴소리로 發音되는 漢字

☞ (1)② (2)① (3)③ (4)④

※ 첫 음절이 짧게 發音되는 漢字

☞ (5)③ (6)② (7)④ (8)①

본문학습 57

본문학습 한자어의 훈음과 독음을 확인하세요.

諒解 : (살펴알 량)(풀 해) ▷ (양해)
諒察 : (살펴알 량)(살필 찰) ▷ (양찰)
審査 : (살필 심)(조사할 사) ▷ (심사)
審議 : (살필 심)(의논할 의) ▷ (심의)
麻紙 : (삼 마)(종이 지) ▷ (마지)
麻醉 : (삼 마)(취할 취) ▷ (마취)
謹啓 : (삼갈 근)(열 계) ▷ (근계)
謹封 : (삼갈 근)(봉할 봉) ▷ (근봉)
獸疫 : (짐승 수)(전염병 역) ▷ (수역)
曉鷄 : (새벽 효)(닭 계) ▷ (효계)
曉示 : (새벽 효)(보일 시) ▷ (효시)
距絶 : (상거할 거)(끊을 절) ▷ (거절)
近距離 (가까울 근)(상거할 거)(떠날 리) ▷ (근거리)
祥慶 : (상서 상)(경사 경) ▷ (상경)
嘉祥 : (아름다울 가)(상서 상) ▷ (가상)
禽獸 : (새 금)(짐승 수) ▷ (금수)

※ 문제해답(136쪽) ······························· 1

諒知(양지) 審問(심문) 鳥獸(조수) 謹篤(근독)
距躍(거약) 謹愼(근신) 初審(초심) 謹拜(근배)
謹厚(근후) 曉露(효로) 恭謹(공근) 謹嚴(근엄)
怪獸(괴수) 祥雲(상운) 吉祥(길상) 曉霧(효무)
曉霜(효상) 諒燭(양촉) 審理(심리) 審判(심판)
祥符(상부) 獸醫(수의) 豫審(예심) 勤儉(근검)

※ 문제해답(136쪽) ······························· 2

(1)財産 (2)필수적 (3)求愛 (4)物件
(5)음미 (6)물욕 (7)生存 (8)억제
(9)成功 (10)例外 (11)宗教 (12)指導
(13)清貧 (14)典範 (15)事情 (16)處地
(17)團體 (18)혜택 (19)地主 (20)政治
(21)영향력 (22)構成員 (23)待接 (24)安定

※ 문제해답(136쪽) ······························· 3

及↔落(급락) 尊↔卑(존비) 干↔滿(간만)
贊↔反(찬반) 昇↔降(승강)

본문학습 58

본문학습 한자어의 훈음과 독음을 확인하세요.

焉烏 : (어찌 언)(까마귀 오) ▷ (언오)
焉敢生心 (언감생심) ·······························
(어찌 언)(감히 감)(날 생)(마음 심)
拔群 : (뺄 발)(무리 군) ▷ (발군)
拔本塞源 (발본색원) ·······························
(뺄 발)(근본 본)(막힐 색)(근원 원)

創刊 : (비롯할 창)(새길 간) ▷ (창간)
改刊 : (고칠 개)(새길 간) ▷ (개간)
碑銘 : (비석 비)(새길 명) ▷ (비명)
座右銘 (자리 좌)(오른 우)(새길 명) ▷ (좌우명)
晨旦 : (새벽 신)(아침 단) ▷ (신단)
昏定晨省 (혼정신성) ……
(저물 혼)(정할 정)(새벽 신)(살필 성)
謹愼 : (삼갈 근)(삼갈 신) ▷ (근신)
愼重 : (삼갈 신)(무거울 중) ▷ (신중)
乙種 : (새 을)(씨 종) ▷ (을종)
甲男乙女 (갑남을녀) ……
(갑옷 갑)(사내 남)(새 을)(계집 녀)
漏籍 : (샐 루)(문서 적) ▷ (누적)
漏電 : (샐 루)(번개 전) ▷ (누전)

※ 문제해답(138쪽) …… 1

忽焉(홀언) 發刊(발간) 拔去(발거) 曉旦(효단)
選拔(선발) 刊校(간교) 晨鷄(신계) 刊削(간삭)
銘刻(명각) 廢刊(폐간) 週刊(주간) 朝刊(조간)
畏愼(외신) 新刊(신간) 銘心(명심) 漏決(누결)
漏聞(누문) 晨起(신기) 愼獨(신독) 脫漏(탈루)
審愼(심신) 愼厚(신후) 漏電(누전) 乙種(을종)
刊刻(간각) 刊行(간행) 漏水(누수) 謙愼(겸신)
刻漏(각루) 休刊(휴간)

※ 문제해답(138쪽) …… 2

(1)修道 (2)稱頌 (3)世俗 (4)범인
(5)衣食住 (6)解決 (7)素朴 (8)提起
(9)유복 (10)課外費 (11)동분 (12)西走
(13)忠告 (14)進化 (15)個體 (16)種族
(17)效果 (18)本質 (19)타협 (20)順理
(21)지적 (22)先行 (23)功名心 (24)善男善女

본문학습 59

본문학습 한자어의 훈음과 독음을 확인하세요.

霜降 : (서리 상)(내릴 강) ▷ (상강)
星霜 : (별 성)(서리 상) ▷ (성상)
雪上加霜 (설상가상) ……
(눈 설)(윗 상)(더할 가)(서리 상)
禪讓 : (선 선)(사양할 양) ▷ (선양)
禪院 : (선 선)(집 원) ▷ (선원)
縱斷 : (세로 종)(끊을 단) ▷ (종단)
縱橫無盡 (종횡무진) ……
(세로 종)(가로 횡)(없을 무)(다할 진)
盛況裏 (성할 성)(상황 황)(속 리) ▷ (성황리)
盲龜浮木 (맹귀부목) ……
(소경 맹)(거북 귀)(뜰 부)(나무 목)
盲腸 : (소경 맹)(창자 장) ▷ (맹장)
製鹽 : (지을 제)(소금 염) ▷ (제염)
鹽化 : (소금 염)(될 화) ▷ (염화)
基盤 : (터 기)(소반 반) ▷ (기반)
圓盤 : (둥글 원)(소반 반) ▷ (원반)
表裏 : (겉 표)(속 리) ▷ (표리)
腦裏 : (골 뇌)(속 리) ▷ (뇌리)
丑時 : (소 축)(때 시) ▷ (축시)

※ 문제해답(140쪽) …… 1

霜菊(상국) 嚴霜(엄상) 盲從(맹종) 縱列(종렬)
銀盤(은반) 縱逸(종일) 禪德(선덕) 霜眉(상미)
盲點(맹점) 操縱(조종) 盲探(맹탐) 參禪(참선)
禪師(선사) 苦鹽(고염) 盤還(반환) 盲信(맹신)
霜露(상로) 縱貫(종관) 礎盤(초반) 音盤(음반)
放縱(방종) 盤石(반석) 禪味(선미) 眼盲(안맹)
鹽分(염분) 鹽氣(염기) 鹽田(염전) 裏面(이면)
縱擊(종격) 旋盤(선반) 霜葉(상엽) 禪僧(선승)
霜雪(상설) 文盲(문맹) 縱橫(종횡) 坐禪(좌선)

※ 문제해답(140쪽) …… 2

1. 假 2. 興 3. 暖 4. 擔
5. 務 6. 宮 7. 貨 8. 波
9. 究 10. 衆 11. 造 12. 授
13. 殺 14. 餘 15. 訪 16. 佛
17. 缺 18. 起

※ 문제해답(140쪽) ······························ 3

(1)血脈 (2)吸煙 (3)態度 (4)試驗
(5)講義 (6)指導 (7)認定 (8)往復
(9)恩惠 (10)保護

본문학습 

본문학습 한자어의 훈음과 독음을 확인하세요.

詐欺 : (속일 사)(속일 기) ▷ (사기)
欺弄 : (속일 기)(희롱할 롱) ▷ (기롱)
某種 : (아무 모)(씨 종) ▷ (모종)
某處 : (아무 모)(곳 처) ▷ (모처)
迎賓 : (맞을 영)(손 빈) ▷ (영빈)
管掌 : (대롱 관)(손바닥 장) ▷ (관장)
宣誓 : (베풀 선)(맹세할 서) ▷ (선서)
孤掌難鳴 (고장난명) ··
(외로울 고)(손바닥 장)(어려울 난)(울 명)
綿密 : (솜 면)(빽빽할 밀) ▷ (면밀)
綿織 : (솜 면)(짤 직) ▷ (면직)
那落 : (어찌 나)(떨어질 락) ▷ (나락)
那邊 : (어찌 나)(가 변) ▷ (나변)
盟誓 : (맹세 맹)(맹세할 서/세) ▷ (맹세)
賓廳 : (손 빈)(관청 청) ▷ (빈청)
鎖國 : (쇠사슬 쇄)(나라 국) ▷ (쇄국)
連鎖反應 (연쇄반응) ··
(이을 련)(쇠사슬 쇄)(돌이킬 반)(응할 응)

※ 문제해답(142쪽) ······························ 1

綿延(면연) 欺情(기정) 來賓(내빈) 欺隱(기은)
某某(모모) 純綿(순면) 欺罔(기망) 貴賓(귀빈)
閉鎖(폐쇄) 鎖港(쇄항) 賓貢(빈공) 綿弱(면약)
欺惑(기혹) 誓約(서약) 石綿(석면) 欺笑(기소)
合掌(합장) 賓主(빈주) 綿篤(면독) 鎖窓(쇄창)
賓客(빈객) 某氏(모씨) 連綿(연면) 誓願(서원)

※ 문제해답(142쪽) ······························ 2

(1)大統領 (2)홍보 (3)熱心 (4)수뇌
(5)個別 (6)面談 (7)觀光客 (8)간곡
(9)要請 (10)相對方 (11)經濟 (12)物價
(13)景致 (14)青少年 (15)정상 (16)國際
(17)交易展 (18)子正 (19)無法天地 (20)信號燈
(21)횡단 (22)步道 (23)질주 (24)時間帶

※ 문제해답(142쪽) ······························ 3

巨富 ↔ 極貧 連敗 ↔ 連勝 感情 ↔ 理性
人爲 ↔ 自然 自動 ↔ 他動 暗示 ↔ 明示
無能 ↔ 有能 立體 ↔ 平面

본문학습 

본문학습 한자어의 훈음과 독음을 확인하세요.

衰殘 : (쇠할 쇠)(남을 잔) ▷ (쇠잔)
老衰 : (늙을 로)(쇠할 쇠) ▷ (노쇠)
興亡盛衰 (흥망성쇠) ··
(일 흥)(망할 망)(성할 성)(쇠할 쇠)
首肯 : (머리 수)(즐길 긍) ▷ (수긍)
肯定 : (즐길 긍)(정할 정) ▷ (긍정)
森林 : (수풀 삼)(수풀 림) ▷ (삼림)
森羅萬象 (삼라만상) ··
(수풀 삼)(벌릴 라)(일만 만)(코끼리 상)
巡航 : (순행할 순)(배 항) ▷ (순항)
巡察 : (순행할 순)(살필 찰) ▷ (순찰)
洗鍊 : (씻을 세)(쇠불릴 련) ▷ (세련)
鍊磨 : (쇠불릴 련)(갈 마) ▷ (연마)
修鍊 : (닦을 수)(쇠불릴 련) ▷ (수련)
慧眼 : (슬기로울 혜)(눈 안) ▷ (혜안)
慧性 : (슬기로울 혜)(성품 성) ▷ (혜성)
確乎 : (굳을 확)(어조사 호) ▷ (확호)
均衡 : (고를 균)(저울대 형) ▷ (균형)
衡平 : (저울대 형)(평평할 평) ▷ (형평)

※ 문제해답(144쪽) ………………………… 1

肯志(긍지) 智慧(지혜) 衰弱(쇠약) 巡訪(순방)
衰態(쇠태) 巡警(순경) 教鍊(교련) 訓鍊(훈련)
巡禮(순례) 衰退(쇠퇴) 衰弊(쇠폐) 森嚴(삼엄)

※ 문제해답(144쪽) ………………………… 2

(1)기존 (2)常識 (3)通常的 (4)期待
(5)形容 (6)種種 (7)日常 (8)多樣
(9)接 (10)민감 (11)反應 (12)性格
(13)狀況 (14)긍정 (15)否定 (16)最近
(17)事件 (18)地球 (19)支配 (20)太陽
(21)寄與 (22)勸獎 (23)關心 (24)論爭

※ 문제해답(144쪽) ………………………… 3

復興(부흥) 回復(회복) 復古(복고) 報復(보복)
可否(가부) 否定(부정) 否塞(비색) 否運(비운)
打殺(타살) 殺到(쇄도) 減殺(감쇄) 相殺(상쇄)

본문학습 62

본문학습 한자어의 훈음과 독음을 확인하세요.

哀歡 : (슬플 애)(기쁠 환) ▷ (애환)
哀願 : (슬플 애)(원할 원) ▷ (애원)
哀乞伏乞 (애걸복걸) ……………………
(슬플 애)(빌 걸)(엎드릴 복)(빌 걸)
奈何 : (어찌 내)(어찌 하) ▷ (내하)
莫無可奈 (막무가내) ……………………
(없을 막)(없을 무)(옳을 가)(어찌 내)
溪泉 : (시내 계)(샘 천) ▷ (계천)
溪邊 : (시내 계)(가 변) ▷ (계변)
架設 : (시렁 가)(베풀 설) ▷ (가설)
高架 : (높을 고)(시렁 가) ▷ (고가)
姑婦 : (시어미 고)(며느리 부) ▷ (고부)
姑息的 (시어미 고)(쉴 식)(과녁 적) ▷ (고식적)
塗炭 : (칠할 도)(숯 탄) ▷ (도탄)
塗裝 : (칠할 도)(꾸밀 장) ▷ (도장)
靈感 : (신령 령)(느낄 감) ▷ (영감)
英靈 : (꽃부리 영)(신령 령) ▷ (영령)
竊盜 : (훔칠 절)(도둑 도) ▷ (절도)
竊取 : (훔칠 절)(가질 취) ▷ (절취)
十字架 (열 십)(글자 자)(시렁 가) ▷ (십자가)

※ 문제해답(146쪽) ………………………… 1

哀痛(애통) 姑從(고종) 溪路(계로) 靈妙(영묘)
靈物(영물) 架空(가공) 聖靈(성령) 幽靈(유령)
靈長(영장) 靈藥(영약) 翁姑(옹고) 綠溪(녹계)
哀惜(애석) 靈媒(영매) 哀愁(애수) 哀傷(애상)
姑保(고보) 深溪(심계) 神靈(신령) 妄靈(망령)
溪流(계류) 溪川(계천) 慈姑(자고) 靈前(영전)
筆架(필가) 姑母(고모) 塗料(도료) 悲哀(비애)
架橋(가교) 塗色(도색)

※ 문제해답(146쪽) ………………………… 2

(1)會長 (2)開會辭 (3)經濟 (4)發足
(5)國境 (6)競爭 (7)전환 (8)相互間
(9)동반 (10)關係 (11)構築 (12)製品
(13)強調 (14)商工 (15)展示 (16)大講堂
(17)趣味 (18)개최 (19)餘暇 (20)善用
(21)정서 (22)同好會 (23)慶祝 (24)音樂祭

※ 문제해답(146쪽) ………………………… 3

(1)④ (2)③ (3)① (4)② (5)① (6)④

본문학습 63

본문학습 한자어의 훈음과 독음을 확인하세요.

劇甚 : (심할 극)(심할 심) ▷ (극심)
甚急 : (심할 심)(급할 급) ▷ (심급)
發芽 : (필 발)(싹 아) ▷ (발아)

幼芽 : (어릴 유)(싹 아) ▷ (유아)
腐敗 : (썩을 부)(패할 패) ▷ (부패)
油腐 : (기름 유)(썩을 부) ▷ (유부)
經緯 : (지날 경)(씨 위) ▷ (경위)
緯線 : (씨 위)(줄 선) ▷ (위선)
洗濯 : (씻을 세)(씻을 탁) ▷ (세탁)
濯冠 : (씻을 탁)(갓 관) ▷ (탁관)
哀惜 : (슬플 애)(아낄 석) ▷ (애석)
買占賣惜 (매점매석) ································
(살 매)(점령할 점)(팔 매)(아낄 석)
賢妻 : (어질 현)(아내 처) ▷ (현처)
妻男 : (아내 처)(사내 남) ▷ (처남)
震怒 : (우레 진)(성낼 노) ▷ (진노)
耐震 : (견딜 내)(우레 진) ▷ (내진)
餘震 : (남을 여)(우레 진) ▷ (여진)

※ 문제해답(148쪽) ································ 1

甚難(심난) 麥芽(맥아) 妻弟(처제) 豆腐(두부)
惜別(석별) 濯足(탁족) 惜敗(석패) 幸甚(행심)
妻兄(처형) 痛惜(통석) 緯度(위도) 惜陰(석음)

※ 문제해답(148쪽) ································ 2

(1)솔거 (2)常民 (3)紙筆 (4)범인
(5)逆境 (6)至誠 (7)獨創 (8)필경
(9)畫聖 (10)傾注 (11)實例 (12)立志傳
(13)苦學 (14)어진 (15)壁畫 (16)傑作
(17)稱頌 (18)老松 (19)絶世 (20)史記
(21)단청 (22)신운 (23)몰지각 (24)애석

※ 문제해답(148쪽) ································ 3

∘ 遊說 (유세) ▷ (놀 유) (달랠 세)
∘ 謁見 (알현) ▷ (뵐 알) (뵈올 현)
∘ 投降 (투항) ▷ (던질 투) (항복할 항)
∘ 比率 (비율) ▷ (견줄 비) (비율 률)

본문학습 64

본문학습 한자어의 훈음과 독음을 확인하세요.

擁壁 : (낄 옹)(벽 벽) ▷ (옹벽)
擁護 : (낄 옹)(도울 호) ▷ (옹호)
深淺 : (깊을 심)(얕을 천) ▷ (심천)
淺薄 : (얕을 천)(엷을 박) ▷ (천박)
齒牙 : (이 치)(어금니 아) ▷ (치아)
象牙塔(코끼리 상)(어금니 아)(탑 탑) ▷ (상아탑)
違背 : (어길 위)(등 배) ▷ (위배)
違憲 : (어길 위)(법 헌) ▷ (위헌)
紛雜 : (어지러울 분)(섞일 잡) ▷ (분잡)
紛失 : (어지러울 분)(잃을 실) ▷ (분실)
肩輿 : (어깨 견)(수레 여) ▷ (견여)
比肩 : (견줄 비)(어깨 견) ▷ (비견)
冥福 : (어두울 명)(복 복) ▷ (명복)
冥感 : (어두울 명)(느낄 감) ▷ (명감)
童蒙 : (아이 동)(어두울 몽) ▷ (동몽)
訓蒙字會 (훈몽자회) ································
(가르칠 훈)(어두울 몽)(글자 자)(모일 회)

※ 문제해답(150쪽) ································ 1

牙輪(아륜) 紛爭(분쟁) 啓蒙(계몽) 紛錯(분착)
昏冥(혼명) 竝肩(병견) 違反(위반) 幽冥(유명)
違約(위약) 蒙塵(몽진) 違法(위법) 紛糾(분규)
淺近(천근) 微賤(미천) 淺識(천식) 兩肩(양견)
違錯(위착) 冥婚(명혼)

※ 문제해답(150쪽) ································ 2

(1)家庭 (2)暴君 (3)利己 (4)周圍
(5)規則 (6)運行 (7)위태 (8)強制
(9)不幸 (10)法律 (11)反對 (12)관대
(13)他人 (14)幸福 (15)亦是 (16)禮儀
(17)反作用 (18)즉각 (19)外觀上 (20)不動
(21)報答 (22)效果 (23)最上 (24)親切

※ 문제해답(150쪽) ······························ 3

感 = 想(감상)　貫 = 徹(관철)　忿 = 怒(분노)
畢 = 竟(필경)　貢 = 獻(공헌)

본문학습 

본문학습 한자어의 훈음과 독음을 확인하세요.

茫漠 : (아득할 망)(넓을 막) ▷ (망막)
茫然自失 (망연자실) ······························
(아득할 망)(그럴 연)(스스로 자)(잃을 실)
佳緣 : (아름다울 가)(인연 연) ▷ (가연)
漸入佳境 (점입가경) ······························
(점점 점)(들 입)(아름다울 가)(지경 경)
詐稱 : (속일 사)(일컬을 칭) ▷ (사칭)
詐誕 : (속일 사)(날 탄) ▷ (사탄)
曉旦 : (새벽 효)(아침 단) ▷ (효단)
元旦 : (으뜸 원)(아침 단) ▷ (원단)
霧散 : (안개 무)(흩을 산) ▷ (무산)
五里霧中 (오리무중) ······························
(다섯 오)(마을 리)(안개 무)(가운데 중)
御殿 : (거느릴 어)(전각 전) ▷ (어전)
便殿 : (편할 편)(전각 전) ▷ (편전)
憤慨 : (분할 분)(슬퍼할 개) ▷ (분개)
感慨無量 (감개무량) ······························
(느낄 감)(슬퍼할 개)(없을 무)(헤아릴 량)
坐禪 : (앉을 좌)(선 선) ▷ (좌선)
坐井觀天 (좌정관천) ······························
(앉을 좌)(우물 정)(볼 관)(하늘 천)

※ 문제해답(152쪽) ······························ 1

茫蒼(망창)　佳作(가작)　坐定(좌정)　霧露(무로)
佳勝(가승)　茫然(망연)　佳境(가경)　詐欺(사기)
雲霧(운무)　連坐(연좌)　佳節(가절)　佳景(가경)
詐取(사취)　旦暮(단모)　佳約(가약)　旦夕(단석)
坐更(좌경)　薄霧(박무)　煙霧(연무)　姦詐(간사)
詐病(사병)　宿霧(숙무)　坐像(좌상)　祥霧(상무)
慨歎(개탄)　坐視(좌시)　坐忘(좌망)　佳趣(가취)
坐屈(좌굴)　詐術(사술)

※ 문제해답(152쪽) ······························ 2

(1)親切　(2)意味　(3)表現　(4)使用
(5)理由　(6)存在　(7)自體　(8)우아
(9)注意力　(10)意志　(11)作用　(12)境遇
(13)青年　(14)豐滿　(15)暴君　(16)他人
(17)打破　(18)정복

※ 문제해답(152쪽) ······························ 3

1. 田　2. 進　3. 毛　4. 好
5. 血　6. 竹　7. 如　8. 豆
9. 羊　10. 引　11. 陸　12. 頭
13. 包　14. 貨　15. 形　16. 位
17. 容　18. 命

본문학습 

본문학습 한자어의 훈음과 독음을 확인하세요.

端緖 : (끝 단)(실마리 서) ▷ (단서)
情緖 : (뜻 정)(실마리 서) ▷ (정서)
記憶 : (기록할 기)(생각할 억) ▷ (기억)
追憶 : (쫓을 추)(생각할 억) ▷ (추억)
惟獨 : (생각할 유)(홀로 독) ▷ (유독)
思惟 : (생각할 사)(생각할 유) ▷ (사유)
清涼 : (맑을 청)(서늘할 량) ▷ (청량)
相互 : (서로 상)(서로 호) ▷ (상호)
互換 : (서로 호)(바꿀 환) ▷ (호환)
積載 : (쌓을 적)(실을 재) ▷ (적재)
連載 : (이을 련)(실을 재) ▷ (연재)
輪栽 : (바퀴 륜)(심을 재) ▷ (윤재)
植栽 : (심을 식)(심을 재) ▷ (식재)
于飛 : (어조사 우)(날 비) ▷ (우비)
于山國 (어조사 우)(메 산)(나라 국) ▷ (우산국)
納涼 : (들일 납)(서늘할 량) ▷ (납량)

※ 문제해답(154쪽) 1

互選(호선) 記載(기재) 于先(우선) 頭緖(두서)
連互(연호) 栽植(재식) 船載(선재) 溫涼(온량)
于歸(우귀) 互稱(호칭) 由緖(유서) 緖論(서론)
互讓(호양) 緖餘(서여) 遺緖(유서) 荒涼(황량)
憶念(억념) 伏惟(복유)

※ 문제해답(154쪽) 2

(기원)▷햇수를 세는 데에 기준이 되는 해…(紀元)
(기원)▷사물이 생긴 근원 ....(起源)
(부상)▷상처를 입음 ....(負傷)
(부상)▷덧붙여서 주는 상 ....(副賞)
(경로)▷지나는 길 ....(經路)
(경로)▷노인을 공경함 ....(敬老)
(과정)▷일이 되어 가는 과정 ....(過程)
(과정)▷과업의 정도 ....(課程)
(구호)▷어려운 사람을 보호함 ....(救護)
(구호)▷주장 따위의 호소 ....(口號)
(전승)▷싸워 이김 ....(戰勝)
(전승)▷계통을 전하여 이어감 ....(傳承)

※ 문제해답(154쪽) 3

◦榮譽(영예)▷(영화 영)(기릴 예)
◦選擧(선거)▷(가릴 선)(들 거)
◦渴症(갈증)▷(목마를 갈)(증세 증)
◦拜謁(배알)▷(절 배)(뵐 알)
◦困辱(곤욕)▷(곤할 곤)(욕될 욕)
◦因果(인과)▷(인할 인)(실과 과)
◦萬若(만약)▷(일만 만)(같을 약)
◦苦樂(고락)▷(쓸 고)(즐길 락)

본문학습 

◎ 본문학습 한자어의 훈음과 독음을 확인하세요.

昏迷 : (어두울 혼)(미혹할 미)▷(혼미)
昏絶 : (어두울 혼)(끊을 절)▷(혼절)
丈夫 : (어른 장)(지아비 부)▷(장부)
春府丈(봄 춘)(마을 부)(어른 장)▷(춘부장)
愚劣 : (어리석을 우)(못할 렬)▷(우열)
愚民政策 (우민정책) ....
(어리석을 우)(백성 민)(정사 정)(꾀 책)
幼蟲 : (어릴 유)(벌레 충)▷(유충)
忍辱 : (참을 인)(욕될 욕)▷(인욕)
長幼 : (긴 장)(어릴 유)▷(장유)
榮辱 : (영화 영)(욕될 욕)▷(영욕)
隨伴 : (따를 수)(짝 반)▷(수반)
伴奏 : (짝 반)(아뢸 주)▷(반주)
甚至於(심할 심)(이를 지)(어조사 어)▷(심지어)
於焉間(어조사 어)(어찌 언)(사이 간)▷(어언간)
鳳湯 : (새 봉)(끓을 탕)▷(봉탕)
鳳仙花(새 봉)(신선 선)(꽃 화)▷(봉선화)

※ 문제해답(156쪽) 1

昏困(혼곤) 愚拙(우졸) 昏忘(혼망) 愚鈍(우둔)
方丈(방장) 幼男(유남) 幼稚(유치) 黃昏(황혼)
辱知(욕지) 愚弄(우롱) 恥辱(치욕) 杖家(장가)
困辱(곤욕) 幼兒(유아) 鳳毛(봉모) 幼弱(유약)
丈母(장모) 愚計(우계) 同伴(동반) 幼蒙(유몽)
屈辱(굴욕) 侮辱(모욕) 幼婦(유부) 鳳枕(봉침)

※ 문제해답(156쪽) 2

(1)不條理 (2)運行 (3)目的 (4)意圖的
(5)努力 (6)生存 (7)結局 (8)不過
(9)意識 (10)초월 (11)永遠 (12)觀點
(13)以上 (14)포기 (15)미미 (16)眞正
(17)狀況 (18)自覺 (19)증오 (20)회피
(21)限界 (22)理解 (23)英雄 (24)絶望

본문학습 

◎ 본문학습 한자어의 훈음과 독음을 확인하세요.

附隨 : (붙을 부)(따를 수)▷(부수)
隨筆 : (따를 수)(붓 필)▷(수필)

夫唱婦隨 (부창부수) ……………………………………
(지아비 부)(부를 창)(지어미 부)(따를 수)
濕潤 : (젖을 습)(불을 윤) ▷ (습윤)
懷抱 : (품을 회)(안을 포) ▷ (회포)
抱腹絶倒 (포복절도) ……………………………………
(안을 포)(배 복)(끊을 절)(넘어질 도)
訴訟 : (호소할 소)(송사할 송) ▷ (소송)
訟事 : (송사할 송)(일 사) ▷ (송사)
憐憫 : (불쌍히여길 련)(민망할 민) ▷ (연민)
憫迫 : (민망할 민)(닥칠 박) ▷ (민박)
畜産 : (짐승 축)(낳을 산) ▷ (축산)
牧畜 : (칠 목)(짐승 축) ▷ (목축)
利潤 : (이할 리)(불을 윤) ▷ (이윤)
抱負 : (안을 포)(질 부) ▷ (포부)
徵兆 : (부를 징)(조짐 조) ▷ (징조)
兆民 : (조짐 조)(백성 민) ▷ (조민)

※ 문제해답(158쪽) …………………………………… 1

兆候(조후) 隨行(수행) 憫笑(민소) 吉兆(길조)
抱擁(포옹) 潤筆(윤필) 爭訟(쟁송) 畜養(축양)
潤澤(윤택) 聽訟(청송) 浸潤(침윤) 訟案(송안)

※ 문제해답(158쪽) …………………………………… 2

(1)完成 (2)漢城 (3)大韓 (4)決心
(5)生命 (6)萬一 (7)노예 (8)切實
(9)榮光 (10)獨立軍 (11)戰爭 (12)期成

※ 문제해답(158쪽) …………………………………… 3

(1)公開 (2)友好 (3)形式 (4)平面
(5)文明 (6)遠心 (7)均等 (8)過失
(9)消費

※ 문제해답(158쪽) …………………………………… 4

(1) ① (2) ② (3) ① (4) ① (5) ② (6) ④

본문학습 69

본문학습 한자어의 훈음과 독음을 확인하세요.

丘陵 : (언덕 구)(언덕 릉) ▷ (구릉)
砂丘 : (모래 사)(언덕 구) ▷ (사구)
阿片 : (언덕 아)(조각 편) ▷ (아편)
阿附 : (언덕 아)(붙을 부) ▷ (아부)
幼稚 : (어릴 유)(어릴 치) ▷ (유치)
稚氣 : (어릴 치)(기운 기) ▷ (치기)
彼岸 : (저 피)(언덕 안) ▷ (피안)
岸壁 : (언덕 안)(벽 벽) ▷ (안벽)
獲得 : (얻을 획)(얻을 득) ▷ (획득)
捕獲 : (잡을 포)(얻을 획) ▷ (포획)
凍結 : (얼 동)(맺을 결) ▷ (동결)
冷凍 : (찰 랭)(얼 동) ▷ (냉동)
連絡 : (이을 련)(얽을 락) ▷ (연락)
脈絡 : (줄기 맥)(얽을 락) ▷ (맥락)
逆襲 : (거스를 역)(엄습할 습) ▷ (역습)
被襲 : (입을 피)(엄습할 습) ▷ (피습)
猛襲 : (사나울 맹)(엄습할 습) ▷ (맹습)

※ 문제해답(160쪽) …………………………………… 1

斷岸(단안) 沿岸(연안) 海岸(해안) 丘墓(구묘)
河岸(하안) 比丘(비구) 被襲(피습) 經絡(경락)
凍傷(동상) 稚拙(치졸) 漁獲(어획) 因襲(인습)
獲罪(획죄) 凍裂(동렬) 襲擊(습격) 凍死(동사)
凍破(동파) 丘墳(구분) 阿丘(아구) 襲承(습승)
聯絡(연락) 段丘(단구) 踏襲(답습) 稚兒(치아)
奇襲(기습) 攻襲(공습) 凍氷(동빙) 急襲(급습)
冷凍(냉동) 凍太(동태)

※ 문제해답(160쪽) …………………………………… 2

(1)急變 (2)기업 (3)勞使 (4)團結
(5)自發的 (6)對應 (7)성숙 (8)危機
(9)狀況 (10)도약 (11)無事 (12)안일
(13)舊態 (14)依然 (15)受動 (16)탈피
(17)革新 (18)認識

※ 문제해답(160쪽) ………………………………… 3

1. 쇠할 쇠	2. 수풀 삼	3. 돌 순
4. 저울대 형	5. 시내 계	6. 시렁 가
7. 칠할 도	8. 홈칠 절	9. 싹 아
10. 우레 진	11. 얕을 천	12. 어긋날 위
13. 어깨 견	14. 어두울 명	15. 아름다울 가
16. 속일 사	17. 안개 무	18. 앉을 좌
19. 서로 호	20. 심을 재	

※ 문제해답(160쪽) ………………………………… 4

文 ↔ (武)	乾 ↔ (坤)	慶 ↔ (弔)
喜 ↔ (悲)	利 ↔ (害)	(賣) ↔ 買
(收) ↔ 支	(祖) ↔ 孫	(盛) ↔ 衰
(攻) ↔ 守		

본문학습 

본문학습 한자어의 훈음과 독음을 확인하세요.

陵谷之變 (능곡지변) ………………………………
(언덕 릉)(골 곡)(갈 지)(변할 변)
陵辱 : (언덕 릉)(욕될 욕) ▷ (능욕)
罔極 : (없을 망)(극진할 극) ▷ (망극)
欺罔 : (속일 기)(없을 망) ▷ (기망)
錯覺 : (어긋날 착)(깨달을 각) ▷ (착각)
錯誤 : (어긋날 착)(그릇칠 오) ▷ (착오)
係累 : (맬 계)(여러 루) ▷ (계루)
累卵之勢 (누란지세) ………………………………
(여러 루)(알 란)(갈 지)(형세 세)
庶政 : (여러 서)(정사 정) ▷ (서정)
庶務 : (여러 서)(힘쓸 무) ▷ (서무)
驛館 : (역 역)(집 관) ▷ (역관)
驛遞 : (역 역)(갈릴 체) ▷ (역체)
編著 : (엮을 편)(나타날 저) ▷ (편저)
編隊 : (엮을 편)(무리 대) ▷ (편대)
豫編 : (미리 예)(엮을 편) ▷ (예편)
蓮步 : (연꽃 련)(걸음 보) ▷ (연보)
蓮花臺 (연꽃 련)(꽃 화)(대 대) ▷ (연화대)

※ 문제해답(162쪽) ………………………………… 1

陵侮(능모)	江陵(강릉)	丘陵(구릉)	庶出(서출)
罔民(망민)	錯亂(착란)	編物(편물)	蓮池(연지)
累減(누감)	累計(누계)	累代(누대)	編戶(편호)
累增(누증)	庶幾(서기)	庶子(서자)	庶母(서모)
交錯(교착)	錯視(착시)	紅蓮(홍련)	驛舍(역사)
驛夫(역부)	錯雜(착잡)	累積(누적)	驛員(역원)
編成(편성)	編制(편제)	係累(계루)	庶民(서민)
編次(편차)	編曲(편곡)		

※ 문제해답(162쪽) ………………………………… 2

(1)景氣	(2)下降	(3)體制	(4)貿易
(5)加速化	(6)豫想	(7)營爲	(8)化學
(9)精油	(10)精製	(11)設備	(12)확충
(13)競爭	(14)容量	(15)增大	(16)製品
(17)價格	(18)下落	(19)昨年	(20)樹立
(21)長期	(22)계획	(23)推進	(24)一流

※ 문제해답(162쪽) ………………………………… 3

(1)南柯一夢(남가일몽)	(2)羊頭狗肉(양두구육)
(3)昏定晨省(혼정신성)	(4)風樹之嘆(풍수지탄)
(5)同價紅裳(동가홍상)	(6)牛耳讀經(우이독경)
(7)我田引水(아전인수)	(8)晝耕夜讀(주경야독)

본문학습 

본문학습 한자어의 훈음과 독음을 확인하세요.

柔軟 : (부드러울 유)(연할 연) ▷ (유연)
軟禁 : (연할 연)(금할 금) ▷ (연금)
啓發 : (열 계)(필 발) ▷ (계발)
啓蒙 : (열 계)(어두울 몽) ▷ (계몽)
旬報 : (열흘 순)(갚을 보) ▷ (순보)
初旬 : (처음 초)(열흘 순) ▷ (초순)
稀薄 : (드물 희)(엷을 박) ▷ (희박)
旬五志 (열흘 순)(다섯 오)(뜻 지) ▷ (순오지)

佳人薄命 (가인박명)
(아름다울 가)(사람 인)(엷을 박)(목숨 명)
糖類 : (사탕 당)(무리 류) ▷ (당류)
製糖 : (지을 제)(사탕 당) ▷ (제당)
昔年 : (예 석)(해 년) ▷ (석년)
古昔 : (예 고)(예 석) ▷ (고석)
耶蘇 : (어조사 야)(되살아날 소) ▷ (야소)
有耶無耶 (유야무야)
(있을 유)(어조사 야)(없을 무)(어조사 야)
押留 : (누를 압)(머무를 류) ▷ (압류)
押送 : (누를 압)(보낼 송) ▷ (압송)
押收 : (누를 압)(거둘 수) ▷ (압수)
薄利多賣 (박리다매)
(엷을 박)(이할 리)(많을 다)(팔 매)

※ 문제해답(164쪽) 1

啓示(계시) 軟質(연질) 糖分(당분) 薄氷(박빙)
果糖(과당) 拜啓(배계) 軟弱(연약) 軟骨(연골)
野薄(야박) 輕薄(경박) 淺薄(천박) 薄待(박대)

※ 문제해답(164쪽) 2

(1)最近 (2)一角 (3)論議 (4)感性
(5)知能 (6)정서 (7)개념 (8)成功
(9)要素 (10)理論 (11)충동 (12)調節
(13)인내 (14)熱情 (15)自發 (16)動機
(17)共感 (18)기민성 (19)理解 (20)포함
(21)課題 (22)苦痛 (23)可能性 (24)危機
(25)創造 (26)소홀 (27)傳授 (28)構造化
(29)經驗 (30)망각

※ 문제해답(164쪽) 3

說敎(설교) 遊說(유세) 喜說(희열) 說明(설명)
辰星(진성) 生辰(생신) 日辰(일진) 誕辰(탄신)
樂隊(악대) 樂園(낙원) 樂山樂水(요산요수)

본문학습 72

본문학습 한자어의 훈음과 독음을 확인하세요.

昇級 : (오를 승)(등급 급) ▷ (승급)
昇降機 (오를 승)(내릴 강)(틀 기) ▷ (승강기)
臟器 : (오장 장)(그릇 기) ▷ (장기)
肺臟 : (허파 폐)(오장 장) ▷ (폐장)
唯識 : (오직 유)(알 식) ▷ (유식)
唯物論 (오직 유)(물건 물)(논할 론) ▷ (유물론)
高尙 : (높을 고)(오히려 상) ▷ (고상)
崇尙 : (높을 숭)(오히려 상) ▷ (숭상)
猶豫 : (오히려 유)(미리 예) ▷ (유예)
過猶不及 (과유불급)
(지날 과)(오히려 유)(아닐 불)(미칠 급)
監獄 : (볼 감)(옥 옥) ▷ (감옥)
脫獄 : (벗을 탈)(옥 옥) ▷ (탈옥)
妥當 : (온당할 타)(마땅 당) ▷ (타당)
妥協 : (온당할 타)(화할 협) ▷ (타협)
遷都 : (옮길 천)(도읍 도) ▷ (천도)
變遷 : (변할 변)(옮길 천) ▷ (변천)

※ 문제해답(166쪽) 1

獄訟(옥송) 獄案(옥안) 獄囚(옥수) 昇降(승강)
出獄(출옥) 誇尙(과상) 遷轉(천전) 播遷(파천)
累遷(누천) 左遷(좌천) 昇進(승진) 昇合(승합)
妥安(타안) 上昇(상승) 妥議(타의) 昇天(승천)
昇沈(승침) 乘合(승합) 尙宮(상궁) 昇格(승격)
尙古(상고) 尙武(상무) 肝臟(간장) 妥結(타결)

※ 문제해답(166쪽) 2

(1)經營 (2)基本 (3)理念 (4)見解
(5)임할 림 (6)態度 (7)企業 (8)合議
(9)目標 (10)規則 (11)方針 (12)意思
(13)一定 (14)原則 (15)狀況 (16)判斷
(17)基準 (18)興亡

※ 문제해답(166쪽) 3

(1)國(国) (2)寶(宝) (3)廣(広) (4)對(対)
(5)區(区) (6)擇(択) (7)舊(旧) (8)假(仮)
(9)圖(図) (10)萬(万) (11)擔(担) (12)學(学)

※ 문제해답(166쪽) 4

別居↔(同居) 自律↔(他律)
輕視↔(重視) 高調↔(低調)

본문학습

본문학습 한자어의 훈음과 독음을 확인하세요.

決裁 : (결단할 결)(옷마를 재) ▷ (결재)
裁判 : (옷마를 재)(판단할 판) ▷ (재판)
漆板 : (옻 칠)(널 판) ▷ (칠판)
漆黑 : (옻 칠)(검을 흑) ▷ (칠흑)
貴妃 : (귀할 귀)(왕비 비) ▷ (귀비)
皇妃 : (임금 황)(왕비 비) ▷ (황비)
攝理 : (다스릴 섭)(다스릴 리) ▷ (섭리)
包攝 : (쌀 포)(다스릴 섭) ▷ (포섭)
暗誦 : (어두울 암)(욀 송) ▷ (암송)
讀誦 : (읽을 독)(욀 송) ▷ (독송)
莫論 : (없을 막)(논할 론) ▷ (막론)
莫強 : (없을 막)(강할 강) ▷ (막강)
慾望 : (욕심 욕)(바랄 망) ▷ (욕망)
貪慾 : (탐할 탐)(욕심 욕) ▷ (탐욕)
寬恕 : (너그러울 관)(용서할 서) ▷ (관서)
容恕 : (얼굴 용)(용서할 서) ▷ (용서)

※ 문제해답(168쪽) 1

誦經(송경) 裁斷(재단) 制裁(제재) 王妃(왕비)
裁量(재량) 裁可(재가) 莫大(막대) 索莫(삭막)
慾心(욕심) 莫重(막중) 過慾(과욕) 慾求(욕구)
食慾(식욕) 忠恕(충서) 裁決(재결) 淫慾(음욕)
攝取(섭취) 攝政(섭정)

※ 문제해답(168쪽) 2

(1) 造船 (2) 恒常 (3) 白飯 (4) 努力
(5) 追從 (6) 護國 (7) 老松 (8) 價格
(9) 骨格 (10) 毒素

※ 문제해답(168쪽) 3

(1) 平安 (2) 庶民 (3) 妥協 (4) 自立
(5) 均等 (6) 革新

※ 문제해답(168쪽) 4

1. 低 2. 肉 3. 背 4. 努
5. 端 6. 豆 7. 留 8. 深
9. 寺 10. 星 11. 往 12. 飛
13. 移 14. 恩 15. 助 16. 走
17. 蟲 18. 宗

본문학습

본문학습 한자어의 훈음과 독음을 확인하세요.

信仰 : (믿을 신)(우러를 앙) ▷ (신앙)
仰祝 : (우러를 앙)(빌 축) ▷ (앙축)
避雷 : (피할 피)(우레 뢰) ▷ (피뢰)
附和雷同 (부화뇌동) ....
(붙을 부)(화할 화)(우레 뢰)(한가지 동)
井華水 (우물 정)(빛날 화)(물 수) ▷ (정화수)
天井不知 (천정부지) ....
(하늘 천)(우물 정)(아닐 불)(알 지)
音韻 : (소리 음)(운 운) ▷ (음운)
韻致 : (운 운)(이를 치) ▷ (운치)
響應 : (울릴 향)(응할 응) ▷ (향응)
音響 : (소리 음)(울릴 향) ▷ (음향)
哭聲 : (울 곡)(소리 성) ▷ (곡성)
痛哭 : (아플 통)(울 곡) ▷ (통곡)
旣決 : (이미 기)(결단할 결) ▷ (기결)
旣得權 (이미 기)(얻을 득)(권세 권) ▷ (기득권)

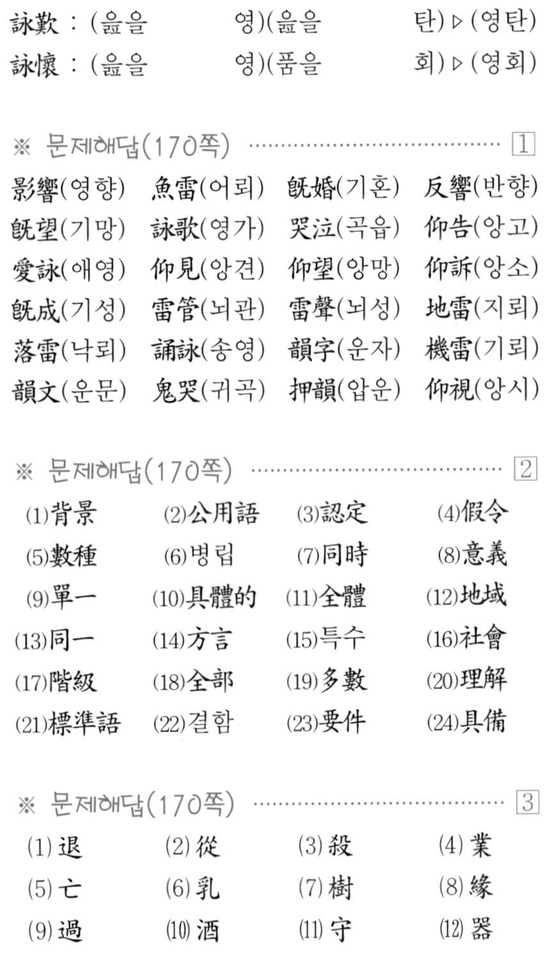

詠歎 : (읊을 영)(읊을 탄) ▷ (영탄)
詠懷 : (읊을 영)(품을 회) ▷ (영회)

※ 문제해답(170쪽) ······························ 1

影響(영향) 魚雷(어뢰) 旣婚(기혼) 反響(반향)
旣望(기망) 詠歌(영가) 哭泣(곡읍) 仰告(앙고)
愛詠(애영) 仰見(앙견) 仰望(앙망) 仰訴(앙소)
旣成(기성) 雷管(뇌관) 雷聲(뇌성) 地雷(지뢰)
落雷(낙뢰) 誦詠(송영) 韻字(운자) 機雷(기뢰)
韻文(운문) 鬼哭(귀곡) 押韻(압운) 仰視(앙시)

※ 문제해답(170쪽) ······························ 2

(1)背景 (2)公用語 (3)認定 (4)假令
(5)數種 (6)병립 (7)同時 (8)意義
(9)單一 (10)具體的 (11)全體 (12)地域
(13)同一 (14)方言 (15)특수 (16)社會
(17)階級 (18)全部 (19)多數 (20)理解
(21)標準語 (22)결함 (23)要件 (24)具備

※ 문제해답(170쪽) ······························ 3

(1) 退 (2) 從 (3) 殺 (4) 業
(5) 亡 (6) 乳 (7) 樹 (8) 緣
(9) 過 (10) 酒 (11) 守 (12) 器

본문학습 

본문학습 한자어의 훈음과 독음을 확인하세요.

草稿 : (풀 초)(원고 고) ▷ (초고)
投稿 : (던질 투)(원고 고) ▷ (투고)
寄稿 : (부칠 기)(원고 고) ▷ (기고)
脅迫 : (위협할 협)(닥칠 박) ▷ (협박)
威脅 : (위엄 위)(위협할 협) ▷ (위협)
閏餘 : (윤달 윤)(남을 여) ▷ (윤여)
閏朔 : (윤달 윤)(초하루 삭) ▷ (윤삭)
奚琴 : (어찌 해)(거문고 금) ▷ (해금)
逮捕 : (잡을 체)(잡을 포) ▷ (체포)
逮繫 : (잡을 체)(맬 계) ▷ (체계)
淫亂 : (음란할 음)(어지러울 란) ▷ (음란)
淫談 : (음란할 음)(말씀 담) ▷ (음담)
信賴 : (믿을 신)(의뢰할 뢰) ▷ (신뢰)
依賴 : (의지할 의)(의뢰할 뢰) ▷ (의뢰)
斯文 : (이 사)(글월 문) ▷ (사문)
斯文亂賊 (사문난적) ······························
(이 사)(글월 문)(어지러울 란)(도둑 적)
脅奪 : (위협할 협)(빼앗을 탈) ▷ (협탈)

※ 문제해답(172쪽) ······························ 1

淫樂(음락) 淫貪(음탐) 淫縱(음종) 原稿(원고)
脅制(협제) 舊稿(구고) 拙稿(졸고) 淫慾(음욕)
稿料(고료) 脫稿(탈고) 投稿(투고) 遺稿(유고)

※ 문제해답(172쪽) ······························ 2

(1) 協力 (2) 守備 (3) 眞實 (4) 連結
(5) 政治 (6) 創造 (7) 衆生 (8) 單位
(9) 解答 (10) 香氣

※ 문제해답(172쪽) ······························ 3

(1)求職(구직) 罷職(파직) 職場(직장) 職分(직분)
(2)冷淡(냉담) 雅淡(아담) 淡彩(담채) 淡墨(담묵)
(3)加盟(가맹) 聯盟(연맹) 盟誓(맹서) 盟約(맹약)
(4)沈沒(침몰) 埋沒(매몰) 沒入(몰입) 沒收(몰수)

※ 문제해답(172쪽) ······························ 4

1. 관혼 2. 구류 3. 긴밀 4. 폐간
5. 관습 6. 증상 7. 수요 8. 수송
9. 사제 10. 소집 11. 연기 12. 위장
13. 재판 14. 신중 15. 우려 16. 확장
17. 흉중 18. 철저 19. 함축 20. 횡재
21. 차액 22. 참극 23. 질병 24. 집필
25. 찬성 26. 채무 27. 계약 28. 천직
29. 창고 30. 습득 31. 당류 32. 임종
33. 모사 34. 담수 35. 돌파 36. 반환
37. 범상 38. 부패 39. 몰락 40. 배양
41. 축산 42. 탈취 43. 피고 44. 추가
45. 충격

본문학습 

본문학습 한자어의 훈음과 독음을 확인하세요.

頻繁 : (자주 빈)(번성할 번) ▷ (빈번)
頻發 : (자주 빈)(필 발) ▷ (빈발)
夷滅 : (오랑캐 이)(멸할 멸) ▷ (이멸)
東夷族 (동녘 동)(오랑캐 이)(겨레 족) ▷ (동이족)
吟味 : (읊을 음)(맛 미) ▷ (음미)
吟風弄月 (음풍농월) ……………………………………
(읊을 음)(바람 풍)(희롱할 롱)(달 월)
久遠 : (오랠 구)(멀 원) ▷ (구원)
克己 : (이길 극)(몸 기) ▷ (극기)
熟眠 : (익을 숙)(잘 면) ▷ (숙면)
深思熟考 (심사숙고) ……………………………………
(깊을 심)(생각 사)(익을 숙)(생각할 고)
循環 : (돌 순)(고리 환) ▷ (순환)
因循 : (인할 인)(돌 순) ▷ (인순)
此際 : (이 차)(즈음 제) ▷ (차제)
於此彼 (어조사 어)(이 차)(저 피) ▷ (어차피)
克服 : (이길 극)(옷 복) ▷ (극복)
持久 : (가질 지)(오랠 구) ▷ (지구)

※ 문제해답(174쪽) …………………………………… 1

成熟(성숙) 恒久(항구) 熟計(숙계) 半熟(반숙)
吟誦(음송) 熟練(숙련) 熟醉(숙취) 燒夷(소이)
未熟(미숙) 此生(차생) 久留(구류) 長久(장구)
循行(순행) 久屈(구굴) 循良(순량) 吟曲(음곡)
熟成(숙성) 熟讀(숙독) 審克(심극) 熟達(숙달)
超克(초극) 彼此(피차) 此乘(차승) 完熟(완숙)
朗吟(낭음) 圓熟(원숙) 悠久(유구) 吟詠(음영)
早熟(조숙) 久別(구별)

※ 문제해답(174쪽) …………………………………… 2

(1)歷史 (2)過去 (3)硏究 (4)망각
(5)學問 (6)觀念 (7)입각 (8)관련
(9)考察 (10)明確 (11)理解 (12)自我
(13)批判 (14)生動 (15)知識 (16)童心
(17)每樣 (18)尊重 (19)觀察 (20)사색
(21)考慮 (22)解放 (23)순진 (24)知覺

※ 문제해답(174쪽) …………………………………… 3

複數 ↔ (單數) 固定 ↔ (流動)
對話 ↔ (獨白) 凶年 ↔ (豊年)
(敵對) ↔ 友好 (恩惠) ↔ 怨恨
(內容) ↔ 形式 (光明) ↔ 暗黑

본문학습 

본문학습 한자어의 훈음과 독음을 확인하세요.

携帶 : (이끌 휴)(띠 대) ▷ (휴대)
提携 : (끌 제)(이끌 휴) ▷ (제휴)
也帶 : (어조사 야)(띠 대) ▷ (야대)
厄運 : (액 액)(옮길 운) ▷ (액운)
災厄 : (재앙 재)(액 액) ▷ (재액)
橫厄 : (가로 횡)(액 액) ▷ (횡액)
遂行 : (드디어 수)(다닐 행) ▷ (수행)
完遂 : (완전할 완)(드디어 수) ▷ (완수)
提供 : (끌 제)(이바지할 공) ▷ (제공)
稱謂 : (일컬을 칭)(이를 위) ▷ (칭위)
所謂 : (바 소)(이를 위) ▷ (소위)
飢渴 : (주릴 기)(목마를 갈) ▷ (기갈)
飢寒 : (주릴 기)(찰 한) ▷ (기한)
泣血 : (울 읍)(피 혈) ▷ (읍혈)
泣請 : (울 읍)(청할 청) ▷ (읍청)
感泣 : (느낄 감)(울 읍) ▷ (감읍)
供給 : (이바지할 공)(줄 급) ▷ (공급)
佛供 : (부처 불)(이바지할 공) ▷ (불공)

※ 문제해답(176쪽) …………………………………… 1

可謂(가위) 哭泣(곡읍) 飢困(기곤) 哀泣(애읍)
供與(공여) 號泣(호읍) 供養(공양) 供需(공수)
厄禍(액화) 悲泣(비읍) 扶携(부휴) 未遂(미수)

※ 문제해답(176쪽) ············ 2

◦ 성대 ▷ 아주 성하고 큼 ············ (盛大)
◦ 성대 ▷ 소리를 내는 기관 ············ (聲帶)
◦ 단정 ▷ 얌전하고 깔끔함 ············ (端正)
◦ 단정 ▷ 분명히 결정함 ············ (斷定)
◦ 인상 ▷ 잊혀지지 않는 자취 ············ (印象)
◦ 인상 ▷ 값을 올림 ············ (引上)
◦ 연장 ▷ 기준보다 늘임 ············ (延長)
◦ 연장 ▷ 나이가 많음 ············ (年長)
◦ 방문 ▷ 남을 찾아 봄 ············ (訪問)
◦ 방문 ▷ 방으로 드나드는 문 ············ (房門)
◦ 교감 ▷ 교무를 감독하는 직책 ············ (校監)
◦ 교감 ▷ 접촉하여 감응함 ············ (交感)

※ 문제해답(176쪽) ············ 3

1. 맛	미	2. 배	항	3. 호걸	호
4. 그림자	영	5. 우물	정	6. 가운데	앙
7. 날	비	8. 어려울	난	9. 바위	암
10. 숯	탄	11. 값	치	12. 꼬리	미
13. 불	취	14. 옮길	이	15. 절	사
16. 못	지	17. 구리	동	18. 띠	대
19. 아이	동	20. 달릴	주		

본문학습 78

본문학습 한자어의 훈음과 독음을 확인하세요.

露宿 : (이슬 로)(잘 숙) ▷ (노숙)
露骨的 (이슬 로)(뼈 골)(과녁 적) ▷ (노골적)
乃至 : (이에 내)(이를 지) ▷ (내지)
乃父 : (이에 내)(아비 부) ▷ (내부)
隣接 : (이웃 린)(이을 접) ▷ (인접)
慣例 : (버릇 관)(법식 례) ▷ (관례)
善隣 : (착할 선)(이웃 린) ▷ (선린)
廢倫 : (폐할 폐)(인륜 륜) ▷ (폐륜)
倫理 : (인륜 륜)(다스릴 리) ▷ (윤리)
荷役 : (멜 하)(일 역) ▷ (하역)
主役 : (임금 주)(일 역) ▷ (주역)
曾孫 : (일찍이 증)(손자 손) ▷ (증손)
曾祖父 (일찍이 증)(할아비 조)(아비 부) ▷ (증조부)
慣習 : (버릇 관)(익힐 습) ▷ (관습)

※ 문제해답(178쪽) ············ 1

役割(역할)	暴露(폭로)	服役(복역)	勞役(노역)
倫匹(윤필)	苦役(고역)	使役(사역)	習慣(습관)
乃翁(내옹)	兵役(병역)	甘露(감로)	乃兄(내형)
表露(표로)	隣保(인보)	雨露(우로)	賦役(부역)
露出(노출)	隣近(인근)	慣性(관성)	露店(노점)
慣行(관행)	現役(현역)	吐露(토로)	比倫(비륜)

※ 문제해답(178쪽) ············ 2

(1)哲學 (2)변증법 (3)유물론 (4)독일
(5)觀念 (6)영향 (7)結合 (8)完成
(9)正·反·合 (10)過程 (11)變化
(12)物質 (13)構造 (14)精神 (15)法律
(16)政治 (17)決定 (18)규명

※ 문제해답(178쪽) ············ 3

(1) ① (2) ② (3) ④ (4) ① (5) ④ (6) ②

※ 문제해답(178쪽) ············ 4

◦ 賓客(빈객) ▷ (손 빈) (손 객)
◦ 容納(용납) ▷ (얼굴 용) (들일 납)
◦ 佳景(가경) ▷ (아름다울 가) (볕 경)
◦ 緊急(긴급) ▷ (긴할 긴) (급할 급)
◦ 堅固(견고) ▷ (굳을 견) (굳을 고)
◦ 往復(왕복) ▷ (갈 왕) (회복할 복)

본문학습 79

본문학습 한자어의 훈음과 독음을 확인하세요.

喪失 : (잃을 상)(잃을 실) ▷ (상실)
問喪 : (물을 문)(잃을 상) ▷ (문상)

皇太子 (임금 황)(클 태)(아들 자) ▷ (황태자)
皇城新聞 (황성신문) ……………………………
(임금 황)(재 성)(새 신)(들을 문)
臨終 : (임할 림)(마칠 종) ▷ (임종)
君臨 : (임금 군)(임할 림) ▷ (군림)
快哉 : (쾌할 쾌)(어조사 재) ▷ (쾌재)
哉生明 (어조사 재)(날 생)(밝을 명) ▷ (재생명)
脣音 : (입술 순)(소리 음) ▷ (순음)
脣亡齒寒 (순망치한) ……………………………
(입술 순)(망할 망)(이 치)(찰 한)
被擊 : (입을 피)(칠 격) ▷ (피격)
被選 : (입을 피)(가릴 선) ▷ (피선)
聯關 : (연이을 련)(관계할 관) ▷ (연관)
聯盟 : (연이을 련)(맹세 맹) ▷ (연맹)
忘却 : (잊을 망)(물리칠 각) ▷ (망각)
健忘症 (굳셀 건)(잊을 망)(증세 증) ▷ (건망증)
張皇 : (베풀 장)(임금 황) ▷ (장황)

※ 문제해답(180쪽) …………………………… 1

被告(피고) 降臨(강림) 聯邦(연방) 被殺(피살)
喪家(상가) 臨床(임상) 被害(피해) 被襲(피습)
喪心(상심) 聯合(연합) 弔喪(조상) 被訴(피소)
對聯(대련) 皇帝(황제) 初喪(초상) 喪禮(상례)
皇陵(황릉) 喪妻(상처) 國喪(국상) 喪服(상복)
皇妃(황비) 脫喪(탈상) 被動(피동) 敎皇(교황)
皇宮(황궁) 好喪(호상) 臨時(임시) 皇孫(황손)
聯隊(연대) 臨迫(임박) 再臨(재림) 被服(피복)
聯立(연립) 居喪(거상) 喪輿(상여) 護喪(호상)

※ 문제해답(180쪽) …………………………… 2

(1)經濟 (2)價值 (3)核心 (4)英國
(5)勞動 (6)一切 (7)商品 (8)生産
(9)投下 (10)直·間接 (11)量 (12)決定
(13)學說 (14)유물 (15)史觀 (16)主唱
(17)中心 (18)硏究 (19)近代 (20)社會
(21)構造 (22)개념 (23)資本論 (24)기술

※ 문제해답(180쪽) …………………………… 3

(政)=治 (根)=本 (群)=衆 (年)=歲 (聽)=聞
(境)=界 (談)=話 (果)=實 (徒)=黨 (孤)=獨

본문학습 80

본문학습 한자어의 훈음과 독음을 확인하세요.

曲尺 : (굽을 곡)(자 척) ▷ (곡척)
越尺 : (넘을 월)(자 척) ▷ (월척)
誇張 : (자랑할 과)(베풀 장) ▷ (과장)
誇大妄想 (과대망상) ……………………………
(자랑할 과)(큰 대)(망령될 망)(생각 상)
偏頗 : (치우칠 편)(자못 파) ▷ (편파)
頗多 : (자못 파)(많을 다) ▷ (파다)
詳考 : (자세할 상)(생각할 고) ▷ (상고)
寺跡 : (절 사)(발자취 적) ▷ (사적)
屢次 : (자주 루)(버금 차) ▷ (누차)
屢試屢驗 (누시누험) ……………………………
(자주 루)(시험 시)(자주 루)(시험 험)
屢代奉祀 (누대봉사) ……………………………
(자주 루)(대신할 대)(받들 봉)(제사 사)
紫煙 : (자줏빛 자)(연기 연) ▷ (자연)
紫外線 (자줏빛 자)(바깥 외)(줄 선) ▷ (자외선)
追跡 : (쫓을 추)(발자취 적) ▷ (추적)
詳述 : (자세할 상)(펼 술) ▷ (상술)
詳細 : (자세할 상)(가늘 세) ▷ (상세)

※ 문제해답(182쪽) …………………………… 1

屢報(누보) 屢朔(누삭) 奇跡(기적) 古跡(고적)
跡捕(적포) 人跡(인적) 足跡(족적) 筆跡(필적)
尺度(척도) 尺簡(척간) 誇示(과시) 浮誇(부과)

※ 문제해답(182쪽) …………………………… 2

(1)政治 (2)階級 (3)鬪爭 (4)暴力
(5)革命 (6)소멸 (7)독재 (8)構成
(9)空想 (10)命名 (11)영향 (12)資本

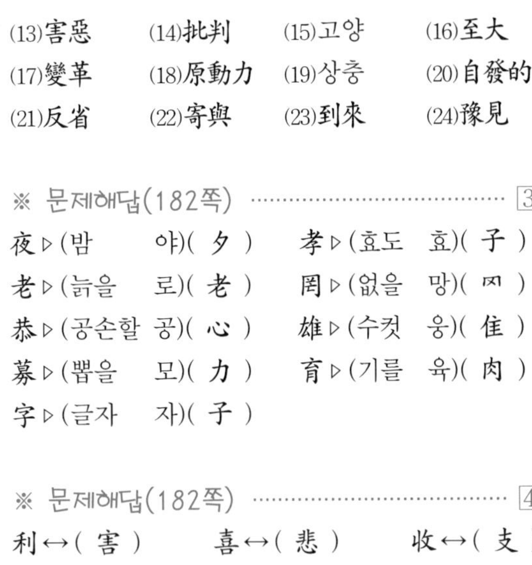

(13)害惡　(14)批判　(15)고양　(16)至大
(17)變革　(18)原動力　(19)상충　(20)自發的
(21)反省　(22)寄與　(23)到來　(24)豫見

※ 문제해답(182쪽) ………………………………… 3

夜▷(밤　야)(夕)　孝▷(효도　효)(子)
老▷(늙을　로)(老)　罔▷(없을　망)(网)
恭▷(공손할 공)(心)　雄▷(수컷　웅)(隹)
募▷(뽑을　모)(力)　育▷(기를　육)(肉)
字▷(글자　자)(子)

※ 문제해답(182쪽) ………………………………… 4

利↔(害)　喜↔(悲)　收↔(支)
損↔(益)　進↔(退)

본문학습

본문학습 한자어의 훈음과 독음을 확인하세요.

催眠 : (재촉할　최)(잘　면)▷(최면)
醉眠 : (취할　취)(잘　면)▷(취면)
潛跡 : (잠길　잠)(발자취　적)▷(잠적)
潛在力 (잠길　잠)(있을　재)(힘　력)▷(잠재력)
沈潛 : (잠길　침)(잠길　잠)▷(침잠)
沈清傳 (성　심)(맑을　청)(전할　전)▷(심청전)
沈水 : (잠길　침)(물　수)▷(침수)
萬頃蒼波 (만경창파) ……………………………
(일만　만)(잠깐　경)(푸를　창)(물결　파)
頃刻 : (잠깐　경)(새길　각)▷(경각)
暫時 : (잠깐　잠)(때　시)▷(잠시)
暫定的 (잠깐　잠)(정할　정)(과녁　적)▷(잠정적)
默念 : (잠잠할　묵)(생각　념)▷(묵념)
默認 : (잠잠할　묵)(알　인)▷(묵인)
拘禁 : (잡을　구)(금할　금)▷(구금)
拘留 : (잡을　구)(머무를　류)▷(구류)
執筆 : (잡을　집)(붓　필)▷(집필)
執權 : (잡을　집)(권세　권)▷(집권)
※ 拘(잡을 구)자와 狗(개 구)자는 혼동하기 쉬우니 주의!

※ 문제해답(184쪽) ………………………………… 1

熟眠(숙면)　沈降(침강)　潛伏(잠복)　默契(묵계)
沈積(침적)　沈痛(침통)　陰沈(음침)　執着(집착)
沈沒(침몰)　暫見(잠견)　執念(집념)　冬眠(동면)
默示(묵시)　固執(고집)　沈默(침묵)　擊沈(격침)
沈着(침착)　寡默(과묵)

※ 문제해답(184쪽) ………………………………… 2

(1)항우　(2)功　(3)戰爭　(4)統一
(5)봉할 봉　(6)도전　(7)장수　(8)親舊
(9)報告　(10)체포　(11)배반　(12)直接
(13)攻擊　(14)勝算　(15)제후　(16)國境
(17)自決　(18)敵國　(19)모신　(20)當然
(21)史記　(22)요긴　(23)所重　(24)천대

※ 문제해답(184쪽) ………………………………… 3

洞里(동리)　洞燭(통촉)　洞察(통찰)　洞會(동회)
暴露(폭로)　暴惡(포악)　暴棄(포기)　暴落(폭락)
制度(제도)　度內(탁내)　度量衡(도량형)
度支部(탁지부)

본문학습

본문학습 한자어의 훈음과 독음을 확인하세요.

捕捉 : (잡을　포)(잡을　착)▷(포착)
捉囚 : (잡을　착)(가둘　수)▷(착수)
斷片的 (끊을　단)(조각　편)(과녁　적)▷(단편적)
片道 : (조각　편)(길　도)▷(편도)
糾彈 : (얽힐　규)(탄알　탄)▷(규탄)
紛糾 : (어지러울　분)(얽힐　규)▷(분규)
葬送曲 (장사지낼장)(보낼송)(굽을 곡)▷(장송곡)
火葬 : (불　화)(장사지낼　장)▷(화장)

將帥 : (장수 장)(장수 수) ▷ (장수)
統帥權 (거느릴통)(장수 수)(권세 권) ▷ (통수권)
災殃 : (재앙 재)(재앙 앙) ▷ (재앙)
殃禍 : (재앙 앙)(재앙 화) ▷ (앙화)
云爲 : (이를 운)(하 위) ▷ (운위)
云云 : (이를 운)(이를 운) ▷ (운운)
飢餓 : (주릴 기)(주릴 아) ▷ (기아)
餓死 : (주릴 아)(죽을 사) ▷ (아사)
破片 : (깨뜨릴 파)(조각 편) ▷ (파편)

※ 문제해답(186쪽) ······························ 1

元帥(원수) 餓鬼(아귀) 天殃(천앙) 寒餓(한아)
殃慶(앙경) 餓殺(아살) 把捉(파착) 片刻(편각)
捉送(착송) 片雲(편운) 推捉(추착) 葬儀(장의)
片月(편월) 葬禮(장례) 鳥葬(조장) 片肉(편육)
埋葬(매장) 細片(세편)

※ 문제해답(186쪽) ······························ 2

- 감상 ▷ 마음에 일어나는 생각 ··············· (感想)
- 감상 ▷ 작품을 이해하고 즐김 ··············· (鑑賞)
- 비보 ▷ 급한 통지 ······························· (飛報)
- 비보 ▷ 슬픈 소식 ······························· (悲報)
- 시인 ▷ 그러하다고 인정함 ····················· (是認)
- 시인 ▷ 시를 짓는 사람 ························· (詩人)
- 정당 ▷ 정치적인 단체 ··························· (政黨)
- 정당 ▷ 바르고 마땅함 ··························· (正當)
- 인정 ▷ 어진 정치 ······························· (仁政)
- 인정 ▷ 옳다고 믿고 정함 ······················· (認定)
- 이해 ▷ 사리를 분별하여 앎 ····················· (理解)
- 이해 ▷ 이익과 손해 ····························· (利害)

※ 문제해답(186쪽) ······························ 3

(1) 繼 (継) (2) 關 (関) (3) 辭 (辞)
(4) 彈 (弾) (5) 當 (当) (6) 禮 (礼)
(7) 邊 (边 = 辺) (8) 肅 (粛) (9) 壓 (压)
(10) 廣 (広) (11) 賣 (売) (12) 與 (与)

본문학습 

본문학습 한자어의 훈음과 독음을 확인하세요.

促進 : (재촉할 촉)(나아갈 진) ▷ (촉진)
督促 : (감독할 독)(재촉할 촉) ▷ (독촉)
開催 : (열 개)(재촉할 최) ▷ (개최)
催告 : (재촉할 최)(알릴 고) ▷ (최고)
彼此 : (저 피)(이 차) ▷ (피차)
知彼知己 (지피지기) ······························
(알 지)(저 피)(알 지)(몸 기)
歲暮 : (해 세)(저물 모) ▷ (세모)
朝三暮四 (조삼모사) ······························
(아침 조)(석 삼)(저물 모)(넉 사)
浸潤 : (잠길 침)(불을 윤) ▷ (침윤)
浸透 : (잠길 침)(사무칠 투) ▷ (침투)
寡默 : (적을 과)(잠잠할 묵) ▷ (과묵)
衆寡不敵 (중과부적) ······························
(무리 중)(적을 과)(아닐 불)(대적할 적)
卜居 : (점 복)(살 거) ▷ (복거)
卜債 : (점 복)(빚 채) ▷ (복채)
漸增 : (점점 점)(더할 증) ▷ (점증)
漸進的 (점점 점)(나아갈 진)(과녁 적) ▷ (점진적)
主催 : (임금 주)(재촉할 최) ▷ (주최)

※ 문제해답(188쪽) ······························ 1

販促(판촉) 刺促(자촉) 漸次(점차) 浸濕(침습)
促急(촉급) 催淚(최루) 切促(절촉) 暮春(모춘)
浸染(침염) 卜吉(복길) 催促(최촉) 卜占(복점)
薄暮(박모) 寡獨(과독) 卜術(복술) 促求(촉구)
浸禮(침례) 促徵(촉징) 寡婦(과부) 漸染(점염)
促迫(촉박) 催眠(최면) 多寡(다과) 彼岸(피안)

※ 문제해답(188쪽) ······························ 2

(1)集團 (2)下位 (3)포식 (4)侵入
(5)警戒 (6)信號 (7)危險 (8)保護
(9)共有 (10)遺傳子 (11)個體群 (12)永續

(13)利他 (14)近緣 (15)同一 (16)協力
(17)複製 (18)血族 (19)適應 (20)一種
(21)意志 (22)選擇 (23)기계 (24)不過

※ 문제해답(188쪽) ······························ 3

苦痛(고통)↔平安(평안) 固執(고집)↔妥協(타협)
貴族(귀족)↔庶民(서민) 合理(합리)↔矛盾(모순)
生産(생산)↔消費(소비) 增加(증가)↔減少(감소)
差別(차별)↔均等(균등) 保守(보수)↔革新(혁신)

본문학습

본문학습 한자어의 훈음과 독음을 확인하세요.

亭閣 : (정자 정)(집 각) ▷ (정각)
亭子 : (정자 정)(아들 자) ▷ (정자)
濕冷 : (젖을 습)(찰 랭) ▷ (습랭)
高溫多濕 (고온다습) ·································
(높을 고)(따뜻할 온)(많을 다)(젖을 습)
燕息 : (제비 연)(쉴 식) ▷ (연식)
燕尾服 (제비 연)(꼬리 미)(옷 복) ▷ (연미복)
祭祀 : (제사 제)(제사 사) ▷ (제사)
祀典 : (제사 사)(법 전) ▷ (사전)
諸侯 : (모두 제)(제후 후) ▷ (제후)
封侯 : (봉할 봉)(제후 후) ▷ (봉후)
粟米 : (조 속)(쌀 미) ▷ (속미)
粟飯 : (조 속)(밥 반) ▷ (속반)
粟奴 : (조 속)(종 노) ▷ (속노)
捕手 : (잡을 포)(손 수) ▷ (포수)
捕盜廳 (잡을 포)(도둑 도)(관청 청) ▷ (포도청)
貝葉 : (조개 패)(잎 엽) ▷ (패엽)
龜貝 : (거북 귀)(조개 패) ▷ (귀패)
魚貝類 (고기 어)(조개 패)(무리 류) ▷ (어패류)

※ 문제해답(190쪽) ······························ 1

燕賀(연하) 侯爵(후작) 濕潤(습윤) 捕獲(포획)
燕樂(연락) 捕繫(포계) 錦貝(금패) 蒸濕(증습)
崇祀(숭사) 濕氣(습기) 倉粟(창속) 濕度(습도)

※ 문제해답(190쪽) ······························ 2

(1)體系 (2)周圍 (3)世界觀 (4)從來
(5)否定 (6)自轉 (7)分布 (8)認識
(9)事大 (10)탈피 (11)해박 (12)토대
(13)通念 (14)是正 (15)比重 (16)막중
(17)역할 (18)確信 (19)立場 (20)落後
(21)力說 (22)富國強兵 (23)利用厚生 (24)直結
(25)軍器 (26)革新 (27)應用 (28)築城
(29)銃砲 (30)起重機

본문학습

본문학습 한자어의 훈음과 독음을 확인하세요.

姪婦 : (조카 질)(며느리 부) ▷ (질부)
從姪 : (좇을 종)(조카 질) ▷ (종질)
昏睡 : (어두울 혼)(졸음 수) ▷ (혼수)
睡眠 : (졸음 수)(잘 면) ▷ (수면)
稚拙 : (어릴 치)(졸할 졸) ▷ (치졸)
拙稿 : (졸할 졸)(원고 고) ▷ (졸고)
賣國奴 (팔 매)(나라 국)(종 노) ▷ (매국노)
守錢奴 (지킬 수)(돈 전)(종 노) ▷ (수전노)
罪囚 : (허물 죄)(가둘 수) ▷ (죄수)
遵法 : (좇을 준)(법 법) ▷ (준법)
遵守 : (좇을 준)(지킬 수) ▷ (준수)
脫獄囚 (벗을 탈)(옥 옥)(가둘 수) ▷ (탈옥수)
已往 : (이미 이)(갈 왕) ▷ (이왕)
不得已 (아닐 불)(얻을 득)(이미 이) ▷ (부득이)
禍福 : (재앙 화)(복 복) ▷ (화복)
災禍 : (재앙 재)(재앙 화) ▷ (재화)
轉禍爲福 (전화위복) ·································
(구를 전)(재앙 화)(하 위)(복 복)

※ 문제해답(192쪽) ······························ 1

橫禍(횡화) 庸拙(용졸) 寢睡(침수) 叔姪(숙질)

午睡(오수) 禍根(화근) 遵據(준거) 拙筆(졸필)
拙手(졸수) 奴婢(노비) 已決(이결) 愚拙(우졸)
囚繫(수계) 農奴(농노) 囚禁(수금) 堂姪(당질)
長姪(장질) 奉遵(봉준) 獄囚(옥수) 禍難(화난)
拙劣(졸렬) 拙速(졸속) 囚衣(수의) 筆禍(필화)

※ 문제해답(192쪽) ………………………………… 2

(1) 高空 (2) 代理 (3) 獨善 (4) 賣店
(5) 故鄕 (6) 財政 (7) 信號 (8) 說話
(9) 崇佛 (10) 誤認

※ 문제해답(192쪽) ………………………………… 3

(1) 歲寒三友 (2) 九牛一毛 (3) 十年知己
(4) 一擧兩得

※ 문제해답(192쪽) ………………………………… 4

1. 벽 벽	2. 갚을 보	3. 힘쓸 무
4. 얻을 득	5. 구리 동	6. 금할 금
7. 집 궁	8. 권세 권	9. 편안 강
10. 머무를 류	11. 낳을 산	12. 경사 경
13. 벌일 렬	14. 이을 련	15. 고울 려
16. 찾을 방	17. 무리 대	18. 섬길 사
19. 감독할 독	20. 버금 부	21. 법칙 률
22. 어려울 난	23. 벌할 벌	24. 상줄 상
25. 통달할 달	26. 씻을 세	27. 맛 미
28. 성낼 노	29. 끝 단	30. 기록할 록

본문학습 

본문학습 한자어의 훈음과 독음을 확인하세요.

拳鬪 : (주먹 권)(싸움 투) ▷ (권투)
拳銃 : (주먹 권)(총 총) ▷ (권총)
厚賜 : (두터울 후)(줄 사) ▷ (후사)
收拾 : (거둘 수)(주울 습) ▷ (수습)
基礎 : (터 기)(주춧돌 초) ▷ (기초)
礎盤 : (주춧돌 초)(소반 반) ▷ (초반)
俊秀 : (준걸 준)(빼어날 수) ▷ (준수)
賜額 : (줄 사)(이마 액) ▷ (사액)
贈與 : (줄 증)(더불 여) ▷ (증여)
寄贈 : (부칠 기)(줄 증) ▷ (기증)
管絃樂 (대롱 관)(줄 현)(노래 악) ▷ (관현악)
伯牙絶絃 (백아절현) ……………………………………
(맏 백)(어금니 아)(끊을 절)(줄 현)
才幹 : (재주 재)(줄기 간) ▷ (재간)
幹部陣 (줄기 간)(떼 부)(진칠 진) ▷ (간부진)
拾得 : (주울 습)(얻을 득) ▷ (습득)
俊傑 : (준걸 준)(뛰어날 걸) ▷ (준걸)

※ 문제해답(194쪽) ………………………………… 1

拳法(권법) 拾遺(습유) 賜給(사급) 斷絃(단현)
賜號(사호) 礎石(초석) 俊逸(준일) 贈遺(증유)
幹枝(간지) 彈絃(탄현) 賜藥(사약) 根幹(근간)
拾集(습집) 骨幹(골간) 拳術(권술) 下賜(하사)
絃誦(현송) 鐵拳(철권) 採拾(채습) 柱礎(주초)
幹線(간선) 階礎(계초) 賜宴(사연) 賢俊(현준)

※ 문제해답(194쪽) ………………………………… 2

(1)光明 (2)神秘 (3)暗示 (4)사막
(5)甘美 (6)人情 (7)草木 (8)茂盛
(9)繼續 (10)색채 (11)파안대소
(12)박장대소 (13)포복절도 (14)反面
(15)慰安 (16)德 (17)引導 (18)冷笑
(19)虛風 (20)對象 (21)유혹 (22)간사
(23)相對便 (24)歡心

※ 문제해답(194쪽) ………………………………… 3

起↔(伏) 斷↔(續) 眞↔(假, 僞) 姑↔(婦)
順↔(逆)

본문학습 

본문학습 한자어의 훈음과 독음을 확인하세요.

僧舞 : (중 승)(춤출 무) ▷ (승무)
禪僧 : (선 선)(중 승) ▷ (선승)

媒體 : (중매 매)(몸 체) ▷ (매체)
觸媒 : (닿을 촉)(중매 매) ▷ (촉매)
娛樂 : (즐길 오)(즐길 락) ▷ (오락)
歡娛 : (기쁠 환)(즐길 오) ▷ (환오)
渴症 : (목마를 갈)(증세 증) ▷ (갈증)
症候群 (증세 증)(기후 후)(무리 군) ▷ (증후군)
顯著 : (나타날 현)(나타날 저) ▷ (현저)
著作權 (나타날저)(지을 작)(권세 권) ▷ (저작권)
鎭壓 : (진압할 진)(누를 압) ▷ (진압)
鎭靜 : (진압할 진)(고요할 정) ▷ (진정)
泥醉 : (진흙 니)(취할 취) ▷ (이취)
泥火山 (진흙 니)(불 화)(메 산) ▷ (이화산)
陶醉 : (질그릇 도)(취할 취) ▷ (도취)
陶器 : (질그릇 도)(그릇 기) ▷ (도기)

※ 문제해답(196쪽) ························ 1

症狀(증상) 共著(공저) 厭症(염증) 陶印(도인)
著述(저술) 僧律(승률) 重鎭(중진) 著書(저서)
高僧(고승) 拘泥(구니) 論著(논저) 汚泥(오니)
文鎭(문진) 途泥(도니) 重症(중증) 媒介(매개)
編著(편저) 炎症(염증) 症勢(증세) 仲媒(중매)
靈媒(영매) 喜娛(희오) 鎭痛(진통) 戲娛(희오)

※ 문제해답(196쪽) ························ 2

(1) 時代思潮 (2) 展示效果 (3) 財務諸表
(4) 情報公害 (5) 公正貿易 (6) 會計年度
(7) 身邊雜記 (8) 進行狀況 (9) 實物去來
(10) 群衆心理 (11) 奇想天外 (12) 中繼放送
(13) 經濟指數 (14) 構造調整 (15) 適者生存
(16) 勞動爭議 (17) 環境監視 (18) 有機農法
(19) 自治團體 (20) 住宅請約

※ 문제해답(196쪽) ························ 3

(1) 식자우환 ▷ 아는 것이 병이다.
(2) 목불식정 ▷ 낫 놓고 ㄱ자도 모른다.
(3) 십벌지목 ▷ 열 번 찍어서 안 넘어 가는 나무 없다.
(4) 마이동풍 ▷ 쇠귀에 경 읽기
(5) 고진감래 ▷ 쓴 것이 다하면 단 것이 온다.

본문학습 88

본문학습 한자어의 훈음과 독음을 확인하세요.

猛獸 : (사나울 맹)(짐승 수) ▷ (맹수)
獸醫 : (짐승 수)(의원 의) ▷ (수의)
何故 : (어찌 하)(연고 고) ▷ (하고)
閣下 : (집 각)(아래 하) ▷ (각하)
改閣 : (고칠 개)(집 각) ▷ (개각)
博物館 (넓을 박)(물건 물)(집 관) ▷ (박물관)
領事館 (거느릴령)(일 사)(집 관) ▷ (영사관)
屯營 : (진칠 둔)(경영할 영) ▷ (둔영)
御宇 : (거느릴 어)(집 우) ▷ (어우)
氣宇 : (기운 기)(집 우) ▷ (기우)
角逐 : (뿔 각)(쫓을 축) ▷ (각축)
逐出 : (쫓을 축)(날 출) ▷ (축출)
懲罰 : (징계할 징)(죄 벌) ▷ (징벌)
勸善懲惡 (권선징악) ························
(권할 권)(착할 선)(징계할 징)(악할 악)
屯畓 : (진칠 둔)(논 답) ▷ (둔답)
何厚何薄 (하후하박) ························
(어찌 하)(두터울 후)(어찌 하)(엷을 박)

※ 문제해답(198쪽) ························ 1

禽獸(금수) 獸肉(수육) 殿閣(전각) 獸皮(수피)
何處(하처) 閣議(각의) 閣僚(각료) 驛館(역관)
內閣(내각) 徵逐(징축) 天宇(천우) 層閣(층각)
公館(공관) 奈何(내하) 組閣(조각) 眉宇(미우)
屋宇(옥우) 驅逐(구축) 野獸(야수) 斥逐(척축)
懲戒(징계) 懲役(징역) 怪獸(괴수) 碑閣(비각)

※ 문제해답(198쪽) ························ 2

(1)過程 (2)電池 (3)實驗 (4)原理
(5)努力 (6)最初 (7)心지[참] (8)供給
(9)開發 (10)世紀 (11)如前 (12)物體

(13)水準 (14)兩極 (15)木炭 (16)거리
(17)半圓 (18)事實 (19)紀元 (20)電流
(21)當時 (22)전환 (23)街路燈 (24)廣場

참 心지 ▷ 실이나 헝겊을 꼬아서 불을 붙이게 된 물건.
-'心지'에서 '지'는 순우리말.
참 心地 ▷ 마음의 바탕. 心田(심전).
참 心志 ▷ 무엇을 하려고 하는 意志(의지).

본문학습 

본문학습 한자어의 훈음과 독음을 확인하세요.

配偶者 (짝 배)(짝 우)(놈 자) ▷ (배우자)
偶像崇拜 (우상숭배) ……………………
(짝 우)(모양 상)(높을 숭)(절 배)
謹弔 : (삼갈 근)(조상할 조) ▷ (근조)
弔喪 : (조상할 조)(잃을 상) ▷ (조상)
租稅 : (조세 조)(세금 세) ▷ (조세)
租庸調 (조세 조)(떳떳할 용)(고를 조) ▷ (조용조)
廷爭 : (조정 정)(다툴 쟁) ▷ (정쟁)
法廷 : (법 법)(조정 정) ▷ (법정)
奇蹟 : (기특할 기)(자취 적) ▷ (기적)
事蹟 : (일 사)(자취 적) ▷ (사적)
杯盤 : (잔 배)(소반 반) ▷ (배반)
杯中蛇影 (배중사영) ……………………
(잔 배)(가운데 중)(긴뱀 사)(그림자 영)
酒宴 : (술 주)(잔치 연) ▷ (주연)
祝賀宴 (빌 축)(하례할 하)(잔치 연) ▷ (축하연)
匹敵 : (짝 필)(대적할 적) ▷ (필적)
匹夫匹婦 (필부필부) ……………………
(짝 필)(지아비 부)(짝 필)(며느리 부)

※ 문제해답(200쪽) …………………… 1

弔旗(조기) 租賦(조부) 偶發(우발) 弔慰(조위)
偶然(우연) 弔意(조의) 古蹟(고적) 弔問(조문)
筆跡(필적) 弔哭(조곡) 退廷(퇴정) 廷論(정론)
朝廷(조정) 宴需(연수) 文蹟(문적) 行蹟(행적)
擧杯(거배) 乾杯(건배) 宴席(연석) 慶弔(경조)
倫匹(윤필) 宴會(연회) 配匹(배필) 土偶(토우)

※ '乾'자는 원래 '하늘'을 뜻할 때에는 '건'으로, '마르다'는 뜻으로 쓰일 때에는 '간'으로 발음한다. 그러나 현대에는 거의 다 '건'으로 읽는다. 예 乾淨(간정), 乾木水生(간목수생, 건목수생)

※ 문제해답(200쪽) …………………… 2

(1)詩人 (2)任務 (3)實際 (4)개연성
(5)必然性 (6)可能 (7)差異 (8)散文
(9)운율 (10)前者 (11)哲學 (12)보편
(13)登場 (14)特定 (15)부여 (16)유형
(17)個別 (18)經驗

※ 문제해답(200쪽) …………………… 3

1.면죄 2.융성 3.부각 4.선율
5.아집 6.계곡 7.재가 8.최면
9.종횡 10.비교 11.고취 12.읍소
13.충돌 14.진폭 15.부속 16.대부
17.멸균 18.부기 19.습득 20.맹위
21.환불 22.저술 23.관철 24.간청
25.석별 26.분투 27.습랭 28.우수
29.일화 30.집착 31.계해 32.서리
33.비천 34.수행 35.판촉 36.제방
37.근신 38.맹장 39.묘목 40.연안
41.월척 42.잠시 43.답사 44.책략
45.차치

본문학습 

본문학습 한자어의 훈음과 독음을 확인하세요.

區劃 : (구분할 구)(그을 획) ▷ (구획)
劃期的 (그을 획)(기약할 기)(과녁 적) ▷ (획기적)
受侮 : (받을 수)(업신여길 모) ▷ (수모)
侮辱 : (업신여길 모)(욕 욕) ▷ (모욕)

嫌疑 : (싫어할 혐)(의심할 의) ▷ (혐의)
嫌惡 : (싫어할 혐)(미워할 오) ▷ (혐오)
追更 : (쫓을 추)(고칠 경) ▷ (추경)
追放 : (쫓을 추)(놓을 방) ▷ (추방)
蒸氣壓 (찔 증)(기운 기)(누를 압) ▷ (증기압)
宇宙 : (집 우)(집 주) ▷ (우주)
宙合樓 (집 주)(합할 합)(다락 루) ▷ (주합루)
刺激 : (찌를 자)(격할 격) ▷ (자격)
刺客 : (찌를 자)(손 객) ▷ (자객)
折衝 : (꺾을 절)(찌를 충) ▷ (절충)
要衝地 (요긴할요)(찌를 충)(땅 지) ▷ (요충지)
蒸發 : (찔 증)(필 발) ▷ (증발)

※ 문제해답(202쪽) ······ 1

企劃(기획) 追遠(추원) 追認(추인) 追尊(추존)
追慕(추모) 追跡(추적) 刺絡(자락) 追究(추구)
訴追(소추) 追憶(추억) 追徵(추징) 追納(추납)
衝動(충동) 追崇(추숭) 點劃(점획) 追從(추종)
追薦(추천) 追給(추급) 追窮(추궁) 追考(추고)
追加(추가) 字劃(자획) 刺殺(척살) 衝擊(충격)
蒸氣(증기) 衝激(충격) 刺探(척탐) 追擊(추격)
衝突(충돌) 蒸濕(증습)

※ 문제해답(202쪽) ······ 2

(1)周圍 (2)相互 (3)至極 (4)無知
(5)솔직 (6)是認 (7)變種 (8)起源
(9)說明 (10)分布 (11)個體 (12)將來
(13)決定 (14)地質 (15)居住 (16)신중
(17)冷靜 (18)判斷 (19)博物 (20)認定
(21)見解 (22)創造 (23)소멸 (24)確信

본문학습 

본문학습 한자어의 훈음과 독음을 확인하세요.

滅裂 : (멸할 멸)(찢어질 렬) ▷ (멸렬)
決裂 : (결단할 결)(찢어질 렬) ▷ (결렬)
破裂 : (깨뜨릴 파)(찢어질 렬) ▷ (파열)
綠茶 : (푸를 록)(차 차) ▷ (녹차)
茶飯事 (차 다)(밥 반)(일 사) ▷ (다반사)
秩序 : (차례 질)(차례 서) ▷ (질서)
秩卑 : (차례 질)(낮을 비) ▷ (질비)
殘忍 : (남을 잔)(참을 인) ▷ (잔인)
目不忍見 (목불인견) ······
(눈 목)(아닐 불)(차마 인)(볼 견)
覆面 : (뒤집힐 복)(낯 면) ▷ (복면)
被覆 : (입을 피)(엎어질 복) ▷ (피복)
念珠 : (생각 념)(구슬 주) ▷ (염주)
默珠 : (잠잠할 묵)(구슬 주) ▷ (묵주)
繁昌 : (번성할 번)(창성할 창) ▷ (번창)
隆昌 : (높을 륭)(창성할 창) ▷ (융창)
探索 : (찾을 탐)(찾을 색) ▷ (탐색)
鋼索 : (강철 강)(노 삭) ▷ (강삭)

※ 문제해답(204쪽) ······ 1

分裂(분열) 茶道(다도) 忍辱(인욕) 茶禮(차례)
紅茶(홍차) 茶器(다기) 思索(사색) 飜覆(번복)
忍苦(인고) 昌盛(창성) 忍耐(인내) 討索(토색)

※ 문제해답(204쪽) ······ 2

(1)가지런할 제 (2)死後 (3)즉위
(4)祕密 (5)約束 (6)功 (7)계기
(8)反對 (9)決戰 (10)敢行 (11)陣
(12)敵 (13)攻擊 (14)勸 (15)正當
(16)正正堂堂 (17)勝者 (18)混亂 (19)相對方
(20)허락 (21)軍隊 (22)整備 (23)戰鬪
(24)結果 (25)大敗 (26)實際 (27)가치
(28)大義 (29)名分 (30)同情

※ 문제해답(204쪽) ······ 3

刺客(자객) 亂刺(난자) 刺殺(척살) 刺探(척탐)
宅內(댁내) 貴宅(귀댁) 家宅(가택) 宅地(택지)

본문학습 92

본문학습 한자어의 훈음과 독음을 확인하세요.

尋常 : (찾을 심)(떳떳할 상) ▷ (심상)
尋訪 : (찾을 심)(찾을 방) ▷ (심방)
精彩 : (자세할 정)(채색 채) ▷ (정채)
淡彩畫 (맑을 담)(채색 채)(그림 화) ▷ (담채화)
曆術 : (책력 력)(재주 술) ▷ (역술)
冊曆 : (책 책)(책력 력) ▷ (책력)
軒燈 : (집 헌)(등 등) ▷ (헌등)
軒擧 : (집 헌)(들 거) ▷ (헌거)
徐軌 : (천천히 서)(바퀴자국 궤) ▷ (서궤)
妄想 : (망령될 망)(생각 상) ▷ (망상)
輕擧妄動 (경거망동) ……
(가벼울 경)(들 거)(망령될 망)(움직일 동)
戊子 : (천간 무)(아들 자) ▷ (무자)
戊夜 : (천간 무)(밤 야) ▷ (무야)
追薦 : (좇을 추)(천거할 천) ▷ (추천)
薦度 : (천거할 천)(법도 도) ▷ (천도)
徐羅伐 (천천히서)(벌릴 라)(칠 벌) ▷ (서라벌)

※ 문제해답(206쪽) …… 1

光彩(광채) 映彩(영채) 妄言(망언) 陽曆(양력)
妄念(망념) 月曆(월력) 飛軒(비헌) 軒號(헌호)
席薦(석천) 妄覺(망각) 迷妄(미망) 公薦(공천)
妄發(망발) 妄身(망신) 推尋(추심) 老妄(노망)
陰曆(음력) 虛妄(허망) 多彩(다채) 彩度(채도)
薦擧(천거) 曆數(역수) 尋究(심구) 妄靈(망령)

※ 문제해답(206쪽) …… 2

(1)世宗 (2)優秀 (3)表音
(4)訓民正音 (5)創製 (6)背景 (7)高度
(8)儒教 (9)시련 (10)條件 (11)必然
(12)宿命 (13)關係 (14)訓練=訓鍊
(15)敎養 (16)眞正 (17)批評 (18)理解

※ 문제해답(206쪽) …… 3

1. 歌 2. 農 3. 球 4. 急
5. 園 6. 陸 7. 鏡 8. 殘
9. 黨 10. 麗 11. 柳 12. 博
13. 備 14. 碑 15. 散 16. 郵
17. 路 18. 築 19. 篇 20. 港

※ 문제해답(206쪽) …… 4

敵對↔友好(우호) 非番↔當番(당번)
落第↔及第(급제) 暖流↔寒流(한류)
吉兆↔凶兆(흉조) 非凡↔平凡(평범)
權利↔義務(의무) 密集↔散在(산재)

본문학습 93

본문학습 한자어의 훈음과 독음을 확인하세요.

貴賤 : (귀할 귀)(천할 천) ▷ (귀천)
賤職 : (천할 천)(직분 직) ▷ (천직)
妻妾 : (아내 처)(첩 첩) ▷ (처첩)
愛妾 : (사랑 애)(첩 첩) ▷ (애첩)
廉價 : (청렴할 렴)(값 가) ▷ (염가)
廉探 : (청렴할 렴)(찾을 탐) ▷ (염탐)
朔望 : (초하루 삭)(바랄 망) ▷ (삭망)
朔風 : (초하루 삭)(바람 풍) ▷ (삭풍)
朔茶禮 (초하루삭)(차 다)(예도 례) ▷ (삭다례)
燭臺 : (촛불 촉)(대 대) ▷ (촉대)
洞房華燭 (동방화촉) ……
(골 동)(방 방)(빛날 화)(촛불 촉)
醜態 : (추할 추)(모습 태) ▷ (추태)
醜拙 : (추할 추)(졸할 졸) ▷ (추졸)
出版 : (날 출)(판목 판) ▷ (출판)
版勢 : (판목 판)(형세 세) ▷ (판세)
衣裳 : (옷 의)(치마 상) ▷ (의상)
綠衣紅裳 (녹의홍상) ……
(푸를 록)(옷 의)(붉을 홍)(치마 상)
燭淚 : (촛불 촉)(눈물 루) ▷ (촉루)

※ 문제해답(208쪽) ······························ 1

燭察(촉찰) 活版(활판) 潔廉(결렴) 醜面(추면)
醜雜(추잡) 醜惡(추악) 貧賤(빈천) 版畫(판화)
美妾(미첩) 版權(판권) 原版(원판) 銅版(동판)
廉問(염문) 卑賤(비천) 廉讓(염양) 再版(재판)
微賤(미천) 賤待(천대) 醜談(추담) 華燭(화촉)
燈燭(등촉) 洞燭(통촉) 美醜(미추) 清廉(청렴)

※ 문제해답(208쪽) ······························ 2

(1)黨爭 (2)병자호란 (3)受難 (4)理念
(5)儒敎 (6)觀念 (7)점차 (8)保守派
(9)空理空論 (10)果敢 (11)결부 (12)解決
(13)實學 (14)發興 (15)學派 (16)段階
(17)實事求是 (18)저술 (19)連續 (20)高調
(21)思潮 (22)考證 (23)服從 (24)성숙

본문학습

본문학습 한자어의 훈음과 독음을 확인하세요.

刀劍 : (칼 도)(칼 검) ▷ (도검)
刀折矢盡 (도절시진) ······························
(칼 도)(꺾을 절)(화살 시)(다할 진)
碧溪 : (푸를 벽)(시내 계) ▷ (벽계)
碧昌牛 (푸를 벽)(창성할 창)(소 우) ▷ (벽창우)
宰相 : (재상 재)(서로 상) ▷ (재상)
主宰 : (주인 주)(재상 재) ▷ (주재)
山岳 : (메 산)(큰산 악) ▷ (산악)
慰靈塔 (위로할위)(신령 령)(탑 탑) ▷ (위령탑)
泰平 : (클 태)(평평할 평) ▷ (태평)
泰然自若 (태연자약) ······························
(클 태)(그럴 연)(스스로 자)(같을 약)
乘務員 (탈 승)(힘쓸 무)(인원 원) ▷ (승무원)
乘勝長驅 (승승장구) ······························
(탈 승)(이길 승)(긴 장)(몰 구)
貪心 : (탐할 탐)(마음 심) ▷ (탐심)
貪多務得 (탐다무득) ······························
(탐할 탐)(많을 다)(힘쓸 무)(얻을 득)
忠魂塔 (충성 충)(넋 혼)(탑 탑) ▷ (충혼탑)
岳父 : (큰산 악)(아비 부) ▷ (악부)

※ 문제해답(210쪽) ······························ 1

貪慾(탐욕) 乘勢(승세) 石塔(석탑) 軍刀(군도)
佛塔(불탑) 上乘(상승) 泰東(태동) 鐵塔(철탑)
乘除(승제) 便乘(편승) 短刀(단도) 乘客(승객)
合乘(합승) 利刀(이도) 塔影(탑영) 塔頭(탑두)
乘馬(승마) 層塔(층탑) 宰列(재열) 食貪(식탐)
泰斗(태두) 塔碑(탑비) 乘船(승선) 果刀(과도)
乘用車(승용차) 大乘的(대승적) 冠岳山(관악산)
安益泰(안익태) 紀念塔(기념탑)

※ 문제해답(210쪽) ······························ 2

(1)대개 (2)治亂 (3)記錄 (4)상고
(5)聖君 (6)政治 (7)認識 (8)治世
(9)太平 (10)聖代 (11)評價 (12)政法
(13)調和 (14)政務 (15)權道 (16)尊重
(17)신료 (18)귀감 (19)起居 (20)體驗
(21)대전 (22)간청 (23)指導 (24)確實

※ 문제해답(210쪽) ······························ 3

(1)죽음의 위기에서 간신히 되살아남 ▷ 起死回生(기사회생)
(2)한편으론 믿기도 하고 또 다른 한편으론 의심하기도 함 ▷ 半信半疑(반신반의)
(3)슬기로운 사람도 많은 생각 중에는 한 가지 실수가 있을 수 있음 ▷ 千慮一失(천려일실)

본문학습

본문학습 한자어의 훈음과 독음을 확인하세요.

毫末 : (터럭 호)(끝 말) ▷ (호말)
揮毫 : (휘두를 휘)(터럭 호) ▷ (휘호)
脫兎 : (벗을 탈)(토끼 토) ▷ (탈토)

龜毛兎角 (귀모토각) ……………………………
(거북 귀)(털 모)(토끼 토)(뿔 각)
恒習 : (항상 항)(익힐 습) ▷ (항습)
恒茶飯(항상 항)(차 다)(밥 반) ▷ (항다반)
洞徹 : (밝을 통)(통할 철) ▷ (통철)
徹頭徹尾 (철두철미) ……………………………
(통할 철)(머리 두)(통할 철)(꼬리 미)
販促 : (팔 판)(재촉할 촉) ▷ (판촉)
販賣 : (팔 판)(팔 매) ▷ (판매)
心醉 : (마음 심)(취할 취) ▷ (심취)
醉生夢死 (취생몽사) ……………………………
(취할 취)(날 생)(꿈 몽)(죽을 사)
逸話 : (편안할 일)(말씀 화) ▷ (일화)
逸品 : (편안할 일)(물건 품) ▷ (일품)
康寧 : (편안 강)(편할 녕) ▷ (강녕)
安寧 : (편안 안)(편할 녕) ▷ (안녕)

※ 문제해답(212쪽) …………………………… 1

毫端(호단) 販路(판로) 毫髮(호발) 醉客(취객)
恒常(항상) 宿醉(숙취) 恒操(항조) 逸居(일거)
貫徹(관철) 散逸(산일) 徹夜(철야) 丁寧(정녕)
街販(가판) 兎毫(토호) 醉歌(취가) 恒例(항례)
醉興(취흥) 隱逸(은일) 徹底(철저) 放逸(방일)
透徹(투철) 超逸(초일) 恒時(항시) 寧暇(영가)

※ 문제해답(212쪽) …………………………… 2

◦ 장관 ▷ 볼 만한 경관 ………………… (壯觀)
◦ 장관 ▷ 행정 각부의 책임자 ………… (長官)
◦ 구조 ▷ 사람을 도와서 구원함 ……… (救助)
◦ 구조 ▷ 전체를 이룬 관계 …………… (構造)
◦ 부인 ▷ 옳다고 인정하지 않음 ……… (否認)
◦ 부인 ▷ 아내 …………………………… (婦人)
◦ 부정 ▷ 그렇지 않다고 함 …………… (否定)
◦ 부정 ▷ 바르지 않음 ………………… (不正)
◦ 경계 ▷ 조심하게 함 ………………… (警戒)
◦ 경계 ▷ 지역이 갈라지는 한계 ……… (境界)
◦ 인도 ▷ 가르쳐 일깨움 ……………… (引導)
◦ 인도 ▷ 사람이 다니는 길 …………… (人道)

※ 문제해답(212쪽) …………………………… 3

(1)警覺心 (2)未開人 (3)喜消息 (4)自負心
(5)導火線 (6)背水陣

본문학습 

본문학습 한자어의 훈음과 독음을 확인하세요.

敍述 : (펼 서)(펼 술) ▷ (서술)
敍情詩 (펼 서)(뜻 정)(시 시) ▷ (서정시)
述懷 : (펼 술)(품을 회) ▷ (술회)
著述 : (나타날 저)(펼 술) ▷ (저술)
伸縮 : (펼 신)(줄일 축) ▷ (신축)
伸張 : (펼 신)(베풀 장) ▷ (신장)
黑幕 : (검을 흑)(장막 막) ▷ (흑막)
帳幕 : (장막 장)(장막 막) ▷ (장막)
步幅 : (걸을 보)(폭 폭) ▷ (보폭)
全幅 : (온전 전)(폭 폭) ▷ (전폭)
協奏 : (화할 협)(아뢸 주) ▷ (협주)
演奏 : (펼 연)(아뢸 주) ▷ (연주)
蒼空 : (푸를 창)(빌 공) ▷ (창공)
蒼生 : (푸를 창)(날 생) ▷ (창생)
蔬果 : (나물 소)(실과 과) ▷ (소과)
蔬食 : (나물 소)(밥 식) ▷ (소식)

※ 문제해답(214쪽) …………………………… 1

滿幅(만폭) 蒼海(창해) 蒼茫(창망) 橫幅(횡폭)
幕府(막부) 暢敍(창서) 追伸(추신) 幕間(막간)
敍事(서사) 引伸(인신) 幕舍(막사) 屈伸(굴신)

※ 문제해답(214쪽) …………………………… 2

(1)支配 (2)回復 (3)主張 (4)感覺
(5)화폐 (6)교환 (7)봉건 (8)질서
(9)先見之明 (10)文學徒 (11)指向 (12)집착
(13)不可避 (14)幕 (15)비교 (16)提示
(17)정책 (18)水準 (19)勸告 (20)評價
(21)意圖 (22)批判 (23)是是非非 (24)初步

※ 문제해답(214쪽) ······ 3

1.시렁 가 2.어찌 기 3.꺼릴 기 4.드물 희
5.도타울 독 6.난간 란 7.임할 림 8.장막 막
9.아득할 망 10.맹세 맹 11.어릴 치 12.나물 소
13.위로할 위 14.씨 위 15.싹 아
16.이별할 결 17.꾸밀 장 18.삼갈 신 19.옮길 천
20.거리 가 21.쓸 소 22.화폐 폐 23.항목 항
24.바로잡을 정 25.걸 괘

본문학습 

본문학습 한자어의 훈음과 독음을 확인하세요.

釋放 : (풀 석)(놓을 방) ▷ (석방)
稀釋 : (드물 희)(풀 석) ▷ (희석)
賃貸 : (품삯 임)(빌릴 대) ▷ (임대)
運賃 : (옮길 운)(품삯 임) ▷ (운임)
懷古 : (품을 회)(예 고) ▷ (회고)
懷疑 : (품을 회)(의심할 의) ▷ (회의)
汽笛 : (물끓는김 기)(피리 적) ▷ (기적)
欲求 : (하고자할 욕)(구할 구) ▷ (욕구)
欲速不達 (욕속부달) ······
(하고자할 욕)(빠를 속)(아닐 불)(통달할 달)
乾燥 : (하늘 건)(마를 조) ▷ (건조)
乾杯 : (하늘 건)(잔 배) ▷ (건배)
慶賀 : (경사 경)(하례할 하) ▷ (경하)
祝賀 : (빌 축)(하례할 하) ▷ (축하)
訴追 : (호소할 소)(쫓을 추) ▷ (소추)
被訴 : (입을 피)(호소할 소) ▷ (피소)
胡笛 : (되 호)(피리 적) ▷ (호적)

※ 문제해답(216쪽) ······ 1

賀禮(하례) 訴訟(소송) 賀客(하객) 賀正(하정)
釋尊(석존) 訴願(소원) 起訴(기소) 賃借(임차)
告訴(고소) 懷抱(회포) 勝訴(승소) 笛聲(적성)
泣訴(읍소) 懷柔(회유) 解釋(해석) 船賃(선임)
乾坤(건곤) 提訴(제소)

※ 문제해답(216쪽) ······ 2

1.세액 2.종속 3.실천 4.용졸
5.편저 6.유도 7.연대 8.부삭
9.종말 10.서간 11.소장 12.관조
13.금수 14.소원 15.태만 16.타락
17.자연 18.경력 19.유리 20.우수
21.피안 22.연면 23.추경 24.심천
25.필납 26.투철 27.약탈 28.강녕
29.첨삭 30.허락 31.첨단 32.공물
33.사려 34.멸렬 35.소란 36.제휴
37.혼령 38.저축 39.증기 40.수면
41.열악 42.조람 43.파견 44.귀환

※ 문제해답(216쪽) ······ 3

(1) ① (2) ③ (3) ② (4) ③
(5) ① (6) ① (7) ④ (8) ④
(9) ② (10) ①

※ 문제해답(216쪽) ······ 4

(1) 價 (2) 頭 (3) 歎 = 嘆 (4) 定
(5) 博 (6) 觀 (7) 報 (8) 鄕
(9) 薄

본문학습 

본문학습 한자어의 훈음과 독음을 확인하세요.

俱發 : (함께 구)(필 발) ▷ (구발)
俱存 : (함께 구)(있을 존) ▷ (구존)
浦項 : (개 포)(항목 항) ▷ (포항)
條項 : (가지 조)(항목 항) ▷ (조항)
吐露 : (토할 토)(이슬 로) ▷ (토로)
實吐 : (열매 실)(토할 토) ▷ (실토)
承諾 : (이을 승)(허락할 낙) ▷ (승낙)
受諾 : (받을 수)(허락할 낙) ▷ (수락)

應諾 : (응할 응)(허락할 낙) ▷ (응낙)
腰帶 : (허리 요)(띠 대) ▷ (요대)
腰痛 : (허리 요)(아플 통) ▷ (요통)
癸亥 : (천간 계)(돼지 해) ▷ (계해)
癸未字 (천간 계)(아닐 미)(글자 자) ▷ (계미자)
肺炎 : (허파 폐)(불꽃 염) ▷ (폐렴)
肺結核 (허파 폐)(맺을 결)(씨 핵) ▷ (폐결핵)
毁損 : (헐 훼)(덜 손) ▷ (훼손)
毁傷 : (헐 훼)(다칠 상) ▷ (훼상)

※ 문제해답(218쪽) ························ 1

項目(항목) 吐說(토설) 強項(강항) 吐血(토혈)
折腰(절요) 諾否(낙부) 唯諾(유락) 變項(변항)
輕諾(경낙) 毁滅(훼멸) 然諾(연낙) 許諾(허락)
腰間(요간) 腰劍(요검) 腰輿(요여) 吐破(토파)
伸腰(신요) 肺肝(폐간) 肺病(폐병) 肺臟(폐장)
宿諾(숙낙) 毁折(훼절) 毁節(훼절) 腰部(요부)

※ 문제해답(218쪽) ························ 2

(1)時調 (2)文化 (3)遺産 (4)命脈
(5)유지 (6)物質 (7)文明 (8)타락
(9)俗物化 (10)솔직 (11)自身 (12)反省
(13)勇敢 (14)決心 (15)選擇 (16)書堂
(17)苦待 (18)精誠

※ 문제해답(218쪽) ························ 3

(1)候補(후보) 修補(수보) 補償(보상) 補闕(보궐)
(2)保證(보증) 辨證(변증) 證據(증거) 證書(증서)
(3)再審(재심) 豫審(예심) 審判(심판) 審查(심사)
(4)甘露(감로) 霜露(상로) 露宿(노숙) 露出(노출)

※ 문제해답(218쪽) ························ 4

(1)是認 (2)暗黑 (3)小人 (4)平凡
(5)正統 (6)人爲 (7)悲哀 (8)感情

본문학습 

본문학습 한자어의 훈음과 독음을 확인하세요.

水泳 : (물 수)(헤엄칠 영) ▷ (수영)
遊泳 : (놀 유)(헤엄칠 영) ▷ (유영)
弊端 : (폐단 폐)(끝 단) ▷ (폐단)
弊害 : (폐단 폐)(해칠 해) ▷ (폐해)
亨國 : (형통할 형)(나라 국) ▷ (형국)
亨通 : (형통할 형)(통할 통) ▷ (형통)
豪傑 : (호걸 호)(뛰어날 걸) ▷ (호걸)
豪言壯談 (호언장담) ························
(호걸 호)(말씀 언)(장할 장)(말씀 담)
婚姻 : (혼인할 혼)(혼인 인) ▷ (혼인)
姻親 : (혼인 인)(친할 친) ▷ (인친)
煖爐 : (따뜻할 난)(화로 로) ▷ (난로)
輕水爐 (가벼울경)(물 수)(화로 로) ▷ (경수로)
和睦 : (화할 화)(화목할 목) ▷ (화목)
親睦 : (친할 친)(화목할 목) ▷ (친목)
弓矢 : (활 궁)(화살 시) ▷ (궁시)
流矢 : (흐를 류)(화살 시) ▷ (유시)

※ 문제해답(220쪽) ························ 1

姻戚(인척) 風爐(풍로) 窮弊(궁폐) 弊政(폐정)
姻姪(인질) 恭睦(공목) 弊習(폐습) 富豪(부호)
毒矢(독시) 豪強(호강) 豪放(호방) 香爐(향로)

※ 문제해답(220쪽) ························ 2

(1)逃亡 (2)忠告 (3)問題點 (4)處方
(5)우주선 (6)太陽系 (7)探查 (8)電波
(9)望遠鏡 (10)設置 (11)遺傳 (12)暗號
(13)解讀 (14)神秘 (15)위협 (16)公害
(17)파괴 (18)白內障 (19)사막 (20)警告
(21)追求 (22)오염 (23)適合 (24)消極

※ 문제해답(220쪽) ………………………………… 3

彼 ↔ 此(피차) 賢 ↔ 愚(현우) 伸 ↔ 縮(신축)
親 ↔ 疏/疎(친소) 浮 ↔ 沈(부침)

본문학습

본문학습 한자어의 훈음과 독음을 확인하세요.

暢達 : (화창할 창)(통달할 달) ▷ (창달)
流暢 : (흐를 류)(화창할 창) ▷ (유창)
洋弓 : (큰바다 양)(활 궁) ▷ (양궁)
弓師 : (활 궁)(스승 사) ▷ (궁사)
混濁 : (섞을 혼)(흐릴 탁) ▷ (혼탁)
濁酒 : (흐릴 탁)(술 주) ▷ (탁주)
鈍濁 : (둔할 둔)(흐릴 탁) ▷ (둔탁)
擧世皆濁 (거세개탁) ……………………………
(들 거)(인간 세)(다 개)(흐릴 탁)
動搖 : (움직일 동)(흔들 요) ▷ (동요)
搖之不動 (요지부동) ……………………………
(흔들 요)(갈 지)(아닐 불)(움직일 동)
搖尾乞憐 (요미걸련) ……………………………
(흔들 요)(꼬리 미)(빌 걸)(불쌍히여길 련)
金塊 : (쇠 금)(흙덩이 괴) ▷ (금괴)
天壤之差 (천양지차) ……………………………
(하늘 천)(흙덩이 양)(갈 지)(다를 차)
壤墳 : (흙덩이 양)(무덤 분) ▷ (양분)
愚弄 : (어리석을 우)(희롱할 롱) ▷ (우롱)
弄假成眞 (농가성진) ……………………………
(희롱할 롱)(거짓 가)(이룰 성)(참 진)
激勵 : (격할 격)(힘쓸 려) ▷ (격려)
督勵 : (감독할 독)(힘쓸 려) ▷ (독려)

※ 문제해답(222쪽) ………………………………… 1

搖動(요동) 弄聲(농성) 強弓(강궁) 弓手(궁수)
和暢(화창) 銀塊(은괴) 弄談(농담) 勉勵(면려)
肥壤(비양) 奬勵(장려) 淸濁(청탁) 欺弄(기롱)

※ 문제해답(222쪽) ………………………………… 2

(1)里 (2)不便 (3)家族 (4)孫子
(5)老人 (6)光景 (7)弱 (8)當身
(9)所見 (10)子息 (11)子子孫孫 (12)代
(13)平平 (14)산신령 (15)옥황 (16)上帝
(17)호소 (18)精誠 (19)感動 (20)우공이산
(21)열자 (22)繼續 (23)目的 (24)達成

※ 문제해답(222쪽) ………………………………… 3

感情 ↔ (理性) 養家 ↔ (生家)
低俗 ↔ (高尙) 共用 ↔ (專用)

본문학습

본문학습 한자어의 훈음과 독음을 확인하세요.

鶴首苦待 (학수고대) ……………………………
(학 학)(머리 수)(쓸 고)(기다릴 대)
群鷄一鶴 (군계일학) ……………………………
(무리 군)(닭 계)(한 일)(학 학)
垂直 : (드리울 수)(곧을 직) ▷ (수직)
懸垂幕 (달 현)(드리울 수)(장막 막) ▷ (현수막)
閣僚 : (집 각)(동료 료) ▷ (각료)
幕僚 : (장막 막)(동료 료) ▷ (막료)
姻戚 : (혼인 인)(친척 척) ▷ (인척)
戚黨 : (친척 척)(무리 당) ▷ (척당)
戚姪 : (친척 척)(조카 질) ▷ (척질)
解析 : (풀 해)(쪼갤 석) ▷ (해석)
析出 : (쪼갤 석)(날 출) ▷ (석출)
分析 : (나눌 분)(쪼갤 석) ▷ (분석)
征伐 : (칠 정)(칠 벌) ▷ (정벌)
遠征 : (멀 원)(칠 정) ▷ (원정)
劍舞 : (칼 검)(춤출 무) ▷ (검무)
寶劍 : (보배 보)(칼 검) ▷ (보검)
帶劍 : (띠 대)(칼 검) ▷ (대검)
訣別 : (이별할 결)(다를 별) ▷ (결별)

祕訣 : (숨길 비)(이별할 결) ▷ (비결)

※ 문제해답(224쪽) ………… 1

征途(정도) 劍術(검술) 征服(정복) 短劍(단검)
長劍(장검) 親戚(친척) 劍客(검객) 出征(출정)
劍法(검법) 鶴翼(학익) 劍道(검도) 黃鶴(황학)

※ 문제해답(224쪽) ………… 2

(1)商標 (2)기업 (3)視覺 (4)記號
(5)文句 (6)包裝 (7)첨부 (8)列擧
(9)組合 (10)考案 (11)재화 (12)용역
(13)流通 (14)不公正 (15)製造業 (16)適用
(17)範圍 (18)統制 (19)승인 (20)허위
(21)사기 (22)私有 (23)財産權 (24)侵害

※ 문제해답(224쪽) ………… 3

(覺) = 悟 尺 = (度) 棄 = (却) 皇 = (帝)
尋 = (訪) (思) = 慮 (連) = 繫 恐 = (懼)
畢 = (竟) (勉) = 勵

본문학습

본문학습 한자어의 훈음과 독음을 확인하세요.

跳躍 : (뛸 도)(뛸 약) ▷ (도약)
飛躍 : (날 비)(뛸 약) ▷ (비약)
獵奇 : (사냥 렵)(기특할 기) ▷ (엽기)
涉獵 : (건널 섭)(사냥 렵) ▷ (섭렵)
遞減 : (갈릴 체)(덜 감) ▷ (체감)
遞信 : (갈릴 체)(믿을 신) ▷ (체신)
秒針 : (분초 초)(바늘 침) ▷ (초침)
秒速 : (분초 초)(빠를 속) ▷ (초속)
把守 : (잡을 파)(지킬 수) ▷ (파수)
把捉 : (잡을 파)(잡을 착) ▷ (파착)
指紋 : (가리킬 지)(무늬 문) ▷ (지문)
波紋 : (물결 파)(무늬 문) ▷ (파문)
冒險 : (무릅쓸 모)(험할 험) ▷ (모험)
冒認 : (무릅쓸 모)(알 인) ▷ (모인)
急逝 : (급할 급)(갈 서) ▷ (급서)
逝去 : (갈 서)(갈 거) ▷ (서거)
奴隸 : (종 노)(종 례) ▷ (노예)
隸屬 : (종 례)(붙일 속) ▷ (예속)

※ 문제해답(226쪽) ………… 1

遞送(체송) 遞任(체임) 遞增(체증) 無紋(무문)
遞差(체차) 把掌(파장) 石紋(석문) 紋章(문장)
躍動(약동) 把持(파지) 花紋(화문) 躍進(약진)
冒頭(모두) 川獵(천렵) 冒沒(모몰) 活躍(활약)
冒廉(모렴) 冒雪(모설)

※ 문제해답(226쪽) ………… 2

甲(갑옷 갑) 乙(새 을) 丙(남녘 병)
丁(장정 정) 戊(천간 무) 己(몸 기)
庚(별 경) 辛(매울 신) 壬(북방 임)
癸(북방 계) 子(아들 자) 丑(소 축)
寅(범 인) 卯(토끼 묘) 辰(별 진)
巳(뱀 사) 午(낮 오) 未(아닐 미)
申(납 신) 酉(닭 유) 戌(개 술)
亥(돼지 해)

※ 문제해답(226쪽) ………… 3

(1)이화 (2)月白 (3)銀漢 (4)三更
(5)일지춘심 (6)子規 (7)多情 (8)病
(9)白雪 (10)매화 (11)夕陽 (12)興亡
(13)流水 (14)滿月 (15)대 대 (16)秋草
(17)五百年 (18)都邑 (19)목적 (20)客
(21)제일봉 (22)낙락장송 (23)만건곤 (24)독야청청

이야기 서당

포기하지 않는 자세

(愚公移山)

愚公은 나이가 아흔 가까이 된 老人이었다. 그는 태항산이 집 앞을 가로막고 있었기 때문에, 나다니기에 몹시 不便하게 여겼다. 그래서 家族들과 함께 힘을 모아 이 山을 옮기기로 했다. 그는 아들・孫子와 함께 山을 허물고 돌을 깨서 삼태기에 담아 발해(渤海)까지 가서 버리고 왔는데, 한 번 갔다 오는데 一年이 걸렸다고 한다.

河曲에 사는 智叟라는 老人이 이 光景을 보고 웃으며 "살아갈 날도 얼마 남지 않은 사람이 그 弱한 힘으로 어떻게 많은 돌과 흙을 運搬하려 하는가."라고 했다.
그러자 愚公은 "당신은 어찌 그렇게 所見이 좁은가? 내가 죽더라도 나에게는 子息이 남아 있고, 그 子息이 孫子를 낳고, 그 孫子가 다시 子息을 낳지 않는가? 이렇게 우리는 子子孫孫 代를 이어 가지만, 山은 결코 불어나는 일이 없다. 그러니 언젠가는 山이 平平해질 날이 있을 것이다."라고 했다. 智叟는 아무 말도 하지 못했다.

山神靈이 이 말을 듣고 愚公의 말대로 山이 없어질까 겁이 났다. 그래서 玉皇上帝에게 이를 말려 주도록 呼訴했다. 그러나 玉皇上帝는 愚公의 精誠에 感動하여 지금의 자리로 태항산을 옮겨 주었다.

위 글은 '남이 보기에는 어리석어 보이지만, 한 가지 일을 포기하지 않고 繼續하다 보면 언젠가는 目的을 達成하게 된다.'는 뜻으로 쓰이는 말이다.

도움한자

愚(어리석을 우)	孫(손자 손)	智(지혜 지)	叟(늙은이 수)
搬(옮길 반)	息(쉴 식)	靈(신령 령)	皇(임금 황)
帝(임금 제)	訴(호소할 소)	繼(이을 계)	續(이을 속)
精(자세할 정)	達(통달할 달)		

한자능력검정시험 3급(3급Ⅱ 포함)

문제해답

학습도움

평가문제 해답

평가문제(총10회) 해답은 본문학습(23쪽 ~ 226쪽)[1 ~ 10], [11 ~ 20], [21 ~ 30] … 을 묶어서 엮은 평가문제(393쪽~414쪽)의 해답을 모은 것입니다.

기출·예상문제 해답

기출 · 예상문제(415쪽 ~ 426쪽)의 해답을 모은 것입니다.

(395쪽~396쪽)

1.횡령 2.수확 3.총혜 4.항요 5.흉배 6.완만 7.탈피 8.균열 9.한독 10.표랑 11.제창 12.태반 13.간폐 14.권랭 15.사념 16.교변 17.간담 18.섭력 19.관비 20.겸병 21.한국 22.방기 23.마멸 24.내열 25.부임 26.황량 27.곡창 28.양도 29.소홀 30.구걸 31.관대 32.투항 33.치우 34.양방 35.반야 36.영운 37.변상 38.즉결 39.수요 40.정순 41.쾌청 42.계수 43.연강 44.현상 45.비교 46.굳셀 강 47.거만할 오 48.구멍 혈 49.거문고 금 50.주릴 아 51.개 포 52.시내 계 53.거느릴 어 54.경영할 영 55.묻을 매 56.번뇌할 뇌 57.혼인할 혼 58.종 노 59.늙은이 옹 60.계집 낭 61.밭갈 경 62.겨우 근 63.줄기 간 64.잡을 조 65.음란할 음 66.맑을 숙 67.짤 직 68.버릴 폐 69.모두 제 70.당나라 당 71.작을 미 72.졸할 졸 73.가루 분 74.흩어질 만 75.뵐 알 76.雄 77.均 78.健 79.鬪 80.胞 81.筋 82.核 83.豊 84.精 85.甲 86.紅 87.卷 88.批 89.裝 90.射 91.逃 92.郵 93.硏 94.底 95.鐵 96.朱 97.烈 98.珍 99.妨 100.趣 101.名聲 102.模範 103.稱頌 104.尊敬 105.추천 106.名譽 107.登龍門 108.食後 109.就寢 110.來日 111.合當 112.處理 113.是非 114.區分 115.對象 116.記號 117.世宗大王 118.優秀 119.創製 120.통찰 121.④ 122.③ 123.③ 124.否 125.喜 126.夕 127.單 128.買 129.難 130.削 131.獨白 132.手動, 他動 133.義務 134.平面 135.暗黑 136.後天 137.発 138.団 139.壮 140.価 141.大 142.己 143.臼 144.鳥 145.犬 = 犭 146.內 147.漁 148.發 149.頭 150.角

(397쪽~398쪽)

평가문제 11 ~ 20

1.영향 2.격양 3.천냥 4.학익 5.나인, 내인 6.노천 7.홍안 8.호접 9.희열 10.악취 11.긴축 12.첨예 13.괘력 14.진혼 15.기괴 16.개척 17.현감 18.열등 19.기피 20.낭설 21.우개 22.확장 23.비책 24.관록 25.권유 26.경도 27.탕약 28.주련 29.연방 30.초략 31.병설 32.융숭 33.성오 34.탁본 35.한유 36.주초 37.염탐 38.희롱 39.낙뢰 40.현격 41.채소 42.복습 43.쾌유 44.회포 45.오골계 46.누구 수 47.그리워할 련 48.갖출 해, 마땅 해 49.넓을 막 50.흩어질 만 51.먹 묵 52.나 여 53.바늘 침 54.난초 란 55.꾀할 기 56.클 홍 57.꾸밀 식 58.배나무 리 59.지날 경 60.낮을 비 61.깨끗할 정 62.너 여 63.기와 와 64.얼굴 안 65.긴뱀 사 66.나 여 67.그릴 모 68.중매 매 69.그윽할 유 70.난간 란 71.근 근, 날 근 72.나 아 73.쫓을 추, 따를 추 74.넓을 홍 75.기계 계 76.印 77.管 78.鄕 79.屈 80.細 81.隱 82.鍾 83.危 84.演 85.評 86.笑 87.潮 88.創 89.散 90.郡 91.券 92.看 93.革 94.修 95.仁 96.讚 97.單 98.陣 99.銅 100.吸 101.例 102.機能 103.擔當 104.同族 105.受精 106.發達 107.억제 108.子孫 109.境遇 110.遺傳子 111.傳達 112.姉妹 113.圓周 114.採集 115.獨占 116.延長 117.緣故 118.未滿 119.遺失 120.投資 121.① 122.① 123.④ 124.給 125.尊 126.福 127.多 128.覺 129.退 130.秀 131.獲 132.子 133.一 134.瓦 135.火 136.小人 137.重視 138.有能 139.幸運 140.低調 141.依他 142.区 143.号 144.伝 145.鉄 146.身 147.識 148.乳 149.厚 150.門

(399쪽~400쪽)

평가문제 21 ~ 30

1.누액 2.자소 3.완충 4.둔탁 5.함지 6.윤곽 7.어옹 8.희미 9.누각 10.쌍견 11.경화 12.교량 13.억류 14.순장 15.압박 16.지적 17.당돌 18.참작 19.저축 20.영축 21.개론 22.환불 23.실각 24.용렬 25.오염 26.소란 27.첨부 28.소제 29.은폐 30.표선 31.건곤 32.단전 33.도전 34.난이 35.방역 36.악단 37.선율 38.신뢰 39.고려 40.경탄 41.돈독 42.쇄신 43.연계 44.지속 45.전망대 46.떨어질 타 47.졸할 졸 48.분할 분 49.들교 50.땀 한 51.다만 단 52.어리석을 우 53.뽕나무 상 54.값 치 55.단장할 장 56.둥글 환 57.몰 구 58.돼지 돈 59.건널 제 60.나비 접 61.눈깜짝일 순 62.소반 반 63.눈썹 미 64.빼앗을 탈 65.이끌 견 66.화할 협 67.누릴 향 68.자 척 69.뉘우칠 회 70.욕될 욕 71.단풍 풍 72.닮을 초 73.겨룰 항 74.담 장 75.소통할 소 76.證 77.鏡 78.改 79.麗 80.刻 81.飛 82.推 83.帶 84.討 85.充 86.委 87.壁 88.絲 89.初 90.警 91.武 92.鉛 93.謝 94.凶 95.督 96.宣 97.笛 98.鷄 99.志 100.納 101.多元社會 102.機能 103.領域 104.分化 105.相異 106.完結的 107.理念 108.構築 109.主權 110.確立 111.招來 112.우월성 113.團地 114.經路 115.私費 116.餘暇 117.缺如 118.冊張 119.逃散 120.飛報 121.① 122.③ 123.① 124.集 125.首 126.貴 127.攻 128.邑 129.去, 失 130.敬 131.曲 132.口 133.肉=月 134.豕 135.犬 136.悲觀 137.散在 138.巨富 139.寒流 140.勝利 141.異端 142.帰 143.団 144.対 145.仮 146.差 147.世 148.非 149.馬 150.強

(401쪽~402쪽)

평가문제 31 ~ 40

1.외경 2.공란 3.파월 4.매복 5.요해 6.군림 7.도량 8.기갈 9.암담 10.제반 11.부역 12.흉상 13.차치 14.면제 15.변새 16.유연 17.아악 18.연맹 19.면역 20.단아 21.함축 22.침자 23.묘맥 24.파직 25.열악 26.경구 27.괴열 28.월장 29.등배 30.분고 31.분묘 32.표지 33.멸균 34.우황 35.증오 36.보편 37.부각 38.필경 39.구축 40.요원 41.붕어 42.계약 43.궤범 44.자모 45.애제 46.몇 기 47.마를 조 48.언덕 안 49.미혹할 혹 50.무성할 무 51.마를 고 52.편안할 강 53.문서 적 54.낳을 탄 55.닭 유 56.못 지 57.바쁠망 58.모름지기 수 59.잠길 침, 성 심 60.화목할 목 61.(매)달 현 62.목욕할 욕 63.맏 맹 64.맡길 탁 65.아재비 숙 66.무리 도 67.단 단 68.말탈 기 69.매화 매 70.맑을 숙 71.가게 점 72.찾을 탐 73.머무를 박, 배댈 박 74.만날 봉 75.짝 우 76.責 77.準 78.解 79.威 80.致 81.治 82.宮 83.誤 84.例 85.縮 86.榮 87.帳 88.恩 89.卓 90.備 91.戶 92.副 93.犯 94.設 95.券 96.聲 97.象 98.賢 99.帝 100.衛 101.歷史 102.成敗 103.決定 104.判別 105.應報 106.징험 107.졸렬 108.계획 109.是非 110.原則 111.相談 112.間或 113.武勇 114.立憲 115.公轉 116.商街 117.飛行 118.申告 119.悲鳴 120.油性 121.② 122.④ 123.③ 124.同 125.遠 126.盛 127.發 128.盛 129.易 130.恨 131.合 132.卩 133.罒 134.頁 135.又 136.形式 137.極貧 138.歡喜 139.是認 140.主觀 141.勝利 142.気 143.粛 144.与 145.辺=边 146.可 147.同 148.適 149.慶 150.斷

1.귀감 2.참괴 3.소각 4.소명 5.척사 6.답습 7.이체 8.맥주 9.폭등 10.알현 11.분망 12.수락 13.충돌 14.성신 15.규매 16.서작 17.예민 18.진열 19.반란 20.봉밀 21.율방 22.포기 23.징빙 24.질속 25.양류 26.호부 27.침병 28.봉인 29.진부 30.환전 31.역할 32.오염 33.이두 34.여적 35.할경 36.삭맥 37.만도 38.인접 39.공경 40.정벌 41.파견 42.이왕 43.고취 44.첨봉 45.이력 46.바위 암 47.싹 아 48.밝을 철 49.부칠 부 50.본뜰 방 51.나물 소 52.복숭아 도 53.격할 격 54.보낼 수 55.쫓을 추, 따를 추 56.씩씩할 장 57.쇠사슬 쇄 58.별 경 59.바로잡을 교 60.제후 후 61.반딧불 형 62.폐할 폐, 버릴 폐 63.꾈 유 64.사나울 맹 65.은혜 혜 66.무리 당 67.찾을 수 68.사당 묘 69.부를 소 70.왕비 비 71.배 주 72.밟을 천 73.버금 아 74.오장 장 75.볼 열 76.據 77.應 78.骨 79.崇 80.熱 81.張 82.候 83.泉 84.篇 85.舞 86.嚴 87.招 88.粉 89.靜 90.背 91.遺 92.誌 93.額 94.條 95.居 96.儀 97.迎 98.眼 99.鳴 100.舌 101.利害關係 102.信仰 103.철학 104.産業 105.기초 106.우주 107.民主主義 108.健全 109.포함 110.難航 111.外叔 112.正副 113.干潮 114.救濟 115.歎願 116.寶庫 117.表紙 118.高手 119.通貨 120.答辭 121.③ 122.② 123.① 124.存 125.單 126.美 127.厚 128.盛 129.終 130.放 131.尺 132.行 133.又 134.刂(刀) 135.二 136.落第 137.獨白 138.過多 139.過失 140.當番 141.全體 142.択 143.尽 144.体 145.写 146.源 147.假 148.殺 149.目 150.取

(405쪽~406쪽)

평가문제 51 ~ 60

1.폭염 2.나변 3.연민 4.연면 5.연견 6.맹탐 7.효율 8.선발 9.참상 10.비명 11.가차 12.마약 13.채권 14.암랑 15.함락 16.침투 17.약탈 18.파천 19.번뇌 20.삭탈 21.첨예 22.거리 23.추장 24.멸균 25.연소 26.결함 27.비양 28.경솔 29.양해 30.주화 31.효계 32.부속 33.누적 34.폐렴 35.언오 36.단장 37.항복 38.경사 39.성황 40.맹세, 맹서 41.제염 42.참괴 43.편차 44.기롱 45.나침반 46.북방 임 47.뜰 부 48.슬플 오 49.선 선 50.비단 폐 51.짤 직 52.빌 기 53.심을 재 54.상서 상 55.조각 편 56.번성할 번 57.더할 첨 58.부드러울 유 59.아무 모 60.사나울 맹 61.새벽 신 62.사슴 록 63.빛날 휘 64.새금 65.꼬리 미 66.사내 랑 67.자주 빈 68.상거할 거 69.통할 철 70.전염병 역 71.베풀 선 72.뽑을 모 73.부끄러울 치 74.소 축 75.취할 취 76.橋 77.侵 78.豆 79.純 80.應 81.績 82.佛 83.星 84.榮 85.統 86.筆 87.孤 88.映 89.覽 90.勞 91.慶 92.勉 93.支 94.準 95.創 96.離 97.腸 98.灰 99.燃 100.收 101.進化 102.個體 103.種族 104.效果 105.本質 106.타협 107.順理 108.철학자 109.史家 110.假說 111.設定 112.상상력 113.動員 114.指導者 115.特定 116.信條 117.고집 118.共同體 119.合意 120.確保 121.① 122.② 123.③ 124.俗 125.出 126.縮 127.表 128.常 129.表 130.潔 131.財 132.一 133.二 134.小 135.内 136.暗示 137.自然 138.否決 139.他律 140.連敗 141.友好 142.点 143.旧 144.庁 145.変 146.동병상련▷처지가 서로 비

슷한 사람끼리 서로 동정하고 도움. 147.금의환향▷'비단 옷을 입고 고향으로 돌아온다.'는 뜻으로, '타향에서 크게 성공하여 자기 집으로 돌아감'을 말함 148.후안무치▷얼굴이 두꺼워 수치스러움을 모름. 뻔뻔스러움. 149.상전벽해▷'뽕나무밭이 변하여 푸른 바다가 된다.'는 말로, '세상일이 덧없이 바뀜'을 비유하여 이르는 말. 150.천고마비▷'하늘은 높고 말이 살찐다.'는 뜻으로, '가을철'을 일컫는 말.

(407쪽~408쪽)
평가문제 61 ~ 70

1.세련 2.혼령 3.삼림 4.균형 5.절도 6.징조 7.위배 8.포획 9.견여 10.맥락 11.명복 12.유치 13.가연 14.능욕 15.분개 16.계루 17.노쇠 18.서정 19.어언 20.편대 21.애석 22.착시 23.내하 24.동렬 25.사칭 26.진부 27.천박 28.유서 29.재배 30.선재 31.납량 32.운무 33.우열 34.도장 35.인욕 36.망막 37.가설 38.세탁 39.극심 40.계몽 41.민박 42.위도 43.긍정 44.옹고 45.상아탑 46.순행할 순, 돌 순 47.없을 망 48.슬기로울 혜 49.쇠불릴 련 50.푸를 벽 51.그림자 영 52.우레 진 53.어지러울 분 54.점점 점 55.새벽 효 56.견딜 내 57.날 비 58.서로 호 59.생각할 억 60.어두울 혼 61.비통할 참 62.낄 옹 63.갈 마 64.싹 아 65.짐승 축 66.호소할 소 67.베풀 진 68.갓 관 69.안을 포 70.언덕 아 71.부르짖을 규 72.엄습할 습 73.역 역 74.따를 수 75.속일 기 76.務 77.句 78.寶 79.府 80.兩 81.察 82.羅 83.境 84.修 85.散 86.確 87.尊 88.牧 89.逆 90.組 91.走 92.切, 絶 93.樣 94.航 95.層 96.延 97.妙 98.殘 99.錄 100.眼 101.反作用 102.즉각 103.外觀上 104.不動 105.法則 106.報答 107.效果的 108.最上 109.幸福 110.親切 111.獨立 112.完成 113.漢城 114.大韓 115.決心 116.急變 117.環境 118.勞使團結 119.對應 120.성숙 121.③ 122.① 123.① 124.歡 125.班 126.孫 127.攻 128.想 129.施 130.轉 131.憤 132.衣 133.甘 134.口 135.二 136.退場 137.精神 138.自動 139.平凡 140.客體 141.相對 142.広 143.灯 144.転 145.辞 146.오리무중▷'五里나 계속되는 안개 속에 있다'는 뜻으로, 멀리 낀 안개 속에서 길을 찾기가 어려운 것과 같이 '일의 갈피를 잡기 어려움'을 이르는 말. 147.포복절도▷배를 안고 몸을 가누지 못할 정도로 몹시 웃음. 148.백아절현▷'가장 친한 친구가 죽었을 때의 슬픔'을 이르거나, '자신을 알아주는 사람이 없어짐'을 이르는 말. ※'知音'과 같은 의미. 149.좌정관천▷'우물에 앉아 하늘을 본다.'는 뜻으로, '견문이 좁음'을 이르는 말. 150.누란지세▷쌓아올린 달걀이 금방 무너질 것같이 '몹시 위태로운 형세'를 이르는 말. ※'累卵之危'라고도 함.

(409쪽~410쪽)
평가문제 71 ~ 80

1.순보 2.동이 3.향응 4.피소 5.위협 6.승합 7.척간 8.인순 9.희박 10.옥송 11.배계 12.피뢰 13.휴대 14.강림 15.재액 16.유예 17.누차 18.포섭 19.윤리 20.유연 21.강등 22.차제 23.해금

24.유락 25.부역 26.막론 27.공수 28.인접 29.읍청 30.폐장 31.관련 32.임종 33.타당 34.용서 35.자연 36.귀곡 37.구류 38.숭상 39.초극 40.칠흑 41.음탐 42.증손 43.윤삭 44.빈번 45.어차피 46.목마를 갈 47.잘 면 48.이 자 49.부처 불 50.버릇 관 51.익을 숙 52.이에 내 53.입술 순 54.이를 위 55.넘을 월 56.발자취 적 57.예 석 58.이 사 59.이끼 야 60.주릴 기 61.옮길 천 62.임금 황 63.잃을 상 64.어조사 의 65.너그러울 관 66.우러를 앙 67.붙을 부 68.자세할 상 69.어조사 야 70.어지러울 란 71.어조사 재 72.왕비 비 73.누를 압 74.엿 당 75.잊을 망 76.監 77.態 78.聖 79.依 80.華 81.益 82.姿 83.素 84.祝 85.謠 86.蓄 87.稱 88.餘 89.判 90.提 91.歎 92.環 93.禁 94.閉 95.慮 96.堅 97.脫 98.島 99.庫 100.板 101.歷史 102.硏究 103.망각 104.觀念 105.입각 106.관련 107.考察 108.明確 109.理解 110.自我反省 111.自我批判 112.生動 113.質疑 114.依舊 115.寄與 116.固辭 117.護國 118.構造 119.舍弟 120.堂叔 121.④ 122.② 123.③ 124.支 125.祖 126.直 127.進 128.救援 129.印象 130.校監 131.斷定 132.口 133.肉 = 月 134.耳 135.丿 136.未決 137.他律 138.均等 139.革新 140.輕視 141.單純 142.売 143.独 144.囲 145.価 146.樂 147.魚 148.私 149.敵 150.夜

(411쪽~412쪽)

평가문제 81 ~ 90

1.온랭 2.배반 3.촉매 4.침투 5.규탄 6.자격 7.소추 8.봉후 9.구류 10.괴수 11.축출 12.징벌 13.통촉 14.장수 15.진압 16.저술 17.이취 18.포착 19.충격 20.수습 21.침잠 22.필적 23.습유 24.도인 25.독촉 26.치졸 27.통찰 28.노비 29.점증 30.계초 31.숙질 32.협의 33.수면 34.편운 35.피안 36.준걸 37.기간 38.수계 39.아살 40.창속 41.둔답 42.복점 43.집착 44.묵계 45.부득이 46.잠깐 경 47.경영할 영 48.적을 과 49.재앙 앙 50.찔 증 51.정자 정 52.재촉할 최 53.집 우 54.제사 사 55.저물 모 56.잠깐 잠 57.조세 조 58.어두울 혼 59.줄 현 60.장사지낼 장 61.하례할 하 62.좇을 준 63.집 관 64.주먹 권 65.거느릴 어 66.원고 고 76.잃을 상 68.목마를 갈 69.춤출 무 70.꼬리 미 71.조정 정 72.머금을 함 73.긴뱀 사 74.떳떳할 용 75.줄 증 76.群 77.疲 78.困 79.藝 80.權 81.博 82.血 83.液 84.操 85.秀 86.障 87.降 88.低 89.戒 90.葉 91.稅 92.脫 93.柳 94.早 95.息 96.城 97.巖 98.慶 99.領 100.錢 101.軍士 102.指揮 103.통솔 104.將軍 105.장수 106.화장 107.장사 108.화장 109.종질 110.非命 111.曲折 112.說話 113.國是 114.盜用 115.財政 116.走破 117.解禁 118.悲報 119.遊說 120.壯觀 121.① 122.② 123.③ 124.深 125.斷 126.逆 127.歡 128.返 129.混 130.階 131.安 132.頁 133.片 134.日 135.黑 136.和解 137.保守 138.減少 139.正統 140.生産 141.專用 142.党 143.数 144.乱 145.独 146.목불식정 ▷ 낫 놓고 기역자도 모를 만큼 '아주 무식함' 147.권선징악 ▷ 착한 행실을 권장하고 악한 행실을 징계함 148.추우강남 ▷ '친구 따라 강남 간다.'는 말로, '주견 없는 행동'을 뜻하는 말.

149.세한삼우▷추운 겨울철에도 잘 견디는 '소나무, 대나무, 매화나무'를 일컫는 말. 150.전화위복▷화(禍)가 바뀌어 오히려 복(福)이 됨.

(413쪽~414쪽)

평가문제 91 ~ 102

1.승낙 2.운임 3.촉루 4.척질 5.통철 6.창서 7.진폭 8.악부 9.위령 10.처첩 11.혼탁 12.판촉 13.삭망 14.요통 15.회석 16.술회 17.격려 18.천거 19.초침 20.호적 21.파열 22.심방 23.도약 24.호발 25.조항 26.은괴 27.추졸 28.항습 29.독시 30.비앙 31.하객 32.역술 33.염탐 34.수락 35.훼절 36.막부 37.저렴 38.일탈 39.가택 40.회의 41.폐습 42.제소 43.채소 44.유영 45.승선 46.푸를 벽 47.치마 상 48.천천할 서 49.클 태 50.차 다 51.개 포 52.토끼 토 53.흔들 요 54.채색 채 55.뛰어넘을 초 56.무릅쓸 모 57.무덤 분 58.함께 구 59.꼬리 미 60.갈릴 체 61.천간 무 62.토할 토 63.화로 로 64.뛰어날 걸 65.형통할 형 66.처마 헌 67.나타날 저 68.탑 탑 69.푸를 창 70.멸할 멸 71.높을 륭 72.하고자할 욕 73.천간 계 74.마를 조 75.둔할 둔 76.帳 79.師 78.配 79.系 80.寺 81.輕 82.許 83.鍾 84.肅 85.酒 86.殘 87.存 88.速 89.創 90.偉 91.聲 92.源 93.餘 94.冊 95.取 96.州 97.陸 98.銅 99.接 100.損 101.社會科學 102.文學徒 103.現在性 104.意識 105.指向 106.過去 107.집착 108.不可避 109.理解 110.막 111.비교 112.提示 113.정책론자 114.水準 115.期待 116.改革 117.副賞 118.減收 119.引導 120.起死回生 121.④ 122.① 123.③ 124.伏 125.降 126.親 127.優 128.訪 129.兵 130.屬 131.保 132.日 133.毛 134.水 135.ノ 136.異端 137.流動 138.低俗 139.友好 140.是認 141.理性 142.当 143.処 144.広 145.圧 146.苦 147.毛 148.草 149.官 150.勝

(417쪽~418쪽)

3II 기출 · 예상문제  회

1.주선 2.즉결 3.긴밀 4.저항 5.관습 6.가맹 7.수요 8.납세 9.사제 10.수송 11.연기 12.폐간 13.재판 14·영접 15.우려 16.공모 17.흉중 18.단층 19.함축 20.신뢰 21.차액 22.감찰 23.안질 24.비약 25.찬성 26.소집 27.계약 28.감염 29.창고 30.고집 31.당류 32.강호 33.위장 34.기지 35.돌파 36.지지 37.범상 38.건각 39.몰락 40.가공 41.축산 42.정채 43.피고 44.소멸 45.충격 46.문서 권 47.삼갈 신 48.간략할 략 49.부드러울 유 50.난간 란 51.붙을 부 52.장막 막 53.토끼 토 54.아득할 망 55.힘쓸 면 56.나물 소 57.도울 호 58.씨 위 59.시내 계 60.이별할 결 61.푸를 벽 62.길 정 63.고를 균 64.거리 가 65.가지런할 제 66.화폐 폐 67.활 궁 68.바로잡을 정 69.붓 필 70.쓸 소 71.선비 유 72.갑자기 홀 73.시렁 가 74.經驗 75.壓制 76.傳說 77.非難 78.製造 79.重病 80.品種 81.競走 82.生時 83.篇 84.揮 85.貧 86.備 87.博 88.包 89.故 90.討 91.協 92.郵 93.息 94.潔 95.擔 96.測 97.深 98.殘 99.麗 100.逆 101.遊 102.背 103.㈎ 104.㈑ 105.㈓ 106.㈔ 107.㈕ 108.授 109.正 110.陽 111.主 112.假, 僞 113.動 114.福 115.遠 116.亡 117.表 118.苦 119.不 120.上 121.馬 122.火 123.價 124.一 125.夜 126.月 127.新 128.貝 129.巾 130.目 131.寸 132.耳 133.㈎ 134.㈒ 135.㈐ 136.㈖ 137.㈓ 138.正數, 定數 139.勇氣, 用器 140.電源, 田園 141.防寒 142.正堂, 正當 ※138～142 : 제시된 답안과 다를 수 있음. 143.물이 됨. 액체가 됨. 144.점점 많아짐. 점점 불어남. 145.꽃이 활짝 핌. 146.절의를 지킴. 정절을 지킴. 147.고향으로 돌아가거나 돌아옴. 148.鉄 149.変 150.辺

(419쪽~420쪽)

3II 기출 · 예상문제  회

1.피격 2.용졸 3.심판 4.피안 5.사직 6.모색 7.계급 8.서간 9.토의 10.금수 11.탈세 12.태만 13.추곡 14.자연 15.윤택 16.유리 17.접촉 18.전아 19.강림 20.추경 21.종묘 22.필납 23.본적 24.약탈 25.상징 26.첨삭 27.분할 28.첨단 29.연락 30.허락 31.안일 32.소란 33.잔액 34.혼령 35.이력 36.증기 37.감독 38.열악 39.광채 40.파견 41.곤란 42.멸렬 43.타락 44.제휴 45.위협 46.손바닥 장 47.금할 금 48.구리 동 49.권세 권 50.집 궁 51.머무를 류 52.편안 강 53.경사 경 54.낳을 산 55.휘두를 휘 56.벌릴 렬 57.찾을 방 58.고울 려 59.섬길 사 60.꼬리 미 61.버금 부 62.가운데 앙 63.값 치 64.법칙 률 65.상줄 상 66.벌할 벌 67.씻을 세 68.통달할 달 69.성낼 노 70.맛 미 71.기록할 록 72.밟을 답 73.배 항 74.忠告 75.義務 76.淸掃 77.敵船 78.消息 79.收養 80.虛事 81.受話器 82.素質 83.裝 84.希 85.招 86.昨 87.波 88.賢 89.侵 90.血 91.散 92.抗 93.笑 94.引 95.築 96.貨 97.暖 98.辯 99.碑 100.藝 101.混 102.吸 103.㈎ 104.㈒ 105.㈓ 106.㈕ 107.㈖ 108.來 109.任 110.夜 111.開 112.重 113.盛 114.退 115.單 116.富

117.愛 118.成 119.別 120.明 121.求 122.肉 123.說 124.評 125.束 126.致 127.上 128.走 129.貝 130.衣 131.頁 132.穴 133.㈑ 134.㈏ 135.㈓ 136.㈒ 137.㈕ 138.同鄕 139.終身 140.士氣, 社旗 141.人道, 引導 142.前半 ※138~142 : 제시된 답안과 다를 수 있음. 143.주워서 얻음. 144.거짓으로 꾸밈. 145.얼음이 풀림. 얼음이 녹음. 146.차를 타다. 차에 오르다. 147.옳다고 인정함. 148.仏 149.旧 150.当

(421쪽~422쪽)

3급 기출 · 예상문제  회

1.축적 2.연면 3.대상 4.돈독 5.사려 6.여가 7.운무 8.피고 9.견사 10.공물 11.참선 12.섭렵 13.유치 14.염결 15.수요 16.맹금 17.소각 18.조람 19.고엽 20.졸고 21.광막 22.실천 23.은밀 24.기획 25.간청 26.기갈 27.용렬 28.잡념 29.독촉 30.우수 31.공손 32.승낙 33.자연 34.정보 35.여론 36.교향 37.유구 38.형설 39.잔존 40.투철 41.세액 42.유도 43.첨단 44.한재 45.위폐 46.맹세 맹 47.씨 위 48.시렁 가 49.늦을 만 50.꺼릴 기 51.못 택 52.난간 란 53.다리 각 54.임할 림 55.저 피 56.가 변 57.칠 격 58.잠잠할 묵 59.뛸 도 60.깨달을 각 61.꾀 책 62.막을 거 63.떳떳할 상 64.다할 궁 65.밝을 소 66.아뢸 주 67.바다 해 68.소경 맹 69.아득할 망 70.넘칠 람 71.나물 소 72.배 복 73.壁 74.應 75.鉛 76.怨 77.縮 78.嚴 79.散 80.靜 81.施 82.貧 83.備 84.防 85.聖 86.深 87.盛 88.程 89.貯 90.營 91.得 92.象 93.衆 94.繼 95.取 96.納 97.味 98.妨 99.祉 100.堅 101.基 102.降 103.形式 104.必然 105.支出 106.過失 107.節約 108.結果 109.否決 110.和解 111.易 112.勤 113.減 114.輕 115.急 116.層, 段 117.配 118.過, 歷 119.組 120.庫 121.定 122.落 123.病 124.知 125.信 126.素材 127.寶石 128.古文 129.調和 130.子正 ※126~130 : 제시된 답안과 다를 수 있음. 131.心 = 忄 132.网 133.舟 134.知識 135.標識 ※134~135 : 제시된 답안과 다를 수 있음. 136.過言 137.書籍 138.低下 139.명약관화 140.古典 141.事業 142.解讀 143.술어 144.視覺的 145.縮約力 146.觀念論 147.孤立 148.명심 149.造語力 150.愛用

(423쪽~424쪽)

3급 기출 · 예상문제  회

1.첨삭 2.패자 3.회의 4.갈증 5.경하 6.반경 7.와상 8.타락 9.차제 10.편집 11.추상 12.감면 13.망상 14.대차 15.고담 16.운치 17.파견 18.휴대 19.도피 20.결함 21.곤궁 22.유연 23.공헌 24.기권 25.소란 26.모책 27.필납 28.졸렬 29.각색 30.징계 31.쇄소 32.장부 33.태만 34.암송 35.계몽 36.건조 37.종료 38.다도 39.번뇌 40.기강 41.삼라 42.세탁 43.홍안 44.혼령 45.오욕 46.부끄러울 치 47.감독할 독 48.술부을 작 49.난간 란 50.밝을 리 51.옮길 천 52.꾸밀 장 53.펼 신 54.샐 루 55.푸를 벽 56.봉할 봉 57.돌 순, 좇을 순 58.갑자기 돌 59.엿 당, 사탕 탕

60.거짓 위 61.간절할 간 62.짝 필 63.주먹 권 64.슬플 비 65.싸울 투 66.자주 빈 67.깨끗할 결 68.마디 절 69.물들 염 70.끓을 탕 71.항상 항 72.깨끗할 정 73.干 74.政 75.犬 76.妙 77.滿 78.灰 79.攻 80.差 81.脫 82.牧 83.招 84.早 85.範 86.誠 87.底 88.腸 89.移 90.刻 91.陰 92.帝 93.步 94.姿 95.犯 96.居 97.傷 98.模 99.勉 100.厚 101.續 102.破 103.下降 104.未決 105.縮小 106.公開 107.正統 108.富貴 109.理性 110.絶對的 111.迎 112.表 113.鄕 114.淸 115.罰 116.聲 117.巨 118.惡 119.眼 120.惠 121.價 122.令 123.衣 124.石 125.正 126.思料 127.主婦 128.雨衣 129.管理 130.永世 ※126~130 : 제시된 답안과 다를 수 있음. 131.戈 132.宀 133.心 = 忄 134.反省 135.省略 ※134~135 : 제시된 답안과 다를 수 있음. 136.技術 137.時急 138.使命感 139.世紀 140.課題 141.將來 142.투시 143.應用科學 144.명예 145.支援 146.考慮 147.소명의식 148.最善 149.評價 150.解決

(425쪽~426쪽)

3급 기출 · 예상문제  회

1.계몽 2.단서 3.생률 4.증기 5.격파 6.붕괴 7.사기 8.용감 9.종말 10.지각 11.참괴 12.조람 13.경사 14.간청 15.간과 16.감상 17.타당 18.열악 19.유리 20.구축 21.수면 22.회귀 23.기아 24.보험 25.의존 26.졸고 27.귀곡 28.파견 29.첨삭 30.윤리 31.소멸 32.금수 33.비천 34.증오 35.주간 36.초빙 37.기원 38.여가 39.추경 40.흥릉 41.화목 42.촉진 43.인내 44.빈번 45.신뢰 46.오로지 전 47.밝을 철 48.부호 부 49.엮을 편 50.도타울 독 51.넓힐 확 52.줄 증 53.나눌 배 54.삼갈 신 55.갑자기 홀 56.넓을 보 57.바로잡을 정 58.옷마를 재 59.쓸 소 60.걸 괘 61.나물 채 62.드리울 수 63.맛볼 상 64.늙은이 옹 65.샐 루 66.항목 항 67.베풀 선 68.제비 연 69.화폐 폐 70.굳셀 강 71.어릴 치 72.힘쓸 노 73.敬 74.傷 75.構 76.痛 77.黨 78.忠 79.麗 80.次 81.柳 82.列 83.博 84.簡 85.辯 86.遺 87.備 88.靜 89.碑 90.揮 91.散 92.稱 93.郵 94.判 95.殘 96.暖 97.藥 98.戒 99.篇 100.祭 101.港 102.儉 103.開放 104.權利 105.具體, 具象 106.單純 107.近攻 ※遠交近攻 : '먼 나라와 가까이 하여 가까운 나라를 친다.'는 뜻으로, 가까운 나라가 이미 정복되어 자기 소유로 돌아오면 점차 먼 나라로 세력을 미쳐 가는 전국시대 秦나라의 책략을 이르는 말. 108.損失 109.敗北 110.物質 111.實 112.是 113.暗 114.順 115.直 116.望 117.停 118.識 119.健 120.與 121.百 122.止 123.鄕 124.鳥 125.羊 126.將兵 127.年少 128.方位 129.師兄 130.空中 ※126~130 : 제시된 답안과 다를 수 있음. 131.巾 132.隹 133.土 134.回復, 報復 135.復活 ※134~135 : 제시된 답안과 다를 수 있음. 136.性格別 137.가령 138.關係 139.理解 140.直結 141.核心 142.要件 143.體系 144.前提 145.興味 146.유발 147.創意力 148.開發 149.漢字 150.分類

명시감상

作者 : 노진盧禛

日中 금가마괴 가지 말고 내 말 들어
너는 反哺鳥라 鳥中의 曾參이니
오날은 나를 위하여 長在中天 하얏고자

설 명

- 위 시는 어머니의 장수를 축하하는 잔치에 임하여 지은 노래로서 지는 해라지만 잠시라도 머물게 하여 조금이라도 더 어머니를 즐겁게 하려는 지극한 효심을 담아 표현하였다.
- 작자 노진盧禛의 자字는 자응子膺이며 아호雅號는 옥계玉溪이다. 조선 선조宣祖 때에 이조판서吏曹判書를 지냈다.
- 금가마괴 ➜ 金烏(금오). '해'를 달리 이르는 말. ['태양 속에 세 발 가진 까마귀가 있다'는 전설에서 유래한 말.]
- 反哺鳥 ➜ 어려서는 어미가 먹이를 먹이고, 자라서는 어미를 먹인다는 孝鳥로서 까마귀를 뜻함.

한자능력검정시험 3급(3급II 포함)

배정한자

(3급 : 1,817자 – 가나다순)

3급 동同자字다多음音 한漢자字

한자	급수	훈	음
降	4급	내릴	강
		항복할	항
更	4급	다시	갱
		고칠	경
車	7Ⅱ	수레	거
		수레	차
見	5Ⅱ	볼	견
		뵈올	현
龜	3급	거북	구/귀
		터질	균
金	8급	쇠	금
		성姓	김
茶	3Ⅱ	차	다
		차	차
度	6급	법도	도
		헤아릴	탁
讀	6Ⅱ	읽을	독
		구절句節	두
洞	7급	골	동
		밝을	통
樂	6Ⅱ	즐길	락
		노래	악
		좋아할	요
率	3Ⅱ	비율比率	률
		거느릴	솔
滅	3Ⅱ	멸할	멸
		꺼질	멸
復	4Ⅱ	회복할	복
		다시	부
覆	3Ⅱ	덮을	부
		뒤집힐	복
否	4급	아닐	부
		막힐	비
北	8급	북녘	북
		달아날	배
殺	4Ⅱ	죽일	살
		감할	쇄
		빠를	쇄
狀	4Ⅱ	형상形狀	상
		문서文書	장
塞	3Ⅱ	막힐	색
		변방邊方	새
索	3Ⅱ	찾을	색
		노[새끼줄]	삭
說	5Ⅱ	말씀	설
		달랠	세
省	6Ⅱ	살필	성
		덜	생
宿	5Ⅱ	잘	숙
		별자리	수
拾	3Ⅱ	주울	습
		갖은열	십
識	5Ⅱ	알	식
		기록할	지
惡	5Ⅱ	악할	악
		미워할	오
若	3Ⅱ	같을	약
		반야般若	야
於	3급	어조사	어
		탄식할	오
易	4급	바꿀	역
		쉬울	이
刺	3Ⅱ	찌를	자
		찌를	척
		수라	라
切	5Ⅱ	끊을	절
		온통	체
陳	3Ⅱ	베풀	진
		묵을	진
辰	3Ⅱ	별	진
		때	신
參	5Ⅱ	참여할	참
		갖은석	삼
拓	3Ⅱ	넓힐	척
		박을[拓本]	탁
沈	3Ⅱ	잠길	침
		성姓	심
便	7급	편할	편
		똥오줌	변
布	4Ⅱ	베[펼]	포
		보시布施	보
行	6급	다닐	행
		항렬行列	항
洪	3Ⅱ	넓을	홍
		큰물	홍
畫	6급	그림[畵]	화
		그을[劃]	획

ː 표는 長音, ▸ 표는 長·短音 漢字임

배정한자

한자	급수	훈	음	부수·획수
ː架	3II	시렁	가	木-총 9획
ː佳	3II	아름다울	가	人-총 8획
▸街	4II	거리	가	行-총12획
ː假	4II	거짓	가	人-총11획
ː暇	4급	틈	가	
		겨를	가	日-총13획
價	5II	값	가	人-총15획
加	5급	더할	가	力-총 5획
ː可	5급	옳을	가	口-총 5획
歌	7급	노래	가	欠-총14획
家	7II	집	가	宀-총10획
脚	3II	다리	각	肉-총11획
却	3급	물리칠	각	卩-총 7획
閣	3II	집	각	門-총14획
覺	4급	깨달을	각	見-총20획
刻	4급	새길	각	刀-총 8획
各	6II	각각	각	口-총 6획
角	6II	뿔	각	角-총 7획
▸肝	3II	간	간	肉-총 7획
ː姦	3급	간음할	간	女-총 9획
ː懇	3II	간절할	간	心-총17획
刊	3II	새길	간	刀-총 5획
幹	3II	줄기	간	干-총13획
▸簡	4급	간략할	간	
		대쪽	간	竹-총18획
干	4급	방패	간	干-총 3획
看	4급	볼	간	目-총 9획
▸間	7II	사이	간	門-총12획
渴	3급	목마를	갈	水-총12획
鑑	3II	거울	감	金-총22획
ː敢	4급	감히	감	
		구태여	감	攴-총12획
甘	4급	달	감	甘-총 5획
ː減	4II	덜	감	水-총12획
監	4II	볼	감	皿-총14획
ː感	6급	느낄	감	心-총13획
甲	4급	갑옷	갑	田-총 5획
鋼	3II	강철鋼鐵	강	金-총16획
剛	3II	굳셀[剛毅]	강	刀-총10획
綱	3II	벼리	강	糸-총14획
▸降	4급	내릴	강	※'강'만 장음
		항복할	항	阜-총 9획
ː講	4II	욀	강	言-총17획
康	4II	편안便安	강	广-총11획
▸強	6급	강할[強=强]	강	弓-총11획
江	7II	강	강	水-총 6획
ː介	3II	낄	개	人-총 4획
皆	3급	다	개	白-총 9획
ː概	3II	대개	개	木-총15획
▸蓋	3II	덮을	개	艸-총14획
ː慨	3급	슬퍼할	개	心-총14획
▸個	4II	낱	개	人-총10획
▸改	5급	고칠	개	攴-총 7획
開	6급	열	개	門-총12획
客	5II	손[賓客]	객	宀-총 9획
▸更	4급	다시	갱	※'갱'만 장음
		고칠	경	曰-총 7획
ː距	3II	상거할	거	足-총12획
ː據	4급	근거根據	거	手-총16획
ː拒	4급	막을	거	手-총 8획
居	4급	살	거	尸-총 8획
ː巨	4급	클	거	工-총 5획
ː去	5급	갈	거	厶-총 5획
ː擧	5급	들	거	手-총18획
車	7II	수레	거	
		수레	차	車-총 7획
乾	3II	하늘	건	
		마를	간/건	乙-총11획
ː健	5급	굳셀	건	人-총11획
件	5급	물건	건	人-총 6획
ː建	5급	세울	건	廴-총 9획
乞	3급	빌	걸	乙-총 3획
傑	4급	뛰어날	걸	人-총12획
ː劍	3II	칼	검	刀-총15획
ː檢	4II	검사할	검	木-총17획
ː儉	4급	검소할	검	人-총15획
隔	3II	사이뜰	격	阜-총13획
激	4급	격할	격	水-총16획
擊	4급	칠[打]	격	手-총17획
格	5II	격식	격	木-총10획
ː遣	3급	보낼	견	辶-총14획
絹	3급	비단	견	糸-총13획
肩	3급	어깨	견	肉-총 8획
牽	3급	이끌	견	
		끌	견	牛-총11획
犬	4급	개	견	犬-총 4획
堅	4급	굳을	견	土-총11획
ː見	5II	볼	견	
		뵈올	현	見-총 7획
訣	3II	이별할	결	言-총11획
潔	4II	깨끗할	결	水-총15획
缺	4II	이지러질	결	缶-총10획
決	5II	결단할	결	水-총 7획
結	5II	맺을	결	糸-총12획

한자	급수	훈	음	부수-획수
謙	3Ⅱ	겸손할	겸	言-총17획
兼	3Ⅱ	겸할	겸	八-총10획
硬	3Ⅱ	굳을	경	石-총12획
徑	3Ⅱ	길	경	
		지름길	경	彳-총10획
⁝竟	3급	마침내	경	立-총11획
耕	3Ⅱ	밭갈[犁田]	경	耒-총10획
卿	3급	벼슬	경	卩-총12획
庚	3급	별	경	广-총 8획
頃	3Ⅱ	이랑	경	
		잠깐	경	頁-총11획
⁝鏡	4급	거울	경	金-총19획
⁝慶	4Ⅱ	경사慶事	경	心-총15획
傾	4급	기울	경	人-총13획
⁝警	4Ⅱ	깨우칠	경	言-총20획
驚	4급	놀랄	경	馬-총23획
境	4Ⅱ	지경地境	경	土-총14획
經	4Ⅱ	지날	경	
		글	경	糸-총13획
輕	5급	가벼울	경	車-총14획
⁝敬	5Ⅱ	공경恭敬	경	攴-총13획
⁝競	5급	다툴	경	立-총20획
▸景	5급	볕	경	日-총12획
京	6급	서울	경	亠-총 8획
⁝桂	3Ⅱ	계수나무	계	木-총10획
⁝繫	3급	맬	계	糸-총19획
⁝械	3Ⅱ	기계機械	계	木-총11획
▸契	3Ⅱ	맺을	계	大-총 9획
⁝癸	3급	북방北方	계	
		천간天干	계	癶-총 9획
溪	3Ⅱ	시내	계	水-총13획
⁝啓	3Ⅱ	열	계	口-총11획
⁝戒	4급	경계할	계	戈-총 7획
⁝季	4급	계절季節	계	子-총 8획
鷄	4급	닭	계	鳥-총21획
⁝係	4Ⅱ	맬	계	人-총 9획
階	4급	섬돌	계	阜-총12획
⁝系	4급	이어맬	계	糸-총 7획
⁝繼	4급	이을	계	糸-총20획
⁝計	6Ⅱ	셀	계	言-총 9획
⁝界	6Ⅱ	지경地境	계	田-총 9획
顧	3급	돌아볼	고	頁-총21획
枯	3급	마를	고	木-총 9획
鼓	3Ⅱ	북	고	鼓-총13획
姑	3Ⅱ	시어미	고	女-총 8획
稿	3Ⅱ	원고原稿	고	
		볏짚	고	禾-총15획
庫	4급	곳집	고	广-총10획
▸故	4Ⅱ	연고	고	攴-총 9획
孤	4급	외로울	고	子-총 8획
⁝告	5Ⅱ	고할	고	口-총 7획
▸固	5급	굳을	고	囗-총 8획
▸考	5급	생각할	고	老-총 6획
高	6Ⅱ	높을	고	高-총10획
苦	6급	쓸[味覺]	고	艸-총 9획
⁝古	6급	예	고	口-총 5획
谷	3Ⅱ	골	곡	谷-총 7획
哭	3Ⅱ	울	곡	口-총10획
穀	4급	곡식穀食	곡	禾-총15획
曲	5급	굽을	곡	曰-총 6획
坤	3급	땅[따]	곤	土-총 8획
⁝困	4급	곤할	곤	囗-총 7획
骨	4급	뼈	골	骨-총10획
恭	3Ⅱ	공손할	공	心-총10획
▸恐	3Ⅱ	두려울	공	心-총10획
⁝貢	3Ⅱ	바칠	공	貝-총10획
⁝供	3Ⅱ	이바지할	공	人-총 8획
⁝孔	4급	구멍	공	子-총 4획
⁝攻	4급	칠[擊]	공	攴-총 7획
功	6Ⅱ	공[勳]	공	力-총 5획
公	6Ⅱ	공평할	공	八-총 4획
⁝共	6Ⅱ	한가지	공	八-총 6획
空	7Ⅱ	빌[虛]	공	穴-총 8획
工	7Ⅱ	장인	공	工-총 3획
⁝誇	3Ⅱ	자랑할	과	言-총13획
⁝寡	3Ⅱ	적을	과	宀-총14획
▸課	5Ⅱ	공부할	과	
		과정課程	과	言-총15획
⁝過	5Ⅱ	지날	과	辶-총13획
科	6Ⅱ	과목科目	과	禾-총 9획
⁝果	6Ⅱ	실과實果	과	木-총 8획
郭	3급	둘레	곽	
		외성外城	곽	邑-총11획
冠	3Ⅱ	갓	관	冖-총 9획
▸貫	3Ⅱ	꿸	관	貝-총11획
寬	3Ⅱ	너그러울	관	宀-총15획
慣	3Ⅱ	익숙할	관	心-총14획
館	3Ⅱ	집	관	食-총17획
管	4급	대롱	관	
		주관할	관	竹-총14획
官	4Ⅱ	벼슬	관	宀-총 8획
關	5Ⅱ	관계할	관	門-총19획
觀	5Ⅱ	볼	관	見-총25획
狂	3Ⅱ	미칠	광	犬-총 7획
⁝鑛	4급	쇳돌	광	金-총23획

한자	급수	훈	음	부수·획수
:廣	5Ⅱ	넓을	광	广-총15획
光	6Ⅱ	빛	광	儿-총 6획
掛	3급	걸[懸]	괘	手-총11획
▸怪	3Ⅱ	괴이할	괴	心-총 8획
:壞	3Ⅱ	무너질	괴	土-총19획
:愧	3급	부끄러울	괴	心-총13획
塊	3급	흙덩이	괴	土-총13획
巧	3Ⅱ	공교할	교	工-총 5획
郊	3급	들[野]	교	邑-총 9획
:矯	3급	바로잡을	교	矢-총17획
較	3Ⅱ	견줄	교	
		비교할	교	車-총13획
橋	5급	다리	교	木-총16획
交	6급	사귈	교	亠-총 6획
:敎	8급	가르칠	교	攴-총11획
:校	8급	학교	교	木-총10획
狗	3급	개	구	犬-총 8획
龜	3급	거북	구/귀	
		터질	균	龜-총16획
苟	3급	구차할	구	
		진실로	구	艸-총 9획
懼	3급	두려워할	구	心-총21획
驅	3급	몰	구	馬-총21획
丘	3Ⅱ	언덕	구	一-총 5획
:久	3Ⅱ	오랠	구	丿-총 3획
拘	3Ⅱ	잡을	구	手-총 8획
俱	3급	함께	구	人-총10획
求	4Ⅱ	구할[索]	구	水-총 7획
句	4Ⅱ	글귀	구	口-총 5획
構	4급	얽을	구	木-총14획
究	4Ⅱ	연구할	구	穴-총 7획
▸具	5Ⅱ	갖출	구	八-총 8획
:救	5급	구원할	구	攴-총11획
:舊	5Ⅱ	예	구	臼-총18획
球	6Ⅱ	공	구	玉-총11획
區	6급	구분할	구	
		지경地境	구	匸-총11획
▸口	7급	입	구	口-총 3획
九	8급	아홉	구	乙-총 2획
菊	3Ⅱ	국화菊花	국	艸-총12획
局	5Ⅱ	판[形局]	국	尸-총 7획
國	8급	나라	국	囗-총11획
群	4급	무리	군	羊-총13획
君	4급	임금	군	口-총 7획
:郡	6급	고을	군	邑-총10획
軍	8급	군사軍士	군	車-총 9획
屈	4급	굽힐	굴	尸-총 8획
弓	3Ⅱ	활	궁	弓-총 3획
窮	4급	다할	궁	
		궁할	궁	穴-총15획
宮	4Ⅱ	집	궁	宀-총10획
:拳	3Ⅱ	주먹	권	手-총10획
權	4Ⅱ	권세權勢	권	木-총22획
:勸	4급	권할	권	力-총20획
券	4급	문서文書	권	刀-총 8획
▸卷	4급	책冊	권	卩-총 8획
厥	3급	그[其]	궐	厂-총12획
:軌	3급	바퀴자국	궤	車-총 9획
:鬼	3Ⅱ	귀신鬼神	귀	鬼-총10획
:歸	4급	돌아갈	귀	止-총18획
:貴	5급	귀할	귀	貝-총12획
叫	3급	부르짖을	규	口-총 5획
糾	3급	얽힐	규	糸-총 8획
規	5Ⅱ	법法	규	見-총11획
菌	3Ⅱ	버섯	균	艸-총12획
均	4급	고를	균	土-총 7획
克	3Ⅱ	이길	극	儿-총 7획
極	4Ⅱ	극진할	극	
		다할	극	木-총12획
劇	4급	심할	극	刀-총15획
:僅	3급	겨우	근	人-총13획
斤	3급	근[무게단위]	근	
		날[刃]	근	斤-총 4획
:謹	3급	삼갈	근	言-총18획
筋	4급	힘줄	근	竹-총12획
▸勤	4급	부지런할	근	力-총13획
:近	6급	가까울	근	辶-총 8획
根	6급	뿌리	근	木-총10획
琴	3Ⅱ	거문고	금	玉-총12획
:錦	3Ⅱ	비단	금	金-총16획
禽	3Ⅱ	새	금	禸-총13획
:禁	4Ⅱ	금할	금	示-총13획
今	6Ⅱ	이제	금	人-총 4획
金	8급	쇠	금	
		성姓	김	金-총 8획
及	3Ⅱ	미칠	급	又-총 4획
給	5급	줄	급	糸-총12획
急	6Ⅱ	급할	급	心-총 9획
級	6급	등급等級	급	糸-총10획
:肯	3급	즐길	긍	肉-총 8획
畿	3Ⅱ	경기京畿	기	田-총15획
其	3Ⅱ	그	기	八-총 8획
忌	3급	꺼릴	기	心-총 7획
企	3Ⅱ	꾀할	기	人-총 6획
騎	3Ⅱ	말탈	기	馬-총18획
幾	3급	몇	기	幺-총12획

한자	급수	훈	음	부수·획수
棄	3급	버릴	기	木-총12획
祈	3Ⅱ	빌[祈願]	기	示-총 9획
欺	3급	속일	기	欠-총12획
豈	3급	어찌	기	豆-총10획
旣	3급	이미	기	无-총11획
飢	3급	주릴	기	食-총11획
器	4Ⅱ	그릇	기	口-총16획
奇	4급	기특할	기	大-총 8획
紀	4급	벼리	기	糸-총 9획
寄	4급	부칠[寄書]	기	宀-총11획
起	4Ⅱ	일어날	기	走-총10획
機	4급	틀	기	木-총16획
汽	5급	물끓는김	기	水-총 7획
期	5급	기약할	기	月-총12획
己	5Ⅱ	몸	기	己-총 3획
技	5급	재주	기	手-총 7획
基	5Ⅱ	터	기	土-총11획
旗	7급	기	기	方-총14획
記	7Ⅱ	기록할	기	言-총10획
氣	7Ⅱ	기운氣運	기	气-총10획
緊	3Ⅱ	긴할	긴	糸-총14획
吉	5급	길할	길	口-총 6획

배정한자

한자	급수	훈	음	부수·획수
:那	3급	어찌	나	邑-총 7획
諾	3Ⅱ	허락할	낙	言-총16획
:暖	4Ⅱ	따뜻할	난	日-총13획
▸難	4Ⅱ	어려울	난	隹-총19획
男	7Ⅱ	사내	남	田-총 7획
南	8급	남녘	남	十-총 9획
納	4급	들일	납	糸-총10획
娘	3Ⅱ	계집	낭	女-총10획
:耐	3Ⅱ	견딜	내	而-총 9획
奈	3급	어찌	내	大-총 8획
:乃	3급	이에	내	丿-총 2획
:內	7Ⅱ	안	내	入-총 4획
女	8급	계집	녀	女-총 3획
年	8급	해	년	干-총 6획
:念	5Ⅱ	생각	념	心-총 8획
寧	3Ⅱ	편안	녕	宀-총14획
奴	3Ⅱ	종[奴僕]	노	女-총 5획
:怒	4Ⅱ	성낼	노	心-총 9획
努	4Ⅱ	힘쓸	노	力-총 7획
農	7Ⅱ	농사	농	辰-총13획
腦	3Ⅱ	골	뇌	
		뇌수腦髓	뇌	肉-총13획
惱	3급	번뇌할	뇌	心-총12획
能	5Ⅱ	능할	능	肉-총10획
泥	3Ⅱ	진흙	니	水-총 8획

배정한자

한자	급수	훈	음	부수·획수
茶	3Ⅱ	차	다	
		차	차	艸-총10획
多	6급	많을	다	夕-총 6획
:但	3Ⅱ	다만	단	人-총 7획
丹	3Ⅱ	붉을	단	丶-총 4획
旦	3Ⅱ	아침	단	日-총 5획
:斷	4Ⅱ	끊을	단	斤-총18획
端	4Ⅱ	끝	단	立-총14획
檀	4Ⅱ	박달나무	단	木-총17획
段	4급	층계層階	단	殳-총 9획
單	4Ⅱ	홑	단	口-총12획
壇	5급	단	단	土-총16획
團	5Ⅱ	둥글	단	囗-총14획
▸短	6Ⅱ	짧을	단	矢-총12획
達	4Ⅱ	통달할	달	辶-총13획
淡	3Ⅱ	맑을	담	水-총11획
擔	4Ⅱ	멜	담	手-총16획
談	5급	말씀	담	言-총15획
畓	3급	논	답	田-총 9획
踏	3Ⅱ	밟을	답	足-총15획
答	7Ⅱ	대답	답	竹-총12획
▸唐	3Ⅱ	당나라	당	
		당황할	당	口-총10획
糖	3Ⅱ	엿	당	米-총16획
黨	4Ⅱ	무리	당	黑-총20획
當	5Ⅱ	마땅	당	田-총13획
堂	6Ⅱ	집	당	土-총11획
臺	3Ⅱ	대[돈대]	대	至-총14획
:貸	3Ⅱ	빌릴	대	
		뀔[꾸이다]	대	貝-총12획
▸帶	4Ⅱ	띠	대	巾-총11획
隊	4Ⅱ	무리	대	阜-총12획
:待	6급	기다릴	대	彳-총 9획
:代	6Ⅱ	대신할	대	人-총 5획
:對	6Ⅱ	대할	대	寸-총14획
▸大	8급	큰	대	大-총 3획
德	5Ⅱ	큰	덕	彳-총15획
渡	3Ⅱ	건널	도	水-총12획
:途	3Ⅱ	길[行中]	도	辶-총11획
:倒	3Ⅱ	넘어질	도	人-총10획
挑	3급	돋울	도	手-총 9획
跳	3급	뛸	도	足-총13획

한자	급수	훈	음	부수·획수
稻	3급	벼	도	禾-총15획
桃	3II	복숭아	도	木-총10획
塗	3급	칠할	도	土-총13획
陶	3II	질그릇	도	阜-총11획
刀	3II	칼	도	刀-총 2획
▸盜	4급	도둑	도	皿-총12획
逃	4급	도망할	도	辶-총10획
徒	4급	무리	도	彳-총10획
:導	4II	인도할	도	寸-총16획
都	5급	도읍都邑	도	邑-총12획
島	5급	섬	도	山-총10획
:到	5II	이를	도	刀-총 8획
圖	6II	그림	도	囗-총14획
▸度	6급	법도	도	※'도'만 장단음
		헤아릴	탁	广-총 9획
:道	7II	길	도	
		말할	도	辶-총13획
篤	3급	도타울	독	竹-총16획
督	4II	감독할	독	目-총13획
毒	4II	독[毒藥]	독	毋-총 8획
獨	5II	홀로	독	犬-총16획
讀	6II	읽을	독	
		구절句節	두	言-총22획
敦	3급	도타울	돈	攴-총12획
豚	3급	돼지	돈	豕-총11획
突	3II	갑자기	돌	穴-총 9획
:凍	3II	얼	동	冫-총10획
銅	4II	구리	동	金-총14획
▸童	6II	아이	동	立-총12획
▸冬	7급	겨울	동	冫-총 5획
:洞	7급	골	동	
		밝을	통	水-총 9획
:動	7II	움직일	동	力-총11획
同	7급	한가지	동	口-총 6획
東	8급	동녘	동	木-총 8획
斗	4II	말[斗量]	두	斗-총 4획
豆	4II	콩	두	豆-총 7획
頭	6급	머리	두	頁-총16획
:鈍	3급	둔할	둔	金-총12획
屯	3급	진칠	둔	屮-총 4획
得	4II	얻을	득	彳-총11획
騰	3급	오를[騰貴]	등	馬-총20획
燈	4II	등	등	火-총16획
:等	6II	무리	등	竹-총12획
登	7급	오를[登山]	등	癶-총12획

배정한자

한자	급수	훈	음	부수·획수
羅	4II	벌릴	라	网-총19획
絡	3II	얽을	락	
		이을	락	糸-총12획
落	5급	떨어질	락	艸-총13획
樂	6II	즐길	락	
		노래	악	
		좋아할	요	木-총15획
欄	3II	난간	란	木-총21획
蘭	3II	난초蘭草	란	艸-총21획
:卵	4급	알	란	卩-총 7획
:亂	4급	어지러울	란	乙-총13획
:濫	3급	넘칠	람	水-총17획
覽	4급	볼	람	見-총21획
▸浪	3II	물결	랑	水-총10획
郎	3II	사내	랑	邑-총10획
廊	3II	사랑채	랑	
		행랑行廊	랑	广-총13획
:朗	5II	밝을	랑	月-총11획
▸來	7급	올	래	人-총 8획
:冷	5급	찰[寒]	랭	冫-총 7획
掠	3급	노략질할	략	手-총11획
略	4급	간략할	략	
		약할	략	田-총11획
梁	3II	들보	량	
		돌다리	량	木-총11획
諒	3급	살펴알	량	
		믿을	량	言-총15획
涼	3II	서늘할	량	冫-총11획
:兩	4II	두	량	入-총 8획
糧	4급	양식糧食	량	米-총18획
良	5II	어질	량	艮-총 7획
量	5급	헤아릴	량	里-총12획
:勵	3II	힘쓸	려	力-총17획
麗	4II	고울	려	鹿-총19획
:慮	4급	생각할	려	心-총15획
旅	5II	나그네	려	方-총10획
曆	3II	책력冊曆	력	日-총16획
歷	5II	지날	력	止-총16획
力	7II	힘	력	力-총 2획
:戀	3II	그리워할	련	
		그릴	련	心-총23획
憐	3급	불쌍히여길	련	心-총15획
:鍊	3II	쇠불릴	련	
		단련할	련	金-총17획
蓮	3II	연꽃	련	艸-총15획
聯	3II	연이을	련	耳-총17획
連	4II	이을	련	辶-총11획
:練	5II	익힐	련	糸-총15획
劣	3급	못할	렬	力-총 6획

裂 3Ⅱ 찢어질 렬 衣-총12획
烈 4급 매울 렬 火-총10획
列 4Ⅱ 벌일 렬 刀-총 6획
廉 3급 청렴할 렴 广-총13획
獵 3급 사냥 렵 犬-총18획
嶺 3Ⅱ 고개 령 山-총17획
零 3급 떨어질 령
영[數字] 령 雨-총13획
靈 3Ⅱ 신령神靈 령 雨-총24획
領 5급 거느릴 령 頁-총14획
▸令 5급 하여금 령 人-총 5획
∶隷 3급 종[奴隷] 례 隶-총16획
∶例 6급 법식法式 례 人-총 8획
∶禮 6급 예도禮度 례 示-총18획
▸露 3Ⅱ 이슬 로 雨-총21획
爐 3Ⅱ 화로火爐 로 火-총20획
勞 5Ⅱ 일할 로 力-총12획
∶路 6급 길 로 足-총13획
∶老 7급 늙을 로 老-총 6획
祿 3Ⅱ 녹[俸祿] 록 示-총13획
鹿 3급 사슴 록 鹿-총11획
錄 4Ⅱ 기록할 록 金-총16획
綠 6급 푸를 록 糸-총14획
論 4Ⅱ 논할 론 言-총15획
∶弄 3Ⅱ 희롱할 롱 廾-총 7획
雷 3Ⅱ 우레 뢰 雨-총13획
∶賴 3Ⅱ 의뢰할 뢰 貝-총16획
僚 3급 동료同僚 료 人-총14획
∶了 3급 마칠 료 亅-총 2획
▸料 5급 헤아릴 료 斗-총10획
龍 4급 용 룡 龍-총16획
∶淚 3급 눈물 루 水-총11획

樓 3Ⅱ 다락 루 木-총15획
∶漏 3Ⅱ 샐 루 水-총14획
∶累 3Ⅱ 여러 루
자주 루 糸-총11획
∶屢 3급 여러 루 尸-총14획
留 4Ⅱ 머무를 류 田-총10획
▸柳 4급 버들 류 木-총 9획
▸類 5Ⅱ 무리 류 頁-총19획
流 5Ⅱ 흐를 류 水-총10획
陸 5Ⅱ 뭍 륙 阜-총11획
六 8급 여섯 륙 八-총 4획
倫 3Ⅱ 인륜人倫 륜 人-총10획
輪 4급 바퀴 륜 車-총15획
栗 3Ⅱ 밤 률 木-총10획
率 3Ⅱ 비율比率 률
거느릴 솔 玄-총11획
律 4Ⅱ 법칙法則 률 彳-총 9획
隆 3Ⅱ 높을 륭 阜-총12획
陵 3Ⅱ 언덕 릉 阜-총11획
∶理 6Ⅱ 다스릴 리 玉-총11획
∶里 7급 마을 리 里-총 7획
∶吏 3Ⅱ 관리官吏 리
벼슬아치 리 口-총 6획
∶履 3Ⅱ 밟을 리 尸-총15획
梨 3급 배 리 木-총11획
∶裏 3Ⅱ 속 리 衣-총13획
∶離 4급 떠날 리 隹-총19획
∶李 6급 오얏 리
성姓 리 木-총 7획
∶利 6Ⅱ 이할 리 刀-총 7획
隣 3급 이웃 린 阜-총15획
臨 3Ⅱ 임할 림 臣-총17획

林 7급 수풀 림 木-총 8획
立 7Ⅱ 설 립 立-총 5획

배정한자

磨 3Ⅱ 갈 마 石-총16획
▸麻 3Ⅱ 삼 마 麻-총11획
∶馬 5급 말 마 馬-총10획
漠 3Ⅱ 넓을 막 水-총14획
莫 3Ⅱ 없을 막 艸-총11획
幕 3Ⅱ 장막帳幕 막 巾-총14획
∶慢 3급 거만할 만 心-총14획
∶晩 3Ⅱ 늦을 만 日-총11획
∶漫 3급 흩어질 만 水-총14획
▸滿 4Ⅱ 찰 만 水-총14획
∶萬 8급 일만 만 艸-총13획
末 5급 끝 말 木-총 5획
∶妄 3Ⅱ 망령될 망 女-총 6획
忙 3급 바쁠 망 心-총 6획
茫 3급 아득할 망 艸-총10획
罔 3급 없을 망 网-총 8획
忘 3급 잊을 망 心-총 7획
亡 5급 망할 망 亠-총 3획
∶望 5Ⅱ 바랄 망 月-총11획
梅 3Ⅱ 매화梅花 매 木-총11획
埋 3급 묻을 매 土-총10획
媒 3Ⅱ 중매 매 女-총12획
妹 4급 누이 매 女-총 8획
∶買 5급 살 매 貝-총12획
▸賣 5급 팔[賣却] 매 貝-총15획
▸每 7Ⅱ 매양每樣 매 毋-총 7획

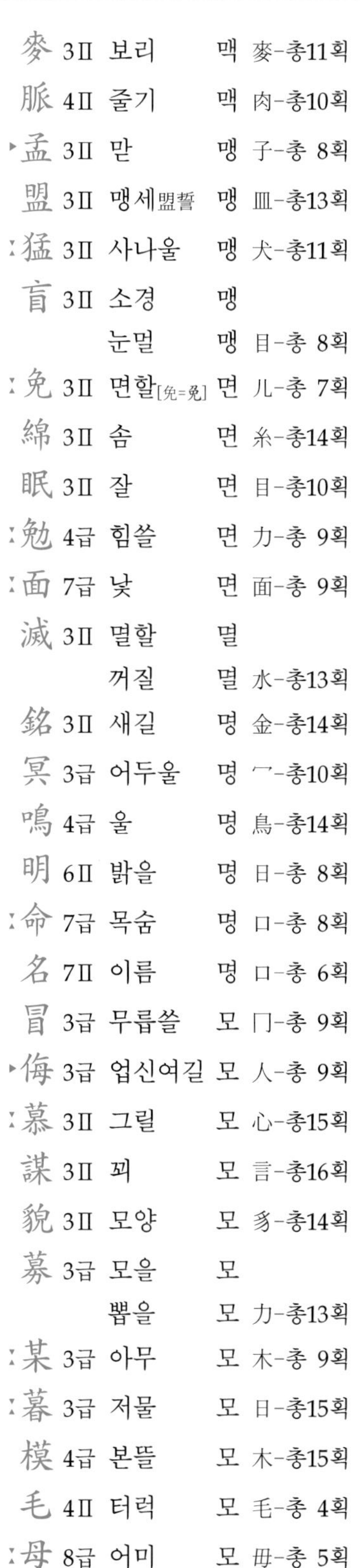

한자	급수	훈	음	부수·획수
麥	3Ⅱ	보리	맥	麥-총11획
脈	4Ⅱ	줄기	맥	肉-총10획
▸孟	3Ⅱ	맏	맹	子-총 8획
盟	3Ⅱ	맹세盟誓	맹	皿-총13획
ː猛	3Ⅱ	사나울	맹	犬-총11획
盲	3Ⅱ	소경	맹	
		눈멀	맹	目-총 8획
ː免	3Ⅱ	면할[免=兔]	면	儿-총 7획
綿	3Ⅱ	솜	면	糸-총14획
眠	3Ⅱ	잘	면	目-총10획
ː勉	4급	힘쓸	면	力-총 9획
ː面	7급	낯	면	面-총 9획
滅	3Ⅱ	멸할	멸	
		꺼질	멸	水-총13획
銘	3Ⅱ	새길	명	金-총14획
冥	3급	어두울	명	冖-총10획
鳴	4급	울	명	鳥-총14획
明	6Ⅱ	밝을	명	日-총 8획
ː命	7급	목숨	명	口-총 8획
名	7Ⅱ	이름	명	口-총 6획
冒	3급	무릅쓸	모	冂-총 9획
▸侮	3급	업신여길	모	人-총 9획
ː慕	3Ⅱ	그릴	모	心-총15획
謀	3Ⅱ	꾀	모	言-총16획
貌	3Ⅱ	모양	모	豸-총14획
募	3급	모을	모	
		뽑을	모	力-총13획
ː某	3급	아무	모	木-총 9획
ː暮	3급	저물	모	日-총15획
模	4급	본뜰	모	木-총15획
毛	4Ⅱ	터럭	모	毛-총 4획
ː母	8급	어미	모	毋-총 5획

한자	급수	훈	음	부수·획수
睦	3Ⅱ	화목할	목	目-총13획
牧	4Ⅱ	칠[養]	목	牛-총 8획
目	6급	눈	목	目-총 5획
▸木	8급	나무	목	木-총 4획
沒	3Ⅱ	빠질	몰	水-총 7획
夢	3Ⅱ	꿈	몽	夕-총14획
蒙	3Ⅱ	어두울	몽	艸-총14획
ː苗	3급	모	묘	艸-총 9획
ː廟	3급	사당祠堂	묘	广-총15획
ː卯	3급	토끼	묘	卩-총 5획
ː妙	4급	묘할	묘	女-총 7획
ː墓	4급	무덤	묘	土-총14획
ː茂	3Ⅱ	무성할	무	艸-총 9획
ː貿	3Ⅱ	무역할	무	貝-총12획
ː霧	3급	안개	무	雨-총19획
ː戊	3급	천간天干	무	戈-총 5획
ː舞	4급	춤출	무	舛-총14획
ː武	4Ⅱ	호반虎班	무	止-총 8획
ː務	4Ⅱ	힘쓸	무	力-총11획
無	5급	없을	무	火-총12획
墨	3Ⅱ	먹	묵	土-총15획
默	3Ⅱ	잠잠할	묵	黑-총16획
紋	3Ⅱ	무늬	문	糸-총10획
▸聞	6Ⅱ	들을	문	耳-총14획
文	7급	글월	문	文-총 4획
ː問	7급	물을	문	口-총11획
門	8급	문	문	門-총 8획
勿	3Ⅱ	말[禁]	물	勹-총 4획
物	7Ⅱ	물건	물	牛-총 8획
ː尾	3Ⅱ	꼬리	미	尸-총 7획
眉	3급	눈썹	미	目-총 9획

한자	급수	훈	음	부수·획수
▸迷	3급	미혹할	미	辶-총10획
微	3Ⅱ	작을	미	彳-총13획
ː味	4Ⅱ	맛	미	口-총 8획
▸未	4Ⅱ	아닐	미	木-총 5획
米	6급	쌀	미	米-총 6획
▸美	6급	아름다울	미	羊-총 9획
憫	3급	민망할	민	心-총15획
敏	3급	민첩할	민	攴-총11획
民	8급	백성百姓	민	氏-총 5획
蜜	3급	꿀	밀	虫-총14획
密	4Ⅱ	빽빽할	밀	宀-총11획

배정한자

한자	급수	훈	음	부수·획수
泊	3급	머무를	박	
		배댈	박	水-총 8획
薄	3Ⅱ	엷을	박	艸-총17획
迫	3Ⅱ	핍박할	박	辶-총 9획
博	4Ⅱ	넓을	박	十-총12획
拍	4급	칠[拍手]	박	手-총 8획
朴	6급	성姓	박	木-총 6획
ː伴	3급	짝	반	人-총 7획
般	3Ⅱ	가지	반	
		일반一般	반	舟-총10획
ː返	3급	돌아올	반	
		돌이킬	반	辶-총 8획
飯	3Ⅱ	밥	반	食-총13획
ː叛	3급	배반할	반	又-총 9획
盤	3Ⅱ	소반小盤	반	皿-총15획
班	6Ⅱ	나눌	반	玉-총10획
ː反	6Ⅱ	돌이킬	반	又-총 4획
ː半	6Ⅱ	반	반	十-총 5획

한자	급수	훈	음	부수-총획
拔	3Ⅱ	뽑을	발	手-총 8획
髮	4급	터럭	발	髟-총15획
發	6Ⅱ	필	발	癶-총12획
ː傍	3급	곁	방	人-총12획
芳	3Ⅱ	꽃다울	방	艸-총 8획
邦	3급	나라	방	邑-총 7획
倣	3급	본뜰	방	人-총10획
防	4Ⅱ	막을	방	阜-총 7획
房	4Ⅱ	방	방	戶-총 8획
妨	4급	방해할	방	女-총 7획
ː訪	4Ⅱ	찾을	방	言-총11획
▸放	6Ⅱ	놓을	방	攴-총 8획
方	7Ⅱ	모[四角]	방	方-총 4획
ː輩	3Ⅱ	무리	배	車-총15획
排	3Ⅱ	밀칠	배	手-총11획
ː培	3Ⅱ	북돋울	배	土-총11획
杯	3급	잔	배	木-총 8획
ː配	4Ⅱ	나눌	배	
		짝	배	酉-총10획
ː背	4Ⅱ	등	배	肉-총 9획
ː拜	4Ⅱ	절	배	手-총 9획
▸倍	5급	곱	배	人-총10획
伯	3Ⅱ	맏	백	人-총 7획
百	7급	일백	백	白-총 6획
白	8급	흰	백	白-총 5획
煩	3급	번거로울	번	火-총13획
繁	3Ⅱ	번성할	번	糸-총17획
飜	3급	번역할	번	飛-총21획
番	6급	차례	번	田-총12획
罰	4Ⅱ	벌할	벌	网-총14획
伐	4Ⅱ	칠[討]	벌	人-총 6획
▸凡	3Ⅱ	무릇	범	几-총 3획

한자	급수	훈	음	부수-총획
ː犯	4급	범할	범	犬-총 5획
ː範	4급	법法	범	竹-총15획
法	5Ⅱ	법法	법	水-총 8획
碧	3Ⅱ	푸를	벽	石-총14획
壁	4Ⅱ	벽	벽	土-총16획
ː辨	3급	분별할	변	辛-총16획
邊	4Ⅱ	가	변	辶-총19획
ː辯	4급	말씀	변	辛-총21획
ː變	5Ⅱ	변할	변	言-총23획
別	6급	다를	별	
		나눌	별	刀-총 7획
ː竝	3급	나란히	병	立-총10획
ː丙	3Ⅱ	남녘	병	一-총 5획
▸屛	3급	병풍屛風	병	尸-총11획
兵	5Ⅱ	병사兵士	병	八-총 7획
ː病	6급	병	병	疒-총10획
ː補	3Ⅱ	기울	보	衣-총12획
ː譜	3Ⅱ	족보族譜	보	言-총19획
ː報	4Ⅱ	갚을	보	
		알릴	보	土-총12획
ː步	4Ⅱ	걸음	보	止-총 7획
ː普	4급	넓을	보	日-총12획
ː寶	4Ⅱ	보배	보	宀-총20획
▸保	4Ⅱ	지킬	보	人-총 9획
腹	3Ⅱ	배	복	肉-총13획
卜	3급	점占	복	卜-총 2획
複	4급	겹칠	복	衣-총14획
伏	4급	엎드릴	복	人-총 6획
▸復	4Ⅱ	회복할	복	※'부'만 장음
		다시	부	彳-총12획
福	5Ⅱ	복	복	示-총14획
服	6급	옷	복	月-총 8획

한자	급수	훈	음	부수-총획
本	6급	근본根本	본	木-총 5획
逢	3Ⅱ	만날	봉	辶-총11획
蜂	3급	벌	봉	虫-총13획
峯	3Ⅱ	봉우리	봉	山-총10획
封	3Ⅱ	봉할	봉	寸-총 9획
ː鳳	3Ⅱ	봉새	봉	鳥-총14획
ː奉	5Ⅱ	받들	봉	大-총 8획
覆	3Ⅱ	덮을	부	
		다시	복	
		뒤집힐	복	襾-총18획
ː赴	3급	다다를	부	
		갈[趨]	부	走-총 9획
扶	3Ⅱ	도울	부	手-총 7획
浮	3Ⅱ	뜰	부	水-총10획
ː簿	3Ⅱ	문서文書	부	竹-총19획
ː賦	3Ⅱ	부세賦稅	부	貝-총14획
ː付	3Ⅱ	부칠	부	人-총 5획
▸符	3Ⅱ	부호符號	부	竹-총11획
▸附	3Ⅱ	붙을	부	阜-총 8획
ː腐	3Ⅱ	썩을	부	肉-총14획
▸府	4Ⅱ	마을[官廳]	부	广-총 8획
婦	4Ⅱ	며느리	부	女-총11획
ː副	4Ⅱ	버금	부	刀-총11획
ː富	4Ⅱ	부자	부	宀-총12획
ː否	4급	아닐	부	
		막힐	비	口-총 7획
ː負	4급	질[荷]	부	貝-총 9획
部	6Ⅱ	떼[部類]	부	邑-총11획
夫	7급	지아비	부	大-총 4획
父	8급	아비	부	父-총 4획
北	8급	북녘	북	
		달아날	배	匕-총 5획
奔	3Ⅱ	달릴	분	大-총 9획

한자	급수	훈	음	부수·획수
:奮	3Ⅱ	떨칠	분	大-총16획
墳	3급	무덤	분	土-총15획
紛	3Ⅱ	어지러울	분	糸-총10획
▸粉	4급	가루	분	米-총10획
:憤	4급	분할	분	心-총15획
▸分	6Ⅱ	나눌	분	刀-총 4획
拂	3Ⅱ	떨칠	불	手-총 8획
佛	4Ⅱ	부처	불	人-총 7획
不	7Ⅱ	아닐	불	一-총 4획
崩	3급	무너질	붕	山-총11획
朋	3급	벗	붕	月-총 8획
:婢	3Ⅱ	계집종	비	女-총11획
:卑	3Ⅱ	낮을	비	十-총 8획
:肥	3Ⅱ	살찔	비	肉-총 8획
妃	3Ⅱ	왕비王妃	비	女-총 6획
:備	4Ⅱ	갖출	비	人-총12획
飛	4Ⅱ	날	비	飛-총 9획
碑	4급	비석碑石	비	石-총13획
:批	4급	비평할	비	手-총 7획
:祕	4급	숨길[祕=秘]	비	禾-총10획
:悲	4Ⅱ	슬플	비	心-총12획
▸非	4Ⅱ	아닐	비	非-총8획
:比	5급	견줄	비	比-총 4획
:費	5급	쓸	비	貝-총12획
:鼻	5급	코	비	鼻-총14획
賓	3급	손	빈	貝-총14획
頻	3급	자주	빈	頁-총16획
貧	4Ⅱ	가난할	빈	貝-총11획
聘	3급	부를	빙	耳-총13획
氷	5급	얼음	빙	水-총 5획

배정한자

한자	급수	훈	음	부수·획수
邪	3Ⅱ	간사할	사	邑-총 7획
蛇	3Ⅱ	긴뱀	사	虫-총11획
:似	3급	닮을	사	人-총 7획
詞	3Ⅱ	말	사	
		글	사	言-총12획
司	3Ⅱ	맡을	사	口-총 5획
沙	3Ⅱ	모래	사	水-총 7획
:巳	3급	뱀	사	己-총 3획
:捨	3급	버릴	사	手-총11획
斜	3Ⅱ	비낄	사	斗-총11획
詐	3급	속일	사	言-총12획
斯	3급	이	사	斤-총12획
祀	3Ⅱ	제사祭祀	사	示-총 8획
:賜	3급	줄	사	貝-총15획
辭	4급	말씀	사	辛-총19획
:謝	4Ⅱ	사례할	사	言-총17획
私	4급	사사私事	사	禾-총 7획
師	4Ⅱ	스승	사	巾-총10획
絲	4급	실	사	糸-총12획
▸射	4급	쏠	사	寸-총10획
寺	4Ⅱ	절	사	寸-총 6획
舍	4Ⅱ	집	사	舌-총 8획
寫	5급	베낄	사	宀-총15획
:史	5Ⅱ	사기史記	사	口-총 5획
▸思	5급	생각	사	心-총 9획
:士	5Ⅱ	선비	사	士-총 3획
▸仕	5Ⅱ	섬길	사	人-총 5획
査	5급	조사할	사	木-총 9획
社	6Ⅱ	모일	사	示-총 8획

한자	급수	훈	음	부수·획수
:死	6급	죽을	사	歹-총 6획
:使	6급	하여금	사	
		부릴	사	人-총 8획
:事	7Ⅱ	일	사	亅-총 8획
:四	8급	넉	사	囗-총 5획
削	3Ⅱ	깎을	삭	刀-총 9획
朔	3급	초하루	삭	月-총10획
:散	4급	흩을	산	攴-총12획
:産	5Ⅱ	낳을	산	生-총11획
:算	7급	셈	산	竹-총14획
山	8급	메	산	山-총 3획
▸殺	4Ⅱ	죽일	살	※'쇄'만 장음
		감할	쇄	
		빠를	쇄	殳-총11획
森	3Ⅱ	수풀	삼	木-총12획
三	8급	석	삼	一-총 3획
償	3Ⅱ	갚을	상	人-총17획
嘗	3급	맛볼	상	口-총14획
像	3Ⅱ	모양模樣	상	人-총14획
桑	3Ⅱ	뽕나무	상	木-총10획
祥	3급	상서祥瑞	상	示-총11획
霜	3Ⅱ	서리	상	雨-총17획
▸尙	3Ⅱ	오히려	상	小-총 8획
▸喪	3Ⅱ	잃을	상	口-총12획
詳	3Ⅱ	자세할	상	言-총13획
裳	3Ⅱ	치마	상	衣-총14획
▸狀	4Ⅱ	형상形狀	상	※'장'만 장음
		문서文書	장	犬-총 8획
傷	4급	다칠	상	人-총13획
常	4Ⅱ	떳떳할	상	巾-총11획
床	4Ⅱ	상[床=牀]	상	广-총 7획
:想	4Ⅱ	생각	상	心-총13획

象 4급 코끼리 상 豕-총12획
賞 5급 상줄 상 貝-총15획
相 5Ⅱ 서로 상 目-총 9획
商 5Ⅱ 장사 상 口-총11획
:上 7Ⅱ 윗 상 一-총 3획
塞 3Ⅱ 막힐 색
변방邊方 새 土-총13획
索 3Ⅱ 찾을 색
노[새끼줄] 삭 糸-총10획
色 7급 빛 색 色-총 6획
生 8급 날 생 生-총 5획
:逝 3급 갈 서 辵-총11획
:誓 3급 맹세할 서 言-총14획
:暑 3급 더울 서 日-총13획
:署 3Ⅱ 마을[官廳] 서 网-총14획
:緖 3Ⅱ 실마리 서 糸-총15획
:庶 3급 여러 서 广-총11획
:恕 3Ⅱ 용서할 서 心-총10획
▸徐 3Ⅱ 천천할 서 彳-총10획
:敍 3급 펼 서 攴-총11획
:序 5급 차례 서 广-총 7획
書 6Ⅱ 글 서 曰-총10획
西 8급 서녘 서 襾-총 6획
惜 3Ⅱ 아낄 석 心-총11획
昔 3급 예 석 日-총 8획
析 3급 쪼갤 석 木-총 8획
釋 3Ⅱ 풀[解] 석 釆-총20획
石 6급 돌 석 石-총 5획
席 6급 자리 석 巾-총10획
夕 7급 저녁 석 夕-총 3획
旋 3Ⅱ 돌[廻] 선 方-총11획
禪 3Ⅱ 선 선 示-총17획

宣 4급 베풀 선 宀-총 9획
:選 5급 가릴 선 辶-총16획
鮮 5Ⅱ 고울 선 魚-총17획
船 5급 배[船舶] 선 舟-총11획
仙 5Ⅱ 신선神仙 선 人-총 5획
:善 5급 착할 선 口-총12획
線 6Ⅱ 줄[針線] 선 糸-총15획
先 8급 먼저 선 儿-총 6획
設 4Ⅱ 베풀 설 言-총11획
舌 4급 혀 설 舌-총 6획
▸說 5Ⅱ 말씀 설 ※'세'만 장음
달랠 세 言-총14획
雪 6Ⅱ 눈 설 雨-총11획
攝 3급 다스릴 섭 手-총21획
涉 3급 건널 섭 水-총10획
星 4Ⅱ 별 성 日-총 9획
:聖 4Ⅱ 성인聖人 성 耳-총13획
:盛 4Ⅱ 성할 성 皿-총12획
聲 4Ⅱ 소리 성 耳-총17획
城 4Ⅱ 재[內城] 성 土-총10획
誠 4Ⅱ 정성精誠 성 言-총14획
:性 5Ⅱ 성품性品 성 心-총 8획
省 6Ⅱ 살필 성
덜 생 目-총 9획
成 6Ⅱ 이룰 성 戈-총 7획
:姓 7Ⅱ 성姓 성 女-총 8획
:細 4Ⅱ 가늘 세 糸-총11획
:稅 4Ⅱ 세금稅金 세 禾-총12획
:勢 4Ⅱ 형세形勢 세 力-총13획
:洗 5Ⅱ 씻을 세 水-총 9획
:歲 5Ⅱ 해 세 止-총13획
:世 7Ⅱ 인간 세 一-총 5획

蔬 3급 나물 소 艸-총15획
蘇 3Ⅱ 되살아날 소 艸-총20획
疏 3Ⅱ 소통할 소 疋-총11획
騷 3급 떠들 소 馬-총20획
昭 3급 밝을 소 日-총 9획
召 3급 부를 소 口-총 5획
▸燒 3Ⅱ 사를 소 火-총16획
訴 3Ⅱ 호소할 소 言-총12획
▸素 4Ⅱ 본디 소
흴[白] 소 糸-총10획
▸掃 4Ⅱ 쓸[掃除] 소 手-총11획
:笑 4Ⅱ 웃음 소 竹-총10획
消 6Ⅱ 사라질 소 水-총10획
:所 7급 바 소 戶-총 8획
:少 7급 적을 소 小-총 4획
:小 8급 작을 소 小-총 3획
粟 3급 조 속 米-총12획
屬 4급 붙일 속 尸-총21획
續 4Ⅱ 이을 속 糸-총21획
俗 4Ⅱ 풍속風俗 속 人-총 9획
束 5Ⅱ 묶을 속 木-총 7획
速 6급 빠를 속 辶-총11획
:損 4급 덜 손 手-총13획
▸孫 6급 손자孫子 손 子-총10획
:訟 3Ⅱ 송사할 송 言-총11획
:誦 3급 욀 송 言-총14획
:送 4Ⅱ 보낼 송 辶-총10획
松 4급 소나무 송 木-총 8획
:頌 4급 칭송할 송
기릴 송 頁-총13획
:鎖 3Ⅱ 쇠사슬 쇄 金-총18획
:刷 3Ⅱ 인쇄할 쇄 刀-총 8획

한자	급수	훈	음	부수-획수
衰	3Ⅱ	쇠할	쇠	衣-총10획
垂	3Ⅱ	드리울	수	土-총 8획
搜	3급	찾을	수	手-총13획
遂	3급	드디어	수	辶-총13획
囚	3급	가둘	수	口-총 5획
愁	3Ⅱ	근심	수	心-총13획
誰	3급	누구	수	言-총15획
殊	3Ⅱ	다를	수	歹-총10획
隨	3Ⅱ	따를	수	阜-총16획
須	3급	모름지기	수	頁-총12획
壽	3Ⅱ	목숨	수	士-총14획
輸	3Ⅱ	보낼	수	車-총16획
雖	3급	비록	수	隹-총17획
需	3Ⅱ	쓰일[쓸]	수	雨-총14획
帥	3Ⅱ	장수將帥	수	巾-총 9획
睡	3급	졸음	수	目-총13획
獸	3Ⅱ	짐승	수	犬-총19획
收	4Ⅱ	거둘	수	攴-총 6획
修	4Ⅱ	닦을	수	人-총10획
▸受	4Ⅱ	받을	수	又-총 8획
秀	4급	빼어날	수	禾-총 7획
授	4Ⅱ	줄	수	手-총11획
守	4Ⅱ	지킬	수	宀-총 6획
首	5Ⅱ	머리	수	首-총 9획
樹	6급	나무	수	木-총16획
▸數	7급	셈	수	攴-총15획
▸手	7Ⅱ	손	수	手-총 4획
水	8급	물	수	水-총 4획
孰	3급	누구	숙	子-총11획
淑	3Ⅱ	맑을	숙	水-총11획
熟	3Ⅱ	익을	숙	火-총15획
叔	4급	아재비	숙	又-총 8획
肅	4급	엄숙할	숙	聿-총12획
▸宿	5Ⅱ	잘	숙	※'수'만 장음
		별자리	수	宀-총11획
瞬	3Ⅱ	눈깜짝일	순	目-총17획
循	3급	돌[循環]	순	彳-총12획
巡	3Ⅱ	돌[巡廻]	순	
		순행할	순	巛-총 7획
殉	3급	따라죽을	순	歹-총10획
旬	3Ⅱ	열흘	순	日-총 6획
脣	3급	입술	순	肉-총11획
純	4Ⅱ	순수할	순	糸-총10획
ː順	5Ⅱ	순할	순	頁-총12획
戌	3급	개	술	戈-총 6획
述	3Ⅱ	펼	술	辶-총 9획
術	6Ⅱ	재주	술	行-총11획
崇	4급	높을	숭	山-총11획
襲	3Ⅱ	엄습할	습	衣-총22획
濕	3Ⅱ	젖을	습	水-총17획
拾	3Ⅱ	주울	습	
		갖은열	십	手-총 9획
習	6급	익힐	습	羽-총11획
昇	3Ⅱ	오를	승	日-총 8획
僧	3Ⅱ	중	승	人-총14획
乘	3Ⅱ	탈	승	丿-총10획
承	4Ⅱ	이을	승	手-총 8획
勝	6급	이길	승	力-총12획
ː侍	3Ⅱ	모실	시	人-총 8획
ː矢	3급	화살	시	矢-총 5획
ː施	4Ⅱ	베풀	시	方-총 9획
ː視	4Ⅱ	볼	시	見-총12획
詩	4Ⅱ	시	시	言-총13획
▸試	4Ⅱ	시험試驗	시	言-총13획
ː是	4Ⅱ	이	시	
		옳을	시	日-총 9획
ː示	5급	보일	시	示-총 5획
ː始	6Ⅱ	비로소	시	女-총 8획
時	7Ⅱ	때	시	日-총10획
ː市	7Ⅱ	저자	시	巾-총 5획
飾	3Ⅱ	꾸밀	식	食-총14획
息	4Ⅱ	쉴	식	心-총10획
識	5Ⅱ	알	식	
		기록할	지	言-총19획
式	6급	법	식	弋-총 6획
食	7Ⅱ	먹을	식	
		밥	사/식	食-총 9획
植	7급	심을	식	木-총12획
辛	3급	매울	신	辛-총 7획
ː愼	3Ⅱ	삼갈	신	心-총13획
晨	3급	새벽	신	日-총11획
伸	3급	펼	신	人-총 7획
申	4Ⅱ	납[猿]	신	田-총 5획
臣	5Ⅱ	신하臣下	신	臣-총 6획
神	6Ⅱ	귀신鬼神	신	示-총10획
身	6Ⅱ	몸	신	身-총 7획
ː信	6Ⅱ	믿을	신	人-총 9획
新	6Ⅱ	새	신	斤-총13획
實	5Ⅱ	열매	실	宀-총14획
失	6급	잃을	실	大-총 5획
室	8급	집	실	宀-총 9획
▸審	3Ⅱ	살필	심	宀-총15획
ː甚	3Ⅱ	심할	심	甘-총 9획
尋	3급	찾을	심	寸-총12획
深	4Ⅱ	깊을	심	水-총11획

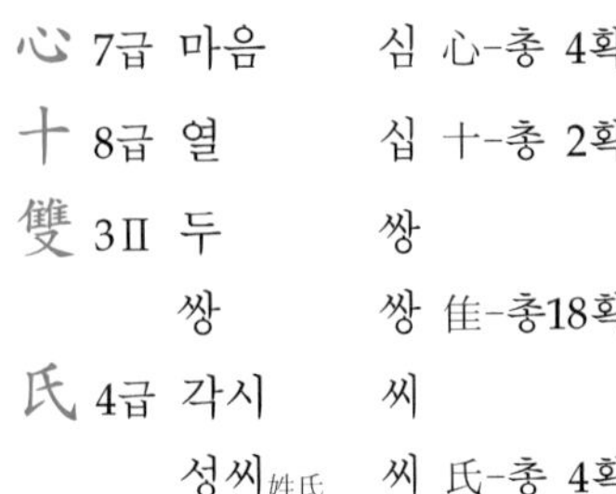

心 7급 마음 심 心-총 4획
十 8급 열 십 十-총 2획
雙 3Ⅱ 두 쌍
쌍 쌍 隹-총18획
氏 4급 각시 씨
성씨姓氏 씨 氏-총 4획

배정한자

:我 3Ⅱ 나 아 戈-총 7획
▸雅 3Ⅱ 맑을 아 隹-총12획
▸亞 3Ⅱ 버금 아 二-총 8획
芽 3Ⅱ 싹 아 艸-총 8획
牙 3Ⅱ 어금니 아 牙-총 4획
阿 3Ⅱ 언덕 아 阜-총 8획
:餓 3급 주릴 아 食-총16획
兒 5Ⅱ 아이 아 儿-총 8획
岳 3급 큰산 악 山-총 8획
惡 5Ⅱ 악할 악
미워할 오 心-총12획
:雁 3급 기러기[雁=鴈] 안 隹-총12획
:顔 3Ⅱ 낯 안 頁-총18획
:岸 3Ⅱ 언덕 안 山-총 8획
:眼 4Ⅱ 눈 안 目-총11획
:案 5급 책상冊床 안 木-총10획
安 7Ⅱ 편안便安 안 宀-총 6획
謁 3급 뵐 알 言-총16획
巖 3Ⅱ 바위 암 山-총23획
:暗 4Ⅱ 어두울 암 日-총13획
押 3급 누를 압 手-총 8획
壓 4Ⅱ 누를 압 土-총17획
央 3Ⅱ 가운데 앙 大-총 5획

:仰 3Ⅱ 우러를 앙 人-총 6획
殃 3급 재앙災殃 앙 歹-총 9획
涯 3급 물가 애 水-총11획
哀 3Ⅱ 슬플 애 口-총 9획
▸愛 6급 사랑 애 心-총13획
厄 3급 액 액 厂-총 4획
液 4Ⅱ 진 액 水-총11획
額 4급 이마 액 頁-총18획
耶 3급 어조사 야 耳-총 9획
:也 3급 이끼 야
어조사 야 乙-총 3획
:野 6급 들[坪] 야 里-총11획
:夜 6급 밤 야 夕-총 8획
躍 3급 뛸 약 足-총21획
若 3Ⅱ 같을 약
반야般若 야 艸-총 9획
約 5Ⅱ 맺을 약 糸-총 9획
藥 6Ⅱ 약 약 艸-총19획
弱 6Ⅱ 약할 약 弓-총10획
揚 3Ⅱ 날릴 양 手-총12획
楊 3급 버들 양 木-총13획
:讓 3Ⅱ 사양할 양 言-총24획
:壤 3Ⅱ 흙덩이 양 土-총20획
樣 4급 모양 양 木-총15획
羊 4Ⅱ 양 양 羊-총 6획
:養 5Ⅱ 기를 양 食-총15획
陽 6급 볕 양 阜-총12획
洋 6급 큰바다 양 水-총 9획
:御 3Ⅱ 거느릴 어 彳-총11획
於 3급 어조사 어
탄식할 오 方-총 8획
魚 5급 고기[물고기] 어 魚-총11획

漁 5급 고기잡을 어 水-총14획
:語 7급 말씀 어 言-총14획
抑 3Ⅱ 누를 억 手-총 7획
憶 3Ⅱ 생각할 억 心-총16획
億 5급 억[數字] 억 人-총15획
焉 3급 어찌 언 火-총11획
言 6급 말씀 언 言-총 7획
嚴 4급 엄할 엄 口-총20획
業 6Ⅱ 업 업 木-총13획
予 3급 나 여 亅-총 4획
余 3급 나 여 人-총 7획
:汝 3급 너 여 水-총 6획
:輿 3급 수레 여 車-총17획
:與 4급 더불 여
줄 여 臼-총14획
如 4Ⅱ 같을 여 女-총 6획
餘 4Ⅱ 남을 여 食-총16획
亦 3Ⅱ 또 역 亠-총 6획
譯 3Ⅱ 번역할 역 言-총20획
役 3Ⅱ 부릴 역 彳-총 7획
驛 3Ⅱ 역 역 馬-총23획
疫 3Ⅱ 전염병 역 疒-총 9획
逆 4Ⅱ 거스를 역 辶-총10획
▸易 4급 바꿀 역 ※'이'만 장음
쉬울 이 日-총 8획
域 4급 지경地境 역 土-총11획
▸沿 3Ⅱ 물따라갈 연
따를 연 水-총 8획
:軟 3Ⅱ 연할 연 車-총11획
:宴 3Ⅱ 잔치 연 宀-총10획
▸燕 3Ⅱ 제비 연 火-총16획
:硏 4Ⅱ 갈[磨] 연 石-총11획

한자	급수	훈	음	부수-총획
鉛	4급	납	연	金-총13획
延	4급	늘일	연	廴-총 7획
煙	4II	연기煙氣	연	火-총13획
緣	4급	인연因緣	연	糸-총15획
燃	4급	탈	연	火-총16획
:演	4II	펼	연	水-총14획
然	7급	그럴	연	火-총12획
閱	3급	볼	열	門-총15획
悅	3II	기쁠	열	心-총10획
熱	5급	더울	열	火-총15획
:染	3II	물들	염	木-총 9획
炎	3II	불꽃	염	火-총 8획
鹽	3II	소금	염	鹵-총24획
葉	5급	잎	엽	艸-총13획
:影	3II	그림자	영	彡-총15획
:詠	3급	읊을	영	言-총12획
:泳	3급	헤엄칠	영	水-총 8획
營	4급	경영할	영	火-총17획
迎	4급	맞을	영	辶-총 8획
▸映	4급	비칠	영	日-총 9획
榮	4II	영화榮華	영	木-총14획
:永	6급	길	영	水-총 5획
英	6급	꽃부리	영	艸-총 9획
:譽	3II	기릴	예	
		명예名譽	예	言-총21획
:銳	3급	날카로울	예	金-총15획
:豫	4급	미리	예	豕-총16획
:藝	4II	재주	예	艸-총19획
:傲	3급	거만할	오	人-총13획
烏	3II	까마귀	오	火-총10획
:悟	3II	깨달을	오	心-총10획
吾	3급	나	오	口-총 7획
:汚	3급	더러울	오	水-총 6획
嗚	3급	슬플	오	口-총13획
:娛	3급	즐길	오	女-총10획
:誤	4II	그르칠	오	言-총14획
:午	7II	낮	오	十-총 4획
:五	8급	다섯	오	二-총 4획
獄	3II	옥[囚舍]	옥	犬-총14획
玉	4II	구슬	옥	玉-총 5획
屋	5급	집	옥	尸-총 9획
溫	6급	따뜻할	온	水-총13획
:擁	3급	낄	옹	手-총16획
翁	3급	늙은이	옹	羽-총10획
:瓦	3II	기와	와	瓦-총 5획
:臥	3급	누울	와	臣-총 8획
:緩	3II	느릴	완	糸-총15획
完	5급	완전할	완	宀-총 7획
曰	3급	가로	왈	曰-총 4획
:往	4II	갈	왕	彳-총 8획
王	8급	임금	왕	玉-총 4획
:畏	3급	두려워할	외	田-총 9획
:外	8급	바깥	외	夕-총 5획
遙	3급	멀	요	辶-총14획
腰	3급	허리	요	肉-총13획
搖	3급	흔들	요	手-총13획
謠	4II	노래	요	言-총17획
:曜	5급	빛날	요	日-총18획
▸要	5II	요긴할	요	襾-총 9획
辱	3II	욕될	욕	辰-총10획
慾	3II	욕심慾心	욕	心-총15획
欲	3II	하고자할	욕	欠-총11획
浴	5급	목욕할	욕	水-총10획
庸	3급	떳떳할	용	广-총11획
容	4II	얼굴	용	宀-총10획
:勇	6II	날랠	용	力-총 9획
:用	6II	쓸	용	用-총 5획
憂	3II	근심	우	心-총15획
:羽	3II	깃	우	羽-총 6획
尤	3급	더욱	우	尢-총 4획
:又	3급	또	우	又-총 2획
愚	3II	어리석을	우	心-총13획
于	3급	어조사	우	二-총 3획
:宇	3II	집	우	宀-총 6획
:偶	3II	짝	우	人-총11획
優	4급	넉넉할	우	人-총17획
:遇	4급	만날	우	辶-총13획
郵	4급	우편郵便	우	邑-총11획
:友	5II	벗	우	又-총 4획
:雨	5II	비	우	雨-총 8획
牛	5급	소	우	牛-총 4획
:右	7II	오를	우	
		오른(쪽)	우	口-총 5획
:韻	3II	운	운	音-총19획
云	3급	이를	운	二-총 4획
雲	5II	구름	운	雨-총12획
:運	6II	옮길	운	辶-총13획
雄	5급	수컷	웅	隹-총12획
源	4급	근원根源	원	水-총13획
:援	4급	도울	원	手-총12획
圓	4II	둥글	원	囗-총13획
▸怨	4급	원망할	원	心-총 9획
員	4II	인원人員	원	口-총10획

原 5급 언덕 원 厂-총10획

:願 5급 원할 원 頁-총19획

元 5II 으뜸 원 儿-총 4획

院 5급 집 원 阜-총10획

園 6급 동산 원 囗-총13획

:遠 6급 멀 원 辶-총14획

越 3II 넘을 월 走-총12획

月 8급 달 월 月-총 4획

僞 3II 거짓 위 人-총14획

胃 3II 밥통 위 肉-총 9획

緯 3급 씨 위 糸-총15획

違 3급 어긋날 위 辶-총13획

謂 3II 이를 위 言-총16획

委 4급 맡길 위 女-총 8획

圍 4급 에워쌀 위 囗-총12획

慰 4급 위로할 위 心-총15획

威 4급 위엄威嚴 위 女-총 9획

危 4급 위태할 위 卩-총 6획

衛 4II 지킬 위 行-총15획

▸爲 4II 하 위
할 위 爪-총12획

位 5급 자리 위 人-총 7획

偉 5II 클 위 人-총11획

幽 3II 그윽할 유 幺-총 9획

誘 3II 꾈 유 言-총14획

愈 3급 나을 유 心-총13획

:裕 3II 넉넉할 유 衣-총12획

酉 3급 닭 유 酉-총 7획

悠 3II 멀 유 心-총11획

維 3II 벼리 유 糸-총14획

柔 3II 부드러울 유 木-총 9획

惟 3급 생각할 유 心-총11획

幼 3II 어릴 유 幺-총 5획

唯 3급 오직 유 口-총11획

猶 3II 오히려 유 犬-총12획

遺 4급 남길 유 辶-총16획

遊 4급 놀 유 辶-총13획

儒 4급 선비 유 人-총16획

乳 4급 젖 유 乙-총 8획

油 6급 기름 유 水-총 8획

由 6급 말미암을 유 田-총 5획

:有 7급 있을 유 月-총 6획

肉 4II 고기 육 肉-총 6획

育 7급 기를 육 肉-총 8획

:潤 3II 불을 윤 水-총15획

:閏 3급 윤달 윤 門-총12획

隱 4급 숨을 은 阜-총17획

恩 4II 은혜恩惠 은 心-총10획

銀 6급 은 은 金-총14획

乙 3II 새 을 乙-총 1획

吟 3급 읊을 음 口-총 7획

淫 3II 음란할 음 水-총11획

陰 4II 그늘 음 阜-총11획

▸飮 6II 마실 음 食-총13획

音 6II 소리 음 音-총 9획

泣 3급 울 읍 水-총 8획

邑 7급 고을 읍 邑-총 7획

:凝 3급 엉길 응 冫-총16획

:應 4II 응할 응 心-총17획

宜 3급 마땅 의 宀-총 8획

矣 3급 어조사 의 矢-총 7획

儀 4급 거동擧動 의 人-총15획

:義 4II 옳을 의 羊-총13획

▸議 4II 의논할 의 言-총20획

疑 4급 의심할 의 疋-총14획

依 4급 의지할 의 人-총 8획

:意 6II 뜻 의 心-총13획

衣 6급 옷 의 衣-총 6획

醫 6급 의원醫院 의 酉-총18획

而 3급 말이을 이 而-총 6획

夷 3급 오랑캐 이 大-총 6획

:已 3II 이미 이 己-총 3획

:異 4급 다를[異12획] 이 田-총11획

移 4II 옮길 이 禾-총11획

:耳 5급 귀 이 耳-총 6획

:以 5II 써 이 人-총 5획

:二 8급 두 이 二-총 2획

翼 3II 날개 익 羽-총17획

益 4II 더할 익 皿-총10획

寅 3급 범[虎] 인
동방東方 인 宀-총11획

忍 3II 참을 인 心-총 7획

姻 3급 혼인婚姻 인 女-총 9획

引 4II 끌 인 弓-총 4획

印 4II 도장 인 卩-총 6획

認 4II 알[知] 인 言-총14획

仁 4급 어질 인 人-총 4획

因 5급 인할 인 囗-총 6획

人 8급 사람 인 人-총 2획

逸 3II 편안할 일 辶-총12획

日 8급 날 일 日-총 4획

一 8급 한 일 一-총 1획

:壬 3II 북방北方 임 士-총 4획

:賃 3Ⅱ 품삯 임 貝-총13획

▸任 5Ⅱ 맡길 임 人-총 6획

入 7급 들 입 入-총 2획

배정한자

:恣 3급 방자할 자

마음대로 자 心-총10획

慈 3Ⅱ 사랑 자 心-총13획

玆 3급 이 자 玄-총10획

紫 3Ⅱ 자줏빛 자 糸-총12획

▸刺 3Ⅱ 찌를 자 ※'자'만 장음

찌를 척

수라 라 刀-총 8획

:姿 4급 모양 자 女-총 9획

姉 4급 손윗누이 자 女-총 8획

資 4급 재물財物 자 貝-총13획

者 6급 놈 자 老-총 9획

字 7급 글자 자 子-총 6획

自 7Ⅱ 스스로 자 自-총 6획

子 7Ⅱ 아들 자 子-총 3획

爵 3급 벼슬 작 爪-총18획

酌 3급 술부을 작

잔질할 작 酉-총10획

昨 6Ⅱ 어제 작 日-총 9획

作 6Ⅱ 지을 작 人-총 7획

殘 4급 남을 잔 歹-총12획

潛 3Ⅱ 잠길 잠 水-총15획

▸暫 3Ⅱ 잠깐 잠 日-총15획

雜 4급 섞일 잡 隹-총18획

:藏 3Ⅱ 감출 장 艸-총18획

粧 3Ⅱ 단장할 장 米-총12획

墻 3급 담 장 土-총16획

:掌 3Ⅱ 손바닥 장 手-총12획

莊 3Ⅱ 씩씩할 장 艸-총11획

:丈 3Ⅱ 어른 장 一-총 3획

:臟 3Ⅱ 오장五臟 장 肉-총22획

:葬 3Ⅱ 장사지낼 장 艸-총13획

裝 4급 꾸밀 장 衣-총13획

障 4Ⅱ 막을 장 阜-총14획

張 4급 베풀 장 弓-총11획

▸奬 4급 장려할 장 大-총14획

帳 4급 장막帳幕 장 巾-총11획

▸將 4Ⅱ 장수將帥 장 寸-총11획

:壯 4급 장할 장 士-총 7획

腸 4급 창자 장 肉-총13획

章 6급 글 장 立-총11획

場 7Ⅱ 마당 장 土-총12획

▸長 8급 긴 장 長-총 8획

:宰 3급 재상宰相 재 宀-총10획

:載 3Ⅱ 실을 재 車-총13획

:栽 3Ⅱ 심을 재 木-총10획

哉 3급 어조사 재 口-총 9획

裁 3Ⅱ 옷마를 재 衣-총12획

:再 5급 두 재 冂-총 6획

材 5Ⅱ 재목材木 재 木-총 7획

財 5Ⅱ 재물財物 재 貝-총10획

災 5급 재앙災殃 재 火-총 7획

:在 6급 있을 재 土-총 6획

才 6Ⅱ 재주 재 手-총 3획

爭 5급 다툴 쟁 爪-총 8획

▸著 3Ⅱ 나타날 저 ※'저'만 장음

붙을 착 艸-총13획

:抵 3Ⅱ 막을[抗] 저 手-총 8획

:低 4Ⅱ 낮을 저 人-총 7획

:底 4급 밑 저 广-총 8획

:貯 5급 쌓을 저 貝-총12획

寂 3Ⅱ 고요할 적 宀-총11획

摘 3Ⅱ 딸[手收] 적 手-총14획

滴 3급 물방울 적 水-총14획

跡 3Ⅱ 발자취 적 足-총13획

蹟 3Ⅱ 자취 적 足-총18획

笛 3Ⅱ 피리 적 竹-총11획

績 4급 길쌈 적 糸-총17획

敵 4Ⅱ 대적할 적 攴-총15획

賊 4급 도둑 적 貝-총13획

適 4급 맞을 적 辶-총15획

籍 4급 문서文書 적 竹-총20획

積 4급 쌓을 적 禾-총16획

的 5Ⅱ 과녁 적 白-총 8획

赤 5급 붉을 적 赤-총 7획

:殿 3Ⅱ 전각殿閣 전 殳-총13획

:轉 4급 구를 전 車-총18획

:錢 4급 돈 전 金-총16획

田 4Ⅱ 밭 전 田-총 5획

專 4급 오로지 전 寸-총11획

:典 5Ⅱ 법法 전 八-총 8획

傳 5Ⅱ 전할 전 人-총13획

:展 5Ⅱ 펼 전 尸-총10획

:戰 6Ⅱ 싸움 전 戈-총16획

:電 7Ⅱ 번개 전 雨-총13획

前 7Ⅱ 앞 전 刀-총 9획

全 7Ⅱ 온전 전 入-총 6획

竊 3급 훔칠 절 穴-총22획

折 4급 꺾을 절 手-총 7획

絶 4Ⅱ 끊을 절 糸-총12획

切 5Ⅱ 끊을 절 / 온통 체 刀-총 4획

節 5Ⅱ 마디 절 竹-총15획

ː漸 3Ⅱ 점점 점 水-총14획

▸點 4급 점 점 黑-총17획

▸占 4급 점령할 점 / 점칠 점 卜-총 5획

ː店 5Ⅱ 가게 점 广-총 8획

蝶 3급 나비 접 虫-총15획

接 4Ⅱ 이을 접 手-총11획

貞 3Ⅱ 곧을 정 貝-총 9획

淨 3Ⅱ 깨끗할 정 水-총11획

訂 3급 바로잡을 정 言-총 9획

▸井 3Ⅱ 우물 정 二-총 4획

頂 3Ⅱ 정수리 정 頁-총11획

亭 3Ⅱ 정자亭子 정 亠-총 9획

廷 3Ⅱ 조정朝廷 정 廴-총 7획

征 3Ⅱ 칠[討] 정 彳-총 8획

ː整 4급 가지런할 정 攴-총16획

靜 4급 고요할 정 靑-총16획

程 4Ⅱ 한도限度 정 / 길[道] 정 禾-총12획

丁 4급 장정壯丁 정 / 고무래 정 一-총 2획

政 4Ⅱ 정사政事 정 攴-총 9획

精 4Ⅱ 정할 정 / 자세할 정 米-총14획

情 5Ⅱ 뜻 정 心-총11획

停 5급 머무를 정 人-총11획

庭 6Ⅱ 뜰 정 广-총10획

ː定 6급 정할 정 宀-총 8획

▸正 7Ⅱ 바를 정 止-총 5획

齊 3Ⅱ 가지런할 제 齊-총14획

堤 3급 둑 제 土-총12획

諸 3Ⅱ 모두 제 言-총16획

ː濟 4Ⅱ 건널 제 水-총17획

提 4Ⅱ 끌[携] 제 手-총12획

除 4Ⅱ 덜 제 阜-총10획

ː帝 4급 임금 제 巾-총 9획

ː制 4Ⅱ 절제할 제 刀-총 8획

ː祭 4Ⅱ 제사祭祀 제 示-총11획

ː際 4Ⅱ 즈음 제 / 가[邊] 제 阜-총14획

ː製 4Ⅱ 지을 제 衣-총14획

題 6Ⅱ 제목題目 제 頁-총18획

ː第 6Ⅱ 차례 제 竹-총11획

ː弟 8급 아우 제 弓-총 7획

燥 3급 마를 조 火-총17획

ː照 3Ⅱ 비칠 조 火-총13획

兆 3Ⅱ 억조億兆 조 儿-총 6획

ː弔 3급 조상할 조 弓-총 4획

租 3Ⅱ 조세租稅 조 禾-총10획

條 4급 가지 조 木-총11획

ː助 4Ⅱ 도울 조 力-총 7획

鳥 4Ⅱ 새 조 鳥-총11획

ː早 4Ⅱ 이를 조 日-총 6획

潮 4급 조수潮水 조 / 밀물 조 水-총15획

ː造 4Ⅱ 지을 조 辶-총11획

組 4급 짤 조 糸-총11획

調 5Ⅱ 고를 조 言-총15획

▸操 5급 잡을 조 手-총16획

朝 6급 아침 조 月-총12획

祖 7급 할아비 조 示-총10획

族 6급 겨레 족 方-총11획

足 7Ⅱ 발 족 足-총 7획

尊 4Ⅱ 높을 존 寸-총12획

存 4급 있을 존 子-총 6획

拙 3급 졸할 졸 手-총 8획

卒 5Ⅱ 마칠 졸 十-총 8획

縱 3Ⅱ 세로 종 糸-총17획

宗 4Ⅱ 마루 종 宀-총 8획

鍾 4급 쇠북 종 金-총17획

▸從 4급 좇을 종 彳-총11획

終 5급 마칠 종 糸-총11획

▸種 5Ⅱ 씨 종 禾-총14획

ː佐 3급 도울 좌 人-총 7획

ː坐 3Ⅱ 앉을 좌 土-총 7획

ː座 4급 자리 좌 广-총10획

ː左 7Ⅱ 왼 좌 工-총 5획

ː罪 5급 허물 죄 网-총13획

珠 3Ⅱ 구슬 주 玉-총10획

鑄 3Ⅱ 쇠불릴 주 金-총22획

▸奏 3Ⅱ 아뢸 주 大-총 9획

株 3Ⅱ 그루 주 木-총10획

柱 3Ⅱ 기둥 주 木-총 9획

洲 3Ⅱ 물가 주 水-총 9획

舟 3급 배 주 舟-총 6획

ː宙 3Ⅱ 집 주 宀-총 8획

走 4Ⅱ 달릴 주 走-총 7획

周 4급 두루 주 口-총 8획

朱 4급 붉을 주 木-총 6획

▸酒 4급 술 주 酉-총10획

週 5Ⅱ 주일週日 주 辶-총12획

州 5Ⅱ 고을 주 巛-총 6획
晝 6급 낮 주 日-총11획
ː注 6Ⅱ 부을 주 水-총 8획
ː住 7급 살 주 人-총 7획
主 7급 임금 주
주인 주 丶-총 5획
竹 4Ⅱ 대 죽 竹-총 6획
ː遵 3급 좇을 준 辶-총16획
ː俊 3급 준걸俊傑 준 人-총 9획
ː準 4Ⅱ 준할 준 水-총13획
▸仲 3Ⅱ 버금 중 人-총 6획
ː衆 4Ⅱ 무리 중 血-총12획
ː重 7급 무거울 중 里-총 9획
中 8급 가운데 중 丨-총 4획
卽 3Ⅱ 곧 즉 卩-총 9획
憎 3Ⅱ 미울 증 心-총15획
曾 3Ⅱ 일찍 증 曰-총12획
贈 3급 줄 증 貝-총19획
▸症 3Ⅱ 증세症勢 증 疒-총10획
蒸 3Ⅱ 찔 증 艸-총14획
增 4Ⅱ 더할 증 土-총15획
證 4급 증거證據 증 言-총19획
枝 3Ⅱ 가지 지 木-총 8획
之 3Ⅱ 갈 지 丿-총 4획
只 3급 다만 지 口-총 5획
遲 3급 더딜 지
늦을 지 辶-총16획
池 3Ⅱ 못 지 水-총 6획
指 4Ⅱ 가리킬 지 手-총 9획
持 4급 가질 지 手-총 9획
誌 4급 기록할 지 言-총14획
志 4Ⅱ 뜻 지 心-총 7획

至 4Ⅱ 이를 지 至-총 6획
支 4Ⅱ 지탱할 지 支-총 4획
智 4급 지혜智慧 지
슬기 지 日-총12획
止 5급 그칠 지 止-총 4획
知 5Ⅱ 알 지 矢-총 8획
地 7급 땅[따] 지 土-총 6획
紙 7급 종이 지 糸-총10획
職 4Ⅱ 직분職分 직 耳-총18획
織 4급 짤 직 糸-총18획
直 7Ⅱ 곧을 직 目-총 8획
ː震 3Ⅱ 우레 진 雨-총15획
ː振 3Ⅱ 떨칠 진 手-총10획
▸陳 3Ⅱ 베풀 진
묵을 진 阜-총11획
▸鎭 3Ⅱ 진압할 진 金-총18획
辰 3Ⅱ 별 진
때 신 辰-총 7획
ː進 4Ⅱ 나아갈 진 辶-총12획
ː盡 4급 다할 진 皿-총14획
珍 4급 보배 진 玉-총 9획
陣 4급 진칠 진 阜-총10획
眞 4Ⅱ 참 진 目-총10획
疾 3Ⅱ 병 질 疒-총10획
姪 3급 조카 질 女-총 9획
秩 3Ⅱ 차례 질 禾-총10획
質 5Ⅱ 바탕 질 貝-총15획
執 3Ⅱ 잡을 집 土-총11획
集 6Ⅱ 모을 집 隹-총12획
徵 3Ⅱ 부를 징 彳-총15획
懲 3급 징계할 징 心-총19획

배정한자

ː且 3급 또 차 一-총 5획
ː借 3Ⅱ 빌 차
빌릴 차 人-총10획
此 3Ⅱ 이 차 止-총 6획
差 4급 다를 차 工-총10획
次 4Ⅱ 버금 차 欠-총 6획
錯 3Ⅱ 어긋날 착 金-총16획
捉 3급 잡을 착 手-총10획
着 5Ⅱ 붙을 착 目-총12획
ː贊 3Ⅱ 도울 찬 貝-총19획
ː讚 4급 기릴 찬 言-총26획
察 4Ⅱ 살필 찰 宀-총14획
慙 3급 부끄러울 참 心-총15획
慘 3급 참혹할 참 心-총14획
參 5Ⅱ 참여할 참
갖은석 삼 厶-총11획
▸倉 3Ⅱ 곳집 창 人-총10획
▸昌 3Ⅱ 창성할 창 日-총 8획
蒼 3Ⅱ 푸를 창 艸-총14획
ː暢 3급 화창할 창 日-총14획
ː創 4Ⅱ 비롯할 창 刀-총12획
ː唱 5급 부를 창 口-총11획
窓 6Ⅱ 창 창 穴-총11획
ː菜 3Ⅱ 나물 채 艸-총12획
ː債 3Ⅱ 빚 채 人-총13획
ː彩 3Ⅱ 채색彩色 채 彡-총11획
ː採 4급 캘 채 手-총11획
策 3Ⅱ 꾀 책 竹-총12획
冊 4급 책 책 冂-총 5획
責 5Ⅱ 꾸짖을 책 貝-총11획

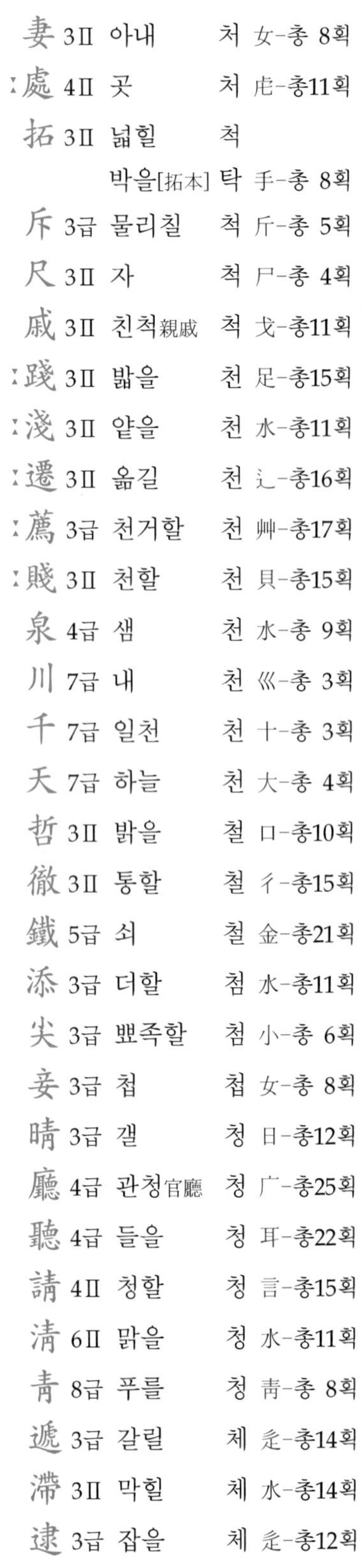

妻 3Ⅱ 아내 처 女-총 8획
:處 4Ⅱ 곳 처 虍-총11획
拓 3Ⅱ 넓힐 척
박을[拓本] 탁 手-총 8획
斥 3급 물리칠 척 斤-총 5획
尺 3Ⅱ 자 척 尸-총 4획
戚 3Ⅱ 친척親戚 척 戈-총11획
:踐 3Ⅱ 밟을 천 足-총15획
:淺 3Ⅱ 얕을 천 水-총11획
:遷 3Ⅱ 옮길 천 辶-총16획
:薦 3급 천거할 천 艸-총17획
:賤 3Ⅱ 천할 천 貝-총15획
泉 4급 샘 천 水-총 9획
川 7급 내 천 巛-총 3획
千 7급 일천 천 十-총 3획
天 7급 하늘 천 大-총 4획
哲 3Ⅱ 밝을 철 口-총10획
徹 3Ⅱ 통할 철 彳-총15획
鐵 5급 쇠 철 金-총21획
添 3급 더할 첨 水-총11획
尖 3급 뾰족할 첨 小-총 6획
妾 3급 첩 첩 女-총 8획
晴 3급 갤 청 日-총12획
廳 4급 관청官廳 청 广-총25획
聽 4급 들을 청 耳-총22획
請 4Ⅱ 청할 청 言-총15획
淸 6Ⅱ 맑을 청 水-총11획
靑 8급 푸를 청 靑-총 8획
遞 3급 갈릴 체 辵-총14획
滯 3Ⅱ 막힐 체 水-총14획
逮 3급 잡을 체 辵-총12획

替 3급 바꿀 체 曰-총12획
體 6Ⅱ 몸 체 骨-총23획
秒 3급 분초分秒 초 禾-총 9획
肖 3Ⅱ 닮을 초
같을 초 肉-총 7획
超 3Ⅱ 뛰어넘을 초 走-총12획
抄 3급 뽑을 초 手-총 7획
礎 3Ⅱ 주춧돌 초 石-총18획
招 4급 부를 초 手-총 8획
初 5급 처음 초 刀-총 7획
草 7급 풀 초 艸-총10획
觸 3Ⅱ 닿을 촉 角-총20획
促 3Ⅱ 재촉할 촉 人-총 9획
燭 3급 촛불 촉 火-총17획
:村 7급 마을 촌 木-총 7획
:寸 8급 마디 촌 寸-총 3획
聰 3급 귀밝을 총 耳-총17획
:總 4Ⅱ 다[皆] 총 糸-총17획
銃 4Ⅱ 총 총 金-총14획
:催 3Ⅱ 재촉할 최 人-총13획
:最 5급 가장 최 曰-총12획
抽 3급 뽑을 추 手-총 8획
追 3Ⅱ 쫓을 추
따를 추 辶-총10획
醜 3급 추할 추 酉-총17획
推 4급 밀 추 手-총11획
秋 7급 가을 추 禾-총 9획
丑 3급 소 축 一-총 4획
畜 3Ⅱ 짐승 축 田-총10획
逐 3급 쫓을 축 辶-총11획
蓄 4Ⅱ 모을 축 艸-총14획
築 4Ⅱ 쌓을 축 竹-총16획

縮 4급 줄일 축 糸-총17획
祝 5급 빌[祝福] 축 示-총10획
春 7급 봄 춘 日-총 9획
出 7급 날 출 凵-총 5획
衝 3Ⅱ 찌를 충 行-총15획
蟲 4Ⅱ 벌레 충 虫-총18획
忠 4Ⅱ 충성忠誠 충 心-총 8획
充 5Ⅱ 채울[充5획] 충 儿-총 6획
:臭 3급 냄새 취 自-총10획
:吹 3Ⅱ 불[鼓吹] 취 口-총 7획
:醉 3Ⅱ 취할 취 酉-총15획
:取 4Ⅱ 가질 취 又-총 8획
:就 4급 나아갈 취 尢-총12획
:趣 4급 뜻 취 走-총15획
側 3Ⅱ 곁 측 人-총11획
測 4Ⅱ 헤아릴 측 水-총12획
層 4급 층[層樓] 층 尸-총15획
値 3Ⅱ 값 치 人-총10획
恥 3Ⅱ 부끄러울 치 心-총10획
稚 3Ⅱ 어릴 치 禾-총13획
治 4Ⅱ 다스릴 치 水-총 8획
:置 4Ⅱ 둘[措] 치 网-총13획
齒 4Ⅱ 이 치 齒-총15획
:致 5급 이를 치 至-총10획
則 5급 법칙法則 칙 刀-총 9획
親 6급 친할 친 見-총16획
漆 3Ⅱ 옻 칠 水-총14획
七 8급 일곱 칠 一-총 2획
:枕 3급 베개 침 木-총 8획
:浸 3Ⅱ 잠길 침 水-총10획
▸沈 3Ⅱ 잠길 침
성姓 심 水-총 7획

▸針 4급 바늘 침 金-총10획
ː寢 4급 잘 침 宀-총14획
侵 4Ⅱ 침노할 침 人-총 9획
稱 4급 일컬을 칭 禾-총14획

배정한자

快 4Ⅱ 쾌할 쾌 心-총 7획

배정한자

ː墮 3급 떨어질 타 土-총15획
ː妥 3급 온당할 타 女-총 7획
他 5급 다를 타 人-총 5획
ː打 5급 칠 타 手-총 5획
托 3급 맡길 탁 手-총 6획
濯 3급 씻을 탁 水-총17획
濁 3급 흐릴 탁 水-총16획
卓 5급 높을 탁 十-총 8획
ː誕 3급 낳을 탄
거짓 탄 言-총14획
ː歎 4급 탄식할 탄 欠-총15획
ː彈 4급 탄알 탄 弓-총15획
ː炭 5급 숯 탄 火-총 9획
奪 3Ⅱ 빼앗을 탈 大-총14획
脫 4급 벗을 탈 肉-총11획
貪 3급 탐낼 탐 貝-총11획
探 4급 찾을 탐 手-총11획
塔 3Ⅱ 탑 탑 土-총13획
ː湯 3Ⅱ 끓을 탕 水-총12획
殆 3Ⅱ 거의 태 歹-총 9획
怠 3급 게으를 태 心-총 9획
泰 3Ⅱ 클 태 水-총10획
ː態 4Ⅱ 모습 태 心-총14획
太 6급 클 태 大-총 4획
澤 3Ⅱ 못 택 水-총16획
擇 4급 가릴 택 手-총16획
宅 5Ⅱ 집 댁/택 宀-총 6획
兔 3Ⅱ 토끼 토 儿-총 8획
▸吐 3Ⅱ 토할 토 口-총 6획
▸討 4급 칠[伐] 토 言-총10획
土 8급 흙 토 土-총 3획
ː統 4Ⅱ 거느릴 통 糸-총12획
ː痛 4급 아플 통 疒-총12획
通 6급 통할 통 辶-총11획
ː退 4Ⅱ 물러날 퇴 辶-총10획
透 3Ⅱ 사무칠 투 辶-총11획
投 4급 던질 투 手-총 7획
鬪 4급 싸움 투 鬥-총20획
特 6급 특별할 특 牛-총10획

배정한자

ː罷 3급 마칠 파 网-총15획
▸播 3급 뿌릴 파 手-총15획
頗 3급 자못 파 頁-총14획
ː把 3급 잡을 파 手-총 7획
派 4급 갈래 파 水-총 9획
ː破 4Ⅱ 깨뜨릴 파 石-총10획
波 4Ⅱ 물결 파 水-총 8획
版 3Ⅱ 판목版木 판 片-총 8획
販 3급 팔[賣] 판 貝-총11획
判 4급 판단할 판 刀-총 7획
板 5급 널 판 木-총 8획
八 8급 여덟 팔 八-총 2획
ː貝 3급 조개 패 貝-총 7획
ː敗 5급 패할 패 攴-총11획
偏 3Ⅱ 치우칠 편 人-총11획
遍 3급 두루 편 辶-총13획
編 3Ⅱ 엮을 편 糸-총15획
▸片 3Ⅱ 조각 편 片-총 4획
篇 4급 책冊 편 竹-총15획
▸便 7급 편할 편 ※'편'만 장단음
똥오줌 변 人-총 9획
ː評 4급 평할 평 言-총12획
平 7Ⅱ 평평할 평 干-총 5획
ː蔽 3급 덮을 폐 艸-총16획
ː弊 3Ⅱ 폐단弊端 폐
해질 폐 廾-총15획
ː廢 3Ⅱ 폐할 폐
버릴 폐 广-총15획
ː肺 3Ⅱ 허파 폐 肉-총 8획
ː幣 3급 화폐貨幣 폐 巾-총15획
ː閉 4급 닫을 폐 門-총11획
浦 3Ⅱ 개[水邊] 포 水-총10획
ː飽 3급 배부를 포 食-총14획
ː抱 3급 안을 포 手-총 8획
ː捕 3Ⅱ 잡을 포 手-총10획
ː砲 4Ⅱ 대포大砲 포 石-총10획
▸布 4Ⅱ 베[펼] 포
보시布施 보 巾-총 5획
▸胞 4급 세포細胞 포 肉-총 9획
▸包 4Ⅱ 쌀[裹] 포 勹-총 5획
幅 3급 폭 폭 巾-총12획

▸暴 4Ⅱ 사나울 폭 ※'포'만 장음
모질 포 日-총15획
爆 4급 불터질 폭 火-총19획
漂 3급 떠다닐 표 水-총14획
票 4Ⅱ 표 표 示-총11획
標 4급 표할 표 木-총15획
表 6Ⅱ 겉 표 衣-총 8획
ː品 5Ⅱ 물건物件 품 口-총 9획
楓 3Ⅱ 단풍丹楓 풍 木-총13획
豊 4Ⅱ 풍년豊年 풍 豆-총13획
風 6Ⅱ 바람 풍 風-총 9획
皮 3Ⅱ 가죽 피 皮-총 5획
ː被 3Ⅱ 입을 피 衣-총10획
ː彼 3Ⅱ 저 피 彳-총 8획
疲 4급 피곤할 피 疒-총10획
ː避 4급 피할 피 辶-총17획
畢 3Ⅱ 마칠 필 田-총11획
匹 3급 짝 필 匚-총 4획
必 5Ⅱ 반드시 필 心-총 5획
筆 5Ⅱ 붓 필 竹-총12획

배정한자

▸荷 3Ⅱ 멜 하 艸-총11획
何 3Ⅱ 어찌 하 人-총 7획
ː賀 3Ⅱ 하례할 하 貝-총12획
河 5급 물 하 水-총 8획
ː下 7Ⅱ 아래 하 一-총 3획
ː夏 7급 여름 하 夊-총10획
鶴 3Ⅱ 학 학 鳥-총21획
學 8급 배울 학 子-총16획

ː旱 3급 가물 한 日-총 7획
▸汗 3Ⅱ 땀 한 水-총 6획
ː恨 4급 한 한 心-총 9획
閑 4급 한가할 한 門-총12획
ː限 4Ⅱ 한할 한 阜-총 9획
寒 5급 찰 한 宀-총12획
ː漢 7Ⅱ 한수漢水 한
한나라 한 水-총14획
▸韓 8급 나라 한
한국 한 韋-총17획
割 3Ⅱ 벨 할 刀-총12획
咸 3급 다[모두] 함 口-총 9획
含 3Ⅱ 머금을 함 口-총 7획
ː陷 3Ⅱ 빠질 함 阜-총11획
合 6급 합할 합 口-총 6획
ː巷 3급 거리 항 己-총 9획
ː項 3Ⅱ 항목項目 항 頁-총12획
恒 3Ⅱ 항상恒常 항 心-총 9획
ː抗 4급 겨룰 항 手-총 7획
ː航 4Ⅱ 배 항 舟-총10획
ː港 4Ⅱ 항구港口 항 水-총12획
該 3급 갖출[備] 해
마땅[當] 해 言-총13획
亥 3급 돼지 해 亠-총 6획
奚 3급 어찌 해 大-총10획
ː解 4Ⅱ 풀 해 角-총13획
ː害 5Ⅱ 해할 해 宀-총10획
ː海 7Ⅱ 바다 해 水-총10획
核 4급 씨 핵 木-총10획
▸行 6급 다닐 행 ※'행'만 장단음
항렬行列 항 行-총 6획
ː幸 6Ⅱ 다행多幸 행 干-총 8획

ː享 3급 누릴 향 亠-총 8획
ː響 3Ⅱ 울릴 향 音-총22획
鄕 4Ⅱ 시골 향 邑-총13획
香 4Ⅱ 향기香氣 향 香-총 9획
ː向 6급 향할 향 口-총 6획
虛 4Ⅱ 빌 허 虍-총12획
許 5급 허락할 허 言-총11획
ː獻 3Ⅱ 드릴 헌 犬-총20획
軒 3급 집 헌 車-총10획
ː憲 4급 법法 헌 心-총16획
ː驗 4Ⅱ 시험試驗 험 馬-총23획
ː險 4급 험할 험 阜-총16획
革 4급 가죽 혁 革-총 9획
玄 3Ⅱ 검을 현 玄-총 5획
ː縣 3급 고을 현 糸-총16획
ː懸 3Ⅱ 달[繫] 현 心-총20획
絃 3급 줄 현 糸-총11획
ː顯 4급 나타날[알려짐] 현 頁-총23획
賢 4Ⅱ 어질 현 貝-총15획
ː現 6Ⅱ 나타날 현 玉-총11획
穴 3Ⅱ 굴 혈 穴-총 5획
血 4Ⅱ 피 혈 血-총 6획
嫌 3급 싫어할 혐 女-총13획
脅 3Ⅱ 위협할 협 肉-총10획
協 4Ⅱ 화할 협 十-총 8획
衡 3Ⅱ 저울대 형 行-총16획
螢 3급 반딧불 형 虫-총16획
亨 3급 형통할 형 亠-총 7획
刑 4급 형벌刑罰 형 刀-총 6획
形 6Ⅱ 모양 형 彡-총 7획
兄 8급 형 형 儿-총 5획

한자	급수	훈	음	부수·획수
ː慧	3Ⅱ	슬기로울	혜	心-총15획
兮	3급	어조사	혜	八-총 4획
ː惠	4Ⅱ	은혜恩惠	혜	心-총12획
ː浩	3Ⅱ	넓을	호	水-총10획
胡	3Ⅱ	되[狄]	호	肉-총 9획
▸虎	3Ⅱ	범	호	虍-총 8획
ː互	3급	서로	호	二-총 4획
乎	3급	어조사	호	丿-총 5획
毫	3급	터럭	호	毛-총11획
豪	3Ⅱ	호걸豪傑	호	豕-총14획
ː護	4Ⅱ	도울	호	言-총21획
呼	4Ⅱ	부를	호	口-총 8획
ː好	4Ⅱ	좋을	호	女-총 6획
ː戶	4Ⅱ	집	호	戶-총 4획
湖	5급	호수湖水	호	水-총12획
▸號	6급	이름	호	虍-총13획
惑	3Ⅱ	미혹할	혹	心-총12획
或	4급	혹	혹	戈-총 8획
魂	3Ⅱ	넋	혼	鬼-총14획
昏	3급	어두울	혼	日-총 8획
ː混	4급	섞을	혼	水-총11획
婚	4급	혼인할	혼	女-총11획
忽	3Ⅱ	갑자기	홀	心-총 8획
弘	3급	클	홍	弓-총 5획
鴻	3급	기러기	홍	鳥-총17획
洪	3Ⅱ	넓을	홍	
		큰물	홍	水-총 9획
紅	4급	붉을	홍	糸-총 9획
禾	3급	벼	화	禾-총 5획
ː禍	3Ⅱ	재앙災殃	화	示-총14획
華	4급	빛날	화	艸-총12획
ː貨	4Ⅱ	재물財物	화	貝-총11획
▸化	5Ⅱ	될	화	匕-총 4획
▸畫	6급	그림[畫]	화	※'화'만 장음
		그을[劃]	획	田-총13획
和	6Ⅱ	화할	화	口-총 8획
花	7급	꽃	화	艸-총 8획
話	7Ⅱ	말씀	화	言-총13획
▸火	8급	불	화	火-총 4획
穫	3급	거둘	확	禾-총19획
擴	3급	넓힐	확	手-총18획
確	4Ⅱ	굳을	확	石-총15획
還	3Ⅱ	돌아올	환	辶-총17획
丸	3급	둥글	환	丶-총 3획
ː換	3Ⅱ	바꿀	환	手-총12획
▸環	4급	고리	환	玉-총17획
歡	4급	기쁠	환	欠-총22획
ː患	5급	근심	환	心-총11획
活	7Ⅱ	살[生活]	활	水-총 9획
荒	3Ⅱ	거칠	황	艸-총10획
皇	3Ⅱ	임금	황	白-총 9획
ː況	4급	상황狀況	황	水-총 8획
黃	6급	누를	황	黃-총12획
ː悔	3Ⅱ	뉘우칠	회	心-총10획
懷	3Ⅱ	품을	회	心-총19획
回	4Ⅱ	돌아올	회	囗-총 6획
灰	4급	재	회	火-총 6획
ː會	6Ⅱ	모일	회	曰-총13획
劃	3Ⅱ	그을	획	刀-총14획
獲	3Ⅱ	얻을	획	犬-총17획
橫	3Ⅱ	가로	횡	木-총16획
ː曉	3급	새벽	효	日-총16획
ː效	5Ⅱ	본받을	효	攴-총10획
ː孝	7Ⅱ	효도孝道	효	子-총 7획
侯	3급	제후諸侯	후	人-총 9획
ː候	4급	기후氣候	후	人-총10획
ː厚	4급	두터울	후	厂-총 9획
ː後	7Ⅱ	뒤	후	彳-총 9획
ː訓	6급	가르칠	훈	言-총10획
ː毁	3급	헐	훼	殳-총13획
輝	3급	빛날	휘	車-총15획
揮	4급	휘두를	휘	手-총12획
携	3급	이끌	휴	手-총13획
休	7급	쉴	휴	人-총 6획
胸	3Ⅱ	가슴	흉	肉-총10획
凶	5Ⅱ	흉할	흉	凵-총 4획
黑	5급	검을	흑	黑-총12획
吸	4Ⅱ	마실	흡	口-총 7획
▸興	4Ⅱ	일[盛]	흥	臼-총16획
戲	3Ⅱ	놀이	희	戈-총17획
稀	3Ⅱ	드물	희	禾-총12획
喜	4급	기쁠	희	口-총12획
希	4Ⅱ	바랄	희	巾-총 7획

이상 3급 배정한자
1,817자 가나다순

명시감상

作者 : 양사언楊士彦

泰山이 높다 ᄒᆞ되 하ᄂᆞᆯ 아래 뫼히로다
오르고 또 오르면 못 오ᄅᆞᆯ 리 업건마ᄂᆞᆫ
사ᄅᆞᆷ이 제 아니 오르고 뫼ᄒᆞᆯ 놉다 ᄒᆞ더라

설 명

- 작자 양사언의 아호雅號는 봉래蓬萊로, 조선朝鮮 명종明宗 때의 학자이다. 그의 시문詩文은 천의무봉天衣無縫하고 기발奇拔하였으며, 붓글씨에도 뛰어나서 안평대군安平大君 · 김구金絿 · 한호韓濩와 함께 조선朝鮮 전기前期 4대 서예가로 불려졌다.
- 위 시는 학문에 뜻을 둔 사람은 오로지 노력努力하고 정진精進하면 목표한 곳에 이를 수 있다는 교훈을 노래한 것으로, 예로부터 널리 알려져 있는 작품이다.

한자능력검정시험 3급(3급II 포함)

쓰기연습

3급(3II 포함)

학습도움

쓰기연습 안내

① 쓰기연습은 한자능력검정 기본서 학습을 보충하기 위하여 엮은 한자 쓰기 연습 교재입니다.
② 아래 설명에 따라 충실히 학습한다면 아름답고 바른 글씨는 물론, 한자의 바른 이해를 구하는 데 많은 도움이 될 것입니다.

학습방법

① 먼저 기본서를 학습도움 설명에 따라 충분히 학습하여야 합니다.
② 기본서에 수록된 평가문제를 학습하기에 앞서, 본 쓰기연습을 학습하면 복습의 효과가 있습니다.
③ 한자를 쓰는 과정에서 그 한자와 관련된 한자어를 연상하여 그 뜻을 헤아려 본다면 더 없이 좋은 학습이 될 것입니다.
④ 쓰기연습을 학습할 때에는 한 번에 4자를 쓰기보다는, 2자씩 아래로 나누어 내려쓰는 것이 바람직합니다.

✔ 3급 쓰기연습은 4급(1,000자)을 제외한 신습 배정한자(817자)를 3급 기본서의 본문학습 순서에 따라 실었습니다.

微				
微(작을 미)(彳) 3Ⅱ				
曰				
曰(가로 왈)(曰) 3급				
橫				
橫(가로 횡)(木) 3Ⅱ				
輿				
輿(수레 여)(車) 3급				
旱				
旱(가물 한)(日) 3급				
胸				
胸(가슴 흉)(肉) 3Ⅱ				
央				
央(가운데 앙)(大) 3Ⅱ				
皮				
皮(가죽 피)(皮) 3Ⅱ				
般				
般(가지 반)(舟) 3Ⅱ				
枝				
枝(가지 지)(木) 3Ⅱ				

齊				
齊(가지런할 제)(齊) 3Ⅱ				
肝				
肝(간 간)(肉) 3Ⅱ				
姦				
姦(간음할 간)(女) 3급				
邪				
邪(간사할 사)(邑) 3Ⅱ				
懇				
懇(간절할 간)(心) 3Ⅱ				
耕				
耕(밭갈 경)(耒) 3Ⅱ				
磨				
磨(갈 마)(石) 3Ⅱ				
赴				
赴(갈 부)(走) 3급				
之				
之(갈 지)(丿) 3Ⅱ				
乞				
乞(빌 걸)(乙) 3급				

「磨(갈 마)」자의 「갈」은 「갈다」는 뜻이고, 「赴(갈 부)」자의 「갈」은 「가다」는 뜻이다.

3 ~ 5

藏				
藏(감출 장) (艸) 3Ⅱ				
忽				
忽(갑자기 홀) (心) 3Ⅱ				
値				
値(값 치) (人) 3Ⅱ				
冠				
冠(갓 관) (冖) 3Ⅱ				
鋼				
鋼(강철 강) (金) 3Ⅱ				
若				
若(같을 약, 반야 야) (艸) 3Ⅱ				
償				
償(갚을 상) (人) 3Ⅱ				
狗				
狗(개 구) (犬) 3급				
戌				
戌(개 술) (戈) 3급				
浦				
浦(개 포) (水) 3Ⅱ				

晴				
晴(갤 청) (日) 3급				
御				
御(거느릴 어) (彳) 3Ⅱ				
穫				
穫(거둘 확) (禾) 3급				
巷				
巷(거리 항) (己) 3급				
慢				
慢(거만할 만) (心) 3급				
傲				
傲(거만할 오) (人) 3급				
琴				
琴(거문고 금) (玉) 3Ⅱ				
龜				
龜(거북 구/귀, 터질 균) (龜) 3급				
浪				
浪(물결 랑) (水) 3Ⅱ				
殆				
殆(거의 태) (歹) 3Ⅱ				

「浦(개 포)」자의 「개」는 「강이나 내에 바닷물이 드나드는 곳」을 이르는 말이다.

6 ~ 8

僞				
僞(거짓 위) (人) 3Ⅱ				
鴻				
鴻(기러기 홍) (鳥) 3급				
巧				
巧(공교할 교) (工) 3Ⅱ				
涉				
涉(건널 섭) (水) 3급				
玄				
玄(검을 현) (玄) 3Ⅱ				
兼				
兼(겸할 겸) (八) 3Ⅱ				
畿				
畿(경기 기) (田) 3Ⅱ				
怠				
怠(게으를 태) (心) 3급				
耐				
耐(견딜 내) (而) 3Ⅱ				
較				
較(견줄 교) (車) 3Ⅱ				

謙				
謙(겸손할 겸) (言) 3Ⅱ				
荒				
荒(거칠 황) (艸) 3Ⅱ				
渡				
渡(건널 도) (水) 3Ⅱ				
傍				
傍(곁 방) (人) 3급				
側				
側(곁 측) (人) 3Ⅱ				
譜				
譜(족보 보) (言) 3Ⅱ				
桂				
桂(계수나무 계) (木) 3Ⅱ				
惱				
惱(번뇌할 뇌) (心) 3급				
娘				
娘(계집 낭) (女) 3Ⅱ				
嶺				
嶺(고개 령) (山) 3Ⅱ				

「畿(경기 기)」자의 「경기」는 「서울을 중심으로 한 가까운 주위의 지방」을 이르는 말이다.

8 ~ 10

한자	훈음	한자	훈음
吾	吾 (나 오) (口) 3급	貿	貿 (무역할 무) (貝) 3Ⅱ
寂	寂 (고요할 적) (宀) 3Ⅱ	苟	苟 (진실로 구) (艸) 3급
卽	卽 (곧 즉) (卩) 3Ⅱ	需	需 (쓰일 수) (雨) 3Ⅱ
貞	貞 (곧을 정) (貝) 3Ⅱ	菊	菊 (국화 국) (艸) 3Ⅱ
谷	谷 (골 곡) (谷) 3Ⅱ	剛	剛 (굳셀 강) (刀) 3Ⅱ
腦	腦 (골 뇌) (肉) 3Ⅱ	穴	穴 (굴 혈) (穴) 3Ⅱ
倉	倉 (곳집 창) (人) 3Ⅱ	聰	聰 (귀밝을 총) (耳) 3급
僅	僅 (겨우 근) (人) 3급	鬼	鬼 (귀신 귀) (鬼) 3Ⅱ
恭	恭 (공손할 공) (心) 3Ⅱ	厥	厥 (그 궐) (厂) 3급
婢	婢 (계집종 비) (女) 3Ⅱ	其	其 (그 기) (八) 3Ⅱ

「谷(골 곡)」자의 「골」은 「골짜기」를 이르는 말이다.

11 ~ 13

慕				
慕(그릴 모)(心)3Ⅱ				
影				
影(그림자 영)(彡)3Ⅱ				
幽				
幽(그윽할 유)(幺)3Ⅱ				
斤				
斤(근 근, 날 근)(斤)3급				
愁				
愁(근심 수)(心)3Ⅱ				
謀				
謀(꾀 모)(言)3Ⅱ				
械				
械(기계 계)(木)3Ⅱ				
孰				
孰(누구 숙)(子)3급				
雁				
雁(기러기 안)(隹)3급				
掛				
掛(걸 괘)(手)3급				

悅				
悅(기쁠 열)(心)3Ⅱ				
瓦				
瓦(기와 와)(瓦)3Ⅱ				
補				
補(기울 보)(衣)3Ⅱ				
怪				
怪(괴이할 괴)(心)3Ⅱ				
蛇				
蛇(긴뱀 사)(虫)3Ⅱ				
緊				
緊(긴할 긴)(糸)3Ⅱ				
徑				
徑(지름길 경)(彳)3Ⅱ				
途				
途(길 도)(辵)3Ⅱ				
羽				
羽(깃 우)(羽)3Ⅱ				
烏				
烏(까마귀 오)(火)3Ⅱ				

「補(기울 보)」자의 「기울」은 「깁다」는 말로, 「해진 곳을 그대로 꿰맴」을 이르는 말이다.

13 ~ 15

削					誘				
削(깎을 삭)(刀) 3Ⅱ					誘(꾈 유)(言) 3Ⅱ				
淨					飾				
淨(깨끗할 정)(水) 3Ⅱ					飾(꾸밀 식)(食) 3Ⅱ				
縣					湯				
縣(고을 현)(糸) 3급					湯(끓을 탕)(水) 3Ⅱ				
忌					介				
忌(꺼릴 기)(心) 3급					介(낄 개)(人) 3Ⅱ				
尾					我				
尾(꼬리 미)(尸) 3Ⅱ					我(나 아)(戈) 3Ⅱ				
頂					欄				
頂(정수리 정)(頁) 3Ⅱ					欄(난간 란)(木) 3Ⅱ				
芳					寬				
芳(꽃다울 방)(艸) 3Ⅱ					寬(너그러울 관)(宀) 3Ⅱ				
策					悟				
策(꾀 책)(竹) 3Ⅱ					悟(깨달을 오)(心) 3Ⅱ				
企					邦				
企(꾀할 기)(人) 3Ⅱ					邦(나라 방)(邑) 3급				
憂					竝				
憂(근심 우)(心) 3Ⅱ					竝(나란히 병)(立) 3급				

「頂(정수리 정)」자의 「정수리」는 「머리 위의 숨구멍이 있는 자리」를 이르는 말이다.

16 ~ 18

菜					卑				
菜(나물 채)(艸) 3Ⅱ					卑(낮을 비)(十) 3Ⅱ				
飜					蝶				
飜(번역할 번)(飛) 3급					蝶(나비 접)(虫) 3급				
顔					臭				
顔(낯 안)(頁) 3Ⅱ					臭(냄새 취)(自) 3급				
愈					汝				
愈(나을 유)(心) 3급					汝(너 여)(水) 3급				
余					洪				
余(나 여)(人) 3급					洪(넓을 홍)(水) 3Ⅱ				
蘭					裕				
蘭(난초 란)(艸) 3Ⅱ					裕(넉넉할 유)(衣) 3Ⅱ				
翼					漠				
翼(날개 익)(羽) 3Ⅱ					漠(사막 막)(水) 3Ⅱ				
揚					魂				
揚(날릴 양)(手) 3Ⅱ					魂(넋 혼)(鬼) 3Ⅱ				
銳					漫				
銳(날카로울 예)(金) 3급					漫(흩어질 만)(水) 3급				
丙					隔				
丙(남녘 병)(一) 3Ⅱ					隔(사이뜰 격)(阜) 3Ⅱ				

「愈(나을 유)」자의 「나을」은 「병이 낫다, 더욱, 더 뛰어나다」 등을 뜻하는 말이다.

18 ~ 20

浩				
浩 (넓을 호) (水) 3Ⅱ				
弘				
弘 (클 홍) (弓) 3급				
予				
予 (나 여) (亅) 3급				
拓				
拓 (넓힐 척, 박을 탁) (手) 3Ⅱ				
倒				
倒 (넘어질 도) (人) 3Ⅱ				
擴				
擴 (넓힐 확) (手) 3급				
該				
該 (갖출 해) (言) 3급				
株				
株 (그루 주) (木) 3Ⅱ				
戀				
戀 (그리워할 련) (心) 3Ⅱ				
蜜				
蜜 (꿀 밀) (虫) 3급				

夢				
夢 (꿈 몽) (夕) 3Ⅱ				
貫				
貫 (꿸 관) (貝) 3Ⅱ				
濫				
濫 (넘칠 람) (水) 3급				
掠				
掠 (노략질할 략) (手) 3급				
祿				
祿 (녹 록) (示) 3Ⅱ				
畓				
畓 (논 답) (田) 3급				
戲				
戲 (놀이 희) (戈) 3Ⅱ				
隆				
隆 (높을 륭) (阜) 3Ⅱ				
誰				
誰 (누구 수) (言) 3급				
柱				
柱 (기둥 주) (木) 3Ⅱ				

「祿(녹 록)」자의 「녹」은 「벼슬아치에게 나누어주던 곡식, 금품」 등을 이르는 말이다.

21 ~ 23

抑					晩				
抑 (누를 억) (手) 3Ⅱ					晩 (늦을 만) (日) 3Ⅱ				
享					遲				
享 (누릴 향) (亠) 3급					遲 (더딜 지) (辵) 3급				
牽					皆				
牽 (이끌 견) (牛) 3급					皆 (다 개) (白) 3급				
臥					咸				
臥 (누울 와) (臣) 3급					咸 (다 함) (口) 3급				
瞬					樓				
瞬 (눈깜짝일 순) (目) 3Ⅱ					樓 (다락 루) (木) 3Ⅱ				
淚					殊				
淚 (눈물 루) (水) 3급					殊 (다를 수) (歹) 3Ⅱ				
眉					脚				
眉 (눈썹 미) (目) 3급					脚 (다리 각) (肉) 3Ⅱ				
悔					但				
悔 (뉘우칠 회) (心) 3Ⅱ					但 (다만 단) (人) 3Ⅱ				
緩					扶				
緩 (느릴 완) (糸) 3Ⅱ					扶 (도울 부) (手) 3Ⅱ				
翁					迫				
翁 (늙은이 옹) (羽) 3급					迫 (핍박할 박) (辵) 3Ⅱ				

「淚」자와 「淚」, 또는 「泪」자는 모양은 다르나 쓰임이 같은 이체자異體字이다.

23 ~ 25

刷					槪				
刷(인쇄할 쇄)(刀) 3Ⅱ					槪(대개 개)(木) 3Ⅱ				
硬					抵				
硬(굳을 경)(石) 3Ⅱ					抵(막을 저)(手) 3Ⅱ				
粧					汚				
粧(단장할 장)(米) 3Ⅱ					汚(더러울 오)(水) 3급				
楓					尤				
楓(단풍 풍)(木) 3Ⅱ					尤(더욱 우)(尤) 3급				
似					暑				
似(닮을 사)(人) 3급					暑(더울 서)(日) 3급				
肖					添				
肖(닮을 초)(肉) 3Ⅱ					添(더할 첨)(水) 3급				
墻					蓋				
墻(담 장)(土) 3급					蓋(덮을 개)(艸) 3Ⅱ				
唐					蔽				
唐(당나라 당)(口) 3Ⅱ					蔽(덮을 폐)(艸) 3급				
觸					只				
觸(닿을 촉)(角) 3Ⅱ					只(다만 지)(口) 3급				
臺					佐				
臺(대 대)(至) 3Ⅱ					佐(도울 좌)(人) 3급				

「墻」자와 「牆」자, 「汚」자와 「汙」자는 모양은 다르나 쓰임이 같은 이체자異體字이다.

26 ~ 28

贊					敦				
贊 (도울 찬) (貝) 3Ⅱ					敦 (도타울 돈) (攴) 3급				
篤					繫				
篤 (도타울 독) (竹) 3급					繫 (맬 계) (糸) 3급				
亥					胡				
亥 (돼지 해) (亠) 3급					胡 (되 호) (肉) 3Ⅱ				
挑					蘇				
挑 (돋울 도) (手) 3급					蘇 (되살아날 소) (艸) 3Ⅱ				
旋					滯				
旋 (돌 선) (方) 3Ⅱ					滯 (막힐 체) (水) 3Ⅱ				
疫					恐				
疫 (전염병 역) (疒) 3Ⅱ					恐 (두려울 공) (心) 3Ⅱ				
顧					堤				
顧 (돌아볼 고) (頁) 3급					堤 (둑 제) (土) 3급				
還					鈍				
還 (돌아올 환) (辵) 3Ⅱ					鈍 (둔할 둔) (金) 3급				
返					雙				
返 (돌아올 반) (辵) 3급					雙 (두 쌍) (隹) 3Ⅱ				
豚					郭				
豚 (돼지 돈) (豕) 3급					郭 (둘레 곽) (邑) 3급				

「胡(되 호)」자 「되」는 「①지난날, 두만강 근방에 살던 이민족. ②오랑캐」를 이르는 말이다.

28 ~ 30

丸					摘				
丸(둥글 환)(丶) 3급					摘(딸 적)(手) 3Ⅱ				
獻					汗				
獻(드릴 헌)(犬) 3Ⅱ					汗(땀 한)(水) 3Ⅱ				
疏					漂				
疏(소통할 소)(疋) 3Ⅱ					漂(떠다닐 표)(水) 3급				
稀					騷				
稀(드물 희)(禾) 3Ⅱ					騷(떠들 소)(馬) 3급				
郊					零				
郊(들 교)(邑) 3급					零(떨어질 령)(雨) 3급				
梁					墮				
梁(들보 량)(木) 3Ⅱ					墮(떨어질 타)(土) 3급				
坤					奮				
坤(땅[따] 곤)(土) 3급					奮(떨칠 분)(大) 3Ⅱ				
殉					拂				
殉(따라죽을 순)(歹) 3급					拂(떨칠 불)(手) 3Ⅱ				
兮					振				
兮(어조사 혜)(八) 3급					振(떨칠 진)(手) 3Ⅱ				
酌					庸				
酌(술부을 작)(酉) 3급					庸(떳떳할 용)(广) 3급				

「摘」자는 「과일을 따다, 요점만을 가려서 쓰다, 들추어내다, 가리키다」 등의 뜻으로 쓰인다.

31 ~ 33

亦				
亦(또 역) (亠) 3Ⅱ				
又				
又(또 우) (又) 3급				
且				
且(또 차) (一) 3급				
卯				
卯(토끼 묘) (卩) 3급				
超				
超(뛰어넘을 초) (走) 3Ⅱ				
跳				
跳(뛸 도) (足) 3급				
浮				
浮(뜰 부) (水) 3Ⅱ				
宜				
宜(마땅 의) (宀) 3급				
枯				
枯(마를 고) (木) 3급				
懼				
懼(두려워할 구) (心) 3급				

畏				
畏(두려워할 외) (田) 3급				
遍				
遍(두루 편) (辵) 3급				
懸				
懸(달 현) (心) 3Ⅱ				
奔				
奔(달릴 분) (大) 3Ⅱ				
酉				
酉(닭 유) (酉) 3급				
越				
越(넘을 월) (走) 3Ⅱ				
恣				
恣(방자할 자) (心) 3급				
了				
了(마칠 료) (亅) 3급				
罷				
罷(마칠 파) (网) 3급				
畢				
畢(마칠 필) (田) 3Ⅱ				

「懸(달 현)」자의 「달」은 「매달다, 매달리다, 걸다」 등의 뜻을 이르는 말이다.

33 ~ 35

竟	竟(마침내 경) (立) 3급
塞	塞(막힐 색, 변방 새) (土) 3Ⅱ
逢	逢(만날 봉) (辶) 3Ⅱ
孟	孟(맏 맹) (子) 3Ⅱ
伯	伯(맏 백) (人) 3Ⅱ
勿	勿(말 물) (勹) 3Ⅱ
詞	詞(말 사) (言) 3Ⅱ
而	而(말이을 이) (而) 3급
騎	騎(말탈 기) (馬) 3Ⅱ
淡	淡(맑을 담) (水) 3Ⅱ
淑	淑(맑을 숙) (水) 3Ⅱ
雅	雅(맑을 아) (隹) 3Ⅱ
嘗	嘗(맛볼 상) (口) 3급
托	托(맡길 탁) (手) 3급
司	司(맡을 사) (口) 3Ⅱ
賦	賦(부세 부) (貝) 3Ⅱ
辛	辛(매울 신) (辛) 3급
梅	梅(매화 매) (木) 3Ⅱ
荷	荷(멜 하) (艸) 3Ⅱ
盟	盟(맹세 맹) (皿) 3Ⅱ

「賦(부세 부)」자의 「부세賦稅」는 「세금稅金을 매겨서 물림」을 이르는 말이다.

36 ~ 38

契				
契 (맺을 계) (大) 3Ⅱ				
含				
含 (머금을 함) (口) 3Ⅱ				
狂				
狂 (미칠 광) (犬) 3Ⅱ				
泊				
泊 (머무를 박) (水) 3급				
墨				
墨 (먹 묵) (土) 3Ⅱ				
遙				
遙 (멀 요) (辵) 3급				
悠				
悠 (멀 유) (心) 3Ⅱ				
免				
免 (면할 면) (儿) 3Ⅱ				
苗				
苗 (모 묘) (艸) 3급				
諸				
諸 (모두 제) (言) 3Ⅱ				

沙				
沙 (모래 사) (水) 3Ⅱ				
須				
須 (모름지기 수) (頁) 3급				
侍				
侍 (모실 시) (人) 3Ⅱ				
貌				
貌 (얼굴 모) (豸) 3Ⅱ				
像				
像 (모양 상) (人) 3Ⅱ				
軌				
軌 (바퀴자국 궤) (車) 3급				
渴				
渴 (목마를 갈) (水) 3급				
壽				
壽 (목숨 수) (士) 3Ⅱ				
驅				
驅 (몰 구) (馬) 3급				
誕				
誕 (낳을 탄, 거짓 탄) (言) 3급				

「苗(모 묘)」자의 「모」는 「옮겨심기 위하여 기른 벼의 싹」을 이르는 말이다.

38 ~ 40

池	埋
池(못 지) (水) 3Ⅱ	埋(묻을 매) (土) 3급
澤	涯
澤(못 택) (水) 3Ⅱ	涯(물가 애) (水) 3급
劣	滅
劣(못할 렬) (力) 3급	滅(멸할 멸) (水) 3Ⅱ
壞	譽
壞(무너질 괴) (土) 3Ⅱ	譽(기릴 예) (言) 3Ⅱ
崩	燥
崩(무너질 붕) (山) 3급	燥(마를 조) (火) 3급
墳	署
墳(무덤 분) (土) 3급	署(마을 서) (网) 3Ⅱ
凡	幾
凡(무릇 범) (几) 3Ⅱ	幾(몇 기) (幺) 3급
輩	憎
輩(무리 배) (車) 3Ⅱ	憎(미울 증) (心) 3Ⅱ
茂	及
茂(무성할 무) (艸) 3Ⅱ	及(미칠 급) (又) 3Ⅱ
簿	迷
簿(문서 부) 竹) 3Ⅱ	迷(미혹할 미) (辵) 3급

「池(못 지), 澤(못 택)」자의 「못」은 「넓고 깊게 팬 땅에 늘 물이 괴어 있는 곳」을 이르는 말이다.

41 ~ 43

洲

洲(물가 주)(水) 3Ⅱ

鑑

鑑(거울 감)(金) 3Ⅱ

染

染(물들 염)(木) 3Ⅱ

沿

沿(물따라갈 연)(水) 3Ⅱ

却

却(물리칠 각)(卩) 3급

斥

斥(물리칠 척)(斤) 3급

滴

滴(물방울 적)(水) 3급

搜

搜(찾을 수)(手) 3급

惑

惑(미혹할 혹)(心) 3Ⅱ

敏

敏(민첩할 민)(攴) 3급

螢

螢(반딧불 형)(虫) 3급

替

替(바꿀 체)(曰) 3급

換

換(바꿀 환)(手) 3Ⅱ

矯

矯(바로잡을 교)(矢) 3급

騰

騰(오를 등)(馬) 3급

忙

忙(바쁠 망)(心) 3급

突

突(갑자기 돌)(穴) 3Ⅱ

叫

叫(부르짖을 규)(口) 3급

仲

仲(버금 중)(人) 3Ⅱ

召

召(부를 소)(口) 3급

「仲(버금 중)」자의 「버금」은 「으뜸의 바로 아래에 있는 사람이나 물건」을 이르는 말이다.

43 ~ 45

徵					梨				
徵 (부를 징) (彳) 3II					梨 (배 리) (木) 3급				
封					叛				
封 (봉할 봉) (寸) 3II					叛 (배반할 반) (又) 3급				
符					舟				
符 (부호 부) (竹) 3II					舟 (배 주) (舟) 3급				
鼓					巳				
鼓 (북 고) (鼓) 3II					巳 (뱀 사) (己) 3급				
踐					亞				
踐 (밟을 천) (足) 3II					亞 (버금 아) (二) 3II				
栗					聘				
栗 (밤 률) (木) 3II					聘 (부를 빙) (耳) 3급				
飯					楊				
飯 (밥 반) (食) 3II					楊 (버들 양) (木) 3급				
胃					棄				
胃 (밥통 위) (肉) 3II					棄 (버릴 기) (木) 3급				
閱					捨				
閱 (볼 열) (門) 3급					捨 (버릴 사) (手) 3급				
腹					廢				
腹 (배 복) 肉) 3II					廢 (폐할 폐) (广) 3II				

「封(봉할 봉)」자의 「봉할」은 「문이나 봉투 따위를 열지 못하게 단단히 붙임」을 이르는 말이다.

譯

譯(번역할 역) (言) 3Ⅱ

蜂

蜂(벌 봉) (虫) 3급

寅

寅(범 인) (宀) 3급

虎

虎(범 호) (虍) 3Ⅱ

朋

朋(벗 붕) (月) 3급

枕

枕(베개 침) (木) 3급

飽

飽(배부를 포) (食) 3급

陳

陳(베풀 진) (阜) 3Ⅱ

割

割(벨 할) (刀) 3Ⅱ

稻

稻(벼 도) (禾) 3급

吏

吏(벼슬아치 리) (口) 3Ⅱ

庚

庚(별 경) (广) 3급

禾

禾(벼 화) (禾) 3급

凝

凝(엉길 응) (冫) 3급

綱

綱(벼리 강) (糸) 3Ⅱ

爵

爵(벼슬 작) (爪) 3급

維

維(벼리 유) (糸) 3Ⅱ

卿

卿(벼슬 경) (卩) 3급

辰

辰(별 진, 때 신) (辰) 3Ⅱ

莊

莊(씩씩할 장) (艸) 3Ⅱ

「割(벨 할)」자의 「벨」은 「베다」는 말로, 「(날이 있는 연장으로) 자르거나 끊음」을 이르는 말이다.

48 ~ 50

疾
疾 (병 질) (疒) 3Ⅱ

屛
屛 (병풍 병) (尸) 3급

遣
遣 (보낼 견) (辶) 3급

輸
輸 (보낼 수) (車) 3Ⅱ

麥
麥 (보리 맥) (麥) 3Ⅱ

桃
桃 (복숭아 도) (木) 3Ⅱ

倣
倣 (본뜰 방) (人) 3급

吹
吹 (불 취) (口) 3Ⅱ

峯
峯 (봉우리 봉) (山) 3Ⅱ

謁
謁 (뵐 알) (言) 3급

愧
愧 (부끄러울 괴) (心) 3급

付
付 (부칠 부) (人) 3Ⅱ

巖
巖 (바위 암) (山) 3Ⅱ

貢
貢 (바칠 공) (貝) 3Ⅱ

排
排 (밀칠 배) (手) 3Ⅱ

履
履 (밟을 리) (尸) 3Ⅱ

昭
昭 (밝을 소) (日) 3급

哲
哲 (밝을 철) (口) 3Ⅱ

訂
訂 (바로잡을 정) (言) 3급

踏
踏 (밟을 답) (足) 3Ⅱ

「付(부칠 부)」자의 「부칠」은 「부치다」라는 말로, 「(남에게) 신세지다, 또는 기대어 삶」을 이르는 말이다.

培				
培(북돋울 배) (土) 3Ⅱ				
壬				
壬(북방 임) (士) 3Ⅱ				
辨				
辨(분별할 변) (辛) 3급				
炎				
炎(불꽃 염) (火) 3Ⅱ				
憐				
憐(불쌍히여길 련) (心) 3급				
嗚				
嗚(슬플 오) (口) 3급				
丹				
丹(붉을 단) (丶) 3Ⅱ				
附				
附(붙을 부) (阜) 3Ⅱ				
斜				
斜(비낄 사) (斗) 3Ⅱ				
絹				
絹(비단 견) (糸) 3급				

錦				
錦(비단 금) (金) 3Ⅱ				
幣				
幣(화폐 폐) (巾) 3급				
雖				
雖(비록 수) (隹) 3급				
率				
率(비율 률, 거느릴 솔) (玄) 3Ⅱ				
照				
照(비칠 조) (火) 3Ⅱ				
慘				
慘(참혹할 참) (心) 3급				
祈				
祈(빌 기) (示) 3Ⅱ				
貸				
貸(빌릴 대) (貝) 3Ⅱ				
借				
借(빌 차) (人) 3Ⅱ				
債				
債(빚 채) (人) 3Ⅱ				

「祈(빌 기)」자의 「빌」은 「바라며 청하다」를 뜻하고, 「借(빌 차)」자의 「빌」은 「빌리다」를 뜻한다.

53 ~ 56

鑄					柔				
鑄 (쇠불릴 주) (金) 3Ⅱ					柔 (부드러울 유) (木) 3Ⅱ				
輝					募				
輝 (빛날 휘) (車) 3급					募 (모을 모) (力) 3급				
沒					抄				
沒 (빠질 몰) (水) 3Ⅱ					抄 (뽑을 초) (手) 3급				
陷					抽				
陷 (빠질 함) (阜) 3Ⅱ					抽 (뽑을 추) (手) 3급				
奪					桑				
奪 (빼앗을 탈) (大) 3Ⅱ					桑 (뽕나무 상) (木) 3Ⅱ				
慙					尖				
慙 (부끄러울 참) (心) 3급					尖 (뾰족할 첨) (小) 3급				
菌					播				
菌 (버섯 균) (艸) 3Ⅱ					播 (뿌릴 파) (手) 3급				
煩					猛				
煩 (번거로울 번) (火) 3급					猛 (사나울 맹) (犬) 3Ⅱ				
繁					郞				
繁 (번성할 번) (糸) 3Ⅱ					郞 (사내 랑) (邑) 3Ⅱ				
恥					廟				
恥 (부끄러울 치) (心) 3Ⅱ					廟 (사당 묘) (广) 3급				

「廟(사당 묘)」자의 「사당」은 「조상祖上의 신주神主를 모셔 놓은 집」을 이르는 말이다.

56 ~ 58

廊				
廊 (사랑채 랑) (广) 3Ⅱ				
慈				
慈 (사랑 자) (心) 3Ⅱ				
燒				
燒 (사를 소) (火) 3Ⅱ				
透				
透 (사무칠 투) (辵) 3Ⅱ				
鹿				
鹿 (사슴 록) (鹿) 3급				
讓				
讓 (사양할 양) (言) 3Ⅱ				
偏				
偏 (치우칠 편) (人) 3Ⅱ				
肥				
肥 (살찔 비) (肉) 3Ⅱ				
諒				
諒 (살펴알 량) (言) 3급				
審				
審 (살필 심) (宀) 3Ⅱ				

麻				
麻 (삼 마) (麻) 3Ⅱ				
謹				
謹 (삼갈 근) (言) 3급				
曉				
曉 (새벽 효) (日) 3급				
距				
距 (상거할 거) (足) 3Ⅱ				
祥				
祥 (상서 상) (示) 3급				
禽				
禽 (새 금) (内) 3Ⅱ				
焉				
焉 (어찌 언) (火) 3급				
拔				
拔 (뽑을 발) (手) 3Ⅱ				
刊				
刊 (새길 간) (刀) 3Ⅱ				
銘				
銘 (새길 명) (金) 3Ⅱ				

「距(상거할 거)」자의 「상거相距」는 「서로 떨어진 거리」를 이르는 말이다.

58 ~ 60

晨				
晨(새벽 신)(日) 3급				
愼				
愼(삼갈 신)(心) 3Ⅱ				
乙				
乙(새 을)(乙) 3Ⅱ				
漏				
漏(샐 루)(水) 3Ⅱ				
霜				
霜(서리 상)(雨) 3Ⅱ				
禪				
禪(선 선)(示) 3Ⅱ				
縱				
縱(세로 종)(糸) 3Ⅱ				
丑				
丑(소 축)(一) 3급				
盲				
盲(소경 맹)(目) 3Ⅱ				
鹽				
鹽(소금 염)(鹵) 3Ⅱ				

盤				
盤(소반 반)(皿) 3Ⅱ				
裏				
裏(속 리)(衣) 3Ⅱ				
欺				
欺(속일 기)(欠) 3급				
某				
某(아무 모)(木) 3급				
賓				
賓(손 빈)(貝) 3급				
掌				
掌(손바닥 장)(手) 3Ⅱ				
綿				
綿(솜 면)(糸) 3Ⅱ				
那				
那(어찌 나)(邑) 3급				
誓				
誓(맹세할 서)(言) 3급				
鎖				
鎖(쇠사슬 쇄)(金) 3Ⅱ				

「禪(선 선)」자의 「선禪」은 「(불교에서) 번뇌를 버리고 무아無我의 경지로 드는 일」을 이르는 말이다.

61 ~ 63

衰	溪
衰(쇠할 쇠)(衣) 3Ⅱ	溪(시내 계)(水) 3Ⅱ
肯	架
肯(즐길 긍)(肉) 3급	架(시렁 가)(木) 3Ⅱ
森	姑
森(수풀 삼)(木) 3Ⅱ	姑(시어미 고)(女) 3Ⅱ
巡	塗
巡(돌 순)(巛) 3Ⅱ	塗(칠할 도)(土) 3급
鍊	靈
鍊(쇠불릴 련)(金) 3Ⅱ	靈(신령 령)(雨) 3Ⅱ
慧	竊
慧(슬기로울 혜)(心) 3Ⅱ	竊(훔칠 절)(穴) 3급
乎	甚
乎(어조사 호)(丿) 3급	甚(심할 심)(甘) 3Ⅱ
衡	芽
衡(저울대 형)(行) 3Ⅱ	芽(싹 아)(艸) 3Ⅱ
哀	腐
哀(슬플 애)(口) 3Ⅱ	腐(썩을 부)(肉) 3Ⅱ
奈	緯
奈(어찌 내)(大) 3급	緯(씨 위)(糸) 3급

「巡(돌 순)」자의 「돌」은 「(임금이나 관리가) 영토, 또는 관할 구역 안을 돌아 봄」을 이르는 말이다.

63 ~ 65

濯

濯 (씻을 탁) (水) 3급

惜

惜 (아낄 석) (心) 3Ⅱ

妻

妻 (아내 처) (女) 3Ⅱ

震

震 (우레 진) (雨) 3Ⅱ

擁

擁 (낄 옹) (手) 3급

淺

淺 (얕을 천) (水) 3Ⅱ

牙

牙 (어금니 아) (牙) 3Ⅱ

違

違 (어긋날 위) (辵) 3급

紛

紛 (어지러울 분) (糸) 3Ⅱ

肩

肩 (어깨 견) (肉) 3급

冥

冥 (어두울 명) (冖) 3급

蒙

蒙 (어두울 몽) (艸) 3Ⅱ

茫

茫 (아득할 망) (艸) 3급

佳

佳 (아름다울 가) (人) 3Ⅱ

詐

詐 (속일 사) (言) 3급

旦

旦 (아침 단) (日) 3Ⅱ

霧

霧 (안개 무) (雨) 3급

殿

殿 (전각 전) (殳) 3Ⅱ

慨

慨 (슬퍼할 개) (心) 3급

坐

坐 (앉을 좌) (土) 3Ⅱ

「慨」자는 「분개憤慨하다, 개탄慨歎하다, 슬퍼하다, 탄식歎息하다」 등의 뜻으로 쓰인다.

緖				
緖(실마리 서) (糸) 3Ⅱ				
憶				
憶(생각할 억) (心) 3Ⅱ				
惟				
惟(생각할 유) (心) 3급				
涼				
涼(서늘할 량) (冫) 3Ⅱ				
互				
互(서로 호) (二) 3급				
載				
載(실을 재) (車) 3Ⅱ				
栽				
栽(심을 재) (木) 3Ⅱ				
于				
于(어조사 우) (二) 3급				
昏				
昏(어두울 혼) (日) 3급				
丈				
丈(어른 장) (一) 3Ⅱ				

愚				
愚(어리석을 우) (心) 3Ⅱ				
幼				
幼(어릴 유) (幺) 3Ⅱ				
辱				
辱(욕될 욕) (辰) 3Ⅱ				
伴				
伴(짝 반) (人) 3급				
於				
於(어조사 어, 탄식할 오) (方) 3급				
鳳				
鳳(봉새 봉) (鳥) 3Ⅱ				
隨				
隨(따를 수) (阜) 3Ⅱ				
抱				
抱(안을 포) (手) 3급				
豈				
豈(어찌 기) (豆) 3급				
訟				
訟(송사할 송) (言) 3Ⅱ				

「緖(실마리 서)」자의 「실마리」는 「(헝클어진) 실의 첫머리, (사건을) 풀어 나갈 수 있는 첫머리」를 뜻함.

68 ~ 70

憫				
憫 (민망할 민) (心) 3급				
畜				
畜 (짐승 축) (田) 3Ⅱ				
潤				
潤 (불을 윤) (水) 3Ⅱ				
兆				
兆 (억조 조) (儿) 3Ⅱ				
丘				
丘 (언덕 구) (一) 3Ⅱ				
阿				
阿 (언덕 아) (阜) 3Ⅱ				
稚				
稚 (어릴 치) (禾) 3Ⅱ				
岸				
岸 (언덕 안) (山) 3Ⅱ				
獲				
獲 (얻을 획) (犬) 3Ⅱ				
凍				
凍 (얼 동) (冫) 3Ⅱ				

絡				
絡 (얽힐 락) (糸) 3Ⅱ				
襲				
襲 (엄습할 습) (衣) 3Ⅱ				
陵				
陵 (언덕 릉) (阜) 3Ⅱ				
罔				
罔 (없을 망) (网) 3급				
錯				
錯 (어긋날 착) (金) 3Ⅱ				
累				
累 (여러 루) (糸) 3Ⅱ				
庶				
庶 (여러 서) (广) 3급				
驛				
驛 (역 역) (馬) 3Ⅱ				
編				
編 (엮을 편) (糸) 3Ⅱ				
蓮				
蓮 (연꽃 련) (艸) 3Ⅱ				

「潤(불을 윤)」자의 「불을」은 「붇다, 불리다」는 말로, 「물에 축여서 붇게 함」을 이르는 말이다.

71 ~ 73

軟				
軟(연할 연)(車) 3Ⅱ				
啓				
啓(열 계)(口) 3Ⅱ				
旬				
旬(열흘 순)(日) 3Ⅱ				
薄				
薄(엷을 박)(艸) 3Ⅱ				
糖				
糖(엿 당)(米) 3Ⅱ				
昔				
昔(예 석)(日) 3급				
耶				
耶(어조사 야)(耳) 3급				
押				
押(누를 압)(手) 3급				
昇				
昇(오를 승)(日) 3Ⅱ				
臟				
臟(오장 장)(肉) 3Ⅱ				

唯				
唯(오직 유)(口) 3급				
尙				
尙(오히려 상)(小) 3Ⅱ				
猶				
猶(오히려 유)(犬) 3Ⅱ				
獄				
獄(옥 옥)(犬) 3Ⅱ				
妥				
妥(온당할 타)(女) 3급				
遷				
遷(옮길 천)(辵) 3Ⅱ				
裁				
裁(옷마를 재)(衣) 3Ⅱ				
漆				
漆(옻 칠)(水) 3Ⅱ				
妃				
妃(왕비 비)(女) 3Ⅱ				
攝				
攝(다스릴 섭)(手) 3급				

「啓(열 계)」자의 「열」은 「열다, 열어 나가다, 가르치다, 깨닫게 하다」 등을 이르는 말이다.

73 ~ 75

誦				
誦(욀 송)(言) 3급				
莫				
莫(없을 막)(艸) 3II				
慾				
慾(욕심 욕)(心) 3II				
恕				
恕(용서할 서)(心) 3II				
仰				
仰(우러를 앙)(人) 3II				
雷				
雷(우레 뢰)(雨) 3II				
井				
井(우물 정)(二) 3II				
韻				
韻(운 운)(音) 3II				
響				
響(울릴 향)(音) 3II				
哭				
哭(울 곡)(口) 3II				

旣				
旣(이미 기)(无) 3급				
詠				
詠(읊을 영)(言) 3급				
稿				
稿(원고 고, 볏짚 고)(禾) 3II				
脅				
脅(위협할 협)(肉) 3II				
閏				
閏(윤달 윤)(門) 3급				
奚				
奚(어찌 해)(大) 3급				
逮				
逮(잡을 체)(辵) 3급				
淫				
淫(음란할 음)(水) 3II				
賴				
賴(의뢰할 뢰)(貝) 3II				
斯				
斯(이 사)(斤) 3급				

「雷(우레 뢰)」자의 「우레」는 「천둥」을 이르는 말이다.

76 ~ 78

頻				
頻(자주 빈) (頁) 3급				
夷				
夷(오랑캐 이) (大) 3급				
吟				
吟(읊을 음) (口) 3급				
久				
久(오랠 구) (丿) 3Ⅱ				
熟				
熟(익을 숙) (火) 3Ⅱ				
循				
循(돌 순) (彳) 3급				
此				
此(이 차) (止) 3Ⅱ				
克				
克(이길 극) (儿) 3Ⅱ				
携				
携(이끌 휴) (手) 3급				
也				
也(이끼 야) (乙) 3급				

厄				
厄(액 액) (厂) 3급				
遂				
遂(드디어 수) (辵) 3급				
謂				
謂(이를 위) (言) 3Ⅱ				
飢				
飢(주릴 기) (食) 3급				
泣				
泣(울 읍) (水) 3급				
供				
供(이바지할 공) (人) 3Ⅱ				
露				
露(이슬 로) (雨) 3Ⅱ				
乃				
乃(이에 내) (丿) 3급				
隣				
隣(이웃 린) (阜) 3급				
慣				
慣(익숙할 관) (心) 3Ⅱ				

「厄(액 액)」자의 「액」은 「모질고 사나운 운수運數」를 이르는 말이다.

한자	훈음	한자	훈음
倫	倫(인륜 륜) (人) 3Ⅱ	聯	聯(연이을 련) (耳) 3Ⅱ
役	役(부릴 역) (彳) 3Ⅱ	忘	忘(잊을 망) (心) 3급
曾	曾(일찍 증) (曰) 3Ⅱ	尺	尺(자 척) (尸) 3Ⅱ
矣	矣(어조사 의) (矢) 3급	誇	誇(자랑할 과) (言) 3Ⅱ
喪	喪(잃을 상) (口) 3Ⅱ	頗	頗(자못 파) (頁) 3급
皇	皇(임금 황) (白) 3Ⅱ	詳	詳(자세할 상) (言) 3Ⅱ
臨	臨(임할 림) (臣) 3Ⅱ	屢	屢(여러 루) (尸) 3급
哉	哉(어조사 재) (口) 3급	玆	玆(이 자) (玄) 3급
脣	脣(입술 순) (肉) 3급	紫	紫(자줏빛 자) (糸) 3Ⅱ
被	被(입을 피) (衣) 3Ⅱ	跡	跡(발자취 적) (足) 3Ⅱ

「頗(자못 파)」자의 「자못」은 「생각보다는 훨씬, 꽤, 퍽」 등을 이르는 말이다.

眠				
眠(잘 면)(目)3Ⅱ				
潛				
潛(잠길 잠)(水)3Ⅱ				
沈				
沈(잠길 침, 성 심)(水)3Ⅱ				
頃				
頃(이랑 경)(頁)3Ⅱ				
暫				
暫(잠깐 잠)(日)3Ⅱ				
默				
默(잠잠할 묵)(黑)3Ⅱ				
拘				
拘(잡을 구)(手)3Ⅱ				
執				
執(잡을 집)(土)3Ⅱ				
捉				
捉(잡을 착)(手)3급				
片				
片(조각 편)(片)3Ⅱ				

糾				
糾(얽힐 규)(糸)3급				
葬				
葬(장사지낼 장)(艸)3Ⅱ				
帥				
帥(장수 수)(巾)3Ⅱ				
殃				
殃(재앙 앙)(歹)3급				
云				
云(이를 운)(二)3급				
餓				
餓(주릴 아)(食)3급				
促				
促(재촉할 촉)(人)3Ⅱ				
催				
催(재촉할 최)(人)3Ⅱ				
彼				
彼(저 피)(彳)3Ⅱ				
暮				
暮(저물 모)(日)3급				

「頃(이랑 경)」자의 「이랑」은 「갈아 놓은 논밭의 '한 두둑과 한 도랑'」을 아울러 이르는 말이다.

浸				
浸 (잠길 침) (水) 3Ⅱ				
寡				
寡 (적을 과) (宀) 3Ⅱ				
卜				
卜 (점 복) (卜) 3급				
漸				
漸 (점점 점) (水) 3Ⅱ				
亭				
亭 (정자 정) (亠) 3Ⅱ				
濕				
濕 (젖을 습) (水) 3Ⅱ				
燕				
燕 (제비 연) (火) 3Ⅱ				
祀				
祀 (제사 사) (示) 3Ⅱ				
侯				
侯 (제후 후) (人) 3급				
粟				
粟 (조 속) (米) 3급				

捕				
捕 (잡을 포) (手) 3Ⅱ				
貝				
貝 (조개 패) (貝) 3급				
姪				
姪 (조카 질) (女) 3급				
睡				
睡 (졸음 수) (目) 3급				
拙				
拙 (졸할 졸) (手) 3급				
奴				
奴 (종 노) (女) 3Ⅱ				
遵				
遵 (좇을 준) (辵) 3급				
囚				
囚 (가둘 수) (口) 3급				
已				
已 (이미 이) (己) 3Ⅱ				
禍				
禍 (재앙 화) (示) 3Ⅱ				

「奴(종 노)」자의 「종」은 「옛날, 남의 집에 얽매여서 대대로 천한 일을 하던 사람」을 이르는 말이다.

拳

拳(주먹 권)(手)3Ⅱ

拾

拾(주울 습, 갖은열 십)(手)3Ⅱ

礎

礎(주춧돌 초)(石)3Ⅱ

俊

俊(준걸 준)(人)3급

賜

賜(줄 사)(貝)3급

贈

贈(줄 증)(貝)3급

絃

絃(줄 현)(糸)3급

幹

幹(줄기 간)(干)3Ⅱ

僧

僧(중 승)(人)3Ⅱ

媒

媒(중매 매)(女)3Ⅱ

娛

娛(즐길 오)(女)3급

症

症(증세 증)(疒)3Ⅱ

著

著(나타날 저)(艸)3Ⅱ

鎭

鎭(진압할 진)(金)3Ⅱ

泥

泥(진흙 니)(水)3Ⅱ

陶

陶(질그릇 도)(阜)3Ⅱ

獸

獸(짐승 수)(犬)3Ⅱ

何

何(어찌 하)(人)3Ⅱ

閣

閣(집 각)(門)3Ⅱ

館

館(집 관)(食)3Ⅱ

「賜(줄 사)」자의 「줄」은 「주다」, 「絃(줄 현)」자의 「줄」은 「현악기에 매어 소리를 내는 줄」을 뜻한다.

宇					宴				
宇(집 우)(宀)3Ⅱ					宴(잔치 연)(宀)3Ⅱ				
逐					匹				
逐(쫓을 축)(辵)3급					匹(짝 필)(匸)3급				
懲					劃				
懲(징계할 징)(心)3급					劃(그을 획)(刀)3Ⅱ				
屯					侮				
屯(진칠 둔)(屮)3급					侮(업신여길 모)(人)3급				
偶					嫌				
偶(짝 우)(人)3Ⅱ					嫌(싫어할 혐)(女)3급				
弔					追				
弔(조상할 조)(弓)3급					追(쫓을 추)(辵)3Ⅱ				
租					宙				
租(조세 조)(禾)3Ⅱ					宙(집 주)(宀)3Ⅱ				
廷					刺				
廷(조정 정)(廴)3Ⅱ					刺(찌를 자, 찌를 척, 수라 라)(刀)3Ⅱ				
蹟					衝				
蹟(자취 적)(足)3Ⅱ					衝(찌를 충)(行)3Ⅱ				
杯					蒸				
杯(잔 배)(木)3급					蒸(찔 증)(艸)3Ⅱ				

「弔(조상할 조)」자의 「조상弔喪」은 「남의 죽음에 대하여 애도哀悼의 뜻을 표함」을 이르는 말이다.

裂	裂(찢어질 렬)(衣)3Ⅱ
茶	茶(차 다, 차 차)(艸)3Ⅱ
秩	秩(차례 질)(禾)3Ⅱ
忍	忍(참을 인)(心)3Ⅱ
覆	覆(덮을 부, 뒤집힐 복)(襾)3Ⅱ
珠	珠(구슬 주)(玉)3Ⅱ
昌	昌(창성할 창)(日)3Ⅱ
索	索(찾을 색, 노 삭)(糸)3Ⅱ
尋	尋(찾을 심)(寸)3급
彩	彩(채색 채)(彡)3Ⅱ
曆	曆(책력 력)(日)3Ⅱ
軒	軒(집 헌)(車)3급
妄	妄(망령될 망)(女)3Ⅱ
戊	戊(천간 무)(戈)3급
薦	薦(천거할 천)(艸)3급
徐	徐(천천할 서)(彳)3Ⅱ
賤	賤(천할 천)(貝)3Ⅱ
妾	妾(첩 첩)(女)3급
廉	廉(청렴할 렴)(广)3급
朔	朔(초하루 삭)(月)3급

「曆(책력 력)」자의 「책력冊曆」은 「천체를 측정하여 해와 달의 움직임과 절기를 적어놓은 책」을 말한다.

93 ~ 95

燭				
燭(촛불 촉)(火) 3급				
醜				
醜(추할 추)(酉) 3급				
版				
版(판목 판)(片) 3Ⅱ				
裳				
裳(치마 상)(衣) 3Ⅱ				
刀				
刀(칼 도)(刀) 3Ⅱ				
碧				
碧(푸를 벽)(石) 3Ⅱ				
宰				
宰(재상 재)(宀) 3급				
岳				
岳(큰산 악)(山) 3급				
泰				
泰(클 태)(水) 3Ⅱ				
乘				
乘(탈 승)(丿) 3Ⅱ				

貪				
貪(탐낼 탐)(貝) 3급				
塔				
塔(탑 탑)(土) 3Ⅱ				
毫				
毫(터럭 호)(毛) 3급				
兎				
兎(토끼 토)(儿) 3Ⅱ				
恒				
恒(항상 항)(心) 3Ⅱ				
徹				
徹(통할 철)(彳) 3Ⅱ				
販				
販(팔 판)(貝) 3급				
醉				
醉(취할 취)(酉) 3Ⅱ				
逸				
逸(편안할 일)(辶) 3Ⅱ				
寧				
寧(편안 녕)(宀) 3Ⅱ				

「版(판목 판)」자의 「판목版木」은 「인쇄하기 위하여 글자나 그림을 새긴 나무」를 이르는 말이다.

96 ~ 98

敍				
敍 (펼 서) (攴) 3급				
述				
述 (펼 술) (辵) 3Ⅱ				
伸				
伸 (펼 신) (人) 3급				
幕				
幕 (장막 막) (巾) 3Ⅱ				
幅				
幅 (폭 폭) (巾) 3급				
奏				
奏 (아뢸 주) (大) 3Ⅱ				
蒼				
蒼 (푸를 창) (艸) 3Ⅱ				
蔬				
蔬 (나물 소) (艸) 3급				
釋				
釋 (풀 석) (釆) 3Ⅱ				
賃				
賃 (품삯 임) (貝) 3Ⅱ				

懷				
懷 (품을 회) (心) 3Ⅱ				
笛				
笛 (피리 적) (竹) 3Ⅱ				
欲				
欲 (하고자할 욕) (欠) 3Ⅱ				
乾				
乾 (하늘 건) (乙) 3Ⅱ				
賀				
賀 (하례할 하) (貝) 3Ⅱ				
訴				
訴 (호소할 소) (言) 3Ⅱ				
俱				
俱 (함께 구) (人) 3급				
項				
項 (항목 항) (頁) 3Ⅱ				
吐				
吐 (토할 토) (口) 3Ⅱ				
諾				
諾 (허락할 낙) (言) 3Ⅱ				

「賀 (하례할 하)」자의 「하례賀禮」는 「축하祝賀의 예식禮式」을 이르는 말이다.

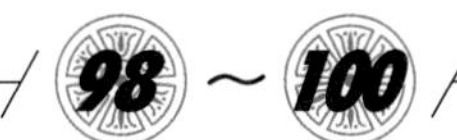

腰
腰(허리 요)(肉) 3급

癸
癸(북방 계)(癶) 3급

肺
肺(허파 폐)(肉) 3Ⅱ

毁
毁(헐 훼)(殳) 3급

泳
泳(헤엄칠 영)(水) 3급

弊
弊(폐단 폐)(廾) 3Ⅱ

亨
亨(형통할 형)(亠) 3급

豪
豪(호걸 호)(豕) 3Ⅱ

姻
姻(혼인 인)(女) 3급

爐
爐(화로 로)(火) 3Ⅱ

睦
睦(화목할 목)(目) 3Ⅱ

矢
矢(화살 시)(矢) 3급

暢
暢(화창할 창)(日) 3급

弓
弓(활 궁)(弓) 3Ⅱ

濁
濁(흐릴 탁)(水) 3급

搖
搖(흔들 요)(手) 3급

塊
塊(흙덩이 괴)(土) 3급

壤
壤(흙덩이 양)(土) 3Ⅱ

弄
弄(희롱할 롱)(廾) 3Ⅱ

勵
勵(힘쓸 려)(力) 3Ⅱ

「毁(헐 훼)」자의 「헐」은 「헐다」는 말로, 「무너뜨리다, 축나게 하다」 등을 뜻한다.

鶴	鶴(학 학)(鳥) 3Ⅱ
垂	垂(드리울 수)(土) 3Ⅱ
僚	僚(동료 료)(人) 3급
戚	戚(친척 척)(戈) 3Ⅱ
析	析(쪼갤 석)(木) 3급
征	征(칠 정)(彳) 3Ⅱ
劍	劍(칼 검)(刀) 3Ⅱ
訣	訣(이별할 결)(言) 3Ⅱ
躍	躍(뛸 약)(足) 3급
獵	獵(사냥 렵)(犬) 3급
遞	遞(갈릴 체)(辵) 3급
秒	秒(분초 초)(禾) 3급
把	把(잡을 파)(手) 3급
紋	紋(무늬 문)(糸) 3Ⅱ
冒	冒(무릅쓸 모)(冂) 3급
逝	逝(갈 서)(辵) 3급
隷	隷(종 례)(隶) 3급

☺ 그동안 수고하셨습니다.

하루하루 꼼꼼히 학습하셨다면 한자 실력은 물론 글씨 또한 예쁘게 변했을 것입니다.

첫 장을 펼쳐보세요. 마지막 장의 글자 모양과 확연히 다르다는 것을 알게 될 것입니다.

「征(칠 정)」자의 「칠」은 「치다」는 말로, 「공격하여 바로잡다, 또는 무도無道한 자를 침」을 뜻한다.

※ 아래의 약자로 이루어진 4Ⅱ · 4급 한자어를 익혀봅시다.

약자	한자어	약자	한자어
仏経	佛經 (불경)	战乱	戰亂 (전란)
範囲	範圍 (범위)	勤倹	勤儉 (근검)
担当	擔當 (담당)	讃辞	讚辭 (찬사)
両辺	兩邊 (양변)	電灯	電燈 (전등)
参与	參與 (참여)	竜宮	龍宮 (용궁)
聴衆	聽衆 (청중)	属国	屬國 (속국)
鉄鉱	鐵鑛 (철광)	厳粛	嚴肅 (엄숙)
条約	條約 (조약)	装弾	裝彈 (장탄)
虫歯	蟲齒 (충치)	权威	權威 (권위)
拠点	據點 (거점)	選択	選擇 (선택)

3급 시험의 약자略字문제는 4급 이하에서 출제되므로 제시된 단어를 충분히 학습하시기 바랍니다.

※ 아래의 약자로 이루어진 4Ⅱ·4급 한자어를 익혀봅시다.

약자	정자 (음)	약자	정자 (음)
対処	對處(대처)	劝奨	勸奬(권장)
残余	殘餘(잔여)	弾圧	彈壓(탄압)
証拠	證據(증거)	総体	總體(총체)
将来	將來(장래)	当為	當爲(당위)
検挙	檢擧(검거)	区庁	區廳(구청)
欢声	歡聲(환성)	応援	應援(응원)
歌謡	歌謠(가요)	栄顕	榮顯(영현)
葉銭	葉錢(엽전)	総点	總點(총점)
状態	狀態(상태)	独断	獨斷(독단)
宝物	寶物(보물)	仮称	假稱(가칭)

「餘」자는 약자로 쓰일 때에는 「余(나 여)」자와 그 모양이 같으므로, 뜻을 헤아려 구별하여야 한다.

※ 아래의 약자로 이루어진 4Ⅱ · 4급 한자어를 익혀봅시다.

약자	정자 (음)	약자	정자 (음)
厳师	嚴師 (엄사)	聴覚	聽覺 (청각)
継続	繼續 (계속)	対称	對稱 (대칭)
実験	實驗 (실험)	害虫	害蟲 (해충)
欢呼	歡呼 (환호)	帰郷	歸鄕 (귀향)
売尽	賣盡 (매진)	声楽	聲樂 (성악)
経済	經濟 (경제)	故郷	故鄕 (고향)
党争	黨爭 (당쟁)	満点	滿點 (만점)
观覧	觀覽 (관람)	写真	寫眞 (사진)
礼拝	禮拜 (예배)	転学	轉學 (전학)
学芸	學藝 (학예)	余暇	餘暇 (여가)

「藝」자는 약자로 쓰일 때에는 「芸(향풀 운)」자와 그 모양이 같으므로, 뜻을 헤아려 구별하여야 한다.

한자능력검정시험

3급(3급Ⅱ 포함)

• 인　쇄 · 2025년 2월 5일
• 발　행 · 2025년 2월 10일

• 엮은이 · 원 기 춘
• 발행인 · 최 현 동
• 발행처 · 신 지 원

• 주　소 · 07532
서울특별시 강서구 양천로 551-17, 813호(가양동, 한화비즈메트로 1차)

• T E L · (02) 2013-8080~1
F A X · (02) 2013-8090

• 등　록 · 제16-1242호
• 교재구입문의 · (02) 2013-8080~1

정가 25,000원

ISBN 979-11-6633-499-3 13710